Entscheidungen in Kirchensachen

seit 1946

Begründet von
Prof. Dr. Dr. Carl Joseph Hering † und Dr. Hubert Lentz

Herausgegeben von
Prof. Dr. Manfred Baldus
Vorsitzender Richter am Landgericht Köln a. D.
und
Prof. Dr. Stefan Muckel
Universitätsprofessor an der Universität zu Köln

in Verbindung mit dem Institut für Kirchenrecht
und rheinische Kirchenrechtsgeschichte
der Universität zu Köln

Entscheidungen in Kirchensachen

seit 1946

56. Band

1. 7.–31. 12. 2010

DE GRUYTER

ISBN 978-3-11-034211-6
eISBN 978-3-11-034223-9

Bibliografische Information der Deutschen Nationalbibliothek
Die Deutsche Nationalbibliothek verzeichnet diese Publikation in der Deutschen Nationalbibliografie; detaillierte bibliografische Daten sind im Internet über http://dnb.dnb.de abrufbar.

Druck und Bindung: Hubert & Co. GmbH & Co. KG, Göttingen
∞ Gedruckt auf säurefreiem Papier
Printed in Germany

www.degruyter.com

Vorwort und Benutzungshinweise

Die Sammlung „Entscheidungen in Kirchensachen seit 1946" (KirchE) veröffentlicht Judikatur deutscher staatlicher Gerichte, des Europäischen Gerichtshofs (EuGH) und des Europäischen Gerichtshofs für Menschenrechte (EGMR) zum Verhältnis von Kirche und Staat und zu weiteren Problemkreisen, die durch religionsrechtliche Bezüge gekennzeichnet sind. Aus der Judikatur des EGMR und des EuGH werden vornehmlich solche Entscheidungen ausgewählt, die aus Verfahren in Deutschland hervorgegangen oder sonst von grundsätzlicher Bedeutung sind. Die Veröffentlichung erfolgt in der Regel in einer Amtssprache, die der Gerichtshof für die amtliche Ausgabe der jeweiligen Entscheidung verwendet hat. Eine von der deutschen Praxis abweichende Form der Entscheidungen und der Abkürzungen bleibt gewahrt. Einschlägige Entscheidungen des EGMR und EuGH aus der Zeit von 1965 bis 2001 sind in KirchE Bd. 42 (2007) dokumentiert.

In Fußnote 1 finden sich Angaben zu den Leitsätzen und weiteren Quellen in amtlichen Entscheidungssammlungen und Fachzeitschriften, ggf. auch Hinweise auf Parallelverfahren. Die Kennzeichnung einer Entscheidung als nicht veröffentlicht (n.v.) bezieht sich nur auf Entscheidungssammlungen und Zeitschriften; eine weitere Zugriffsmöglichkeit in Datenbanken (z.B. juris) wird dort nicht nachgewiesen.

Soweit ein Verfahren mit der hier abgedruckten Entscheidung nicht zum Abschluss gelangt ist, erscheint in Fußnote 1 ein Hinweis auf den weiteren Verlauf des Verfahrens. Etwaige weitere Entscheidungen aus dem Rechtsmittelzug etc., soweit sie wesentliche Ausführungen zu religionsrechtlichen Fragen enthalten, entnehme man späteren Bänden von KirchE. Kurzgefasste Rechtsmittelentscheidungen, die sich im Wesentlichen auf ergänzende Ausführungen beschränken, werden bei der Vorinstanz in Fußnote 1 referiert.

Entscheidungen zum Sonn- und Feiertagsrecht sind in der Regel nur mit einem Urteil etc. im Volltext dokumentiert; dort sind in Fußnote 1 evtl. weitere einschlägige Entscheidungen aus dem Veröffentlichungszeitraum nachgewiesen. Entscheidungen, die Beschäftigungsverhältnisse mit kirchlichen Anstellungsträgern betreffen, werden nur dokumentiert, soweit religionsrechtliche Fragen relevant sind. Entscheidungen zum Asylrecht, die im Schwerpunkt religionspolitische Verhältnisse in den Herkunftsländern der Asylbewerber erörtern, werden in KirchE nicht mehr aufgenommen, da der Praxis anderweitige Zugänge offenstehen.

Die Herausgeber haben die Sammlung als Judikatur-Archiv konzipiert. Für die Aufnahme einer Entscheidung ist maßgebend, ob der Verfahrensgegenstand und die religionsrechtlichen Erwägungen, auch soweit diese in den Entscheidungen eines Rechtsmittelzuges voneinander abweichen, für Wissenschaft und Praxis von

Interesse bleiben. Daher wurden auch instanzgerichtliche Entscheidungen berücksichtigt, die im weiteren Verlauf eines Verfahrens keinen Bestand hatten. Angesichts dieses breiten Themenkatalogs kann eine Vollständigkeit dieser Sammlung nur angestrebt werden, wenn man eine gewisse zeitliche Distanz in Kauf nimmt.

Soweit die als amtlich gekennzeichneten Leitsätze der Gerichte verwendet wurden, ist dies vermerkt. Im Übrigen wurden die Leitsätze möglichst am religionsrechtlich relevanten Inhalt der Entscheidung orientiert. Dasselbe gilt für die Fassung des Sachverhalts und der Prozessgeschichte und eine eventuelle Kürzung der Entscheidungsgründe. Der z.T. unterschiedliche Zitier- und Abkürzungsmodus ist nur angeglichen, wo Verwechslungen in Betracht kommen. Eine in der amtlichen Fassung oder bei juris benutzte Randbezifferung ist, soweit sie sich nicht ausschließlich auf Belegstellen innerhalb des Fließtextes bezieht, ist in den Entscheidungsgründen (kursiv und in eckigen Klammern) berücksichtigt. Das Abkürzungsverzeichnis wurde im Wesentlichen auf Zeitschriften beschränkt. Zur Auflösung von weiteren juristischen Abkürzungen wird auf Kirchner, Abkürzungsverzeichnis der Rechtssprache, 6. Aufl., Berlin 2008, verwiesen. Soweit in den Urteilen etc. auf andere Entscheidungen Bezug genommen wird, ist ggf. eine Fundstelle in KirchE beigefügt.

Über die den Bänden 1–25 erschienene Judikatur informiert zusätzlich ein im Jahr 1993 erschienener Registerband.

Zugänge zur Judikatur kirchlicher Gerichte, die in dieser Sammlung schon aus Raumgründen nicht berücksichtigt werden kann, eröffnen die Rechtsprechungsbeilage zum Amtsblatt der EKD (bis 2013 jeweils Beilage zu Heft 4 eines Jahrganges, danach im elektronischen Fachinformationssystem FIS zum Kirchenrecht unter www.kirchenrecht-ekd.de unter der Rubrik „Rechtsprechung"), die Fachzeitschriften (insbesondere „Archiv für katholisches Kirchenrecht", „Kirche und Recht", „Die Mitarbeitervertretung", „Zeitschrift für Arbeitsrecht und Tarifpolitik in Kirche und Caritas", „Zeitschrift für evangelisches Kirchenrecht") und die Homepage der Deutschen Bischofskonferenz, Untergruppe Initiativen.

Seit seiner Gründung (1963) erscheint das Werk in Zusammenarbeit mit dem Institut für Kirchenrecht und rheinische Kirchenrechtsgeschichte der Universität zu Köln und wird dort auch redaktionell betreut. Den Mitarbeiterinnen und Mitarbeitern schulden die Herausgeber für ihren Einsatz herzlichen Dank.

Den Benutzern der Sammlung sei versichert, dass die Herausgeber auch weiterhin Hinweise auf bisher unveröffentlichte Entscheidungen sehr zu schätzen wissen.

Köln, im Frühjahr 2014 *Stefan Muckel* *Manfred Baldus*

Inhaltsverzeichnis

Abkürzungsverzeichnis

AE	Arbeitsrechtliche Entscheidungen
AkKR	Archiv für katholisches Kirchenrecht
AktStR	Aktuelles Steuerrecht
amtl.	amtlich
AP	Arbeitsrechtliche Praxis
ArbN	Arbeitnehmer
ArbR	Arbeitsrecht aktuell
ArbRB	Der Arbeits-Rechts-Berater
ArbuR	Arbeit und Recht
AS RP-SL	Amtliche Sammlung von Entscheidungen der Oberverwaltungsgerichte von Rheinland-Pfalz und Saarland
AuA	Arbeit und Arbeitsrecht
AuAS	Ausländer- und asylrechtlicher Rechtsprechungsdienst
BAGE	Entscheidungen des Bundesarbeitsgerichts
BauR	Baurecht
Bay, BY	Bayern
BayVBl	Bayerische Verwaltungsblätter
BayVGHE	Sammlung von Entscheidungen des bayerischen Verwaltungsgerichtshofes
BB	Der Betriebs-Berater
BB	Brandenburg
BE	Berlin
BAGE	Entscheidungen des Bundesarbeitsgerichts
BauR	Baurecht
BayVBl	Bayerische Verwaltungsblätter
BayVGHE	Sammlung von Entscheidungen des bayerischen Verwaltungsgerichtshofes
BB	Der Betriebs-Berater
BeckRS	Beck-Rechtsprechung (Datenbank)
BFH/NV	Sammlung amtlich nicht veröffentlichter Entscheidungen des Bundesfinanzhofs
BFH/PR	BFH-Richter kommentieren für die Praxis
BFHE	Sammlung der Entscheidungen des Bundesfinanzhofs
BGBl I	Bundesgesetzblatt Teil 1
BGHR	BGH-Rechtsprechung
BGHZ	Entscheidungen des Bundesgerichtshofs in Zivilsachen
BRS	Baurechtssammlung
BSGE	Entscheidungen des Bundessozialgerichts
BStBl	Bundessteuerblatt
BtPrax	Betreuungsrechtliche Praxis
Buchholz	Sammel- und Nachschlagewerk der Rechtsprechung des Bundesverwaltungsgerichts
BVerfGE	Entscheidungen des Bundesverfassungsgerichts

BVerfGK	Kammerentscheidungen des Bundesverfassungsgerichts
BVerwGE	Entscheidungen des Bundesverwaltungsgerichts
BW	Baden-Württemberg
DB	Der Betrieb
DNotZ	Deutsche Notar-Zeitschrift
DokBer	Dokumentarische Berichte aus dem Bundesverwaltungsgericht
DÖV	Die öffentliche Verwaltung
DSB	Datenschutzberater
DStR	Deutsches Steuerrecht
DStRE	Deutsches Steuerrecht-Entscheidungsdienst
DuD	Datenschutz und Datensicherung
DVBl	Deutsches Verwaltungsblatt
EFG	Entscheidungen der Finanzgerichte
EStB	Der Ertragsteuerberater
EuGRZ	Europäische Grundrechte-Zeitschrift
EzA	Entscheidungssammlung zum Arbeitsrecht
EzAR-NF	Entscheidungssammlung zum Zuwanderungs-, Asyl- und Freizügigkeitsrecht
EzA-SD	Entscheidungssammlung zum Arbeitsrecht. Schnelldienst
EzTöD	Entscheidungssammlung zum Tarifrecht im öffentlichen Dienst
FA	Fachanwalt Arbeitsrecht
FamFR	Familienrecht und Familienverfahrensrecht
FamRB	Familien-Rechts-Berater
FamRZ	Zeitschrift für das gesamte Familienrecht
FF	Forum Familien- und Erbrecht
FR	Finanz-Rundschau
GewArch	Gewerbearchiv
Grundeigentum	Zeitschrift für die gesamte Grundstücks-, Haus- und Wohnungswirtschaft
HB	Bremen
HE	Hessen
HFR	Höchstrichterliche Finanzrechtsprechung
HH	Hamburg
HUDOC	Europäischer Gerichtshof für Menschenrechte, Datenbank
IBR	Immobilien- und Baurecht
InfAuslR	Informationsbrief Ausländerrecht
Info BRS	Informationsdienst öffentliche Baurechtssammlung
IPrax	Praxis des Internationalen Privat- und Verfahrensrechts
IPRspr	Die deutsche Rechtsprechung auf dem Gebiete des internationalen Privatrechts
IstR	Zeitschrift für internationales Steuerrecht
JA	Juristische Arbeitsblätter
JAmt	Das Jugendamt – Zeitschrift für Jugendhilfe und Familienrecht

JR	Juristische Rundschau
juris	Juris Das Rechtsportal – Datenbank
JuS	Juristische Schulung
Justiz	Die Justiz
JZ	Juristenzeitung
KirchE	Entscheidungen in Kirchensachen seit 1946
KommJur	Kommunaljurist
Kommunal-Praxis BY	Zeitschrift für Verwaltung, Organisation und Recht Ausgabe Bayern
KRS	Krankenhaus-Rechtsprechung
KuR	Kirche und Recht
LAGE	Entscheidungen der Landesarbeitsgerichte
LKRZ	Zeitschrift für Landes- und Kommunalrecht Hessen, Rheinland-Pfalz, Saarland
LKV	Landes- und Kommunalverwaltung
LS	nur Leitsatz
LT-Drs.	Landtagsdrucksache
MDR	Monatsschrift für Deutsches Recht
MV	Mecklenburg-Vorpommern
Nds, NI	Niedersachsen
NdsRpfl	Niedersächsische Rechtspflege
NdsRpfl	Niedersächsische Rechtspflege
NdsVBL	Niedersächsische Verwaltungsblätter
NJ	Neue Justiz
NJOZ	Neue Juristische Online Zeitschrift
NJW	Neue Juristische Wochenschrift
NJW-RR	NJW-Rechtsprechungs-Report Zivilrecht
NJW-Spezial	NJW spezial: Die wichtigsten Informationen zu speziellen Rechtsgebieten
NordÖR	Zeitschrift für öffentliches Recht in Norddeutschland
NotBZ	Zeitschrift für die notarielle Beratungs- und Beurkundungspraxis
NRW, NW	Nordrhein-Westfalen
NotBZ	Zeitschrift für die notarielle Beratungs- und Beurkundungspraxis
NStZ	Neue Zeitschrift für Strafrecht
NStZ-RR	Neue Zeitschrift für Strafrecht, Rechtsprechungs-Report
n.v.	nicht veröffentlicht in Entscheidungssammlungen und Zeitschriften
NVwZ	Neue Zeitschrift für Verwaltungsrecht
NVwZ-RR	Neue Zeitschrift für Verwaltungsrecht-Rechtsprechungsreport
NWVBl	Nordrhein-Westfälische Verwaltungsblätter
NZA	Neue Zeitschrift für Arbeitsrecht
NZA-RR	NZA-Rechtsprechungsreport Arbeitsrecht
OLGR (mit Ortszusatz)	OLG-Report: Zivilrechtsprechung der Oberlandesgerichte
OVGE Berlin	Entscheidungen des Oberverwaltungsgerichts Berlin

PERSONAL	Personal
PersR	Der Personalrat
PersV	Die Personalvertretung
PflR	PflegeRecht
RDG	Rechtsdepesche für das Gesundheitswesen
RdL	Recht der Landwirtschaft
REE	Recht der Erneuerbaren Energien
RiA	Das Recht im Amt
RJD	Europäischer Gerichtshof für Menschenrechte, Reports of Judgements and Decisions
RP	Rheinland-Pfalz
SächsVBl	Sächsische Verwaltungsblätter
SAE	Sammlung arbeitsrechtlicher Entscheidungen
SH	Schleswig-Holstein
SL	Saarland
SN	Sachsen
ST	Sachsen-Anhalt
StAZ	Zeitschrift für Standesamtswesen
RJD	Europäischer Gerichtshof für Menschenrechte, Reports of Judgements and Decisions
SächsVBl	Sächsische Verwaltungsblätter
SAE	Sammlung arbeitsrechtlicher Entscheidungen
StAZ	Zeitschrift für Standesamtswesen
StBW	Steuerberater Woche
StC	Steuer Consultant
StE	Steuer-Eildienst
SteuK	Steuerrecht kurzgefaßt
StraFo	Strafverteidiger Forum
StuB	Steuern und Bilanzen
StV	Strafverteidiger
TH	Thüringen
ThürVGRspr	Rechtsprechung der Thüringer Verwaltungsgerichte
ThürVBl	Thüringer Verwaltungsblätter
TVöD	Tarifvertrag für den öffentlichen Dienst
Ubg	Die Unternehmensbesteuerung
UPR	Umwelt- und Planungsrecht
UV-Recht Aktuell	Unfallversicherungsrecht Aktuell
VBlBW	Verwaltungsblätter für Baden-Württemberg
VersR	Versicherungsrecht
VGHE BY	Entscheidungen des Bayerischen Verwaltungsgerichtshofs mit Entscheidungen des Bayrischen Verfassungsgerichtshofs
VR	Verwaltungsrundschau

WPg	Die Wirtschaftsprüfung
WRP	Wettbewerb in Recht und Praxis
ZevKR	Zeitschrift für evangelisches Kirchenrecht
ZfB	Zeitschrift für Bergrecht
ZfBR	Zeitschrift für deutsches und internationales Bau- und Vergaberecht
ZFE	Zeitschrift für Familien- und Erbrecht
ZKF	Zeitschrift für Kommunalfinanzen
ZKJ	Zeitschrift für Kindschaftsrecht und Jugendhilfe
ZMR	Zeitschrift für Miet- und Raumrecht
ZMV	Die Mitarbeitervertretung
ZSteu	Zeitschrift für Steuern und Recht
ZTR	Zeitschrift für Tarifrecht
ZUM-RD	Zeitschrift für Urheber- und Medienrecht, Rechtsprechungsdienst

1

Eine Änderung des Vornamens durch Hinzufügung der Vornamen von Taufpaten widerspricht dem öffentlichen Interesse an Namenskontinuität und kann auch nicht der verfassungsrechtlich geschützten Glaubensüberzeugung zugerechnet werden.

Art./§§ 4 Abs. 1 u. 2 GG, 3, 11 NamÄndG
VG Berlin, Urteil vom 1. Juli 2010 -3 A 244.08[1]-

Die jetzt 41jährige Klägerin begehrt die Änderung ihres Namens durch Hinzufügung der weiteren Vornamen „C. D. H." zu ihrem Vornamen J.

Die Klägerin wurde im Jahre 1984 im Alter von 15 Jahren in der Evangelischen Kirche A. getauft und konfirmiert. Als von den Eltern der Klägerin benannte Taufpaten waren C., H., D. und M. anwesend, eine Eintragung in die Taufurkunde erfolgte nicht, die Eintragung der Taufpaten in das Kirchenbuch wurde auf Betreiben der Klägerin im Jahr 2009 nachgeholt.

Im Oktober 2007 beantragte die Klägerin, ihren Vornamen durch Hinzufügung der Vornamen ihrer weiblichen Taufpaten zu ändern. Zur Begründung führte sie religiöse Gründe an. Ihre Taufpaten hätten insbesondere nach dem frühen Tod ihres Vaters 1985 zur Festigung ihres christlichen Glaubens und zu ihrer persönlichen Weiterentwicklung beigetragen. Die Paten hätten ihr Patenamt aktiv ausgefüllt und neben ihren Eltern dafür gesorgt, dass sie ihr Leben im Glauben gestalte und ihren Weg im Leben gefunden habe, auch über das Erreichen der Volljährigkeit hinaus. Dies solle durch die Hinzufügung der Vornamen aller weiblichen Paten zum Ausdruck gebracht werden. Es handele sich im streng kirchlichen Sinn zwar nicht um eine Pflicht, die Namen der Paten anzunehmen, dies solle jedoch ihre religiöse Überzeugung und die Bedeutung der Paten in ihrem Leben zum Ausdruck bringen.

Nach vorheriger Anhörung lehnte das Bezirksamt Charlottenburg-Wilmersdorf mit dem angefochtenen Bescheid die begehrte Namensänderung ab und begründete diese Entscheidung damit, dass ein wichtiger Grund für die Namensänderung nicht vorliege. Zwar sei das öffentliche Interesse an der Beibehaltung des Vornamens geringer als im Falle des Familiennamens. Die Ausübung der Glaubensfreiheit sei nicht zwingend von Namensänderungen und Führen von Taufnamen abhängig. Ihr Recht auf freies Glaubensbekenntnis und

---

1 juris.

Religionsausübung habe sie in den vergangenen Jahren auch ohne Hinzufügung der Namen der Taufpaten ungehindert ausüben können. Der Wunsch, Anerkennung und Dankbarkeit den Paten gegenüber nach außen zu dokumentieren, rechtfertige die Namensänderung nicht.

Mit ihrer nach erfolglosem Widerspruch erhobenen Verpflichtungsklage macht die Klägerin u.a. geltend, Maßstab für die in Art. 4 Abs. 1 GG verbürgte Glaubensfreiheit sei das Selbstverständnis des Grundrechtsträgers. Die Annahme der Taufpatennamen, bei denen es sich jeweils um christliche Namen handele, sei Ausdruck ihres christlichen Glaubens; die Annahme der Taufpatennamen solle das Sakrament der Taufe bzw. den Glauben nach außen dokumentieren.

Die Klage wurde abgewiesen.

Aus den Gründen:

[14] Die Klage ist als Verpflichtungsklage zulässig, jedoch nicht begründet. Die das Begehren der Klägerin auf Namensänderung ablehnenden Bescheide des Beklagten sind rechtmäßig und verletzen die Klägerin nicht in ihren Rechten (§ 113 Abs. 5 Satz 1 VwGO). Die Klägerin hat keinen Anspruch auf die begehrte Änderung ihres Vornamens.

[15] Anspruchsgrundlage für die begehrte Namensänderung ist § 11 des Gesetzes über die Änderung von Familiennamen und Vornamen vom 5.1.1938 (RGBl. I S. 9/BGBl. III Nr. 401.1, Namensänderungsgesetz – NÄG -). § 11 NÄG verweist für die Änderung von Vornamen auf § 3 NÄG, der die Änderung von Familiennamen regelt. Auch das Hinzufügen weiterer Vornamen zu einem bereits geführten Vornamen ist eine Vornamensänderung im Sinne des Gesetzes (vgl. Loos, Namensänderungsgesetz, 2. Aufl. 1996, § 11, II. 2). Nach § 3 Abs. 1 NÄG darf die zuständige Verwaltungsbehörde den Familiennamen eines deutschen Staatsangehörigen auf Antrag ändern, wenn ein wichtiger Grund die Änderung rechtfertigt. Bei dieser Voraussetzung handelt es sich um einen gerichtlich uneingeschränkt nachprüfbaren unbestimmten Rechtsbegriff, bei dessen Anwendung es darauf ankommt, ob das schutzwürdige Interesse des Antragstellers an der Namensänderung so wesentlich ist, dass schutzwürdige Belange Dritter und die in der sozialen Ordnungsfunktion des Namens zusammengefassten Interessen der Allgemeinheit, die in der Regel die Beibehaltung des bisherigen Namens fordern, zurücktreten müssen (ständige Rechtsprechung, vgl. unter anderem Urteil des BVerwG vom 29.9.1972 -VII C 77.70- BVerwGE 40, 353 [356]). Das Interesse an der Namenskontinuität besteht vor-

nehmlich darin, den Namensträger zu kennzeichnen und sein Verhalten diesem auch in Zukunft ohne weitere Nachforschung zurechnen zu können.

[16] Dies gilt entsprechend für die Änderung eines Vornamens nach § 11 NÄG. Sie unterscheidet sich von der Änderung eines Familiennamens nur dadurch, dass den öffentlichen Interessen, auf die bei der Änderung des Vornamens Bedacht zu nehmen ist, ein geringeres Gewicht zukommt als dem öffentlichen Interesse am unveränderten Fortbestand eines Familiennamens (vgl. OVG Berlin-Brandenburg, Urteil vom 28.3.2006 -OVG 5 B 4.06- UA S. 7, unter Bezugnahme auf BVerwG, Beschluss vom 27.9.1993 -6 B 58.93- Buchholz 402.10 § 11 NÄG Nr. 4; BVerwG, Beschluss vom 1.2.1989 -7 B 14.89- Buchholz 402.10 § 11 NÄG Nr. 3).

[17] Die hiernach gebotene Abwägung aller für und gegen die Namensänderung streitenden schutzwürdigen Interessen ergibt, dass ein Übergewicht der für die Änderung des Namens der Klägerin in „J." sprechenden Interessen nicht besteht.

[18] Allerdings streitet für die Klägerin, dass – wie bereits ausgeführt – bei der Änderung von Vornamen das öffentliche Interesse an Namenskontinuität von vornherein geringer ist als bei Änderung des Familiennamens. Ferner ist das öffentliche Interesse in geringerem Maße betroffen, da die Klägerin ihre bisherigen Vornamen beibehalten und einen weiteren Vornamen nur hintanstellen will (vgl. insoweit OVG Berlin-Brandenburg, Urteil vom 28.3.2006, aaO, UA S. 12, unter Bezugnahme auf BVerwG, Beschluss vom 26.3.2003 -6 C 26/02- StAZ 2003, 240, „Kaj Seraphine", KirchE 43, 195; und Beschluss des OVG Berlin-Brandenburg vom 22.5.2007 -OVG 5 N 71.05- *juris*),so dass sie weiterhin auch unter dem bisher allein geführten Vornamen identifizierbar bleibt. Eine Unterscheidung zwischen sogenannten Rufnamen und „stillen Namen" gibt es aber rechtlich nicht. Es wäre deshalb rechtlich nicht ausgeschlossen, das sich die Klägerin nach der begehrten Namensänderung nur noch mit den neuen Vornamen bezeichnen lässt.

[19] Das - wenngleich als gering einzustufende - öffentliche Interesse am unveränderten Fortbestand des Vornamens sowie die grundsätzliche Entscheidung des Gesetzgebers, die Führung des Vornamens der freien Position zu entziehen, sprechen als öffentliche Belange gegen die begehrte Namenänderung. Auch für die Hinzufügung weiterer Vornamen müssen gewichtige Gründe vorliegen. Denn nicht nur hinsichtlich des Familiennamens, sondern auch hinsichtlich des Vornamens hat die mit Art. 2 Abs. 1 GG vereinbarte gesetzliche Grundentscheidung unverändert Bestand, der zufolge es eine freie Abänderbarkeit des Namens nicht gibt (vgl. BVerwG, Beschluss vom 9.11.1988 -7 B 167/88- Buchholz 402.10 § 11 NÄG Nr. 2). Zwar bildet der Vorname nach Auffassung des Bundesverwaltungsgerichts (vgl. Beschluss vom 16.5.1988 -7 B 221.87- Buchholz

402.10 § 3 NÄG Nr. 61) den „persönlichsten Teil" des Eigennamens. Dennoch besteht auch insoweit ein gewichtiges öffentliches Interesse an der sozialen Ordnungsfunktion des Namens und der Namenskontinuität (vgl. BVerwG, Beschluss vom 24.3.1981 -7 B 44/81- StAZ 1984, 131; Urteil vom 26.3.2003, aaO).

[20] Die Klägerin hat zu den sie bewegenden Gründen für die Namensänderung angeführt, sie begehre dies aus religiösen Gründen, da ihre Taufpaten für ihre christliche Erziehung und die Weiterentwicklung ihres Glaubens eine prägende Rolle in ihrem Leben gespielt hätten. Sie hat hierzu in der mündlichen Verhandlung weitere Ausführungen gemacht und erklärt, die Namen ihrer weiblichen Taufpaten seien bei ihrer Taufe aufgerufen worden und damit zu ihren Taufnamen geworden. Sie nenne diese Namen auch Dritten gegenüber und erkläre hierzu, dass es sich um ihre Vornamen im christlichen Sinne handele. Sie habe im Lauf der Zeit durch verschiedene Entwicklungen in ihrem Leben den Wunsch entwickelt, ihre Taufnamen auch nach außen zu tragen. Sie wolle ihren Glauben an Gott über die Eintragung ihrer Taufnamen in die Personenstandsregister nach außen dokumentieren. Die Dokumentation ihrer Taufnamen in einer Urkunde sei zwangsläufig Teil ihrer Glaubensausübung.

[21] Dies genügt nicht für ein Überwiegen der Belange der Klägerin gegenüber dem entgegenstehenden öffentlichen Interesse. Die von ihr im Einzelnen geltend gemachten Gründe haben in ihrer Gesamtschau - auch unter Beachtung von Art. 4 Abs. 1 GG - nicht ein solches Gewicht, dass sie bei Betrachten des demgegenüber zu verzeichnenden öffentlichen Interesses ein Abweichen von dem oben genannten Grundsatz der sozialen Ordnungsfunktion des Namens und der Namenskontinuität rechtfertigen.

[22] Hierbei ist zunächst zu berücksichtigen, dass es sich bei den begehrten Vornamen entgegen der Behauptung der Klägerin im kirchenrechtlichen Sinn nicht um ihre Taufnamen handelt. Denn hierfür ist nichts ersichtlich. Die Namen ihrer weiblichen Taufpatinnen wurden weder in das Kirchenbuch noch in die Tauf- bzw. Konfirmationsurkunde der Klägerin vom 27.5.1984 eingetragen. Auch die anlässlich der silbernen Konfirmation der Klägerin ausgestellte Urkunde vom 29.3.2009 enthält diese Vornamen nicht. Selbst die Eintragung der Taufpaten in das Kirchbuch erfolgte erst 2009 auf Betreiben der Klägerin und führt ihre Paten als „bei der Konfirmation" auf. Für die Behauptung der Klägerin streitet auch nicht die im Verwaltungsverfahren von der Klägerin eingereichte Stellungnahme der Evangelischen Kirche Berlin-Brandenburg-schlesische Oberlausitz vom 28.6.2007, wonach die Lebensordnung der Evangelischen Kirche die Bestellung von Taufpaten grundsätzlich für religionsunmündige Kinder vorsehe, es aber durchaus gängige Praxis sei, für Kinder in höherem Alter ebenfalls Paten zu bestellen. Es sei daher in das Ermessen der Kirchengemeinde gestellt, die Paten in das Taufbuch der Kirchengemeinde und in die Taufurkun-

de einzutragen. Von einer Taufe mit den Namen der Taufpaten ist in diesem Schreiben gerade nicht die Rede. Auch das weitere Schreiben vom 31.8.2009 stellt allein auf die Entscheidung des Bezirksamtes bezüglich der Namensänderung ab. Es passt in dieses Bild, dass die Initiative für den Aufruf der Vornamen der weiblichen Taufpatinnen am Taufbecken von einer der (katholischen) Taufpatinnen ausgegangen sein soll, und nicht etwa vom taufenden Pfarrer der Kirchgemeinde. Auch der letzte noch lebende Taufpate der Klägerin, M., hat in seiner Stellungnahme vom 15.5.2007 eine Taufe der Klägerin mit den Vornamen der anderen Taufpatinnen nicht bestätigt, so dass kein Anlass bestand, diesen hierzu als Zeugen zu hören. Letztlich hat die Klägerin in ihrer Antragsbegründung vom 8.10.2007 noch selbst vorgetragen, es handele sich im streng kirchenrechtlichen Sinne nicht um eine Pflicht, die Namen der Paten anzunehmen , so dass sie ersichtlich selbst davon ausgeht, diese Namen bisher nicht - auch nicht im kirchenrechtlichen Sinn - zu führen.

[23] Für die Annahme der Taufpatennamen sprechen keine gewichtigen, das öffentliche Interesse überwiegenden Gründe. Zwar bestehen für das Gericht nach der glaubhaften und nachvollziehbaren Erklärung der Klägerin in der mündlichen Verhandlung keine Zweifel daran, dass sie diese Namen als bei der Taufe aufgerufene und ihre zusätzlichen Vornamen betrachtet, so dass sie diese Dritten gegenüber als ihre Vornamen im christlichen Sinn bezeichnet.

[24] Die von ihr als Grund für die Annahme dieser Vornamen genannte Dokumentation des Glaubens nach außen vermag das Gericht jedoch nicht nachzuvollziehen. Hierzu konnte die Klägerin keine näheren Ausführungen machen und hinterließ zu der Frage, was sich für sie bei einer solchen Eintragung ändere, keinen überzeugenden Eindruck. Weshalb die wiederholt vorgetragene „Dokumentation ihres Glaubens nach außen“ durch die Eintragung in die Personenstandsregister Teil ihrer Glaubensausübung sei, konnte die Klägerin nicht nachvollziehbar vermitteln, zumal sie einräumte, auch bei einer Eintragung z.B. in den Personalausweis darauf angewiesen zu sein, Dritten gegenüber hierzu weitere Erklärungen abgeben zu müssen. Den Unterschied zu der bisherigen Situation, Dritten gegenüber ihre christlichen Vornamen ohne „offizielle“ Eintragung zu nennen, konnte die Klägerin auch auf Nachfragen nicht plausibel machen. Hinzu kommt, dass die Eintragung des eigenen Namens in den Personenstandsregistern bzw. in den Personalausweis allein der Identitätsfeststellung dient und nicht dazu gedacht ist, Nachweis für den eigenen Glauben zu führen und diesen zu dokumentieren.

[25] Nichts anderes folgt aus Art. 4 GG, der in Absatz 1 die Freiheit des Glaubens, des Gewissens und des religiösen und weltanschaulichen Bekenntnisses garantiert und in Absatz 2 das Recht der ungestörten Religionsausübung. Beide Absätze des Art. 4 GG enthalten ein umfassend zu verstehendes einheitliches

Grundrecht. Es erstreckt sich nicht nur auf die innere Freiheit zu glauben oder nicht zu glauben, sondern auch auf die äußere Freiheit, den Glauben zu bekunden. Dazu gehört das Recht des Einzelnen, sein gesamtes Verhalten an den Lehren seines Glaubens auszurichten und seiner inneren Glaubensüberzeugung gemäß zu handeln und in jeder Lebenssituation ein Verhalten zu bekunden, das er nach Maßgabe seiner religiösen Überzeugung für richtig erachtet (vgl. BVerfG, Urteil vom 24.9.2003 -2 BvR 1436/02- BVerfGE 108, 282, KirchE 44, 166, *juris*, Rn 37 mwN aus der Rechtsprechung des Bundesverfassungsgerichts). Der Schutzbereich der durch Art. 29 Abs. 1 der Verfassung von Berlin gewährleisteten Glaubens- bzw. Religionsfreiheit stimmt damit überein. Dazu gehört das Recht des Einzelnen, sein gesamtes Verhalten an den Lehren seines Glaubens auszurichten und seinen inneren Überzeugungen gemäß zu handeln. Dabei sind nicht nur Überzeugungen, die auf imperativen Glaubenssätzen beruhen, geschützt. Die Glaubensfreiheit schließt auch religiöse Überzeugungen ein, die für eine konkrete Lebenssituation eine religiöse Reaktion für das beste und adäquate Mittel halten, um die Lebenslage zu bewältigen (vgl. Entscheidung des BVerfG vom 19.10.1971 -1 BvR 387/65- BVerfGE 32, 98 [106 f.], KirchE 12, 294). Erheblich ist dabei das Selbstverständnis des Grundrechtsträgers, solange die religiöse Zielsetzung nicht nur als Vorwand dient. Allerdings kann nicht jegliches Verhalten einer Person allein nach deren subjektiver Bestimmung als Ausdruck der besonders geschützten Glaubensfreiheit angesehen werden; vielmehr darf bei der Würdigung eines vom Einzelnen als Ausdruck seiner Glaubensfreiheit reklamierten Verhaltens das Selbstverständnis der jeweiligen Religionsgemeinschaft nicht außer Betracht bleiben (BVerfG, Urteil vom 24.9.2003, aaO, Rn 40 mwN).

[26] Vorliegend hat die Klägerin weder überzeugend dargetan, dass für sie gerade die Eintragung der Taufpatennamen Teil ihrer Glaubensausübung und religiösen Überzeugung ist, noch dass ein solches Begehren zum Selbstverständnis der evangelischen Kirche gehört, der sie durch die Taufe und Konfirmation zugehörig ist. Vielmehr ergibt sich aus der Stellungnahme der Evangelischen Kirche Berlin-Brandenburg-schlesische Oberlausitz vom 28.6.2007, dass die Annahme von Taufpatennamen bei einer Taufe nach Erreichen der Religionsmündigkeit offensichtlich nicht zur Lebensordnung der evangelischen Kirche gehört. Die Klägerin hat in der Verhandlung hierzu selbst einräumen müssen, dass das Tragen eines Taufnamens im Bereich der evangelischen Kirche nur dann erfolgen kann, wenn der reguläre Name des Täuflings bereits derjenige der Taufpaten ist und ihm dieser im Rahmen der Taufe quasi zugleich bzw. erneut (auch) als Taufname gegeben wird. Dass es sich bei der Taufe der Klägerin nicht um eine solche Taufe im Kindesalter gehandelt hat, ist hingegen unstreitig. Das Gericht war nach den Erklärungen der Klägerin zu ihren religiösen

Beweggründen zudem nicht davon überzeugt, dass sie die Eintragung der Taufpatennamen tatsächlich als Teil ihrer Glaubensausübung ansieht, die für sie verbindlich ist. Wie oben dargestellt konnte sie weder vermitteln, was für sie die „Dokumentation nach außen“ durch die Eintragung in religiöser Hinsicht bedeutet und wie ihre Religionsausübung beeinträchtigt wird, wenn die begehrte Namensänderung nicht erfolgt, obwohl sie ansonsten eloquent und überzeugend aufgetreten ist. Noch vermochte sie darzustellen, was die begehrte Eintragung von anderen möglichen - und in der christlichen Religionsgemeinschaft üblichen - Formen des Glaubensbekenntnisses nach außen unterscheidet. Hierbei ist auch zu beachten, dass die Klägerin ihren Wunsch nach Vornamensänderung im Wesentlichen mit ihrer durch die Paten geprägten Entwicklung und Vertiefung ihres christlichen Glaubens begründet und hierbei insbesondere die Rolle ihrer Paten in den Vordergrund stellt. Mit dieser Entwicklung ihres Glaubens aufgrund ihrer Lebensumstände erklärt sie auch den späten, mehr als 20 Jahre nach der Taufe erfolgten Antrag auf Namensänderung vom Oktober 2007, zu einem Zeitpunkt, als zwei der Taufpatinnen bereits verstorben waren. Angesichts der engen Verknüpfung ihrer christlichen Entwicklung mit der in der mündlichen Verhandlung erläuterten Sinn stiftenden Funktion und positiven Position ihrer Paten spricht vieles dafür, dass es der Klägerin neben den behaupteten religiösen Motiven zumindest auch um eine anerkennende und ehrende Wirkung der begehrten Namensänderung geht. Dies kommt auch in ihrer Antragsbegründung zum Ausdruck, wenn es heißt „die Bedeutung der Paten“ in ihrem Leben solle zum Ausdruck gebracht werden. Es passt in dieses Bild, dass die Klägerin die Frage, ob sie den Antrag auf Namensänderung auch gestellt hätte, wenn ihre Paten ihr Patenamt nicht derart prägend wie geschehen ausgeübt hätten, jedenfalls nicht ausdrücklich und uneingeschränkt bejaht hat.

[27] Ein solches Interesse, ein ehrendes Andenken an die Paten zu bewahren und Dankbarkeit ihnen gegenüber auszudrücken, reicht aber nicht aus, um der begehrten Namensänderung zum Erfolg zu verhelfen. Das ergibt sich auch daraus, dass die gewünschte Namensänderungsentscheidung auf vergleichbare Fälle verallgemeinerungsfähig sein muss. Würde jedoch in den Fällen, in denen das Andenken von Personen geehrt werden soll, die eine prägende und wichtige Rolle im Leben eines Menschen gespielt haben, ein wichtiger Grund für die Namensänderung anerkannt, ginge der Ausnahmecharakter der öffentlichrechtlichen Namensänderung verloren (vgl. BayVGH, Urteil vom 6.5.1997, Bay.VBl. 1998, 632 f.).

[28] Soweit sich die Klägerin auf die Entscheidung des BVerwG vom 26.3.2003 (aaO, „Kaj Seraphine“) beruft, kann sie hieraus nichts für sich herleiten. Der zitierten Entscheidung lag insoweit ein sich erheblich und in mehrfacher Hinsicht von der vorliegenden Situation der Klägerin unterscheidender

Lebenssachverhalt zugrunde, als es dort um eine minderjährige Klägerin ging, die bei einer Taufe nach römisch-katholischem Ritus nachweislich den neuen Namen „Kaj" erhalten hatte und anlässlich dieses für sie prägenden Ereignisses der Taufe und unter Bezugnahme auf dieses Ereignis unmittelbar zeitlich nachfolgend die öffentlich-rechtliche Namensänderung begehrt hatte.

[29] Der Klägerin bleibt es ferner unbenommen, die begehrten Vornamen im alltäglichen Leben unter Hinweis auf ihre Taufe als zusätzliche Vornamen zu verwenden, wie sie dies offenbar im Kreis von Freunden und Familie bereits jetzt tut.

2

1. Der Chefarzt eines katholischen Krankenhauses verstößt gegen das Verbot in Art. 5 Abs. 2 GO, eine nach dem Glaubensverständnis und der Rechtsordnung der Kirche ungültige Ehe abzuschließen, wenn er nach erfolgter Scheidung eine zweite Ehe eingeht.

2. Stellt ein derartiges Verhalten danach einen an sich geeigneten Kündigungsgrund iSd § 1 Abs. 2 KSchG dar, so kann die Kündigung gleichwohl sozial ungerechtfertigt sein, wenn der katholische Arbeitgeber im Zusammenhang mit der Kündigung den arbeitsrechtlichen Gleichbehandlungsgrundsatz verletzt. Der Arbeitgeber kann überdies mit der Kündigung gegen das Verbot widersprüchlichen Verhaltens iSd § 242 BGB verstoßen.

Art./§§ 2 Abs. 1, 12 Abs. 1, 140 GG, 137 Abs. 3 WRV,
1 Abs. 2 KSchG, c. 1085 § 2 CIC
LAG Düsseldorf, Urteil vom 1. Juli 2010 -5 Sa 996/09[1]-

Die Parteien streiten über die Rechtswirksamkeit einer ordentlichen Kündigung der Beklagten.

Der 1962 geborene Kläger ist auf der Grundlage eines Dienstvertrags vom 12.10.1999 ab dem 1.1.2000 als „Abteilungsarzt der Abteilung der medizinischen Klinik (Innere Medizin)" des St. W.-Krankenhauses in F. beschäftigt. Er führt die Dienstbezeichnung „Chefarzt". Kirchliche Trägerin des Krankenhauses ist die Beklagte.

---

1 Aml. Leitsätze. ArbuR 2010, 442 (LS); BB 2010, 2564 (LS); FamFR 2010, 456 (LS); KRS 10.063; MedR 2011, 169; RDG 2011, 20; LAGE § 611 BGB 2002 Kirchliche Arbeitnehmer Nr. 4; ZMV 2010, 272 (LS). Die Revision der Beklagten wurde zurückgewiesen; BAG, Urteil vom 8.9.2011 - 2 AZR 543/10- BAGE 139, 144.

Im Dienstvertrag vom 12.10.1999, auf den die Bestimmungen des Kündigungsschutzgesetzes Anwendung finden, heißt es unter anderem:

„Grundlage des Vertrages
Das St. W.-Krankenhaus ist ein katholisches Krankenhaus.
Mit diesem Krankenhaus erfüllt der Träger eine Aufgabe der Caritas als eine Lebens- und Wesensäußerung der Katholischen Kirche. Mitarbeiter im Krankenhaus leisten deshalb ihren Dienst im Geist christlicher Nächstenliebe. Dienstgeber und alle Mitarbeiter des Krankenhauses bilden ohne Rücksicht auf ihre Tätigkeit und Stellung eine Dienstgemeinschaft, die vom Dienstgeber und allen Mitarbeitern die Bereitschaft zu gemeinsam getragener Verantwortung und vertrauensvoller Zusammenarbeit fordert und ohne Einhaltung der Grundsätze der katholischen Glaubens- und Sittenlehre keinen Bestand haben kann.
In Anerkennung dieser Grundlage und unter Zugrundelegung der vom Erzbischof von Köln erlassenen Grundordnung des kirchlichen Dienstes im Rahmen kirchlicher Arbeitsverhältnisse vom 22.9.93 (Amtsblatt des Erzbistums Köln, S. 222), der Grundordnung für katholische Krankenhäuser in Nordrhein-Westfalen vom 5.11.96 (Amtsblatt des Erzbistums Köln, S. 321), der Satzung des Krankenhauses und dem Organisationsstatut in den jeweils geltenden Fassungen wird folgendes vereinbart:
...
§ 10 Vertragsdauer
(1) Der Dienstvertrag wird auf unbestimmte Zeit geschlossen.
(2) Die Zeit vom 1. Januar 2000 bis 30. Juni 2000 (6 Monate) gilt als Probezeit. Während dieser Zeit kann das Dienstverhältnis beiderseits ohne Angabe von Gründen mit einer Frist von einem Monat zum Monatsende gekündigt werden.
(3) Nach der Probezeit kann das Dienstverhältnis von beiden Parteien mit einer Frist von 6 Monaten zum Schluss eines Kalendervierteljahres gekündigt werden.
(4) Das Recht zur Kündigung aus wichtigem Grund nach § 626 BGB bleibt unberührt. Als wichtige Gründe zählen u. a. insbesondere:
1. erhebliche, den Betrieb des Krankenhauses oder der Fachabteilung in Bestand oder Entwicklung gefährdende, hemmende oder schädigende Tatsachen, die in der Person oder in dem Verhalten des Arztes liegen, z.B. Feststellung einer Suchtkrankheit,
2. ein grober Verstoß gegen kirchliche Grundsätze, z.B. Erklärung des Kirchenaustritts, Beteiligung an einer Abtreibung, Leben in kirchlich ungültiger Ehe oder eheähnlicher Gemeinschaft.
(5) Die Kündigung bedarf der Schriftform.
(6) Das Dienstverhältnis endet ohne Kündigung mit der Erreichung der in § 19 Abs. 3 AVR der jeweils gültigen Fassung festgelegten Altersgrenze oder mit Ablauf des Monats, in dem der Bescheid über eine vom Rentenversicherungsträger oder von einer anderen Versorgungseinrichtung festgestellte Berufs- oder Erwerbsunfähigkeit dem Arzt zustellt wird."

Die „Grundordnung des kirchlichen Dienstes im Rahmen kirchlicher Arbeitsverhältnisse vom 22.9.1993" (GO) enthält unter anderem folgende Regelungen:

Art. 4 Loyalitätsobliegenheiten
(1) Von den katholischen Mitarbeiterinnen und Mitarbeitern wird erwartet, dass sie die

Grundsätze der katholischen Glaubens- und Sittenlehre anerkennen und beachten. Insbesondere im pastoralen, katechetischen und erzieherischen Dienst sowie bei Mitarbeiterinnen und Mitarbeitern, die aufgrund einer Missio canonica tätig sind, ist das persönliche Lebenszeugnis im Sinne der Grundsätze der katholischen Glaubens- und Sittenlehre erforderlich. Dies gilt auch für leitende Mitarbeiterinnen und Mitarbeiter.
(2) Von nichtkatholischen christlichen Mitarbeiterinnen und Mitarbeitern wird erwartet, dass sie die Wahrheiten und Werte des Evangeliums achten und dazu beitragen, sie in der Einrichtung zur Geltung zu bringen.
(3) Nichtchristliche Mitarbeiterinnen und Mitarbeiter müssen bereit sein, die ihnen in einer kirchlichen Einrichtung zu übertragenden Aufgaben im Sinne der Kirche zu erfüllen.
(4) Alle Mitarbeiterinnen und Mitarbeiter haben kirchenfeindliches Verhalten zu unterlassen. Sie dürfen in ihrer persönlichen Lebensführung und in ihrem dienstlichen Verhalten die Glaubwürdigkeit der Kirche und der Einrichtung, in der sie beschäftigt sind, nicht gefährden.
Art. 5 Verstöße gegen Loyalitätsobliegenheiten
(1) Erfüllt eine Mitarbeiterin oder ein Mitarbeiter die Beschäftigungsanforderungen nicht mehr, so muss der Dienstgeber durch Beratung versuchen, dass die Mitarbeiterin oder der Mitarbeiter diesen Mangel auf Dauer beseitigt. Im konkreten Fall ist zu prüfen, ob schon ein solches klärendes Gespräch oder eine Abmahnung, ein formeller Verweis oder eine andere Maßnahme (z.B. Versetzung, Änderungskündigung) geeignet sind, dem Obliegenheitsverstoß zu begegnen. Als letzte Maßnahme kommt eine Kündigung in Betracht.
(2) Für eine Kündigung aus kirchenspezifischen Gründen sieht die Kirche insbesondere folgende Loyalitätsverstöße als schwerwiegend an:
- Verletzungen der gem. Artikel 3 und 4 von einer Mitarbeiterin oder einem Mitarbeiter zu erfüllenden Obliegenheiten, insbesondere Kirchenaustritt, öffentliches Eintreten gegen tragende Grundsätze der katholischen Kirche (z.B. hinsichtlich der Abtreibung) und schwerwiegende persönliche sittliche Verfehlungen,
- Abschluss einer nach dem Glaubensverständnis und der Rechtsordnung der Kirche ungültigen Ehe,
- Handlungen, die kirchenrechtlich als eindeutige Distanzierung von der katholischen Kirche anzusehen sind, vor allem Abfall vom Glauben (Apostasie oder Häresie gem. c. 1364 § 1 iVm c. 751 DIC), Verunehrung der heiligen Eucharistie (c. 1367 CIC), öffentliche Gotteslästerung und Hervorrufen von Hass und Verachtung gegen Religion und Kirche (c. 1369 CIC), Straftagen gegen die kirchlichen Autoritäten und die Freiheit der Kirche (insbesondere gem. den cc. 1373, 1374 CIC).

(3) Ein nach Absatz 2 generell als Kündigungsgrund in Betracht kommendes Verhalten schließt die Möglichkeit einer Weiterbeschäftigung aus, wenn es begangen wird von pastoral, katechetisch oder leitend tätigen Mitarbeiterinnen und Mitarbeitern oder Mitarbeiterinnen und Mitarbeitern, die aufgrund einer Missio canonica tätig sind. Von einer Kündigung kann ausnahmsweise abgesehen werden, wenn schwerwiegende Gründe des Einzelfalles diese als unangemessen erscheinen lassen.
(4) Wird eine Weiterbeschäftigung nicht bereits nach Absatz 3 ausgeschlossen, so hängt im Übrigen die Möglichkeit einer Weiterbeschäftigung von den Einzelfallumständen ab, insbesondere vom Ausmaß einer Gefährdung der Glaubwürdigkeit von Kirche und kirchlicher Einrichtung, von der Belastung der kirchlichen Dienstgemeinschaft, der Art der Einrichtung, dem Charakter der übertragenen Aufgabe, deren Nähe zum kirchlichen Verkündigungsauftrag, von der Stellung der Mitarbeiterin oder des Mitarbeiters in der

Einrichtung sowie von der Art und dem Gewicht der Obliegenheitsverletzung. Dabei ist auch zu berücksichtigen, ob eine Mitarbeiterin oder ein Mitarbeiter die Lehre der Kirche bekämpft oder sie anerkennt, aber im konkreten Fall versagt.
(5) Mitarbeiterinnen oder Mitarbeiter, die aus der katholischen Kirche austreten, können nicht weiterbeschäftigt werden.
Im Fall des Abschlusses einer nach dem Glaubensverständnis und der Rechtsordnung der Kirche ungültigen Ehe scheidet eine Weiterbeschäftigung jedenfalls dann aus, wenn sie unter öffentliches Ärgernis erregenden oder die Glaubwürdigkeit der Kirche beeinträchtigenden Umständen geschlossen wird (z.B. nach böswilligem Verlassen von Ehepartner und Kindern).

Der danach auf das Arbeitsverhältnis der Parteien einwirkende Codex Iuris Canonici (CIC) lautet, soweit für den vorliegenden Rechtsstreit von Bedeutung:

§ 1 Ungültig schließt eine Ehe, wer durch das Band einer früheren Ehe gebunden ist, auch wenn diese nicht vollzogen worden ist.
§ 2 Mag auch eine frühere Ehe aus irgendeinem Grund nichtig oder aufgelöst worden sein, so ist deshalb eine neue Eheschließung noch nicht erlaubt, bevor die Nichtigkeit bzw. die Auflösung der früheren Ehe rechtmäßig und sicher feststeht.

Die erste Ehefrau des Klägers trennte sich von ihm im August 2005. Die Ehe wurde im März 2008 geschieden, besteht aber nach katholischem Kirchenrecht fort. Aus dieser Ehe sind zwei Töchter im Alter von jetzt 17 und 19 Jahren hervorgegangen. Im August 2008 heiratete der Kläger in standesamtlicher Form zum zweiten Mal.

Nachdem die Beklagte unter Umständen, die zwischen den Parteien teilweise streitig sind, von der zweiten Ehe des Klägers erfahren hatte, hörte sie die bei ihr bestehende Mitarbeitervertretung (MAV) mit Schreiben vom 20.3.2009 zu einer beabsichtigten ordentlichen Kündigung des Klägers an. Die MAV antwortete mit Schreiben vom 27.3.2009, dass eine Stellungnahme nicht beabsichtigt sei. Mit Schreiben vom 30.3.2009 kündigte die Beklagte darauf das mit dem Kläger bestehende Arbeitsverhältnis fristgerecht zum 30.9.2009.

Mit seiner Kündigungsschutzklage macht der Kläger geltend, die ausgesprochene Kündigung sei, da sozial ungerechtfertigt, rechtsunwirksam. Die zweite, nur standesamtlich geschlossene Ehe stelle keinen Grund für die Kündigung des Arbeitsverhältnisses dar. Er habe hinsichtlich seiner ersten Ehe ein kirchliches Eheannullierungsverfahren eingeleitet; die Beklagte sei verpflichtet gewesen, den Ausgang dieses Verfahrens abzuwarten. Als Chefarzt sei er weder als leitender Angestellter noch als Verkündungsträger iSv Art. 5 Abs. 3 GO anzusehen. Aus Anlass seiner Wiederheirat sei es nicht zu einem öffentlichen Ärgernis iSv Art. 5 Abs. 5 GO gekommen; überdies sei er von seiner früheren Ehefrau böswillig verlassen worden. Dem damaligen Geschäftsführer Q. der Beklagten sei bereits im Jahre 2006 bekannt gewesen, dass er, der Kläger, schon damals in einer eheähnlichen Gemeinschaft mit seiner späteren zweiten Ehefrau gelebt habe. Hiervon sei im Herbst 2006 auch der weitere Geschäftsführer C. informiert worden. Schließlich liege eine unzulässige Ungleichbehandlung vor, da nach seinem Kenntnisstand weitere Chefärzte eingestellt und/oder weiterbeschäftigt worden seien, obwohl sie ebenfalls geschieden und/oder wiederverheiratet seien.

Die Beklagte begründet die Kündigung und den Klageabweisungsantrag damit, dass der Kläger eine im Sinne des katholischen Kirchenrechts ungültige Ehe eingegangen sei und dadurch in erheblicher Weise gegen seine Verpflichtungen aus dem Arbeitsverhältnis verstoßen habe. Kündigung des Klägers sei bereits aus Art. 5 Abs. 3 GO gerechtfertigt; eine Interessenabwägung iSv Art. 5 Abs. 5 GO komme nicht in Betracht. Der Kläger habe in einem Personalgespräch am 25.11.2008 auf Befragen eingeräumt, dass er geschieden sei und mit einer ehemaligen Assistenzärztin seiner Abteilung eine zweite Ehe eingegangen sei. Die Assistenzärztin habe inzwischen vorzeitig zum 30.6.2007 gekündigt. Der Kläger habe mit Rücksicht auf seine beiden Kinder von einer kirchlichen Annullierung seiner ersten Ehe abgesehen, bevor er im August 2008 standesamtlich die zweite Ehe eingegangen sei. Am 26.1.2009 habe der Kläger sie darüber unterrichtet, dass er inzwischen doch die kirchenrechtliche Annullierung seiner ersten Ehe beantragt habe. Das Verhalten des Klägers stelle einen schwerwiegenden Loyalitätsverstoß gem. Art. 5 Abs. 2 GO dar. Anhaltspunkte, die es iSv Art. 5 Abs. 3 Satz 2 GO rechtfertigten, ausnahmsweise von einer Kündigung abzusehen, seien nicht gegeben und vom Kläger auch nicht vorgetragen. Auf das noch anhängige kirchliche Ehenichtigkeitsverfahren könne sich der Kläger nicht berufen.

Mit Urteil vom 30.7.2009 hat das Arbeitsgerichts Düsseldorf (6 Ca 2377/09, n.v.) der Klage stattgegeben. Angesichts des noch nicht abgeschlossenen Ehenichtigkeitsverfahrens stehe noch nicht fest, ob tatsächlich eine ungültige Ehe iSv c. 1055 § 1 CIC vorliege. Ein Verstoß gegen c. 1085 § 2 CIC reiche zur Begründung der Kündigung nicht aus.

Mit der Berufung vertieft die Beklagte ihr erstinstanzliches Vorbringen, wonach die Eingehung einer nach c. 1085 § 1 CIC einen gem. Art. 5 Abs. 3 GO absoluten Kündigungsgrund darstellt; auch die von ihr vorgenommene Interessenabwägung sei nicht zu beanstanden.

Der Kläger verteidigt das arbeitsgerichtliche Urteil und hält sein erstinstanzliches Vorbringen aufrecht, wonach den damaligen Geschäftsführern Q. und C. bereits im Jahre 2006 bekannt gewesen sei, dass er in einer nichtehelichen Lebensgemeinschaft lebe.

Auf das Vorbringen des Klägers, die Beklagte habe andere Chefärzte trotz Ehescheidung und Wiederverheiratung angestellt bzw. weiterbeschäftigt, lässt die Beklagte vortragen, dass ein Teil der benannten Ärzte nicht römisch-katholischer Konfession oder nicht wiederverheiratet sei; andere arbeiteten in Krankenhäusern, die nicht in der Trägerschaft der Beklagten stünden. Allenfalls bei dem in den 80er Jahren verstorbenen Chefarzt Dr. T. könne ein vergleichbarer Sachverhalt angenommen werden. Das gleiche gelte für den Chefarzt Dr. C., der seine Wiederverheiratung aber erst einen Monat vor dem altersbedingten Ausscheiden aus dem Arbeitsverhältnis angezeigt habe; in diesem Fall sei von einer Kündigung abgesehen worden.

Das Landesarbeitsgericht hat über die Behauptung des Klägers, der Beklagten seien bereits 2006 Informationen über die nichteheliche Lebensgemeinschaft des Klägers zugegangen, Beweis erhoben durch Vernehmung des Zeugen Q. und des Geschäftsführers C. der Beklagten als Partei.

Die Berufung der Beklagten blieb ohne Erfolg.

Aus den Gründen:

[71] In der Sache selbst hatte das Rechtsmittel...keinen Erfolg.

[72] Das Arbeitsverhältnis der Parteien ist durch die Kündigung der Beklagten vom 30.3.2009 nicht zum 30.9.2009 beendet worden, weil die Kündigung nicht durch im Verhalten des Klägers liegende Gründe bedingt und damit sozial ungerechtfertigt gewesen ist, § 1 Abs. 2 KSchG.

[73] 1. Eine Kündigung ist durch Gründe im Verhalten des Arbeitnehmers bedingt, wenn der Arbeitnehmer mit dem ihm vorgeworfene Verhalten eine Vertragspflicht - in der Regel schuldhaft - erheblich verletzt hat, das Arbeitsverhältnis dadurch konkret beeinträchtigt wird, eine zumutbare Möglichkeit einer anderen Beschäftigung nicht besteht und die Lösung des Arbeitsverhältnisses in Abwägung der Interessen beider Vertragsteile billigenswert und angemessen erscheint (BAG 10.12.2009 -2 AZR 55/09- DB 2010, 1016, KirchE 54, 481; BAG 31.5.2007 -2 AZR 200/06- AP Nr. 57 zu § 1 KSchG 1969 Verhaltensbedingte Kündigung).

[74] 2. Hiernach war die Beklagte grundsätzlich berechtigt, das mit dem Kläger bestehende Arbeitsverhältnis unter Einhaltung der ordentlichen Kündigungsfrist zum 30.9.2009 zu beenden, weil der Kläger durch die Eingehung einer zweiten Ehe schuldhaft gegen eine ihm obliegende Vertragspflicht verstoßen hat.

[75] 2.1 Allerdings steht dem Kläger - auch im Rahmen eines Arbeitsverhältnisses - das Recht auf freie Entfaltung seiner Persönlichkeit iSv Art. 2 Abs. 1 GG zu. Dieses Grundrecht umfasst auch die Freiheit, eine zweite Ehe einzugehen, und berührt damit die Gestaltung des privaten Lebensbereichs eines Arbeit-

nehmers. Diese Gestaltung steht aber grundsätzlich außerhalb der Einflusssphäre des Arbeitgebers und wird durch arbeitsvertragliche Pflichten nur insoweit eingeschränkt, als sich das private Verhalten auf den betrieblichen Bereich auswirkt und dort zu Störungen führt. Berührt außerdienstliches Verhalten den arbeitsvertraglichen Pflichtenkreis nicht, so ist der Arbeitgeber grundsätzlich nicht berechtigt, die ihm bekannt gewordenen Umstände aus der Privatsphäre des Arbeitnehmers durch den Ausspruch einer Kündigung zu missbilligen (BAG 16.9.2004 -2 AZR 447/03- AP Nr. 44 zu § 611 BGB Kirchendienst, KirchE 46, 126; BAG 23.06.1994 -2 AZR 617/93- BAGE 77, 128).

[76] 2.2 Indessen muss sich der Kläger vorhalten lassen, dass er sich in einem kirchlich geprägten Arbeitsverhältnis mit der Beklagten befindet. Auf dieses Arbeitsverhältnis findet die „Grundordnung der Katholischen Kirche für den kirchlichen Dienst im Rahmen kirchlicher Arbeitsverhältnisse" (GO) Anwendung. Nach dessen Art. 5 Abs. 2 ist der Eheschluss einer nach dem Glaubensverständnis und der Rechtsordnung der Kirche ungültigen Ehe ein Loyalitätsverstoß, der für eine Kündigung als schwerwiegend anzusehen ist. Mit seiner zweiten Ehe hat der Kläger damit gegen den Grundsatz der Unauflöslichkeit der Ehe verstoßen, der zu den wesentlichen Grundsätzen der katholischen Glaubens- und Sittenlehre gehört. Dies ergibt sich nicht zuletzt aus c. 1085 §§ 1 und 2 CIC.

[77] 2.2.1 Das allgemeine Persönlichkeitsrecht des Klägers, das grundgesetzlich verbürgt ist, kollidiert danach mit dem ebenfalls Verfassungsrang genießenden Recht der Kirchen, in den Schranken der für alle geltenden Gesetze den kirchlichen Dienst nach ihrem Selbstverständnis selbst zu regeln und diese spezifischen Obliegenheiten kirchlicher Arbeitnehmer für das Arbeitsverhältnis verbindlich machen zu können (BVerfG 4.6.1985 -2 BvR 1703/83, AP Nr. 24 zu Art. 140 GG, KirchE 23, 105; BAG 16.9.2004, aaO, mit weiteren Hinweisen auf die Rechtsprechung des Bundesverfassungsgerichts). Dieses Selbstordnungs- und Selbstverwaltungsgarantie, die letztlich aus Art. 140 GG iVm Art. 137 Abs. 3 WRV abzuleiten ist, kommt nicht nur den verfassten Kirchen und deren rechtlich selbstständigen Teilen zugute, sondern allen der Kirche in bestimmter Weise zugeordneten Einrichtungen ohne Rücksicht auf ihre Rechtsform, wenn sie nach kirchlichem Selbstverständnis ihrem Zweck und ihrer Aufgabe entsprechend berufen sind, ein Stück des Auftrags der Kirche wahrzunehmen und zu erfüllen (Bundesverfassungsgericht 4.6.1985, aaO). Bedienen sich die Kirchen, wie jedermann der Privatautonomie zur Begründung von Arbeitsverhältnissen, so findet auf diese das staatliche Arbeitsrecht Anwendung. Die Einbeziehung der kirchlichen Arbeitsverhältnisse in das staatliche Arbeitsrecht hebt indessen deren Zugehörigkeit zu den „eigenen Angelegenheiten" der Kirche nicht auf. Die Verfassungsgarantie des Selbstbestimmungsrechts bleibt für die Gestaltung

dieser Arbeitsverhältnisse wesentlich. Auch im Wege des Vertragsschlusses können daher einem kirchlichen Arbeitnehmer besondere Obliegenheiten einer kirchlichen Lebensführung auferlegt werden. Werden solche Loyalitätspflichten in einem Arbeitsvertrag festgelegt, nimmt der kirchliche Arbeitgeber nicht nur die allgemeine Vertragsfreiheit für sich in Anspruch; er macht zugleich von seinem verfassungskräftigen Selbstbestimmungsrecht Gebrauch.

[78] Die Gestaltungsfreiheit des kirchlichen Arbeitgebers nach Art. 137 Abs. 3 Satz 1 WRV für die auf Vertragsebene begründeten Arbeitsverhältnisse steht unter dem Vorbehalt des für alle geltenden Gesetzes. Zu diesem gehören von ihrer Zielsetzung und ihrer rechtspolitischen Bedeutung her auch die kündigungsschutzrechtlichen Vorschriften der §§ 1 KSchG, 626 BGB. Deren grundsätzliche Geltung für den kirchlichen Dienst steht nach allgemeiner Meinung außer Zweifel. Damit ist jedoch nicht gesagt, dass diese staatlichen Regelungen in jedem Fall dem kirchlichen Selbstbestimmungsrecht vorgehen. Die inkorporierten Kirchenartikel der Weimarer Reichsverfassung bilden mit dem Grundgesetz ein organisches Ganzes. Art. 137 Abs. 3 Satz 1 WRV gewährleistet mit Rücksicht auf das zwingende Erfordernis des friedlichen Zusammenlebens von Staat und Kirche sowohl das selbstständige Ordnen und Verwalten der eigenen Angelegenheiten durch die Kirchen als auch den staatlichen Schutz anderer für das Gemeinwesen bedeutsamer Rechtsgüter. Daraus folgt: Gewährleistet die Verfassungsgarantie des kirchlichen Selbstbestimmungsrechts, dass die Kirchen bei der arbeitsvertraglichen Gestaltung des kirchlichen Dienstes das Leitbild einer christlichen Dienstgemeinschaft zugrunde legen und die Verbindlichkeit kirchlicher Grundpflichten bestimmen können, so ist diese Gewährung bei der Anwendung des Kündigungsschutzrechts auf Kündigung von Arbeitsverhältnissen wegen der Verletzung der sich daraus für die Arbeitnehmer ergebenden Loyalitätsobliegenheiten aus verfassungsrechtlichen Gründen zu berücksichtigen und ihre Tragweite festzustellen. Eine Rechtsanwendung, bei der die vom kirchlichen Selbstverständnis her gebotene Verpflichtung der kirchlichen Arbeitnehmer auf grundlegende Maximen kirchlichen Rechts arbeitsrechtlich ohne Bedeutung bliebe, widerspräche dem verfassungsverbürgten Selbstbestimmungsrecht der Kirche (so ausdrücklich: Bundesverfassungsgericht 4.6.1985, aaO).

[79] Es bleibt danach grundsätzlich den verfassten Kirchen überlassen, verbindlich zu bestimmen, was „die Glaubwürdigkeit der Kirche und ihrer Verkündigung erfordert“, was „spezifisch kirchliche Aufgaben“ sind, was „Nähe“ zu ihnen bedeutet, welches die „wesentlichen Grundsätze der Glaubens- und Sittenlehre“ sind und was als - gegebenenfalls schwerer - Verstoß gegen diese anzusehen ist. Auch die Entscheidung darüber, ob und wie innerhalb der im Kirchlichen tätigen Mitarbeiter eine Abstufung der Loyalitätspflichten eingreifen soll, ist grundsätzlich eine dem kirchlichen Selbstbestimmungsrecht unter-

liegende Angelegenheit. Soweit diese kirchlichen Vorgaben den anerkannten Maßstäben der verfassten Kirchen Rechnung tragen, was in Zweifelsfällen durch entsprechende gerichtliche Rückfragen bei den zuständigen Kirchenbehörden aufzuklären ist, sind die Arbeitsgerichte an sie gebunden, es sei denn, die Gerichte begäben sich dadurch in Widerspruch zu Grundprinzipien der Rechtsordnung, wie sie im allgemeinen Willkürverbot oder etwa in dem Begriff der „guten Sitten" ihren Niederschlag gefunden haben. Es bleibt in diesem Bereich somit Aufgabe der staatlichen Gerichtsbarkeit, sicherzustellen, dass die kirchlichen Einrichtungen nicht in Einzelfällen unannehmbare Anforderungen - insoweit möglicherweise entgegen den Grundsätzen der eigenen Kirche und der daraus folgenden Fürsorgepflicht - an die Loyalität ihrer Arbeitnehmer stellen. Im Übrigen obliegt es den Arbeitsgerichten, den Sachverhalt festzustellen und unter die kirchlicherseits vorgegebenen, arbeitsrechtlich abgesicherten Loyalitätsobliegenheiten zu subsumieren (Bundesverfassungsgericht 4.6.1985, aaO).

[80] 2.2.2 Hiernach ist festzuhalten, dass der Kläger durch die Eingehung seiner zweiten Ehe gegen das Verbot in Art. 5 Abs. 2 GO verstoßen hat, eine nach dem Glaubensverständnis und der Rechtsordnung der Kirche ungültigen Ehe abzuschließen.

[81] Entgegen der im ersten Rechtszug geäußerten Auffassung ist der Kläger als Chefarzt der Abteilung „Innere Medizin" als Verkündungsträger und leitend tätiger Mitarbeiter iSd Art. 5 Abs. 3 GO anzusehen. Hiernach erweist sich sein Verhalten gem. Art. 5 Abs. 3 GO generell als Kündigungsgrund, das die Möglichkeit einer Weiterbeschäftigung in der Regel ausschließt.

[82] Nach Darstellung der Beklagten in beiden Rechtszügen hat sie darüber hinaus geprüft, ob von der streitbefangenen Kündigung ausnahmsweise abgesehen werden kann, weil schwerwiegende Gründe des Einzelfalles diese als unangemessen erscheinen ließe, Art. 5 Abs. 3 Satz 2 GO. Die Beklagte hat das Vorliegen derartiger Ausnahmetatbestände verneint; hieran ist die erkennende Kammer gebunden, weil es insoweit um die Bewertung vertraglicher Loyalitätspflichten auf der Grundlage der vorgegebenen kirchlichen Maßstäbe geht.

[83] 2.2.3 Der Kläger kann sich zur Begründung seiner entgegengesetzten Rechtsauffassung auch nicht auf das noch schwebende Ehenichtigkeitsverfahren berufen. Da der Kläger durch seine Wiederverheiratung gegen die in c. 1084 CIC niedergelegten Grundsätze verstoßen und damit wesentliche kirchliche Grundsätze der katholischen Kirche nicht eingehalten hat, stellt die Eingehung einer Ehe einen Kündigungsgrund dar. Dies gilt selbst dann, wenn aufgrund des vom Kläger eingeleiteten Ehenichtigkeitsverfahrens seine erste Ehe mit ex-tunc-Wirkung für nichtig erklärt werden sollte. Dann lag zum Zeitpunkt der Kündigung jedenfalls ein Verstoß gegen c. 1085 § 2 CIC vor, der - insoweit entgegen

der Auffassung des Arbeitsgerichts - ebenfalls zur Kündigung berechtigten würde.

[84] 3. Gleichwohl erweist sich die streitbefangene Kündigung vom 30.3.2009 im Ergebnis als rechtsunwirksam, weil die bei jeder Kündigung vorzunehmende umfassende Interessenabwägung - ausnahmsweise - zu Gunsten des Klägers auszugehen hat.

[85] 3.1 Die Beklagte hat zunächst im Zusammenhang mit dem Ausspruch der Kündigung den arbeitsrechtlichen Gleichbehandlungsgrundsatz nicht ausreichend beachtet und hierdurch den Kläger in unzulässiger Art und Weise benachteiligt.

[86] 3.1.1 Nach der ständigen Rechtsprechung des Bundesarbeitsgerichts kann die Unwirksamkeit einer Kündigung nicht unmittelbar aus einer Verletzung des Gleichbehandlungsgebotes hergeleitet werden. Dieser Grundsatz ist mit dem Gebot, bei der Prüfung des Kündigungsgrundes die Umstände des jeweiligen Einzelfalles umfassend abzuwägen, nur beschränkt zu vereinbaren. Eine nur mittelbare Auswirkung auf die Interessenabwägung kann der Gleichbehandlungsgrundsatz allerdings dann haben, wenn der Arbeitgeber bei gleicher Ausgangslage (gleichartige Pflichtverletzungen) nicht allen beteiligten Arbeitnehmern kündigt und daraus zu schließen ist, dass es für ihn zumutbar ist, das Arbeitsverhältnis auch mit den gekündigten Arbeitnehmern fortzusetzen (BAG 22.2.1979 -2 AZR 115/78- EzA § 103 BetrVG 1972 Nr. 23; vgl. auch: LAG Düsseldorf 4.11.2005 -9 Sa 993/05- DB 2006, 455).

[87] 3.1.2 Hiernach muss davon ausgegangen werden, dass es der Beklagten zumutbar war, das Arbeitsverhältnis mit dem Kläger fortzusetzen, weil sie anderen, mit dem Kläger vergleichbare Arbeitnehmer, die sich in derselben Situation befinden, keine Kündigung ausgesprochen hat.

[88] Nach den Feststellungen der Kammer im zweiten Rechtszug steht fest, dass der geschiedene und wiederverheiratet Arzt Dr. T. genauso wenig gekündigt worden ist, wie Herr Dr. C. Die Beklagte weist zwar im Falle Dr. T. darauf hin, dass es sich um einen lang zurückliegenden Fall aus den 80er Jahren gehandelt hätte und dass eine Kündigung von Herrn Dr. C. unterlassen worden wäre, weil er einen Monat nach Unterrichtung über seine zweite Ehe aus Altersgründen ausschied. Insgesamt zeigt aber schon dieses Verhalten der Beklagten, dass sie in der Vergangenheit die in Art. 5 Abs. 2 und 3 GO aufgeführten Loyalitätspflichtverletzungen nicht als „absoluten Kündigungsgrund" ansah, sondern offensichtlich bereit war, die Verstöße unter bestimmten Umständen zu tolerieren.

[89] 3.1.3 Die Beklagte hat aber vor allen Dingen den arbeitsrechtlichen Gleichbehandlungsgrundsatz verletzt, weil sie zwei weitere für sie tätige Chef-

ärzte, Herrn Dr. I. und Herrn Prof. U. anders behandelt hat als den Kläger, obwohl sie sich in einer vergleichbaren Situation befanden.

[90] 3.1.3.1 Der allgemeine Gleichbehandlungsgrundsatz ist Ausdruck des Gerechtigkeitsgedankens im Grundgesetz und fundamentales Rechtsprinzip. Er zielt darauf ab, eine Gleichbehandlung von Personen in vergleichbaren Sachverhalten sicherzustellen und eine gleichheitswidrige Regelbildung auszuschließen. Er kommt insbesondere zur Anwendung, wenn die Betriebsparteien (oder der Arbeitgeber) bei einer Regelung unterschiedliche Gruppen bilden. Eine unterschiedliche Gruppenbildung liegt vor, wenn für verschiedene Arbeitnehmergruppen unterschiedliche Rechtsfolgen vorgesehen sind. Dann verlangt der Gleichheitssatz, dass diese Unterscheidung sachlich gerechtfertigt ist. Dabei verstößt eine sachverhaltsbezogene Ungleichbehandlung erst dann gegen den allgemeinen Gleichheitssatz, wenn sie willkürlich ist, weil sich ein vernünftiger Grund für die Differenzierung nicht finden lässt. Dagegen ist bei einer personenbezogenen Ungleichbehandlung der Gleichheitssatz bereits dann verletzt, wenn eine Gruppe von Normadressaten im Vergleich zu anderen Normadressaten anders behandelt wird, obwohl zwischen beiden Gruppen keine Unterschiede von solcher Art und solchem Gewicht bestehen, dass sie die Ungleichbehandlung rechtfertigen könnten. Maßgeblich für das Vorliegen eines hinreichenden Sachgrundes ist dabei vor allem der mit der Regelung verfolgte Zweck (ständige Rechtsprechung des Bundesarbeitsgerichts, vgl. zuletzt: BAG 16.2.2010 -3 AZR 216/09- NZA 2010, 701).

[91] 3.1.2 Danach hat die Beklagte den Kläger durch den Ausspruch der streitbefangenen Kündigung im Sinne der oben genannten Rechtsprechung benachteiligt, ohne hierfür einen sachlichen Grund angeben zu können.

[92] Die Beklagte hat sich vor allen Dingen im zweiten Rechtszug darauf berufen, dass die genannten Chefärzte Prof. U. und Dr. I. nicht römisch-katholischer Konfession (seien). Dies kann eine Ungleichbehandlung des Klägers aber schon deshalb nicht rechtfertigen, weil die Beklagte die Verträge mit den Chefärzten Prof. U. und Dr. I. wie den des Klägers gestaltet und damit zum Ausdruck gebracht hat, dass sie von vergleichbaren Sachverhalten ausgeht. Es ist insofern eine gewisse Selbstbindung der Beklagten eingetreten.

[93] Dies kommt bei dem Dienstvertrag des Dr. I. schon dadurch zum Ausdruck, dass in dem Vertrag als „Grundlage" auch die Grundordnung vom 22.9.1993 als zugrunde gelegt vereinbart wird. Bei Herrn Prof. U., dessen Vertrag bereits aus dem Jahre 1985 stammt, konnte eine Einbeziehung der aus dem Jahre 1993 verabschiedeten Grundordnung nicht erfolgen. Auch in diesem Vertrag wird aber eindeutig das St. W.-Krankenhaus als katholisches Krankenhaus bezeichnet und auf den Leitgedanken der Caritas hingewiesen.

[94] Entscheidend für die Frage, ob vergleichbare Sachverhalte vorliegen, erweist sich allerdings die Gestaltung der Verträge als solche. Auch in dem Dienstvertrag mit Herrn Prof. U. wird als möglicher Kündigungsgrund ein „schwerer Verstoß gegen die Moralgesetze der katholischen Kirche" genannt. Im Vertrag von Herrn Dr. I. findet sich darüber hinaus im Rahmen der Aufzählung der Kündigungsgründe für eine außerordentliche Kündigung nach § 626 BGB, die wortgleich mit der entsprechenden Passage im Dienstvertrag des Klägers übereinstimmt. Danach zählt als wichtiger Grund unter anderem das „Leben in kirchlich ungültiger Ehe oder eheähnlicher Gemeinschaft".

[95] Durch die Gestaltung der genannten Dienstverträge hat die Beklagte zum einen zum Ausdruck gebracht, dass die Arbeitsverhältnisse mit den römisch-katholischen Chefärzten genauso gelebt werden sollen wie die Arbeitsverhältnisse mit den Chefärzten, die nicht römisch-katholischer Konfession sind. Dies wird zum einen durch die Inbezugnahme der Grundordnung deutlich. Wenn die Beklagte in diesem Zusammenhang darauf verweist, dass die Grundordnung in Art. 4 durchaus Unterschiede macht, ob es sich um katholische oder nichtkatholische Mitarbeiterinnen und Mitarbeiter handelt, so trifft dies zwar zu. Gleichwohl hat die Beklagte durch die oben beschriebene konkrete Gestaltung der Anstellungsverträge selbst aber klar gezeigt, dass es ihr in der Tat um eine Gleichbehandlung aller Mitarbeiterinnen und Mitarbeiter ging. Ansonsten hätte z.B. die gleiche Formulierung der wichtigsten Kündigungsgründe in den hier angesprochenen Anstellungsverträgen keinen Sinn gemacht.

[96] 3.1.2.3 Zwischen den Parteien ist letztlich unstreitig, dass sich die Chefärzte Prof. U. und Dr. I. in einer mit dem Kläger vergleichbaren Situation befinden. Da ihnen gegenüber aber weder eine Kündigung ausgesprochen noch sonstige personelle Maßnahmen ergriffen worden sind, stellt die Kündigung des Klägers eine unangemessene Benachteiligung dar. Der damit verbundene Verstoß gegen den arbeitsrechtlichen Gleichbehandlungsgrundsatz führt dann aber zu der Erkenntnis, dass es der Beklagten auch im Falle des Klägers durchaus zumutbar gewesen wäre, das Arbeitsverhältnis mit ihm auch nach Eingehung der zweiten Ehe fortzusetzen.

[97] 3.2 Die Beklagte hat durch ihre Kündigung darüber hinaus gegen das Verbot widersprüchlichen Verhaltens verstoßen; sie hat überdies ihr Kündigungsrecht verwirkt.

[98] 3.2.1 Das Recht des Arbeitgebers zur ordentlichen Kündigung verwirkt, wenn er in Kenntnis eines Kündigungsgrundes längere Zeit untätig bleibt, d.h., die Kündigung nicht ausspricht, obwohl ihm dies möglich und zumutbar wäre (sogenanntes Zeitmoment), wenn er dadurch beim Arbeitnehmer das berechtigte Vertrauen erweckt, die Kündigung werde unterbleiben und wenn der Arbeitnehmer sich deshalb auf den Fortbestand des Arbeitsverhältnisses einrichtet

(sogenanntes Umstandsmoment). Eine dann gleichwohl erklärte Kündigung aus diesem Grund stellt eine unzulässige Rechtsausübung dar und wäre nach Treu und Glauben (§ 272 BGB) rechtsunwirksam (BAG 15.8.2002 -2 AZR 514/01- AP Nr. 42 zu § 1 KSchG 1969 Verhaltensbedingte Kündigung; BAG 20.8.1998 -2 AZR 736/97- RzK I 5c Nr. 26).

[99] Darüber hinaus ist es widersprüchlich und mit Art. 12 Abs. 1 GG nicht zu vereinbaren, wenn der Arbeitgeber einen Kündigungsgrund über längere Zeit „auf Vorrat" hielte, um ihn bei passend erscheinender Gelegenheit geltend zu machen und ein beanstandungsfrei fortgesetztes Arbeitsverhältnis zu einem beliebigen Zeitpunkt kündigen zu können. Auch wenn die ordentliche Kündigung im Gegensatz zur außerordentlichen Kündigung keiner bestimmten Frist unterliegt, innerhalb derer sie nach Kenntnis von einem kündigungsrelevanten Vorfall auszusprechen ist, kann ein Vorfall dennoch irgendwann durch Zeitablauf so an Bedeutung verlieren, dass eine ordentliche Kündigung nicht mehr gerechtfertigt wäre (BAG 15.8.2002, aaO; BAG 20.8.1998, aaO, jeweils mit weiteren Nachweisen auf die Rechtsprechung des Bundesarbeitsgerichts).

[100] Die erkennende Kammer meint, dass es der Beklagten hiernach verwehrt war, sich auf den Kündigungsgrund der zweiten, nach Kirchenrecht ungültigen Ehe zu berufen, obwohl man jahrelang den gleichwertigen Kündigungsgrund „Leben in eheähnlicher Gemeinschaft" akzeptiert oder toleriert hatte.

[101] 3.2.2 Nach Durchführung der Beweisaufnahme im zweiten Rechtszug steht zur Überzeugung der Berufungskammer fest, dass die Beklagte seit Herbst 2006 von der nichteheähnlichen Lebensgemeinschaft mit der neuen Lebensgefährtin des Klägers Kenntnis hatte.

[102] 3.2.2.1 Der im Termin zur mündlichen Verhandlung vom 1.7.2010 vernommene Zeuge Q., der bis zum Ende des Jahres 2006 Geschäftsführer der Beklagten war, hat in seiner Vernehmung angegeben, dass er gegen Ende seiner Dienstzeit von dem weiteren Geschäftsführer C. über das Gerücht informiert worden war, dass der Kläger eine neue Lebensgefährtin haben (solle). Nach dieser - ergiebigen - Aussage war der Beklagten damit seit dem Jahre 2006 bewusst, dass der Kläger nicht mehr mit seiner ersten Ehefrau zusammenlebte und deshalb möglicherweise gegen kirchliche Grundsätze, wie sie in der Grundordnung statuiert sind, verstieß. Hierauf weist auch die Bekundung des Zeugen Q. hin, dass man sich entschlossen hatte, diesen Gerüchten nachzugehen, was letztlich dann wohl doch unterblieben ist.

[103] Die Aussage des Zeugen Q. ist glaubhaft. Sie lässt sich ohne weiteres in den vom Kläger geschilderten Geschehensablauf und den weiteren, zwischen den Parteien unstreitigen Sachverhalt einordnen. Überdies war der Zeuge bemüht, zu den einzelnen Verhalten differenziert Stellung zu nehmen. In diesem

Zusammenhang bekannte er offen und freimütig, dass es jedenfalls mit ihm kein Gespräch über die Trennung von der ersten Ehefrau des Klägers gegeben hatte. Der Zeuge hat darüber hinaus klar und ohne Widersprüche ausgesagt, so dass an seiner Glaubwürdigkeit keine Zweifel bestehen.

[104] 3.2.2.2 Der als Partei vernommene Geschäftsführer C. der Beklagten war hingegen nicht in der Lage, die Behauptungen des Klägers zu bestätigen. Allerdings erweist sich seine Aussage insgesamt als wenig glaubhaft und an einigen Stellen als kaum nachvollziehbar. So hat der Zeuge zunächst vollkommen in Abrede gestellt, über private Lebensumstände des Klägers vor dem November 2008 Kenntnisse gehabt zu haben. Auf Nachfragen des Vorsitzenden und des Klägervertreters konnte er dann allerdings nicht ausschließen, dass es bereits vorher Gerüchte über die Änderung der Lebensumstände des Klägers gegeben haben könnte, und er konnte auch nicht vollständig ausschließen, dass diese Gerüchte dem Zeugen Q. bekannt geworden waren. Im Zusammenhang mit der Übersendung von Briefen des Herrn Dr. L. wurde die Aussage des Geschäftsführers C. dann erkennbar vage und unsicher. Der Zeuge sprach jetzt nur noch davon, dass ihm nicht erinnerlich sei, dass in einem der Briefe auf die neue Lebensgefährtin des Klägers hingewiesen worden war.

[105] Die erkennende Kammer hatte nach Würdigung beider Zeugenaussagen keine Zweifel, dass der vom Zeugen Q. bekundete Lebenssachverhalt zutreffend wiedergegeben worden ist. Dann aber ist davon auszugehen, dass der Beklagten seit Herbst 2006 Gerüchte über die neue Lebensgefährtin und damit über das Vorliegen einer eheähnlichen Lebensgemeinschaft bekannt waren. Es ist weiter davon auszugehen, dass zum damaligen Zeitpunkt zwar beabsichtigt war, diesen Gerüchten nachzugehen, was aber letztlich aus Gründen, die für die Kammer nicht erkennbar geworden sind, unterblieb.

[106] 3.2.2.3 In Ansehung des so festgestellten Sachverhalts steht dann aber auch fest, dass die Beklagte über einen Zeitraum von mehr als drei Jahren Kenntnis über das mögliche Bestehen eines Kündigungsgrundes iSd Art. 5 Abs. 2 und 3 GO hatte. Sie unterließ es in dieser Zeit gleichwohl, sich genaue Erkenntnisse über den geschilderten Sachverhalt zu verschaffen, um gegebenenfalls eine Kündigung auszusprechen. Das der Verwirkung immanente Zeitmoment ist demgemäß erfüllt.

[107] Dasselbe gilt für das kumulativ vorliegende Umstandsmoment. Dem Kläger war bekannt, dass er sich in einer eheähnlichen Lebensgemeinschaft befand, die nach seinem Anstellungsvertrag und der Regelung in der Grundordnung zu einem „absoluten" Kündigungsgrund führen sollte. Er konnte deshalb in Ansehung der Tatsache, dass von Seiten der Beklagten keinerlei Reaktion erfolgte, davon ausgehen, dass sein Verhalten zu keinerlei Beanstandungen

führte und dass die Beklagte jedenfalls keine Veranlassung sah, mit personellen Maßnahmen einzuschreiten.

[108] 3.2.2.4 Das Kündigungsrecht der Beklagten war demgemäß verwirkt, als sie sich nach der Eingehung der zweiten Ehe des Klägers - nunmehr unerwartet - entschloss, die Kündigung auszusprechen.

[109] Wie oben unter Ziffer 3.2.2.3 ausgeführt, hatte sich die Beklagte offensichtlich entschlossen, das Verhalten des Klägers, nämlich das Leben in einer eheähnlichen Gemeinschaft, anzuerkennen, obwohl es im Anstellungsvertrag des Klägers ausdrücklich als Grund zur wichtigen Kündigung nach § 626 Abs. 1 BGB angegeben worden war. Der Kläger musste demnach nicht nur damit rechnen, wegen dieses Verhaltens gekündigt zu werden; er durfte überdies darauf vertrauen, dass die Beklagte auch eine zweite Ehe, die ebenfalls als Kündigungsgrund im Anstellungsvertrag genannt war, nicht mit einer Kündigung sanktionieren würde.

[110] In diesem Zusammenhang kann sich die Beklagte nicht darauf berufen, dass sich die „Tatumstände" geändert hätten. Es ist zwar richtig, dass der Arbeitgeber bei Kenntnis neuer, weiterer Umstände den Kündigungssachverhalt neu bewerten und sich erst dann zur Kündigung entschließen kann (BAG 15.8.2002, aaO). Hiervon ist aber vorliegend gerade nicht auszugehen. Die Beklagte hatte im Anstellungsvertrag mit dem Kläger unter § 14 die möglichen wichtigen Kündigungsgründe beispielhaft aufgezählt. Dabei hatte sie nicht zum Ausdruck gebracht, dass der eine oder andere Kündigungsgrund höhere Wertigkeit haben sollte. Aus der vertraglichen Gestaltung war und ist vielmehr abzulesen, dass jeder der dort aufgeführten Kündigungsgründe den gleichen Stellenwert genießen sollte und eine - wie auch immer geartete - Abstufung nicht vorgesehen war. Wenn die Beklagte dann aber bei einem Kündigungsgrund (Leben in eheähnlicher Gemeinschaft) nicht reagierte, so war sie ohne weitere Warnung nicht berechtigt, bei einem anderen, gleichwertigen Kündigungsgrund (ungültige Ehe) mit der Kündigung zu reagieren. Hier hätte es eines Hinweises an den Kläger bedurft, der ihn in die Möglichkeit versetzt hätte, die von der Beklagten geforderten Verhaltensweisen umzusetzen. In diesem Zusammenhang wäre es sicherlich auch eine angemessene Reaktion der Beklagten gewesen, ein etwaiges Eheannullierungsverfahren und eine dort ergehende Entscheidung abzuwarten.

[111] 4. Da das Arbeitsverhältnis der Parteien über den 30.9.2009 fortbesteht, war und ist die Beklagte verpflichtet, den Kläger weiterzubeschäftigen. Es ist der Beklagten auch insoweit versagt, sich auf kirchenrechtliche Besonderheiten zu berufen. Es wird insofern auf die Ausführungen oben unter Ziffer 1 bis 3 verwiesen.

3
Beruft sich der Schutzsuchende auf eine Verfolgungsgefährdung mit der Begründung, er sei in Deutschland zu einer in seinem Herkunftsland bekämpften Religion übergetreten, muss festgestellt werden können, dass die Hinwendung zu der angenommenen Religion auf einer festen Überzeugung und einem ernst gemeinten religiösen Einstellungswandel und nicht auf Opportunitätserwägungen beruht.

Art./§ 60 Abs. 1 AufenthG, 10 EGRL 83/2004
VG Düsseldorf, Urteil vom 7. Juli 2013 -16 K 6522/09.A[1]-

Der Kläger ist eigenen Angaben zufolge am 1989 in Kirkuk/Irak geboren, irakischer Staatsangehöriger und kurdischer Volkszugehörigkeit. Er reiste im Dezember 2008 in die Bundesrepublik Deutschland und beantragte umgehend beim Bundesamt für Migration und Flüchtlinge (Bundesamt) seine Anerkennung als Asylberechtigter. Bei seiner Anhörung gab er an, er und sein Vater seien Kurde, seine Mutter sei Araberin. Nachdem einer seiner Freunde wegen seiner politischen Einstellung ermordet worden sei, habe er Verfolgungsmaßnahmen befürchtet und sei dieserhalb nach Deutschland geflüchtet.

Mit Bescheid vom 24.9.2009 lehnte das Bundesamt für Migration und Flüchtlinge den Asylantrag des Klägers ab und stellte fest, dass die Voraussetzungen für die Zuerkennung der Flüchtlingseigenschaft und Abschiebungsverbote nach § 60 Abs. 2 bis 7 AufenthG nicht vorliegen.

Nachdem der Kläger hiergegen im Oktober 2009 Klage erhoben hatte, legte er im März 2010 eine Taufbescheinigung des New Life Church e.V. vom 19.12.2009 vor sowie eine Bescheinigung vom selben Tage, in der bescheinigt wird, dass er in der Gemeinde am 19.12.2009 getauft worden sei und davor einen 6-wöchigen Glaubenskurs besucht und erfolgreich absolviert habe. Man sei der Überzeugung, dass der Kläger den christlichen Glauben aktiv auslebe. Alle Fragen, die ihm gestellt worden seien, habe er überzeugend beantworten können. Es sei ihnen eine Freude gewesen, ihn im Glaubenskurs zu unterrichten und zu sehen, wie er alles aufgenommen habe. Er hat ferner eine Bescheinigung des New Life Church e.V. vom 8.12.2009 vorgelegt, in der sein Übertritt zum christlichen Glauben und der regelmäßige Besuch eines sechswöchigen Glaubenskurses bescheinigt wird. Die Prozessbevollmächtigte des Klägers teilte mit, der Vater des Klägers sei Christ gewesen, die Mutter Muslimin.

Das Verwaltungsgericht gibt der Klage statt.

---

1 juris.

Aus den Gründen:

Die Klage hat Erfolg. Der Bescheid des Bundesamtes vom 24.9.2009 ist rechtswidrig und verletzt den Kläger in seinen Rechten. Der Kläger hat einen Anspruch auf Zuerkennung der Flüchtlingseigenschaft nach § 3 Abs. 1 und 4 AsylVfG und Feststellung, dass bei ihm die Voraussetzungen eines Abschiebungsverbotes nach § 60 Abs. 1 AufenthG vorliegen (§ 113 Abs. 5 Satz 1 VwGO). Dem Kläger droht zum entscheidungserheblichen Zeitpunkt der mündlichen Verhandlung mit beachtlicher Wahrscheinlichkeit eine Verfolgung durch quasistaatliche und nichtstaatliche Akteure gem. § 60 Abs. 1 Satz 4 b) und c) AufenthG im Irak wegen seiner Konversion zum christlichen Glauben.

Ein Anspruch auf Zuerkennung der Flüchtlingseigenschaft gem. §§ 3 Abs. 1 und 4 AsylVfG, 60 Abs. 1 AufenthG besteht nur dann, wenn der Asylbewerber die aus Tatsachen begründete Furcht hegen muss, in dem Land, dessen Staatsangehörigkeit er besitzt, wegen seiner Rasse, Religion, Nationalität, Zugehörigkeit zu einer bestimmten sozialen Gruppe oder wegen seiner politischen Überzeugung verfolgt zu werden.

Diese Voraussetzungen liegen im Unterschied zu Art. 16a GG bei § 60 Abs. 1 AufenthG auch bei nichtstaatlicher Verfolgung vor, wenn die Voraussetzungen des Abkommens über die Rechtstellung von Flüchtlingen vom 28.7.1951 (GFK) erfüllt sind. Indessen stimmen Art. 1 A Nr. 2 GFK und Art. 16a GG hinsichtlich der Anknüpfungspunkte für die Verfolgung, hinsichtlich der geschützten Rechtsgüter, der Intensität des Eingriffs und des Gefährdungsmaßstabes überein, vgl. BVerwG, Urteile vom 26.10.1993 -9 C 50/92- NVwZ 1994, 500 und vom 5.7.1994 -9 C 1.94- InfAuslR 1995, 24 zu § 51 Abs, 1 AuslG.

Dies bedeutet, dass die Flüchtlingseigenschaft dann zuzuerkennen ist, wenn der Betreffende in Anknüpfung an seine politische Überzeugung, seine religiöse Grundentscheidung oder an für ihn unverfügbare Merkmale, die sein Anderssein prägen, gezielt Rechtsverletzungen ausgesetzt ist, die ihn ihrer Intensität nach aus der übergreifenden Friedensordnung der staatlichen Einheit ausgrenzen. Ob eine derartige Anknüpfung vorliegt, ist anhand objektiver Kriterien nach der erkennbaren Gerichtetheit der Maßnahme selbst zu beurteilen, auf die subjektiven Motive des Verfolgers kommt es nicht an.

Wann eine Verfolgung wegen der Religion droht, ergibt sich aus § 60 Abs. 1 Satz 5 AufenthG. Danach sind für die Feststellung, ob eine Verfolgung nach Satz 1 vorliegt, Art. 4 Abs. 4 sowie die Artikel 7 bis 10 der Richtlinie 2004/83/EG des Rates vom 29.4.2004 über Mindestnormen für die Anerkennung und den Status von Drittstaatsangehörigen oder Staatenlosen als Flüchtlinge oder als Personen, die anderweitig internationalen Schutz benötigen, und über den Inhalt des zu gewährenden Schutzes (Abl. EU Nr. L 304 S. 12) - Qualifikations-Richtlinie -

ergänzend anzuwenden. Es kann offen bleiben, ob die Pflicht zur (nur) „ergänzenden" Anwendung die Qualifikations-Richtlinie vollständig umsetzt. Da die Umsetzungsfrist verstrichen ist, wäre die Richtlinie andernfalls unmittelbar anzuwenden, vgl. OVG NRW, Beschluss vom 30.7.2009 -5 A 1999/07.A-.

Nach Art. 10 Abs. 1 lit b Qualifikations-Richtlinie umfasst der Begriff der Religion, insbesondere theistische, nichttheistische und atheistische Glaubensüberzeugungen, die Teilnahme bzw. Nichtteilnahme an religiösen Riten im privaten und öffentlichen Bereich, allein oder in Gemeinschaft mit anderen, sonstige religiöse Betätigungen oder Meinungsäußerungen und Verhaltensweise Einzelner oder der Gemeinschaft, die sich auf eine religiöse Überzeugung stützen oder nach dieser vorgeschrieben sind.

Vor dem Inkrafttreten der Qualifikations-Richtlinie war anerkannt, dass der auch als „forum internum" bezeichnete unverzichtbare und unentziehbare Kern der Privatsphäre des glaubenden Menschen die religiöse Überzeugung als solche erfasst sowie die Religionsausübung abseits der Öffentlichkeit und in persönlicher Gemeinschaft mit anderen Gläubigen dort, wo man sich nach Treu und Glauben unter sich wissen darf; vgl. BVerfG, Beschluss vom 1.7.1987 -2 BvR 478/89- u.a. BVerfGE 76, 143 [158 f.], KirchE 25, 217; BVerwG, Urteil vom 20.1.2004 -1 C 90.03- BVerwGE 120, 16, KirchE 45, 54; beide mwN.

Art. 10 Abs. 1 lit. b Qualifikations-Richtlinie erweitert diesen Schutzbereich um die Religionsausübung in der Öffentlichkeit. Nach seinem klaren Wortlaut unterfällt ihm auch das offene Bekenntnis der persönlichen religiösen Überzeugung, wie beispielsweise in dem Besuch von Gottesdiensten zum Ausdruck kommt, die in dem Sinne öffentlich sind, dass sie außerhalb einer - auch erweiterten - Hausgemeinschaft oder Hauskirche abgehalten werden, vgl. OVG NRW, Beschluss vom 30.7.2009, aaO mwN anderer Obergerichte.

Unter Geltung der Qualifikations-Richtlinie ist es dem Glaubenswechsler nicht mehr zuzumuten, öffentlich praktizierten Riten der Glaubensgemeinschaft - etwa Gottesdiensten oder Prozessionen - fernzubleiben, um staatliche Sanktionen zu vermeiden. Der Glaubensangehörige ist nämlich auch dann verfolgt, wenn er zu unzumutbaren Ausweichhandlungen genötigt wird, um der staatlichen Repression zu entkommen. Das ist der Fall, wenn er sich einer Bestrafung nur entziehen kann, indem er seine Religionszugehörigkeit leugnet und wirkungsvoll versteckt hält vgl. BVerfG, Beschluss vom 19.12.1994 -2 BvR 1426/91- DVBI. 1995, 559, KirchE 32, 468; OVG NRW, Beschluss vom 30.7.2009, aaO mwN.

Ist der Schutzsuchende unverfolgt ausgereist, muss er glaubhaft machen, dass ihm wegen seiner Nachfluchtgründe mit beachtlicher Wahrscheinlichkeit die Gefahr von Verfolgung droht, wenn er in sein Heimatland zurückkehrt. Dieser Maßstab entspricht im Wesentlichen dem von der Richtlinie vorausgesetzten und auch in der Flüchtlingsdefinition (Art. 2 lit. c Qualifikations-Richtlinie) angelegten Maßstab, vgl. BVerwG, Urteil vom 20.3.2007 -1 C 21.06- BVerwGE 128, 199; OVG NRW, Beschluss vom 30.7.2009, aaO mwN.

Beachtliche Wahrscheinlichkeit einer Verfolgung ist dann anzunehmen, wenn bei der zusammenfassenden Bewertung des zur Prüfung gestellten Lebenssachverhaltes die für eine Verfolgung sprechenden Umstände ein größeres Gewicht besitzen und deshalb gegenüber den dagegen sprechenden Tatsachen überwiegen. Entscheidend ist, ob aus der Sicht eines besonnenen und vernünftig denkenden Menschen in der Lage des Betroffenen nach Abwägung aller bekannten Umstände eine Rückkehr in den Heimatstaat als unzumutbar erscheint (BVerwG, Beschluss vom 7.2.2008 -10 C 33.07- DVBl. 2008, 1255, OVG NRW, Beschluss vom 30.7.2009, aaO mwN.).

Beruft sich der Schutzsuchende auf eine Verfolgungsgefährdung mit der Begründung, er sei in Deutschland zu einer in seinem Herkunftsland bekämpften Religion übergetreten, muss er die inneren Beweggründe glaubhaft machen, die ihn zur Konversion veranlasst haben. Es muss festgestellt werden können, dass die Hinwendung zu der angenommenen Religion auf einer festen Überzeugung und einem ernst gemeinten religiösen Einstellungswandel und nicht auf Opportunitätserwägungen beruht. Erst wenn der Glaubenswechsel die religiöse Identität des Schutzsuchenden in dieser Weise prägt, kann ihm nicht angesonnen werden, in seinem Heimatland auf die von Art. 10 Abs. 1 lit. b Qualifikations- Richtlinie garantierten Rechte zu verzichten, nur um Verfolgungsmaßnahmen zu entgehen, vgl. OVG NRW, Beschluss vom 30.7.2009, aaO mwN.

Hat er eine christliche Religion angenommen, genügt es im Regelfall nicht, dass der Schutzsuchende lediglich formal zum Christentum übergetreten ist, indem er getauft wurde. Von einem Erwachsenen, der sich zum Bekenntniswechsel entschlossen hat, darf im Regelfall erwartet werden, dass er mit den wesentlichen Grundzügen seiner neuen Religion vertraut ist. Überdies wird regelmäßig nur dann anzunehmen sein, dass der Konvertit ernstlich gewillt ist, seine christliche Religion auch in seinem Heimatstaat auszuüben, wenn er seine Lebensführung bereits in Deutschland dauerhaft an den grundlegenden Geboten der neu angenommenen Konfession ausgerichtet hat.

(*Es folgen Feststellungen, aus denen das erkennende Gericht entnimmt, dass die beachtliche Wahrscheinlichkeit besteht, dass dem Kläger wegen seines Übertrittes zum Christentum bei einer Rückkehr in den Irak zum entscheidungserheblichen Zeitpunkt politische Verfolgung durch nichtstaatliche Akteure droht.*)

Die Verfolgungsgefahr besteht für den Kläger, obwohl sein Vater Christ war. Denn seinen Angaben zufolge ist er in einer moslemischen Familie aufgewachsen, in der der Glaube des Vaters lediglich geduldet und Wert darauf gelegt wurde, dass die Kinder als Moslems aufwuchsen. Weil er erhebliche Repressalien auch von Seiten seiner Familie fürchtet, hat der Kläger im Irak noch niemanden über seinen Glaubenswechsel in Kenntnis gesetzt. Der Kläger hat für das erkennende Gericht glaubhaft gemacht, aus religiöser Überzeugung zum Christentum übergetreten zu sein und seinen Glauben in Deutschland durch die regelmäßige Teilnahme an Gottesdiensten und Bibelstudium zu praktizieren. Der Kläger hat dem Gericht glaubhaft die Hintergründe seiner Hinwendung zum christlichen Glauben geschildert.

Bei der Befragung des Klägers durch das Gericht hat dieser in nachvollziehbarer Weise seinen persönlichen Weg zum christlichen Glauben dargelegt und dass er über die von einem aktiven Christen zu erwartenden Kenntnisse über den christlichen Glauben und innerkirchliche Abläufe verfügt. Er hat sich, nachdem er sich über einen längeren Prozess hin dem Christentum zugewandt hat, in einer evangelisch-freikirchlichen Gemeinde am 19.12.2009 taufen lassen und hat für das Gericht nachvollziehbar und glaubhaft ausgeführt, dass er regelmäßig die Gottesdienste dieser Gemeinde und, da er mittlerweile ausgesprochen gut deutsch spricht, einer anderen evangelischen Gemeinde besucht. Er kennt christliche Gebete und besitzt eine Bibel auf Persisch, in der er nach seinen Angaben regelmäßig liest. Über die Tatsache der Taufe hat eine Taufbescheinigung vorgelegen.

Ferner hat der Kläger eine Bescheinigung der New Life Church e.V. vorgelegt, dass er vor seiner Taufe einen sechswöchigen Glaubenskurs besucht und erfolgreich absolviert habe. Insgesamt besucht der Kläger nunmehr seit mehr als eineinhalb Jahren regelmäßig christliche Gottesdienste und nimmt am Gemeindeleben teil. Dies spricht in Verbindung mit seiner förmlichen Aufnahme in die evangelische Kirche dafür, dass er aus innerer Überzeugung zum christlichen Glauben übergetreten ist.

Dass die Hinwendung des Klägers zum christlichen Glauben in erster Linie über die New Life Church e.V. erfolgte, ist insbesondere im Hinblick darauf verständlich, dass in dieser Kirche stark missionarisch gearbeitet wird und sowohl der Glaubenskurs als auch die Gottesdienste in englischer und persischer Sprache abgehalten werden, zwei Sprachen, die der Kläger spricht. Seine persischen Sprachkenntnisse machen zudem deutlich, wie es möglich war, dass der erste Kontakt zur New Life Church e.V. über einen Iraner zustande gekommen ist. Dass der Besuch des Glaubenskurses und der Gottesdienste in D. für den Kläger möglich war und ist, obwohl er in A. wohnt und als Asylbewerber nur über geringe finanzielle Mittel verfügt, hat er ebenfalls plausibel darlegen können mit seinem Hinweis auf die ebenfalls plausibel erklärte kostenlose Mitfahrgelegenheit. Dass der Kläger in der letzten Zeit verstärkt Gottesdienste und Andachten in X. besucht, ist angesichts der räumlichen Nähe zu seiner Unterkunft und insbesondere auch deshalb einleuchtend, weil er auf Grund seiner erstaunlichen Sprachbegabung mittlerweile über ausgesprochen gute deutsche

Sprachkenntnisse verfügt, wie das Gericht in der mündlichen Verhandlung hat feststellen können, und daher ohne Schwierigkeiten deutschsprachigen Gottesdiensten u.a. folgen und sich am Gemeindeleben beteiligen kann.

Anhaltspunkte für innere Vorbehalte des Klägers sind nicht erkennbar. Auch § 28 Abs. 2 AsylVfG steht der Zuerkennung der Flüchtlingseigenschaft nicht entgegen.

Eine missbräuchliche Inanspruchnahme des Asylverfahrens, der § 28 Abs. 2 AsylVfG entgegenwirken soll, lässt sich nicht feststellen. Das Gericht geht im Hinblick auf den nunmehr nahezu anderthalbjährigen regelmäßigen Besuch von Gottesdiensten und unter Berücksichtigung des Ergebnisses seiner Befragung in der mündlichen Verhandlung davon aus, dass der Kläger, dem die christliche Religion schon durch die Religionszugehörigkeit seines Vaters im Irak nicht völlig fremd war, sich auf Grund einer ernstlichen Gewissensentscheidung und nicht lediglich aus asyltaktischen Gründen vom Islam abgewandt und dem Christentum zugewandt hat.

4
Die Zuteilung der Steueridentifikationsnummer nach §§ 139a, 139b AO verletzt nicht das Recht auf Religionsfreiheit aus Art. 4 Abs. 1 GG.

FG Köln, Urteil vom 7. Juli 2010 -2 K 3093/08, 3986/08[1]-

Zwischen den Beteiligten ist streitig, ob die Vergabe der Steueridentifikationsnummer verfassungsgemäß ist.

Der Klägerin wurde vom Beklagten unter der Bezeichnung „Persönliche Identifikationsnummer“ die steuerliche Identifikationsnummer X. zugeteilt. Diese Nummer wurde ihr mit Schreiben vom 31.7.2008 mitgeteilt. In dem Schreiben heißt es u.a. wörtlich:

> „Sie [Anm.: die Steueridentifikationsnummer] wird für steuerliche Zwecke verwendet und ist lebenslang gültig. Sie werden daher gebeten, dieses Schreiben aufzubewahren, auch wenn Sie derzeit steuerlich nicht geführt werden. Bitte geben Sie Ihre Identifikationsnummer bei Anträgen, Erklärungen und Mitteilungen zur Einkommen-/Lohnsteuer gegenüber Finanzbehörden immer an. ... Beim Bundeszentralamt sind unter Ihrer Identifikationsnummer - nach den Angaben der für Sie im Regelfall zuständigen Meldebehörde - folgende Daten gespeichert: Familienname, Vornamen, Geschlecht, vollständige Adresse, Geburtstag und -ort.“ Insgesamt sieht die Mitteilung - je nach Gegebenheiten - folgende

1 DStRE 2011, 240; EFG 2010, 1860; StE 2010, 661 (LS). Die Revision der Klägerin wurde zurückgewiesen; BFH, Urteil vom 18.1.2012 -II R 49/10- BFHE 235, 151.

Eintragungen vor: 1) Titel, Familienname; 2) Ehename; 3) Lebenspartnerschaft; 4) Geburtsname; 5) Vornamen; 6) Geschlecht; 7) vollständige Adresse; 8) Geburtstag und -ort; 9) Geburtsstaat (bei Geburt im Ausland)."

Mit ihrer Klage begehrt die Klägerin, 1) den Beklagten zu verpflichten, die Steueridentifikationsnummer nach § 139a Abs. 1 AO sowie die dazu nach § 139b Abs. 3 AO und - soweit vorhanden - nach anderen Vorschriften bei ihm gespeicherten Daten zu löschen, 2) hilfsweise, der Klägerin eine Befreiung von der Steueridentifikationsnummer zu erteilen, soweit dies gesetzlich oder verfassungsrechtlich möglich ist,

Die Klägerin macht geltend, dass die Vergabe der Steueridentifikationsnummer aufgrund von § 139b AO rechtswidrig sei und sie, die Klägerin, in ihrem aus Art. 2 Abs. 1 iVm Art. 1 Abs. 1 GG abgeleiteten Recht auf informationelle Selbstbestimmung verletze. Es liege auch ein Verstoß gegen die Menschenwürde (Art. 1 Abs. 1 GG) vor, da Personen nicht mehr nach ihren Namen, sondern nur nach der Steueridentifikationsnummer behördlich gesucht würden. Der Mensch werde dann wie „Ware" behandelt. Schließlich sei ein Verstoß gegen die Religionsfreiheit (Art. 4 GG) gegeben: In der Bibel sei festgelegt, dass Gott den Menschen einen Namen gebe und keine Nummern. Auch sei dem Menschen die Annahme nur einer Nummer untersagt (vgl. Offenbarung des Johannes, Kap. 13, 16-18; 14, 9-11; 15, 2; 16, 2; 19, 20; 20, 4; 22, 19). Der Mensch als Gottes Geschöpf solle nicht wie eine Ware katalogisierbar sein (vgl. Offenbarung des Johannes, Kap. 18, 11, 13). Durch die Nummer werde seine Individualität als Gotteskind ausgelöscht. Er verliere sein ewiges Leben. Dabei sei es nach der Präambel des Grundgesetzes eine Verpflichtung aller Staatsgewalt, gerade in Verantwortung vor Gott dem Frieden zu dienen.

Das Finanzgericht weist die Klage ab.

Aus den Gründen:

[46] Die Klage ist zulässig, jedoch unbegründet.

[47] A. Die Voraussetzungen der Zulässigkeit sind *erfüllt. (wird ausgeführt)*

B. Die Klage ist indes unbegründet.

[56] Die Klägerin hat keinen Anspruch auf die Löschung der Steueridentifikationsnummer und der hierunter beim Beklagten gespeicherten Daten. Die Voraussetzungen eines öffentlich-rechtlichen Folgenbeseitigungsanspruchs, der einzigen in Betracht kommenden Rechtsgrundlage, sind nicht erfüllt.

[57] I. Der Folgenbeseitigungsanspruch ist auf die Beseitigung der unmittelbaren Folgen der Vollziehung des Verwaltungsaktes bzw. des Verwaltungshandelns gerichtet (vgl. BFH-Beschluss vom 18.11.2003 -VII B 277/03- BFH/NV

2004, 288; BVerwG-Urteil vom 19.7.1984 -3 C 81/82- BVerwGE 69, 366).Dieser setzt voraus, dass durch einen hoheitlichen Eingriff in ein subjektives Recht ein noch andauernder rechtswidriger Zustand geschaffen wird (BFH-Beschluss vom 18.11.2003 -VII B 277/03- aaO).

[58] Im Streitfall mangelt es an einem rechtswidrigen Zustand. Die Steueridentifikationsnummer wurde auf der Grundlage des § 139a AO zugeteilt, und die darunter erfolgte Speicherung der Daten basiert auf § 139b AO, dessen Voraussetzungen gewahrt sind.

[59] Die Klägerin fällt insbesondere auch in den Anwendungsbereich des § 139a Abs. 1 AO, der alle Steuerpflichtigen erfasst. Steuerpflichtiger iSd §§ 139a ff. AO ist gem. § 139a Abs. 2 AO jeder, der - wie die Klägerin - nach einem Steuergesetz steuerpflichtig ist. Die Steuerpflicht der Klägerin ergibt sich trotz ihrer Minderjährigkeit und Erwerbslosigkeit aus § 1 Abs. 1 EStG.

[60] Laut Mitteilungsschreiben des Beklagten vom 7.10.2008 wurden auch nur solche Daten gespeichert, die in § 139b Abs. 3 AO vorgesehen sind: der Familienname, der Vorname, das Geschlecht, die Adresse, der Geburtstag und -ort.

...

[62] II. Entgegen der Auffassung der Klägerin sind die Voraussetzungen des Folgenbeseitigungsanspruchs auch nicht deshalb erfüllt, weil §§ 139a, 139b AO gegen Grundrechte verstoßen würden. Der Senat hat diesbezüglich zwar erhebliche Zweifel. Dies entbindet ihn jedoch nicht von der Anwendung des Gesetzes. Er kann die Sache auch nicht dem Bundesverfassungsgericht im Wege eines konkreten Normenkontrollverfahrens nach Art. 100 Abs. 1 GG vorlegen. Denn die Einholung einer Entscheidung des Bundesverfassungsgerichts über die Verfassungsmäßigkeit gesetzlicher Vorschriften nach Art. 100 Abs. 1 GG setzt die Überzeugung des vorlegenden Gerichts von der Verfassungswidrigkeit der Norm voraus (vgl. BVerfG-Beschluss vom 14.10.2009 -2 BvL 3/08 u.a.- ZBR 2010, 165; vom 13.5.2009 -1 BvL 7/08- MMR 2009, 606; vom 8.9.2008 -2 BvL 6/03- HFR 2009, 72). Damit ist die volle Überzeugung gemeint. Soweit (lediglich) erhebliche Zweifel an der Verfassungswidrigkeit eines Gesetzes bestehen, ist die Vorlage an das Bundesverfassungsgericht nach Art. 100 Abs. 1 GG unzulässig und die Norm anzuwenden.

[63] 1. Die Regelungen zur Steueridentifikationsnummer wurden durch das Zweite Gesetz zur Änderung steuerlicher Vorschriften (Steueränderungsgesetz 2003) vom 15.12.2003 (BStBl I 2003, 710) als 3. Unterabschnitt des 1. Abschnitts des 4. Teils der AO in die Abgabenordnung eingefügt. Dabei sieht § 139a Abs. 1 AO vor, dass der Beklagte, das Bundeszentralamt für Steuern, jedem Steuerpflichtigen zum Zwecke der eindeutigen Identifizierung in Besteuerungsverfahren ein einheitliches und dauerhaftes Merkmal (Identifikationsmerkmal) zuteilt,

das bei Anträgen, Erklärungen oder Mitteilungen gegenüber Finanzbehörden anzugeben ist. Dabei erhalten natürliche Personen eine Identifikationsnummer nach § 139b AO, die sog. Steueridentifikationsnummer. In § 139b AO sind Art und Umfang der Verwendung der Identifikationsmerkmale sowie die beim Bundeszentralamt für Steuern zu speichernden Daten geregelt. § 139d AO enthält ergänzend hierzu die Ermächtigung zum Erlass einer Rechtsverordnung.

...

[66] 2. Für den Senat steht nicht zur vollen Überzeugung fest, dass die Zuteilung der Steueridentifikationsnummer nach § 139a Abs. 1 AO und die Speicherung von Daten hierunter nach § 139b AO nicht mit der Verfassung im Einklang steht, wenngleich er ganz erhebliche Zweifel hieran hat.

[67] Insoweit kommt insbesondere eine Verletzung des durch Art 2 Abs 1 iVm Art 1 Abs 1 GG geschützten allgemeinen Persönlichkeitsrechts, insbesondere des Rechts auf informationelle Selbstbestimmung in Betracht. Dabei ist von ganz besonderer Bedeutung, dass durch die Steueridentifikationsnummer alle Steuerpflichtigen iSd § 139a Abs. 2 AO, also letztlich alle in der Bundesrepublik Deutschland ansässigen Bürger, zentral durch den Staat erfasst werden und dass hierdurch die Möglichkeit geschaffen wird, durch entsprechende Erweiterungen der unter der Steueridentifikationsnummer zu speichernden Daten bzw. durch die Vernetzung verschiedener Datenpools, die auf der Steueridentifikationsnummer basieren könnten, einen großen zentralen Datenbestand zu schaffen, so dass sich in Zukunft möglicherweise auch die Gefahr der Erstellung von Persönlichkeitsprofilen ergeben könnte.

(*Es folgen Ausführungen zum Schutzbereich der Norm, zum Eingriff und zu dessen verfassungsrechtlicher Rechtfertigung*)

[166] 3. Entgegen der Auffassung der Klägerin ist durch die Zuteilung der Steueridentifikationsnummer nach §§ 139a, 139b AO nicht das Recht auf Religionsfreiheit aus Art. 4 Abs. 1 GG verletzt. Diesbezüglich mangelt es an einem Eingriff. Denn entgegen der Auffassung der Klägerin wird ihr hierdurch nicht ihr christlicher Name abgesprochen. Ihr christlicher Name bleibt ihr erhalten und wird auch wie bisher verwendet. Die Steueridentifikationsnummer stellt lediglich ein behördeninternes Ordnungsmerkmal dar, keinesfalls ersetzt es jedoch den Namen. Dies zeigt sich auch daran, dass z.B. Steuerbescheide auch in Zukunft an Personen unter ihrem Namen zugestellt werden und nicht unter ihrer Steueridentifikationsnummer. Die Steueridentifikationsnummer wird sich auf dem Bescheid lediglich als behördeninternes Ordnungsmerkmal wiederfinden, so wie bislang die Steuernummer.

5

Für die Zuordnung einer Einrichtung zur Kirche kommt es auf ihre Zugehörigkeit zur Kirchenverwaltung nicht entscheidend an; es genügt, wenn die Einrichtung der Kirche so nahe steht, dass sie teilhat an der Verwirklichung eines Stücks Auftrag der Kirche im Geist christlicher Religiosität im Einklang mit dem Bekenntnis der christlichen Kirche und in Verbindung mit den Amtsträgern der Kirche. Der Begriff der „karitativen Einrichtung" in § 118 Abs. 2 BetrVG ist nach dem Selbstverständnis der Kirche zu bestimmen.
Aus dem Verhältnis von § 118 Abs. 2 BetrVG zu Art. 140 GG iVm Art. 137 Abs. 3 WRV folgt daneben noch die Notwendigkeit einer ausreichenden institutionellen Verbindung zwischen der durch Art. 140 GG iVm Art. 137 Abs. 3 WRV geschützten Religionsgemeinschaft und der Einrichtung. Diese setzt ein Mindestmaß an Ordnungs- und Verwaltungstätigkeit der Religionsgemeinschaft über die Einrichtung voraus.

Art./§ 140 GG, 137 Abs. 3 WRV, 118 Abs. 2 BetrVG
LAG Berlin, Beschluss vom 8. Juli 2010 -26 TaBV 843/10[1]-

Die Beteiligten streiten darüber, ob die Arbeitgeberin verpflichtet ist, dem Wahlvorstand die notwendigen Angaben zur Erstellung einer Wählerliste zu machen oder ob der Betrieb der Arbeitgeberin ganz oder teilweise als karitative Einrichtung vom Geltungsbereich des Betriebsverfassungsgesetzes nach § 118 Abs. 2 BetrVG ausgenommen ist.

Die Arbeitgeberin betreibt sieben organisatorisch zusammengefasste Rettungswachen im Landkreis P.-M., wobei unter den Beteiligten der Grad der Selbständigkeit des Verbundes in der Struktur der Arbeitgeberin umstritten ist. Die Rettungswachen in J. und N. übernahm die Arbeitgeberin zum 1.1.2009 von der D. Rettungsdienst P.-M. gGmbH. Dort war ein Betriebsrat gebildet. Dieser bestellte am 26.1.2009 den Wahlvorstand, bestehend aus fünf Mitgliedern, und zwei Ersatzmitglieder. Inzwischen sind hiervon noch drei Personen verblieben. Der Wahlvorstand konstituierte sich am 1.2.2009. In der Folge forderte er die Arbeitgeberin auf, „eine Wählerliste ... zu erstellen und an ihn herauszugeben". Die Arbeitgeberin übersandte eine - allerdings nicht mit Vornamen und Geburtsdaten versehene - Personalliste. Eine Bitte des Wahlvorstands um Ergänzung erwiderte die Arbeitgeberin mit der Aufforderung, die Wahlvorbereitungen einzustellen.

1 Auszug aus den amtl. Leitsätzen. KuR 2010, 284 (LS).

Die Arbeitgeberin ist eine gemeinnützige Gesellschaft. Der Gesellschaftszweck und die angestrebte Art seiner Umsetzung sind in dem Gesellschaftsvertrag unter § 2 wie folgt angegeben:

> „Gesellschaftszweck ist die Unterstützung hilfsbedürftiger Personen im Bewusstsein der Tradition christlicher Nächstenliebe, der die Johanniter seit Jahrhunderten verpflichtet sind.
> Die Gesellschaft verwirklicht diesen Zweck insbesondere durch Notfallrettung, Kranken- und Behindertentransport ... usw. sowie andere Hilfs- und Betreuungsleistungen im karitativen Bereich in den Bundesländern Berlin und Brandenburg."

Alleingesellschafter der Arbeitgeberin ist der Johanniter-Unfall-Hilfe e.V. (JUH). Nach § 3 Abs. 5 des Gesellschaftsvertrages fällt ihm bei Auflösung der Arbeitgeberin deren Gesellschaftsvermögen zu. Der JUH e.V. gehört als Fachverband dem Diakonischen Werk der EKD an. Das Diakonische Werk der EKD ist der Dachverband der Diakonischen Werke der Gliedkirchen. Der JUH e.V. ist ein Ordenswerk des Johanniterordens. 1947 bescheinigte der damalige Ratsvorsitzende der EKD, Landesbischof W., dem Johanniterorden in einem Schutzbrief die Zugehörigkeit zur EKD.

§ 1.1 der Satzung der JUH e.V. lautet:

> „Die Johanniter-Unfall-Hilfe e.V. (JUH) ist ein Ordenswerk der Balley Brandenburg des Ritterlichen Ordens St. Johannis vom Spital zu Jerusalem (im Folgenden ‚Der Johanniterorden' genannt). Die JUH ist daher an die Weisungen des Herrenmeisters des Johanniterordens gebunden."

Nach § 2 der Satzung ist Aufgabe der JUH der Dienst am Nächsten, wozu nach § 2.1 Nr. 2 u.a. der Rettungsdienst (Notfallrettung und Krankentransport) gehört. Die Arbeitgeberin ist ein Unternehmen, das der J. e.V. zur Erfüllung seiner Aufgaben auf der Grundlage von Nr. 2.5 seiner Satzung gegründet hat. Organe des JUH e.V. sind die Delegiertenversammlung, das Präsidium und der Bundesvorstand. Das Präsidium setzt sich aus dem Präsidenten, dem Vizepräsidenten und weiteren Mitgliedern zusammen. Präsident und Vizepräsident müssen nach § 10.2 der Satzung Mitglieder des Johanniterordens sein. Die Mehrheit der Mitglieder des Bundesvorstands, der die JUH unter eigener Verantwortung führt, müssen nach § 11.1 der Satzung Mitglieder des Johanniterordens sein. Zur Vertretung sind nach § 11.2 der Satzung jeweils zwei Mitglieder nur gemeinschaftlich befugt. Der Geschäftsführer der Arbeitgeberin ist Ordensritter des Johanniterordens. Die Formulararbeitsverträge der Arbeitgeberin sehen einen Vorspann vor, in dem es u.a. heißt:

> „Diakonie ist Wesens- und Lebensäußerung der evangelischen Kirche, deren Aufgabe dem Dienst am Nächsten im Bewusstsein der Tradition christlicher Nächstenliebe die Jo-

hanniter-Dienste Berlin/Brandenburg gGmbH verpflichtet ist. Von allen Mitarbeitern wird deshalb erwartet, dass sie ihren Dienst in Anerkennung dieser Zielsetzung leisten."

Nicht mit allen Mitarbeitern sind bereits entsprechende Verträge geschlossen. Bei der Arbeitgeberin ist inzwischen (2009) für alle Belegschaftsmitglieder eine Mitarbeitervertretung gebildet. Die Arbeitgeberin ist nicht Mitglied des Diakonischen Werkes Berlin-Brandenburg-Schlesische Oberlausitz.

Auf der Homepage der EKD findet sich folgende Pressemitteilung vom 28.6.2010:

„Markschies zum Beauftragten für den Johanniterorden berufen
Berliner Kirchenhistoriker übernimmt weitere Aufgabe für die EKD
28. Juni 2010
Der Berliner Kirchenhistoriker Christoph Markschies, der seit Jahren als Mitglied dem Johanniterorden angehört, ist der erste Beauftragte des Rates der Evangelischen Kirche in Deutschland (EKD) für die Verbindung zum Johanniterorden.
Mit der Beauftragung des Präsidenten der Humboldtuniversität zu Berlin, der seit Februar dieses Jahres auch der Kammer für Theologie der EKD vorsitzt, entsprach der Rat der EKD dem Wunsch der Johanniter zu einer stärkeren Verdeutlichung der Verbindung zwischen der evangelischen Kirche und dem Orden.
Das Verhältnis zwischen Johanniterorden und EKD ist bis heute auf der Grundlage des Schutzbriefes aus dem Jahre 1947 geregelt. Um die enge Verbindung zu dokumentieren, wurde von der Kirche vorgeschlagen, das Amt eines Beauftragten des Rates der EKD für den Johanniterorden einzuführen. Im Zusammenhang mit einer neuen Aufmerksamkeit der Kirche für evangelische Kommunitäten, die unter anderem in der Veröffentlichung des EKD-Textes 88 ‚Verbindlich leben' im Jahre 2007 Ausdruck gewann, und einem starken Interesse des Johanniterordens für seine evangelischen Wurzeln hat ein Annäherungsprozess eingesetzt, der die schon immer bestehende Verwurzelung des Ordens im Protestantismus im Raum der EKD neu in den Blick genommen hat.
Christoph Markschies wird den Johanniterorden daher besonders in seinen geistigen und geistlichen Fragen und Perspektiven begleiten, aber auch das inhaltliche Gespräch im Blick auf manche historisch gewachsenen Besonderheiten des Ordens suchen. Seine Ernennung als Verbindungsmann zum Johanniterorden soll die Zugehörigkeit des Ordens zur evangelischen Kirche unterstreichen.
Hannover, 28. Juni 2010 Pressestelle der EKD"

Der Wahlvorstand hat die Ansicht vertreten, die Rettungswachen stellten für sich genommen einen selbständigen Betrieb unter einheitlicher Leitung dar, der nicht unter § 18 Abs. 2 BetrVG falle. Es handele sich nicht um den Betrieb einer Religionsgemeinschaft. Es fehle an der notwendigen Einflussmöglichkeit des Ordens, da nur Präsident und Vizepräsident des Präsidiums des JUH e.V. Mitglieder des Johanniterordens sein müssen und es bei den Landesvorständen sogar ausreiche, wenn eines von zwei oder drei Mitgliedern dem Orden angehöre. Die fehlende institutionelle und personelle Verbindung zur Kirche lasse sich auch daran erkennen, dass weder der Geschäftsführer noch leitende Angestellte der Arbeitgeberin nach deren Gesellschaftsvertrag Mitglieder der ev. Kirche sein müssten. Auch eine Änderung des Gesellschaftsvertrages bedürfe nicht ausdrücklich der Zustimmung der ev. Kirche. Soweit in dem Gesellschaftsvertrag der Arbeitgeberin auf die Tradition der christlichen Nächstenliebe Bezug genommen werde, sei damit nicht die Arbeitgeberin, sondern der Johanniterorden gemeint. Ein „Krankentransportrettungsdienst" könne auch außerhalb eines Tendenzbetriebes geführt werden. Es handele bei den Aufgaben des Rettungsdienstes um im Rettungsdienstgesetz des Landes Brandenburg geregelte hoheitliche Aufgaben, die mit der Verbreitung des christlichen Glaubens letztlich nichts zu tun hätten.

Der Wahlvorstand hat beantragt, die Arbeitgeberin zu verpflichten, an ihn eine Wählerliste gem. § 2 Wahlordnung zum BetrVG unter Benennung sämtlicher Mitarbeiterinnen und Mitarbeiter in den Rettungswachen B., B., D., J., N., T. und Z. unter Angabe von Familiennamen und Vornamen, Eintrittsdatum in das Unternehmen der Arbeitgeberin und Geburtsdatum herauszugeben.

Die Arbeitgeberin hat im Wesentlichen folgendes geltend gemacht: Mangels eines Übergangsmandats des Betriebsrats sei der Wahlvorstand bereits nicht wirksam bestellt worden. Sie hat sich darauf berufen, einen Betrieb iSd § 118 Abs. 2 BetrVG zu führen. Aufgrund der personellen, satzungsmäßig abgesicherten Verflechtungen - insbesondere auch durch das Weisungsrecht des Herrenmeisters - sei der Einfluss der ev. Kirche gesichert. Sie hat behauptet, ihre Prokuristen gehörten einer christlichen Kirche an. Mangels der notwendigen Leitungsbefugnisse des Mitarbeiters R. handele es sich bei den Rettungswachen auch nicht um einen Betrieb im Sinne des Betriebsverfassungsgesetzes.

Das ArbG Potsdam (Beschluss vom 21.10.2009 -6 BV 54/09- n.v.) hat den Antrag zurückgewiesen und seine Entscheidung im Wesentlichen damit begründet, dass die Voraussetzungen des § 118 Abs. 2 BetrVG erfüllt seien. Durch die personelle Verflechtung mit dem Johanniterorden und den Umstand, dass der JHU e.V. alleiniger Gesellschafter der Arbeitgeberin ist, sei die inhaltliche Einflussmöglichkeit der christlichen Glaubensgemeinschaft ausreichend abgesichert und damit auch die Durchsetzung des Gesellschaftszwecks, nämlich die Unterstützung hilfsbedürftiger Personen im Bewusstsein der Tradition christlicher Nächstenliebe.

Zur Begründung seiner hierauf erhobenen Beschwerde trägt der Wahlvorstand vor, es fehle gerade eine über die Mitgliedschaft im Diakonischen Werk hinausgehende dauerhafte Verflechtung zwischen JUH e.V. und Johanniterorden. Selbst die Zugehörigkeit der Leitungsebene zu einer christlichen Kirche sei nicht ausreichend. Ein religiöses Bekenntnis im Sinne des Gesellschaftszwecks sei in der Mehrzahl der Arbeitsverträge der Rettungsdienstmitarbeiter nicht zu finden, zumal auch die kirchlichen Arbeitsbedingungen keine Anwendung fänden. Bei der Frage, ob eine karitative Einrichtung iSd § 118 Abs. 2 BetrVG vorliege, müsse äußerst restriktiv vorgegangen werden. Voraussetzung sei eine tatsächliche Prägung der Einrichtung im Sinne der Religionsgemeinschaft, die sich auch im Organisatorischen niederschlagen müsse. Der Vollzug des Rettungsdienstes stelle kein Mittel der Glaubensverwirklichung der ev. Kirche dar. Die Rettungsdienstaufgaben würden weder mit Rücksicht auf die religiösen und sittlichen Verpflichtungen oder Bedürfnisse der jeweils versorgten Menschen getätigt, noch biete die Arbeitgeberin über die den Landkreisen obliegenden Pflichtaufgaben hinausgehende sakramentale Hilfe an. Es obliege nicht allein der Kirche zu bestimmen, welche Tätigkeiten nach ihrem Selbstverständnis als karitativ einzustufen seien. Hier gehe es nicht um karitative Aufgaben im Sinne des selbstlosen Dienstes an Hilfebedürftigen und Unterprivilegierten. Die Arbeitgeberin versuche sich unter Vermeidung der Mitgliedschaft im Diakonischen Werk den Verpflichtungen eines christlichen Arbeitgebers zu entziehen und zugleich das Mitbestimmungsrecht des Betriebsrats zu vermeiden. Außerdem trägt er ergänzend zur angeblichen Eigenständigkeit des Bereichs „Rettungswachen“ bei der Arbeitgeberin vor. In einem einen Tag vor dem zweiten Anhörungstermin bei Gericht eingegangenen Schriftsatz bestreitet der Wahlvorstand nun zudem die heutige Zugehörigkeit des Johanniterordens zur ev. Kirche mit Nichtwissen.

Die Arbeitgeberin bezweifelt bereits die Aktivlegitimation des Wahlvorstandes, zumal ein Übergangsmandat des Betriebsrats lange erloschen und bis heute eine Wahl nicht eingeleitet worden sei. Das christliche Motiv der Nächstenliebe stehe nach der Satzung hinter allen satzungsmäßigen Aufgaben. Auf allen Ebenen des JUH e.V. seien ehrenamtlich Pfarrer tätig, was der Wahlvorstand nicht bestreitet. Das Leitbild des JUH e.V. und des Johanniterordens entspreche weiterhin folgender Aussage des Bruders G. aus dem Jahr 1120, was insoweit unter den Beteiligten nicht streitig ist: „Unsere Bruderschaft wird unvergänglich sein, weil der Boden, auf dem diese Pflanze wurzelt, das Elend der Welt ist, und weil, so Gott will, es immer Menschen geben wird, die daran arbeiten wollen, dieses Leid geringer, dieses Elend erträglicher zu machen.“

Das Landesarbeitsgericht weist die Beschwerde zurück.

Aus den Gründen:

[30] Die Beschwerde ist zulässig. Sie ist statthaft sowie form- und fristgerecht eingelegt und begründet worden. Bedenken gegen die Zulässigkeit der Beschwerde ergeben sich auch nicht daraus, dass es um Rechte des Wahlvorstandes geht und schon die Frage der Wirksamkeit seiner Bestellung im Streit steht.

Es ist allerdings fraglich, ob ein Übergangsmandat eines Betriebsrats bei einem Übergang in Einrichtungen einer Religionsgemeinschaft besteht. Jedenfalls kollidiert die Umsetzungspflicht des Art. 6 Abs. 1 Unterabs. 4 der Betriebsübergangsrichtlinie mit der in Art. 140 GG iVm Art. 137 Abs. 3 WRV den Kirche zugestandenen Selbstverwaltungsgarantie (Handkommentar-BetrVG/Düwell, § 21a Rn. 44 mwN), die die Befugnis zur eigenen Gestaltung der Ordnung der Arbeitnehmerbeteiligung einschließt (vgl. BVerfG 11.12.1977 -2 BvR 209/76- AP Nr. 1 zu Art. 140 GG, KirchE 16, 189). Gegenstand des Streits ist hier aber gerade die Frage, ob die Voraussetzungen des § 118 Abs. 2 BetrVG vorliegen, d.h. ob es sich bei dem Rettungsdienst der Arbeitgeberin um eine karitative Einrichtung einer Religionsgemeinschaft handelt sowie ob dem Wahlvorstand das hier verfolgte Antragsrecht zusteht und/oder ob er es verloren hat oder nicht. Für das Verfahren, in dem über seinen Bestand bzw. den Bestand oder Fortbestand des von ihm geltend gemachten Rechtes gestritten wird, ist vom Bestand des Wahlvorstandes auszugehen. Das entspricht dem allgemeinen prozessualen Grundsatz, dass eine Person, deren Beteiligung an einem Verfahren streitig ist, hinsichtlich dieses Streits als Beteiligte gilt (vgl. BAG 25.8.1981 -1 ABR 61/79- AP Nr. 2 zu § 83 ArbGG 1979, zu B I 2 b der Gründe). Der Wahlvorstand ist im Übrigen grundsätzlich auch nach dem Erlöschen seines Amtes berechtigt, Beschwerde gegen einen zu seinen Ungunsten ergangenen Beschluss einzulegen (vgl. BAG 25.8.1981 -1 ABR 61/79- AP Nr. 2 zu § 83 ArbGG 1979, zu B I 1 der Gründe).

[31] III. Die Beschwerde ist aber unbegründet. Der Antrag ist zulässig, aber unbegründet.

[32] 1. Der Antrag des Wahlvorstandes ist zulässig.

[33] a) Der Wahlvorstand ist im vorliegenden Verfahren beteiligtenfähige Stelle iSd § 10 ArbGG und als Antragsteller Beteiligter. Zu den Aufgaben des Wahlvorstandes gehört auch die Durchführung eines gerichtlichen Verfahrens zur Klärung der Fragen, ob er von dem Arbeitgeber die für die Erstellung der Wählerliste notwendigen Angaben verlangen kann und ob die Voraussetzungen für die Durchführung einer Betriebsratswahl gegeben sind, ggf. auch, ob er überhaupt wirksam bestellt worden ist. Ob die vom Wahlvorstand in Anspruch genommenen betriebsverfassungsrechtlichen Rechte gegeben sind, ist eine Frage der Begründetheit des Antrages, nicht eine solche der Beteiligtenfähigkeit.

[34] b) Der Wahlvorstand ist auch antragsbefugt. Im arbeitsgerichtlichen Beschlussverfahren ist ein Beteiligter antragsbefugt, wenn er eigene Rechte geltend macht. Die Antragsbefugnis ist nach den Regeln über die Einleitung eines gerichtlichen Verfahrens zu bestimmen (§ 81 Abs. 1 ArbGG). Im Beschlussverfahren ist die Antragsbefugnis nur gegeben, wenn der Antragsteller durch die begehrte Entscheidung in seiner kollektivrechtlichen Rechtsposition betrof-

fen sein kann. Dies ist regelmäßig nur der Fall, wenn er eigene Rechte geltend macht (vgl. BAG 18.4.2007 -7 ABR 30/06- AP Nr. 1 zu § 18 EBRG, NZA 2007, 1375, EzA § 82 ArbGG 1979 Nr. 2, zu B II 3 b aa der Gründe). Hier beruft sich der Wahlvorstand auf sein Recht aus § 2 Abs. 2 der Ersten Verordnung zur Durchführung des Betriebsverfassungsgesetzes (Wahlordnung 2001), wonach der Arbeitgeber verpflichtet ist, dem Wahlvorstand die für die Erstellung der Wählerliste notwendigen Auskünfte zu erteilen.

[35] 2. Der Antrag ist aber unbegründet.

[36] a) Nach § 118 Abs. 2 BetrVG findet das Betriebsverfassungsgesetz keine Anwendung auf Religionsgemeinschaften und deren karitative und erzieherische Einrichtungen unbeschadet deren Rechtsform. Dies beruht auf dem den Religionsgemeinschaften durch Art. 140 GG iVm Art. 137 Abs. 3 WRV gewährleisteten Recht, ihre Angelegenheiten innerhalb der Schranken der für alle geltenden Gesetze zu ordnen und zu verwalten. Der Gesetzgeber des Betriebsverfassungsgesetzes hat mit dieser Vorschrift dem den Religionsgemeinschaften verfassungsmäßig garantierten Freiheitsraum Rechnung getragen, der sie berechtigt, ihre Angelegenheiten selbst zu ordnen und zu verwalten. Zu diesen Angelegenheiten gehört auch das Recht, Vertretungsorgane entsprechend dem Charakter der Religionsgemeinschaften für die bei ihr tätigen Arbeitnehmer einzurichten und zu gestalten. Das Betriebsverfassungsgesetz nimmt daher mit der Regelung in § 118 Abs. 2 BetrVG auf das verfassungsrechtliche Gebot aus Art. 140 GG iVm Art. 137 Abs. 3 WRV Rücksicht. Unter § 118 Abs. 2 BetrVG fallen daher nicht nur die organisierte Kirche und ihre rechtlich selbständigen Teile, sondern alle der Kirche in bestimmter Weise zugeordneten Einrichtungen ohne Rücksicht auf ihre Rechtsform, wenn die Einrichtung nach kirchlichem Selbstverständnis ihrem Zweck oder ihren Aufgaben entsprechend berufen ist, ein Stück Auftrag der Kirche in dieser Welt wahrzunehmen und zu erfüllen. Die verfassungsrechtlich garantierte Freiheit der Kirche im Staat schließt es ein, dass sich die Kirche zur Erfüllung ihres Auftrags auch der Organisationsformen des staatlichen Rechts bedienen kann, ohne dass dadurch die Zugehörigkeit der auf dieser Rechtsgrundlage begründeten Einrichtungen zur Kirche aufgehoben würde (vgl. BAG 5.12.2007 -7 ABR 72/06- AP Nr. 82 zu § 118 BetrVG 1972, NZA 2008, 653, EzA § 118 BetrVG 2001 Nr. 8, zu C I 1 der Gründe, KirchE 50, 381).

[37] Die von der Verfassung gewährte selbständige Regelungs- und Verwaltungsbefugnis der Kirche erstreckt sich nach der Rechtsprechung des Bundesverfassungsgerichts auch auf ihre „Vereinigungen, die sich nicht die allseitige, sondern nur die partielle Pflege des religiösen oder weltanschaulichen Lebens ihrer Mitglieder zum Ziel gesetzt haben. Voraussetzung ist aber, dass der Zweck der Vereinigung gerade auf die Erreichung eines solchen Zieles gerichtet ist. Das gilt ohne weiteres für organisatorisch oder institutionell mit Kirche verbundene

Vereinigungen wie kirchliche Orden, deren Daseinszweck eine Intensivierung der gesamtkirchlichen Aufgaben enthält. Es gilt aber auch für andere selbständige oder unselbständige Vereinigungen, wenn und soweit ihr Zweck die Pflege oder Förderung eines religiösen Bekenntnisses oder die Verkündung des Glaubens ihrer Mitglieder ist. Maßstab für das Vorliegen dieser Voraussetzungen kann das Ausmaß der institutionellen Verbindung mit einer Religionsgemeinschaft oder die Art der mit der Vereinigung verfolgten Ziele sein“ (BVerfGE 24, 236 [246 f.], KirchE 10, 181; 46, 73 [86 f.], KirchE 16, 189; 53, 366 [391 f.], KirchE 18, 69). Für die Zuordnung einer Einrichtung zur Kirche kommt es deshalb auf ihre Zugehörigkeit zur Kirchenverwaltung nicht entscheidend an; es genügt, wenn die Einrichtung der Kirche so nahe steht, dass sie teilhat an der Verwirklichung eines Stücks Auftrag der Kirche im Geist christlicher Religiosität, im Einklang mit dem Bekenntnis der christlichen Kirche und in Verbindung mit den Amtsträgern der Kirche. Die verfassungsrechtlich garantierte Freiheit der Kirche im Staat schließt ein, dass sich die Kirche zur Erfüllung ihres Auftrags auch der Organisationsformen des staatlichen Rechts bedienen kann, ohne dass dadurch die Zugehörigkeit der auf dieser Rechtsgrundlage gegründeten Einrichtung zur Kirche aufgehoben würde. In der Mitwirkung von Laien an der Verwaltung solcher Einrichtungen kann keine Lockerung der Zuordnung zur Kirche gesehen werden (vgl. BAG 9.2.1982 -1 ABR 36/80- AP Nr. 24 zu § 118 BetrVG 1972, EzA § 118 BetrVG 1972 Nr. 33, zu B II 1 der Gründe, KirchE 19, 208).

[38] Für die Zuordnung einer rechtlich selbständigen Einrichtung zur Kirche ist es danach zunächst erforderlich, dass die Einrichtung ihrem Zweck nach auf die Verwirklichung eines kirchlichen Auftrags gerichtet ist. Der Begriff der „karitativen Einrichtung“ in § 118 Abs. 2 BetrVG ist nach dem Selbstverständnis der Kirche zu bestimmen. Dies folgt aus dem den Kirchen durch Art. 140 GG iVm § 137 Abs. 3 WRV garantierten Selbstverwaltungsrecht. Dieses umfasst auch die Befugnis der Kirche selbst darüber zu entscheiden, durch welche Mittel und Einrichtungen sie ihren Auftrag in dieser Welt wahrnehmen und erfüllen will. Die Beurteilung, ob eine Betätigung „Caritas“ ist, obliegt daher allein der Kirche. Eine Vorgabe staatlicher Organe, welche Art kirchlicher Betätigung karitativ ist, wäre ein unzulässiger Eingriff in das verfassungsrechtlich garantierte Selbstverwaltungsrecht der Kirche. Die verfassungsrechtlich gebotene Respektierung des kirchlichen Selbstbestimmungsrechts hat allerdings nicht zur Folge, dass überhaupt keine Kontrolle der staatlichen Gerichte für Arbeitssachen darüber stattfinden kann, ob das Betriebsverfassungsgesetz Anwendung findet. Ihre Prüfungskompetenz erstreckt sich jedenfalls darauf festzustellen, welchen Inhalt die Religionsgemeinschaft dem Begriff „karitativ“ iSd § 118 Abs. 2 BetrVG gibt und ob die jeweilige Einrichtung diese Vorgaben bei ihrer Tätigkeit erfüllt. Dazu sind die erforderlichen Tatsachen sowohl zum Inhalt von Caritas als auch

zur konkreten Betätigung der Einrichtung festzustellen (vgl. BAG 23.10.2002 - 7 ABR 59/01- AP Nr. 72 zu § 118 BetrVG 1972, NZA 2004, 334, EzA § 118 BetrVG 2001 Nr. 1, zu B II 4 b der Gründe, KirchE 41, 135).

[39] Aus dem Verhältnis von § 118 Abs. 2 BetrVG zu Art. 140 GG iVm Art. 137 Abs. 3 WRV folgt daneben noch die Notwendigkeit einer ausreichenden institutionellen Verbindung zwischen der durch Art. 140 GG iVm Art. 137 Abs. 3 WRV geschützten Religionsgemeinschaft und der Einrichtung. Diese setzt ein Mindestmaß an Ordnungs- und Verwaltungstätigkeit der Religionsgemeinschaft über die Einrichtung voraus. Erst die verwaltungsmäßige Verflechtung zwischen der Religionsgemeinschaft und „ihrer" Einrichtung rechtfertigt den Ausschluss des staatlichen Mitbestimmungsrechts. Die für die Zuordnung iSd § 118 Abs. 2 BetrVG notwendige institutionelle Verbindung liegt vor, wenn die Kirche über ein Mindestmaß an Einflussmöglichkeiten verfügt, um auf Dauer eine Übereinstimmung der religiösen Betätigung der Einrichtung mit kirchlichen Vorstellungen gewährleisten zu können. Dabei bedarf der ordnende Einfluss der Kirche zwar keiner satzungsmäßigen Absicherung. Die Kirche muss aber in der Lage sein, einen etwaigen Dissens in religiösen Angelegenheiten zwischen ihr und der Einrichtung zu unterbinden. Bestehen danach ausreichende inhaltliche und personelle Einflussmöglichkeiten der Kirche auf die religiöse Tätigkeit der Einrichtung, ist das tatsächliche Maß der Einflussnahme oder Kontrolle durch die Amtskirche ohne Bedeutung für die Zuordnung iSd § 118 Abs. 2 BetrVG. Es gehört zu den Wesensmerkmalen der verfassungsrechtlich gewährleisteten Kirchenautonomie, Anlass und Intensität ihrer Kontrolle und Einflussnahme auf ihre Einrichtungen in eigener Verantwortung zu bestimmen. Sie muss nur sicherstellen können, dass die religiöse Betätigung der Einrichtung in Übereinstimmung mit ihren eigenen religiösen Vorstellungen erfolgt. Die den Religionsgemeinschaften durch Art. 140 GG iVm Art. 137 Abs. 3 WRV verliehene Selbstordnungs- und Selbstverwaltungsgarantie hat auch insoweit nicht zur Folge, dass die Zuordnung einer Einrichtung zu einer Religionsgemeinschaft iSd § 118 Abs. 2 BetrVG einer Kontrolle durch die Gerichte für Arbeitssachen entzogen ist. Das kirchliche Selbstbestimmungsrecht umfasst alle Maßnahmen, die in Verfolgung der vom kirchlichen Grundauftrag her bestimmten karitativdiakonischen Aufgaben zu treffen sind. Hierzu gehören von Verfassungs wegen etwa Vorgaben struktureller Art, die Personalauswahl und die mit diesen Entscheidungen untrennbar verbundene Vorsorge zur Sicherstellung der religiösen Dimension des Wirkens im Sinne kirchlichen Selbstverständnisses. Die Garantie freier Ordnung und Verwaltung der eigenen Angelegenheiten stellt die notwendige rechtlich selbständige Gewährleistung dar, die der Freiheit des religiösen Lebens und Wirkens der Kirche die zur Wahrnehmung ihrer Aufgaben unerlässliche Freiheit der Bestimmung über Organisation, Normsetzung und Verwal-

tung hinzufügt. Nicht von dem verfassungsrechtlich garantierten Selbstbestimmungsrecht umfasst ist die Entscheidung darüber, ob zwischen der verfassten Kirche und einer Einrichtung die für die Zuordnung erforderliche institutionelle Verbindung besteht. Das für die Zugehörigkeit nach Art. 140 GG iVm Art. 137 Abs. 3 WRV erforderliche Ausmaß der Ordnungs- und Verwaltungstätigkeit der Kirche über die Einrichtung unterliegt der Kontrolle durch die staatlichen Gerichte. Diese haben in einer zweistufigen Prüfung darüber zu befinden, ob überhaupt eine verwaltungsmäßige Verflechtung zwischen der Kirche und der Einrichtung besteht und ob die Kirche auf Grund dieser Verbindung über ein Mindestmaß an Einflussmöglichkeiten verfügt, um auf Dauer eine Übereinstimmung der religiösen Betätigung der Einrichtung mit ihren Vorstellungen gewährleisten zu können. Grundlage für die Beurteilung der Zuordnung ist die in den Statuten festgeschriebene Zweckbestimmung und die Struktur der Einrichtung (vgl. BAG 5.12.2007 -7 ABR 72/06- AP Nr. 82 zu § 118 BetrVG 1972, NZA 2008, 653, EzA § 118 BetrVG 2001 Nr. 8, zu C I 2, 3 der Gründe, KirchE 50, 381).

[40] Das Vorliegen einer institutionellen Verbindung zwischen der Kirche und der Einrichtung beurteilt sich demnach insbesondere nach dem Einfluss der verfassten Kirche in den Organen der Einrichtung, der sich aus einer konfessionellen Ausrichtung ihrer geschäftsführenden Mitglieder ergeben kann, aus der Aufgabenerfüllung durch Angehörige der Kirche sowie ihrer Einflussnahme auf die Tätigkeit der Einrichtung und auf Änderungen des Statuts. Darüber hinaus können Wirtschaftsführung, die Gewinnverwendung sowie der Anfall des Gesellschaftsvermögens bei Auflösung oder Erfüllung des in der Satzung vorgesehenen Zwecks berücksichtigt werden. Schließlich ist für die Zuordnung der Zeitraum der in der Vergangenheit liegenden Einbindung der Einrichtung in die kirchliche Glaubensgemeinschaft von Bedeutung (vgl. BAG 5.12.2007 -7 ABR 72/06- AP Nr. 82 zu § 118 BetrVG 1972, NZA 2008, 653, EzA § 118 BetrVG 2001 Nr. 8, zu C I 3 c der Gründe, KirchE 50, 381).

[41] b) Gemessen daran betreibt die Arbeitgeberin eine mit der evangelischen Kirche eng verflochtene Einrichtung, wobei es sich nach dem kirchlichen Selbstverständnis bei dem im Gesellschaftsvertrag der Arbeitgeberin festgelegten Aufgabenspektrum, insbesondere auch dem Rettungsdienst, um den Bereich der karitativen Betätigung des Johanniterordens bzw. der evangelischen Kirche handelt.

[42] aa) Die Arbeitgeberin ist ihrem Zweck nach auf die Verwirklichung eines kirchlichen Auftrags gerichtet. Bei der Arbeitgeberin handelt es sich um eine Einrichtung, mit der die evangelische Kirche ihren Auftrag in der Welt wahrnehmen will. Sie verfolgt mit ihrer Tätigkeit christliche Ziele. Die Arbeitgeberin betreibt nach dem in ihrem Gesellschaftsvertrag niedergelegten Gesellschaftszweck eine Einrichtung zur „Unterstützung hilfsbedürftiger Personen im

Bewusstsein der Tradition christlicher Nächstenliebe, der die Johanniter seit Jahrhunderten verpflichtet sind". Der Zweck wird nach § 2 Abs. 2 des Gesellschaftsvertrags verwirklicht „durch Notfallrettung, Kranken- und Behindertentransport, den Betrieb von Kindertagesstätten und Einrichtungen der Jugendhilfe, Betreuung und Pflege von Alten, Kranken, Behinderten und sonstigen Pflegebedürftigen ..." Diese Ziele sind der Arbeitgeberin durch ihren alleinigen Gesellschafter, den JUH e.V. vorgegeben worden. Die Arbeitgeberin ist durch den JUH e.V., ein Ordenswerk des Johanniterordens, gegründet worden. Der Johanniterorden ist wiederum ein Teil der evangelischen Kirche. Davon konnte die Kammer angesichts der kaum zu bestreitenden geschichtlichen Entwicklung des Ordens und seiner Ordenswerke, des Schutzbriefs des damaligen EKD-Vorsitzenden Landesbischof W. aus dem Jahr 1947 und der aktuellen, auf der Homepage der EKD veröffentlichten Pressemitteilung ausgehen, in der anlässlich der neuen Bestellung des Beauftragten für den Johanniterorden die Zugehörigkeit des Johanniterordens zur evangelischen Kirche ausdrücklich hervorgehoben und auf ihren Schutzbrief aus dem Jahre 1947 Bezug genommen wird. Ein Bestreiten mit Nichtwissen konnte dem Wahlvorstand insoweit nicht helfen.

[43] Religionsausübung beschränkt sich nicht nur auf den Bereich des Glaubens und des Gottesdienstes. Durch die Arbeitgeberin nimmt der JUH e.V. als Ordenswerk des Johanniterordens die satzungsmäßige Aufgabe der Unfallhilfe wahr. Die Unfallhilfe gehört zu den Ordenswerken, denen sich der Johanniterorden „getreu seiner christlichen, ritterlichen Tradition" widmet. Der Johanniterorden betreibt die Unfallhilfe in Erfüllung des Heilsauftrages der Kirche in dieser Welt. Nach dem Selbstverständnis der evangelischen wie auch der katholischen Kirche umfasst die Religionsausübung nicht nur den Bereich des Glaubens und des Gottesdienstes, sondern auch die Freiheit zur Entfaltung und Wirksamkeit in der Welt, wie es ihrer religiösen und diakonischen Aufgabe entspricht. Dazu gehört insbesondere das karitative Wirken (vgl. BAG 9.2.1982 - 1 BR 36/80- AP Nr. 24 zu § 118 BetrVG 1972, EzA § 118 BetrVG 1972 Nr. 33, zu B II 2 der Gründe, KirchE 19, 208). Die tätige Nächstenliebe ist eine wesentliche Aufgabe für Christen und wird von den christlichen Kirchen als kirchliche Grundfunktion verstanden (BVerfGE 53, 366 [392 f.], KirchE 18, 69). Dem entspricht es, wenn es in § 2 des Gesellschaftsvertrages der Antragstellerin heißt, dass Gesellschaftszweck die Unterstützung hilfebedürftiger Personen im Bewusstsein der Tradition christlicher Nächstenliebe ist und in der Satzung ihres Gesellschafters, dass sich der JUH e.V. als Teil der evangelischen Christenheit betrachtet, zu dessen Aufgaben der Dienst am Nächsten gehört, insbesondere auch der Rettungsdienst. Entsprechende Aussagen finden sich in der Satzung des Johanniterordens (siehe dazu u.a. Barz, Wolf-Dieter, Tübingen 1990). Nach den Quellen geht der Johanniterorden auf eine Einrichtung in Jerusalem für arme und

kranke Pilger zurück. Insoweit hat sich das Aufgabenspektrum der Notfallrettung bis heute sicher etwas verändert, nicht aber der karitative Hintergrund.

[44] Der Umstand, dass es sich bei dem Rettungsdienst auch um eine staatliche Aufgabe handelt, ist nach der oben dargestellten Rechtsprechung des Bundesverfassungsgerichts und des Bundesarbeitsgerichts irrelevant. Maßgeblich ist allein die Entscheidung der jeweiligen Kirche, ob sie sie zu ihrer karitativen Aufgabe und entsprechendem Betätigungsfeld macht. Eine Vielzahl solcher kirchlichen Aufgaben betrifft die Daseinsvorsorge und stellt damit zugleich staatliche Aufgaben dar. Der Vertreter der Arbeitgeberin wies in der Anhörung insoweit zutreffend darauf hin, dass sonst auch die Übernahme von Aufgaben im Rahmen des Subsidiaritätsprinzips einer Anwendung des § 118 Abs. 2 BetrVG entgegenstünde. Das ist ersichtlich nicht gewollt und wäre auch mit dem Grundgesetz nicht vereinbar.

[45] Es ist danach auch nicht mehr von Bedeutung, ob es sich bei dem Bereich des Rettungsdienstes um einen selbständigen, organisatorisch abgrenzbaren Bereich handelt. Voraussetzung für die Wahl eines Betriebsrats für die Rettungsstellen der Arbeitgeberin wäre es allerdings gewesen, dass es sich insoweit um einen Betrieb oder jedenfalls um einen selbständigen Betriebsteil iSd § 4 Abs. 1 Satz 1 BetrVG handelte. Darauf wäre es aber nur angekommen, wenn es sich bei dem Rettungsdienst nicht um eine karitative Aufgabe des Johanniterordens gehandelt hätte.

[46] bb) Durch den Einfluss des Johanniterordens auf den JUH e.V. als sein Ordenswerk und die Alleingesellschafterstellung des JUH e.V. bei der Arbeitgeberin sind sowohl die Verflechtung mit der EKD als auch die notwendige kirchliche Einflussmöglichkeit institutionell abgesichert.

[47] Der Johanniterorden ist Bestandteil der evangelischen Kirche (siehe oben unter III 2 b aa). Der JUH e.V. gehört als Fachverband dem Diakonischen Werk der EKD an. Für den JUH e.V. sind auf allen Ebenen Pfarrer ehrenamtlich tätig. Der Geschäftsführer der Arbeitgeberin ist Mitglied des Johanniterordens.

[48] In allen Organen des Ordenswerks sind Mitglieder des Johnanniterordens vertreten. Die Mehrheit der Mitglieder des Bundesvorstands, der den JUH e.V. unter eigener Verantwortung führt, müssen nach § 11.1 der Satzung Mitglieder des Johanniterordens sein. Auch Präsident und Vizepräsident des Präsidiums müssen nach der Satzung Mitglieder des Johanniterordens sein. In § 1.1 der Satzung ist das Weisungsrecht des Herrenmeisters des Johanniterordens verankert. Auch nach der Satzung des Johanniterordens kommt dem Herrenmeister mehr als eine Richtlinienkompetenz zu. Er regelt die Befugnisse (Barz, Die Satzung des Johanniterordens, 143). Der JUH e.V. ist wiederum alleiniger Gesellschafter der Arbeitgeberin.

[49] Entgegen der Ansicht der Beschwerde ist das tatsächliche Maß der Einflussnahme oder Kontrolle durch die Amtskirche bzw. den Orden ohne Bedeutung für die Bewertung des Rettungsdienstes als kirchliche Einrichtung. Es gehört zu den Wesensmerkmalen der verfassungsrechtlich gewährleisteten Kirchenautonomie, Anlass und Intensität ihrer Kontrolle und Einflussnahme auf ihre Einrichtungen in eigener Verantwortung zu bestimmen. Sie muss nur sicherstellen können, dass die religiöse Betätigung der Einrichtung in Übereinstimmung mit ihren eigenen religiösen Vorstellungen erfolgt. Das ist hier gewährleistet. Für das Ausmaß der kirchlichen Einflussmöglichkeiten ist es unerheblich, ob die Arbeitgeberin mit ihren Mitarbeitern die Geltung der Arbeitsvertragsrichtlinien des Diakonischen Werkes vereinbart hat. Dazu ist sie nach der Übernahme von Einrichtungen regelmäßig einseitig schon rechtlich gar nicht in der Lage. Im Übrigen kommt es auch nicht darauf an, in welchem Maß und in welcher Intensität die Arbeitgeberin den evangelisch-christlichen Charakter des Rettungsdienstes nach außen in Erscheinung treten lässt. Dies unterliegt als Ausfluss des kirchlichen Selbstbestimmungsrechts ihrer Entscheidung. Die kirchliche Prägung der Arbeit des Rettungsdienstes würde nicht einmal allein durch eine fehlende Offenlegung der Kirchenzugehörigkeit aufgehoben. So kommt es für die Beurteilung der kirchlichen Einflussmöglichkeiten z.B. auch nicht darauf an, ob die Arbeitgeberin bei der Einstellung von Mitarbeitern deren Konfessionszugehörigkeit erfragt oder von Sanktionen bei Verstößen gegen die kirchliche Lebensordnung absieht. § 118 Abs. 2 BetrVG schützt seinem Zweck nach nicht das Bestehen einer christlich motivierten Dienstgemeinschaft. Die Vorschrift trägt ausschließlich dem verfassungsrechtlich garantierten Selbstordnungs- und Selbstverwaltungsrecht der Kirche Rechnung, die in eigener Verantwortung darüber zu befinden haben, ob und inwieweit Verstöße gegen die kirchliche Lebensordnung hingenommen werden können (vgl. BAG 30.4.1997 -7 ABR 60/95- AP Nr. 60 zu § 118 BetrVG 1972, NZA 1997, 1240, EzA § 118 BetrVG 1972 Nr. 66, zu B 3 c cc der Gründe, KirchE 35, 153).

[50] Demnach sind die Rettungsstellen ohne Rücksicht darauf, ob sich die Mehrzahl der dort tätigen Arbeitnehmer bereits arbeitsvertraglich zu den besonderen Zielen der Arbeit einer kirchlichen Einrichtung bekannt hat, allein dadurch zu einer karitativen Einrichtung der Kirche iSv § 118 Abs. 2 BetrVG geworden, dass sie von der Arbeitgeberin als einer der Kirche zugeordneten Trägerin zu dem Zweck übernommen worden sind, dort in Gestalt der Unfallhilfe tätige Nächstenliebe zu üben und damit ein Stück Auftrag der Kirche in dieser Welt wahrzunehmen (vgl. BAG 9.2.1982 -1 ABR 36/80- AP Nr. 24 zu § 118 BetrVG 1972, EzA § 118 BetrVG 1972 Nr. 33, zu B II 3 der Gründe, KirchE 19, 208).

[51] Aufgrund der Fortführung der Rettungsstellen durch einen kirchlichen Träger haben die Arbeitnehmer betriebliche Mitbestimmungsrechte verloren.

Maßgeblich ist nun Mitarbeitervertretungsrecht (vgl. dazu BAG 9.2.1982 -1 ABR 36/80- AP Nr. 24 zu § 118 BetrVG 1972, EzA § 118 BetrVG 1972 Nr. 33, zu B II 4 der Gründe, KirchE 19, 208).

6

Ein Abwasserbeseitigungsbeitrag ist auch für ein Grundstück zu entrichten, auf dem sich eine Kirche und ein (inzwischen entwidmeter) Friedhof befinden.

Art. 140 GG, 137 Abs. 3 WRV
OVG Sachsen-Anhalt, Beschluss vom 9. Juli 2010 -4 L 92/10[1]-

Die Klägerin, eine ev. Kirchengemeinde, wendet sich gegen ihre Heranziehung zu einem Abwasserbeitrag durch den Beklagten.

Sie ist Eigentümerin des in der Schulstraße in U. gelegenen Grundstücks Gemarkung U., Flur 4, Flurstück 216/69, Größe 1.250 m². Auf dem Grundstück befinden sich eine Kirche sowie mehrere alte Grabsteine und Grabkreuze.

Mit dem angefochtenen Bescheid zog der Beklagte die Klägerin für das Grundstück zu einem Abwasserbeitrag in Höhe von 5.000,00 € heran. Hierbei berücksichtigte er eine beitragspflichtige Grundstücksfläche von 1.250 m², einen Geschossfaktor von 1,0 für 1 Vollgeschoss sowie einen Beitragssatz von 4,00 €/m².

In einer Stellungnahme vom 8.1.2008 führte der Leiter des Amtes für Denkmalschutz des Landkreises V. aus, die auf dem Grundstück befindliche Kirche sei als Bau- bzw. Kulturdenkmal in das Denkmalverzeichnis des Landes eingetragen. Eine Nutzung als Wohn- oder Gewerbebauland sei aus denkmalpflegerischer Sicht nicht genehmigungsfähig.

Zur Begründung ihres Widerspruchs führte die Klägerin u.a. aus, bei dem Grundstück handele es sich um eine Kirche, die von dem Gräberfeld eines ehemaligen Friedhofs umschlossen sei. Es sei nicht an die zentrale Schmutzwasseranlage angeschlossen und durch diese auch nicht bevorteilt, da es nach der Art seiner Nutzung keinen Anschlussbedarf habe. Eine Umnutzung der Kirche zu gewerblichen oder wohnwirtschaftlichen Zwecken sei nicht möglich. Eine solche Umnutzung würde den Beschränkungen, die sich aus dem Bestattungsrecht ergäben, widersprechen. Diese seien anwendbar, da das Grundstück weiterhin als kirchlicher Friedhof gewidmet sei. Die vorgeschriebenen Liegezeiten seien allerdings beendet.

---

1 juris.

Den zurückweisenden Widerspruchsbescheid stützte die Beklagte auf folgende Erwägungen: Es handele sich um ein reines Kirchengrundstück, welches der Beitragspflicht unterliege, da der Friedhof nur noch historischen Charakter habe. Die Eigenschaft der Kirche als Baudenkmal habe keinen Einfluss auf die Beitragspflicht, da die Umnutzung zu wohnlichen oder gewerblichen Zwecken nicht grundsätzlich und dauerhaft ausgeschlossen werden könne.

Mit der Anfechtungsklage macht die Klägerin geltend, es handele sich bei dem streitgegenständlichen Objekt um ein Friedhofsgrundstück, welches nicht der Beitragspflicht unterliege; der auf dem Grundstück befindliche Friedhof sei zwar geschlossen, aber nicht entwidmet. Zudem sei eine Nutzung zu Wohn- oder Gewerbezwecken aus Gründen des Denkmalschutzes nicht möglich.

Das VG Halle (Urteil vom 26.2.2010 -4 A 460/08- n.v.) hat die Klage abgewiesen und zur Begründung u.a. ausgeführt:

> I. Rechtsgrundlage für die Festsetzung des Abwasserbeitrags ist § 6 Abs. 1 Satz 1 LSA.KAG in Verbindung mit der Satzung über die Erhebung von Beiträgen und Kostenerstattungen für die Abwasserbeseitigung des Abwasserzweckverbandes Salza vom 27.10.2003 (im Folgenden: BS 2003). Die Satzung, insbesondere der Beitragssatz von 4,00 €/m², ist wirksam (VG Halle, Urteil vom 18.12.2009 - 4 A 308/07 HAL -).
>
> II. Das Grundstück unterliegt der Beitragspflicht. Dieser unterliegen gem. § 3 Abs. 1 Nr. 2 BS 2003 Grundstücke, die an die zentrale öffentliche Abwasseranlage angeschlossen werden können und für die eine bauliche oder gewerbliche Nutzung nicht festgesetzt ist, wenn sie nach der Verkehrsauffassung Bauland sind und nach der geordneten baulichen Entwicklung in der Gemeinde zur Bebauung oder gewerblichen Nutzung anstehen. Diese Voraussetzungen liegen hier vor. Die Anschlussmöglichkeit für das Grundstück ist gegeben. Vor dem Grundstück liegt ein betriebsbereiter Schmutzwasserkanal in der Straße, an den das Grundstück angeschlossen werden kann. Bei dem Grundstück handelt es sich auch um Bauland, da es im unbeplanten Innenbereich der Gemeinde U. im Sinne des § 34 BauGB liegt. Damit steht das Grundstück auch nach einer geordneten baulichen Entwicklung zur Bebauung an. Ausreichend hierfür ist die Zulässigkeit einer Bebauung (OVG LSA, Urteil vom 16.1.2004 -1 L 146/03- juris Rn 23).
>
> III. Das Grundstück ist nicht deshalb beitragsfrei, weil es in der Vergangenheit als Friedhof genutzt wurde. Zwar gilt gem. § 4 Abs. 2 Nr. 7 BS 2003 bei Grundstücken, die innerhalb eines im Zusammenhang bebauten Ortsteils (§ 34 BauGB) tatsächlich als Friedhof genutzt werden, als Grundstücksfläche (nur) die Grundfläche der an die Abwasseranlage angeschlossenen Baulichkeit geteilt durch die Grundflächenzahl (nachfolgend GRZ) 0,2. Diese Vorschrift ist der Regelung für bebaute Außenbereichsgrundstücke nachgebildet und hat den Zweck, die weniger abwasserintensiven Friedhofsgrundstücke bei der Heranziehung zu einem Abwasserbeitrag zu privilegieren (vgl. Klausing, in: Driehaus, Kommunalabgabenrecht, § 8 Rn 1036). Hiermit wird dem Gesichtspunkt Rechnung getragen, dass Friedhofsgrundstücke, soweit sie als Gräberfeld genutzt werden, durch die Möglichkeit des Anschlusses an die Kanalisation keinen wirtschaftlichen Vorteil erlangen (VG Düsseldorf, Urteil vom 5.11.1986 -5 K 3281/85- ZMR 1987, 356 [358]). Die Vorschrift des § 4 Abs. 2 Nr. 7 BS 2003 ist nicht nur dann anwendbar, wenn die Nutzung als Friedhof das gesamte Grundstück erfasst und das Grundstück vollständig mit einem Gräberfeld bedeckt ist,

sondern auch dann, wenn das Grundstück nur teilweise als Friedhof genutzt wird (vgl. VG Halle, Urteil vom 6.8.2007 -4 A 33/07 HAL-). Auch in diesen Fällen liegt typischerweise eine weniger abwasserintensive Nutzung vor. Etwas anderes kann dann gelten, wenn die Nutzung als Friedhof bzw. Gräberfeld auf dem Grundstück lediglich eine völlig untergeordnete Bedeutung hat. Der Anwendbarkeit des § 4 Abs. 2 Nr. 7 BS 2003 steht auch nicht entgegen, dass sich auf dem Grundstück - neben einem Friedhof - eine Kirche befindet. Bei einer Mischnutzung aus Kirche und Friedhof steht der Gesichtspunkt des typischerweise geringen Abwasseranfalls und des verminderten Vorteils gleichermaßen im Vordergrund. Eine tatsächliche Nutzung als Friedhof im Sinne des § 4 Abs. 2 Nr. 7 BS 2003 liegt auch nach Schließung des Friedhofs zumindest für eine Übergangszeit weiterhin vor. Die Schließung oder Außerdienststellung eines Friedhofs lässt den Friedhof als solchen weiterhin bestehen, es dürfen lediglich keine weiteren Beisetzungen mehr erfolgen (BVerwG, Beschluss vom 9.6.1992 -BVerwG 7 B 59.92- juris; Gaedke, Handbuch des Friedhofs- und Bestattungsrechts, 9. Aufl. 2004, S. 55). Die tatsächliche Nutzung als Friedhof im Sinne des § 4 Abs. 2 Nr. 7 BS 2003 wird regelmäßig erst mit der Entwidmung beendet. Durch die Entwidmung wird der Friedhof seiner Bestimmung, als Ruhestätte der Toten zu dienen, entzogen und einer anderen Verwendung zugeführt (BVerwG, Beschluss vom 9.6.1992 -BVerwG 7 B 59.92- aaO; Gaedke, aaO S. 57). Durch die Entwidmung verliert der Friedhof seinen Charakter als öffentliche Begräbnisstelle und erlangt seine volle Verkehrs- und Verwendungsfähigkeit wieder (OVG Hamburg, Beschluss vom 9.4.1992 -Bs II 30/92- NVwZ 1992, 1212 [1213], KirchE 30, 204; Gaedke, aaO S. 57 f.). Zuständig für die Entwidmung ist der jeweilige Anstaltsträger, bei kirchlichen Friedhöfen die Kirchengemeinde (OVG Saarlouis, Beschluss vom 6.8.2002 -2 U 3/02- juris Rn 21; Gaedke, aaO S. 58). Die Entwidmung ist nicht formgebunden und kann ausdrücklich oder konkludent, etwa durch Nutzungsänderung, erfolgen (OVG Saarlouis, Beschluss vom 6.8.2002 -2 U 3/02- aaO; OVG Hamburg, Beschluss vom 9.4.1992 -Bs II 30/92- aaO S. 1214; VG Magdeburg, Beschluss vom 9.1.1996 -4 B 88/954- LKV 1996, 341 [342], KirchE 34, 6). Nach der Schließung eines Friedhofs verliert ein Grundstück seine Eigenschaft als Friedhof, soweit eine ausdrückliche und öffentlich bekanntgemachte Entwidmung nicht festgestellt werden kann, durch konkludente Entwidmung. Maßgeblich sind alle Umstände, die darauf schließen lassen, dass die Eigenschaft des Grundstücks als Friedhof entfallen soll. Von Bedeutung ist der Wegfall der friedhofstypischen Nutzung des Grundstücks. Nach Schließung eines Friedhofs besteht die friedhofstypische Nutzung (nur noch) in dem Besuch der Grabstellen sowie der Grabpflege. Wird diese aufgegeben und das Grundstück äußerlich in eine Grünfläche umgewandelt, liegt hierin eine konkludente Entwidmung, selbst wenn einzelne Elemente des früheren Friedhofs, wie etwa alte Grabsteine und Grabkreuze, aus denkmalpflegerischen oder ästhetischen Gründen weiterhin auf dem Grundstück verbleiben (vgl. Gaedke, aaO S. 58).

Nach diesen Grundsätzen liegt eine tatsächliche Nutzung des Grundstücks als Friedhof im Sinne des § 4 Abs. 2 Nr. 7 BS 2003 nicht vor. Der nach den Angaben der Klägerin in der Vergangenheit auf dem Grundstück vorhanden gewesene Friedhof ist schon vor langer Zeit außer Dienst gestellt (geschlossen) worden. Es kann nicht genau festgestellt werden, wann die letzte Bestattung auf dem Grundstück vorgenommen wurde, jedoch spricht manches dafür, dass dies 100 Jahre und länger zurückliegt. Darüber hinaus ist der Friedhof auch konkludent entwidmet worden, indem die friedhofstypische Nutzung des Grundstücks aufgegeben wurde. Anhaltspunkte dafür, dass einzelne Grabstellen noch immer von Angehörigen der Verstorbenen besucht werden, liegen nicht vor. Auch die

Grabpflege wurde eingestellt. Einzelne Gräber, die bestimmten Personen zugeordnet werden können und die regelmäßig als Grab gepflegt werden, sind nicht zu erkennen. Hiergegen spricht auch nicht, dass auf dem Grundstück mehrere alte Grabsteine und Grabkreuze zu sehen sind. Diese befinden sich zum Teil erkennbar nicht mehr an ihrem ursprünglichen Platz, sondern sind an die Kirchenmauer versetzt worden. Auch das noch aufstehende eiserne Grabkreuz sowie das Grabmal prägen die Nutzung des Grundstücks nicht, sondern erscheinen als Reste einer bereits vor langer Zeit aufgegebenen Nutzung. Das Grundstück ist äußerlich nicht mehr als Friedhof zu erkennen, vielmehr stellt es sich auf den von den Beteiligten eingereichten Lichtbildern als eine Grünfläche dar, auf der vereinzelt Elemente eines ehemaligen Friedhofs, wie Grabsteine und Grabkreuze, zu erkennen sind. Diese heben jedoch den Gesamteindruck der Beendigung der Friedhofsnutzung und damit die konkludente Entwidmung nicht auf.
IV. Der Beitragspflicht steht nicht entgegen, dass sich auf dem Grundstück eine Kirche befindet. Grundsätzlich unterliegen auch Grundstücke, die ausschließlich mit einem Kirchengebäude bebaut sind, der Beitragspflicht, ohne dass es darauf ankommt, dass derzeit auf dem Grundstück kein Abwasser anfällt, weil die Kirche weder über eine Toilette noch über einen Wasseranschluss verfügt (OVG LSA, Beschluss vom 27.8.2002 -1 L 186/01-; Dietzel, Driehaus, aaO, § 8 Rn 538). Maßgeblich ist vielmehr, dass dem Grundstück bereits durch die Anschlussmöglichkeit ein Vorteil geboten wird, der eine Beitragserhebung rechtfertigt, weil ein Anschlussbedarf für das Grundstück auch noch nachträglich entstehen kann. Anhaltspunkte dafür, dass der Anfall von Abwasser auf dem Grundstück aus Gründen des Denkmalschutzes ausgeschlossen ist, sind nicht ersichtlich. Es erscheint zudem wegen der Größe des Grundstücks nicht von vornherein ausgeschlossen, auf dem Grundstück ein zusätzliches Gebäude, etwa ein Pfarrhaus, zu errichten.

Der Antrag der Klägerin auf Zulassung der Berufung wurde ebenfalls zurückgewiesen.

Aus den Gründen:

[1] Der statthafte Antrag auf Zulassung der Berufung bleibt ohne Erfolg.

[2] 1. An der Richtigkeit der erstinstanzlichen Entscheidung bestehen nach dem Vortrag der Klägerin keine ernstlichen Zweifel iSd § 124 Abs. 2 Nr. 1 VwGO.

[3] Ernstliche Zweifel an der Richtigkeit einer Gerichtsentscheidung (§ 124 Abs. 2 Nr. 1 VwGO) sind immer schon dann begründet, wenn ein einzelner tragender Rechtssatz oder eine einzelne erhebliche Tatsachenfeststellung mit schlüssigen Gegenargumenten in Frage gestellt worden ist (BVerfG, Beschluss vom 10.9.2009 -1 BvR 814/09- *juris*).

[4] Das Verwaltungsgericht hat die Beitragspflichtigkeit des mit einem Kirchengebäude bebauten und nicht an die Abwasserentsorgung angeschlossenen Grundstückes bejaht und die Anwendung der Privilegierung nach § 4 Abs. 2 Nr. 7 der Satzung über die Erhebung von Beiträgen und Kostenerstattungen für die Abwasserbeseitigung des Abwasserzweckverbandes S. vom 27.10.2003 abge-

lehnt, weil es von einer konkludenten Entwidmung des ursprünglich als Friedhof genutzten Geländes ausgeht.

[5] Die Klägerin hat nicht schlüssig dargelegt, dass Art. 140 GG in Verbindung mit Art. 137 Abs. 3 WRV der vom Verwaltungsgericht vorausgesetzten Möglichkeit einer konkludenten Entwidmung eines kirchlichen Friedhofes entgegenstehen.

[6] Die Klägerin berücksichtigt zunächst nicht hinreichend, dass das Bestattungsrecht von jeher eine Angelegenheit des öffentlichen Begräbniswesens darstellt. Diese Materie gehört zu den gemeinschaftlichen Aufgaben, die von Staat und Kirche in Anspruch genommen und gemeinsam zu erfüllen sind, so dass es sich dabei nicht um eine „rein kirchliche Angelegenheit handelt (BVerwG, Beschluss vom 7.3.1997 -3 B 173/96- *juris* Rn 7 mwN). Das Friedhofs- und Begräbniswesen ist, auch wenn es von Religionsgemeinschaften wahrgenommen wird, kein staatsfreier verfassungsrechtlich garantierter Autonomiebereich der Religionsgemeinschaften, soweit es nicht um die religiös bestimmte Bestattungszeremonie geht (Hamb.OVG, Beschluss vom 9.4.1992 -Bs II 30/92- NVwZ 1992, 1212 [1213] KirchE 30, 204). Dieser Umstand ist auch bei der Frage zu berücksichtigen, welche Anforderungen an die Wirksamkeit einer Entwidmung eines kirchlichen Friedhofes zu stellen sind.

[7] Die Klägerin weist zwar mit Recht darauf hin, dass für die Entwidmung eines kirchlichen Friedhofes als actus contrarius seiner Widmung die Kirchengemeinde zuständig ist, ohne dass sie hierfür einer staatlichen Genehmigung bedürfte (Hamb.OVG, a.a.O.; Saarl.OVG, Beschluss vom 6.8.2002 -2 U 3/02- KirchE 41, 28, *juris* Rn 21 mwN). Diese Art. 140 GG iVm Art. 137 Abs. 3 WRV für den Fall einer gemeinsamen Aufgabenerfüllung durch Staat und Religionsgemeinschaft gerecht werdende Anforderung legt aber auch die Vorinstanz zutreffend zu Grunde, wenn es insbesondere auf die zitierten Beschlüsse des OVG Hamburg und des OVG des Saarlandes abstellt. Entgegen der Rechtsauffassung der Klägerin wurde die Bedeutung von Art. 140 GG iVm Art. 137 Abs. 3 WRV damit nicht verkannt. Dass eine Entwidmung auch konkludent erfolgen kann, widerspricht entgegen der Rechtsauffassung der Klägerin nicht der Annahme, dass sie durch die Kirchengemeinde selbst erfolgen muss. Denn auch bei der konkludenten Entwidmung ist es der Willensentschluss der Kirchengemeinde, auf dessen sinngemäßes Erfolgen die Beweisanzeichen hindeuten. Auch die konkludente Entwidmung ist eine Entwidmung durch die Kirchengemeinde, auf die durch Anzeichen, die von der Kirchengemeinde gesetzt worden sind, geschlossen wird. Auch eine konkludente Entwidmung kann damit actus contrarius zur Widmung sein und dazu führen, dass eine Sache den Charakter einer „res sacra“ im staatskirchenrechtlichen Sinne verliert (vgl. Listl/Pirson, HdbStKR, Bd. 2, S. 15 FN 59).

[8] Da aber - wie oben ausgeführt - mit dem Friedhofswesen nicht der staatsfreie Autonomiebereich der Religionsgemeinschaften allein berührt ist, kommt es für die Frage, ob eine Entwidmung durch die hierfür zuständige Kirchengemeinde - ausdrücklich oder eben konkludent - erfolgt ist, nicht darauf an, ob diese den nur internen Regeln der Religionsgemeinschaft vollumfänglich entsprochen hat. Ob Glaubensregeln der Religionsgemeinschaft ihr die Aufhebung des Friedhofs erlauben, ist der staatlichen Kontrolle entzogen und daher auch von den Verwaltungsgerichten nicht zu prüfen (Hamb.OVG, aaO). Die staatlichen Gerichte sind grundsätzlich zur Entscheidung aller Rechtsfragen berufen, deren Beurteilung sich nach staatlichem Recht richtet (BVerwG, Urteil vom 28.2.2002 -7 C 7/01- KirchE 40, 140, *juris* Rn 17; BGH, Urteil vom 11.2.2000 - V ZR 271/99- KirchE 38, 60, *juris* Rn 12). Kirchliche Gesetze und Verwaltungsordnungen - wie die hier von der Klägerin in Bezug genommenen Normen des „Kirchengesetzes betreffend die kirchliche Aufsicht über die Vermögensverwaltung der Kirchengemeinden vom 18. Juli 1892" aus den „Amtlichen Mitteilungen des Königlichen Consistoriums der Provinz Sachsen" vom 28.3.1893 und der „Ordnung für die Vermögens- und Finanzverwaltung der Kirchengemeinden - Kirchliche Verwaltungsordnung" vom 5.9.1972 aus dem „Amtsblatt der Evangelischen Kirche in der Kirchenprovinz Sachsen" vom 7.8.1981 - gehören nicht zum Bereich des staatlichen Rechts, über dessen Einhaltung staatliche Gerichte wachen. Jedenfalls dann, wenn - wie hier im Friedhofs- und Begräbniswesen - nicht der staatsfreie Autonomiebereich der Religionsgemeinschaften betroffen ist, richtet sich die Frage nach der Wirksamkeit einer Entwidmung nach staatlichem Recht. Ob Mitwirkungsrechte kirchlicher Aufsichtsgremien nach internem Kirchenrecht in diesem Bereich verletzt wurden oder nicht, ist daher nicht entscheidungserheblich, so dass es auch auf das mit der Begründung des Zulassungsantrages vorgebrachte Beweisangebot nicht ankommt.

[9] Hinzu kommt noch, dass nicht schlüssig dargelegt wurde, dass nach internem Kirchenrecht tatsächlich eine zur Unwirksamkeit einer (konkludenten) Entwidmung führende Unterlassung vorliegt. Denn § 55 der „Kirchlichen Verwaltungsordnung" vom 5.9.1972 sieht zwar eine Pflicht zur Inanspruchnahme von Beratung der kirchlichen Aufsichtsbehörde vor, lässt die Frage nach der Rechtsfolge eines Pflichtverstoßes aber offen. Das „Kirchengesetz betreffend die kirchliche Aufsicht über die Vermögensverwaltung der Kirchengemeinden" vom 18.7.1892 sieht in § 1 Nr. 5 zwar vor, dass ein Beschluss über die Verwendung des kirchlichen Vermögens zu anderen als den bestimmungsgemäßen Zwecken grundsätzlich zu seiner Gültigkeit einer Genehmigung der kirchlichen Aufsichtsbehörde bedarf. Die Klägerin legt aber nicht dar, dass sich die Wirksamkeit der in Rede stehenden konkludenten Entwidmung gerade nach dieser

Norm und nicht nach der späteren und spezielleren Regelung in § 55 der „Kirchlichen Verwaltungsordnung“ vom 5.9.1972 richtet.

[10] Die Klägerin hat auch nicht schlüssig dargetan, dass Denkmalschutzrecht der Beitragspflicht entgegensteht. Zwar hat sie ein Schreiben des Landkreises Saalekreis vom 8.1.2008 vorgelegt, nach dem eine Nutzung des in Rede stehenden Kirchhofes als Wohn- oder Gewerbebauland aus denkmalpflegerischer Sicht nicht genehmigungsfähig wäre. Damit ist aber nicht belegt, dass ein Anschluss an die Abwasserversorgung auch zur Unterstützung der derzeitigen Nutzung als Kirchengebäude aus denkmalpflegerischen Gründen ausgeschlossen ist, so dass ein Vorteil durch die Anschlussmöglichkeit gar nicht bestünde. Denn es ist nicht dargetan, dass auch etwa die Anlegung sanitärer Einrichtungen für Gottesdienstbesucher oder kirchliche Mitarbeiter völlig ausscheidet.

[11] 2. Die Berufung ist auch nicht wegen grundsätzlicher Bedeutung im Sinne von § 124 Abs. 2 Nr. 3 VwGO zuzulassen. (*wird ausgeführt*)

7

Bei einem Streit über Grabnutzungsrechte an einem kirchlichen Friedhof können die staatlichen Verwaltungsgerichte angerufen werden.

Die Frage, in welchen Fällen ein Anspruch auf Bestattung in einer bestimmten, bereits vorhandenen Grabstätte eines Friedhofs besteht, regeln die staatlichen Vorschriften nicht. Der Gesetz- und Verordnungsgeber hat es dem Ermessen des jeweiligen Friedhofsträgers überlassen, diese Frage, die den konkreten Inhalt des an einer Grabstätte erworbenen Grabnutzungsrechts betrifft, durch örtliche Vorschriften zu regeln.

Zur Frage der Auslegung einer Friedhofsordnung für den Fall der Bestattung von auswärtigen Personen.

Art. 8 Abs. 3 u. 4 BayBestG
VG München, Urteil vom 15. Juli 2010 -M 12 K 10.451[1]-

Die Parteien streiten über die Verpflichtung der Beklagten (katholische Kirchenstiftung A), nach dem Tode der Schwestern B und C der Klägerin deren Bestattung in der Grabstätte N. auf dem kirchlichen Friedhof in A zu genehmigen.

Die in A wohnhafte Klägerin ist verwitwet; ihre beiden vorgenannten Schwestern wohnen in München. Die Klägerin ist Nutzungsberechtigte einer auf dem Friedhof der Beklagten liegenden Grabstätte N. In diesem Grab ist D, der

1 juris.

Schwiegervater der Klägerin, der bereits im Jahr 1957 verstorben ist, bestattet. Der verstorbene Ehemann der Klägerin ruht nicht auf dem Friedhof der Beklagten. Auf dem Friedhof befindet sich noch ein weiteres Grab der Familie, in dem ein bereits verstorbener Bruder der Klägerin und ihrer beiden Schwestern bestattet ist (Familiengrab F). Nutzungsberechtigte dieses weiteren Grabes ist G, die Witwe dieses Bruders.

Unter dem 21.9.2006 teilte die Beklagte der Klägerin mit, dass die Ruhefrist der Grabstätte N. bereits seit 34 Jahren abgelaufen sei. Die Kirchenverwaltung habe daher einstimmig beschlossen, das Grabnutzungsrecht nicht mehr weiter zu verlängern. Die Entscheidung werde zum 31.12.2006 wirksam. Die Klägerin antwortete mit Schreiben vom 2.10.2006, bereits ihr Ehemann habe auf die Pflege des Grabes seines Vaters großen Wert gelegt. Die Einebnung der Grabstätte wäre daher ein großer Verlust. Auf ein Schreiben eines Bevollmächtigten der Klägerin teilte das Erzbischöfliche Ordinariat als Aufsichtsbehörde unter dem 26.3.2007 mit, die Kirchenverwaltung habe jetzt den Beschluss gefasst, das Grabnutzungsrecht nochmals um 10 Jahre zu verlängern. Die Entscheidung sei getroffen worden, um eine gerichtliche Auseinandersetzung zu vermeiden. Es werde jedoch darauf hingewiesen, dass auf die Verlängerung kein Rechtsanspruch bestanden habe.

Mit Schreiben vom 24.7.2008 beantragte die Klägerin bei der Beklagten zu genehmigen, dass ihre Schwestern B und C in der Grabstätte N. bestattet werden dürfen. Zur Begründung machte sie geltend, aufgrund von Meinungsverschiedenheiten mit ihrer oben genannten Schwägerin G sei es ihren Schwestern verwehrt, in der Familiengruft F auf dem Friedhof in A beerdigt zu werden. Obwohl ihr Bruder schriftlich niedergelegt habe, dass in diesem Grab auch die beiden Schwestern beerdigt werden dürften, werde dies von ihrer Schwägerin verweigert. Den Schwestern sei es nicht zuzumuten, einen Prozess gegen die Schwägerin zu führen, um die Beerdigung in dieser Grabstätte zu erreichen. Weil die Schwestern der Klägerin aber zumindest in der Nähe ihrer Familie bestattet werden wollten und sich die Grabstätte N. dazu eigne, bitte sie, den Antrag wohlwollend zu prüfen. Es sei den Schwestern eine Herzensangelegenheit, auf dem kirchlichen Friedhof in A ihre letzte Ruhestätte zu finden.

Mit Schreiben vom 23.10.2008 teilte die Beklagte der Klägerin mit, nach Beratung in der Kirchenverwaltung könne dem Anliegen nicht entsprochen werden. Gem. § 7 Abs. 1 Satz 3 Friedhofsordnung (FO) bestehe kein Anspruch der Klägerin, ihre Schwestern in der Grabstätte N. zu bestatten. Eine Ausnahmegenehmigung könne aus Gründen der Gleichbehandlung nicht erteilt werden. Da der Friedhof in A nur noch begrenzt freie Grabstätten aufweise und nicht mehr erweiterungsfähig sei, solle der Friedhof nur noch den Pfarreiangehörigen zur Verfügung stehen. Gräber, die bisher an Auswärtige vergeben seien, sollten nach Ablauf der Ruhefristen bzw. des Grabnutzungsrechts nicht mehr verlängert werden.

Auf dieses ablehnende Schreiben folgte ein längerer Schriftwechsel der Beteiligten. Seitens der Klägerin wurde auf fortdauernde Verbindung ihrer Schwestern nach A hingewiesen: als Angehörige einer alteingesessenen Familie, auf ihr lebenslanges Wohnrecht an einem dortigen Anwesen und ihr persönliches Interesse an einer Bestattung in der Nähe der Familiengruft. Die Beklagte wandte mit Schreiben vom 8.7.2009 ein, der Friedhof in A sei ein sog. kirchlich-konfessioneller Friedhof, weil in der Gemeinde A auch ein kommunaler Friedhof vorhanden sei. Die Religionsgemeinschaften seien aufgrund des ihnen garantierten Selbstverwaltungsrechts (Art. 140 GG, 137 Abs. 3 WRV) befugt, innerhalb der Schranken der für alle geltenden Gesetze ihre Angelegenheiten selbst zu verwalten und zu ordnen. Da das Bestattungswesen nicht Pflichtaufgabe der Kirchen, sondern der politischen Gemeinden sei, könne eine Pfarrei, soweit ein kommunaler Friedhof vorhanden sei, ihren kirchlichen Friedhof den Pfarreiangehörigen vorbehalten. Auswärtige hätten generell keinen Anspruch auf Bestattung, selbst nicht bei einem kirchlichen Monopolfriedhof, weil nach Art. 8 Abs. 4 Satz 1 Halbsatz 2 iVm Art. 8 Abs. 3 BestG nur Gemeindeeinwohnern die Beisetzung gestattet werden müsse. Der Träger eines konfessionellen Friedhofs könne die Bestattung anderer Personen seinem Ermessen vorbehalten; hiervon habe die Kirchenverwaltung mit den bereits in dem Schreiben vom 23.10.2008 genannten Erwägungen fehlerfrei Gebrauch gemacht.

Mit der im Februar 2010 bei Gericht eingegangenen Klage verfolgt die Klägerin ihr Begehren weiter. Die Kammer weist die Klage ab.

Aus den Gründen:

[39] 1. a) Der Verwaltungsrechtsweg nach § 40 Abs. 1 Satz 1 VwGO ist eröffnet.

[40] Dem steht nicht entgegen, dass die Beklagte eine kirchliche Stiftung ist. Zwar unterliegen aufgrund der Regelung in Art. 140 GG iVm Art. 137 Abs. 3 WRV innerkirchliche Maßnahmen der Kirchen und ihrer rechtlich verselbständigten Teile nicht der staatlichen Gerichtsbarkeit (vgl. Eyermann/Rennert, VwGO, 13. Aufl., § 40 Rn 91). Der vorliegende Streit um die Benutzung des Friedhofs der Beklagten stellte jedoch keine solche innerkirchliche Angelegenheit dar. Es handelt sich um eine Angelegenheit des Begräbniswesens, einer Materie, die von Staat und Kirche gleichermaßen in Anspruch genommen wird und die vom Staat unter Einbeziehung der kirchlichen Friedhöfe durch staatliche Vorschriften geregelt worden ist (vgl. z.B. Art. 8 ff. BestG). Bei einem Streit über die Nutzungsverhältnisse an einem kirchlichen Friedhof können daher die

Verwaltungsgerichte angerufen werden (BVerwGE 25, 364, KirchE 8, 254; Eyermann/Rennert, aaO, Rn 94).

[41] b) Die Klagefrist wurde gewahrt. Die Klage ist nicht deshalb verfristet, weil die Klägerin nicht innerhalb eines Jahres nach Erhalt des Schreibens vom 23.10.2008 Klage erhoben hat.

[42] aa) Zwar handelt es sich bei diesem nicht mit einer Rechtsbehelfsbelehrung versehenen Schreiben der Beklagten vom 23.10.2008 um einen - den Antrag der Klägerin ablehnenden - Verwaltungsakt iSd Art. 35 BayVwVfG.

[43] Soweit die Kirchen nach Art. 2 Abs. 1 Satz 1 BayVwVfG vom Geltungsbereich des BayVwVfG ausgenommen sind, ist dies dahingehend auszulegen, dass diese Ausnahme nur für den innerkirchlichen Bereich gilt (Kopp/Ramsauer, VwVfG, 11. Aufl., § 2 Rn 8). In diesen Bereich fällt die vorliegende Streitigkeit nicht (siehe a). Für die Frage, ob ein Verwaltungsakt vorliegt, ist daher die Legaldefinition des Art. 35 BayVwVfG heranzuziehen. Die Verwaltungsaktsqualität fehlt dem Schreiben vom 23.10.2008 nicht deshalb, weil es keine Rechtsbehelfsbelehrung enthielt. Maßgebend für die Frage, ob ein behördlicher Akt einen Verwaltungsakt darstellt, ist der objektive Erklärungswert, d.h. wie der Bürger nach Treu und Glauben bei objektiver Auslegung analog §§ 133, 157 BGB die Erklärung der Behörde verstehen durfte bzw. musste (Kopp/Ramsauer, aaO, § 35 Rn 54). Auch wenn dem Schreiben vom 23.10.2008 keine Rechtsbehelfsbelehrung beigefügt war, ist aufgrund der gewählten Formulierungen nicht zweifelhaft, dass die Klägerin dieses Schreiben als verbindliche Ablehnung ihres Antrags verstehen musste.

[44] bb) Die Klägerin musste daher grundsätzlich zwar eine Rechtsbehelfsfrist von einem Jahr ab Bekanntgabe des Schreibens vom 23.10.2008 wahren (§ 58 Abs. 2 Satz 1 VwGO). Im vorliegenden Fall kommt jedoch die Besonderheit hinzu, dass die Beklagte am 8.7.2009 einen sog. Zweitbescheid erlassen hat. Das Schreiben vom 8.7.2009, das ebenfalls keine Rechtsbehelfsbelehrung erhielt, ist nicht lediglich als „wiederholende Verfügung" ohne Verwaltungsaktsqualität zu verstehen. Die Beklagte ist in diesem Schreiben auf die nach Erlass des Erstbescheids erhobenen Einwände der Klägerin eingegangen und hat eine nochmalige Sachprüfung vorgenommen. Eine neue Sachentscheidung (Zweitbescheid) setzt jedoch, auch wenn sie wie hier im gleichen Sinn ergeht, die Rechtsbehelfsfristen erneut in Lauf (Kopp/Ramsauer, aaO, Rn 97). Die einjährige Rechtsbehelfsfrist (§ 58 Abs. 2 Satz 1 VwGO) lief daher ab Bekanntgabe des Schreibens vom 8.7.2009 erneut an und war zum Zeitpunkt der Klageerhebung auch noch nicht abgelaufen.

[45] c) Die Klage ist auch abweichend von § 68 Abs. 2 VwGO zulässig. Dabei kommt es weder auf die Frage an, ob ein Widerspruchsverfahren nach Art. 15 Abs. 2 AGVwGO entbehrlich war - dagegen spricht, dass Art. 15 Abs. 2 AGVwGO

nur für unter der Aufsicht des Freistaats Bayern stehende juristische Personen des öffentlichen Rechts gilt (Art. 15 Abs. 3 AGVwGO), die Beklagte als kirchliche Stiftung aber der Aufsicht der katholischen Kirche untersteht (Art. 23 Abs. 1 Satz 1 BayStiftG) -, noch darauf, ob das Schreiben des früheren Bevollmächtigten der Klägerin vom 7.4.2009 als bisher nicht verbeschiedener Widerspruch auszulegen und die Klage schon nach § 75 VwGO zulässig ist. Ein Widerspruchsverfahren ist jedenfalls auch dann entbehrlich, wenn die Widerspruchsbehörde zu erkennen gegeben hat, dass ein Widerspruch keinen Erfolg haben wird (Eyermann/Rennert, aaO, § 68 Rn 30, 31). Eine solche Fallgestaltung liegt hier vor, weil dem prozessualen Verhalten des erzbischöflichen Ordinariats ohne weiteres zu entnehmen ist, dass ein Widerspruch keinen Erfolg hätte.

[46] 2. Die Klage ist unbegründet.

[47] Die Klägerin hat weder Anspruch darauf, dass die Beklagte ihr die Genehmigung erteilt, ihre Schwestern nach deren Tod in der „Grabstätte N." auf dem Friedhof der Beklagten bestatten zu dürfen, noch darauf, dass die Beklagte hierüber erneut nach Ermessen entscheidet.

[48] a) Aus den staatlichen Rechtsvorschriften, dem BestG und der BestV, ergeben sich solche Ansprüche nicht. Das BestG regelt in Art. 8 lediglich die Frage, in welchen Fällen Gemeinden (Art. 8 Abs. 3 BestG) und kirchliche Friedhofsträger (Art. 8 Abs. 4 BestG) verpflichtet sind, eine Bestattung auf einem bestimmten Friedhof zu gestatten. Die Frage, in welchen Fällen ein Anspruch auf Bestattung in einer bestimmten, bereits vorhandenen Grabstätte eines Friedhofs besteht, regeln die staatlichen Vorschriften jedoch nicht. Der Gesetz- und Verordnungsgeber hat es dem Ermessen des jeweiligen Friedhofsträgers überlassen, diese Frage, die den konkreten Inhalt des an einer Grabstätte erworbenen Grabnutzungsrechts betrifft, durch örtliche Vorschriften zu regeln.

[49] b) Der geltend gemachte Anspruch lässt sich auch nicht aus der von der Beklagten erlassenen Friedhofsordnung (FO) herleiten.

[50] aa) Gegen diese Satzung bestehen keine formellen Bedenken. Insbesondere ist nicht ersichtlich oder dargelegt, weshalb die von der Beklagten vorgenommene Art der Bekanntmachung durch Anschlag im Schaukasten des Friedhofs - die Beklagte entsprach damit den Vorgaben des Ordinariats (...) - nicht ausreichend sein sollte.

[51] bb) Die FO regelt die Frage, welche Personen in einer bestimmten vorhandenen Grabstätte des Friedhofs der Beklagten bestattet werden dürfen, in § 7. § 2 FO regelt dagegen lediglich, in welchen Fällen die Bestattung auf dem Friedhof der Beklagten möglich ist, vermittelt aber für sich genommen keine Ansprüche auf Bestattung in einer bestimmten Grabstätte.

[52] aaa) § 7 FO vermittelt der Klägerin keinen Anspruch, ihre Schwestern nach deren Tod in der Grabstätte N. bestatten zu dürfen. Die Vorschrift unter-

scheidet grundsätzlich zwischen Doppelgräbern (§ 7 Abs. 1 FO) und Einzelgräbern (§ 7 Abs. 2 FO). Bei der Grabstätte N. handelt es sich nach dem nicht bestrittenen Vorbringen der Klägerin um ein Einzelgrab, so dass darin nach § 7 Abs. 2 FO „höchstens zwei Angehörige" bestattet werden dürfen. Die Schwestern der Klägerin sind jedoch keine Angehörigen im Sinne dieser Bestimmung, weil insoweit die einschränkenden Definitionen des Angehörigenbegriffs in § 7 Abs. 1 Sätze 2 und 3 FO maßgeblich sind. Danach zählen Verwandte in der Seitenlinie von vorneherein nicht zum Kreis der Angehörigen des Nutzungsberechtigten (§ 7 Abs. 1 Satz 2 FO). Für den hier vorliegenden Fall, dass der Nutzungsberechtigte seinen ersten Wohnsitz nicht im Pfarreigebiet hat, wird diese Regelung sogar noch weiter dahingehend eingeschränkt, dass als Angehöriger des Nutzungsberechtigten nur dessen Ehegatte anzusehen ist (§ 7 Abs. 1 Satz 3 FO).

[53] Dem Einwand der Klägerin, die Regelungen in § 7 Abs. 1 Sätze 2 und 3 FO würden nur für Doppelgräber gelten, kann nicht gefolgt werden, auch wenn der Wortlaut und der systematische Aufbau des § 7 FO auf den ersten Blick für eine solche Auslegung sprechen mögen. Nach Sinn und Zweck ist § 7 Abs. 2 FO aber nicht als gegenüber § 7 Abs. 1 FO völlig selbständige Regelung zu verstehen, sondern als Regelung, die an § 7 Abs. 1 FO anknüpft mit der Folge, dass für Einzelgräber die für Doppelgräber geltenden Regelungen gelten sollen mit der weiter einschränkenden Maßgabe, dass in Einzelgräbern nur zwei Personen bestattet werden dürfen. Eine gegenteilige Auslegung ergäbe keinen Sinn. Es ist nicht ersichtlich, weshalb die Beklagte bei einem (kleineren) Einzelgrab dem Grabnutzungsberechtigten das Recht hätte einräumen sollen, (auch) Verwandte in der Seitenlinie bestatten zu dürfen, bei einem (größeren) Doppelgrab dagegen nicht.

[54] bbb) Die Klägerin hat auch keinen Anspruch darauf, dass die Beklagte erneut nach Ermessen über die Frage der Genehmigungserteilung entscheidet. Zwar ist § 7 Abs. 1 Satz 4 FO dahingehend auszulegen, dass die Kirchenverwaltung nicht nur bei Doppelgräbern sondern auch bei Einzelgräbern nach Ermessen die Bestattung anderer Personen als des Nutzungsberechtigten und seiner in § 7 Abs. 1 Sätze 2 und 3 FO genannten Angehörigen erlauben darf. § 7 Abs. 1 Satz 4 FO gilt aus den soeben (aaa) dargestellten Gründen auch für Einzelgräber. Der Anspruch der Klägerin auf fehlerfreie Ermessensausübung wurde jedoch bereits erfüllt, weil die Beklagte das ihr eingeräumte Ermessen entsprechend dem Zweck der Ermächtigung ausgeübt und die gesetzlichen Grenzen des Ermessens eingehalten hat (Art. 40 BayVwVfG), so dass die Klage auch insoweit ohne Erfolg bleibt (vgl. § 114 Satz 1 VwGO).

[55] Die Beklagte ist in rechtlicher Hinsicht zutreffend davon ausgegangen, dass sie nicht verpflichtet ist, die Schwestern der Klägerin nach ihrem Tod auf dem Friedhof der Beklagten zu bestatten. Es liegt auf der Hand, dass eine solche

Verpflichtung für die Ermessensausübung hinsichtlich der Frage, die Bestattung in einer bestimmten Grabstätte dieses Friedhofs zu genehmigen, von erheblicher Bedeutung wäre.

[56] Aus den staatlichen Vorschriften ergibt sich eine solche Pflicht der Beklagten, nach dem Tod der Schwestern der Klägerin deren Bestattung auf dem Friedhof der Beklagten zu ermöglichen, nicht. Das BestG hat eine solche Pflicht dem kirchlichen Friedhofsträger nur hinsichtlich andersgläubiger Gemeindeeinwohner und auch nur in den Fällen auferlegt, in denen keine geeignete andere Grabstätte vorhanden ist, d.h. am Ort oder in der Nähe kein gemeindlicher Friedhof besteht (Art. 8 Abs. 4 Satz 1 iVm Art. 8 Abs. 3 BestG). Diese Voraussetzungen liegen hier ersichtlich nicht vor.

[57] Die Beklagte ist auch aufgrund ihrer FO nicht verpflichtet, die Schwestern der Klägerin auf ihrem Friedhof zu bestatten. Die FO bestimmt in § 2 Abs. 1, welchem Personenkreis der Friedhof zur Bestattung „dient“. In § 2 Abs. 2 Satz 1 FO ist geregelt, dass unter bestimmten weiteren Voraussetzungen mit Erlaubnis der Kirchenverwaltung im Friedhof auch auswärtige Katholiken bestattet werden „können“. Aus diesem Regelungszusammenhang wird ersichtlich, dass nach dem Willen des Satzungsgebers in den in § 2 Abs. 1 FO genannten Fällen ein Anspruch auf Bestattung im Friedhof der Beklagten bestehen soll, während in den in § 2 Abs. 2 Satz 1 FO genannten Fällen die Erlaubnis der Bestattung im Ermessen der Beklagten liegen soll. Für die Schwestern der Klägerin ist lediglich die Ermessensregelung in § 2 Abs. 2 Satz 1 FO maßgeblich, sie zählen nicht zu dem in § 2 Abs. 1 FO genannten Personenkreis, für den ein Anspruch auf Bestattung im Friedhof der Beklagten normiert ist.

[58] § 2 Abs. 1 Alt. 1 FO sieht einen solchen Anspruch nur für die „Katholiken der Kuratie A, die bei ihrem Tod in der Kuratie wohnten oder sich dort aufhielten“, vor. Nach Sinn und Zweck des § 2 Abs. 1 Alt. 1 FO ist nicht zweifelhaft, dass mit den „Katholiken der Kuratie A“ nur diejenigen Personen erfasst sein sollen, die der dortigen Pfarrei angehören. Das trifft auf die Schwestern der Klägerin, die in München wohnen, nicht zu, auch wenn sie früher in der Kuratie gewohnt haben, dort nach wie vor familiäre und andere Bindungen haben und ihnen an einem in der Kuratie gelegenen Anwesen ein dingliches Wohnrecht zusteht. Nicht einschlägig ist auch § 2 Abs. 1 Alt. 2 FO, der diejenigen Personen begünstigt, „die nach den Bestimmungen dieser Friedhofsordnung Anspruch auf Bestattung haben“. Einen solchen Anspruch normiert die FO nur in den hier nicht einschlägigen Sonderfällen des § 2 Abs. 2 Satz 2 und § 2 Abs. 3 FO sowie in den Fällen, in denen nach § 7 FO sogar ein Anspruch auf Bestattung in einer bestimmten, bereits vorhandenen Grabstätte besteht, was aber hier bezüglich der Schwestern der Klägerin gerade nicht der Fall ist (siehe aaa).

[59] Im vorliegenden Fall ist daher lediglich die Ermessensvorschrift des § 2 Abs. 2 FO einschlägig, wonach die Beklagte die Bestattung der Schwestern der Klägerin nach deren Tod im Friedhof der Beklagten zwar gestatten könnte, dies aber nicht muss. Von dieser rechtlichen Voraussetzung ist die Beklagte bei ihrer Entscheidung, die Bestattung der Schwestern der Klägerin im Grab der Klägerin nicht zu erlauben, zutreffend ausgegangen.

[60] Die Ermessensentscheidung der Beklagten weist auch keine sonstigen Fehler auf. Der von der Klägerin genannte angebliche Bezugsfall, bei dem die Beklagte anders entschieden habe, ist mit der vorliegenden Fallgestaltung nicht vergleichbar. (*wird ausgeführt*)

[61] Es ist auch anzunehmen, dass die vorhandenen Bezüge der Klägerin bzw. ihrer Schwestern zum Heimatort bei der Abwägung angemessen berücksichtigt worden sind. (*wird ausgeführt*)

[62] Nicht zu beanstanden ist, dass für die Beklagte ausschlaggebend war, aus Kapazitätsgründen Bezugsfälle zu vermeiden. Es ist ohne weiteres sachgerecht, dass die Beklagte darauf bedacht ist, vorrangig für die eigenen Pfarreiangehörigen genügend Begräbnisplätze zur Verfügung zu haben. (*wird ausgeführt*)

[63] Schließlich ist die Entscheidung der Beklagten auch im Ergebnis nicht unverhältnismäßig. Die Bezüge der beiden Schwestern der Klägerin zu ihrem Heimatort und zu der fraglichen Grabstätte, in der kein naher Angehöriger der beiden Schwestern bestattet ist, haben kein solches überragendes Gewicht, dass die Beklagte dem Anliegen hätte zwingend entsprechen müssen.

8
Zur Berichterstattung über einen islamischen Verein im Verfassungsschutzbericht.

Art./§§ 1 Abs. 1, 2 Abs. 1, 3 Abs. 1, 4 Abs. 1 u. 2, 19 Abs. 3 u. 4 GG,
3 Abs. 1 BayVSG, 123 Abs. 1 VwGO
BayVGH, Beschluss vom 16. Juli 2010 -10 CE 10.1201[1]-

Der Antragsteller zu 1), ein eingetragener islamischer Verein N., und dessen erster Vorsitzender, der Antragsteller zu 2), wenden sich gegen ihre Erwähnung im Verfassungsschutzberichts 2008 des Bayerischen Staatsministeriums des Innern. Im Abschnitt „Entwicklung des politischen Extremismus im Jahr 2008" des Verfassungsschutzberichts 2008 findet sich im Zusammenhang mit der

1 Amtl. Leitsatz. DÖV 2012, 77 (LS).

Berichterstattung über islamistische Gruppierungen, die Milli-Görüs-Bewegung sowie deren Auslandsorganisation Islamische Gemeinschaft Milli Görüs e.V. (IGMG), folgende Aussage:

> „Ein Beispielsfall für formal nach außen hin vollzogene Distanzierungsbemühungen ist die Islamische Gemeinde N. e.V. (...). Dieser 1994 gegründete Verein erschien noch für den Zeitraum 2003/2004 auf Mitgliedslisten der IGMG, die bei einer polizeilichen Durchsuchung der Münchner IGMG-Moschee aufgefunden wurden. Zwar hat der Vereinsvorsitzende der N. inzwischen Schreiben vorgelegt, mit denen er um Streichung des Vereins aus dem IGMG-Register bittet und seine persönliche Mitgliedschaft ab März 2006 kündigt. Trotzdem wurde auch im Berichtsjahr in der N. für eine IGMG-Veranstaltung in Ingolstadt geworben."

Ihren Antrag, den Antragsgegner im Wege der einstweiligen Anordnung zu verpflichten, den Verfassungsschutzbericht 2008 an Dritte, insbesondere öffentliche Einrichtungen wie Schulen, Behörden etc. nicht ohne die Streichung dieser Textpassage herauszugeben sowie der Öffentlichkeit im Internet zugänglich zu halten, hat das VG München mit Beschluss vom 3.5.2010 -M 22 E 09.2155- (n.v.) abgelehnt. Den Antragstellern stehe der geltend gemachte Unterlassungsanspruch nicht zu. Die in den Sätzen 2 bis 4 enthaltenen Tatsachenbehauptungen entsprächen der Wahrheit und hätten daher gem. Art. 15 BayVSG auch der Öffentlichkeit mitgeteilt werden dürfen. Die jahrelangen organisatorischen Verbindungen der Antragsteller zur Islamischen Gemeinschaft Milli Görüs, der vorliegende Schriftwechsel im Zusammenhang mit den Bemühungen der Antragsteller um die Anerkennung ihrer Nichtmitgliedschaft bzw. Beendigung ihrer Mitgliedschaft sowie die festgestellten Bezüge des vom Antragsteller zu 1) beschäftigten Imams zum deutschen Zweig der Muslimbruderschaft rechtfertigten letztlich die beanstandete Wertung, dass sich der Antragsteller zu 1) „nur formal" von der Islamischen Gemeinschaft Milli Görüs distanziert habe.

Zur Begründung ihrer Beschwerde machen die Antragsteller u.a. geltend, das Verwaltungsgericht habe bei seiner Entscheidung die Bedeutung der hier maßgeblichen Grundrechte, insbesondere Art. 2 Abs. 1 iVm Art. 1 Abs. 1 GG und Art. 4 GG, verkannt. Es habe zudem die langjährige Tätigkeit und Praxis der Antragsteller nicht hinreichend gewürdigt und die einschlägige Rechtsprechung des Bundesverwaltungsgerichts und des Bundesverfassungsgerichts nicht ausreichend berücksichtigt. Selbst wenn man die genannten Tatsachenbehauptungen als wahr unterstellen würde, wäre gleichwohl die in Satz 1 dieses Abschnitts getroffene Bewertung nicht gerechtfertigt. Der Antragsteller zu 1) und seine Repräsentanten hätten sich in vielfältiger Weise über lange Zeit immer von den religiösen und politischen Zielen von Milli Görüs glaubhaft distanziert und konsequent und nachhaltig ihr Bekenntnis zur freiheitlichdemokratischen Grundordnung bekundet; dies sei durch eine Vielzahl von öffentlichen Stellungnahmen, Reden, Predigten und Beschlüssen belegt.

Der Antragsgegner wendet u.a. ein, die positive Außenwahrnehmung der Antragsteller im interreligiösen Dialog und ihre öffentlichen Bekundungen zur freiheitlich demokratischen Grundordnung seien dem Verfassungsschutz bekannt, jedoch insgesamt nicht geeignet, die bestehenden tatsächlichen Anhaltspunkte für verfassungsfeindliche Bestrebungen zu entkräften. Dass sowohl die IGMG als auch die IGD und die Muslimbruderschaft unzweifelhaft extremistische Organisationen darstellten, sei in der Rechtsprechung anerkannt. Die Darstellung des Verfassungsschutzberichts beschränke sich im Übrigen auf die sich aus dem vorliegenden Erkenntnismaterial ergebende sachbezogene Folgerung einer nur formalen Distanzierung. Die auf der Grundlage der Tatsachenbehauptungen vorgenommene Wertung sei korrekt, sachbezogen und deshalb auch rechtmäßig. Der damit verbundene Eingriff in das allgemeine Persönlichkeitsrecht der Antragsteller aus Art. 2 Abs. 1 iVm Art. 1 Abs. 1 GG sei unter Berücksichtigung des Aufklärungsinteresses der Öffentlichkeit sowie des Grundsatzes der Verhältnismäßigkeit zulässig.

Der Verwaltungsgerichtshof weist die Beschwerde zurück.

Aus den Gründen:

[11] Die Beschwerde der Antragsteller hat keinen Erfolg. Die dargelegten Gründe, auf deren Prüfung der Verwaltungsgerichtshof gem. § 146 Abs. 4 Satz 6 VwGO beschränkt ist, rechtfertigen nicht die Aufhebung des Beschlusses des Verwaltungsgerichts und die Verpflichtung des Antragsgegners, den Verfassungsschutzbericht 2008 vorläufig an Dritte nur nach Streichung oder Unkenntlichmachung der streitbefangenen Textpassage...herauszugeben sowie für die Öffentlichkeit im Internet zugänglich zu machen. Die Antragsteller haben weder die Eilbedürftigkeit der begehrten vorläufigen Regelung (....) noch den für den Erlass einer einstweiligen Anordnung erforderlichen Anordnungsanspruch - hier den Unterlassungsanspruch gegenüber dem Antragsgegner (s. nachfolgend 2.) - glaubhaft gemacht.

[16] 2.1 Grundlage des geltend gemachten Unterlassungsanspruchs ist, nachdem ein solcher Anspruch weder im Bayerischen Verfassungsschutzgesetz noch sonst spezialgesetzlich geregelt ist, die hier konkret betroffene Grundrechtsposition der Antragsteller aus Art. 2 Abs. 1 iVm Art. 1 Abs. 1 GG (vgl. BVerwG vom 21.5.2008 BVerwGE 131, 171 Rn 13). Dass bei der beanstandeten Erwähnung der Antragsteller im Verfassungsschutzbericht 2008 vorrangig der spezielle Freiheitsgehalt des Grundrechts der Religionsfreiheit aus Art. 4 Abs. 1

und 2 GG betroffen ist, haben die Antragsteller nicht substantiiert dargelegt. Im Übrigen würde vorliegend auch das Grundrecht auf Religionsfreiheit den Antragstellern keinen weitergehenden Schutz als das allgemeine Persönlichkeitsrecht vermitteln.

[17] Das allgemeine Persönlichkeitsrecht, auf das sich gem. Art. 19 Abs. 3 GG auch der Antragsteller zu 1) als juristische Person bzw. Personenverband im Rahmen seines Aufgabenbereichs berufen kann (vgl. BVerwG vom 21.5.2008, aaO Rn 16), umfasst den Schutz vor Äußerungen, die geeignet sind, sich abträglich auf das Bild der betroffenen Person in der Öffentlichkeit auszuwirken (stRspr. des BVerfG; vgl. z.B. Beschluss vom 14.7.2004 NJW 2004, 3619). Hierzu zählen auch das Verfügungsrecht und das Selbstbestimmungsrecht über die eigene Außendarstellung sowie der Schutz des sozialen Geltungsanspruchs, der sog. „äußeren Ehre“ als des Ansehens in den Augen anderer (vgl. BVerwG vom 21.5.2008, aaO Rn 16). Unmittelbarer Ausfluss dieses verfassungsrechtlichen Schutzanspruchs gegenüber (unzulässigen) Grundrechtseingriffen durch eine Veröffentlichung im Verfassungsschutzbericht ist ein entsprechender Unterlassungsanspruch.

[18] 2.2 Die von den Antragstellern angegriffenen Äußerungen im Verfassungsschutzbericht 2008 sind als Grundrechtseingriffe zu bewerten, weil die Angaben tatsächlich geeignet sind, sich abträglich auf das Bild der Antragsteller in der Öffentlichkeit auszuwirken, und ihnen gegenüber damit eine „negative (staatliche) Sanktion“ bedeuten (vgl. BVerfG vom 24.5.2005 BVerfGE 113, 63/77 f.).

[19] 2.3 Das Verwaltungsgericht ist jedoch zu Recht davon ausgegangen, dass Art. 15 Satz 1 und Art. 3 Abs. 1 des Bayerischen Verfassungsschutzgesetzes (BayVSG) in der Fassung der Bekanntmachung vom 10.4.1997 (GVBl S. 70), auf die sich die streitbefangenen Äußerungen des Antragsgegners stützen, zulässige Schranken des allgemeinen Persönlichkeitsrechts darstellen. Verfassungsrechtliche Bedenken gegen diese Rechtsgrundlagen und Grundrechtsschranken selbst haben die Antragsteller im Beschwerdeverfahren nicht geltend gemacht.

[20] Auch die Auslegung und Anwendung dieser Normen des Bayerischen Verfassungsschutzgesetzes durch das Verwaltungsgericht begegnet im vorliegenden Fall keinen durchgreifenden rechtlichen Bedenken.

[21] 2.3.1 Nach Art. 3 Abs. 1 Satz 1 Nr. 1 BayVSG hat das Landesamt für Verfassungsschutz die Aufgabe, Bestrebungen, die gegen die freiheitlich demokratische Grundordnung, den Bestand oder die Sicherheit des Bundes oder eines Landes gerichtet sind, zu beobachten; solche Bestrebungen und Tätigkeiten können von Gruppierungen oder Einzelpersonen ausgehen. Das Landesamt hat in Erfüllung dieser Aufgabe Informationen, insbesondere sach- und personenbezogene Auskünfte, Nachrichten und Unterlagen über solche Bestrebungen

oder Tätigkeiten zu sammeln und auszuwerten (s. Art. 3 Abs. 1 Satz 2 BayVSG). Gem. Art. 15 Satz 1 BayVSG unterrichtet das Landesamt für Verfassungsschutz die Öffentlichkeit über tatsächliche Anhaltspunkte für Bestrebungen und Tätigkeiten nach Art. 3 Abs. 1 BayVSG. Dass die Veröffentlichung in den Verfassungsschutzberichten eine grundsätzlich geeignete Vorkehrung zur Aufklärung der Öffentlichkeit und in diesem Rahmen zur Abwehr verfassungsfeindlicher Bestrebungen ist, ist in der Rechtsprechung des Bundesverfassungsgerichts geklärt (vgl. BVerfG vom 24.5.2005, aaO S. 80).

[22] Nach zutreffender Auslegung des Art. 15 Satz 1 BayVSG insbesondere auch unter Berücksichtigung des Zwecks des Verfassungsschutzberichts - Information der Öffentlichkeit über entsprechende Bestrebungen und gleichzeitiger (Vorfeld-)Schutz der freiheitlich demokratischen Grundordnung im Sinne einer wehrhaften Demokratie bei erkennbaren Gefahrenlagen - müssen konkrete tatsächliche Anhaltspunkte (Anknüpfungstatsachen) für die Annahme verfassungsfeindlicher Bestrebungen und Tätigkeiten iSd Art. 3 Abs. 1 BayVSG vorliegen, um eine Erwähnung bestimmter Organisationen oder Personen im Verfassungsschutzbericht zu rechtfertigen. Ähnlich wie bei der Anwendung von § 11 Satz 1 Nr. 1 StAG ist hier ebenfalls erforderlich, aber auch ausreichend, dass hinreichende tatsächliche Anhaltspunkte für eine derartige Annahme vorliegen (zu § 11 Satz 1 Nr. 1 StAG vgl. BVerwG vom 2.12.2009 AuAS 2010, 125/126). So verstanden genügt Art. 15 Satz 1 BayVSG den Anforderungen, die das Bundesverfassungsgericht angesichts der nachteiligen Auswirkungen auf die Betroffenen („mittelbar belastende negative Sanktion") an eine Veröffentlichung in Verfassungsschutzberichten stellt, weil ein möglicher, nicht durch belegbare Tatsachen gestützter „bloßer Verdacht" eben nicht ausreicht (vgl. BVerfG vom 24.5.2005, aaO S. 76 und 81 ff.).

[23] 2.3.2 Gemessen an diesen Grundsätzen hat das Erstgericht die angegriffene Textpassage im Verfassungsschutzbericht 2008 rechtsfehlerfrei bewertet. Es hat die Sätze 2 bis 4 dieses Absatzes zutreffend als richtige oder wahre Tatsachenbehauptungen angesehen, die auch unter Berücksichtigung des betroffenen Grundrechts der Antragsteller und des somit zu beachtenden Verhältnismäßigkeitsgrundsatzes eine tragfähige Grundlage für das in Satz 1 vorangestellte Werturteil bilden. (*wird ausgeführt*)

[35] Das auf der Grundlage nachgewiesener Tatsachen im Verfassungsschutzbericht 2008 beruhende Werturteil wurde auch gemessen am Grundsatz der Verhältnismäßigkeit (vgl. BVerfG vom 24.5.2005, aaO S. 84) rechtmäßig getroffen. Denn die streitbefangene Berichterstattung für das Jahr 2008 beschränkt sich auf der untersten Stufe des durch Art. 15 Satz 1 BayVSG eröffneten Rahmens lediglich darauf, die trotz zwischenzeitlich formaler Trennungsbemühungen fortbestehenden Verbindungen und inhaltlichen Bezüge der Antragstel-

ler und insbesondere des Antragstellers zu 1) zur IGMG aufzuzeigen und die Öffentlichkeit darüber zu informieren. Diese im Verhältnis zu einer konkreten Bewertung einer Organisation und ihrer Vertreter als verfassungsfeindlich bzw. dem unmittelbaren Vorwurf verfassungsfeindlicher Bestrebungen als niederschwellig zu bewertende Erwähnung und Einstufung der N. berücksichtigt in ausreichender Weise die Bedeutung des allgemeinen Persönlichkeitsrechts (Art. 2 Abs. 1 iVm Art. 1 Abs. 1 GG) der Betroffenen und die Art und Schwere ihrer Beeinträchtigung dieses Freiheitsrechts. Sie genügt in der konkreten Art und Weise insbesondere auch dem Grundsatz der Erforderlichkeit und stellt eine für die Antragsteller bei Abwägung ihrer Grundrechtsbetroffenheit und dem öffentlichen Interesse an der Information der Öffentlichkeit über extremistische Bestrebungen und Bezüge nicht unzumutbare Grundrechtsbeeinträchtigung dar.*(wird ausgeführt)*

[37] Nicht durchgreifend ist schließlich der Einwand der Antragsteller, der Antragsgegner habe den Gleichheitssatz nach Art. 3 Abs. 1 GG verletzt, weil er neben den Antragstellern nicht alle vergleichbaren islamischen Organisationen mit ähnlichen „Verdachtsmomenten" einer Zusammenarbeit mit Milli Görüs benannt habe. Denn hinreichende Anhaltspunkte dafür, dass die Benennung (gerade) der Antragsteller aufgrund der vom Verfassungsschutz hier festgestellten Verbindungen und Bezügen zu extremistischen Organisationen in diesem Zusammenhang sachfremd, d.h. willkürlich erfolgt wäre, hat das Beschwerdevorbringen nicht aufzuzeigen vermocht.

9

1. Bei der Inhaltskontrolle von im Arbeitsvertrag dynamisch in Bezug genommenen kirchlichen Arbeitsvertragsregelungen ist als im Arbeitsrecht geltende Besonderheit zu berücksichtigen, dass das Verfahren des Dritten Weges mit paritätischer Besetzung der Arbeitsrechtlichen Kommission und Weisungsungebundenheit ihrer Mitglieder gewährleistet, dass die Arbeitgeberseite nicht einseitig ihre Interessen durchsetzen kann.

2. Auf dem Dritten Weg ordnungsgemäß zustande gekommene Arbeitsvertragsregelungen sind unabhängig davon, ob sie tarifvertragliche Regelungen des öffentlichen Dienstes ganz oder mit im Wesentlichen gleichen Inhalten übernehmen, wie Tarifverträge nur daraufhin zu überprüfen, ob sie gegen die Verfassung, gegen anderes höherrangiges zwingendes Recht oder die guten Sitten verstoßen.

Art./§§ 9 Abs. 3 GG,
305c Abs. 1, 307, 308 Nr. 4, 310 Abs. 3 u.4, 317, 319 BGB, 45 ArbGG
BAG, Urteil vom 22. Juli 2010 -6 AZR 847/07[1]-

Die Parteien streiten darüber, ob die Bezugnahmeklausel im Arbeitsvertrag bewirkt, dass die von der Arbeitsrechtlichen Kommission der Evangelischen Kirche und des Diakonischen Werkes in Hessen und Nassau (Arbeitsrechtliche Kommission) am 20.7.2005 beschlossene Neufassung der Arbeitsvertragsordnung für Angestellte im kirchlich-diakonischen Dienst des Diakonischen Werkes in Hessen und Nassau (DWHN) auf das Arbeitsverhältnis Anwendung findet.

Die Beklagte ist eine kirchlich-diakonische Einrichtung und Mitglied im DWHN. Die Klägerin ist bei ihr und ihrer Rechtsvorgängerin, dem Hessischen Diakonieverein eV Darmstadt, seit dem 1.10.1987 als Krankenschwester beschäftigt. In § 2 des Formulardienstvertrags vom 9.9.1987 ist vereinbart, dass, soweit durch diesen Vertrag nicht etwas anderes bestimmt wird, für das Dienstverhältnis der Bundes-Angestelltentarifvertrag in der Fassung der Empfehlung des Diakonischen Werkes der Evangelischen Kirche in Hessen und Nassau nebst Änderungen und Ergänzungen gilt. Art. 71 der Kirchenordnung der zuständigen Evangelischen Kirche für Hessen und Nassau (EKHN) regelt:

> „(1) Die Arbeitsverhältnisse der kirchlichen Mitarbeiterinnen und Mitarbeiter im Bereich der Evangelischen Kirche in Hessen und Nassau können im Rahmen des kirchlichen Auftrages unter partnerschaftlicher paritätischer Beteiligung von Vertreterinnen und Vertretern der Mitarbeiterinnen und Mitarbeiter im kirchlichen Dienst verbindlich für alle Anstellungsträger geregelt werden.
> (2) Das nähere bestimmt ein Kirchengesetz, dem mehr als die Hälfte der gewählten und berufenen Mitglieder der Kirchensynode zustimmen muss.“

Auf dieser Grundlage beschloss die EKHN am 29.11.1979 das Kirchengesetz über das Verfahren zur Regelung der Arbeitsverhältnisse im kirchlichen Dienst (Arbeitsrechts-Regelungsgesetz - ARRG). § 4 ARRG lautet:

---

1 Amtl. Leitsätze. BAGE 135, 163; AP Nr. 55 zu § 611 BGB Kirchendienst; BB 2011, 186; EzA § 611 BGB 2002 Kirchliche Arbeitnehmer Nr. 15; KuR 2010, 284 (LS); NZA 2011, 634; ZMV 2010, 331; ZTR 2010, 658. Teilweise Parallelentscheidung BAG, Urteil vom 22.7.2010 -6 AZR 170/08- AP Nr. 56 zu § 611 BGB Kirchendienst (LS); BB 2011, 186. Im Unterschied zu der vorliegend abgedruckten Entscheidung -6 AZR 847/07- geht es in der Parallelsache um den Wegfall des Urlaubsgeldes, da die Bezugnahmeklausel auch einen diesbezüglichen Beschluss der Arbeitsrechtlichen Kommission umfasst, und die einzelvertraglich vereinbarte Gewährung einer außertariflichen Zulage.

> „(1) Die durch die Arbeitsrechtliche Kommission oder den Schlichtungsausschuss nach Maßgabe dieses Kirchengesetzes beschlossenen arbeitsrechtlichen Regelungen sind für alle Arbeitsverhältnisse im Geltungsbereich dieses Kirchengesetzes verbindlich.
> (2) Es dürfen nur Arbeitsverträge geschlossen werden, die den in Absatz 1 genannten Regelungen entsprechen."

§ 1 Abs. 1 der von der Arbeitsrechtlichen Kommission beschlossenen Arbeitsvertragsordnung für Angestellte im kirchlich-diakonischen Dienst des Diakonischen Werkes in Hessen und Nassau vom 25.9.1980 (Ang-AVO/DWHN 1980) regelte, dass auf die Arbeitsverhältnisse der im kirchlich-diakonischen Dienst des DWHN als Angestellte beschäftigten Mitarbeiter der Bundes-Angestelltentarifvertrag (BAT) vom 23.2.1961 sowie die für BAT-Angestellte zusätzlich abgeschlossenen oder noch abzuschließenden Tarifverträge in der für das Land Hessen jeweils geltenden Fassung Anwendung finden, soweit in Abschnitt II durch die zuständigen Gremien des DWHN nichts anderes bestimmt ist oder wird. In der Arbeitsrechtsregelung zur Einführung der Kirchlich-Diakonischen Arbeitsvertragsordnung vom 20.7.2005 (ARR 2005) hat die Arbeitsrechtliche Kommission u.a. die Kirchlich-Diakonische Arbeitsvertragsordnung (KDAVO) und die Neufassung der Arbeitsvertragsordnung für Angestellte im kirchlich-diakonischen Dienst des DWHN (Ang-AVO/DWHN 2005) beschlossen. Ziel dieses Regelwerks war die Sicherung der Wettbewerbsfähigkeit am Markt der Wohlfahrtspflege und der Arbeitsplätze, die Schaffung eines einheitlichen Tarifrechts für Arbeiter und Angestellte und die Einführung einer aufgaben- und leistungsbezogenen Vergütung. Die mit den Änderungen der Arbeitsbedingungen für die Klägerin verbundenen finanziellen Einbußen betrugen nicht mehr als 20% der ihr bisher gezahlten Vergütung.

Mit der Klage begehrt die Klägerin festzustellen, dass sich das Arbeitsverhältnis zwischen den Parteien auch über den 30.9.2005 hinaus nach der Arbeitsvertragsordnung für Angestellte im kirchlich-diakonischen Werk in Hessen und Nassau in der bis zum 30.9.2005 geltenden Fassung richtet und dass die Einführung der kirchlich-diakonischen Arbeitsvertragsordnung in der Fassung vom 20.7.2005 für die Klägerin unverbindlich ist.

Sie macht im Wesentlichen geltend, die Verweisungsklausel in § 2 des Dienstvertrags vom 9.9.1987 bewirke nicht, dass die Bestimmungen der Ang-AVO/DWHN 2005 auf das Arbeitsverhältnis Anwendung fänden. Die Auslegung der Klausel ergebe, dass das Tarifsystem des BAT die maßgebliche Basis der Arbeitsbedingungen sein müsse. Bei der Ang-AVO/DWHN 2005 handele es sich weder um eine Änderung noch um eine Ergänzung, sondern um eine von der Bezugnahmeklausel nicht mehr erfasste Ersetzung der ursprünglichen Arbeitsvertragsordnung. Der Hinweis auf den BAT sei ersatzlos entfallen. Aufgrund dieser Abkoppelung vom BAT liege materiell ein „Tarifwechsel" vor. Jedenfalls wäre eine Bezugnahme auf die Ang-AVO/DWHN 2005 nicht wirksam. Die Einführung der Ang-AVO/DWHN 2005 benachteilige sie unangemessen und sei auch unbillig iSv § 319 BGB.

Die Beklagte meint, das Arbeitsverhältnis der Parteien richte sich ab dem 1.10.2005 nach den Bestimmungen der Ang-AVO/DWHN 2005. Die Bezugnahme in § 2 des Dienstvertrags vom 9.9.1987 enthalte zwingend eine Verweisung auch auf das ARRG. Bei dem BAT in der Fassung der Empfehlung des Diakonischen Werkes(BAT/DW) habe es sich schon immer um eine eigenständige Regelung gehandelt, die von vielen Vorschriften des BAT abgewichen sei.

Das ArbG Darmstadt (Urteil vom 28.11.2006 -3 Ca 123/06- n.v.) hat die Klage abgewiesen. Das Hess.LAG (Urteil vom 13.7.2007 -3/6 Sa 177/07- n.v.) hat auf die Berufung der Klägerin das Urteil des Arbeitsgerichts abgeändert und hat der Klage stattgegeben. Die Revision der Beklagten führte zur Wiederherstellung des Urteils erster Instanz.

Aus den Gründen:

[9] Die Revision der Beklagten ist begründet. Das Landesarbeitsgericht hat die klageabweisende Entscheidung des Arbeitsgerichts zu Unrecht abgeändert.

[10] I. Die Feststellungsklage ist zulässig. In der Rechtsprechung des Senats ist anerkannt, dass der Arbeitnehmer ein rechtliches Interesse iSv § 256 Abs. 1 ZPO an der Feststellung hat, dass sein Arbeitsverhältnis entgegen der Rechtsauffassung seines Arbeitgebers nicht einem bestimmten Tarifvertrag unterfällt, sondern dieses sich nach einem anderen Tarifvertrag richtet (BAG, 23.2.1995 - 6 ZR 667/94- BAGE 79, 224; 25.2.1999 -6 AZR 494/97-; 10.8.2000 -6 AZR 84/99-). Durch eine solche Entscheidung wird der wesentliche Inhalt des Arbeitsverhältnisses geklärt und eine Vielzahl von Einzelfragen dem Streit der Parteien entzogen. Entsprechendes gilt, wenn die Parteien darüber streiten, welche Fassung einer kirchlich-diakonischen Arbeitsvertragsordnung auf ihr Arbeitsverhältnis Anwendung findet.

[11] II. Die Klage ist unbegründet. Das Arbeitsverhältnis der Parteien richtet sich ab dem 1.10.2005 nach den Bestimmungen der Ang-AVO/DWHN 2005. Dies folgt aus der Verweisungsklausel in § 2 des Dienstvertrags vom 9.9.1987. Danach gilt für das Dienstverhältnis grundsätzlich der Bundes-Angestelltentarifvertrag in der Fassung der Empfehlung des Diakonischen Werkes der Evangelischen Kirche in Hessen und Nassau nebst Änderungen und Ergänzungen.

[12] 1. Bei der in § 2 des Formulardienstvertrags vom 9.9.1987 getroffenen Verweisungsklausel handelt es sich um eine Allgemeine Geschäftsbedingung iSd §§ 305 ff. BGB. Die Auslegung von Allgemeinen Geschäftsbedingungen in

einem Formulararbeitsvertrag durch das Landesarbeitsgericht unterliegt der vollen revisionsrechtlichen Nachprüfung durch das Bundesarbeitsgericht (stRspr, vgl. BAG 24.9.2008 -6 AZR 76/07- Rn 22, AP BGB § 305c Nr. 11, EzA BGB 2002 § 305c Nr. 15; BAG 24.10.2007 -10 AZR 825/06- Rn 15 mwN, BAGE 124, 259). Der Inhalt Allgemeiner Geschäftsbedingungen ist nach einem objektiv-generalisierenden Maßstab zu ermitteln. Diese sind nach ihrem objektiven Inhalt und typischen Sinn einheitlich so auszulegen, wie sie von verständigen und redlichen Vertragspartnern unter Abwägung der Interessen der normalerweise beteiligten Verkehrskreise verstanden werden, wobei die Verständnismöglichkeiten des durchschnittlichen Vertragspartners des Verwenders zugrunde zu legen sind. Ansatzpunkt für die Auslegung Allgemeiner Geschäftsbedingungen ist in erster Linie der Vertragswortlaut (BAG 19.3.2009 - 6 AZR 557/07- Rn 21, AP BGB § 611 Arbeitgeberdarlehen Nr. 1, EzA BGB 2002 § 305c Nr. 17). Dies gilt auch für Vertragsklauseln, die dynamisch auf Tarifverträge verweisen (BAG 24.9.2008 -6 AZR 76/07- Rn 23 f., aaO). Nehmen die Arbeitsvertragsparteien auf kirchlich-diakonische Arbeitsbedingungen und ihre Änderungen und Ergänzungen und damit auch auf ein von ihnen selbst nicht abzuänderndes externes Regelwerk Bezug, besteht kein Anlass, von den für die Auslegung von Allgemeinen Geschäftsbedingungen allgemein geltenden Grundsätzen abzugehen (BAG 10.12.2008 -4 AZR 801/07- Rn 14, AP BGB § 611 Kirchendienst Nr. 52, EzA BGB 2002 § 611 Kirchliche Arbeitnehmer Nr. 10, KirchE 52, 350)

[13] 2. Dieser uneingeschränkten revisionsrechtlichen Kontrolle hält die Auslegung des Landesarbeitsgerichts nicht stand. Sie berücksichtigt nicht ausreichend den Wortlaut der Verweisungsklausel, der nicht vom BAT, sondern vom BAT in der Fassung der Empfehlung des DWHN spricht. Die Auslegung des Landesarbeitsgerichts wird auch dem Sinn und Zweck der Verweisung sowie dem Umstand nicht gerecht, dass niemand, der im kirchlich-diakonischen Bereich bei einem Anstellungsträger arbeitet, der Mitglied eines Diakonischen Werkes ist, davon ausgehen darf, dass sich sein Arbeitsverhältnis auch dann, wenn die Verweisungsklausel Änderungen und Ergänzungen des in Bezug genommenen Regelwerks ausdrücklich einschließt, nach Arbeitsbedingungen richtet, die erheblich von den Bedingungen abweichen, die den kirchenrechtlichen Anforderungen entsprechen und für alle Anstellungsträger im Bereich des Diakonischen Werkes gelten.

[14] 3. Der Vierte Senat des Bundesarbeitsgerichts hat in seinem Urteil vom 10.12.2008 (-4 AZR 801/07- Rn 35, AP BGB § 611 Kirchendienst Nr. 52, EzA BGB 2002 § 611 Kirchliche Arbeitnehmer Nr. 10, KirchE 52, 350) eine Verweisungsklausel mit demselben Wortlaut wie dem in § 2 des Dienstvertrags vom 9.9.1987 so ausgelegt, dass sie die Ang-AVO/DWHN dynamisch in Bezug nimmt und

damit die nach dem innerkirchlichen Verfahrensrecht ordnungsgemäß zustande gekommenen „Änderungen und Ergänzungen" der Ang-AVO/DWHN 1980 durch die Ang-AVO/DWHN 2005 umfasst. Er hat sein Auslegungsergebnis eingehend insbesondere mit dem Wortlaut, dem Sinn und Zweck und der Funktion der Regelung begründet und dabei das auch von der Klägerin vorgebrachte Argument gewürdigt und dann verworfen, die Verweisungsklausel habe das Arbeitsverhältnis, wenn auch in modifizierter Form, dem BAT zeitdynamisch unterstellt. Die Entscheidungsgründe des Landesarbeitsgerichts und das Vorbringen der Klägerin rechtfertigen es nicht, an diesen überzeugenden Ausführungen des Vierten Senats und seinem Auslegungsergebnis nicht festzuhalten. Das Argument, bei der Ang-AVO/DWHN 2005 handele es sich weder um eine Änderung noch um eine Ergänzung, sondern um eine von der Bezugnahmeklausel nicht mehr erfasste Ersetzung der ursprünglichen Arbeitsvertragsordnung, trägt nicht. Die Bezugnahmeklausel in § 2 des Arbeitsvertrags verweist nicht in erster Linie auf den Bundes-Angestelltentarifvertrag und nur in zweiter Linie auf etwaige Anpassungen dieses Tarifvertrags durch die Arbeitsrechtliche Kommission. Einen Bundes-Angestelltentarifvertrag in der Fassung der Empfehlung des DWHN als ein abgeschlossenes Normenwerk dieses Namens gab es nicht (BAG 10.12.2008 -4 AZR 801/07- Rn 17, aaO). Deshalb hilft der Klägerin auch der Hinweis nicht weiter, aufgrund der Abkoppelung vom Bundes-Angestelltentarifvertrag liege materiell ein „Tarifwechsel" vor. Die seit dem 1.10.1987 bei der Beklagten und ihrer Rechtsvorgängerin beschäftigte Klägerin greift die Anwendung der Ang-AVO/DWHN in der jeweiligen Fassung letztlich im Kern auch nicht an. Sie wendet sich nur gegen die Änderung zum 1.10.2005 durch die Ang-AVO/DWHN 2005. Anhaltspunkte, die Zweifel an der formellen Ordnungsgemäßheit dieser Regelung begründen könnten, hat das Landesarbeitsgericht nicht festgestellt. Solche Zweifel hat die Klägerin auch nicht geäußert.

[15] 4. Die Verweisungsklausel in § 2 des Formulardienstvertrags vom 9.9.1987 ist wirksam. Sie hält einer Vertragskontrolle nach den §§ 305 ff. BGB stand.

[16] a) Die Bezugnahmeklausel ist hinreichend klar und verständlich iSv § 307 Abs. 1 Satz 2 BGB und steht nicht zu anderen im Dienstvertrag getroffenen Vereinbarungen in Widerspruch. Es handelt sich auch nicht um eine überraschende Klausel iSv § 305c Abs. 1 BGB. Ein Überraschungsmoment ergibt sich weder aus der äußeren Form und Positionierung der in einem gesonderten Paragraphen vereinbarten Klausel noch aus ihrer inhaltlichen Gestaltung. Ein Arbeitnehmer, der einen Arbeitsvertrag mit einer Einrichtung eines Diakonischen Werkes schließt, hat davon auszugehen, dass sein Arbeitgeber das spezifisch kirchliche Vertragsrecht in seiner jeweiligen Fassung zum Gegenstand des

Arbeitsverhältnisses machen will und dazu auch kirchenrechtlich verpflichtet ist (vgl. BAG 10.12.2008 -4 AZR 801/07- Rn 42, AP BGB § 611 Kirchendienst Nr. 52, EzA BGB 2002 § 611 Kirchliche Arbeitnehmer Nr. 10, KirchE 52, 350). Dass sich die Verweisungsklausel nicht auf die Bezugnahme auf eine bestimmte Fassung der Ang-AVO/DWHN beschränkt, sondern mit der Formulierung „nebst Änderungen und Ergänzungen" einen Änderungsvorbehalt beinhaltet, benachteiligt die Klägerin nicht unangemessen iSv § 307 Abs. 1 Satz 1 BGB. Die Regelung ist deshalb wirksam.

[17] b) Behält sich ein Arbeitgeber in einem Arbeitsvertrag einseitig das Recht vor, eine versprochene Leistung zu ändern oder von ihr abzuweichen, ist diese Abrede nach § 308 Nr. 4 BGB unwirksam, wenn nicht die Vereinbarung der Änderung oder Abweichung unter Berücksichtigung der Interessen des Arbeitgebers für den Arbeitnehmer zumutbar ist. Ein Abänderungsvorbehalt stellt eine von Rechtsvorschriften abweichende Regelung gem. § 307 Abs. 3 Satz 1 BGB dar (BAG 11.2.2009 -10 AZR 222/08- EzA BGB 2002 § 308 Nr. 9). Dass Verträge die Vertragsparteien grundsätzlich binden („pacta sunt servanda"), gehört zu den Grundelementen des Vertragsrechts (BAG 12.1.2005 -5 AZR 364/04- BAGE 113, 140 [144]). Auf vom Arbeitgeber formulierte allgemeine Arbeitsbedingungen verweisende Jeweiligkeitsklauseln unterliegen daher den strengen Anforderungen der Änderungsvorbehalte (Preis NZA 2010, 361 [362]). Die Kontrolle von dynamischen Bezugnahmeklauseln am Maßstab der §§ 305 ff. BGB entspricht auch der Rechtsprechung des Fünften Senats des Bundesarbeitsgerichts (14.3.2007 -5 AZR 630/06- Rn 20, BAGE 122, 12). Allerdings hat der Fünfte Senat die dynamische Verweisung in einem Formulararbeitsvertrag auf die für Beamte geltende Arbeitszeit nur einer eingeschränkten Überprüfung unterzogen. Dies beruhte jedoch darauf, dass die Klausel die Arbeitszeit und damit die einer uneingeschränkten Inhaltskontrolle entzogene Hauptleistungspflicht des Arbeitnehmers betraf. Auch der Vierte Senat des Bundesarbeitsgerichts hat ausdrücklich angenommen, dass seit dem Inkrafttreten der Schuldrechtsreform am 1.1.2002 die AGB-Kontrolle für Arbeitsverträge und damit auch für arbeitsrechtliche Verweisungsklauseln gesetzlich angeordnet ist (18.4.2007 -4 AZR 652/05- Rn 43, BAGE 122, 74). Diese Rechtsprechung zur AGB-Kontrolle von dynamischen Verweisungsklauseln steht im Einklang mit der Rechtsprechung des Bundesgerichtshofs. Dieser hat die dynamische Verweisung in einem vorformulierten Heimvertrag mit pflegebedürftigen Bewohnern auf bestimmte Regelungen des jeweils gültigen Rahmenvertrags gem. § 75 SGB XI einer Inhaltskontrolle unterzogen (8.11.2001 -III ZR 14/01- zu II 4 b der Gründe, BGHZ 149, 146).

[18] c) Bei der Angemessenheitskontrolle ist nicht auf die durch den Arbeitgeber tatsächlich erfolgten Änderungen abzustellen, sondern auf die Möglichkeiten, die ihm eine Klausel einräumt (BAG 11.2.2009 -10 AZR 222/08- EzA BGB

2002 § 308 Nr. 9). Die gesetzlichen Vorschriften der §§ 305 ff. BGB missbilligen bereits das Stellen inhaltlich unangemessener Allgemeiner Geschäftsbedingungen, nicht erst den unangemessenen Gebrauch einer Klausel im konkreten Einzelfall. Die Rechtsfolge der Unwirksamkeit tragen auch solche Klauseln, die in ihrem Übermaßteil in zu beanstandender Weise ein Risiko regeln, das sich im Entscheidungsfalle nicht realisiert hat (BAG 11.4.2006 -9 AZR 610/05- Rn 38 mwN, BAGE 118, 36). Eine Verweisungsklausel in einem Arbeitsvertrag mit einem kirchlich-diakonischen Anstellungsträger, die nicht ausschließlich auf die auf dem Dritten Weg von einer paritätisch mit weisungsunabhängigen Mitgliedern besetzten Arbeitsrechtlichen Kommission beschlossenen Arbeitsvertragsregelungen Bezug nimmt, sondern darüber hinaus - etwa bei einem kirchenrechtlich vorgesehenen Letztentscheidungsrecht der Synode oder des Bischofs - auch einseitig von der Dienstgeberseite vorgegebene Regelungen erfasst und damit inhaltlich ein Vertragsänderungsrecht der Dienstgeberseite darstellt, dürfte zu weit gefasst und damit insgesamt unwirksam sein (vgl. BAG 11.2.2009 - 10 AZR 222/08- Rn 23, aaO), wenn die Klausel sprachlich nicht teilbar ist und sie deshalb nicht auf einen verständlichen, zulässigen Inhalt zurückgeführt werden kann (vgl. zu diesem sog. blue-pencil-test BAG 6.5.2009 -10 AZR 443/08- Rn 11, AP BGB § 307 Nr. 43, EzA BGB 2002 § 307 Nr. 44; 12.3.2008 -10 AZR 152/07- AP BGB § 305 Nr. 10, EzA BGB 2002 § 307 Nr. 33).

[19] d) Soweit der Vierte Senat des Bundesarbeitsgerichts in seinem Urteil vom 10.12.2008(-4 AZR 801/07- Rn 43 ff., AP BGB § 611 Kirchendienst Nr. 52, EzA BGB 2002 § 611 Kirchliche Arbeitnehmer Nr. 10, KirchE 52, 350) angenommen hat, die Bezugnahmeklausel beschränke sich auf die (dynamische) Verweisung, weiche nicht von Rechtsvorschriften ab, weise damit keinen kontrollfähigen Inhalt auf und unterliege deshalb nur einer eingeschränkten Inhaltskontrolle, beziehen sich diese Ausführungen nicht auf ein einseitiges Vertragsänderungsrecht des Arbeitgebers. Der Vierte Senat hat ausdrücklich auf den Grundsatz „pacta sunt servanda“ hingewiesen und angenommen, der Arbeitgeber könne die dynamische Bezugnahmeklausel nicht einseitig ändern. Zudem hat der Vierte Senat die von ihm vorgenommene eingeschränkte Inhaltskontrolle der Verweisungsklausel damit begründet, dass der Bereich der Leistungsbeziehungen der inhaltlichen Überprüfung entzogen sei (10.12.2008 -4 AZR 801/07- Rn 44, aaO). Anders als im Fall des Vierten Senats macht die Klägerin jedoch nicht ausschließlich Zahlungsansprüche geltend, sondern begehrt die Feststellung, dass die Ang-AVO/DWHN 2005 auf ihr Arbeitsverhältnis keine Anwendung findet.

[20] e) Der Änderungs- und Ergänzungsvorbehalt in § 2 des Dienstvertrags erfasst jedoch anders als in jenem Fall, der der Entscheidung des Zehnten Senats vom 11.2.2009(-10 AZR 222/08- EzA BGB 2002 § 308 Nr. 9) zugrunde lag,

nicht die einseitige Änderung einer Arbeitsordnung durch den Arbeitgeber. Er bezieht sich nur auf für das Arbeitsverhältnis einschlägige kirchlich-diakonische Arbeitsvertragsregelungen, die auf dem Dritten Weg entstehen und von einer paritätisch mit weisungsunabhängigen Mitgliedern besetzten Arbeitsrechtlichen Kommission beschlossen werden. Ein so eingeschränkter Änderungs- und Ergänzungsvorbehalt stellt keine unangemessene Benachteiligung iSv § 307 Abs. 1 Satz 1 BGB dar. Er trägt dem Umstand Rechnung, dass das Arbeitsverhältnis als Dauerschuldverhältnis einer Anpassung an veränderte Rahmenbedingungen bedarf und schränkt wesentliche Rechte der Klägerin, die sich aus der Natur des Arbeitsvertrags ergeben, nicht so ein, dass die Erreichung des Vertragszwecks gefährdet ist (§ 307 Abs. 2 Nr. 2 BGB).

[21] aa) Rechtsvorschriften iSv § 307 Abs. 3 Satz 1 BGB sind nicht nur die Gesetzesbestimmungen selbst, sondern auch die dem Gerechtigkeitsgebot entsprechenden allgemein anerkannten Rechtsgrundsätze. Dazu zählen alle ungeschriebenen Rechtsgrundsätze, die Regeln des Richterrechts oder die aufgrund ergänzender Auslegung nach den §§ 157, 242 BGB und aus der Natur des jeweiligen Schuldverhältnisses zu entnehmenden Rechte und Pflichten (BAG 11.12.2006 -5 AZR 721/05- AP BGB § 308 Nr. 6, EzA BGB 2002 § 308 Nr. 6). Der Senat hat im Urteil vom 17.11.2005 (-6 AZR 160/05- AP BGB § 611 Kirchendienst Nr. 45, EzA BGB 2002 § 611 Kirchliche Arbeitnehmer Nr. 7, KirchE 47, 482) eingehend begründet, dass kirchliche Arbeitsvertragsregelungen seit dem Inkrafttreten der Schuldrechtsreform am 1.1.2002 grundsätzlich einer Überprüfung nach den §§ 305 ff. BGB unterliegen. Er hat jedoch auch anerkannt, dass bei der Inhaltskontrolle kirchlicher Arbeitsvertragsregelungen gem. § 310 Abs. 4 Satz 2 BGB als im Arbeitsrecht geltende Besonderheit angemessen zu berücksichtigen ist, dass kirchliche Arbeitsvertragsregelungen auf dem Dritten Weg entstehen und von einer paritätisch besetzten Arbeitsrechtlichen Kommission beschlossen werden (BAG 19.11.2009 -6 AZR 561/08- AP BGB § 611 Kirchendienst Nr. 53, EzA BGB 2002 § 611 Kirchliche Arbeitnehmer Nr. 12; 17.11.2005 -6 AZR 160/05- aaO). Dies kann dazu führen, dass in kirchlichen Arbeitsvertragsregelungen von den allgemeinen Grundsätzen abweichende Gestaltungen zulässig sind.

[22] bb) Die angemessene Berücksichtigung der Besonderheiten des Arbeitsrechts iSv § 310 Abs. 4 Satz 2 BGB schließt es ein, dass in einem Arbeitsvertrag mit einem kirchlich-diakonischen Anstellungsträger auf die für das Arbeitsverhältnis einschlägige, von einer paritätisch mit weisungsunabhängigen Mitgliedern besetzten Arbeitsrechtlichen Kommission beschlossene Arbeitsvertragsordnung in der jeweils gültigen Fassung Bezug genommen werden kann. Eine solche Bezugnahme gewährleistet ebenso wie die arbeitsvertragliche Bezugnahme eines einschlägigen Tarifvertrags eine Anpassung der Arbeitsbedingungen an veränderte Umstände und liegt nicht nur im Interesse des Anstel-

lungsträgers, sondern auch des Arbeitnehmers. Unabhängig davon, ob man den Beschlüssen der Arbeitsrechtlichen Kommission eine Richtigkeitsgewähr zubilligt, gewährleisten die paritätische Besetzung und die Unabhängigkeit der Mitglieder der Kommission, dass die Arbeitgeberseite bei der Festlegung des Inhalts der Arbeitsbedingungen ihre Interessen nicht einseitig durchsetzen kann (vgl. Deinert ZTR 2005, 461 [475]). Die Bezugnahme stabilisiert das Arbeitsverhältnis insofern, als eine notwendige Anpassung der Arbeitsbedingungen an veränderte Umstände auch ohne Änderungskündigung und damit ohne Gefährdung des Fortbestehens des Arbeitsverhältnisses erreicht werden kann. Beschließt die Arbeitsrechtliche Kommission für den Arbeitnehmer günstige Regelungen, z.B. die Erhöhung der Vergütung, finden diese ohne eigenes Zutun des Arbeitnehmers auf das Arbeitsverhältnis Anwendung. Die Bezugnahmeklausel verschafft dem Arbeitnehmer damit die Teilhabe an der Entwicklung der Lohn- und Gehaltsentwicklung.

[23] cc) Der Senat hat im Urteil vom 24.9.2008(-6 AZR 76/07- Rn 21, AP BGB § 305c Nr. 11, EzA BGB 2002 § 305c Nr. 15) ebenso wie vor der Schuldrechtsreform in seiner Entscheidung vom 28.6.2001 (-6 AZR 114/00- BAGE 98, 175 [195]) offengelassen, ob über eine an sich nicht überraschende Bezugnahmeklausel solche tariflichen Bestimmungen nicht Vertragsinhalt werden, die für die Vertragspartner bei Abschluss des Vertrags schlechterdings nicht vorhersehbar waren. Die Frage des Überraschungsschutzes stellt sich auch bei auf kirchlich-diakonische Arbeitsvertragsregelungen bezogenen vertraglichen Jeweiligkeitsklauseln (bejahend für Änderungen, mit denen der Arbeitnehmer gemeinhin nicht rechnen musste, Deinert ZTR 2005, 461 [477 f.]). Ein Fall bei Vertragsschluss generell nicht vorhersehbarer Änderungen liegt jedoch nicht vor. Mit den neuen Regelungen, z.B. der Anhebung der durchschnittlichen wöchentlichen Arbeitszeit von 38,5 auf 40 Stunden, der Änderung der Vergütung von Bereitschaftsdiensten und der geringeren Sonderzahlung, musste die Klägerin rechnen. Es handelt sich dabei um Veränderungen, wie sie als Reaktion auf eine Verschlechterung der wirtschaftlichen Lage oder der Wettbewerbssituation auch in anderen Bereichen, z.B. im öffentlichen Dienst, nicht ungewöhnlich sind. Deshalb kann auch hier dahinstehen, ob bei Vertragsschluss schlechterdings nicht vorhersehbare Änderungen der in Bezug genommenen Regelungen Vertragsinhalt werden und an welchen Kriterien gegebenenfalls die Unvorhersehbarkeit zu messen wäre.

[24] 5. Die in der Ang-AVO/DWHN 2005 getroffenen Regelungen unterliegen ebenso wie die beim Abschluss des Arbeitsvertrags in Bezug genommenen kirchlich-diakonischen Arbeitsvertragsregelungen der Kontrolle nach den §§ 305 ff. BGB.

[25] a) Soweit der Dritte und Vierte Senat des Bundesarbeitsgerichts (vgl. 19.8.2008 -3 AZR 383/06- Rn 38 ff., NZA 2009, 1275, KirchE 52, 107; 10.12.2008 -4 AZR 801/07- Rn 71 ff., AP BGB § 611 Kirchendienst Nr. 52, EzA BGB 2002 § 611 Kirchliche Arbeitnehmer Nr. 10, KirchE 52, 350) kirchliche Arbeitsvertragsregelungen im Falle ihrer Änderung auch nach dem Inkrafttreten der Schuldrechtsreform am 1.1.2002 ausschließlich am Maßstab der §§ 317 ff. BGB gemessen und nur daraufhin überprüft haben, ob die Änderung offenbar unbillig iSv § 319 Abs. 1 Satz 1 BGB ist, weil sie in grober Weise gegen Treu und Glauben verstößt und sich dies bei unbefangener sachkundiger Prüfung sofort aufdrängt, haben sie kirchliche Arbeitsvertragsregelungen anhand eines anderen Kontrollmaßstabs überprüft als der Senat im Urteil vom 17.11.2005 (-6 AZR 160/05- AP BGB § 611 Kirchendienst Nr. 45, EzA BGB 2002 § 611 Kirchliche Arbeitnehmer Nr. 7, KirchE 47, 482). Eine entscheidungserhebliche Abweichung von dem vorhergehenden Urteil des Senats haben der Dritte und der Vierte Senat nicht angenommen und daher von einer Anfrage beim Senat bzw. Vorlage an den Großen Senat des Bundesarbeitsgerichts nach § 45 ArbGG abgesehen.

[26] b) Für eine einheitliche Kontrolle kirchlich-diakonischer Arbeitsvertragsregelungen und ihrer Änderungen und Ergänzungen am Maßstab der §§ 305 ff. BGB spricht jedoch, dass das paritätische Rechtsetzungsverfahren die Qualität der Arbeitsvertragsregelungen als Allgemeine Geschäftsbedingungen nicht grundsätzlich in Frage stellt (Deinert ZTR 2005, 461 [474]). Dieser Inhaltskontrolle steht deshalb nicht entgegen, dass die geänderten oder ergänzten Arbeitsvertragsregelungen nicht einseitig vom kirchlich-diakonischen Anstellungsträger, sondern von der Arbeitsrechtlichen Kommission beschlossen wurden (Reichold NZA 2009, 1377; ders. Anm. zu BAG 10.12.2008 -4 AZR 801/07- AP BGB § 611 Kirchendienst Nr. 52, KirchE 52, 350). Wie ein Regelungskomplex zustande gekommen ist, ob durch einseitige Arbeitgeberfestlegung oder unter Mitwirkung einer Arbeitnehmervertretung, hat nach seiner Aufnahme in den Arbeitsvertrag für seine rechtliche Qualifizierung als Individualvertragsinhalt keine Bedeutung (Dütz FS Schaub S. 157 [167]). Maßgebend ist, dass solche Änderungen und Ergänzungen der Arbeitsvertragsregelungen nicht auf den Arbeitnehmer zurückgehen und nach § 310 Abs. 3 Nr. 1 BGB Allgemeine Geschäftsbedingungen als vom Unternehmer gestellt gelten, es sei denn, dass sie durch den Verbraucher in den Vertrag eingeführt wurden. Dies hat u.a. auch zur Folge, dass sich der Unternehmer nicht auf die Unwirksamkeit einzelner Bestimmungen in den Arbeitsvertragsregelungen berufen darf (vgl. BAG 21.10.2009 -10 AZR 786/08- Rn 26; 18.12.2008 -8 AZR 105/08- Rn 42, AP ZPO § 717 Nr. 9).

[27] c) Gegen die Annahme, kirchliche Arbeitsvertragsregelungen unterlägen nur bei der (erstmaligen) Bezugnahme im Arbeitsvertrag einer Kontrolle nach den §§ 305 ff. BGB, nicht jedoch im Falle ihrer Änderung oder Ergänzung,

spricht vor allem auch die Funktion kirchlicher Arbeitsvertragsregelungen. Sie bezwecken einheitliche Arbeitsbedingungen (Dütz FS Schaub S. 157). Diesem Ziel entspräche es nicht, wenn kirchliche Arbeitsvertragsregelungen anhand unterschiedlicher Kontrollmaßstäbe überprüft würden, je nachdem, ob im Arbeitsvertrag auf die kirchlichen Arbeitsvertragsregelungen vor oder nach ihrer Änderung bzw. Ergänzung verwiesen worden ist. Es kommt hinzu, dass die Arbeitsvertragsparteien die Regelung der Arbeitsbedingungen der Arbeitsrechtlichen Kommission nicht im Vertrauen auf die Redlichkeit und das ausgewogene Urteil eines Dritten übertragen, sondern im Vertrauen auf die Ausgewogenheit des Verhandlungsergebnisses. Dies ist etwas anderes und wird vom Ziel des § 317 BGB, der an der Redlichkeit des Dritten und nicht an seiner Verhandlungsstärke ansetzt, nicht erfasst. Die §§ 317, 319 BGB zielen auf eine rechtsfolgenorientierte Vertragsergänzung bzw. tatbestandliche Feststellungen durch einen neutralen Dritten im Rahmen einzelner Rechtsverhältnisse. So ist in der Rechtsprechung des Bundesarbeitsgerichts anerkannt, dass die Mehrheitsentscheidungen der hinsichtlich des betrieblichen Vorschlagswesens geschaffenen paritätischen Kommissionen in entsprechender Anwendung der §§ 317, 319 BGB auf grobe Unbilligkeit und Verstoß gegen die zugrunde liegenden Vorschriften zu überprüfen sind (vgl. BAG 20.1.2004 -9 AZR 393/03- BAGE 109, 193 [201 f.]). Die Arbeitsrechtliche Kommission steht dagegen außerhalb der konkreten Vertragsbeziehung der Parteien und regelt für eine Vielzahl von Arbeitsverhältnissen und Mitgliedern des DWHN den Inhalt der Rechtsbeziehungen, die über die vertragliche Bezugnahmeklausel für das konkrete Arbeitsverhältnis wirksam werden. Dieser Regelungsmechanismus unterscheidet sich grundlegend von den Sachverhalten, auf die die §§ 317, 319 BGB zugeschnitten sind (vgl. Thüsing Anm. zu BAG 17.4.1996 -10 AZR 558/95- AP BGB § 611 Kirchendienst Nr. 24; ders. Anm. zu BAG 6.11.1996 -5 AZR 334/95- EzA BGB § 611 Ausbildungsbeihilfe Nr. 16; ders., Kirchliches Arbeitsrecht S. 134 f.).

[28] d) Die Überprüfung einer Leistungsbestimmung oder ihrer Änderung nach § 319 BGB bezöge sich anders als die AGB-Kontrolle nach den §§ 305 ff. BGB auch auf die beiderseitigen Hauptleistungspflichten aus dem Arbeitsverhältnis und wäre fallbezogen vorzunehmen. Eine Leistungsbestimmung entspricht billigem Ermessen, wenn die wesentlichen Umstände des Falls abgewogen und die beiderseitigen Interessen angemessen berücksichtigt worden sind (stRspr., vgl. BAG 23.9.2004 -6 AZR 567/03- BAGE 112, 80 [83] mwN). Die fallbezogene Abwägung der Umstände und Berücksichtigung der beiderseitigen Interessen zielt jedoch auf die individuelle Situation der Arbeitsvertragsparteien und nicht auf die möglicherweise sehr unterschiedliche Lage, in der sich die einzelnen kirchlich-diakonischen Anstellungsträger und ihre Arbeitnehmer jeweils befinden. Der Vierte Senat des Bundesarbeitsgerichts hat im Urteil vom

21.10.2009 (-4 AZR 880/07- Rn 42) deshalb bei der Ausübungskontrolle nach den §§ 317, 319 Abs. 1 Satz 1 BGB u.a. auch auf die wirtschaftliche und finanzielle Situation des beklagten kirchlich-diakonischen Anstellungsträgers abgestellt (zum Erfordernis einer arbeitgeberbezogenen Billigkeitskontrolle vgl. auch Deinert ZTR 2005, 461 [469]). Demgegenüber kommt es bei einer Angemessenheitskontrolle nach den §§ 305 ff. BGB nicht auf die individuellen Verhältnisse beim jeweiligen Anstellungsträger und seinen Arbeitnehmern an (Deinert ZTR 2005, 461 [477]). Allgemeine Geschäftsbedingungen sind auf der Basis der Verhältnisse zu prüfen, wie sie bei Verwender und Verwendungsgegner typischerweise gegeben sind.

[29] e) Würde die Billigkeitskontrolle nach § 319 Abs. 1 Satz 1 BGB dazu führen, dass eine einzelne Regelung oder ein gesamtes kirchlich-diakonisches Regelungswerk unverbindlich ist, müsste „die Bestimmung" gem. § 319 Abs. 1 Satz 2 BGB durch Urteil erfolgen. Ob eine solche nicht auf eine Inhaltskontrolle beschränkte Entscheidung der Gerichte für Arbeitssachen mit dem verfassungsrechtlich garantierten Selbstbestimmungsrecht der Kirchen vereinbar wäre, erscheint zumindest zweifelhaft. Mit dem Dritten Weg haben die Kirchen für den überbetrieblichen Bereich ein eigenständiges kollektives Arbeitsrecht geschaffen, dessen Verfassungsmäßigkeit, insbesondere dessen Vereinbarkeit mit Art. 9 Abs. 3 GG, heute außer Frage steht (Dütz FS Schaub S. 157 [158]; Joussen RdA 2010, 182 [183 f.]).

[30] 6. Die in der Ang-AVO/DWHN 2005 getroffenen Regelungen benachteiligen die Klägerin nicht unangemessen iSv § 307 Abs. 1 Satz 1 BGB.

[31] a) Bei der Inhaltskontrolle der Ang-AVO/DWHN 2005 ist gem. § 310 Abs. 4 Satz 2 BGB als im Arbeitsrecht geltende Besonderheit angemessen zu berücksichtigen, dass diese Arbeitsvertragsregelung auf dem Dritten Weg entstanden ist und von einer paritätisch mit weisungsunabhängigen Mitgliedern besetzten Arbeitsrechtlichen Kommission beschlossen wurde. Der Senat hat für auf dem Dritten Weg entstandene kirchliche Arbeitsvertragsregelungen angenommen, dass sie jedenfalls dann, wenn sie einschlägige tarifvertragliche Regelungen des öffentlichen Dienstes ganz oder mit im Wesentlichen gleichen Inhalten übernehmen, wie Tarifregelungen nur einer eingeschränkten gerichtlichen Inhaltskontrolle unterliegen (19.11.2009 -6 AZR 561/08- AP BGB § 611 Kirchendienst Nr. 53, EzA BGB 2002 § 611 Kirchliche Arbeitnehmer Nr. 12; 17.11.2005 -6 AZR 160/05- AP BGB § 611 Kirchendienst Nr. 45, EzA BGB 2002 § 611 Kirchliche Arbeitnehmer Nr. 7, KirchE 47, 482; vgl. auch bereits BAG 6.11.1996 -5 AZR 334/95- BAGE 84, 282, KirchE 34, 410). In diesem Fall rechtfertigten die Unterschiede gegenüber der Entstehung von Tarifverträgen keine weitergehende Überprüfung. Die kirchlichen Arbeitsvertragsrichtlinien seien bei einer solchen Übernahme einschlägiger Tarifverträge des öffentlichen Dienstes wie diese nur daraufhin zu untersu-

chen, ob sie gegen die Verfassung, gegen anderes höherrangiges zwingendes Recht oder die guten Sitten verstießen (Senat 17.11.2005 -6 AZR 160/05- mwN, aaO).

[32] b) An diesem Überprüfungsmaßstab hält der Senat unter der Voraussetzung fest, dass die Arbeitsvertragsregelung auf dem Dritten Weg gemäß den einschlägigen Organisations- und Verfahrensvorschriften entstanden ist, von einer paritätisch mit weisungsunabhängigen Mitgliedern besetzten Arbeitsrechtlichen Kommission beschlossen wurde und damit nicht der Dienstgeberseite zugeordnet werden kann. Er macht diese eingeschränkte Kontrolle aber grundsätzlich nicht mehr davon abhängig, dass einschlägige tarifvertragliche Regelungen des öffentlichen Dienstes ganz oder mit im Wesentlichen gleichen Inhalten übernommen werden (ebenso Thüsing Anm. zu BAG 6.11.1996 - 5 AZR 334/95- EzA BGB § 611 Ausbildungsbeihilfe Nr. 16; Schliemann FS Hanau S. 577 [597]; Staudinger/Coester [2006] § 310 Rn 89). Sind vorstehende Voraussetzungen der eingeschränkten Kontrolle nicht erfüllt und liegt damit keine im Arbeitsrecht geltende Besonderheit iSv § 310 Abs. 4 Satz 2 BGB mehr vor, unterliegen kirchlich-diakonische Arbeitsvertragsregelungen der uneingeschränkten Überprüfung nach den §§ 305 ff. BGB. Dafür bestehen hier allerdings keine Anhaltspunkte.

[33] aa) Kirchlich-diakonische Arbeitsvertragsregelungen erfassen nicht nur, aber doch vor allem auch Einrichtungen der Wohlfahrtspflege. In diesem Markt konkurrieren sie zunehmend nicht mehr nur mit entsprechenden Einrichtungen öffentlicher Arbeitgeber. So ist insbesondere eine Vielzahl kommunaler Krankenhäuser privatisiert worden. Die Sicherung der Wettbewerbsfähigkeit kirchlich-diakonischer Einrichtungen kann es deshalb erfordern, von der Übernahme oder der Übernahme des wesentlichen Inhalts einschlägiger Tarifverträge des öffentlichen Dienstes abzusehen.

[34] bb) Es kommt hinzu, dass sich nach der Ersetzung des BAT und anderer für das gesamte Bundesgebiet geltender Tarifverträge durch das neue Tarifrecht für die Beschäftigten des öffentlichen Dienstes beim Bund und den Kommunen sowie den Ländern und aufgrund spezieller Tarifverträge z.B. für Ärzte mit unterschiedlichen Regelungen wie im TV-Ärzte (Länder) und im TV-Ärzte (VKA) oft nicht oder nur schwer feststellen lässt, welcher Tarifvertrag im öffentlichen Dienst „einschlägig“ ist.

[35] cc) Dem Selbstbestimmungsrecht der Kirchen unterliegt die Festlegung des Verfahrens, in dem die kollektiven Regelungen des kirchlichen Arbeitsrechts zustande kommen. Zum Abschluss von Tarifverträgen sind die Kirchen nicht verpflichtet. Aus Art. 9 Abs. 3 GG kann eine derartige Pflicht nicht abgeleitet werden (Joussen RdA 2010, 182 [183]). Dass es den Kirchen gestattet ist, den kirchlichen Dienst und den Dienst in ihren Einrichtungen auf der Grundlage

ihres Selbstverständnisses zu gestalten, keine Tarifverhandlungen zu führen und sich nicht in Arbeitskämpfen zu engagieren, wird auch von einem Teil des Schrifttums zugestanden, der eine Richtigkeitsvermutung für auf dem Dritten Weg beschlossene Arbeitsrechtsregelungen ablehnt (vgl. Deinert ZTR 2005, 461 [464]). Mit dem Erfordernis, dass die Arbeitsvertragsregelungen auf dem Dritten Weg entstanden und von einer paritätisch mit weisungsunabhängigen Mitgliedern besetzten Arbeitsrechtlichen Kommission beschlossen worden sein müssen, wird der Gefahr einer unangemessenen Benachteiligung der Arbeitnehmer eines kirchlich-diakonischen Anstellungsträgers ausreichend Rechnung getragen (a.A. Deinert ZTR 2005, 461 [467]). Das Verfahren des Dritten Weges mit paritätischer Besetzung der Arbeitsrechtlichen Kommission und Weisungsungebundenheit ihrer Mitglieder gewährleistet, dass die Arbeitgeberseite nicht einseitig ihre Interessen durchsetzen kann (vgl. BAG 17.11.2005 -6 AZR 160/05-mwN, AP BGB § 611 Kirchendienst Nr. 45, EzA BGB 2002 § 611 Kirchliche Arbeitnehmer Nr. 7, KirchE 47, 482; Deinert ZTR 2005, 461 [475]; Joussen RdA 2010, 182 [185 f.]). Die Einflussmöglichkeit des einzelnen kirchlich-diakonischen Anstellungsträgers ist ähnlich begrenzt wie die eines Mitgliedsunternehmens eines Arbeitgeberverbandes beim Abschluss von Tarifverträgen, so dass die für die Annahme einer einseitigen Leistungsbestimmung erforderliche Durchsetzungsfähigkeit nicht besteht und damit auch nicht die Gefahr einer unangemessenen Benachteiligung der Arbeitnehmer. Hinsichtlich der Vergütung wird die Gefahr zudem dadurch begrenzt, dass die Arbeitgeberseite kirchenrechtlich auf das Gebot der Lohngerechtigkeit verpflichtet ist (vgl. Thüsing ZTR 1999, 298 [300]).

[36] c) Mit der Einführung der Ang-AVO/DWHN 2005 hat die Arbeitsrechtliche Kommission die Grenzen ihrer Regelungsmacht nicht überschritten. Ihre Annahme, die neuen Regelungen, z.B. die Anhebung der durchschnittlichen wöchentlichen Arbeitszeit von 38,5 auf 40 Stunden, die geänderte Vergütung von Bereitschaftsdiensten und die geringere Sonderzahlung, seien zur Sicherung der Wettbewerbsfähigkeit am Markt der Wohlfahrtspflege und zur Sicherung der Arbeitsplätze erforderlich, hält sich innerhalb ihrer Einschätzungsprärogative. Dies gilt auch, soweit die Arbeitsrechtliche Kommission die Schaffung eines einheitlichen Tarifrechts für Arbeiter und Angestellte und die Einführung einer aufgaben- und leistungsbezogenen Vergütung für angemessen gehalten hat.

[37] 7. Die Voraussetzungen einer Vorlagepflicht nach § 45 ArbGG sind nicht erfüllt.

[38] a) Eine eventuelle Vorlagepflicht bestünde nur dann, wenn die Überprüfung der Ang-AVO/DWHN 2005 am Maßstab der §§ 317, 319 Abs. 1 Satz 1 BGB zu einem für die Klägerin günstigeren Ergebnis führen würde. Dies ist nicht der Fall. Die in der ARR 2005 getroffene Regelung ist nicht offenbar unbillig, weil

sich bei unbefangener Sachprüfung nicht sofort aufdrängt, dass sie in grober Weise gegen Treu und Glauben verstößt (BAG 10.12.2008 -4 AZR 801/07- Rn 71 ff., AP BGB § 611 Kirchendienst Nr. 52, EzA BGB 2002 § 611 Kirchliche Arbeitnehmer Nr. 10, KirchE 52, 350). Damit ist die Frage, ob die Ang-AVO/DWHN 2005 am Maßstab der §§ 305 ff. BGB oder der §§ 317, 319 Abs. 1 Satz 1 BGB zu überprüfen ist, nicht entscheidungserheblich. Eine Vorlagepflicht nach § 45 ArbGG kommt nur dann in Betracht, wenn eine entscheidungserhebliche Abweichung zu der identischen Rechtsfrage vorliegt. Diese Voraussetzung betrifft die zu treffende Entscheidung wie die vorhergehende Entscheidung, von der abgewichen werden soll (vgl. BAG 23.10.1996 -1 AZR 299/96- zu II 3 a der Gründe, EzA BetrVG 1972 § 87 Betriebliche Lohngestaltung Nr. 59; zur Entscheidungserheblichkeit als Zulässigkeitsvoraussetzung jeder Vorlage vgl. auch BGH Vereinigte Große Senate 5.5.1994 -VGS 1-4/93- BGHZ 126, 63 [71]; GMP/Prütting 7. Aufl. § 45 Rn 22 f.; GK-ArbGG/Dörner Stand April 2010 § 45 Rn 26; ErfK/Koch 10. Aufl. § 45 ArbGG Rn 4, 5).

[39] b) Die Annahme des Vierten Senats in den Urteilen vom 10.12.2008 (-4 AZR 801/07- AP BGB § 611 Kirchendienst Nr. 52, EzA BGB 2002 § 611 Kirchliche Arbeitnehmer Nr. 10, KirchE 52, 350; [Parallelentscheidungen] -4 AZR 798/07-; -4 AZR 802/07-; -4 AZR 845/07-), die von der Arbeitsrechtlichen Kommission beschlossenen Änderungen seien nur nach § 319 Abs. 1 Satz 1 BGB zu kontrollieren, war im Übrigen nicht tragend. Der Vierte Senat hat als Zweitbegründung für die Wirksamkeit der durch die ARR 2005 vorgenommenen Änderungen angeführt, dass diese nicht die Orientierung an den Arbeitsbedingungen im öffentlichen Dienst verlassen hätten und als Bestandteil einer Umorientierung gerade im Bereich des öffentlichen Dienstes - etwa durch die Vereinbarung des zum 1.10.2005 in Kraft getretenen TVöD - als auch im weiteren kirchlichen Bereich gesehen werden müssten. Die (Wieder-)Heraufsetzung der wöchentlichen Arbeitszeit ohne Lohnausgleich orientiere sich an in vergleichbaren Bereichen ebenfalls durchgeführten Veränderungen. Auch in seiner Entscheidung vom 21.10.2009 (-4 AZR 880/07- Rn 42) hat der Vierte Senat darauf abgestellt, dass im Bereich des öffentlichen Dienstes vom Bund und der TdL Tarifverträge gekündigt worden sind und die neuen Tarifverträge bisherige Leistungen nicht mehr vorsehen.

10

Für eine gegen ein römisch-katholisches Bistum gerichtete Klage mit dem Ziel, der katholischen Kirche zu untersagen, sich christlich zu nennen, ist zwar der Verwaltungsrechtsweg gegeben, jedoch scheitert das Begehren an der fehlenden Klagebefugnis.
Ein auf die Wahrnehmung eines postmortalen Persönlichkeitsrechts Jesu von Nazareth gestützter Abwehranspruch besteht nicht.
Der bloße Hinweis auf eine mögliche Zugehörigkeit eines Richters zu einer Religionsgemeinschaft kann für sich allein die Besorgnis der Befangenheit nicht rechtfertigen. Vielmehr müssen zusätzliche Umstände in der Person dieses Richters hinzukommen, die geeignet sind, Zweifel an dessen Unparteilichkeit zu rechtfertigen.

Art./§§ 4 Abs. 1 u. 2, 140 GG, 137 Abs. 5 WRV,
40 Abs. 1, 42 Abs. 2, 54 Abs. 1 VwGO, 45 Abs. 1, 47 ZPO
VGH Baden-Württemberg, Beschluss vom 22. Juli 2010 -1 S 610/10-

Die Kläger wollen erreichen, dass der Beklagten (Erzdiözese F.) untersagt wird, sich „christlich" zu nennen.

Die Kläger sind nach eigenen Angaben die Vorstände der Glaubensgemeinschaft „X.". Mit Schreiben vom 19.8.2009 forderten sie die 27 Bischöfe der katholischen Diözesen Deutschlands unter Fristsetzung zu der Erklärung auf, sich nicht mehr als „christlich" zu bezeichnen. Zur Begründung tragen sie u.a. vor, die Lehre und das Verhalten der katholischen Kirche in Vergangenheit und Gegenwart stehe, wie sich an einer Reihe von Beispielen aufweisen lasse, in Widerspruch zur Botschaft Jesu Christi. Gleichwohl bezeichne sich diese Kirche nach wie vor als „christlich". Darüber hinaus wird von den Klägern die Verletzung der postmortalen Persönlichkeitsrechte Jesu von Nazareth geltend gemacht.

Das VG Freiburg (Urteil vom 10.2.2010 -2 K 1700/09- KirchE 55, 72) hat die Klage abgewiesen.

Mit ihrem Antrag auf Zulassung der Berufung verbinden die Kläger ein gegen die Mitglieder des Senats gerichtetes Befangenheitsgesuch.

Der Verwaltungsgerichtshof lehnt den Zulassungsantrag ab, ohne vorab eine Entscheidung über das Befangenheitsbegehren herbeizuführen.

Aus den Gründen:

Der Senat kann ungeachtet der die Richter des Senats betreffenden Ablehnungsgesuche abweichend von § 54 Abs. 1 VwGO iVm §§ 45 Abs. 1, 47 ZPO in der aus dem Rubrum ersichtlichen Besetzung über den Zulassungsantrag der Kläger entscheiden, ohne vorab eine Entscheidung über das Befangenheitsgesuch herbeizuführen. Denn dieses Gesuch wird mit Umständen begründet, die eine Befangenheit unter keinem denkbaren Gesichtspunkt rechtfertigen können.

Die Kläger haben ihr Ablehnungsgesuch auch im Zulassungsverfahren allein damit begründet, es bestehe eine Konfliktsituation zwischen einer (möglichen) Kirchenbindung der zur Entscheidung berufenen Richter und dem Rechtsstaatsgebot. Richter, die möglicherweise bekennende Mitglieder der Amtskirchen seien, seien in Fällen, in denen es um existenzielle Fragen ihrer Glaubensgemeinschaft gehe, zwangsläufig parteiisch. Mit diesem Vortrag wird nicht ansatzweise aufgezeigt, dass und aus welchen Gründen die Besorgnis gerechtfertigt sein könnte, die abgelehnten Richter würden nicht unparteiisch und unvoreingenommen entscheiden. Grundsätzlich ist von der inneren Unabhängigkeit des Richters auszugehen. Es wird von ihm erwartet, dass er im Verfahren unvoreingenommen an die Beurteilung der Sache herantritt und die staatlichen Gesetze ohne Rücksicht auf sein Glaubensbekenntnis anwendet. Der bloße Hinweis auf eine mögliche Zugehörigkeit zu einer Religionsgemeinschaft kann daher für sich allein niemals die Besorgnis der Befangenheit rechtfertigen. Vielmehr müssen zusätzliche Umstände in der Person des einzelnen Richters hinzukommen, die geeignet sind, Zweifel an dessen Unparteilichkeit zu rechtfertigen (vgl. Kopp/Schenke, VwGO, 16. Aufl. 2009, § 54 Rn 11a). Solche sind weder dargelegt noch erkennbar.

Der Antrag der Kläger auf Zulassung der Berufung hat keinen Erfolg. Die von ihnen in Anspruch genommenen Zulassungsgründe nach § 124 Abs. 2 Nr. 1, Nr. 2 und Nr. 3 VwGO rechtfertigen aus den mit dem Antrag angeführten Gründen die Zulassung der Berufung nicht.

Ernstliche Zweifel an der Richtigkeit der verwaltungsgerichtlichen Entscheidung sind dann gegeben, wenn ein die angefochtene Entscheidung tragender Rechtssatz oder eine für die Entscheidung erhebliche Tatsachenfeststellung in der Antragsschrift mit schlüssigen Gegenargumenten in Frage gestellt wird (vgl. hierzu BVerfG, Kammerbeschluss vom 23.6.2000 -1 BvR 830/00- VBlBW 2000, 392, bestätigt durch Beschluss vom 3.3.2004 -1 BvR 461/03- BVerfGE 110, 177). Dies ist hier nicht der Fall.

Das Verwaltungsgericht hat die Klage, die darauf gerichtet ist, der Beklagten zu untersagen, sich „christlich“ zu nennen, als unzulässig abgewiesen. Der Verwaltungsrechtsweg sei zwar insoweit eröffnet, als die Verwendung der Bezeichnung „christlich" auch im öffentlich-rechtlichen Bereich der Tätigkeit der Beklagten in Rede stehe. Den Klägern fehle jedoch für den geltend gemachten Klageanspruch die erforderliche Klagebefugnis.

Das hiergegen gerichtete Vorbringen der Kläger führt nicht zu ernstlichen Zweifeln an der angegriffenen Entscheidung.

Eine Klage ist gem. § 42 Abs. 1 VwGO nur zulässig, wenn der Kläger geltend machen kann, durch den Verwaltungsakt oder seine Ablehnung oder Unterlassung in seinen Rechten verletzt zu sein. Zwar kommen als Rechte, deren Verletzung geltend gemacht werden kann, neben subjektiven Rechten, die durch einfachgesetzliche Vorschriften begründet werden, auch solche des Verfassungsrechts, insbesondere die Grundrechte in Betracht (vgl. Kopp/Schenke, VwGO, 16. Aufl., 2009, Rn 117 ff. mwN). Jedoch verbietet es sich, in jedem tatsächlichen Betroffensein - läge es hier vor - eine Grundrechtsbeeinträchtigung zu sehen. Erforderlich ist vielmehr, dass der Kläger eigene Rechte geltend machen kann; insbesondere als Mitglied eines Kollektivs ist der Einzelne nicht klagebefugt (vgl. Kopp/Schenke, aaO, Rn 130).

Ein solches Recht iSd § 42 Abs. 2 VwGO, auf das die Kläger ihre Klageberechtigung stützen könnten, ist nicht ersichtlich. Zutreffend ist das Verwaltungsgericht davon ausgegangen, dass die Verwendung der Bezeichnung „christlich" durch die Beklagte im - allein streitgegenständlichen - öffentlich-rechtlichen Bereich ihrer Tätigkeit eine mögliche Rechtsverletzung der Kläger, etwa in ihrer Religionsfreiheit, nicht erkennen lässt.

Soweit sich die Kläger auch im Zulassungsverfahren auf eine „mittelbare Drittwirkung" der Grundrechte berufen, führt dies nicht zur Annahme einer Klagebefugnis. Ohne Erfolg machen die Kläger in diesem Zusammenhang geltend, die Erlangung staatlicher Subventionen und Privilegien unter falschen Voraussetzungen begünstige nicht nur die Beklagte, sondern beeinträchtige zugleich ihre religiösen Konkurrenten in ihrer religiösen Entfaltungsfreiheit. Das religiöse Wettbewerbsverhältnis werde beeinträchtigt, wenn - wie hier - eine an diesem Wettbewerb beteiligte Gemeinschaft Etikettenschwindel betreibe, indem sie sich als „christlich" bezeichne, obwohl sie es nach dem Dafürhalten der Kläger nicht sei.

Mit diesem Vorbringen zeigen sie die Möglichkeit einer eigenen Rechtsverletzung nicht auf. Hintergrund des vorliegenden Klageantrags sind die religiös-weltanschaulichen Auseinandersetzungen der Glaubensgemeinschaft „Das Universelle Leben Aller Kulturen Weltweit" mit der Erzdiözese Freiburg um die Selbstbezeichnung als „christlich". Die Verwaltungsgerichte sind in der weltanschaulich-religiösen Auseinandersetzung und im Wettbewerbsverhältnis zwischen verschiedenen Religions- und Glaubensgemeinschaften nicht zum Schiedsrichter berufen. Nur sofern die Beklagte in solchen Auseinandersetzungen, insbesondere durch Meinungsäußerungen und Werturteile, die ihr durch den Grundrechtsschutz der Glaubensgemeinschaft „Universelles Leben ..." oder seiner Mitglieder gezogenen Grenzen überschreitet, besteht die Möglichkeit, hiergegen gerichtlichen Rechtsschutz in Anspruch zu nehmen. Weitergehende Ansprüche auf staatliches Handeln stehen der Glaubensgemeinschaft oder ihren Mitgliedern auch unter grundrechtlichen Aspekten nicht zu (vgl. Bay.VGH, Beschluss vom 16.6.1999 -7 ZB 99.902- *juris*).

Im Übrigen beruhen, wie das Verwaltungsgericht zutreffend ausgeführt hat, die von den Klägern angeführten Privilegien der Beklagten auf deren verfassungsrechtlich verankerter Stellung als Körperschaft des öffentlichen Rechts (Art. 140 GG iVm Art. 137 Abs. 5 WRV), nicht aber auf der Verwendung der Bezeichnung „christlich".

Entgegen dem Zulassungsvorbringen ergibt sich eine Klagebefugnis auch nicht aus der behaupteten Wahrnehmung des „postmortalen Persönlichkeitsrechts" von Jesus Christus. Insbesondere können sich die Kläger insoweit nicht auf die von ihnen zitierte Rechtsprechung des Bundesgerichtshofs (Urteil vom 20.3.1968 -I ZR 44/66- BGHZ 50, 133 - Mephisto) zur Wahrnehmung und Durchsetzung des postmortalen Persönlichkeitsrechts Verstorbener berufen. Es bestehen schon Zweifel, ob die von der Rechtsprechung entwickelten Grundsätze zum postmortalen Persönlichkeitsschutz sich überhaupt auf den vorliegenden Fall übertragen lassen (verneinend wegen der fehlenden Eingrenzbarkeit des Kreises der Wahrnehmungsberechtigten VG München, Urteil vom 24.5.2000 – M 29 K 99.5270- KirchE 38, 261). Jedenfalls zählen die Kläger auch unter Berücksichtigung der dort aufgestellten Grundsätze nicht zum Kreis der Wahrnehmungsberechtigten im Sinne der zitierten Rechtsprechung. Auch wenn der Bundesgerichtshof im Streitfall keinen Anlass dazu sah, den Kreis der Wahrnehmungsberechtigten abschließend zu bestimmen, so lässt das Gericht doch keinen Zweifel daran, dass die Persönlichkeitsrechte eines Verstorbenen nicht jederzeit und von jedermann, der sich dazu berufen fühlt, geltend gemacht werden können. Um einem uferlosen postmortalen Schutz des Lebensbildes eines Verstorbenen entgegenzuwirken, muss der Wahrnehmungsberechtigte vielmehr ein einem nahen Angehörigen entsprechendes (geistiges) Näheverhältnis zu dem Verstorbenen aufweisen und ein ausreichendes Rechtsschutzbedürfnis dartun. Eine zeitliche Begrenzung, so der BGH, folge bereits daraus, dass die Persönlichkeitsrechte nur von dem Kreis der „überlebenden" Wahrnehmungsberechtigten geltend gemacht werden könnten. Daraus ergibt sich, dass - neben den Angehörigen - in erster Linie der vom Verstorbenen zu Lebzeiten Berufene als Wahrnehmungsberechtigter anzusehen ist. Dass die Kläger nach den dargelegten Grundsätzen nicht von Jesus Christus zur Wahrnehmung seines Persönlichkeitsschutzes berufen sind, bedarf keiner Begründung.

Die Rechtssache weist auch, wie sich aus den Ausführungen zu § 124 Abs. 2 Nr. 1 VwGO entnehmen lässt, keine besonderen tatsächlichen oder rechtlichen Schwierigkeiten auf (§ 124 Abs. 2 Nr. 2 VwGO).

Schließlich hat die Rechtssache keine grundsätzliche Bedeutung (§ 124 Abs. 2 Nr. 3 VwGO). Die von den Klägern aufgeworfene Frage, ob sich eine öffentlich-rechtliche Religionsgesellschaft als „christlich" bezeichnen darf, stellt sich in dem angestrebten Berufungsverfahren nicht, da die Klage bereits unzulässig ist und im Übrigen die Bezeichnung in erster Linie Glaubensinhalte betrifft, über die ein staatliches Gericht nicht zu befinden hat.

11

Eine Bibliothek, die zum Thema *Neue Glaubensgemeinschaften und Sekten* Material für Unterrichtszwecke zusammenstellt, sich jedoch einer eigenen Stellungnahme enthält, haftet als Störer nur bei Verletzung der Prüfungspflicht. Dabei ist zugunsten des Letztvertreibers von Druckerzeugnissen zu berücksichtigen, dass er sich angesichts der Eigenverantwortung der Herausgeber für die Richtigkeit der in ihren Publikationen gemachten Äußerungen regelmäßig darauf verlassen kann, dass die von ihm letztvertriebenen Schriften keinen unzulässigen Inhalt haben.
Wirken Tatsachenbehauptungen und Wertungen zusammen, so wird der Text in seiner Gesamtheit von der Schutzwirkung des Art. 5 Abs. 1 GG erfasst.

Art./§§ 4, 5 Abs. 1 GG, § 823 Abs. 1, 1004 Abs. 1.BGB
OVG Berlin-Brandenburg, Beschluss vom 23. Juli 2010 -OVG 5 S 11.10[1]-

Der Antragsteller vertritt nach seiner Satzung die Interessen der nicht verfassten Glaubensgemeinschaft U.L. Der Antragsgegner betreibt das Medienforum Berlin, das im Rahmen der Unterrichtswerkstatt Printmedien für Schule und Unterricht sowie für den außerschulischen Bildungsbereich an Berliner Lehrer, Lehramtsanwärter, Lehramtsstudenten und Schüler sowie Bedienstete der Berliner Bildungseinrichtungen einschließlich der Kindertageseinrichtungen präsentiert und verleiht. Nach erfolgloser Abmahnung hat der Antragsteller beim Verwaltungsgericht Berlin sinngemäß beantragt,

> I. dem Antragsgegner im Wege einstweiliger Anordnung zu untersagen, die Schrift „A.", erschienen 2005, im Medien-Forum Berlin-Mitte oder andernorts auszulegen oder auf andere Weise anzubieten und zu verbreiten,

---

1 OVGE Berlin 31, 94; ZUM-RD 2011, 384.

> 1. solange darin in Bezug auf das U.L. durch nachfolgenden Text der Eindruck vermittelt wird, ein Dritter habe das Innere Wort bzw. Offenbarungen inhaltlich beeinflusst:
> „Äußere Einflüsse auf das ‚Innere Wort' sind nicht zu übersehen. Nachdem der esoterisch erfahrene D. sich dem Heimholungswerk anschloss, begannen in den Offenbarungen Bezüge auf indisches und theosophisches Denken aufzutauchen."
> 2. solange darin nachfolgende Textstelle enthalten ist:
> „Auf dem Inneren Weg könne sich der Mensch durch Aufgabe der individuellen Persönlichkeit...zum Geistwesen hocharbeiten."
> II. dem Antragsgegner im Wege einstweiliger Anordnung zu untersagen, die Schrift „B.", erschienen 2006 im C. Verlag S., im Medien-Forum Berlin-Mitte oder andernorts auszulegen oder auf andere Weise anzubieten und zu verbreiten, solange darin nachfolgende Textstelle enthalten ist:
> „Besonders an seinen Mitgliedern verdient das U.L., da diese für ein Taschengeld harte Arbeit auf dem Feld oder im Verkauf leisten. Renten- oder krankversichert sind die ‚Mitarbeiter am Gottesstaat' nicht."

Das VG Berlin (Beschluss vom 16.2.2010 -27 L 370.09- n.v.) hat den Antrag zurückgewiesen: Der Antragsteller habe nicht mit der die Vorwegnahme der Hauptsache rechtfertigenden hohen Wahrscheinlichkeit glaubhaft gemacht, dass ihm der geltend gemachte Unterlassungsanspruch zum Schutz der persönlichkeitsrechtsgleichen Rechte einer Glaubensgemeinschaft zustehe. Der Antragsgegner habe sich die beanstandeten Äußerungen nicht zu eigen gemacht. Vielmehr fänden auf ihn die Grundsätze der Störerhaftung wie bei Bibliotheken allgemein Anwendung. Voraussetzung eines Anspruchs auf Unterlassung der Ausleihe eines bestimmten Schriftstücks sei neben einer Abmahnung der Nachweis der Unzulässigkeit der beanstandeten Textpassage. Die bloße Glaubhaftmachung der unwahren Tatsachenbehauptung wie im vorliegenden Fall genüge nicht. Die Äußerungen seien auch nicht offenkundig unzulässig.

Hiergegen richtet sich die Beschwerde, zu deren Begründung der Antragsteller vorträgt, entgegen der Ansicht des Verwaltungsgerichts mache sich der Antragsgegner die fraglichen Äußerungen in der Weise zu eigen, dass er die Schrift in seinem Medienforum anbiete, womit die rechtlichen Maßstäbe ins Spiel kämen, die für staatliche Äußerungen über religiöse Gemeinschaften gälten. Soweit die Unwahrheit einer Tatsachenbehauptung glaubhaft gemacht sei, sei sie dem Staat ebenso wie jedem Dritten zu untersagen; soweit es sich um Wertungen oder Meinungsäußerungen handele, seien sie zu untersagen, wenn sie nicht dem Zurückhaltungsgebot des Staats bei Informationen über Glaubensgemeinschaften entsprächen. Die hier in Rede stehenden Tatsachenbehauptungen seien unwahr; soweit sie Wertungen enthielten, seien diese ehrenrührig und verfälschten das religiöse Selbstverständnis der Glaubensgemeinschaft U.L.

Der Senat weist die Beschwerde zurück.

Aus den Gründen:

[11] Die Beschwerde des Antragstellers, über die der Senat gem. § 146 Abs. 4 Satz 1 und 6 VwGO nur im Rahmen der fristgerechten Darlegungen des Beschwerdeführers entscheidet, ist unbegründet. Der angefochtene Beschluss hält einer auf das Vorbringen des Antragstellers bezogenen Überprüfung stand.

[12] Ohne Erfolg stellt die Beschwerde den rechtlichen Prüfungsmaßstab, der nach Auffassung der Vorinstanz an die Verantwortlichkeit des Antragsgegners im Rahmen eines Unterlassungsanspruchs analog den §§ 823 Abs. 1, 1004 Abs. 1 Satz 2 BGB bei der Ausleihe von Schriften zu stellen ist, in Frage. Richtig ist, dass in der Wiedergabe der Aussage eines Dritten eine eigene, eine Täterschaft begründende Äußerung des Wiedergebenden liegen kann, wenn er sich den Inhalt der fremden Äußerung erkennbar zu eigen macht (vgl. Urteile des Bundesgerichtshofs vom 17.11.2009 -VI ZR 226/08- *juris* Rn 11 und vom 30.1.1996 –VI ZR 386/94- *juris* Rn 18, jeweils mwN); allenfalls für eine solche eigene Äußerung könnten die Maßstäbe gelten, die an staatliche Äußerungen zu Glaubens- oder Weltanschauungsgemeinschaften im Hinblick auf deren Rechte aus Art. 4 GG anzulegen sind (vgl. hierzu Urteil des Senats vom 25.9.2003 –OVG 5 B 26.00- *juris* Rn 45 f., KirchE 44, 207) So liegt der Fall hier jedoch nicht.

[13] Wie das Verwaltungsgericht zutreffend ausgeführt hat, stellt der Antragsgegner lediglich Material zusammen, das er zur Verwendung für Unterrichtszwecke im Fach Ethik für geeignet hält. Er bietet eine Vielzahl von Schriften und Büchern zu diesem Unterrichtsfach an, darunter auch solche zum Thema neue Glaubensgemeinschaften und Sekten, enthält sich jedoch einer eigenen Stellungnahme. Es ist dem Nutzer überlassen, ob und ggf. welcher Inhalte er sich aus welchen Schriften und Büchern des Medienforums für den Unterricht bedient. Der Antragsteller hat auch nicht vorgetragen, geschweige denn glaubhaft gemacht, dass der Antragsgegner eine der Vielfalt der auf dem Markt vorhandenen Medien zu diesem Thema widersprechende Auswahl zu Lasten des U. vorgenommen, die Äußerungen als „Meldung" verbreitet oder sich in sonstiger Weise die fraglichen Äußerungen zu eigen gemacht hätte. Dem vom Antragsteller in Bezug genommenen Beschluss des Bayerischen Verwaltungsgerichtshofs vom 4.4.1995, NVwZ 1995, 794, KirchE 33, 144, lag ein nicht vergleichbarer Sachverhalt zugrunde: Dort ging es um eine von der Bayerischen Landeszentrale für politische Bildungsarbeit selbst herausgegebene und u.a. an alle Schulen in Bayern versandte Schrift, die sich auf 26 Seiten kritisch mit der Bewegung U.L. befasste. Der zur weiteren Beschwerdebegründung angeführte Internetauftritt des Antragsgegners sowie die Pressemitteilung der Enquete-Kommission des Deutschen Bundestages vom 19.6.1998 sind nicht Gegenstand des vorliegenden Verfahrens.

[14] Der vom Verwaltungsgericht geprüfte, aber im Ergebnis verneinte Unterlassungsanspruch nach den für Bibliotheken geltenden Grundsätzen der Störerhaftung des Antragsgegners ist weder ein „zweites Rettungsmanöver“ noch eine „juristische Verrenkung“ - wie es die Beschwerde formuliert -, sondern die Folge der zutreffenden Wertung, dass der Antragsgegner mangels eigener Äußerung nicht als Täter, sondern allenfalls als Letztvertreiber auf Unterlassung einer ggf. unzulässigen Äußerung eines Dritten haftet.

[15] Nach ständiger Rechtsprechung des Bundesgerichtshofs, der der Senat folgt, haftet als Störer derjenige auf Unterlassung, der ohne Täter oder Teilnehmer zu sein in irgendeiner Weise willentlich und adäquat kausal zur Verletzung eines geschützten Gutes beiträgt. Weil jedoch die Störerhaftung nicht über Gebühr auf Dritte erstreckt werden darf, die die rechtswidrige Beeinträchtigung nicht selbst vorgenommen haben, setzt die Haftung des Störers die Verletzung von Prüfungspflichten voraus. Deren Umfang bestimmt sich danach, ob und inwieweit dem als Störer in Anspruch Genommenen nach den Umständen des konkreten Falles eine Prüfung zuzumuten ist (vgl. nur Urteil des Bundesgerichtshofs vom 19.4.2007 -I ZR 35/04- Internet-Versteigerung II - *juris* Rn 40, mwN), wobei für die Verbreitung von Druckschriften diejenigen Grundsätze gelten, die für Presseveröffentlichungen Platz greifen (vgl. Urteil vom 30.1.1996 - VI ZR 386/94- *juris* Rn 32).

[16] Es fehlt hier bereits an der Glaubhaftmachung eines adäquat kausalen Tatbeitrags des Antragsgegners. Denn dieser hält von den Schriften nur wenige Exemplare vor, während der Verlag sie in größerer Auflage weiterhin räumlich unbegrenzt verbreitet (vgl. dazu Wenzel, Das Recht der Wort- und Bildberichterstattung, 5. Aufl., 2003, Rn 223). Solange der Verleger nicht an der Verbreitung gehindert wird, muss ein Anspruch gegen den Betreiber der Bibliothek grundsätzlich ausscheiden. Bei Zuerkennung eines solchen Anspruchs könnte sonst ein Betroffener wahllos gegen alle Buchhändler und Bibliotheken Serienabmahnungen vornehmen. Dabei ist zugunsten des Letztvertreibers von Druckerzeugnissen zu berücksichtigen, dass er sich angesichts der Eigenverantwortung der Herausgeber für die Richtigkeit der in ihren Publikationen gemachten Äußerungen regelmäßig darauf verlassen kann, dass die von ihm letztvertriebenen Schriften keinen unzulässigen Inhalt haben. Bibliotheken müssen ebenso wie Buchhändler auf das Prüfergebnis des Verlegers vertrauen können. An Letztere und nicht an die Bibliothek sind die zur Erfüllung der Recherchierungspflicht sogenannten „pressemäßige Sorgfaltsanforderungen“ zu stellen (vgl. Urteil des Bundesgerichtshofs vom 30.1.1996, aaO, Rn 32).

[17] Ebenso wie Presseunternehmen (vgl. dazu Urteil des Bundesgerichtshofs vom 15.10.1998 -I ZR 120/96- Möbelklassiker - *juris* Rn 25) obliegt Bibliotheken daher keine umfassende Prüfungspflicht, um deren Arbeit nicht über Ge-

bühr zu erschweren und die Verantwortlichen nicht zu überfordern. Der Betreiber einer Bibliothek haftet deshalb als Störer regelmäßig nur, wenn er abgemahnt worden ist und ihm gegenüber die Unzulässigkeit der Äußerung nachgewiesen wird. Abgesehen davon, dass es hier an einer ordnungsgemäßen Abmahnung fehlt, weil die Abmahnschreiben des Antragstellers vom 13. und 21.10.2009 jeweils nur eine Schrift zum Gegenstand haben, denen die abgemahnten Äußerungen unzutreffend zugeordnet werden, sodass der Antragsgegner nicht erkennen kann, was genau er zu unterlassen hat, hat der Nachweis der Unzulässigkeit der Äußerungen in der Regel die Vorlage eines Unterlassungs- oder Widerruftitels gegen den Herausgeber, Verleger oder Autor zur Voraussetzung (vgl. Wenzel, aaO, Rn 226). Von diesem Grundsatz der subsidiären Haftung mag es Ausnahmen geben (vgl. den vom Bundesgerichtshof im Urteil vom 3.2.1976 -VI ZR 23/72- *juris* Rn 21, entschiedenen Fall eines Alleinimporteurs bei Unmöglichkeit einer Inanspruchnahme des Verlegers im Ausland). Hier aber hat der Antragsteller auch im Beschwerdeverfahren nicht glaubhaft gemacht, dass die Durchsetzung eines Unterlassungsanspruchs gegen den primär Verantwortlichen nicht möglich, nicht zumutbar oder sinnlos gewesen wäre. Vielmehr hat er diesen Weg ausweislich des dem Schreiben an den Antragsgegner vom 30.9.2009 beigefügten Schriftsatz an einen der beiden betroffenen Verlage und einen der betroffenen Autoren auch beschritten, offenbar aber ohne Erfolg. Bereits an dieser Stelle scheitert der Unterlassungsanspruch des Antragsstellers.

[18] Selbst wenn man zu seinen Gunsten unterstellte, dass den Antragsgegner aufgrund seiner Sachkenntnis und seiner Aufgabenstellung als „Lehrerbibliothek“ eine Sorgfaltspflicht bei der Auswahl unter den auf dem Bücher- und Schriftenmarkt erhältlichen Titeln auch in Bezug auf die Zulässigkeit des Inhalts trifft, änderte sich am Ergebnis nichts. Insoweit ist die Auswahl nach Themenkreisen kein „Freibrief“, wie es die Beschwerde ausdrückt. Sie verpflichtet vielmehr dazu, eine Vielfalt von Materialien anzubieten, um dem breiten Meinungsspektrum gerade in Bezug auf Glaubensgemeinschaften Rechnung zu tragen. Auch wenn dies eine Prüfungspflicht bezüglich des Inhalts insoweit umfassen sollte, als der Antragsgegner keine Schriften mit Äußerungen in den Bestand aufnehmen darf, deren Unzulässigkeit sich aufdrängt, könnte er in Zweifelsfällen das Privileg der herabgestuften Prüfungspflicht für sich in Anspruch nehmen. Denn zum einen dokumentiert der Antragsgegner den Meinungsstand, indem er für den Nutzer erkennbar - gleichsam wie auf einem „Markt der Meinungen“ - Äußerungen und Stellungnahmen verschiedener Seiten zusammen- und gegenüberstellt (vgl. hierzu Urteil des Bundesgerichtshofs vom 30.1.1996 -VI ZR 386/94- *juris* Rn 18, mwN); zum anderen stehen ihm, wie die Kammer zutreffend ausgeführt hat, bei einer Verteidigung gegen den Unter-

lassungsanspruch die Möglichkeiten des erstverantwortlichen Autors nicht zur Verfügung, sich gegen die Behauptung der Unwahrheit einer Tatsachenbehauptung anhand eigenen Recherchematerials zur Wehr zu setzen.

[19] Es ist jedoch auch mit der Beschwerde nicht glaubhaft gemacht, dass sich die Unzulässigkeit der fraglichen Äußerungen aufdrängt. Trotz des bei dem Antragsgegner zu unterstellenden Sachverstandes muss ihm nicht bekannt sein, noch drängt es sich sonst auf, wer bei der Glaubensgemeinschaft U.L. Einfluss auf die Glaubensinhalte hat, ob sich nach den Glaubensvorstellungen des U.L. der Mensch durch Aufgabe der individuellen Persönlichkeit zum Geistwesen hocharbeiten kann und ob die vom U.L. geführten Christusbetriebe an seinen Mitgliedern besonders verdienen, da diese für ein Taschengeld harte Arbeit auf dem Feld oder im Verkauf leisten und ob die „Mitarbeiter am Gottesstaat" sozialversichert sind. Auch dies rechtfertigte es, den Unterlassungsanspruch anhand des herabgestuften Prüfungsmaßstabes des Letztverbreiters abzulehnen.

[20] Schließlich hat die Beschwerde ungeachtet der eingeschränkten Haftung des letztvertreibenden Antragsgegners nicht einmal die Unzulässigkeit der in Rede stehenden Äußerungen iSd § 123 Abs. 3 VwGO iVm §§ 920 Abs. 2, 294 ZPO glaubhaft gemacht.

[21] Nach Auffassung der Beschwerde handelt es sich bei den fraglichen Äußerungen um Tatsachenbehauptungen. Wären sie unwahr, wäre deren künftige Verbreitung nicht zulässig. Die Beweis- bzw. Glaubhaftmachungslast für die Unwahrheit liegt nach allgemeinen Regeln beim Antragsteller (vgl. Urteil des Bundesgerichtshofs vom 22.4.2008 –VI ZR 83/07 - *juris* Rn 21). (*Es wird ausgeführt, dass die Unwahrheit der in den Klageanträgen bezeichneten Tatsachenbehauptungen nicht glaubhaft gemacht ist.*)

[27] Nur ergänzend weist der Senat darauf hin, dass es sich bei allen in Rede stehenden Äußerungen eher um Meinungsäußerungen handeln dürfte, weil sie einer Überprüfung auf ihre Richtigkeit mit den Mitteln des Beweises allenfalls teilweise zugänglich sind. Die Textpassage unter I.1. des Antrags gibt eine Einschätzung des Autors wieder. Es fehlt an einem objektiven Maßstab zur Bestimmung, ob eine Glaubenslehre von einem bestimmten Zeitpunkt an Bezüge auf indisches und theosophisch beeinflusstes Denken aufweist. Bei der Äußerung unter I.2. des Antrags handelt sich um eine Einschätzung der Glaubenslehre durch einen Außenstehenden, die dem Wahrheitsbeweis ebenso wenig zugänglich ist. Gleiches gilt für die Äußerung unter II. des Antrags, weil die Aussage „harte Arbeit für ein Taschengeld" nur bedeutet, dass der Lohn aus Sicht des Autors für die zu leistenden Arbeiten zu gering bemessen ist.

[28] Bei allen drei Äußerungen wirken Tatsachenbehauptungen und Wertungen zumindest zusammen, so dass der Text in seiner Gesamtheit von der

Schutzwirkung des Art. 5 Abs. 1 GG erfasst wird. Darüber hinaus dienen die Äußerungen Dritten zur Meinungsbildung (zu diesen Abgrenzungskriterien vgl. Urteil des Bundesgerichtshofs vom 17.11.2009, aaO, *juris* Rn 15). Somit wäre über den Unterlassungsantrag - wenn der Antragsgegner nicht schon den herabgestuften Prüfungsmaßstab für sich in Anspruch nehmen könnte - aufgrund einer Abwägung des Rechts des Antragstellers auf Schutz seines persönlichkeitsrechtsgleichen Rechts aus Art. 4 Abs. 1 GG auf Wahrung seiner Identität mit dem in Art. 5 Abs. 1 GG verankerten Recht auf Meinungsfreiheit zu entscheiden. In diesem Spannungsverhältnis der Grundrechtspositionen steht auch der Antragsgegner. Denn dem Autor der Äußerungen steht das Grundrecht des Art. 5 Abs. 1 GG zur Seite, auf das sich der Antragsgegner als Letztverbreiter in der vorliegenden Fallkonstellation stellvertretend für den Autor berufen kann.

[29] Als Meinungsäußerungen sind die Textpassagen zweifelsfrei zulässig. Es ist nicht erforderlich, dass sie als solche sachlich nachvollziehbar oder durch Tatsachen belegt sind. Das Grundrecht der Meinungsäußerungsfreiheit dient nicht in erster Linie der Ermittlung der Wahrheit, sondern der Gewährleistung, dass jeder frei sagen kann, was er denkt, auch wenn er keine nachprüfbaren Gründe für sein Urteil angibt oder angeben kann (Urteil des Bundesverfassungsgerichts vom 22.6.1982 -1 BvR 1376/79- *juris* Rn 13). Maßgeblich ist allein, dass sich die Äußerungen als Beitrag zur Auseinandersetzung der Meinungen um eine Frage von allgemeinem Interesse versteht - hier der kritischen Auseinandersetzung mit neuen religiösen Strömungen. Sie erschöpfen sich dagegen nicht in einer einen Unterlassungsanspruch rechtfertigenden persönlichen Schmähung.

[30] Mit ihrem Hinweis auf den Beschluss des Bundesverfassungsgerichts vom 26.6.2002 (-1 BvR 670/91- juris), KirchE 40, 336 verkennt die Beschwerde wiederum den Prüfungsmaßstab bei Äußerungen, die dem Staat nicht als eigene zuzurechnen sind. Denn in jenem Verfahren ging es um eine Äußerung der Bundesregierung über eine Glaubens- bzw. Weltanschauungsgemeinschaft, die das Gebot der Zurückhaltung, zu welcher der Staat und seine Organe nach dem Gebot der religiös-weltanschaulichen Neutralität verpflichtet sind, nicht wahrte. Darum geht es hier jedoch nicht.

[31] Auch der Hinweis auf das Selbstverständnis der Glaubensgemeinschaft geht in diesem Zusammenhang fehl. Ebenso wie die Kammer hat auch der Senat bereits mehrfach ausgesprochen, dass Äußerungen, die - wie die in Rede stehenden - eine nicht eingrenzbare Zahl von Lesern ansprechen, nach ihrem objektiven Erklärungswert, also nach ihrer Wirkung auf Dritte, die im Allgemeinen nicht den Kenntnis- und Bewusstseinsstand der Mitglieder der Glaubens- oder Weltanschauungsgemeinschaft haben, zu beurteilen sind (vgl. Urteil vom 25.9.2003 –OVG 5 B 26.00- *juris* Rn 58, KirchE 44, 207, mwN).

12

Die Regelung des § 7 Abs. 6 Satz 1 BW.KiTaG verstößt nicht gegen höherrangiges Recht. Die Vorschrift ist weder verfassungswidrig noch verletzt sie Art. 9 Abs. 1 EMRK.

Art./§§ 3 Abs. 1, 4 Abs. 1 u.2, Art. 6 Abs. 2, 28 Abs. 2, 74 Abs. 1 Nr. 7 GG,
9 MRK, 242, 1004 BGB, 1, 3 Abs. 1, 7 Abs. 1, 8 Abs. 1 AGG, 24 SGB VIII,
7 Abs. 6 u. 7 BW.KiTaG
BAG, Urteil vom 12. August 2010 -2 AZR 593/09[1]-

Die Parteien streiten über die Wirksamkeit einer Abmahnung.

Die in der Türkei geborene Klägerin ist Deutsche, staatlich anerkannte Erzieherin und seit September 2003 bei der beklagten Stadt, die über ca. 34 Kindertagesstätten verfügt, in Teilzeit beschäftigt. Sie ist muslimischen Glaubens und trägt aus religiöser Überzeugung in der Öffentlichkeit und auch während ihrer Tätigkeit als Erzieherin ein Kopftuch.

Seit Februar 2006 gilt in Baden-Württemberg das geänderte „Gesetz über die Betreuung und Förderung von Kindern in Kindergärten, anderen Tageseinrichtungen und der Kindertagespflege (Kindertagesbetreuungsgesetz - KiTaG)", das seither in § 7 Abs. 6 - 7 lautet:

> „(6) Fachkräfte im Sinne der Absätze 1 und 2 und andere Betreuungs- und Erziehungspersonen dürfen in Einrichtungen, auf die dieses Gesetz Anwendung findet und die in Trägerschaft des Landes, eines Landkreises, einer Gemeinde, einer Verwaltungsgemeinschaft, eines Zweck- oder Regionalverbandes stehen, keine politischen, religiösen, weltanschaulichen oder ähnliche äußeren Bekundungen abgeben, die geeignet sind, die Neutralität des Trägers gegenüber Kindern und Eltern oder dem politischen, religiösen oder weltanschaulichen Frieden in Einrichtungen, auf die dieser Absatz Anwendung findet, zu gefährden oder zu stören. Insbesondere ist ein äußeres Verhalten unzulässig, welches bei Kindern oder Eltern den Eindruck hervorrufen kann, dass eine Fachkraft oder eine andere Betreuungs- oder Erziehungsperson gegen die Menschenwürde, die Gleichberechtigung der Menschen nach Artikel 3 des Grundgesetzes, die Freiheitsgrundrechte oder die freiheitlich-demokratische Grundordnung auftritt. Die Wahrnehmung des Auftrags nach Artikel 12 Abs. 1 der Verfassung des Landes Baden-Württemberg zur Erziehung der Jugend im Geiste der christlichen Nächstenliebe und zur Brüderlichkeit aller Menschen und die entsprechende Darstellung derartiger Traditionen widerspricht nicht dem Verhaltensgebot nach Satz 1.
> (7) Die Einstellung einer Fachkraft im Sinne der Absätze 1 und 2 oder einer anderen Be-

1 AP Nr. 8 zu Art. 4 GG; ArbR 2011, 65 (LS); DB 2011, 245 (LS); DSB 2012, 21 (LS); EzTöD 100 § 2 TVöD-AT Diskriminierung Religion Nr. 3; FA 2011, 153 (LS); NZA 2011, 479 (LS); PersR 2011, 96 (LS); RiA 2011, 211 (Kurzwiedergabe); ZTR 2011, 177.

treuungs- und Erziehungsperson in Einrichtungen nach Absatz 6 Satz 1 setzt als persönliches Eignungsmerkmal voraus, dass sie die Gewähr für die Einhaltung des Absatzes 6 während der gesamten Dauer ihres Arbeitsverhältnisses bietet."

Die Beklagte forderte die Klägerin erfolglos auf, ihrer Verpflichtung aus § 7 Abs. 6 KiTaG nachzukommen und ihr „islamisches Kopftuch" während ihres Dienstes als Erzieherin abzulegen. Die Klägerin kam dieser Aufforderung nicht nach. Daraufhin mahnte die Beklagte sie mit Schreiben vom 8.8.2007 ab. In diesem heißt es u.a.:

„Abmahnung
Sehr geehrte Frau ...,
am Montag, 9. Juli 2007 wurden Sie erneut, wie bereits in mehreren Gesprächen vorher, dazu aufgefordert, innerhalb einer Woche Ihrer Verpflichtung gemäß § 7 Absatz 6 des Kindergartengesetzes nachzukommen und das islamische Kopftuch während Ihres Dienstes in der Kindertagesstätte abzulegen.
Bis einschließlich Dienstag, 17. Juli 2007 haben Sie jedoch nach wie vor das islamische Kopftuch im Dienst getragen und gegenüber Frau F. zum Ausdruck gebracht, dass Sie dies auch weiterhin zu tun beabsichtigen.
Dieses Arbeitsverhalten können wir nicht weiter dulden, so dass wir gezwungen sind, Ihnen aufgrund des dargelegten Sachverhaltes eine Abmahnung zu erteilen verbunden mit der gleichzeitigen Aufforderung, sich künftig an die gesetzlichen Vorschriften zu halten, die Ihnen das Tragen eines islamischen Kopftuches während der Dienstzeit in der Kindertagesstätte verbieten.
Wir weisen Sie ausdrücklich darauf hin, dass Sie bei nochmaligen Pflichtverletzungen mit weiteren arbeitsrechtlichen Konsequenzen, insbesondere einer Kündigung, zu rechnen haben."

Mit ihrer Klage begehrt die Klägerin die Entfernung der Abmahnung aus ihrer Personalakte. Sie hat die Auffassung vertreten, ein Verstoß gegen die Pflichten aus § 7 Abs. 6 KiTaG liege nicht vor, da das Tragen eines Kopftuches keine Bekundung im Sinne dieser Norm sei. Sie trage das Kopftuch nicht als Symbol ihres Glaubens, sondern befolge nur eine religiös motivierte Bekleidungsvorschrift, die sich auch kulturell niedergeschlagen habe. Ihr Verhalten habe zu keiner Zeit die Neutralität der Beklagten oder den Einrichtungsfrieden in Frage gestellt. Ihr sei zumindest die Möglichkeit einzuräumen, eine Gefährdung zu widerlegen. Im Übrigen sei § 7 Abs. 6 KiTaG verfassungs- und europarechtswidrig und verstoße gegen Art. 9 EMRK. Ihrer Grundrechtsausübung stünden weder die Grundrechte der betreuten Kinder noch die der Eltern entgegen, da keine Kindergartenpflicht bestehe. Auch habe der Landesgesetzgeber in das kommunale Selbstverwaltungsrecht der Gemeinden eingegriffen.

Die Beklagte hat die Ansicht vertreten, dass die Klägerin ihre aus § 7 Abs. 6 KiTaG folgende Neutralitätspflicht verletzt habe. Das gesetzlich geregelte Kopftuchverbot sei rechtmäßig. Das Selbstverwaltungsrecht der Gemeinde werde in seinem Kernbereich nicht angetastet.

Die Vorinstanzen (ArbG Stuttgart, Urteil vom 15.10.2008, -14 Ca 7300/07- BeckRS 2011, 65743, LAG Baden-Württemberg, Urteil vom 19.6.2009 -7 Sa 84/08- KirchE 53, 415) haben die Klage abgewiesen. Mit der vom Landesarbeitsgericht zugelassenen Revision verfolgt die Klägerin ihr Begehren weiter, das jedoch ohne Erfolg blieb.

Aus den Gründen:

[9] Die Revision ist unbegründet. Die Klägerin kann die Entfernung der Abmahnung vom 8.8.2007 aus ihrer Personalakte nicht verlangen. Sie ist nicht zu Unrecht abgemahnt worden. Die beklagte Stadt hat zu Recht einen Verstoß der Klägerin gegen die bestehende gesetzliche Pflicht aus § 7 Abs. 6 KiTaG gerügt. Diese Norm verletzt kein höherrangiges Recht.

[10] I. Arbeitnehmer können in entsprechender Anwendung der §§ 242, 1004 BGB die Entfernung einer zu Unrecht erteilten Abmahnung aus ihrer Personalakte verlangen. Der Entfernungsanspruch besteht, wenn die Abmahnung entweder inhaltlich unbestimmt ist, unrichtige Tatsachenbehauptungen enthält, auf einer unzutreffenden rechtlichen Bewertung des Verhaltens des Arbeitnehmers beruht, den Grundsatz der Verhältnismäßigkeit verletzt oder kein schutzwürdiges Interesse des Arbeitgebers am Verbleib der Abmahnung in der Personalakte mehr besteht (vgl. Senat 27.11.2008 -2 AZR 675/07- Rn 13–17 mwN, AP BGB § 611 Abmahnung Nr. 33, EzA BGB 2002 § 314 Nr. 4).

[11] II. Keine dieser Voraussetzungen ist erfüllt.

[12] 1. Die Abmahnung vom 8.8.2007 ist hinreichend bestimmt. Mit der Abmahnung wird die der Klägerin vorgeworfene Vertragspflichtverletzung und das von ihr erwartete zukünftige Verhalten hinreichend präzise beschrieben. Der Klägerin wird das Tragen eines „islamischen Kopftuchs“ vorgeworfen. Sie wird weiter aufgefordert, künftig auf das Tragen eines solchen Kopftuchs zu verzichten.

[13] 2. Zu Recht hat das Landesarbeitsgericht angenommen, dass die Klägerin mit dem Kopftuchtragen das Bekundungsverbot gem. § 7 Abs. 6 Satz 1 KiTaG bewusst und dauerhaft verletzt hat.

[14] a) Die Klägerin hat bewusst ihre Bekleidung gewählt. Sie will aufgrund ihrer religiösen Motive nicht ohne dieses Bekleidungsstück in der Öffentlichkeit arbeiten. Von einem ihr zurechenbaren und steuerbaren Verhalten, das grundsätzlich einer Abmahnung zugänglich ist, kann deshalb ohne weiteres ausgegangen werden.

[15] b) Nach § 7 Abs. 6 Satz 1 KiTaG dürfen Fachkräfte keine politischen, religiösen, weltanschaulichen oder ähnlichen äußeren Bekundungen abgeben, die geeignet sind, die Neutralität des Trägers gegenüber Kindern und Eltern oder den politischen, religiösen oder weltanschaulichen Frieden in Einrichtungen zu gefährden oder zu stören.

[16] c) Die Klägerin hat dieses gesetzliche Gebot verletzt.

[17] Sie ist staatlich anerkannte Erzieherin und als eine Fachkraft iSd § 7 Abs. 1 Nr. 2 KiTaG in einer Kindertagesbetreuungseinrichtung (im Folgenden: KiTa) der Beklagten beschäftigt. Die bewusste Wahl einer religiös bestimmten Kleidung fällt unter das Verbot des § 7 Abs. 6 Satz 1 KiTaG. Das Tragen eines sog. islamischen Kopftuchs stellt eine religiöse Bekundung im Sinne dieser Vorschrift dar. Die Würdigung des Landesarbeitsgerichts ist revisionsrechtlich nicht zu beanstanden.

[18] aa) Eine religiöse Bekundung iSd § 7 Abs. 6 Satz 1 KiTaG ist die bewusste, an die Außenwelt gerichtete Kundgabe einer religiösen Überzeugung (BAG 10.12.2009 -2 AZR 55/09- Rn 16, AP GG Art. 4 Nr. 7, EzTöD 100 TVöD-AT § 2 Diskriminierung Religion Nr. 2, KirchE 54, 481; 20.8.2009 -2 AZR 499/08- Rn 14, AP GG Art. 4 Nr. 6, EzA BGB 2002 § 611 Abmahnung Nr. 4, KirchE 54, 94; BVerwG 16.12.2008 -2 B 46.08- Rn 6, ZTR 2009, 167, KirchE 52, 409; 24.6.2004 -2 C 45.03- zu 2a der Gründe, BVerwGE 121, 140, KirchE 45, 361). Zur Bestimmung des Erklärungswerts einer solchen Kundgabe ist auf diejenige Deutungsmöglichkeit abzustellen, die für eine nicht unerhebliche Zahl von Betrachtern naheliegt. Dabei kommt es im Streitfall für die Deutung vor allem auf die Sicht eines objektiven Betrachters in der Situation der Kinder und Eltern einer Betreuungseinrichtung an (BVerfG 24.9.2003 -2 BvR 1436/02- zu B II 5a der Gründe, BVerfGE 108, 282). Ob einer bestimmten Bekleidung ein religiöser Aussagegehalt nach Art eines Symbols zukommt, hängt von der Wirkung des verwendeten Ausdrucksmittels ab, wobei alle sonstigen in Betracht kommenden Deutungsmöglichkeiten ebenfalls zu berücksichtigen sind. Der Symbolcharakter muss sich nicht aus dem Kleidungsstück als solchem ergeben. Eine religiöse Bekundung kann auch darin liegen, dass dem Kleidungsstück in der besonderen Art und Weise seines Tragens offensichtlich eine besondere Bedeutung zukommt, etwa weil es erkennbar aus dem Rahmen der in der Einrichtung üblichen Bekleidung fällt und ausnahmslos zu jeder Zeit getragen wird. Ein solch weitgehendes Verständnis entspricht dem Zweck des gesetzlichen Bekundungsverbots. Dieses will religiösweltanschauliche Konflikte in Kindertagesbetreuungseinrichtungen schon im Ansatz verhindern und die Neutralität der Einrichtung und des Trägers auch nach außen wahren. Das verbietet eine Differenzierung zwischen Kleidungsstücken, deren religiöse oder weltanschauliche Motivation offen zutage tritt, und solchen, deren Tragen in der Einrichtung einen entsprechenden Erklärungsbe-

darf auslöst (zu gleichlautenden schulgesetzlichen Regelungen: BAG 10.12.2009 -2 AZR 55/09- aaO; 20.8.2009 -2 AZR 499/08- Rn 14 f., aaO; BVerwG 24.6.2004 -2 C 45.03- Rn 21 f., aaO; 16.12.2008 -2 B 46.08- Rn 3–8, aaO).

[19] bb) Das Landesarbeitsgericht hat deshalb zu Recht angenommen, im Tragen des sog. islamischen Kopftuchs liege eine religiöse Bekundung der Klägerin. Entgegen der Auffassung der Revision ist die Begründung des Landesarbeitsgerichts revisionsrechtlich nicht zu beanstanden.

[20] (1) Die Klägerin hat zu keiner Zeit behauptet, sie trage das Kopftuch nicht als Ausdruck ihres Glaubens. Sie hat vielmehr mit der Klageschrift ausgeführt, sie trage das Kopftuch in der Öffentlichkeit aus religiöser Überzeugung. Dies muss sie sich ebenso entgegenhalten lassen wie die entsprechende, für das Revisionsgericht bindende Feststellung des Landesarbeitsgerichts, sie trage das Kopftuch aus religiöser Anschauung. Diese Feststellung hat die Klägerin nicht mit relevanten Verfahrensrügen angegriffen.

[21] (2) Ihr weiterer Hinweis, das Landesarbeitsgericht hätte bei der Bewertung modische oder gesundheitliche Aspekte des Kopftuchtragens berücksichtigen müssen, ist unbeachtlich. Auch ein unbefangener Beobachter wird das sog. islamische Kopftuch regelmäßig als Ausdruck eines bekundeten Religionsbrauchs, den die Trägerin befolgen will, und nicht als modisches Accessoire auffassen (BAG 10.12.2009 -2 AZR 55/09- Rn 16, AP GG Art. 4 Nr. 7, EzTöD 100 TVöD-AT § 2 Diskriminierung Religion Nr. 2, KirchE 54, 481). Ein solches Kleidungsstück fällt aus dem Rahmen der üblicherweise in einer KiTa getragenen Bekleidung. Dies gilt umso mehr, als es von der Klägerin ausnahmslos und zu jeder Zeit getragen wird (vgl. auch VGH Baden-Württemberg 14.3.2008 -4 S 516/07- Schütz/Maiwald BeamtR ES/A II 1.5 Nr. 57, KirchE 51, 100). Ein objektiver Beobachter wird deshalb selbst unter Berücksichtigung der zunehmenden Verbreitung solcher Kopftücher im öffentlichen Leben und der Diskussion in den letzten Jahren es mit der Religion des Islam in Verbindung bringen. Ihm ist bekannt, dass muslimische Frauen aus religiösen Gründen ihr Haar mit einem Kopftuch oder einem vergleichbaren Kleidungsstück bedecken (VGH Baden-Württemberg 14.3.2008 -4 S 516/07- aaO; so bereits BAG 10.10.2002 -2 AZR 472/01- zu B II 3 c aa der Gründe, BAGE 103, 111, KirchE 41, 104, im Fall einer kopftuchtragenden Verkäuferin in der Privatwirtschaft).

[22] cc) Das Verhalten der Klägerin ist geeignet, die Neutralität der beklagten Stadt gegenüber Kindern und Eltern einer KiTa und den religiösen Einrichtungsfrieden zu gefährden.

[23] (1) Das Verbot des § 7 Abs. 6 Satz 1 KiTaG knüpft an einen abstrakten Gefährdungstatbestand an. Es erfasst nicht erst Bekundungen, die die Neutralität des Trägers oder den religiösen Einrichtungsfrieden konkret gefährden oder gar stören. Das Verbot will schon der abstrakten Gefahr vorbeugen, konkrete

Gefährdungen also gar nicht erst aufkommen lassen. Im Gesetzeswortlaut kommt dies darin zum Ausdruck, dass religiöse Bekundungen bereits dann verboten sind, wenn sie „geeignet" sind, die genannten Schutzgüter zu gefährden (vgl. BAG 10.12.2009 -2 AZR 55/09- AP GG Art. 4 Nr. 7, EzTöD 100 TVöD-AT § 2 Diskriminierung Religion Nr. 2, KirchE 54, 481; 20.8.2009 -2 AZR 499/08- Rn 18, AP GG Art. 4 Nr. 6, EzA BGB 2002 § 611 Abmahnung Nr. 4, KirchE 54, 94). Der Landesgesetzgeber wollte ersichtlich darauf Bedacht nehmen, dass auch Kindertagesbetreuungseinrichtungen Orte sind, an denen unterschiedliche religiöse und politische Auffassungen unausweichlich aufeinandertreffen, deren friedliches Nebeneinander der Staat aber zu garantieren hat (vgl. Senat in den Entscheidungen vom 10.12.2009 -2 AZR 55/09- aaO und vom 20.8.2009 -2 AZR 499/08- aaO, zu den weitgehend inhaltsgleichen Normen des Schulgesetzes NRW). Er hat ein solches Konfliktpotential erkennbar nicht nur für den Schulbereich (vgl. § 38 Abs. 2 SchulG BW) gesehen, sondern ist davon ausgegangen, dass es durch eine größere religiöse Vielfalt in der Gesellschaft auch in KiTas zu einem vermehrten Potential von Konflikten - auch unter den Eltern verschiedener Glaubensrichtungen oder mit Atheisten - kommen kann. In dieser Lage kann der religiöse/weltanschauliche Frieden in einer Einrichtung schon durch die berechtigte Sorge der Eltern vor einer ungewollten religiösen Beeinflussung ihres Kindes gefährdet werden. Hierzu kann das religiös bedeutungsvolle Erscheinungsbild des pädagogischen Personals Anlass geben (so Senat 20.8.2009 -2 AZR 499/08- aaO und 10.12.2009 -2 AZR 55/09- Rn 18, aaO; BVerwG 24.6.2004 -2 C 45.03- Rn 25, BVerwGE 121, 140, KirchE 45, 361). Die berechtigte Sorge von Eltern kann sich in KiTas sogar noch verstärken, da Kinder im Kindergartenalter regelmäßig noch stärker beeinflussbar sein werden als Schüler. Eine Erzieherin nimmt ebenso wie ein Lehrer als Bezugs- und Autoritätsperson eine starke Mittelpunktfunktion ein (so auch Wittinger VBl.BW 2006, 169 [171]). Sie wird insbesondere bei einer Ganztagsbetreuung bei den zu betreuenden Kindern im Alter bis zu sechs Jahren im Vergleich zu einem Lehrer, der nur einzelne Fächer unterrichtet, sogar noch einen höheren Einfluss haben. Für das spätere Sozialverhalten der Kinder wirkt sie als zumeist erste Bezugsperson außerhalb des Elternhauses in hohem Maße prägend (BVerfG 10.3.1998 -1 BvR 178/97- zu B II 1 b aa der Gründe, BVerfGE 97, 332). Gerade in diesem Alter orientieren sich Kinder am Verhalten der Bezugsperson und sind oft leichter beeinflussbar als Schulkinder. Jede bekehrende Wirkung auszuschließen, die das Tragen des islamischen Kopftuchs haben könnte, dürfte deshalb kaum möglich sein (so auch EGMR 15.2.2001 -42393/98- NJW 2001, 2871, KirchE 39, 38). In diesem Alter dürfte es zumeist noch schwieriger sein, die Wirkung des Kopftuchs durch entsprechende Erklärungen abzuschwächen (vgl. Wittinger VBl.BW 2006, 169 [171]).

[24] (2) Dementsprechend kommt es nicht darauf an, ob die Klägerin den Gegenbeweis für eine Nichtgefährdung des Einrichtungsfriedens leisten könnte und welche Anforderungen insoweit zu stellen wären. Das Gesetz regelt einen abstrakten Gefährdungstatbestand, nach dem es gerade nicht auf die mögliche tatsächliche Gefährdung oder Störung ankommt. Eine Berücksichtigung der konkreten Verhältnisse in einzelnen Einrichtungen ist nicht vorgesehen (VGH Baden-Württemberg 14.3.2008 -4 S 516/07- Schütz/Maiwald BeamtR ES/A II 1.5 Nr. 57, KirchE 51, 100; BVerwG 24.6.2004 -2 C 45.03- zu 2 b der Gründe, BVerwGE 121, 140, KirchE 45, 361, jeweils zu inhaltsgleichen schulgesetzlichen Normen). Somit ist es auch ohne Belang, dass die Klägerin - wie sie mit der Revision geltend macht - bisher in einem friedlichen Verhältnis zu allen Beteiligten stand. Diese Situation könnte sich im Übrigen jederzeit durch den Wechsel von Kindern und Eltern verändern.

[25] 3. Die Regelung des § 7 Abs. 6 Satz 1 KiTaG verstößt nicht gegen höherrangiges Recht. Die Vorschrift ist weder verfassungswidrig noch verletzt sie Art. 9 Abs. 1 EMRK.

[26] a) Das Bekundungsverbot des § 7 Abs. 6 Satz 1 KiTaG ist nicht verfassungswidrig. Der Landesgesetzgeber durfte die Pflichten der bei den Einrichtungsträgern iSd § 1 KiTaG beschäftigten Fachkräfte konkretisieren und ihnen auch das Tragen solcher Kleidung oder Zeichen in der KiTa untersagen, die ihre Zugehörigkeit zu einer bestimmten politischen, religiösen oder weltanschaulichen Gruppe erkennen lässt.

[27] aa) Der Landesgesetzgeber war zuständig und berechtigt, ein Gesetz zu erlassen, das den Ausgleich der widerstreitenden Interessen und Grundrechte von Fachkräften der KiTas, Kindern und Eltern sowie des Trägers der Einrichtung regelt (so BVerfG 24.9.2003 -2 BvR 1436/02- zu B II 6 der Gründe, BVerfGE 108, 282, KirchE 44, 166, für den Bereich der Schule; siehe auch BAG 10.12.2009 -2 AZR 55/09- Rn 21, AP GG Art. 4 Nr. 7, EzTöD 100 TVöD-AT § 2 Diskriminierung Religion Nr. 2, KirchE 54, 481; BAG 20.8.2009 -2 AZR 499/08- Rn 21, AP GG Art. 4 Nr. 6, EzA BGB 2002 § 611 Abmahnung Nr. 4, KirchE 54, 94).

[28] Zu Recht hat das Landesarbeitsgericht die Gesetzgebungskompetenz des Landesgesetzgebers gem. Art. 74 Abs. 1 Nr. 7 GG (konkurrierende Gesetzgebung auf dem Gebiet der öffentlichen Fürsorge) angenommen. Der Begriff der öffentlichen Fürsorge ist weit aufzufassen. Zu ihm gehört auch die Jugendpflege, die das körperliche, geistige und sittliche Wohl aller Jugendlichen fördern will, ohne dass eine Gefährdung im Einzelfall vorzuliegen braucht. Diesem Ziel dient auch die Kindertagesbetreuung. Sie hilft den Eltern bei der Erziehung, fördert und schützt die Kinder und trägt dazu bei, positive Lebensbedingungen für Familien mit Kindern zu schaffen (BVerfG 10.3.1998 -1 BvR 178/97- zu B II 1 b aa der Gründe, BVerfGE 97, 332). Zwar hat der Bundesgesetzgeber in §§ 22-26

SGB VIII Regelungen zur Förderung von Kindern in Tageseinrichtungen und in der Kindertagespflege getroffen, jedoch eröffnet der Vorbehalt in § 26 SGB VIII es den Ländern, Inhalt und Umfang der Aufgaben sowie Leistungen näher selbst zu regeln. Von dieser Kompetenz hat der Landesgesetzgeber mit den Regelungen des KiTaG Gebrauch gemacht und in § 7 Abs. 6 Satz 1 nähere Regelungen für das pädagogische Personal getroffen.

[29] bb) Die Regelung des § 7 Abs. 6 Satz 1 KiTaG ist inhaltlich hinreichend bestimmt. Sie bezeichnet die von ihr erfassten Schutzgüter - die Neutralität des Trägers und den Einrichtungsfrieden - deutlich. Sie knüpft allein an die abstrakte Eignung eines Verhaltens an, diese Schutzgüter zu gefährden oder zu stören. Sie erfasst, dem generellen Charakter eines Gesetzes entsprechend, jegliche Art von Bekundungen, also auch jedes äußere Verhalten. Die bewusste Wahl einer religiös oder weltanschaulich bestimmten Kleidung fällt unter diese Regelung. Die Bestimmtheit des Satzes 1 wird nicht durch die Regelung in Satz 3 in Frage gestellt. Die „Darstellung christlicher Traditionen" bedeutet etwas anderes als die Bekundung eines individuellen Bekenntnisses. Bei der im Gesetz genannten „Darstellung" geht es nicht um die Geltendmachung einer persönlichen, inneren Überzeugung (BVerwG 24.6.2004 -2 C 45.03- zu 4a der Gründe, BVerwGE 121, 140, KirchE 45, 361, zur inhaltsgleichen Regelung des § 38 Abs. 2 Satz 1 BW.SchulG).

[30] cc) Die Lösung des verfassungsrechtlichen Spannungsverhältnisses durch § 7 Abs. 6 Satz 1 KiTaG beachtet die Grundsätze der praktischen Konkordanz der betroffenen Grundrechtspositionen hinreichend. Die Regelung liegt im Rahmen der Gestaltungsfreiheit des Landesgesetzgebers. Dieser durfte die positive Glaubensfreiheit sowie die Berufsausübungsfreiheit und das allgemeine Persönlichkeitsrecht einer Erzieherin hinter die Pflicht des öffentlichen Trägers einer kinderbetreuenden Einrichtung zur weltanschaulichen Neutralität, das Erziehungsrecht der Eltern und die negative Glaubensfreiheit der Kinder und Eltern zurücktreten lassen, um die Neutralität der Kindertagesstätten und deren Einrichtungsfrieden zu sichern.

[31] (1) Zwar schützt nach der Rechtsprechung Art. 4 Abs. 1 und 2 GG nicht nur die innere Glaubensfreiheit, sondern auch die äußere Freiheit, den Glauben in der Öffentlichkeit zu manifestieren und zu bekennen. Dazu gehört auch das Recht des Einzelnen, sein gesamtes Verhalten an den Lehren des Glaubens auszurichten und seiner inneren Glaubensüberzeugung gemäß zu handeln (BVerfG 17.12.1975 -1 BvR 63/68- zu C I 2 b der Gründe, BVerfGE 41, 29, KirchE 15, 128). Auf Seiten der Kinder und Eltern entspricht dem aber umgekehrt die Freiheit, kultischen Handlungen eines nicht geteilten Glaubens fernzubleiben. Zwar hat der Einzelne in einer Gesellschaft, die unterschiedlichen Glaubensüberzeugungen Raum gibt, kein Recht darauf, von fremden Glaubensbekundungen

gänzlich verschont zu bleiben. Davon ist aber eine vom Staat geschaffene Lage zu unterscheiden, in der ein Einzelner dem Einfluss und den Symbolen eines bestimmten Glaubens ausgesetzt wird. Insofern entfaltet Art. 4 Abs. 1 GG seine freiheitssichernde Wirkung gerade in den Lebensbereichen, die nicht der gesellschaftlichen Selbstorganisation überlassen sind, sondern in denen der Staat Vorsorgeleistungen anbietet (BVerfG 16.5.1995 -1 BvR 1087/91- zu C II 1 der Gründe, BVerfGE 93, 1, KirchE 33, 191). Gemeinsam mit Art. 6 Abs. 2 Satz 1 GG, der den Eltern die Pflege und Erziehung ihrer Kinder als natürliches Recht garantiert, umfasst Art. 4 Abs. 1 GG auch das Recht zur Kindererziehung in religiöser und weltanschaulicher Hinsicht. Es ist Sache der Eltern, ihren Kindern diejenigen Überzeugungen in Glaubens- und Weltanschauungsfragen zu vermitteln, die sie für richtig halten. Dem entspricht das Recht, die Kinder von Glaubensüberzeugungen fernzuhalten, die den Eltern falsch oder schädlich erscheinen (BVerfG 16.5.1995 -1 BvR 1087/91- aaO).

[32] (2) Die Vermeidung religiöser/weltanschaulicher Konflikte in öffentlichen Kitas stellt ein gewichtiges Gemeingut dar. Zu diesem Zweck sind gesetzliche Einschränkungen der Glaubensfreiheit rechtlich zulässig. Dabei ist es verfassungsrechtlich nicht zu beanstanden, wenn die landesgesetzliche Regelung religiöse Bekundungen von Erziehern in KiTas ohne Rücksicht auf die Umstände des Einzelfalls untersagt. Der Gesetzgeber darf Gefährdungen des KiTa-Friedens auch dadurch vorbeugen, dass er Erziehungskräften bereits das Tragen religiös bedeutsamer Kleidungsstücke oder Symbole verbietet und Konflikt vermeidende Regelungen nicht an die konkrete Gefahr einer drohenden Auseinandersetzung knüpft (BAG 10.12.2009 -2 AZR 55/09- Rn 28, AP GG Art. 4 Nr. 7, EzTöD 100 TVöD-AT § 2 Diskriminierung Religion Nr. 2, KirchE 54, 481; BAG 20.8.2009 -2 AZR 499/08- Rn 22, AP GG Art. 4 Nr. 6, EzA BGB 2002 § 611 Abmahnung Nr. 4, KirchE 54, 94; BVerwG 26.6.2008 -2 C 22.07- BVerwGE 131, 242, KirchE 51, 345; BAG 16.12.2008 -2 B 46.08- ZTR 2009, 167, KirchE 52, 409 [zum Schulbereich]).

[33] (3) Diese von der Rechtsprechung zu den Schulgesetzen entwickelten Grundsätze gelten auch für Erzieher einer KiTa in öffentlicher Trägerschaft.

[34] Maßgebliche Unterschiede zwischen Schulen und Kindertagesstätten sind nicht erkennbar. Zwar liegt dem Schulbesuch die gesetzliche Schulpflicht zugrunde. Zum Besuch einer KiTa besteht eine solche Pflicht nicht. Es steht den Erziehungsberechtigten grundsätzlich frei, ob sie ihr Kind in eine (bestimmte) KiTa schicken wollen oder nicht (vgl. Hess.VGH 30.6.2003 -10 TG 553/03- NJW 2003, 2846, KirchE 43, 344). Deshalb besteht auch keine vom Staat geschaffene „Zwangssituation“, in der der Einzelne dem Einfluss eines anderen Glaubensbekenntnisses ohne Ausweichmöglichkeiten ausgesetzt ist. Gleichwohl ist das landesrechtliche Bekundungsverbot nicht unverhältnismäßig (anders ArbG

Dortmund 16.1.2003 -6 Ca 5736/02- zu I 3 c der Gründe, KirchE 43, 22; Engelken VBl.BW 2006, 209 f.,). Nach § 24 Abs. 1 Satz 1 SGB VIII haben Eltern einen Anspruch auf Besuch einer Tageseinrichtung zur Kinderbetreuung. Verwiese man sie auf andere KiTas des kommunalen oder gar eines anderen Trägers, so wäre dies - ungeachtet der Frage der Zumutbarkeit eines Wechsels - spätestens dann problematisch, wenn der kommunale Träger keine KiTas anbieten könnte, in der keine kopftuchtragenden oder andere religiöse Bekundungen abgebenden Erzieherinnen beschäftigt werden. Eine Verweisung der Eltern auf andere KiTas eines freien Trägers wäre hingegen mit dem Anspruch aus § 24 Abs. 1 Satz 1 SGB VIII schwerlich vereinbar. Hinzu kommt, dass zahlreiche faktische Zwänge einem Besuch einer anderen KiTa entgegenstehen können, wie beispielsweise die nur geringe Anzahl von KiTas im ländlichen Raum oder die Nähe einer Einrichtung zum Wohn- oder Arbeitsort der Eltern (s. Wittinger VBl.BW 2006, 169, 170).

[35] dd) § 7 Abs. 6 Satz 1 KiTaG greift nicht in verfassungswidriger Weise in das Selbstverwaltungsrecht der Gemeinden (Art. 28 Abs. 2 Satz 1 GG) ein.

[36] (1) Art. 28 Abs. 2 Satz 1 GG gewährleistet den Gemeinden gegenüber dem Bund und den Ländern das Recht, alle Angelegenheiten der örtlichen Gemeinschaft im Rahmen der Gesetze in eigener Verantwortung zu regeln. Diese Gewährleistung sichert ihnen grundsätzlich einen alle Angelegenheiten der örtlichen Gemeinschaft umfassenden Aufgabenbereich („Allzuständigkeit") sowie die Befugnis zu eigenverantwortlicher Führung der Geschäfte in diesem Bereich. Der Gesetzesvorbehalt erlaubt es dem Gesetzgeber nicht, die kommunale Selbstverwaltung völlig zu beseitigen oder derart auszuhöhlen, dass den Gemeinden kein ausreichender Spielraum mehr bleibt. Als institutionelle Garantie verbürgt Art. 28 Abs. 2 Satz 1 GG den Gemeinden aber nicht die Selbstverwaltungsrechte in allen Einzelheiten. Gesetzliche Beschränkungen der Selbstverwaltung sind mit Art. 28 Abs. 2 Satz 1 GG vereinbar, wenn und soweit sie deren Kernbereich unangetastet lassen (BVerfG 7.10.1980 -2 BvR 584/76, 2 BvR 598/76, 2 BvR 599/76, 2 BvR 604/76- zu C II 3 a der Gründe, BVerfGE 56, 298).

[37] (2) Zum gemeindlichen Selbstverwaltungsrecht gehört auch die Personalhoheit. Diese umfasst vor allem die Befugnis, das Gemeindepersonal auszuwählen, anzustellen, zu befördern und zu entlassen. Allerdings sind auch hier Beschränkungen mit dem Grundgesetz vereinbar, wenn der Kernbereich unangetastet bleibt (BVerfG 26.11.1963 -2 BvL 12/62- zu B II 1 der Gründe, BVerfGE 17, 172).

[38] (3) § 7 Abs. 6 Satz 1 KiTaG beschränkt zwar die Personalhoheit der Gemeinden, wenn vom Gemeindepersonal bestimmte Verhaltensweisen und von der Gemeinde als Arbeitgeber die Umsetzung dieser Pflichten verlangt werden.

Darin liegt aber eine zulässige Beschränkung der nicht absolut geschützten gemeindlichen Personalhoheit. Sie unterliegt der Ausformung durch den Gesetzgeber, der dabei seinerseits durch die Selbstverwaltungsgarantie gesetzlich gebunden ist (BVerfG 26.10.1994 -2 BvR 445/91- zu C III 2 der Gründe, BVerfGE 91, 228). Nur der Wesensgehalt der gemeindlichen Selbstverwaltung darf nicht ausgehöhlt werden (BVerfG 26.10.1994 -2 BvR 445/91- zu C I 2 a der Gründe, aaO). Im Streitfall hat der Landesgesetzgeber die Personalentscheidungsbefugnis der Kommunen nicht übermäßig begrenzt. Er hat lediglich einen Teilaspekt der Verhaltenspflichten des Gemeindepersonals geregelt. Eine rechtswidrige „Aushöhlung" der Personalhoheit ist darin nicht zu sehen. Auch in anderer Hinsicht sind Beschränkungen der Auswahlbefugnis der Gemeinden anerkannt, beispielsweise bei der Einstellung von Frauenbeauftragten (BVerfG 26.10.1994 - 2 BvR 445/91- zu C III 2 der Gründe, aaO; Wittinger VBl.BW 2006, 169 [173]).

[39] ee) § 7 Abs. 6 KiTaG verletzt den Gleichheitssatz des Art. 3 Abs. 1 GG nicht. Die Regelung behandelt die verschiedenen Religionen nicht unterschiedlich. Sie erfasst jede Art religiöser Bekundung unabhängig von deren Inhalt. Christliche Glaubensbekundungen werden nicht bevorzugt. Dies gilt auch mit Blick auf § 7 Abs. 6 Satz 3 KiTaG. Nach dieser Bestimmung widerspricht die Wahrnehmung des Erziehungsauftrags nach Art. 12 Abs. 1 Landesverfassung Baden-Württemberg und die entsprechende Darstellung christlicher Traditionen nicht dem Verhaltensgebot des § 7 Abs. 6 Satz 1 KiTaG. Gegenstand der Regelung in Satz 3 der Vorschrift ist die Darstellung, nicht die Bekundung christlicher Werte. Bestimmte Werte darzustellen heißt, sie zu erörtern und zum Gegenstand einer Diskussion zu machen. Das schließt die Möglichkeit der Rückfrage und Kritik ein. Die Darstellung christlicher Traditionen ist nicht gleichzusetzen mit der Bekundung eines individuellen Bekenntnisses. Bei ihr geht es nicht um die Kundgabe innerer Verbindlichkeiten, die der Darstellende für sich anerkannt hätte. Außerdem bezeichnet der Begriff des „Christlichen" - ungeachtet seiner Herkunft aus dem religiösen Bereich - eine von Glaubensinhalten losgelöste, aus der Tradition der christlich-abendländischen Kultur hervorgegangene Wertewelt, die erkennbar auch dem Grundgesetz zugrunde liegt und unabhängig von ihrer religiösen Fundierung Geltung beansprucht. Der Auftrag zur Weitergabe christlicher Bildungs- und Kulturwerte verpflichtet und berechtigt die Einrichtung deshalb nicht zur Vermittlung bestimmter Glaubensinhalte, sondern betrifft Werte, denen jeder Beschäftigte des öffentlichen Dienstes unabhängig von seiner religiösen Überzeugung vorbehaltlos zustimmen kann (BAG 10.12.2009 -2 AZR 55/09- Rn 24, AP GG Art. 4 Nr. 7, EzTöD 100 TVöD-AT § 2 Diskriminierung Religion Nr. 2, KirchE 54, 481; BAG 20.8.2009 -2 AZR 499/08- Rn 23, AP GG Art. 4 Nr. 6, EzA BGB 2002 § 611 Abmahnung Nr. 4, KirchE 54, 94).

[40] ff) Die Regelung des § 7 Abs. 6 Satz 1 KiTaG behandelt die Klägerin auch nicht wegen ihres Geschlechts ungleich. Die Vorschrift verbietet religiöse Bekundungen unabhängig vom Geschlecht. Sie richtet sich nicht speziell gegen das von Frauen getragene sog. islamische Kopftuch (BAG 10.12.2009 -2 AZR 55/09- Rn 25, AP GG Art. 4 Nr. 7, EzTöD 100 TVöD-AT § 2 Diskriminierung Religion Nr. 2, KirchE 54, 481; BAG 20.8.2009 -2 AZR 499/08- Rn 24, AP GG Art. 4 Nr. 6, EzA BGB 2002 § 611 Abmahnung Nr. 4, KirchE 54, 94).

[41] b) § 7 Abs. 6 Satz 1 KiTaG verstößt nicht gegen Art. 9 EMRK.

[42] Der Europäische Gerichtshof für Menschenrechte hat entschieden, dass ein Verbot, während des Unterrichts an öffentlichen Schulen religiöse Symbole zu tragen, eine gem. Art. 9 Abs. 2 EMRK notwendige Einschränkung der nach Abs. 1 der Bestimmung gewährleisteten Religionsfreiheit eines Lehrers ist. Sie sei wegen der möglichen Beeinträchtigung der Grundrechte der Schüler und Eltern gerechtfertigt, um die Neutralität des Unterrichts zu gewährleisten. Auf dieser Grundlage hat der Gerichtshof sowohl das Verbot, während des Unterrichts in einer Schweizer Grundschule ein islamisches Kopftuch zu tragen, als mit der Religionsfreiheit des Art. 9 Abs. 1 EMRK vereinbar angesehen als auch das generelle Verbot für Studentinnen gebilligt, ein solches Kopftuch an türkischen Hochschulen zu tragen (EGMR 10.11.2005 -44774/98- NVWZ 2006, 1389, KirchE 47, 426; EGMR 15.2.2001 -42393/98- NJW 2001, 2871, KirchE 39, 38).

[43] Für die von den Gemeinden getragenen öffentlichen Kindertagesbetreuungseinrichtungen und deren Erzieher gilt nichts anderes. Der Eingriff ist gesetzlich vorgesehen und in der demokratischen Gesellschaft zum Schutz der Rechte und Freiheiten anderer - wie dargestellt - notwendig und verhältnismäßig.

[44] 4. § 7 Abs. 6 Satz 1 KiTaG verletzt als landesrechtliche Vorschrift auch nicht das Diskriminierungsverbot des § 7 Abs. 1 AGG. Zwar kann das Bekundungsverbot zu einer unmittelbaren Benachteiligung einer Erzieherin aus Gründen der Religion iSv § 7 Abs. 1, §§ 1, 3 Abs. 1 AGG führen, weil die Unterlassung ihrer religiösen Bekundung zu einer entscheidenden Bedingung für die Ausübung ihrer Tätigkeit wird. Eine unterschiedliche Behandlung aus religiösen Gründen zur Erfüllung einer wesentlichen beruflichen Anforderung ist aber gem. § 8 Abs. 1 AGG zulässig, wenn der Zweck rechtmäßig und die Anforderung angemessen ist. Dies ist im Streitfall gegeben.

[45] a) Der von der Regelung verfolgte Zweck, die Neutralität des Trägers und den religiösen Einrichtungsfrieden zu garantieren, ist rechtmäßig.

[46] b) Die gesetzliche Anforderung, religiöse Bekundungen in der Einrichtung zu unterlassen, ist angemessen. Sie untersagt eine äußere Kundgabe der eigenen religiösen Überzeugung lediglich während des Aufenthalts im Bereich der Einrichtung und besteht ausschließlich um der - negativen - Religionsfrei-

heit anderer und dem Erziehungsrecht der Eltern willen. Der Begriff der Angemessenheit erfordert es nicht, das Tragen religiös bedeutungsvoller Kleidungsstücke nur mit Blick auf die konkreten Umstände und Verhältnisse der jeweiligen Einrichtung zu untersagen. Eine landesgesetzliche Bestimmung, die sich als verfassungsmäßiger Ausgleich widerstreitender Grundrechtspositionen erweist, ist angemessen im Sinne der bundesgesetzlichen Regelung des § 8 Abs. 1 AGG (BAG 10.12.2009 -2 AZR 55/09- Rn 27-29, AP GG Art. 4 Nr. 7, EzTöD 100 TVöD-AT § 2 Diskriminierung Religion Nr. 2, KirchE 54, 481; BAG 20.8.2009 -2 AZR 499/08- Rn 26-28, AP GG Art. 4 Nr. 6, EzA BGB 2002 § 611 Abmahnung Nr. 4, KirchE 54, 94).

[47] 5. Die Klägerin kann sich nicht auf Vertrauensschutz berufen, weil sie bereits vor der Gesetzesänderung mit einem islamischen Kopftuch gearbeitet hat.

[48] Vertrauensschutz in die bestehende Gesetzeslage kann nur dahingehend bestehen, dass neuen Gesetzen keine Rückwirkung beigelegt wird. Im Streitfall liegt aber weder eine echte noch eine unechte Rückwirkung vor. Das Gesetz kommt nicht auf Zeiten vor seinem Inkrafttreten am 18.2.2006 (vgl. GBl.BW vom 17.2.2006 S. 17, 30, 32) zur Anwendung. Dass die Klägerin Dispositionen in der Erwartung getroffen haben mag, die Rechtslage werde sich nicht ändern, führt nicht zu einer für sie günstigeren Bewertung. Die bloße Annahme, rechtlich werde alles bleiben, wie es ist, genießt keinen Schutz (BAG 10.12.2009 -2 AZR 55/09- Rn 33, AP GG Art. 4 Nr. 7, EzTöD 100 TVöD-AT § 2 Diskriminierung Religion Nr. 2, KirchE 54, 481).

13

1. Die Schule kann einem Befreiungsanspruch vom koedukativen Schwimmunterricht einen Verstoß gegen Treu und Glauben entgegenhalten, wenn sich die Eltern bei der Schulanmeldung mit diesem Unterricht einverstanden erklärt haben und nach Abgabe dieser Erklärung kein beachtlicher Sinneswandel oder sonst eine relevante Änderung der Verhältnisse eingetreten ist.

2. Die Willenserklärung eines Elternteils gegenüber der Schule bindet nach den Grundsätzen der Anscheinsvollmacht auch den anderen Elternteil, sofern die Schule keine konkreten Anhaltspunkte dafür hat, dass die Eltern getrennt leben, geschieden sind oder das Sorgerecht im Einzelfall nicht einverständlich ausüben.

Art./§§ 4 Abs. 1 u 2, 6 Abs. 2, 7 Abs 1 GG,
2 Abs. 3, 29 Abs. 1 u. 2, 42 Abs. 1, 43 Abs. 3 u. 5, 46 Abs. 1 NRW.SchulG,
113 Abs. 1 VwGO
OVG Nordrhein-Westfalen, Urteil vom 18. August 2010 -19 A 1211/09[1]-

Die 1997 geborene Klägerin ist islamischen Glaubens und besucht seit dem Schuljahr 2007/2008 die vom Beklagten geleitete Gesamtschule. Auf dem Anmeldebogen unterschrieb die Mutter der Klägerin im Februar 2007: „Mit meiner Unterschrift erkläre ich mich ausdrücklich mit dem Schulprogramm der Gesamtschule E-Mitte einverstanden (u.a. Klassenfahrten in den Jahrgängen 6, 8, 10, 12, Teilnahme an Berufspraktika, gemeinsamer Sport- und Schwimmunterricht von Mädchen und Jungen)."

Zu Beginn des 6. Schuljahres im August 2008 beantragte der Vater der Klägerin beim Beklagten, sie vom koedukativen Schwimmunterricht freizustellen. Nach Gesprächen mit der Klägerin und ihrem Vater teilte der Beklagte den Eltern der Klägerin mit Schreiben vom 3.9.2008 und 24.9.2008 mit, sie sei verpflichtet, am koedukativen Schwimmunterricht teilzunehmen. Den dagegen eingelegten Widerspruch wies die Bezirksregierung zurück.

Mit der Klage verfolgt die Klägerin das Freistellungsbegehren weiter. Während des Schuljahrs 2008/2009 war sie im Schwimmbad in Sportkleidung anwesend, beteiligte sich aber nicht am Schwimmen. Im Zeugnis für das 2. Halbjahr im Schuljahr 2008/2009 hat sie für das Fach Sport die Note „ausreichend" erhalten.

Das VG Düsseldorf (Urteil vom 22.4.2009 -18 K 489/09- n.v.) hat die Klage abgewiesen und zur Begründung ausgeführt: Es liege kein wichtiger Grund für die Befreiung der Klägerin vom koedukativen Schwimmunterricht iSv § 43 Abs. 3 Satz 1 NRW.SchulG vor. Die Glaubensfreiheit der Klägerin und ihrer Eltern müsse bei der gebotenen Abwägung mit dem staatlichen Erziehungsauftrag aus Art. 7 Abs. 1 GG zurücktreten. Schwimmunterricht sei aus mehreren Gründen wichtig. Der Beklagte habe nachvollziehbar dargelegt, dass ein nach Geschlechtern getrennter Unterricht organisatorisch nicht möglich sei. Der schonende Ausgleich mit den Interessen der Klägerin sei dadurch herbeizuführen, dass sie in spezieller Badebekleidung am Schwimmunterricht im Wasser oder mit einem weiten Bademantel außerhalb des Wassers teilnehme.

Mit ihrer Berufung vertieft und ergänzt die Klägerin ihren bisherigen Vortrag. Sie hält koedukativen Schwimmunterricht für verzichtbar und bezweifelt, dass der Beklagte alle zu Gebote stehenden, zumutbaren organisatorischen

1 Amtl. Leitsätze. DVBl 2010, 1392 (LS).

Möglichkeiten ausgeschöpft habe, um einen nach Geschlechtern getrennten Unterricht anzubieten. Das Verwaltungsgericht dürfe ihr nicht vorschreiben, was ihr Glaube zulasse. Ihre Glaubensüberzeugung ließe sich mit einem getrennten Schwimmunterricht noch vereinbaren, auch wenn dabei die anderen Mädchen nicht nach den islamischen Bekleidungsvorschriften gekleidet seien. Beim Anblick von Jungen sei ihre Gewissensnot erheblich größer. Ihre Mutter habe sich bei der Schulanmeldung nicht ausdrücklich mit einem koedukativen Schwimmunterricht einverstanden erklärt. Darüber sei bei der Anmeldung nicht gesprochen worden. Den Klammerzusatz auf dem Schulanmeldebogen hätten ihre Eltern überlesen. Außerdem habe der Beklagte ihre ältere Schwester einige Jahre vorher unproblematisch vom Schwimmunterricht befreit, so dass ihre Eltern davon hätten ausgehen dürfen, dass dies bei ihr entsprechend gehandhabt werde. Abgesehen davon sei es für sie unzumutbar geworden, sie an der damaligen Einverständniserklärung festzuhalten. Ihre Mutter habe sie im Februar 2007 angemeldet, während sie nun selbst begonnen habe, ihr Leben nach ihrem Glauben auszurichten.

Nachdem mit dem Ende des Schuljahres der Schwimmunterricht eingestellt wurde, ist die Klägerin zur Fortsetzungsfeststellungsklage übergegangen.

Der Beklagte macht im Wesentlichen geltend, die Klägerin habe kein berechtigtes Feststellungsinteresse. Die Note im Fach Sport entfalte keine diskriminierende Wirkung. Eine Wiederholungsgefahr bestehe nicht, weil nach dem Lehrplan der Schule Schwimmunterricht nur in der 6. Klasse stattfinde. Der Beklagte führt im Einzelnen aus, aus welchen Gründen ein nach Geschlechtern getrennter Schwimmunterricht in dieser Gesamtschule organisatorisch unmöglich sei. Schließlich weist er darauf hin, dass die Klägerin sich bei der Schulanmeldung ausdrücklich mit dem gemeinsamen Sport- und Schwimmunterricht einverstanden erklärt habe. Es seien keine Gründe für einen späteren Sinneswandel ersichtlich. Daher sei ein Befreiungsanspruch nach Treu und Glauben ausgeschlossen.

Nach Beweisaufnahme weist das Oberverwaltungsgericht die Berufung zurück.

Aus den Gründen:

[21] Die zulässige Berufung ist unbegründet. Das Verwaltungsgericht hat die Klage zu Recht abgewiesen. Sie ist zulässig (I.), aber unbegründet (II.).

[22] I. Die Klage ist als Fortsetzungsfeststellungsklage analog § 113 Abs. 1 Satz 4 VwGO zulässig. Der geltend gemachte Befreiungsanspruch für das Schuljahr 2008/2009 hat sich mit Ablauf dieses Schuljahres durch Zeitablauf erledigt.

Die Klägerin hat ein berechtigtes Interesse an der nachträglichen Feststellung dieses Befreiungsanspruchs. Für die Anwendung des § 113 Abs. 1 Satz 4 VwGO genügt jedes nach vernünftigen Erwägungen schutzwürdige Interesse rechtlicher, wirtschaftlicher oder ideeller Art (BVerwG, Beschluss vom 24.10.2006 - 6 61.06- *juris* Rn 3, zur Nichtversetzung).

[24] Die Klägerin hat ein solches berechtigtes Interesse an der von ihr begehrten Feststellung, weil diese sich auf die angefochtene Note im Fach Sport für das Schuljahr 2008/2009 positiv auswirken kann.

[25] II. Die Fortsetzungsfeststellungsklage ist unbegründet. Das Ablehnungsschreiben des Beklagten vom 24.9.2008 in der Gestalt des Widerspruchsbescheides der Bezirksregierung E. vom 15.12.2008 ist rechtmäßig und verletzt die Klägerin nicht in ihren Rechten. Sie hatte im Schuljahr 2008/2009 keinen Anspruch gegen den Beklagten, sie von der Teilnahme am Schwimmunterricht zu befreien.

[26] 1. Rechtsgrundlage für einen solchen Anspruch ist § 43 Abs. 3 Satz 1 SchulG. Nach dieser Vorschrift kann der Schulleiter Schüler auf Antrag der Eltern aus wichtigem Grund bis zur Dauer eines Schuljahres von der Teilnahme an einzelnen Unterrichts- oder Schulveranstaltungen befreien. Ein wichtiger Grund iSd § 43 Abs. 3 Satz 1 SchulG liegt u.a. vor, wenn sowohl die Schule als auch die Eltern und ihr Kind den Konflikt zwischen dem staatlichen Bildungs- und Erziehungsauftrag aus Art. 7 Abs. 1 GG einerseits und dem Elternrecht auf religiöse Kindererziehung aus Art. 6 Abs. 2, Art. 4 Abs. 1 und 2 GG andererseits im konkreten Einzelfall auch durch zumutbare Maßnahmen nicht zu einem schonenden Ausgleich führen können (Grundsatz der praktischen Konkordanz).

[27] 2. Ob in diesem Sinne hier ein wichtiger Grund vorlag, kann dahinstehen. Denn der Klägerin war es nach dem Grundsatz von Treu und Glauben verwehrt, einen Befreiungsanspruch geltend zu machen. Dieser Grundsatz gilt auch im hier maßgeblichen Landesrecht (a). Die Eltern der Klägerin haben der Teilnahme ihrer Tochter am koedukativen Schwimmunterricht bei der Schulanmeldung zugestimmt (b). Daran muss die Klägerin sich nach Treu und Glauben festhalten lassen (c).

[28] a) Die Geltendmachung eines Befreiungsanspruchs kann materiellrechtlich gegen den Grundsatz von Treu und Glauben (§ 242 BGB) verstoßen, der als allgemeiner Rechtsgrundsatz auch im öffentlichen Recht gilt (BVerwG, Urteil vom 24.2.2010 -9 C 1.09- *juris*, Rn 38 mwN).

[30] Dieser ist im hier maßgeblichen nordrhein-westfälischen Schulrecht Ausfluss der Verpflichtung zum partnerschaftlichen und vertrauensvollen Zusammenwirken von Schule und Eltern (§ 2 Abs. 3 Satz 2, § 42 Abs. 1 Satz 3 SchulG), die sich, insofern zeitlich vorwirkend, auch bereits auf das Schulaufnahmeverfahren nach § 46 SchulG erstreckt.

[31] In diesem Aufnahmeverfahren darf die Schulleitung für die in ihrem Ermessen stehende Aufnahme von Schülern (§ 46 Abs. 1 Satz 1 SchulG) nach dem Einverständnis mit koedukativem Schwimmunterricht fragen und die Aufnahme vom Einverständnis der Eltern damit abhängig machen. Die Einholung einer solchen Einverständniserklärung ist insbesondere dann nicht zu beanstanden, wenn sie dem Zweck dient, im Interesse der Verpflichtung zur partnerschaftlichen und vertrauensvollen Zusammenarbeit zwischen Schule und Eltern (§ 2 Abs. 3 Satz 2, § 42 Abs. 1 Satz 3 SchulG) und einer störungsfreien Erziehung und Bildung in der Schule die Eltern und ihr minderjähriges Kind bereits bei der Aufnahme des Kindes auf die Einhaltung des im Schulprogramm oder sonstigen Unterrichtsplanungen vorgesehenen koedukativen Schwimmunterrichts zu verpflichten. Die Schule legt nach ministeriellen Unterrichtsvorgaben (§ 29 Abs. 1 SchulG) die Unterrichtsveranstaltungen fest und kann etwa im Rahmen ihres von der Schulkonferenz (§ 65 Abs. 2 Nr. 1 SchulG) zu beschließenden Schulprogramms (§ 3 Abs. 2 SchulG) schuleigene Unterrichtsvorgaben bestimmen (§ 29 Abs. 2 SchulG). In diesem Rahmen kann sie auch einen für alle Schülerinnen und Schüler verbindlichen koedukativen Schwimmunterricht vorsehen. Auch wenn der koedukative Schwimmunterricht nicht Bestandteil der verbindlichen schuleigenen Unterrichtsvorgaben im Schulprogramm ist, ist die Einholung einer solchen Einverständniserklärung nicht zu beanstanden. Nach § 42 Abs. 5 SchulG sollen sich Schule, Schülerinnen und Schüler und Eltern auf gemeinsame Erziehungsziele und -grundsätze verständigen und wechselseitige Rechte und Pflichten in Erziehungsfragen festlegen. Eine solche Verständigung zwischen der Schule und den Eltern minderjähriger Schüler bereits bei der Entscheidung über die Aufnahme in eine weiterführende Schule ist unter Ermessensgesichtspunkten und auch sonst nicht zu beanstanden. Denn sie schafft für die am Schulverhältnis Beteiligten Klarheit über die Erziehungsziele und -grundsätze in der Schule sowie (auch) über konkrete Pflichten von Eltern und Schülern und entlastet dadurch die schulische Erziehungs- und Bildungsarbeit von möglichen künftigen (Rechts-)Streitigkeiten (OVG.NRW, Beschluss vom 30.6.2009 -19 B 801/09, *juris* Rn 4 f., KirchE 53, 444).

[33] Wenn sich die Eltern einer minderjährigen Schülerin bei der Anmeldung zu einer weiterführenden Schule damit einverstanden erklärt haben, dass ihr Kind am koedukativen Schwimmunterricht teilnimmt, und nach Abgabe dieser Erklärung kein beachtlicher Sinneswandel oder sonst eine relevante Änderung der Verhältnisse eingetreten ist, die ein Festhalten an der Einverständniserklärung als unzumutbar erscheinen lässt, verhalten sie sich treuwidrig, wenn sie anschließend einen Befreiungsanspruch vom koedukativen Schwimmunterricht geltend machen. Diese Treuwidrigkeit kann die Schule

einem später geltend gemachten Befreiungsanspruch mit Erfolg entgegenhalten (OVG.NRW, Beschluss vom 30.6.2009 -19 B 801/09- *juris* Rn 2, KirchE 53, 444).

[35] b) Dies ist hier der Fall. Beide Eltern der Klägerin haben sich bei deren Anmeldung zur Gesamtschule E-Mitte im Februar 2007 damit einverstanden erklärt, ihre Tochter am koedukativen Schwimmunterricht teilnehmen zu lassen (aa). Jedenfalls war es treuwidrig, diese Erklärung aufrecht zu erhalten, auch nachdem ihnen bewusst wurde, dass sie eine Erklärung unterschrieben hatten, die sie nicht bereit waren vollständig einzuhalten (bb).

[36] aa) Die Eltern der Klägerin waren bei der Anmeldung der Klägerin damit einverstanden, dass diese am koedukativen Schwimmunterricht teilnimmt. Die entsprechende Erklärung der Mutter (aaa) ist dem Vater der Klägerin nach den Grundsätzen der Anscheinsvollmacht zuzurechnen (bbb).

[37] aaa) Die Mutter der Klägerin hat auf dem standardisierten Anmeldebogen der Schule unterschrieben, sie sei „ausdrücklich" mit dem Schulprogramm der Gesamtschule E-Mitte einverstanden (u.a. gemeinsamer Schwimmunterricht von Mädchen und Jungen). Der auf dem Anmeldebogen vorgedruckte Text war beim Unterschreiben des Anmeldebogens leicht zu erkennen. Er umfasste auf dem insgesamt übersichtlich gestalteten Blatt insgesamt dreieinhalb Zeilen direkt über den Kästchen, in denen Namen und Vornamen des anzumeldenden Kindes einzutragen waren.

[38] Nach dem Ergebnis der Beweisaufnahme in der zweitinstanzlichen mündlichen Verhandlung ist der Senat davon überzeugt, dass der Mutter der Klägerin die inhaltliche Bedeutung und Tragweite ihres schriftlichen Einverständnisses schon im Zeitpunkt der Unterschriftsleistung bewusst war. Denn der Senat geht davon aus, dass während des Aufnahmegesprächs über die verpflichtende Teilnahme am koedukativen Schwimmunterricht gesprochen wurde. So hat der Zeuge Dr. T., der das Aufnahmegespräch mit der Mutter der Klägerin geführt hat, in der mündlichen Verhandlung nachvollziehbar und glaubhaft bekundet, er spreche bei muslimischen Kindern immer die Klassenfahrten und den Schwimmunterricht an, um spätere Schwierigkeiten auszuschließen. Der Zeuge gab weiter an, dass er, wenn er bei der Rubrik „Schwimmer" im Aufnahmebogen etwas angekreuzt habe, sich hundertprozentig sicher sei, den Schwimmunterricht angesprochen zu haben. Auf dem standardisierten Schulanmeldebogen der Klägerin, den der Zeuge selbst abgezeichnet hat, ist zur Rubrik „Schwimmer" ein „nein" angekreuzt. Insofern spricht auch der Anmeldebogen im Zusammenhang mit der Zeugenaussage dafür, dass der Schwimmunterricht Gesprächsthema war. Der Zeuge schloss außerdem ausdrücklich aus, nur die Klassenfahrten, nicht aber den Schwimmunterricht angesprochen zu haben. Seine Aussage ist nicht deswegen unglaubhaft, weil er sich nach eigenen Angaben an das konkrete Aufnahmegespräch mit der Klägerin und ihrer

Mutter nicht genau erinnern konnte. Dies leuchtet unmittelbar ein, weil der Zeuge nach seinen Angaben seit elf Jahren zusammen mit etwa fünf oder sechs Kollegen jährlich etwa 240 Aufnahmegespräche führt und das in Rede stehende Gespräch dreieinhalb Jahre zurückliegt. Für die Glaubhaftigkeit der Angaben des Zeugen spricht vor allem, dass er sichtlich bemüht war, aus der Erinnerung nur dasjenige zu berichten, was er definitiv noch wusste. So hat er insbesondere auch Einschränkungen gemacht, wenn seine Erinnerung verblasst war („Ich weiß es nicht mehr genau."). Schließlich sind keinerlei Anhaltspunkte dafür ersichtlich, dass der Zeuge ein eigenes Interesse am Ausgang dieses Verfahrens haben und deswegen oder aus anderen Gründen falsche Angaben machen könnte.

[39] Demgegenüber sind die Angaben der Mutter der Klägerin nicht gleichermaßen stimmig und überzeugend. Diese hat zunächst angegeben, sie habe während des Aufnahmegesprächs auf das Schwimmen gar nicht so geachtet, weil der Beklagte ihre ältere Tochter einige Jahre zuvor vom Schwimmunterricht befreit und sie daher das Schwimmen nicht als Problem angesehen habe. Anschließend erklärte sie, sie wisse genau, dass über den Schwimmunterricht nicht konkret gesprochen worden sei, wohl aber über Klassenfahrten.

[40] bbb) Diese Einverständniserklärung wirkt nach den Grundsätzen der Anscheinsvollmacht zugleich für den Vater der Klägerin und damit auch für diese selbst. Nach diesen Grundsätzen wird eine Willenserklärung auch mit Wirkung für den Vertretenen abgegeben, wenn dieser das Handeln des als Vertreter auftretenden oder angesehenen Erklärenden bei pflichtgemäßer Sorgfalt hätte erkennen und verhindern können und wenn der Erklärungsempfänger nach Treu und Glauben annehmen durfte, der Vertretene dulde und billige dieses Handeln (BVerwG, Urteil vom 25.2.1994 -8 C 2.92- *juris* Rn 10; Diederichsen, in: Palandt, BGB, 69. Aufl. 2010, § 172 Rn 11).

[42] In der alltäglichen Schulwirklichkeit entspricht es allgemeiner Lebenserfahrung, dass einer von zwei Eltern iSd § 123 Abs. 1 SchulG, der in Schulangelegenheiten ihres Kindes in der Schule tätig wird, in Vertretung für den anderen Elternteil handelt und rechtserhebliche Erklärungen kraft Bevollmächtigung auch mit Wirkung für diesen abgibt, sofern die Schule keine konkreten Anhaltspunkte dafür hat, dass die Eltern getrennt leben, geschieden sind oder das Sorgerecht im Einzelfall nicht einverständlich ausüben.

[43] Dies zugrunde gelegt, war dem Vater der Klägerin, der von der konkreten Schulanmeldung seiner Tochter wusste und damit einverstanden war, bekannt, dass seine Ehefrau die bei der Schulanmeldung üblichen Erklärungen einschließlich der zur Teilnahme an Schulveranstaltungen auch für ihn abgeben werde. Da seine ältere Tochter bereits einige Jahre zuvor bei derselben Schule angemeldet worden war, die nach der Aussage des Zeugen Dr. T. damals

schon dieselben Schulanmeldeformulare verwendete, hätte dem Vater der Klägerin bekannt sein können, dass die Schulanmeldung eine Einverständniserklärung mit dem koedukativen Schwimmunterricht erfordert und dass seine Ehefrau diese Erklärung möglicherweise unterschreiben würde. Dies hätte er durch Rücksprache mit seiner Ehefrau vor der Anmeldung verhindern können. Auf der Seite des Beklagten durfte dieser mangels konkreter gegenteiliger Anhaltspunkte davon ausgehen, dass die Mutter der Klägerin diese Einverständniserklärung mit dem gemeinsamen Schwimmunterricht auch als Vertreterin für ihren Ehemann abgab.

[44] bb) Abgesehen von dem ausdrücklich erklärten Einverständnis verstößt das Verhalten der Eltern der Klägerin jedenfalls deswegen gegen den oben genannten Grundsatz von Treu und Glauben, weil sie sich nicht nach der Schulanmeldung wegen des von ihnen abgelehnten Schwimmunterrichts an den Beklagten gewandt haben. Hierzu waren sie aufgrund der vorwirkenden Verpflichtung zur vertrauensvollen und partnerschaftlichen Zusammenarbeit mit der Schule (§ 2 Abs. 3 Satz 2, § 42 Abs. 1 Satz 3 SchulG) spätestens in dem Zeitpunkt gehalten, als ihnen zu Hause ihr schriftlich erklärtes Einverständnis mit dem gemeinsamen Schwimmunterricht bewusst wurde. Die Mutter der Klägerin hat erklärt, sie habe den Schulanmeldebogen erst zu Hause vollständig durchgelesen. Nach ihrer Aussage dachte sie seinerzeit, die Klägerin werde vielleicht ebenso wie ihre ältere Schwester vom Schwimmen befreit werden. Darauf durfte sie sich allerdings nicht ohne Rücksprache mit dem Beklagten verlassen. Dem steht nicht entgegen, dass ihre ältere Tochter einige Jahre vorher trotz eines identischen unterschriebenen Schulanmeldebogens vom Schwimmunterricht befreit worden war. Unabhängig davon, wie damals der Befreiungsantrag der Schwester der Klägerin im Einzelnen behandelt worden ist, brachte die Schule hinreichend deutlich zum Ausdruck, welchen Stellenwert sie dem koedukativen Schwimmunterricht im Jahrgang der Klägerin beimaß. Er war als einer von wenigen Punkten ausdrücklich in der Schulanmeldung erwähnt, so dass seine Bedeutung für das Schulverhältnis besonders herausgehoben wurde.

[45] c) Die Klägerin muss sich nach Treu und Glauben an der Einverständniserklärung ihrer Eltern festhalten lassen. Dies ist weder unzumutbar (aa), noch liegt darin ein unzulässiger Eingriff in die Glaubensfreiheit aus Art. 4 Abs. 1 GG (bb).

[46] aa) Ohne Erfolg macht die Klägerin geltend, ein Festhalten an der Einverständniserklärung ihrer Eltern sei ihr unzumutbar, weil sie im August 2008, eineinhalb Jahre nach der Anmeldung im Februar 2007, selbst begonnen habe, ihr Leben nach ihrem Glauben auszurichten. Dies war nämlich bereits zum Zeitpunkt der Schulanmeldung voraussehbar. Es stellt keinen beachtlichen

Sinneswandel oder sonst eine relevante Änderung der Verhältnisse dar. Die Klägerin hat angegeben, ihre Eltern und sie seien gläubige Muslime, die fünfmal täglich beteten und die Fastenzeiten einhielten. Ihre Eltern seien bereits auf einer Pilgerfahrt gewesen. Ihre ältere Schwester sei wenige Jahre zuvor unter Berufung auf ihren Glauben antragsgemäß vom koedukativen Schwimmunterricht befreit worden. Vor diesem Hintergrund war das Verhalten der Klägerin, ihr Leben nach den islamischen Bekleidungsvorschriften auszurichten und ebenfalls nicht am gemeinsamen Schwimmunterricht teilnehmen zu wollen, konsequent und schon bei der Schulanmeldung im Februar 2007 absehbar.

[47] bb) Das Festhalten der Klägerin am Einverständnis ihrer Eltern mit gemeinsamem Schwimmunterricht stellt jedenfalls keinen unzulässigen Eingriff in ihre Glaubensfreiheit aus Art. 4 Abs. 1 GG dar. Es liegt bereits kein Eingriff vor (aaa). Aber selbst wenn es sich um einen Eingriff handeln sollte, wäre dieser hier gerechtfertigt (bbb).

[48] aaa) Das Festhalten der Klägerin am Einverständnis ihrer Eltern ist kein Eingriff in ihre Glaubensfreiheit. Der Inhalt der Glaubensfreiheit aus Art. 4 Abs. 1 GG wird maßgeblich vom Selbstverständnis der Religionsgemeinschaft und von den konkreten Überzeugungen des einzelnen Gläubigen bestimmt (BVerfG, Urteile vom 15.1.2002 -1 BvR 1783/99- BVerfGE 104, 337 [354 f.], *juris* Rn 57, KirchE 40, 1, und vom 16.10.1968 -1 BvR 241/66- BVerfGE 24, 236 [247 f.], *juris* Rn 25, KirchE 10, 181).

[50] Da der Umgang von muslimischen Gläubigen mit der Teilnahme am koedukativen Schwimmunterricht nicht einheitlich ist, ist das schriftliche Einverständnis der Eltern der Klägerin mit koedukativem Schwimmunterricht als verbindliche Erklärung zu verstehen, die Teilnahme sei mit ihrer individuellen Glaubensüberzeugung zu vereinbaren.

[51] bbb) Aber selbst dann, wenn die Eltern der Klägerin diese Erklärung nur mit einem inneren Vorbehalt abgegeben oder aufrechterhalten hätten und wenn das Festhalten an der Teilnahmepflicht einen Eingriff in Art. 4 Abs. 1 GG bedeutete, wäre dieser gerechtfertigt.

[52] Ein solcher Eingriff kann im Rahmen praktischer Konkordanz mit Rücksicht auf andere vorbehaltlos gewährleistete Grundrechte oder andere verfassungsrechtlich geschützte Güter gerechtfertigt sein. Dazu kann der Grundrechtsberechtigte auf seine Grundrechtsausübung teilweise verzichten. Ein Grundrechtsverzicht kann zulässig sein, wenn es sich um eine rechtlich verbindliche, freiwillige, ausreichend konkrete Einwilligung eines Einwilligungsfähigen in eine bestimmte Maßnahme handelt, die einzelne, sich aus einem Grundrecht ergebende Befugnisse einschränkt, soweit das Grundrecht nicht aus Gründen höherwertiger Interessen unverfügbar ist und keine anderen Verfassungsrechtsgüter entgegenstehen. Insbesondere bei Grundrechten wie

der Glaubensfreiheit aus Art. 4 Abs. 1 GG, die personale Rechtsgüter schützen und die persönliche Entfaltungsfreiheit des Menschen gewährleisten, sind spezifische, sachlich und zeitlich begrenzte Ausübungsformen unter den oben genannten Voraussetzungen grundsätzlich verzichtbar (Hillgruber, in: Epping/Hillgruber, GG, 2009, Art. 1 Rn 73 f.; Jarass, in: Jarass/Pieroth, GG, 10. Aufl. 2009, Vorb. vor Art. 1 Rn 36; Sachs, in: ders., GG, 5. Aufl. 2009, Vor Art. 1 Rn 52 ff.; v. Münch, in: ders./Kunig, GG, Bd. 1, 5. Aufl. 2000; Stern, Staatsrecht, Bd. III/2, 1994, § 86, jeweils mwN).

[54] Gemessen daran ist das Einverständnis der Eltern in Bezug auf die gegebene Konfliktsituation widerstreitender Interessen als Zugeständnis im Rahmen einer im Wege praktischer Konkordanz zu findenden Lösung des Konfliktes zwischen ihrem Recht zur Kindererziehung in religiöser Hinsicht (Art. 4 Abs. 1 GG iVm Art. 6 Abs. 2 Satz 1 GG) und der Glaubensfreiheit ihrer Tochter (Art. 4 Abs. 1 GG) sowie dem Bildungs- und Erziehungsauftrag des Staates (Art. 7 Abs. 1 GG) anzusehen. Sie haben damit erklärt, sie nähmen die mit der Teilnahme am koedukativen Schwimmunterricht verbundenen Einschränkungen der Glaubensfreiheit und ihres Erziehungsrechts hin, und haben insoweit auf die Ausübung der Grundrechte verzichtet, um der aus dem staatlichen Erziehungs- und Bildungsauftrag erwachsenden Teilnahmepflicht zu genügen. Die Eltern der Klägerin vertraten sie bei der Schulanmeldung auch in den Angelegenheiten, die ihre Glaubensausübung betreffen. Das Einverständnis bezog sich auf einen konkreten, zeitlich begrenzten Sachverhalt, nämlich auf den koedukativen Schwimmunterricht während der Schulzeit der Klägerin. An der Freiwilligkeit der Erklärung bestehen schon deswegen keine Bedenken, weil nach den Angaben der Mutter der Klägerin die Möglichkeit bestanden hätte, sie auch an einer Realschule anzumelden, die auch ihr Sohn besuchte. Außerdem war die Anmeldung an der vom Beklagten geleiteten Schule maßgeblich dadurch bestimmt, dass die Klägerin „unbedingt" auf diese Schule wollte.

[55] Selbst wenn ein Grundrechtsverzicht grundsätzlich jederzeit widerruflich sein sollte (Stern, Staatsrecht, Bd. III/2, 1994, § 86, S. 916) gilt dies zumindest dann nicht, wenn sich die Abkehr von dem Verzicht und von der dadurch herbeigeführten praktischen Konkordanz wie hier im Verhältnis zur Schule im Einzelfall als treuwidrig darstellt. Dies gilt erst recht in dem hier vorliegenden Fall, in dem die Klägerin ihren Glaubenskonflikt an einer anderen Schule vollständig hätte vermeiden können. Nach den Angaben der Mutter der Klägerin hätte sie ihre Tochter stattdessen an einer Realschule anmelden können, in der gemeinsamer Schwimmunterricht nur in der 5. Klasse stattfand. Das gemeinsame Schwimmen in der 5. Klasse wäre für sie unproblematisch gewesen, weil die Klägerin damals noch jünger und körperlich weniger weit entwickelt war.

14

Für den kirchlichen Charakter einer Stiftung ist auf die zur Zeit der Gründung maßgeblichen Umstände abzustellen. Diese müssen die Feststellung zulassen, dass die Stiftung mindestens überwiegend kirchlichen, diakonischen, karitativen oder religiösen Zwecken gedient hat und ein Mindestmaß an Einflussmöglichkeiten der Kirche vorlag, um auf Dauer eine Übereinstimmung der religiösen Betätigung mit den kirchlichen Vorstellungen zu gewährleisten.

§§ 20, 11 HStG
VG Gießen, Urteil vom 19. August 2010 -8 K 4293/09.GI[1]-

Die Klägerin, die Evangelische Kirche in Hessen und Nassau, streitet mit dem Beklagten, dem Land Hessen, um den Status der Beigeladenen.

Diese ist eine Stiftung, die das „Oberhessische Diakoniezentrum, Johann-Friedrich-Stift, Laubach" betreibt. Als Stiftung geht die Beigeladene zurück auf das im Jahre 1879 von Friedrich Graf zu Solms-Laubach (1833-1900) gegründete „Johann-Friedrich-Stift", welches wiederum hervorging aus einem im Jahre 1711 vom damaligen Friedrich Ernst Graf zu Solms-Laubach (1671-1723) gegründeten und von dessen Vater, Johann Friedrich Graf zu Solms-Laubach (1625-1696), initiierten Armenhaus. Nach den von der Klägerin vorgelegten Quellen kam es zu einer Auflösung des Armenhauses und zu einer Neugründung im Jahre 1879, weil Friedrich Graf zu Solms-Laubach bezüglich des alten Armenhauses Missstände festgestellt hatte.

Mit Schreiben vom 16.6.2005 beantragte die Klägerin bei dem Beklagten, die Rechtsnatur der Stiftung „Oberhessisches Diakoniezentrum – Johann-Friedrich-Stift" gemäß § 22 Hessisches Stiftungsgesetz (HStG) festzustellen.

Der Beklagte erließ am 26.11.2009 einen ablehnenden Bescheid und stellte fest, dass die Beigeladene keine kirchliche Stiftung sei. Zur Begründung führte er im Wesentlichen aus, im Gründungsjahr 1879 sei die Widmung durch den Stifter zumindest auch unter dem starken Eindruck einer religiös-pietistischen Motivation in Orientierung am protestantischen Glauben, in Tradition und Fortführung des seit 1711 bestehenden gräflichen Armen- und Waisenhauses, ebenso jedoch aus einem so nicht näher spezifizierten obrigkeitlichen Willen zur Fürsorge und Verantwortung erfolgt. Nach den in den 50er Jahren des letzten Jahrhunderts ins Leben gerufenen Stiftungsverfassungen sei Vorstand beziehungsweise Vorsitzender ein Vertreter der Familie des Stifters gewesen, vertreten durch eine aus den Reihen des Stiftungsrates beziehungsweise des Gesamt-

1 Das Berufungsverfahren wurde nach Rücknahme der Berufung eingestellt.

vorstands gewählte Person. Stiftungsrat beziehungsweise Gesamtvorstand hätten sich als zentrales Entscheidungsgremium neben dem Vertreter der Gründerfamilie ferner aus einem Vertreter des Landesverbandes der Inneren Mission in Hessen, einem Pfarrer der evangelischen Kirchgemeinde Laubach sowie zwei bis vier weiteren zu wählenden Mitgliedern zusammengesetzt. Nach der ab dem Jahre 1967 geltenden Stiftungsverfassung seien Mitglieder des vertretungsberechtigten Vorstands in Abkehr von der bisherigen Verfassung der Pfarrer der Kirchengemeinde und der Bürgermeister der Stadt Laubach sowie ein gewähltes Mitglied aus den Reihen des Stiftungsrats gewesen. Letzterem hätten neben diesen Vertreter des evangelischen Dekanats Grünberg und des Diakonischen Werks, aber auch der Landkreis Gießen und weiterhin die Stiftungsgründerfamilie angehört. Nach der Stiftungsverfassung aus dem Jahre 1954 habe das Stiftungsvermögen an die Evangelische Kirchengemeinde Laubach, nach den Stiftungsverfassungen aus den Jahren 1955 bis 1999 jedoch an die Stadt Laubach fallen sollen. Die Beigeladene habe seit ihren Anfangsjahren beziehungsweise seit 1983 immer wieder Diakonissen des Diakonischen Werks Hessen-Nassau beschäftigt, sei Mitglied der Inneren Mission und des Hilfswerks der Deutschen Evangelischen Kirche gewesen und später auch Mitglied des Diakonischen Werks Hessen-Nassau geworden. Nur Letzteres sei sie bis heute. Faktisch sei bis 1967 der örtliche Pfarrer Geschäftsführer des Stifts gewesen.

Die Beurteilung, ob eine Stiftung als Kirche einzuordnen sei, bemesse sich nach § 20 HStG. Danach seien kirchliche Stiftungen solche, die überwiegend kirchlichen, diakonischen, karitativen oder religiösen Zwecken einer Kirche gewidmet seien und die entweder organisatorisch in ihre Verwaltung eingegliedert seien oder deren Zwecke nur sinnvoll in Verbindung mit einer Kirche erfüllt werden könnten. Hieraus folge, dass ein kirchlicher oder religiöser Zweck eine höhere Bedeutung für die Stiftung haben müsse als etwaige andere Zwecke, ohne letztere freilich zwingend ganz auszuschließen. Kumulativ hierzu müssten entweder eine „organisatorische Eingliederung“ in die kirchliche Organisation oder aber ein Stiftungszweck vorliegen, der nur sinnvoll in Verbindung mit der Kirche erfüllt werden könne. Für eine organisatorische Eingliederung im benannten Sinne reiche es dabei aus, wenn sich die Stiftungsorgane aus Personen zusammensetzten, die Organträger der Kirche seien und in den Stiftungsgremien als solche handelten oder bei deren Auswahl den Organen der Kirche ein entscheidender Einfluss eingeräumt werde. Ein Stiftungszweck, der nur sinnvoll mit der Kirche erfüllt werden könne, liege vor allem bei der Förderung religiöser, d.h. dem Kultus im Rahmen der kirchlichen Tätigkeit angehörender Zwecke vor, wenngleich dem offenen Tatbestandsmerkmal durchaus die Funktion eines Auffangtatbestandes zuzuerkennen und der Charakter der Stiftung auch immer im Wege einer Gesamtschau der konkreten Umstände zu ermitteln sei.- Im Falle der Beigeladenen sei nicht ersichtlich, dass die Gesamtschau der Umstände weder hinsichtlich des Gründerwillens und seiner Auslegung noch im Hinblick auf die Weiterentwicklung der Stiftung und ihrer Verpflichtung mit der Kirche „überwiegend" kirchlichen bzw. diakonischen Zwecken zu dienen bestimmt sei. Die Stiftung sei aus dem bereits zuvor bestehenden gräflichen Armen- und Waisenhaus um 1711 hervorgegangen. Gehe man von einem erneuten Gründungsakt im Jahre 1879 aus, lasse sich hieraus nicht ersehen, dass es dem Stifter darum gegangen sei, die Entscheidungsgewalt überwiegend der Kirche zu überantworten. Dies müsse auch in Ansehung des Umstandes gelten, dass ihr gleichwohl eine stets tragende Aufgabe beschieden gewesen sei, die sich etwa in der Beschäftigung von Diakonissen bereits in der Frühphase widergespiegelt habe. Hieran habe sich auch in der Weiterentwicklung der Stiftung nichts geändert. Eine organisatorische Eingliederung in der kirchlichen Organisation sei ebenfalls wie auch ein Stiftungszweck, der nur sinnvoll in Verbindung mit der Kirche erfüllt werden könne, nicht ersichtlich.

Mit ihrer Klage begehrt die Klägerin im Hauptantrag die Feststellung, dass es sich bei der genannten Stiftung um eine rechtsfähige kirchliche Stiftung bürgerlichen Rechts handelt. Hilfsweise beantragt sie, den Statusfeststellungsbescheid des Beklagten vom 25.11.2009 aufzuheben und den Beklagten zu verpflichten, den Status dieser Stiftung als kirchliche Stiftung bürgerlichen Rechts festzustellen.

Sie trägt vor, sie habe im Jahre 2004 begonnen, ihre kirchliche Stiftungsaufsicht neu zu strukturieren. In diesem Zusammenhang sei aufgefallen, dass eine größere Anzahl von Stiftungen, die einen kirchlichen oder diakonischen Zweck verfolgten und ihr, der Klägerin, organisatorisch nahestünden, sich unter staatlicher Aufsicht befände.

Die Beigeladene sei 1711 von Landgraf Friedrich-Ernst Graf zu Solms-Laubach errichtet worden. Der Vater des Stifters, Landgraf Johann Friedrich zu Solms-Laubach, und seine Ehefrau Benigna, geb. Gräfin von Prommnitz, seien eng befreundet gewesen mit dem Frankfurter Pfarrer Philipp-Jacob Spener. Spener sei der Begründer des Pietismus und habe in regem Briefwechsel mit dem Laubacher Grafenpaar gestanden und sei mehrfach in Laubach gewesen, um dort zu predigen und Erbauungsstunden abzuhalten. Seine Bestrebungen seien auf eine praktische Frömmigkeit gerichtet gewesen. Auf seinen Einfluss hin sei bereits 1679 in Frankfurt ein Armen-, Waisen- und Arbeitshaus gegründet worden. Gräfin Benigna habe zudem mit August-Hermann Francke, der die Frankischen Anstalten in Halle gegründet habe, sehr enge Beziehungen unterhalten, und Graf Friedrich Ernst sei als dessen Schüler bezeichnet worden. Graf Johann Friedrich sei auf die Idee gekommen, in Laubach ein Armenhaus zu errichten. Dies habe er jedoch nicht verwirklichen können, in seinem Testament aber seinem Sohn und Nachfolger Friedrich Ernst die Errichtung eines Armen- und Waisenhauses aufgegeben. Landgraf Friedrich Ernst habe 1710 ein Gebäude als Armen- und Waisenhaus erbauen lassen und dieses teils mit Acker- und Wiesenland und Gärten, teils mit Abgaben, wie Brennholzlieferungen und den Bezug einen Teils des Klingelbeutels dotiert. Der Pfarrer der Grafschaft Laubach sei aufgefordert worden, geeignete und bedürftige Personen zur Unterbringung zu melden.

Nach dem Wiener Kongress sei die Grafschaft Laubach dem Großherzogtum Hessen zugeordnet worden. Die bis dahin errichteten landesherrschaftlichen Anstalten seien in die Verwaltung des großherzoglich hessischen Staatsfiskus übergangen. In einem 1819 abgeschlossenen Vertrag zwischen dem Grafen zu Solms-Laubach und dem Großherzogtum Hessens sei aber klargestellt worden, dass das Armen- und Waisenhaus keine landesherrschaftliche Anstalt sei und weiterhin der Verwaltung des Grafen zu Solms-Laubach zu unterstehen habe. Zum 31.12.1877 sei das Armen- und Waisenhaus geschlossen und am 1.9.1879 das „Johann-Friedrichs-Stift" eröffnet worden. Die entscheidende Neuerung habe in der Entsendung zweier Schwestern aus dem Elisabethenstift in Darmstadt zur Pflege der Armen und Kranken und zur Leitung des Hauses bestanden. Das Johann Friedrich-Stift habe nicht nur sogenannte Pfründner aufgenommen, sondern es habe auch eine Krankenstation für Frauen und Männer eingerichtet. Zudem hätten die Schwestern - soweit es ihre Arbeit zugelassen habe -, die Kranken in der Gemeinde besuchen und pflegen sollen.

Bei dem Elisabethenstift handele es sich um das Diakonissen-Mutterhaus Elisabethenstift in Darmstadt, eine kirchliche Stiftung öffentlichen Rechts. Dieses sei 1857 mit dem Zweck gestiftet worden, den Dienst der christlichen Liebe an hilfsbedürftigen Menschen auszuüben und damit in Wort und Tat das Evangelium von Jesus Christus zu bezeugen. Die Diakonissen des Elisabethenstifts hätten – gemeinsamen mit den Diakonissen des Paulinenstifts Wiesbaden – zur damaligen Zeit eine Monopolstellung im Bereich der Diakonie im Großherzogtum Hessen-Nassau und darüber hinaus innegehabt. Neben den Diakonissen habe es kein qualifiziertes Personal in den Bereichen Kinderbetreuung, Jugendhilfe, Kranken- und Altenpflege gegeben.

1954/55 sei es zwischen dem gräflichen Johann-Friedrich-Stift und der Stadt Laubach zu Auseinandersetzungen über die Zusammensetzung des Stiftungsvorstandes gekommen. Stiftungsvorstand, Regierungspräsident und Stadt Laubach seien sich jedoch darin einig gewesen, dass das gräfliche Johann-Friedrich-Stift seit seiner Entstehung und seiner ganzen Entwicklung nach den Charakter einer evangelischen Anstalt trage, deren Aufgabe es sei, christliche Wohltätigkeit zu üben.

Die Beigeladene sei eine kirchliche Stiftung bürgerlichen Rechts gem. § 20 Abs. 1 HStG. Die Beigeladene verfolge einen diakonischen Zweck der Pflege und Unterhaltung von Bedürftigen, Gebrechlichen und Waisen. Für den Stifter, Graf Friedrich-Ernst zu Solms-Laubach, und seinen Vater, Johann Friedrich zu Solms-Laubach, sei die Errichtung der Stiftung und ihrer Ausstattung nicht einfach Ausfluss von Generosität, humanitärer Gesinnung und Selbstlosigkeit gegenüber Armen und Kranken, sondern der Antrieb, das bestimmende Motiv, sei ihre pietistische Gesinnung gewesen, die nach Betätigung gedrängt habe. Vater und Sohn seien als Landesherren nicht nur die obersten Geistlichen der Grafschaft zu Solms-Laubach, sondern darüber hinaus evangelische Pietisten gewesen, und als solche hätten sie in enger Verbindung mit den führenden pietistischen Theologen ihrer Zeit, Spener und Francke gestanden. Die Stiftung der evangelischen Kirche sei ihr, der Klägerin, organisatorisch zugeordnet. Graf Friedrich zu Solms-Laubach habe bei der Neuorganisation im Jahre 1879 drei weitreichende strukturelle Entscheidungen getroffen. Mit der Neuorganisation und der Verwaltung der Stiftung sei der jeweilige erste Pfarrer der Kirchengemeinde Laubach beauftragt worden. Wesentlich für den Neuanfang der Stiftung sei der Einsatz des ersten Laubacher Pfarrers, Karl Draudt, gewesen. Friedrich Graf zu Solms-Laubach habe nicht wie sein Vorgänger weltliches Personal in der Einrichtung, sondern Diakonissen des Elisabethenstifts Darmstadt eingesetzt. Die dritte organisatorische Entscheidung habe in der Mitgliedschaft der Beigeladenen im Zentralausschuss für innere Mission sowie deren Folgeorganisationen bestanden.

Die Feststellung des Regierungspräsidiums Gießen sei rechtswidrig, soweit allein auf die Organstruktur abgestellt worden sei. Dies sei methodisch unrichtig. Durch die Begrenzung der Beurteilung der organisatorischen Verbindung mit ihr, der Klägerin, auf ein Sachverhaltsmerkmal würden alle anderen Merkmale, die eine organisatorische Verbindung der Beigeladenen zur ihr, der Klägerin, begründeten, außer Acht gelassen. Der Bescheid sei auch deswegen rechtswidrig, weil er das Selbstverständnis von ihr, der Klägerin, nicht beachte. Die Dominanz von Funktionsträgern der verfassten Kirche werde von ihr, der Klägerin, nicht als wesentliches Gestaltungsmerkmal einer kirchlichen Stiftung angesehen. Würde das vom Beklagten zugrunde gelegte Kriterium auf die eindeutig der Aufsicht von ihr, der Klägerin, unterstehenden Stiftungen angelegt, so würde kaum einer der kirchlichen Stiftungen als „kirchlich“ angesehen werden können. Mit der rechtswidrigen Feststellung, dass es sich bei der Stiftung nicht um eine kirchliche Stiftung handele, werde ferner das aus Art. 140 GG iVm Art. 137 Abs. 3 WRV folgende Recht verletzt.

Das Verwaltungsgericht weist die Klage ab.

Aus den Gründen:

[23] Die Klage ist bezüglich des Feststellungsantrages unzulässig und hinsichtlich des Hilfsantrages zulässig, aber unbegründet.

[24] Soweit die Klägerin mit ihrem Hauptantrag die Feststellung der kirchlichen Rechtsnatur der Beigeladenen begehrt, ist die Klage unzulässig, weil die Klägerin den damit verfolgten Zweck mit einer Gestaltungsklage - wie mit ihrem Hilfsantrag geschehen - verfolgen kann.

[25] Nach § 43 Abs. 1 VwGO kann durch Klage die Feststellung eines Bestehens oder Nichtbestehens eines Rechtsverhältnisses begehrt werden, wenn der Kläger ein berechtigtes Interesse an der baldigen Feststellung hat. Die Feststellungsklage ist nicht zulässig, soweit der Kläger seine Rechte durch Gestaltungs- oder Leistungsklage verfolgen kann oder hätte verfolgen können (§ 43 Abs. 2 VwGO).

[26] Im vorliegenden Fall steht der in § 43 Abs. 2 VwGO normierte Grundsatz der Subsidiarität dem Feststellungsantrag der Klägerin entgegen. Denn die Klägerin kann ihr Begehren mit der Verpflichtungsklage (§ 42 Abs. 2 VwGO) - wie im Hilfsantrag geschehen - verfolgen. Bei der Feststellung des Status einer Stiftung handelt es sich nämlich um einen feststellenden Verwaltungsakt, weil rechtserheblich eine Eigenschaft der Stiftung, nämlich ihr Status, verbindlich festgestellt wird (vgl. BayVGH, Urteil vom 14.12.1989 -9 B 87.2016- BayVBl. 1990, 719 [720], KirchE 27, 349; siehe ferner VGH.BW, Urteil vom 8.5.2009 -1 S 2859/06- *juris* Rn 43, KirchE 53, 258; Stelkens/Bonk/Sachs, VwVfG, 7. Aufl. 2008, Rn 219, Fn 1303 unter Hinweis auf BayVGH, aaO). Davon geht auch § 22 HStG aus, wonach bei bestehenden Zweifeln über die Rechtsnatur der Stiftung die Aufsichtsbehörde eine Entscheidung zu treffen hat. Der Begriff Entscheidung bedeutet nämlich, dass mit bindender Wirkung Rechte der Betroffenen festgestellt oder verneint werden (vgl. auch BVerwG, Urteil vom 5.11.2009 -4 C 3.99- *juris* Rn 15). Wird normativ eine solche regelnde Feststellung verlangt - wie hier von § 22 HStG -, geht es um einen feststellenden Verwaltungsakt (vgl. Kopp/Ramsauer, VwVfG, 10. Aufl. 2008, Rn 51 zu § 35). Steht aber ein feststellender Verwaltungsakt in Frage, ist statthafte Klageart die Verpflichtungsklage (vgl. Hess.VGH, Urteil vom 14.3.2006 -11 UE 1426/04- NVwZ-RR 2006, 794, mwN; Hess.VGH, Urteil vom 28.11.2007 -6 UE 1882/06- *juris* Rn 26, insoweit in ESVGH, 58, 150 ff. nicht abgedruckt). Dies gilt namentlich für den Erlass eines Statusfeststellungsbescheides, wie ihn die Klägerin im vorliegenden Fall anstrebt (vgl. VGH.BW, Urteil vom 8.5.2009 -1 S 2859/06- *juris* Rn 41 ff, KirchE 53, 258, wo allerdings eine Anfechtungssituation vorlag).

[27] Die Feststellungsklage ist hier auch nicht deswegen ausnahmsweise statthaft, weil sie effektiveren Rechtsschutz gegenüber der Verpflichtungsklage

böte (Kopp/Schenke, VwGO, 13. Aufl. 2005, Rn 28 zu § 43). Denn dem Rechtsschutzbegehren der Klägerin kann hier mit der Verpflichtungsklage vollständig und umfassend Rechnung getragen werden.

[28] Die mit dem Hilfsantrag erhobene, nach den soeben gemachten Ausführungen statthafte Verpflichtungsklage ist auch ansonsten zulässig, insbesondere form- und fristgerecht eingelegt, in der Sache aber unbegründet. Die Klägerin kann nicht verlangen, dass der Beklagte den von ihr begehrten Feststellungsbescheid erlässt. Ein entsprechender Anspruch besteht nicht, weil die Beigeladene keine kirchliche Stiftung ist (vgl. § 113 Abs. 5 Satz 1 VwGO).

[29] Maßgebliche Rechtsgrundlage für die Beurteilung, ob eine Stiftung kirchlicher Natur oder ein weltanschauliche Stiftung vorliegt, ist § 20 Abs. 1 HStG. Nach der Legaldefinition dieser Bestimmung sind kirchliche Stiftungen die überwiegend kirchlichen, diakonischen, karitativen oder religiösen Zwecken einer Kirche gewidmeten Stiftungen, die organisatorisch mit der Kirche verbunden sind oder deren Zwecke nur sinnvoll in Verbindung mit der Kirche erfüllt werden können. Damit definiert der Landesgesetzgeber die Eigenschaft der kirchlichen Stiftung mit der Bindung an kirchliche Zwecke und der Zuordnung zur kirchlichen Organisation und befindet sich insofern in Übereinstimmung mit der Mehrzahl der Stiftungsgesetze der Bundesländer (vgl. Seifart/v. Campenhausen [Hrsg.], Handbuch des Stiftungsrechts, 3. Aufl. 2009, § 23, Rn 1 mit Fn 1).

[30] Im vorliegenden Fall wurde die Beigeladene bereits im Jahre 1879 - möglicherweise sogar schon im Jahre 1711 - und daher vor Inkrafttreten des Hessischen Stiftungsgesetzes errichtet. Die Rechtsstellung solcher schon zur Zeit des Inkrafttretens dieses Gesetzes bestehender Stiftungen regelt § 24HStG, indem er diese Stiftungen den Vorschriften dieses Gesetzes unterwirft. Verbleibt es folglich für die Frage des Vorliegens einer kirchlichen Stiftung bei der Regelung des § 20 Abs. 1 HStG, kann hier weder die spezifische, die kirchliche Stiftung ausmachende Zweckbestimmung der Beigeladenen noch ihre organisatorische Verbundenheit mit der Klägerin festgestellt werden.

[31] Wie das Bundesverfassungsgericht in seinem Beschluss vom 11.10.1977 -2 BvR 209/76- (KirchE 16, 189) ausgeführt hat, ist jede Stiftung in das historisch-gesellschaftliche Milieu eingebunden, innerhalb dessen sie entstanden ist. Das bedeutet unter anderem, „dass der Stifterwille dauernd konstitutiv bleibt. Charakter und Zweck der Stiftung liegen mit diesem Anfang in die Zukunft hinein und für die Dauer der Existenz der Stiftung fest. Deshalb sind auch Erklärungen der Stifter aus dem zu ihrer Zeit herrschenden örtlichen Zeitgeist heraus auszulegen." (BVerfGE 46, 73 [85], KirchE 16, 189).

[32] Im Streitfall ist daher auf die zur Zeit der Gründung der Stiftung maßgeblichen Umstände abzustellen. Diese lassen die Feststellung nicht zu, dass

die Beigeladene ausschließliche oder überwiegend kirchliche Aufgaben wahrgenommen hat, beziehungsweise mit der Klägerin organisatorisch verbunden war.

[33] Zur Begründung nimmt die erkennende Kammer zunächst Bezug auf die Entscheidungsgründe des Bescheids vom 26.11.2009, denen die Kammer folgt, und sieht von einer weiteren Darstellung einer Begründung ab (§ 117 Abs. 5 VwGO).

[34] Im Hinblick auf das Klagevorbringen ist ergänzend zu erwähnen, dass die von der Klägerin im Verwaltungs- beziehungsweise erstmalig im Klageverfahren vorgelegten Unterlagen nicht die Rechtsansicht der Klägerin stützen, vielmehr die Annahme des Beklagten bestätigen, wonach die Beigeladene keine kirchliche Stiftung ist. Dies gilt sowohl für die von dem ehemaligen Pfarrer Walter Kappesser gefertigte Jubiläumsschrift aus dem Jahre 1979 mit dem Titel „Hundert Jahre im Dienste am Menschen 1879-1979 Sozialzentrum Laubacher Stift“ als auch für die weiter vorgelegten Unterlagen, nämlich die historischen Notizen des Grafen Friedrich Graf zu Solms-Laubach vom 10.10.1879, den Auszug aus dem kirchlichen Archiv aus dem Jahre 1879, gefertigt von dem damaligen Pfarrer Karl Draudt, das Schreiben des Regierungspräsidenten Darmstadt vom 20.9.1955 an den Vorsitzenden des gräflichen Johann-Friedrich-Stifts zu Laubach, Georg Friedrich Graf zu Solms-Laubach, und die Verfassung der Stiftung vom 1.12.1955.

[35] Nach der Jubiläumsschrift von Pfarrer Walter Kappesser hat sich das Stift aus einem Armenhaus, gegründet 1711, entwickelt. Gründer des Armenhauses war der 1671 geborene und 1723 gestorbene Friedrich Ernst Graf zu Solms-Laubach, der unter dem christlichen Einfluss seines Vaters, Johann Friedrich Graf zu Solms-Laubach (1625-1696), stand. Letzterer hatte die Errichtung eines Armen- und Waisenhauses seinem Sohn und Nachfolger Friedrich Ernst in seinem Vermächtnis aufgegeben. Johann Friedrich Graf zu Solms-Laubach war eng befreundet mit dem Frankfurter Pfarrer Philipp Jacob Spener (1635-1705), einem Anhänger beziehungsweise Begründer des Pietismus.

[36] Im Jahre 1879 kam es unter Friedrich Graf zu Solms-Laubach (1833-1900) zu einer Neugründung der Stiftung. In der Jubiläumsschrift von Pfarrer Walter Kappesser heißt es hierzu, dass Friedrich Graf zu Solms-Laubach am 26.9.1866 (richtig wohl 1877) bestimmt habe, den bisherigen Bestand des Armenhauses aufzulösen. Der Armenhausverwalter solle zum 1.1.1878 in den Pensionsstand treten; die Pfründner sollten ein Jahr in Privatpflege untergebracht und die Ökonomie solle nach Beendigung der „Winterausstellung“ aufgelöst werden. Friedrich Graf habe Pfarrer Draudt mit den nötigen Vorbereitungen zur Unterbringung der Pfründner ersucht. Nach den Umbauarbeiten habe die Einweihung, bei der der Graf einen Überblick über die Geschichte der Einrichtung

gegeben habe, stattgefunden. Neben der Baulichkeit habe die entscheidende Neuerung in der Mitarbeit zweiter Schwestern aus dem Elisabethenstift in Darmstadt zur Pflege der Armen und Kranken und zur Leitung des Hauses bestanden. Das neue Haus habe nicht nur Pfründner, das heißt Arme und Gebrechliche, aufgenommen, sondern es sei auch eine Krankenstation eingerichtet worden. Die Schwestern hätten die Aufgabe gehabt, auch die Kranken in der Gemeinde zu besuchen und zu pflegen. Pfarrer Draudt habe neben der Seelsorge auch die Aufgabe der Geschäftsführung des Johann-Friedrich-Stift innegehabt.

[37] In den historischen Notizen des Grafen Friedrich vom 10.10.1879 heißt es u.a., dass das ursprüngliche Armenhaus ein „missratenes Unternehmen" geworden sei, das bis in die neueste Zeit ein „vegetierendes Leben" nach Art so mancher aus älteren Zeiten stammenden Stiftung geführt habe. Bis zur „Mediation" (gemeint ist die ab dem Jahre 1803 beginnende Mediatisierung, bei der die reichsunmittelbare Städte, Grafschaften usw. größeren Territorien zugeordnet und damit die unmittelbare [immediate] Unterstellung zum König aufhoben wurde), sei das Armenhaus eine landesherrliche Anstalt gewesen. Nach der Zuteilung der Grafschaft Laubach zu dem Großherzogtum Hessen sei 1819 ein „Separatvertrag" geschlossen und die Bestimmung getroffen worden, wonach das Armenhaus aus privaten Mitteln des gräflichen Hauses dotiert und allgemein diesem zu unterstehen habe. Am Ende der historischen Notizen heißt es wörtlich: „Am 1.9.1879 begannen wir mit Gottes Hilfe und unter Leitung von Schwestern aus dem Darmstädter Elisabethenstift die erneuerte Anstalt und dem Namen „Johann Friedrichs-Stift" in der Hoffnung, dass der schon vor nahezu 200 Jahren erbetene und erhoffte, aber vorenthaltene Segen dem Hause im reichen Maße zu teil werden möge, das gebe der Herr!"

[38] Dem Auszug aus dem kirchlichen Archiv lässt sich entnehmen, dass Pfarrer Karl Draudt, der die Notizen offensichtlich verfasste, das Haus mit Gottes Wort und Gebet zu einer Stätte christlicher Barmherzigkeit einweihte. Das Stift stehe unter unmittelbarer Leitung von zwei Diakonissen – was der tiefgreifendste Unterschied zum alten Armenhaus sei. Der Anstalt sei auch eine Krankenstation für Männer und Frauen und eine Kinderstation angegliedert worden. Die Diakonissen, mit denen ein ganz anderer Geist in das Haus eingezogen sei, würden sich auch um die Armen- und Krankenpflege in der Stadt kümmern. Ihm, dem Verfasser, sei die Seelsorge und die Oberaufsicht über das Haus anvertraut worden. Schließlich heißt es: „Das Pflegegeld für kranke Erwachsene (einschließl. Arzt und Medizin) auf eine Mark täglich und für kranke Kinder auf 50 Pf. tägl. Natürlich steht es dem Grafen jederzeit frei, Ausnahmen eintreten zu lassen, wie ebenso natürlich Aufnahmen in das Stift nur mit Seiner oder Seiner Erlauchten Gemahlin Bewilligung erfolgen können."

[39] Diese Quellen vermögen die Ansicht der Klägerin nicht zu stützen, es handele sich bei der Stiftung um eine kirchliche. Denn ihnen lässt sich eine organisatorische Verbundenheit der Beigeladenen zur Klägerin nicht entnehmen.

[40] Anders als in dem vom Bundesverfassungsgericht (BVerfGE 46, 73 ff., KirchE 16, 189) entschiedenen Fall, in dem der Bischof vom Stifter aufgerufen war, seine Zustimmung zu allen wichtigen Fragen der Stiftung zu geben, zeigen vorliegend die Quellen eine solche Eingliederung in die oder eine Verbundenheit mit der Institution Kirche nicht. Dies wird zunächst darin deutlich, dass das Wort „Kirche" keinerlei Erwähnung findet. Es ist indes davon auszugehen, dass die Quellen eine Zuordnung des Stifts zu einer Kirche angeführt hätten, wenn dies tatsächlich auch vom Stifter gewollt gewesen wäre. Stattdessen wurde als tiefgreifendster Unterschied zwischen dem alten Armenhaus und dem neuen Stift von Pfarrer Karl Draudt die Leitung durch die beiden Diakonissen genannt. Dass ein Pfarrer seine eigene Kirche unerwähnt lässt bei der Organisation eines solchen Stifts, ist aber schwer vorstellbar, zumal wenn er selbst mit Verwaltungsaufgaben betraut ist. Die Quellen belegen überdies den erheblichen Einfluss, den der „Erlauchte Patron" oder „Seine Erlauchte Gemahlin" auf das Stift hatten, weil diese jederzeit Ausnahmen hinsichtlich der Aufnahmen in das Stift anordnen konnten. Dies zeigt, dass andere - gleichwohl ob Kirche oder weitere Personen - keinen wesentlichen Einfluss besaßen, und deswegen auch eine organisatorische Verbundenheit zur Kirche nicht angenommen werden kann. Angesichts der Haltung der Grafschaft zu Solms-Laubach zum Pietismus eines Philipp Jacob Speners und August Hermann Franckes und einer „feindseligen" Stellung zum strengen orthodoxen Christentum, belegt in den Notizen von Friedrich Graf zu Solms-Laubach vom 10.10.1879, liegt es weiterhin nahe, dass jede kirchliche Eingliederung oder Verbundenheit mit der Kirche in den historischen Quellen Erwähnung gefunden hätte.

[41] Die erkennende Kammer ist nach alledem der Überzeugung, dass schon eine Verbundenheit mit der Kirche des Stifts zur Zeit seiner Errichtung in die Institution Kirche nicht erfolgte. Soweit die Quellen sich deutlich auf christliche Werte beziehen und eine Nähe zum diakonischen Gedanken belegen, handelte es sich nicht um Umstände, die überwiegend kirchliche oder religiöse Zwecke, denen die Stiftung gewidmet sein könnte, dartun. Die Mitarbeit von nur zwei Diakonissen, die ferner auch für die Stadt Laubach arbeiteten, und die Oberaufsicht eines Pfarrers zeugen mangels Nennung der Kirche beziehungsweise mangels Erwähnung einer engen Verbundenheit des Stifts mit der Kirche in diese nur von einer allgemein christlichen Einstellung des Stiftsgründers. Darüber hinaus ist weiter das Fehlen einer Stiftsurkunde, die der oder einer Kirche irgendeinen Einfluss auf das Stift gestattete, von entscheidender Bedeutung.

Wie der Kammer aus anderen, auch die Klägerin betreffenden Verfahren bekannt ist, war zur damaligen Zeit ein Stiftungstext nicht ungewöhnlich. Diesen zu erstellen wäre auch für den Gründer des Johann-Friedrich-Stifts naheliegend gewesen – erst recht, wenn mit der Stiftungsurkunde Einflussmöglichkeiten kirchlicher Institutionen gewollt gewesen wären. Diesbezügliche Erklärungen des Stifters sind indes nicht bekannt, und sie lassen sich nicht ansatzweise den Quellen entnehmen.

[42] Auch das von der Klägerin angeführte Schreiben des Regierungspräsidenten in Darmstadt vom 20.9.1955 an den Vorsitzenden des gräflichen Johann Friedrich-Stifts, die Änderung der Verfassung der Stiftung betreffend, führt zu keinem anderen Ergebnis. Dieses Schreiben zeigt, dass der damalige Vorstand der Stiftung nach der einschlägigen Satzung vom 26.8.1939 aus dem Grafen zu Solms-Laubach als Vorsitzendem, dem leitenden Anstaltsarzt, dem ersten Pfarrer der evangelischen Gemeinde Laubach, dem Bürgermeister der Stadt Laubach und einem Vertreter des Landesverbandes der inneren Mission als ständige Mitglieder sowie nach Bedarf aus einer zahlenmäßig nicht begrenzten Anzahl weiterer Mitglieder besetzt wurde. Eine besondere Nähe oder Verbundenheit der Stiftung zur Klägerin ergibt sich hieraus schon deshalb nicht, weil nichtkirchliche Mitglieder im Vorstand überwogen. Lediglich der erste Pfarrer der evangelischen Gemeinde Laubach bildete als Vorstandsmitglied eine Ausnahme. Zwar betont die Satzung vom 1.12.1955 in § 1 Abs. 2 „den Charakter einer evangelischen Anstalt, deren Aufgaben es ist, christliche Wohltätigkeit zu üben." Andererseits wird in § 1 Abs. 1 Satz 1 der Satzung hervorgehoben, dass das „Gräfliche Johann Friedrich-Stift eine Stiftung des gräflichen Hauses Solms-Laubach" ist. In § 1 Abs. 1 Satz 2 der Satzung heißt es: „Es ist eine selbständige Stiftung mit eigener Rechtspersönlichkeit." Damit folgt auch aus dieser verfassungsgebenden Satzung - trotz der Tatsache, dass ein Vertreter des Landesverbandes der inneren Mission und der ständige Pfarrer der evangelischen Kirchengemeinde Vorstandsmitglieder sind und der Pfarrer in der Regel sogar die Geschäftsführung innehat - keine solche organisatorische Verbundenheit zu der Klägerin, die es rechtfertigen könnte, der Klage stattzugeben.

[43] Liegen nach den zuvor gemachten Ausführungen die Voraussetzungen des § 20 Abs. 1 HStG nicht vor und ist die Beigeladene schon deshalb keine kirchliche Stiftung, ist ferner gegen das Vorliegen einer kirchlichen Stiftung anzuführen, dass die Klägerin sich erst zum jetzigen Zeitpunkt bemüht, die Beigeladene als kirchliche Stiftung anzusehen. Nach § 22 HStG wäre es ihr möglich gewesen, bereits viel früher eine Klärung der Rechtsnatur der Beigeladenen als kirchliche Stiftung herbeizuführen. Die Tatsache, dass die Klägerin dies unterlassen hat, zeigt, dass sie offensichtlich selbst nicht davon überzeugt war, die Beigeladene sei eine kirchliche Stiftung. Das formale Erfordernis einer orga-

nisatorischen Verbindung der Stiftung mit der Kirche erfordert, dass die Stiftung die inhaltlichen Anforderungen kontinuierlich erfüllt. Deswegen bedarf es eines Mindestmaßes an Einflussmöglichkeiten der Kirche, um auf Dauer eine Übereinstimmung der religiösen Betätigung mit den kirchlichen Vorstellungen zu gewährleisten (VGH.BW, Urteil vom 8.5.2009 -1 S 2859/06- *juris* Rn 54, KirchE 53, 258). Davon kann im Falle der Klägerin aber nicht ausgegangen werden. Es liegen keine Indizien und es liegt auch kein entsprechender Vortrag dafür vor, dass die Klägerin als Institution auf die Beigeladene jemals Einfluss genommen oder ein irgendwie geartetes Aufsichtsrecht über die Beigeladene wahrgenommen oder geltend gemacht oder sie in finanzieller Hinsicht unterstützt hätte.

[44] Nach alledem ergibt die Gesamtwürdigung des Vorbringens der Beteiligten, der Satzungsunterlagen und der Beiakten, dass es sich bei der Beigeladenen nicht um eine kirchliche Stiftung handelt.

15

Der Umstand, dass jüdische Friedhöfe nach dem religiösen Verständnis der jüdischen Glaubensgemeinschaft nicht abgeräumt oder gar aufgehoben werden dürfen, sondern wegen der gebotenen Totenruhe unantastbar sind, führt nicht dazu, dass ein jüdischer Friedhof auch dann seine Denkmaleigenschaft nach § 2 Abs. 1 Satz 1 TH.DSchG beibehält, wenn keine sichtbaren Spuren für die Existenz eines Friedhofs mehr vorhanden sind.

§§ 2 Abs. 1, 2 u. 7, 24 Abs. 1, 30 Abs. 1 TH.DSchG
OVG Thüringen, Urteil vom 1. September 2010 -1 KO 832/06[1]-

Die Beteiligten streiten über die Rechtmäßigkeit eines von der Beklagten ausgeübten denkmalschutzrechtlichen Vorkaufsrechts.

Am 20.4.2001 wurde vor der Notarin K. ein Kaufvertrag zwischen den Klägern (als Verkäufern) und dem Beigeladenen (als Käufer und zugleich vollmachtslosem Vertreter der Verkäufer) über das Grundstück in der Gemarkung Weimar, Flur 38, Flurstück a, beurkundet.

Das Grundstück ist 234 m^2 groß und über eine Zuwegung von der M'straße aus zu erreichen. In südlicher Richtung schließen sich an das Grundstück die beiden Flurstücke b und c an, die ihrerseits an die L'straße angrenzen. Die Flurstücke b und c wurden im Jahre 1774 vom „Fürstlichen Hofjuden“ E. mit dem

1 Auszug aus den amtl. Leitsätzen. DVBl 2011, 1048 (LS); ThürVBl 2011, 271; ThürVGRspr 2013, 6; LKV 2011, 374.

Ziel erworben, hierauf einen Begräbnisplatz zu errichten. Die erste Bestattung fand 1775 statt. Das Flurstück a erhielt 1808 der jüdische Bankier und „Großherzogliche Hofkommissar“ U., um dort einen eigenen Begräbnisplatz anzulegen. Die beiden Friedhöfe wurden etwa bis Ende des 19. Jahrhunderts genutzt. Danach verwilderten sie. In den sechziger und siebziger Jahren des 20. Jahrhunderts wurde das Flurstück a mit zum Teil massiven Garagen und Schuppen überbaut. Zum Verwalter des Grundstücks wurde 1984 der VEB Kommunale Wohnungsverwaltung eingesetzt; nach 1990 übernahm die Weimarer Wohnstätte die Verwaltung des Garagengrundstücks. Ein Teil des Flurstücks c wurde bis zum Jahre 1983 in seiner Gestalt als Friedhof wieder hergerichtet und im November 1983 als Jüdische Gedenkstätte übergeben. Die Kläger sind die direkten Nachkommen und Erben der Familie U. Ihr Rechtsvorgänger hatte das Garagengrundstück im Jahre 1990 der Beklagten schenkweise angeboten. Die Beklagte reagierte hierauf nicht. Verhandlungen zum Erwerb des Grundstücks mit den Klägern wurden ebenfalls nicht geführt.

Mit Schreiben vom 15.8.2001 benachrichtigte das Thüringische Landesamt für Denkmalpflege die Kläger von der Eintragung des auf den Flurstücken a, b und c befindlichen Jüdischen Friedhofs in das Denkmalbuch.

Mit Schreiben vom 10.12.2001 teilte die Beklagte der Notarin K. auf deren diesbezügliche Anfrage vom 23.4.2001 mit, dass sie die Ausübung des Vorkaufsrechts beabsichtige. Die Notarin benachrichtigte daraufhin die Beklagte mit Schreiben vom 20.12.2001 davon, dass für den Vertrag zwischenzeitlich die notariellen Genehmigungserklärungen, die familiengerichtliche Genehmigung des Amtsgerichtes Marburg (wegen der Minderjährigkeit der Klägerin zu 5) und die Genehmigung nach der Grundstücksverkehrsordnung vorlägen. Am 23.1.2002 beschloss der Stadtrat der Beklagten die Ausübung des Vorkaufsrechts. Mit Schreiben vom 29.1.2002 informierte die Beklagte die Kläger und den Beigeladenen hiervon und hörte sie zur beabsichtigten Ausübung des Vorkaufsrechts nach § 30 TH.DSchG an. Zur Begründung bezog sie sich auf die Bestätigung des Thüringischen Landesamts für Denkmalpflege, wonach u.a. das streitgegenständliche Grundstück Bestandteil des ehemaligen jüdischen Friedhofs in Weimar sei. Sowohl die Kläger als auch der Beigeladene sprachen sich in ihren Stellungnahmen gegen die Ausübung des Vorkaufsrechts aus.

Mit Bescheiden vom 8.2.2002 übte die Beklagte ihr Vorkaufsrecht bezüglich des streitgegenständlichen Grundstücks gegenüber den Klägern und dem Beigeladenen aus. Zur Begründung führte sie aus, das Flurstück a habe zusammen mit den Flurstücken b und c bis zum Ende des 19. Jahrhunderts der Bestattung jüdischer Bürger gedient. Während ein Teil des Flurstücks c im Jahre 1983 in seiner ursprünglichen Gestaltung als Friedhof wieder hergerichtet und als jüdische Gedenkstätte übergeben worden sei, sei das hier in Rede stehende Grundstück zu DDR-Zeiten mit sieben Garagen/Schuppen intensiv überbaut worden. Das Grundstück, das auch in die Denkmalliste eingetragen sei, verlange im übergeordneten Interesse der Allgemeinheit, insbesondere vor dem Hintergrund der bestehenden moralischen Verpflichtung des deutschen Volkes gegenüber den Menschen jüdischen Glaubens, nach der Wiederherstellung eines dem ursprünglichen Verwendungszweck adäquaten Zustandes.

Das Thüringer Landesverwaltungsamt hat den Widerspruch der Kläger zurückgewiesen. Die gesetzlichen Voraussetzungen des § 30 Abs. 1 des Thüringer Denkmalschutzgesetzes lägen vor. Das Grundstück sei nach der Erklärung des Thüringischen Landesamts für Denkmalpflege Bestandteil eines Kulturdenkmals. Auch das Tatbestandsmerkmal der Ausübung des Vorkaufsrechts zum Wohl der Allgemeinheit liege hier vor. Dass das Ziel, den ehemaligen jüdischen Friedhof insgesamt der Allgemeinheit zur Verfügung zu stellen, erst verwirklicht werden könne, wenn sich alle Flächen im Eigentum der Beklagten befänden, sei unerheblich. Es liege in der Natur der Sache, dass dieses Ziel durch die Ausübung von Vorkaufsrechten nur etappenweise verwirklicht werden könne. Die Ausübung stelle schließlich keine unzulässige Enteignung dar; bei den Vorschriften über das gesetzliche Vorkaufsrecht handele es sich um zulässige Inhaltsbestimmungen des Eigentums.

Die Kläger stützen ihre hierauf erhobene Anfechtungsklage im Wesentlichen auf folgende Erwägungen: Das betroffene Grundstück sei kein Kulturdenkmal. Die erhaltenen Grabsteine seien in die Gedenkstätte an der L’straße integriert worden. Spuren des Friedhofs würden sich allenfalls nach umfangreichen Grabungen ergeben. Das Grundstück sei deshalb entgegen der Ausführungen des Landesamts für Denkmalpflege weder ein „sichtbarer Ort jüdischer Kultur in Weimar“ noch dokumentiere es „religiöses Brauchtum und zugleich ein Stück Sepulkralkultur des späten 18. und 19. Jahrhunderts“. Das Grundstück könne auch nicht als Teil eines einheitlichen jüdischen Friedhofs als Denkmal eingestuft werden. Das betroffene Grundstück sei nie Teil eines einheitlichen jüdischen Friedhofs gewesen, sondern ein privater Friedhof der Familie U.; aufgrund von Spannungen zwischen den Familien U. und E. habe erstere einen eigenen Begräbnisplatz erwerben wollen. Das Grundstück sei früher ringsum mit einer Mauer eingefriedet gewesen. Jedenfalls fehle hier die Denkmalwürdigkeit. Ein öffentliches Interesse an der Erhaltung des derzeitigen Zustandes bestehe nicht. Die Beklagte habe bislang auch keine Absicht geäußert, die Grabsteine auf dem Friedhof an der L‘straße, die dem hiesigen Grundstück zugeordnet werden könnten, zurückzubringen. Ein Vorfahre von ihnen habe überdies auf das Angebot im Jahre 1990, das Grundstück der Beklagten zu schenken, keine Reaktion erfahren. Es bestünden im Übrigen auch verfassungsrechtliche Bedenken gegen die Ausübung des Vorkaufsrechts. Zweifelhaft erscheine die Ausübung des Vorkaufsrechts, wenn, wie hier, die Eintragung ins Denkmalbuch erst nach Abschluss des Kaufvertrages vorgenommen werde. Das System der normativen Unterschutzstellung des Thüringer Denkmalschutzgesetzes sei verfassungsrechtlich insoweit bedenklich, als daran belastende Folgen für die Vergangenheit geknüpft würden. Der trostlose Zustand des Grundstücks habe eine Unterschutzstellung als völlig abwegig erscheinen lassen. Ferner rechtfertige auch das Wohl der Allgemeinheit iSd § 30 TH.DSchG nicht die Ausübung des Vorkaufsrechts. Die Beklagte habe in keiner Weise dargelegt, wie die Wiederherstellung des früheren Zustandes geplant und möglich sein solle, zumal zwischen dem Grundstück und dem Friedhof an der L'straße ein weiteres, als Gartengrundstück genutztes, Grundstück liege. Das Interesse an dem Grundstück sei erst in Zusammenhang mit einem Bauvorhaben der Weimarer Wohnstätte entstanden. Die von der Beklagten angeführte moralische Verpflichtung des deutschen Volkes gegenüber Menschen jüdischen Glaubens verlange keine Wiederherstellung eines jüdischen Friedhofes, von dem sichtbare Spuren nicht mehr vorhanden seien. Die frühere Benachteiligung der Juden setze sich vielmehr als Bevormundung der Rechtsnachfolger fort. Letztlich sei die Ausübung des Vorkaufsrechts unverhältnismäßig. Ein unsachgemäßer Umgang mit dem Grundstück könne durch die Versagung von Baugenehmigungen verhindert werden.

Die Beklagte wendet ein, dass die Bebauung des fraglichen Grundstücks mit Behelfsgaragen zwar die Gewichtigkeit der Denkmaleigenschaft der Parzelle mindere. Es ändere aber nichts daran, dass dieses Grundstück Bestandteil des ehemaligen jüdischen Friedhofs in Weimar sei. Diese Zusammengehörigkeit im historisch strukturellen Sinne vermittle die Denkmaleigenschaft. Mit dem Erwerb werde die Chance und die Pflicht wahrgenommen, dem authentischen Ort in seiner ursprünglichen Ausdehnung schrittweise ein würdiges und denkmalgerechtes Erscheinungsbild zu geben. Dies bedeute konkret die Beseitigung der Garagen und das Anlegen einer Rasenfläche. Damit wäre ein wichtiger Schritt zur Komplettierung des historischen Areals getan.

Das VG Weimar (Urteil vom 6.4.2005 -6 K 1928/02.We- n.v.) hat der Klage mit der Begründung stattgegeben, dass es sich bei dem Grundstück Flurstück a nicht um ein Grundstück mit einem Kulturdenkmal handele. Von dem Friedhof der Familie U. auf dem Flurstück a sei nichts mehr vorhanden; auf dem Grundstück befänden sich keine Grabsteine etc. mehr, sondern nur noch die zu DDR-Zeiten errichteten Garagen und Schuppen. Auch sei nicht belegt, dass sich unterirdisch noch Teile von Grabanlagen befänden, die auf die Existenz eines jüdischen Friedhofs schließen ließen. Seien aber die Gegenstände, die ein Kulturdenkmal ausmachten, mittlerweile zerstört, so bestehe kein Kulturdenkmal mehr, welches erhalten werden könne. Die Ausübung des Vorkaufsrechts zur

Wiederherstellung eines bereits vor Jahrzehnten untergegangenen Denkmals sei nach den Vorschriften des Thüringer Denkmalschutzgesetzes nicht vorgesehen. Selbst wenn man das Flurstück a als historischen Bestandteil des Ensembles jüdische Familienfriedhöfe ansehen wollte, so sei es jedenfalls aufgrund seiner Bebauung heute nicht mehr Bestandteil des Ensembles, da die Bebauung das Denkmalensemble insoweit zerstört habe. Auch aus der schon zu DDR-Zeiten erfolgten Aufnahme des „Jüdischen Friedhofs, L." in die Denkmalliste könne nichts zugunsten der Beklagten hergeleitet werden. Es spreche bereits viel dafür, dass damit nur das Terrain des Flurstücks erfasst worden sei, auf der die im Einzelnen aufgezählten Grabsteine 1983 wieder aufgestellt worden seien. Selbst wenn die Aufnahme in die DDR-Denkmalliste auch das streitige Flurstück erfasst haben sollte, sei die Ausübung des Vorkaufsrechts an einem tatsächlich nicht bestehenden Kulturdenkmal rechtswidrig, da es nicht durch das Wohl der Allgemeinheit gerechtfertigt sei.

Mit ihrer Berufung macht die Beklagte geltend, dass sich auf dem Grundstück der Kläger Kulturdenkmale befänden, an deren Erhaltung aus geschichtlichen Gründen ein öffentliches Interesse bestehe. Die Grundstücksfläche sei eine Sache. Als solche lege sie Zeugnis über die Existenz eines Friedhofs für Menschen jüdischen Glaubens in Weimar ab. Das Vorhandensein zusätzlicher Sachen, die den denkmalrechtlichen Erhaltungswert repräsentierten, sei für die Denkmaleigenschaft nicht erforderlich. Zu berücksichtigen sei insoweit auch, dass jüdische Friedhöfe im Gegensatz zu christlichen oder kommunalen Friedhöfen niemals aufgehoben bzw. abgeräumt würden, sondern für die Ewigkeit Friedhöfe blieben. Der Friedhof bleibe somit für alle Zeiten ein Friedhof und auch ein Denkmal, auch wenn oberirdisch nichts mehr zu sehen sei. Das streitbefangene Grundstück bilde zudem eine Ensembleeinheit mit den daneben liegenden Flurstücken b und c. Auf diesen habe früher ebenfalls ein alter jüdischer Friedhof (der E. jüdische Friedhof) existiert, der (wohl) 1983 nach seiner Wiederherstellung erneut „eingeweiht" worden sei. Zahlreiche Originalgrabsteine seien dort noch vorhanden. Die Flurstücke bildeten dadurch eine Sachgesamtheit bzw. bauliche Gesamtanlage, dass in ihnen die alte Anlage der beiden Friedhöfe der Familien E. und U. in ihren Umrissen und in ihrer früheren Bedeutung als Friedhöfe wieder hergestellt und besser dargestellt werden könnte. Sie würden aufgrund ihrer Nähe, ihres identischen Zwecks und ihrer gemeinsamen Geschichte als ein ehemaliger jüdischer Friedhof wahrgenommen. Das Flurstück a habe seine Zugehörigkeit zu dieser baulichen Gesamtanlage nicht durch seine Bebauung verloren, da nach deren Abriss die flächenhafte Zuordnung wieder erreicht und verdeutlicht werden könne. Die Denkmaleigenschaft des Flurstücks a folge schließlich daraus, dass den Umständen nach anzunehmen sei, dass sich in ihm Bodendenkmale in Form von Überresten menschlicher Bestattungen befänden. Unterirdische Grabanlagen seien für Archäologen auch dann Zeugnisse menschlicher Kulturen, an deren Erhaltung aus geschichtlichen oder volkskundlichen Gründen ein Interesse bestehe, wenn z. B. lediglich noch die Anordnung der Gräber im Boden erkennbar sei. Aus der Anordnung menschlicher Überreste könnten z.B. Rückschlüsse auf die Anlage von jüdischen Gräbern und somit auf die jüdische Kultur gezogen werden. Dass die unterirdischen Grabstätten durch die Errichtung von Fundamenten für die auf dem Grundstück aufstehenden Garagen berührt oder beseitigt worden wären, stehe nicht fest. Die Ausübung des Vorkaufsrechts sei auch aus Gründen des Wohls der Allgemeinheit gerechtfertigt. Insbesondere stelle die „Freimachung" des Flurstücks a, um dessen Zusammenhang mit den Nachbarflurstücken b und c aufzuzeigen, ein zulässiges Erhaltungsziel iSd § 30 Abs. 1 Satz 2 TH.DSchG dar. Hiermit könne erreicht werden, dass die früher sichtbaren und erkennbaren beiden Familienfriedhöfe wieder als Einheit darstellbar seien. Das Vorkaufsrecht ende nicht dort, wo von einem Denkmal nichts mehr zu sehen sei; es sei vielmehr auch dort einsetzbar, wo es um die Wiederherstellung eines Kulturdenkmals gehe.

Die Kläger sind weiterhin der Auffassung, dass ein unbebautes Grundstück für sich genommen nicht als Denkmal angesehen werden könne. Allein die Tatsache, dass es Schauplatz historischer Ereignisse gewesen sei, könne die Denkmaleigenschaft nicht begründen; das Denkmalschutzrecht schütze „Objekte", nicht Erinnerungen. Das streitbefangene Grundstück sei auch nicht Bestandteil des benachbarten ehemaligen E. Familienfriedhofs. Denn abgesehen davon, dass es sich bei den Friedhöfen der Familien E. und U. seit jeher um zwei verschiedene, voneinander durch eine Mauer getrennte Anlagen gehandelt habe, sei der U. Teil des „Gesamtensembles" heute nicht mehr vorhanden und damit auch kein Denkmal mehr. Auf dem streitgegenständlichen Grundstück befänden sich auch keine Bodendenkmale. Zwar könnten auch Grabstellen u.U. als Bodendenkmale angesehen werden; dies bedeute allerdings nicht, dass jeder Überrest einer Bestattung Denkmal sei. Hinzukommen müsse vielmehr eine besondere geschichtliche oder andere Bedeutung. Vorliegend sei nicht ersichtlich, dass die etwa noch vorhandenen Gebeine von Menschen jüdischen Glaubens von wissenschaftlichem oder geschichtlichem Interesse seien, insbesondere dass sie Erkenntnisse über jüdische Begräbnissitten vermitteln würden. Die Denkmaleigenschaft könne schließlich nicht damit begründet werden, dass ein jüdischer Friedhof nach jüdischem Glauben niemals aufgehoben werde und somit Friedhof für die Ewigkeit bleibe. Denn die Denkmaleigenschaft habe mit religiösen Vorstellungen und Geboten nicht zu tun. Dem Denkmalschutzrecht sei die Vorstellung eines „heiligen Ortes" fremd; es interessiere sich ausschließlich für erhaltenswerte Objekte. Die Ausübung des Vorkaufsrechts diene hier auch nicht der „Erhaltung" eines Denkmals. Die (behauptete) Neuherstellung bzw. Wiederherstellung eines zerstörten Denkmals sei keine Erhaltung mehr. Von Erhaltung könne nur dann die Rede sein, wenn noch „Originalsubstanz" vorhanden sei. Vorliegend hingegen gehe es um die Errichtung bzw. Erweiterung einer „Gedenkstätte".

Die Berufung blieb ohne Erfolg.

Aus den Gründen:

[29] Die zulässige, insbesondere fristgerecht begründete Berufung der Beklagten hat in der Sache keinen Erfolg.

[30] Das Verwaltungsgericht hat der zulässigen Klage zu Recht stattgegeben, denn der angefochtene Bescheid über die Ausübung des Vorkaufsrechts vom 8.2.2002 in der Fassung des Widerspruchsbescheides vom 6.1.2003 erweist sich als rechtswidrig und verletzt die Kläger in ihren Rechten (vgl. § 113 Abs. 1 Satz 1 VwGO).

[31] 1. Das Verwaltungsgericht hat zu Recht die von den Klägern erhobene Klage für zulässig erachtet, insbesondere die Klagebefugnis der Kläger ohne weiteres bejaht. Insbesondere können die Verkäufer eines Grundstücks geltend machen, durch die Ausübung des Vorkaufsrechts in eigenen Rechten verletzt zu sein, § 42 Abs. 2 VwGO. Zwar haben die Kläger keinen wirtschaftlichen Schaden zu besorgen, da mit dem Vorkaufsberechtigten ein Kaufvertrag unter den Bestimmungen zustande käme, die sie mit dem Käufer vereinbart hatten. Die Klagebefugnis folgt aber aus der Beschränkung der Vertragsfreiheit, Art. 2 Abs. 1 GG (vgl. Fechner/Martin/Paulus/Winghart, Thüringer Denkmalschutzgesetz, Komm., § 30 Anm. 7).

[32] 2. Die Klage ist auch begründet. Die tatbestandlichen Voraussetzungen für die Ausübung eines gemeindlichen Vorkaufsrechts nach der bei der vorliegenden Anfechtungssituation zum Zeitpunkt des Erlasses des Widerspruchsbescheides (vgl. OVG Mecklenburg-Vorpommern, Urteil vom 21.3.2007 - 3 L 159/03-) maßgeblichen Vorschrift des § 30 des Gesetzes zur Pflege und zum Schutz der Kulturdenkmale im Land Thüringen (Thüringer Denkmalschutzgesetz - TH.DSchG -) idF vom 7.1.1992 (GVBl. S. 17) sind nicht erfüllt.

[33] Nach § 30 Abs. 1 Satz 1 TH.DSchG idF vom 7.1.1992 steht der Gemeinde beim Kauf von Grundstücken, auf oder in denen sich Kulturdenkmale befinden, die im Denkmalbuch eingetragen sind, ein öffentlich-rechtliches Vorkaufsrecht zu. Das Vorkaufsrecht darf nach § 30 Abs. 1 Satz 2 TH.DSchG ausgeübt werden, wenn das Wohl der Allgemeinheit dies rechtfertigt, insbesondere, wenn dadurch die dauernde Erhaltung eines Kulturdenkmals ermöglicht werden soll.

Erforderlich ist weiterhin, dass das Vorkaufsrecht durch Verwaltungsakt (vgl. Fechner/Martin/Paulus/Winghart, aaO, § 30 Anm. 3.1) binnen zwei Monaten nach der Mitteilung des Kaufvertrages ausgeübt wird, § 30 Abs. 2 S. 1 TH.DSchG.

[34] a) Keine Bedenken bestehen zunächst an der form- und fristgemäßen Ausübung des Vorkaufsrechts durch die Beklagte. (*wird ausgeführt*)

[35] b) Weiterhin war das in Streit stehende Grundstück als Teil des „Jüdischen Friedhofs" unstreitig sowohl im Zeitpunkt der Ausübung des Vorkaufsrechts als auch bereits im Zeitpunkt des Vorliegens des (wirksamen) Kaufvertrages in das Denkmalbuch eingetragen, was vor der Novelle des Thüringer Denkmalschutzrechts (durch das Gesetz zur Änderung des Thüringer Denkmalschutzgesetzes und des Thüringer Besoldungsgesetzes vom 10.2.2004, GVBl. S. 102) noch Voraussetzung für die Ausübung des gemeindlichen Vorkaufsrechts war (vgl. insoweit § 30 Abs. 1 Satz 1 TH.DSchG und § 30 Abs. 1 Satz 1 TH.DSchG). (*wird ausgeführt*)

[36] c) Es mangelt jedoch - wie das Verwaltungsgericht zutreffend festgestellt hat - an der weiteren Voraussetzung des § 30 Abs. 1 Satz 1 TH.DSchG, nämlich dass sich auf oder in dem zu verkaufenden Grundstück ein Kulturdenkmal befindet.

[37] aa) In diesem Zusammenhang sei zunächst darauf hingewiesen, dass sich die Denkmaleigenschaft des Flurstücks a nicht bereits aus seiner Eintragung als Bestandteil des „Jüdischen Friedhofs in Weimar" in das Denkmalbuch ergibt (vgl. das Urteil des erkennenden Senats vom 5.11.2003 -1 KO 433/00-). Denn die Eintragung in das Denkmalbuch hat für unbewegliche Denkmale nach der Konzeption des TH.DSchG, das insoweit dem sogenannten ipso-jure-Modell folgt, nur deklaratorischen, nicht hingegen konstitutiven Charakter. Sie stellt mithin keinen der Bestandskraft fähigen Verwaltungsakt dar (vgl. ThürOVG, Urteil vom 5.11.2003 -1 KO 433/00- DÖV 2004, 491, ThürVBl 2004, 143; Peter/Viernickel, Thüringer Denkmalschutzgesetz, Komm., Erl. zu § 4, Satz 46; Fechner/Martin/Paulus/Winghart, aaO, § 5 Anm. 2.1.1).

[38] bb) Die Denkmaleigenschaft des Flurstücks a folgt auch nicht aus der schon zu DDR-Zeiten erfolgten Aufnahme des „Jüdischen Friedhofs, L." in die Denkmalliste des Stadtkreises Weimar (...). Es spricht nämlich aufgrund des Zeitpunktes der Eintragung, die im Jahre 1981 im Zuge der Pläne zur Errichtung einer Gedenkstätte auf dem E. Friedhof erfolgt ist, der Ortsangabe in der Denkmalliste (...) sowie der im Einzelnen aufgelisteten Grabmäler und Grabstätten alles dafür, dass in der Kreisdenkmalliste nicht das Flurstück a, sondern nur der 235 m^2 große, direkt an der L'straße. gelegene und durch einen Zaun abgegrenzte Teil des Flurstücks c als Denkmal ausgewiesen worden ist, auf dem die aufgezählten acht Grabsteine im Herbst 1983 wieder aufgestellt worden sind und der als „Jüdische Gedenkstätte" 1983 übergeben worden ist (vgl. hierzu auch die

Aufzeichnungen von Frau Dr. Eva Schmidt in ihrem Buch „Jüdische Familien im Weimar der Klassik und Nachklassik" (Weimarer Schriften, 1993, Heft 48, S. 109 ff.), das die Beklagte vorgelegt hat).

[39] cc) Das streitgegenständliche Grundstück ist auch nicht aus den in § 2 Abs. 1 Satz 1 TH.DSchG genannten Gründen ein Grundstück mit einem Kulturdenkmal iSv § 30 Abs. 1 Satz 1 TH.DSchG.

[40] Kulturdenkmale sind nach der gesetzlichen Begriffsbestimmung in § 2 Abs. 1 Satz 1 TH.DSchG Sachen, Sachgesamtheiten oder Sachteile, an deren Erhaltung aus geschichtlichen, künstlerischen, wissenschaftlichen, technischen, volkskundlichen oder städtebaulichen Gründen sowie aus Gründen der historischen Dorfbildpflege ein öffentliches Interesse besteht. § 2 Abs. 1 S. 2 TH.DSchG bestimmt, dass auch Denkmalensembles nach Abs. 2 und Bodendenkmale nach Abs. 7 Kulturdenkmale sind. Die Eigenschaft einer Sache als Kulturdenkmal setzt mithin ihre Denkmalfähigkeit und ihre Denkmalwürdigkeit voraus. Denkmalfähig ist eine Sache, wenn einer der in § 2 Abs. 1 Satz 1 TH.DSchG genannten Schutzgründe für ihre Erhaltung spricht; denkmalwürdig ist sie, wenn ein öffentliches Interesse besteht, das die auf einem gesetzlichen Schutzgrund beruhende Erhaltung der Sache rechtfertigt (vgl. Thür.OVG, Urteil vom 5.11.2003, aaO; OVG Sachsen-Anhalt, Urteil vom 14.10.2004 -2 L 454/00-). Die Beurteilung der Denkmaleigenschaft muss sich auf den gegenwärtigen Zustand beziehen (vgl. Peter/Viernickel, aaO, Erl. zu § 2, S. 43).

[41] Dabei ist der Begriff des Kulturdenkmals ein unbestimmter Rechtsbegriff wertenden Inhalts, dessen Anwendung einer vollen gerichtlichen Überprüfung zugänglich ist. Angesichts der Schwierigkeit, Denkmalfähigkeit und Denkmalwürdigkeit sachgerecht zu beurteilen, ist es zur Auslegung des Rechtsbegriffs angebracht, dass sich das Gericht sachverständiger Beratung bedient (vgl. VGH Baden-Württemberg, Urteil vom 27.5.1993 -1 S 2588/92- Thür.OVG, Urteil vom 5.11.2003, aaO). In erster Linie sind die Denkmalfachbehörden berufen, sachkundige Stellungnahmen zur Beurteilung eines Kulturdenkmals abzugeben (vgl. § 24 Abs. 2 TH.DSchG bzw. § 24 Abs. 2 TH.DSchG). Die Bewertung der von ihnen festgestellten Tatsachen hat dann durch das Gericht zu erfolgen. Erst wenn zu den von den Denkmalfachbehörden gelieferten tatsächlichen Erkenntnissen noch weiterer Aufklärungsbedarf besteht, sind die Gerichte verpflichtet, den Sachverhalt - etwa durch Einholung eines Sachverständigengutachtens - weiter aufzuklären. Dies mag etwa dann notwendig sein, wenn die Wertung des Gerichts zusätzliche Kenntnisse erfordert oder wenn sachkundige Aussagen der Denkmalfachbehörde umstritten sind und in fachlicher Hinsicht einer weiteren Aufklärung bedürfen (vgl. Thür.OVG, Urteil vom 5.11.2003, aaO).

[42] Im vorliegenden Fall bieten bereits die Stellungnahmen des ehemaligen Thüringischen Landesamts für Denkmalpflege keinen Anhalt dafür, dass

das umstrittene Grundstück denkmalfähige und denkmalwürdige Objekte aufweist oder Teil einer Sachgesamtheit mit der Eigenschaft eines Kulturdenkmals iSd § 2 Abs. 1 TH.DSchG ist.

[43] Zur Begründung der Denkmaleigenschaft hat das Thüringische Landesamt für Denkmalpflege in seiner Benachrichtigung vom 15.8.2001 über die Eintragung in das Denkmalbuch ausgeführt, der Jüdische Friedhof auf dem Flurstück a sei wegen seiner geschichtlichen und volkskundlichen Bedeutung Kulturdenkmal. In einer der Benachrichtigung beigefügten Anlage wird der Jüdische Friedhof beschrieben. Es wird unter anderem ausgeführt, dass der aus drei Grundstücken (Flurstücke a, b und c) bestehende Jüdische Friedhof einer der wenigen erhaltenen und sichtbaren Orte jüdischer Kultur in Weimar sei, der mit den verbliebenen, wenn auch nicht am originalen Standort befindlichen Grabsteinen verschiedener jüdischer Familien (U., L., C. u.a.) religiöses Brauchtum und zugleich ein Stück Sepulkralkultur des späten 18. und 19. Jahrhunderts dokumentiere. Diese Gründe sind angesichts der tatsächlichen Feststellungen, die das Landesamt im Ergebnis einer Ortsbegehung am 18.10.2001 getroffen hat, sowie in Anbetracht des dem Gericht weiterhin vorliegenden Erkenntnismaterials, insbesondere der Ausführungen von Frau Dr. Eva Schmidt in ihrem Buch „Jüdische Familien im Weimar der Klassik und Nachklassik" (Weimarer Schriften, aaO), nicht tragfähig.

[44] Aus geschichtlichen Gründen denkmalfähig ist eine Sache, wenn sie von geschichtlichen Personen, Ereignissen oder Entwicklungen zeugt; sie muss diese Bedeutung heute und für zukünftige Generationen anschaulich machen („Aussagewert"). Die geschichtliche Bedeutung des Schutzobjekts kann sich aber auch daraus ergeben, dass ihm als Wirkungsstätte namhafter Personen oder als Schauplatz historischer Ereignisse ein bestimmter „Erinnerungswert" beizumessen ist oder dass es einen im Bewusstsein der Bevölkerung vorhandenen Bezug zu bestimmten politischen, kulturellen oder sozialen Verhältnissen seiner Zeit herstellt („Assoziationswert"). Die geschichtliche Bedeutung eines Objekts oder Ortes kann dabei aus allen Bereichen der Geschichte hergeleitet werden (vgl. Fechner/Martin/Paulus/Winghart, aaO, § 2 Anm. 4.2.1; Seifert/Viebrock/Dušek/Zießler, Thüringer Denkmalschutzrecht, Erfurt 1992, § 2 Anm. 1). Sie ist nicht auf übergeordnete oder besonders bedeutsame Entwicklungen oder Verhältnisse beschränkt. Sie umfasst vielmehr auch Gegenstände des Denkmalschutzes, die nur für einzelne Wissenschaftsdisziplinen (z.B. Kirchengeschichte, Baugeschichte, Kunstgeschichte) oder für die Regional-, Heimat- oder Stadtgeschichte von Bedeutung sind. Entscheidend ist damit der dokumentarische und exemplarische Charakter des Schutzobjekts als ein Zeugnis der Vergangenheit (vgl. Sächs.OVG, Urteil vom 12.6.1997 -1 S 344/95-; OVG Sachsen-Anhalt, Urteil vom 14.10.2004, aaO).

[45] Von volkskundlicher Bedeutung sind Kulturdenkmale, die regionale Bräuche und Gepflogenheiten, besonders charakteristische Auffassungen und Haltungen der Bevölkerung oder bestimmter Bevölkerungsschichten zum Ausdruck bringen. Sie dokumentieren vor allem die Lebensweise, Lebensverhältnisse und Lebensäußerungen des „einfachen" Volkes. Hierher gehören insbesondere ländliche Bauwerke, die Bauernhäuser und landwirtschaftlichen Nebengebäude mit ihren Ausstattungen, Einrichtungen und Gebrauchsgegenständen (vgl. Seifert/Viebrock/Dušek/Zießler, aaO, § 2 Anm. 1; Peter/Viernickel, Thüringer Denkmalschutzgesetz, Stuttgart 2006, Erl. zu § 2, S. 41).

[46] Das Tatbestandsmerkmal des öffentlichen Erhaltungsinteresses (Denkmalwürdigkeit) setzt voraus, dass die Denkmaleigenschaft einer Sache und die Notwendigkeit ihrer Erhaltung in das Bewusstsein der Bevölkerung oder mindestens eines breiten Kreises von Sachverständigen eingegangen sind. Aufgrund der Korrektivfunktion des Merkmals des öffentlichen Interesses bedarf es im Blick auf das konkrete Schutzobjekt einer Bewertung des Ranges seiner denkmalpflegerischen Bedeutung. Dabei ist in erster Linie der „Seltenheitswert" zu berücksichtigen, der es rechtfertigen kann, aus einer Vielzahl vergleichbarer Objekte bestimmte Schutzobjekte als erhaltungswürdig herauszuheben. Daneben sind in die insoweit gebotene Abwägung der (ausschließlich) denkmalpflegerischen Interessen untereinander und gegeneinander vor allem der dokumentarische und exemplarische Wert des Schutzobjekts, sein Alter, das Maß seiner Originalität und Integrität sowie ganz allgemein das konkrete Gewicht der einschlägigen Schutzgründe einzustellen (vgl. ThürOVG, Urteil vom 5.11.2003, aaO, mwN). Der Erhaltungszustand eines Objekts hat grundsätzlich keinen Einfluss auf dessen Denkmalwürdigkeit. Auch ein schlecht erhaltenes Denkmal ist grundsätzlich schützenswert. Etwas anderes gilt jedoch dann, wenn das Denkmal nicht mehr unter Wahrung seiner Identität erhalten, sondern - sozusagen als Kopie des Originals - nur noch rekonstruiert werden könnte (vgl. VGH Baden-Württemberg, Urteil vom 27.5.1993 - 1 S 2588/92- mwN) oder wenn feststeht, dass das Denkmal in naher Zukunft unabwendbar untergehen wird (vgl. OVG des Saarlandes, Urteil vom 20.11.2008 -2 A 269/08-). In diesen Fällen wird das öffentliche Erhaltungsinteresse regelmäßig entfallen. Das gleiche muss erst recht dann gelten, wenn ein Denkmal überhaupt nicht mehr existent, d.h. seine Denkmaleigenschaft bereits untergegangen ist. In diesem Fall ist eine „Erhaltung" im Sinne von Pflege, Instandhaltung und Instandsetzung (vgl. Seifert/Viebrock/Dušek/Zießler, aaO, § 7 Anm. 2) bereits begrifflich nicht mehr möglich. Auch kann der Zweck von Denkmalschutz und Denkmalpflege, die Belassung des Originals in situ zu schützen, nicht mehr erreicht werden (vgl. Dörffeldt/Viebrock, Hessisches Denkmalschutzrecht, Komm., 2 Aufl., § 2 DSchG Rn 34). In Betracht kommt insoweit le-

diglich eine Wiederherstellung (vgl. Fechner/Martin/Paulus/Winghart, aaO, § 15 Anm. 2.1.1.), die jedoch nicht zum Wiederaufleben der Denkmaleigenschaft des Originals führen kann (vgl. Dörffeldt/Viebrock, aaO, § 2 DSchG Rn 33).

[47] (1) Nach diesen Maßstäben befinden sich auf dem streitgegenständlichen Grundstück, Flurstück a, keine Objekte, denen - für sich genommen - die Denkmaleigenschaft als „Jüdischer Friedhof in Weimar" zukommen könnte.

[48] Dabei ist voranzuschicken, dass historische Friedhöfe durchaus Kulturdenkmale sein können. Bei Friedhöfen - auch jüdischen - handelt es sich regelmäßig um eine Kombination von Anlagen, bestehend aus baulichen Anlagen (Grabdenkmäler, Grabsteine, steinerne Grabeinfassungen, u.U. eine den Friedhof umgebende Mauer) sowie den sie umgebenden Gartenanlagen (vgl. Eberl/Martin/Greipl, Bayerisches Denkmalschutzgesetz, Komm., 6. Aufl., Art. 1 DSchG Rn 64). Sie stellen mithin regelmäßig eine Sachgesamtheit dar. Die geschichtliche Bedeutung insbesondere von jüdischen Friedhöfen kann sich - wie auch vom Landesamt für Denkmalpflege beschrieben - unter anderem daraus ergeben, dass sie als sichtbarer Ort jüdischer Kultur Zeugnis über religiöses Brauchtum der jüdischen Glaubensgemeinschaft ablegen und ein Stück weit deren Trauer- und Begräbniskultur dokumentieren. Sie können aber auch als Dokumente schwerer und dunkler Zeiten, insbesondere von Unterdrückung, Verfolgung und Menschenvernichtung in der Zeit des Nationalsozialismus Kulturdenkmale sein (vgl. Fechner/Martin/Paulus/Winghart, aaO, § 2 Anm. 4.2.5; Dörffeldt/Viebrock, aaO, § 2 DSchG Rn 15; Martin/Krautzberger, Handbuch Denkmalschutz und Denkmalpflege, 2. Aufl., Abschnitt C Rn 9). Letzteres kommt vorliegend jedoch schon wegen des Alters des in Rede stehenden Friedhofs - die letzte Bestattung wurde nach den Aufzeichnungen von Eva Schmidt (aaO, S. 109) vor 1900 auf dem E. Friedhof vorgenommen - von vornherein nicht in Betracht. Zur Begründung der Denkmaleigenschaft des Jüdischen Friedhofs in Weimar kann deshalb nicht - wie es die Beklagte verschiedentlich anklingen lässt - auf die aus der Verfolgung der jüdischen Bevölkerung während der Schreckensherrschaft des Naziregimes resultierende „moralische Verpflichtung des deutschen Volkes gegenüber den Menschen jüdischen Glaubens" abgestellt werden.

[49] Auf dem Flurstück a, auf dem 1808 in unmittelbarer Nachbarschaft zum 1774 errichteten Friedhof der jüdischen Familie E. ein eigener Begräbnisplatz der jüdischen Familie U. angelegt wurde (vgl. Eva Schmidt, aaO, S. 98 ff.), ist offensichtlich und zwischen den Beteiligten unstreitig keine Friedhofsanlage im oben beschriebenen Sinn mehr vorhanden. Es befinden sich dort keine Grabanlagen einschließlich von Grabsteinen mehr, die Zeugnis über religiöses Brauchtum und die Sepulkralkultur des späten 18. und frühen 19. Jahrhunderts sowie über das jüdische Leben im Weimar der Klassik und Spätklassik ablegen

könnten. Das Grundstück ist vielmehr zu DDR-Zeiten (nach übereinstimmendem Vortrag der Beteiligten in den sechziger oder siebziger Jahren) intensiv mit Garagen und Schuppen überbaut worden. Das Thüringische Landesamt für Denkmalpflege führt insoweit in seinem Schreiben an die Kläger vom 23.10.2001 selbst aus, dass sich „auf dem in Rede stehenden Grundstück mehrere, z.T. provisorisch errichtete Garagen" befänden und „aufgrund der starken baulichen Überformung des Areals ... seine ursprüngliche Nutzung gegenwärtig nicht abzulesen" sei. Der Quellenwert sei daher „lediglich historisch-struktureller Natur". Es schätzte dementsprechend ein, dass dem Grundstück a „nur ein untergeordneter Stellenwert im Sinne des Umgebungsschutzes" zukomme. Von der Existenz eines Jüdischen Friedhofs auf dem streitigen Grundstück kann demnach nicht mehr ausgegangen werden; seine Denkmaleigenschaft ist bereits vor mehreren Jahrzehnten untergegangen, so dass folglich auch kein öffentliches Interesse an seiner Erhaltung bestehen kann. Entgegen der Auffassung der Beklagten kann auch nicht aus dem Umstand, dass jüdische Friedhöfe nach dem religiösen Verständnis der jüdischen Glaubensgemeinschaft nicht abgeräumt oder gar aufgehoben werden dürfen, sondern wegen der gebotenen Totenruhe unantastbar sind, der Umkehrschluss gezogen werden, dass ein Jüdischer Friedhof auch dann seine Denkmaleigenschaft beibehalte, wenn keine sichtbaren Spuren für die Existenz eines Friedhofs mehr vorhanden seien. Denn die Frage, unter welchen Voraussetzungen von einem Kulturdenkmal gesprochen werden kann, beantwortet sich vorliegend nach dem TH.DSchG. Danach können denkmalfähig und denkmalwürdig nur Sachen, Sachgesamtheiten und Sachteile sein. Nach der Definition des § 90 BGB Sachen sind Kulturdenkmale demnach bewegliche und unbewegliche körperliche Gegenstände. Unkörperliches - wie z.B. geschichtliche Orte ohne Spuren oder Reste, Traditionen, Feste, Bräuche, Erinnerungen - kann keine Sache sein (vgl. Fechner/Martin/Paulus/Winghart, aaO, § 2 Anm. 3.1.1; Dörffeldt/Viebrock, aaO, § 2 DSchG Rn 1).

[50] (2) Die Ausübung des Vorkaufsrechts über das Grundstück, Flurstück a, kann auch nicht darauf gestützt werden, dass sich in dem Grundstück ein Kulturdenkmal befindet.

[51] Die Beklagte macht insoweit geltend, dass den Umständen nach anzunehmen sei, dass sich im Boden noch Überreste menschlicher Bestattungen befänden. An der Erhaltung von unterirdischen Grabanlagen eines jüdischen Friedhofs bestehe aus geschichtlichen und volkskundlichen Gründen selbst dann ein Interesse, wenn lediglich noch Reste hiervon vorhanden sein sollten. Denn diese seien Zeugnis menschlicher Kultur, weil sie z.B. Erkenntnisse über die Anlage von jüdischen Gräbern auf einem jüdischen Friedhof (Anordnung der Gräber im Boden, Abstand der Gräber) vermitteln könnten.

[52] Zwar ist der Beklagten darin zuzustimmen, dass grundsätzlich auch Reste von Menschen als Bodendenkmale iSv § 2 Abs. 1 S. 2, Abs. 7 TH.DSchG Kulturdenkmale sein können (vgl. Fechner/Martin/Paulus/Winghart, aaO, § 2 Anm. 3.2.2.2). Bodendenkmale sind nach § 2 Abs. 7 TH.DSchG bewegliche und unbewegliche Denkmale, bei denen es sich um Zeugnisse, Überreste oder Spuren menschlicher Kultur (archäologische Denkmale) oder tierischen oder pflanzlichen Lebens (paläontologische Denkmale) handelt, die im Boden verborgen sind oder waren.

[53] (a) An der Ausübung des Vorkaufsrechts nach § 30 Abs. 1 Satz 1 TH.DSchG unter Hinweis auf das Vorhandensein eines Bodendenkmals ist die Beklagte allerdings schon deswegen gehindert, weil es an der Eintragung eines in dem Flurstück a befindlichen Bodendenkmals in das Denkmalbuch fehlt. Dabei ist davon auszugehen, dass die Vorschrift des § 30 Abs. 1 Satz 1 TH.DSchG auch für Bodendenkmale eine Eintragung ins Denkmalbuch verlangt und insoweit keine Ausnahmen zulässt. Dies ergibt sich bereits aus dem eindeutigen Wortlaut der Norm. Eine andere Auslegung ist auch nicht im Hinblick auf den Willen des Gesetzgebers und die Gesetzessystematik des TH.DSchG geboten. Insbesondere kann bei Bodendenkmalen auf die Eintragung ins Denkmalbuch als Voraussetzung für die Ausübung eines denkmalschutzrechtlichen Vorkaufsrechts nicht etwa unter Hinweis auf § 4 Abs. 1 Satz 1, 2. Halbsatz TH.DSchG verzichtet werden, wonach Bodendenkmale im Denkmalbuch registriert werden, wenn sie oberirdisch sichtbar oder von besonderer Bedeutung sind. Denn hieraus kann nicht ohne weiteres der Umkehrschluss gezogen werden, dass in allen anderen Fällen das Vorkaufsrecht auch ohne Aufnahme in das Denkmalbuch ausgeübt werden darf. Vielmehr ist aus der Zusammenschau der Regelungen in §§ 4 Abs. 1 und 30 Abs. 1 TH.DSchG für die Ausübung des Vorkaufsrechts zu folgern, dass dieses an das Vorhandensein eines bekannten Kulturdenkmals geknüpft ist; bloße Hinweise oder Vermutungen auf verborgene Bodendenkmale hingegen nicht genügen, um ein Vorkaufsrecht entstehen zu lassen.

[54] Die hiernach erforderliche Eintragung eines Bodendenkmals im streitgegenständlichen Grundstück in das Denkmalbuch ist vorliegend nicht erfolgt. Die Eintragung, von der die Kläger am 15.8.2001 schriftlich benachrichtigt wurden, bezieht sich - wie bereits ausgeführt - nicht auf vermeintlich vorhandene Zeugnisse, Überreste oder Spuren menschlicher Kultur im Boden (archäologische Denkmale). Dies ergibt sich zum einen aus der Begründung des vorgenannten Schreibens, wo von einer „Denkmalausweisung nach § 2 Abs. 1 TH.DSchG" die Rede ist, und der Jüdische Friedhof mit seinen verbliebenen, wenn auch nicht am originalen Standort befindlichen Grabsteinen verschiedener jüdischer Familien (U., L., C. u.a.) als „sichtbarer Ort jüdischer Kultur in Weimar" beschrieben wird, der „religiöses Brauchtum und zugleich ein Stück

Sepulkralkultur des späten 18. und 19. Jahrhunderts" dokumentiere. Des weiteren ist die in dem Benachrichtigungsschreiben vom 15.8.2001 erwähnte Eintragung ins Denkmalbuch vom Thüringischen Landesamt für Denkmalpflege vorgenommen worden, das zum damaligen Zeitpunkt für den Bereich der Bodendenkmalpflege, die auch die Aufgabe der Führung des Denkmalbuchs über Bodendenkmale beinhaltete, fachlich nicht zuständig war (vgl. §§ 24 Abs. 1 Nr. 2, Abs. 2 Satz 2 Nr. 4, Abs. 3 Satz 1 TH.DSchG). Schließlich wurde auch von einer Vertreterin des Thüringischen Landesamts für Denkmalpflege und Archäologie in der mündlichen Verhandlung bestätigt, dass das Grundstück nicht als archäologisches Denkmal im Sinne der Begriffsdefinition in § 2 Abs. 7 TH.DSchG im Denkmalbuch ausgewiesen ist.

[55] (b) Abgesehen davon ist auch die Denkmalfähigkeit etwa im Boden noch vorhandener Gräberreste nicht zu bejahen. Insbesondere ist eine geschichtliche Bedeutung im Sinne eines Aussage- und Dokumentationswertes hinsichtlich der Lebensverhältnisse früherer Zeiten nicht erkennbar.

[56] Aus den Ausführungen des Thüringischen Landesamtes für Denkmalpflege in seiner Benachrichtigung über die Eintragung des „Jüdischen Friedhofs" in das Denkmalbuch vom 15.8.2001 ergeben sich insoweit keinerlei Anhaltspunkte, was wohl nicht zuletzt dem Umstand geschuldet sein dürfte, dass für die Bodendenkmalpflege und somit auch für Führung des Denkmalbuchs über Bodendenkmale vor der Novellierung des Thüringer Denkmalschutzrechts im Jahre 2004 - wie bereits erwähnt - nicht das Thüringische Landesamts für Denkmalpflege (§ 24 Abs. 1 Nr. 1 TH.DSchG), sondern das Thüringische Landesamt für Archäologische Denkmalpflege (§ 24 Abs. 1 Nr. 2 TH.DSchG) fachlich zuständig war. Das Schreiben verhält sich dementsprechend lediglich zur Denkmaleigenschaft des „Jüdischen Friedhofs" auf dem Flurstück a in Weimar. Das Thüringische Landesamt für Denkmalpflege trifft - im Rahmen seiner fachlichen Zuständigkeit - Aussagen zum Dokumentations- und Aussagewert der noch vorhandenen Grabsteine; es ist allerdings an keiner Stelle die Rede davon, dass ein solcher Wert auch den etwa noch im Boden befindlichen Überresten menschlicher Bestattungen zukäme. Auch das Schreiben vom 23.10.2001 gibt keinen Aufschluss über den Zeugniswert etwa noch vorhandener unterirdischer Gräberreste. In dem Schreiben, das explizit auf die Situation des streitgegenständlichen Grundstücks eingeht, wird vielmehr ausgeführt, dass die ursprüngliche Nutzung des Grundstücks wegen seiner „starken baulichen Überformung" nicht abzulesen und „der Quellenwert lediglich historisch-struktureller Natur" sei. Soweit die Beklagte nunmehr darauf abzuheben versucht, dass die unterirdischen Reste jüdischer Gräber Aufschluss geben könnten über die jüdische Begräbniskultur, erscheint dies im Hinblick darauf, dass eine dahingehende Einschätzung der seinerzeit zuständigen Denkmalfachbehörde fehlt, sowie

angesichts der tatsächlichen baulichen Situation des streitbefangenen Grundstücks rein spekulativ. Die tatsächlichen Verhältnisse sprechen dagegen: Die auf jüdischen Friedhöfen manchmal anzutreffenden hohen Grabhügel sind schon wegen der vorgenommenen Bebauung nicht mehr vorzufinden. Auch die Errichtung zum Teil massiver, mit Fundamenten versehener Garagen spricht dagegen, dass noch in nennenswerter Weise Erkenntnisse über die Anordnung der jüdischen Gräber und damit über religiöses Brauchtum bzw. eine bestimmte Begräbniskultur gewonnen werden könnten.

[57] (c) Selbst wenn den etwa vorhandenen Überresten menschlicher Bestattungen noch (geschichtliche) Bedeutung zukommen sollte, ist jedenfalls ein öffentliches Interesse an ihrer Erhaltung iSd § 2 Abs. 7 iVm Abs. 1 Satz 1 TH.DSchG zu verneinen.

[58] Es kann nicht davon ausgegangen werden, dass die etwa im Boden vorhandenen Gräberreste und die Notwendigkeit ihrer Erhaltung in das Bewusstsein der Bevölkerung eingegangen ist. Wegen der vor mehr als einem Jahrhundert aufgegebenen Nutzung als Friedhof und der vor mehreren Jahrzehnten erfolgten vollständigen Überbauung des ehemaligen Friedhofsgrundstücks der jüdischen Familie U. mit Garagen und Schuppen fehlen jegliche Anhaltspunkte dafür, dass die mögliche Existenz von Resten jüdischer Grabanlagen im Boden des Flurstücks a breiten Teilen der Bevölkerung bekannt bzw. die frühere Nutzung präsent ist. Aus den gleichen Gründen erschließt sich der Denkmalwert dem verständigen Betrachter nicht offenkundig und drängt sich die Notwendigkeit des Denkmalschutzes nicht aufgrund gewichtiger Besonderheiten - wie etwa dem Seltenheitswert - auf (vgl. hierzu OVG Berlin, Urteil vom 31.10.1997 -2 B 19/93- und Urteil vom 8.7.1999 -2 B 1/95-). Es kann angesichts dessen, dass sich auch die seinerzeit zuständige Denkmalfachbehörde in keiner Stellungnahme für die Erhaltung der - möglicherweise vorhandenen - nicht sichtbaren (unterirdischen) Gräberreste ausgesprochen hat, auch nicht davon ausgegangen werden, dass das etwaige Vorhandensein von Überresten menschlicher Bestattungen im Boden des streitbefangenen Grundstücks und die Notwendigkeit ihrer Erhaltung in das Bewusstsein eines breiten Kreises von Sachverständigen eingegangen wäre.

[59] (3) Das Grundstück ist auch nicht deshalb ein Grundstück mit einem Kulturdenkmal iSv § 30 Abs. 1 Satz 1 TH.DSchG, weil es Bestandteil der aus drei Grundstücken (Flurstücke a, b und c) bestehenden Gesamtanlage „Jüdischer Friedhofs in Weimar" ist.

[60] Als Gesamtanlagen oder Denkmalensembles werden Sachgesamtheiten von Objekten und bestimmten mit ihnen verbundenen Flächen bezeichnet (vgl. Fechner/Martin/Paulus/Winghart, aaO, § 2 Anm. 3.4.1). Zur Sachgesamtheit wird eine Mehrheit von Objekten - ohne dass es darauf ankommt, ob sie

einzeln die Eigenschaft von Kulturdenkmalen besitzen - erst dadurch, dass sie in der Gestalt einer einheitlichen Konzeption oder Planung in einem festzustellenden Funktionszusammenhang oder in einem gemeinsamen Grundprinzip, also mit einer übergreifenden Komponente, zu einer schutzfähigen und schutzwürdigen Einheit zusammengeführt wird (vgl. Fechner/Martin/Paulus/Winghart, aaO, § 2 Anm. 3.4.2). Die Denkmaleigenschaft erfasst das Ensemble insgesamt mit allen seinen Teilen, und zwar unabhängig davon, ob die einzelnen Teile jeweils selbst Kulturdenkmal sind.

[61] Bei Anlegung dieses Maßstabes wird man zwar davon ausgehen können, dass historische Friedhöfe mit ihren Grabanlagen, Grabsteinen, den sie umgebenden Grünanlagen und der etwa vorhandenen Friedhofsmauer wohl grundsätzlich als Denkmalensembles angesehen werden können (vgl. Eberl/Martin/Greipl, Bayerisches Denkmalschutzgesetz, Komm., 6. Aufl., Art. 1 Rn 64). Allerdings bildet das hier in Rede stehende Grundstück mit den benachbarten Flurstücken b und c schon keine Sachgesamtheit im oben beschriebenen Sinne. Im Einzelnen:

[62] Das aus den Flurstücken b und c bestehende Gartengrundstück wurde im Jahre 1774 von E. erworben, um hierauf eine jüdische Begräbnisstätte zu errichten. Der Zugang zum E. Garten und zum Begräbnisplatz erfolgte über die heutige L'straße. 1775 fand dort die erste Bestattung statt. Der Erwerb des Flurstücks a zur Errichtung eines eigenen Begräbnisplatzes geht auf ein Gesuch U. an Herzog Carl August aus dem Jahre 1807 zurück. Er bat den Herzog darum, seine Toten „neben dem ehemaligen, schon vor dieser Zeit nicht mehr brauchbaren jüdischen Begräbnisplatz beerdigen zu dürfen" und „einen Zaun um diesen Ort machen zu dürfen". Der wahre Grund für diese - in Anbetracht eines bereits existierenden jüdischen Begräbnisplatzes in der Nachbarschaft - „verwunderliche" Bitte nach einem eigenen Friedhof wird in der Literatur (vgl. die Aufzeichnungen von Eva Schmidt, aaO, S. 98 ff.) darin gesehen, dass zwischen den jüdischen Familien E. und U. eine alte, von Denunziationen und sogar öffentlichen Tätlichkeiten begleitete Feindschaft bestand (vgl. Eva Schmidt, aaO, S. 29 ff., 99). Der U. Friedhof hatte eine Zuwegung über die heutige M'straße und war nach den Aufzeichnungen von Eva Schmidt (vgl. S. 107 f. [111]) auch nach Süden, zum E. Friedhof hin, durch eine Mauer abgegrenzt.

[63] Hieraus wird ersichtlich, dass auf den benachbarten Grundstücken von jeher zwei Friedhöfe existiert haben, die von verschiedenen Familien errichtet und zu unterschiedlichen Zeiten eingerichtet worden sind. Sie waren jeder für sich von einer Natursteinmauer umgeben und so voneinander abgegrenzt. Die beiden Familien U. und E. waren zerstritten und wollten - dahin ist jedenfalls das Gesuch von U. aus dem Jahre 1807 zu verstehen - offensichtlich ihre Toten nicht auf einem gemeinsamen Begräbnisplatz begraben. Der Errichtung der

beiden Friedhöfe lag somit keine einheitliche, von einer gemeinsamen Idee getragene Planung zugrunde; sie stellen weder ihrem äußeren Anschein nach noch aufgrund ihrer Historie eine Einheit dar, was dagegen spricht, sie als Ensemble anzusehen.

[64] Selbst wenn man von einem Denkmalensemble ausgeht, das das Flurstück a umfasst, fehlt insoweit die Denkmalwürdigkeit.

[65] Dies folgt schon daraus, dass auf dem Flurstück a - wie bereits ausgeführt - der ehemalige jüdische Friedhof bzw. Reste hiervon, die „erhalten" werden könnten, nicht mehr vorhanden ist. Das Grundstück ist mit Garagen und Schuppen überbaut. Ein vermeintliches Denkmalensemble „Jüdischer Friedhof in Weimar", bestehend aus dem E. und dem U. Friedhof, existiert somit nicht mehr. Soweit die Beklagte in diesem Zusammenhang geltend macht, dass sie beabsichtige, die vorhandene Bebauung auf dem Flurstück a zu beseitigen und stattdessen eine Rasenfläche anzulegen, um die ehemaligen Ausmaße der früher sichtbaren beiden jüdischen Familienfriedhöfe besser darstellen und die Wirkung der auf den benachbarten Flurstücken im Jahre 1983 wieder aufgestellten Grabsteine ergänzen und verstärken zu können, beschreibt sie keine Erhaltungsmaßnahmen im Sinne von Pflege und Schutz eines vorhandenen Denkmalensembles zur Erhaltung seines gegenwärtigen Zustands, sondern die Neuerrichtung bzw. Rekonstruktion eines nicht mehr existierenden „Denkmalensembles".

[66] Letztendlich ist auch nicht davon auszugehen, dass eine allgemeine Überzeugung von der Denkmalwürdigkeit einer das Flurstück a mit umfassenden Gesamtanlage und der Notwendigkeit ihrer Erhaltung besteht. Dies würde - wie schon mehrfach erörtert - voraussetzen, dass die Denkmalwürdigkeit einer solchen Sachgesamtheit in das Bewusstsein der Bevölkerung oder zumindest eines weiten Kreises von Sachverständigen eingegangen ist. Dies ist jedoch nicht der Fall. Es gibt keine greifbaren Hinweise dafür, dass die denkmalpflegerische Bedeutung des Garagengrundstücks, Flurstück a, in das Bewusstsein einer breiten Bevölkerungsschicht eingedrungen wäre. Selbst wenn man insoweit nicht auf den sog. gebildeten Durchschnittsmenschen, sondern auf das Empfinden eines für Belange des Denkmalschutzes aufgeschlossenen Betrachters abstellte, ist nicht erkennbar, dass das Flurstück a, das seit mehr als einem Jahrhundert nicht mehr als Friedhof genutzt wird und seit Jahrzehnten mit Garagen und Schuppen bebaut ist und darüber hinaus auch keine sichtbaren Spuren eines ehemaligen Begräbnisplatzes mehr aufweist, als Teil eines Ensembles in besonderem Maße Bekanntheit erlangt hätte und deshalb als denkmalwürdig eingestuft worden wäre. Eine Überzeugung von der Denkmalwürdigkeit eines Denkmalensembles, zu dem auch das Flurstück a gehört, ist aber ersichtlich auch nicht bei einem weiten Kreis von Sachverständigen vorhanden. Zwar ist

das Flurstück a als Teil des „Jüdischen Friedhofs" in das Denkmalbuch eingetragen worden, allerdings weist das Thüringische Landesamt für Denkmalpflege als zuständige Fachbehörde in einer ergänzenden Stellungnahme zur Denkmalausweisung, die am 23.10.2001 im Nachgang einer Ortsbegehung gefertigt wurde, darauf hin, dass aufgrund der „starken baulichen Überformung" die ursprüngliche Nutzung des Flurstücks a gegenwärtig nicht mehr abzulesen und sein „Quellenwert lediglich historisch-struktureller Natur" sei. Es stellt weiterhin heraus, dass die Bedeutung des Flurstücks a nachgeordnet sei und ihm nur ein „untergeordneter Stellenwert im Sinne eines Umgebungsschutzes" zukomme. Mit dieser Wortwahl aber bringt die Denkmalfachbehörde selbst zum Ausdruck, dass sie das Grundstück nicht als Teil eines Denkmalensembles begreift, sondern es der Umgebung des eigentlichen Denkmals „Jüdischer Friedhof" iSv § 13 Abs. 1 Nr. 2 TH.DSchG (vgl. Fechner/Martin/Paulus/Winghart, aaO, § 2 Anm. 3.4.3) zuordnet. Dies gilt umso mehr, als das Landesamt weiter signalisiert hat, bauliche Veränderungen auf dem Flurstück a mitzutragen, soweit - mit Blick auf die besondere Geschichte dieses Ortes - nicht eine massive Überbauung mit mehrgeschossigen Gebäuden geplant sei. Diese Widersprüche in der Beurteilung lassen jedenfalls solche Zweifel und Unsicherheiten erkennen, die der geforderten Sicherheit hinsichtlich der Denkmalwürdigkeit eines aus den Flurstücken a, b und c bestehenden Ensembles entgegenstehen (vgl. Niedersächsisches OVG, Beschluss vom 13.5.1996 -6 L 1350/95-).

[67] Das Denkmalrecht bietet somit hier keine geeignete Grundlage für das begrüßenswerte Vorhaben der Beklagten, die vorhandene jüdische Gedenkstätte zu erweitern. Es erschließt sich aus den Verwaltungsvorgängen nicht, weshalb die Beklagte das streitgegenständliche Grundstück nicht als vom Rechtsvorgänger der Kläger zu diesem Zweck angebotenes Geschenk angenommen, keine Erwerbsverhandlungen mit den Klägern vor Ausübung des Vorkaufsrechts geführt, die Voraussetzungen für ein baurechtliches Vorkaufsrecht nicht geschaffen und die vom Senat empfohlene vergleichsweise Regelung trotz des weiträumig anberaumten und auf Antrag noch einmal verlegten Verkündungstermins nicht abgeschlossen hat.

16

Ist im Rahmen einer Versetzungsentscheidung eine Prognose über den Ausgleich mangelhafter Leistungen abzugeben, so ergeben sich keine Besonderheiten aus dem Umstand, dass die mangelhafte Bewertung im Unterrichtsfach Religion erfolgt ist.

Art./§ 7 Abs. 2 GG, 124 Abs. 2 NSchG
VG Braunschweig, Beschluss vom 1. September 2010 -6 B 182/10[1]-

Der Antragsgegner hat wegen mangelhafter Leistungen des Antragstellers in den Fächern Erdkunde und Religion die Nichtversetzung in die 6. Klasse des Gymnasiums und seine Überweisung in den 6. Jahrgang der Realschule oder Integrierten Gesamtschule verfügt. Der Antragsteller begehrt, den Antragsgegner im Wege der einstweiligen Anordnung zu verpflichten, ihn (vorläufig) am Unterricht ihrer 6. Jahrgangsstufe des Gymnasiums teilnehmen zu lassen. Unter anderem macht er geltend, dass hinsichtlich des Faches Religion die Prognoseentscheidung der Lehrerkonferenz fehlerhaft sei.

Das Verwaltungsgericht lehnt den Antrag ab.

Aus den Gründen:

[4] Der Antragsteller hat nicht glaubhaft gemacht, dass ein Hauptsacheverfahren mit überwiegender Wahrscheinlichkeit Erfolg haben würde und damit die besonderen Voraussetzungen erfüllt sind, unter denen bei einem auf die Vorwegnahme der Hauptsache gerichteten Eilantrag von einem Anordnungsanspruch ausgegangen werden kann. Nach den vorliegenden Unterlagen ist nicht ersichtlich, dass der Widerspruch und eine eventuell nachfolgende Klage gegen die von dem Antragsgegner verfügte Nichtversetzung in die 6. Klasse (1.) und Überweisung in den 6. Jahrgang der Realschule oder Integrierten Gesamtschule (2.) mit überwiegender Wahrscheinlichkeit Erfolg hätten.

[5] 1. Rechtsgrundlage für die Entscheidung, den Antragsteller nicht zu versetzen, sind die Regelungen in § 59 Abs. 4 Satz 1 und § 60 Abs. 1 Nr. 2 NSchG iVm der Verordnung über die Durchlässigkeit sowie über Versetzungen und

---

1 Die Beschwerde des Antragstellers wurde zurückgewiesen; Nieders.OVG, Beschluss vom 24.11.2010 -2 ME 340/10- n.v. Der Senat führt hier u.a. aus: „*Soweit der Antragsteller gegen die Rechtmäßigkeit der Prognoseentscheidung weiter einwendet, für den Fall seiner Versetzung in die 6. Jahrgangsstufe könne er den Religionsunterricht abwählen, so dass ein Fach, dessen Erlernen ihm Schwierigkeiten bereitet habe, künftig wegfalle, verkennt er, dass die Klassenkonferenz des Antragsgegners für ihre Beurteilung, ob für den nächsthöheren Schuljahrgang eine erfolgreiche Mitarbeit zu erwarten ist, auf das gesamte schulische Verhalten des Antragstellers und seine Leistungen während der letzten zwei Jahre abgestellt hat und angesichts der in diesem Zeitraum gezeigten Lernentwicklung ein dem angestrebten 6. Schulbesuchsjahr eines Gymnasiums entsprechendes Leistungsvermögen nicht feststellen konnte*“. Ein Hauptsacheverfahren ist nicht durchgeführt worden.

Überweisungen an allgemeinbildenden Schulen (DVVO) vom 19.6.1995 (Nds. GVBl. S. 184), in der hier maßgeblichen zum Zeitpunkt der Konferenzentscheidungen geltenden Fassung, zuletzt geändert durch Verordnung vom 8.4.2009 (Nds. GVBl. S. 150). Danach kann ein Schüler den nächsthöheren Schuljahrgang erst besuchen, wenn die Klassenkonferenz entschieden hat, dass von ihm eine erfolgreiche Mitarbeit in diesem Schuljahrgang erwartet werden kann (Versetzung). Nach § 2 Abs. 2 Satz 1 und Abs. 1 DVVO ist eine Schülerin oder ein Schüler des Gymnasiums vom 5. in den 6. Schuljahrgang zu versetzen, wenn die Leistungen in allen Pflicht- und Wahlpflichtfächern mindestens mit „ausreichend" bewertet worden sind. Mangelhafte Leistungen in zwei Fächern können durch befriedigende Leistungen in zwei Ausgleichsfächern ausgeglichen werden, wenn eine erfolgreiche Mitarbeit im höheren Schuljahrgang erwartet werden kann (vgl. § 4 Abs. 2 Nr. 1 und § 2 Abs. 2 Satz 2 sowie § 5 DVVO). Ob die Klassenkonferenz von den Möglichkeiten des Ausgleichs Gebrauch macht, steht in ihrer pflichtgemäßen Beurteilung. In die Beurteilung sind die unter pädagogischen und fachlichen Gesichtspunkten wesentlichen Umstände des Einzelfalles einzubeziehen und mögliche Fördermaßnahmen zu berücksichtigen. Nach diesen Regelungen und dem gegenwärtigen Sachstand ist die Entscheidung der Klassenkonferenz vom 7.6.2010, den Antragsteller nicht zu versetzten - bestätigt in der Abhilfekonferenz am 5.8.2010 -, voraussichtlich rechtmäßig.

[6] Die Entscheidung über die Versetzung trifft die Konferenz auf der Grundlage eines pädagogischen Fachurteils. Hierfür steht ihr ein pädagogischer Beurteilungsspielraum zu mit der Folge, dass die Versetzungsentscheidung rechtlich nur eingeschränkt dahingehend überprüft werden kann, ob die Konferenz die nach Maßgabe der Durchlässigkeits- und Versetzungsverordnung bestehenden Verfahrensvorschriften eingehalten hat, ob sie von ihrem Beurteilungsspielraum einen dem Zweck des § 59 Abs. 4 NSchG entsprechenden Gebrauch gemacht hat, von einer richtigen und ausreichenden Tatsachengrundlage ausgegangen ist, allgemeingültige Beurteilungsmaßstäbe beachtet und keine sachfremden Erwägungen angestellt hat (Nds.OVG, Beschluss vom 20.3.2008 -2 ME 83/08- dbovg [http://www.dbovg.niedersachsen.de]). Mangels eigener pädagogisch-fachlicher Kompetenz ist es nicht Sache der Verwaltungsgerichte, ihre Auffassung über die zu erwartende Mitarbeit eines Schülers oder einer Schülerin im nächsthöheren Schuljahrgang an die Stelle der durch die gesetzlichen Vorschriften allein zu der Beurteilung berufenen Mitglieder der Klassenkonferenz zu setzen und damit eine vom Vergleichsrahmen der Konferenz unabhängige Entscheidung herbeizuführen. Nach diesen Maßstäben ist die Entscheidung der Klassenkonferenz rechtsfehlerfrei erfolgt.

[7] a. Dass die Fachlehrkräfte die Leistungen des Antragstellers in den Fächern Erdkunde und Religion jeweils mit der Note „mangelhaft" bewertet ha-

ben, ist auch unter Berücksichtigung seiner Einwände voraussichtlich rechtlich nicht zu beanstanden. Die der Versetzungsentscheidung der Klassenkonferenz gem. § 3 Abs. 1 DVVO zugrunde zu legenden Leistungsbewertungen sind vom Verwaltungsgericht nach den vorgenannten Grundsätzen, die auch hier gelten, ebenfalls nur beschränkt überprüfbar. Danach bestehen keine Anhaltspunkte dafür, dass die Leistungsbewertungen in den Fächern Erdkunde und Religion rechtsfehlerhaft sind.

[8] Der Antragsteller kann nicht erfolgreich geltend machen, aus den vergebenen Teilnoten für seine mündlichen und schriftlichen Leistungen in den Fächern Erdkunde und Religion ergebe sich rechnerisch die Note „ausreichend". Die Entscheidung der Fachlehrerinnen entspricht den anerkannten Bewertungsgrundsätzen, ist nicht willkürlich und lässt auch keine anderen Bewertungsfehler erkennen.

[9] Die Lehrkräfte sind bei der Vergabe von Zeugnisnoten nicht strikt an die sich aus den mündlichen und schriftlichen Leistungen ergebende rechnerische Gesamtnote gebunden (VG Braunschweig, Beschluss vom 10.8.2010 -6 B 149/10-dbovg; im Ergebnis ebenso VGH.BW, Beschluss vom10.10.1991 -9 S 2336/91-NVwZ-RR 1992, 189 [191]; BayVGH, Beschluss vom 2.1.2002 -7 ZE 01.2889- SchuR 2002, 192 [193]; Urteil vom 17.10.2003 -7 B 02.2186- SchuR 2005, 107 f.; Brockmann in: Brockmann/Littmann/Schippmann, NSchG, Stand Juni 2010, § 34 Anm. 3.5.1.1; siehe auch Nds.OVG, Beschluss vom 20.3.2008, aaO). Nach dem Erlass des Kultusministeriums über „Zeugnisse in den allgemein bildenden Schulen" vom 24.5.2004 (SVBl. S. 305, in der hier maßgeblichen, zuletzt durch Erlass vom 8.4.2009 -SVBl. S. 171- geänderten Fassung - im Folgenden: Zeugniserlass) sind die in den Zeugnissen festzuhaltenden Bewertungen nicht nur auf der Grundlage der mündlichen, schriftlichen und anderer fachspezifischer Lernkontrollen vorzunehmen. Ihnen sind vielmehr auch die Beobachtungen im Unterricht zugrunde zu legen; die Bewertung hat sich außerdem nicht nur auf die Leistungen, sondern auch auf die Lernentwicklung der Schülerin oder des Schülers zu beziehen (vgl. Nr. 3.1 Sätze 1 und 2 des Zeugniserlasses). Zwischennoten und sogenannte Prädikatsanhängsel sind in Notenzeugnissen nicht zulässig (vgl. Nrn. 3.4.2 und 1.2 Satz 2 iVm Nr. 3.4.1 des Zeugniserlasses). Darüber hinaus gibt es keine Regelung, wonach bei Durchschnittsnoten, die zwischen zwei Notenbezeichnungen bzw. Notenziffern gem. Nr. 3.4.1 des Zeugniserlasses liegen, die Gesamtnote stets durch Auf- oder Abrunden zu bilden ist. Insgesamt müssen die Zeugnisse - und damit auch die in ihnen dokumentierten Einzelnoten - den Stand der Lern- und Leistungsentwicklung der Schülerin oder des Schülers unter Berücksichtigung des durchlaufenen Lernprozesses wiedergeben (vgl. Nr. 1.1 Satz 1 des Zeugniserlasses). Die am Ende eines Schuljahres zu vergebende Zeugnisnote hat die Lernentwicklung und die Leistungen während des

gesamten Schuljahres - also einschließlich des ersten Schulhalbjahres - zu berücksichtigen (vgl. Nr. 3.1 Satz 3 des Zeugniserlasses). Die dargestellten Regeln sind für alle Lehrkräfte in Niedersachsen bindend (vgl. § 50 Abs. 1 Satz 2 NSchG) und somit als allgemein anerkannte Grundsätze der Notenbildung anzusehen. Aus ihnen und dem pädagogischen Auftrag der Lehrkräfte (§ 50 Abs. 1 Satz 1 NSchG) ergibt sich, dass die Lehrerinnen und Lehrer bei der Notenvergabe in pädagogischer Verantwortung eine Gesamtbewertung vorzunehmen haben, die die Beobachtungen im Unterricht sowie die Lern- und Leistungsentwicklung berücksichtigt. Die bei der Notenbildung neben der Durchschnittsnote zu berücksichtigenden Kriterien der Lernentwicklung und der Beobachtungen im Unterricht berechtigen die Lehrkräfte zum Beispiel auch dazu, pädagogische Gesichtspunkte wie die fehlende Leistungsbereitschaft der Schülerin oder des Schülers einzubeziehen (vgl. VG Braunschweig, Beschluss vom 16.8.2004 - 6 B 318/04- dbovg; ebenso BayVGH, Beschluss vom 2.1.2002, aaO). Darüber hinaus dürfen die Lehrkräfte beispielsweise bestehende Lücken im fachspezifischen Grundwissen negativ berücksichtigen, die die Lernentwicklung in den kommenden Schuljahren erheblich beeinträchtigen können (vgl. BayVGH, Beschluss vom 2.1.2002, aaO; VGH Baden-Württemberg, aaO, S. 191). Dies gilt ebenso für allgemeine Probleme bei der Aufnahme und der Verarbeitung des Lernstoffs. Insbesondere darf in die Notenbildung auch einfließen, dass einige der zuletzt erbrachten Leistungen, denen eine erhebliche Bedeutung bei der Beurteilung des Lern- und Leistungsstandes zukommt, eine Lernentwicklung mit negativer Tendenz erkennen lassen. Von besonderer Bedeutung kann dabei auch sein, dass der Schüler oder die Schülerin die Klasse bereits wiederholt. Darüber hinaus sind für die Bildung der Gesamtnoten im Rahmen von Notenzeugnissen auch die den Teilnoten zuerkannten Notentendenzen - also ein der Notenbezeichnung beigefügtes Plus oder Minus (wie z.B. „schwach ausreichend“ oder „5+“) - zu berücksichtigen (ebenso BayVGH, Urteil vom 17.10.2003, aaO; Brockmann, aaO).

[10] Diese Grundsätze können vor allem bei rechnerischen Durchschnittsnoten zwischen „ausreichend“ und „mangelhaft“ als Grundlage für eine Versetzungsentscheidung dazu führen, dass die Lehrkraft die Endnote gleichwohl auf „mangelhaft“ festsetzen darf, wenn die Lernentwicklung eine deutlich negative Tendenz zeigt und neben gravierenden Lücken im fachspezifischen Grundwissen der Schülerin oder des Schülers allgemeine Probleme bei der Aufnahme und Verarbeitung des Lernstoffs festzustellen sind (s. auch VGH.BW, aaO). Die Vergabe eines „mangelhaft“ bedarf in derartigen Fällen einer nachvollziehbaren Begründung durch die Lehrkraft. Den Kriterien einer deutlich negativen Leistungstendenz und gravierender Defizite im fachspezifischen Grundwissen gerade bei Notenbildungen für eine Versetzungsentscheidung maßgebliche

Bedeutung einzuräumen, ist auch sachgerecht und damit nicht willkürlich. Für die Versetzungsentscheidung der Klassenkonferenz ist nach den Vorgaben der Durchlässigkeits- und Versetzungsverordnung maßgeblich, ob von der Schülerin oder dem Schüler im höheren Schuljahrgang eine erfolgreiche Mitarbeit erwartet werden kann (vgl. § 4 Abs. 2 DVVO). Dann ist es aber auch sachlich gerechtfertigt, bei der Vergabe der Einzelnoten negative Tendenzen der Lernentwicklung und gravierende Defizite in den fachbezogenen Grundkenntnissen zu berücksichtigen. Denn schon die Einzelnoten sollen nach Sinn und Zweck der Regelungen in der Durchlässigkeits- und Versetzungsverordnung eine tragfähige Einschätzung darüber ermöglichen, ob die Schülerin oder der Schüler nach dem Stand der Lern- und Leistungsentwicklung den Anforderungen der nächsthöheren Klasse gewachsen ist.

[11] Nach diesen Maßstäben lässt die von der Fachlehrerin Frau E. vergebene Note „mangelhaft" im Fach Erdkunde keine Bewertungsfehler erkennen. (*wird ausgeführt*)

[13] Auch die Benotung im Fach Religion ist nach den vorliegenden Unterlagen nachvollziehbar und lässt keine Bewertungsfehler erkennen. Die Vergabe der Einzelnoten für das 1. und 2. Halbjahr mit „ausreichend" bzw. „mangelhaft" ist von der Fachlehrerin Frau F. in ihrer Begründung der Religionsnote vom 22.6.2010 in ausreichender Form erläutert und vom Antragsteller im Einzelnen nicht angegriffen worden. Sie hat dort ebenfalls in ausreichender Weise deutlich gemacht, die Gesamtnote „mangelhaft" vergeben zu haben, weil sich im 2. Halbjahr, insbesondere aufgrund des völligen Fehlens einer eigenen Dokumentation in der Form eines Heftes und einer nur ansatzweisen Mappenführung eine negative Tendenz in der Leistung des Antragstellers gezeigt habe.

[15] b. Die Entscheidung der Klassenkonferenz, von der Möglichkeit eines Ausgleichs der mangelhaften Leistungen in den Fächern Erdkunde und Religion keinen Gebrauch zu machen, obwohl geeignete Ausgleichsfächer (vgl. § 4 Abs. 2 Nr. 1 und 5 Abs. 1 DVVO) zur Verfügung standen, ist voraussichtlich ebenfalls nicht zu beanstanden.

[16] Die Klassenkonferenz hat ihre Prognoseentscheidung, ob vom Antragsteller eine erfolgreiche Mitarbeit im nächsthöheren Jahrgang erwartet werden kann, maßgeblich darauf gestützt, dass sich die Leistungen des Antragstellers trotz Wiederholung des Lernstoffs der 5. Klasse insgesamt nur geringfügig verbessert haben, die Jahresleistungen in den Kernfächern Deutsch, Englisch und Mathematik nur mit „ausreichend" beurteilt werden konnten und die Leistungen in den Fächern Erdkunde und Religion „mangelhaft" waren. Im Übrigen ist in die Entscheidung eingeflossen, dass beim Antragsteller fachunabhängig Probleme beim Lernen und Behalten von Fakten und Zusammenhängen festgestellt wurden. Auch wurde einbezogen, dass bei Betrachtung der Lernentwick-

lung im Fach Englisch in den letzten beiden Schuljahren vorauszusehen ist, dass das Erlernen einer zweiten Fremdsprache ab Klasse 6 für den Antragsteller eine zusätzliche Belastung darstellen wird. Diese Einschätzung wird damit begründet, dass der Antragsteller trotz Wiederholung der 5. Klasse in Grammatikarbeiten nur mangelhafte Ergebnisse erzielen konnte und die Leistungen in 8 von 10 Vokabeltests ungenügend waren. Diese pädagogisch-fachliche Einschätzung lässt keine Rechtsfehler erkennen. Sie ist anhand der vorliegenden Zeugnisse aus den letzten beiden Schuljahren nachvollziehbar und berücksichtigt die Vorgaben der Durchlässigkeits- und Versetzungsverordnung. Die Klassenkonferenz durfte insbesondere auch berücksichtigen, dass der Antragsteller nach den Erfahrungen der ihn unterrichtenden Lehrerinnen und Lehrer zur Stärkung seiner Persönlichkeit und als Motivation für weitere Anstrengungen auch im schulischen Bereich Erfolgserlebnisse benötigt, die aufgrund obiger Feststellungen bei einer Versetzung in die 6. Klasse bei der Antragsgegnerin nicht zu erwarten sind.

[17] Die Einwände des Antragstellers führen nicht zu einer anderen rechtlichen Beurteilung der Konferenzentscheidung, insbesondere ist nicht ersichtlich dass die Entscheidung auf sachfremden Erwägungen beruht. (*wird ausgeführt*)

[22] Entgegen der Ansicht des Antragstellers spricht auch nichts dafür, bei einer mangelhaften Benotung im Fach Religion die Ausgleichsregelung per se anzuwenden und generell von einer Prognoseentscheidung abzusehen, um dem behaupteten Umstand Rechnung zu tragen, dass dieses Unterrichtsfach vielfach von religiösen Motivationen und häuslicher Erziehung getragen sein soll. Gem. § 124 Abs. 1 Satz 1 NSchG ist der Religionsunterricht an öffentlichen Schulen in Niedersachsen ordentliches Lehrfach. Gem. Ziffer 1.2 der „Regelungen für den Religionsunterricht und den Unterricht Werte und Normen" (RdErl. d. MK vom 23.6.2005 - SVBl. S. 436 -) gelten für den Religionsunterricht, sofern - wie hier - nicht ausdrücklich etwas anderes bestimmt ist, die gleichen Regelungen wie für die anderen Schulfächer. Die zum Schutz der Glaubens- und Gewissensfreiheit in Art. 7 Abs. 2 GG getroffene Regelung, nach der die Erziehungsberechtigten das Recht haben, über die Teilnahme des Kindes am Religionsunterricht zu bestimmen (vgl. § 124 Abs. 2 NSchG), steht der versetzungserheblichen Benotung des Religionsunterrichts nicht entgegen (vgl. grundlegend BVerwG, Urteil vom 6.7.1973 -VII C 36.71- BVerwGE 42, 346, KirchE 13, 307). Vor diesem Hintergrund ist nicht zu beanstanden, dass die Klassenkonferenz bei der Prognoseentscheidung keinerlei Besonderheiten wegen der mangelhaften Benotung des Antragstellers im Fach Religion angenommen hat. Der Antragsteller ist von seinen Erziehungsberechtigten gerade nicht von der Teilnahme am Religionsunterricht abgemeldet worden. Abgesehen davon, dass bei dem von den Erziehungsberechtigten des Antragstellers nicht besuchten ersten Elternabend des

Schuljahres 2009/2010 Informationen über die Abmeldung vom Religionsunterricht erteilt wurden, ist nicht glaubhaft, dass den Erziehungsberechtigten, die drei ältere schulpflichtige Kinder haben, die Abmeldemöglichkeiten nicht bekannt waren. Die Möglichkeit des Antragstellers, sich für das kommende Schuljahr vom Religionsunterricht abzumelden, kann ebenfalls keinen Einfluss auf die Prognoseentscheidung der Klassenkonferenz haben. Denn diese Entscheidung bezieht sich auf eine erfolgreiche Mitarbeit im nächsthöheren Schuljahrgang insgesamt, nicht nur im Fach Religion (s.o.). Darüber hinaus kann die Möglichkeit aus Art. 7 Abs. 2 GG, § 124 Abs. 2 NSchG ebenso wenig wie andere schulrechtliche Abwahlmöglichkeiten für ein bestimmtes Unterrichtsfach im nächsten Schuljahr dazu führen, dass mangelhafte oder ungenügende Benotungen in diesen Fächern bei der Versetzungsentscheidung keine Berücksichtigung finden dürfen.

17

Die Aussperrung als ein Verteidigungsmittel steht den kirchlichen Arbeitgebern aufgrund ihres Selbstbestimmungsrechts (Art. 140 GG, 137 Abs. 3 WRV), insbesondere aufgrund ihres von Art. 4 GG geschützten Sendungsauftrags und des Grundsatzes der christlichen Nächstenliebe, nicht zur Verfügung.
Die Koalitionsfreiheit (Art. 9 Abs. 3 GG) verbietet ein generelles Streikverbot bzw. ein Verbot sonstiger Arbeitsniederlegungen jedenfalls dann, wenn sich der kirchliche Arbeitgeber nicht für den sog. Dritten Weg, sondern ein Tarifvertragssystem entschieden hat.

Art./ §§ 4 Abs. 2, 9 Abs. 3, 140 GG, 137 Abs. 3 WRV,
823 Abs. 1, 1004 BGB, 118 Abs. 2, 130 BetrVG
ArbG Hamburg, Urteil vom 1. September 2010 -28 Ca 105/10[1]-

Die Parteien streiten über die Frage der generellen Zulässigkeit von Streiks, Warnstreiks und sonstigen Arbeitsniederlegungen in den Mitgliedseinrichtungen des Klägers.

---

1 LAGE Art. 9 GG Arbeitskampf Nr. 85a; ArbuR 2010, 446; EzA-SD 2011, Nr. 2, 15-16 (LS); ZMV 2011, 119. Berufung u. Revision des Klägers wurden zurückgewiesen; LAG Hamburg, Urteil vom 23.3.2011 -2 Sa 83/10- ZMV 2011, 119; ArbuR 2011, 227; ArbN 2011, Nr. 4, 31, BAG, Urteil vom 20.11.2012 -1 AZR 611/11- NZA 2013, 437; ZMV 2013, 176; ZTR 2013, 378; ArbuR 2013, 322; AP Nr. 180 zu Art. 9 GG Arbeitskampf; EzA Art. 9 GG Arbeitskampf Nr. 149.

Bei dem Kläger handelt es sich um einen Arbeitgeberverband, dessen Aufgabe darin besteht, durch Abschluss von Tarifverträgen einheitliche Arbeitsbedingungen in der Nordelbischen Evangelisch-Lutherischen Kirche (NK) und ihrer Diakonie zu fördern. Hierzu hat er u.a. mit der Gewerkschaft ver.di Tarifverträge abgeschlossen. Der Kläger ist am 26.9.1979 auf Veranlassung der Synode der Nordelbischen Ev.-Luth. Kirche gegründet worden. In der Ev.-Luth. Landeskirche Schleswig-Holsteins galten seit 1961 Tarifverträge, an deren Abschluss verschiedene Gewerkschaften beteiligt waren. Im Zusammenhang mit der Fusion zur NK entschied diese sich entgegen der Empfehlung der EKD, den sog. „Dritten Weg" zu gehen, dafür, Tarifverträge abzuschließen. Dabei formulierte die Synode Mindestbedingungen für den Abschluss von Tarifverträgen: die Gründung eines Verbandes kirchlicher Anstellungsträger, dem die NK selbst beitritt; den Ausschluss von Streik und Aussperrung; den Abschluss einer unkündbaren Schlichtungsvereinbarung.

Die tarifvertragliche Regelung der Arbeitsbedingungen ist im Kirchengesetz über die Regelung der Rechtsverhältnisse der in einem privatrechtlichen Arbeitsverhältnis beschäftigten Mitarbeiter in der NK (ARRG) geregelt. Der Zweck des Klägers folgt aus der Satzung, dort § 2. Der Kläger hat derzeit 630 Mitglieder. Sämtlichen Mitgliedern gemein ist die Nähe und Zuordnung zur Kirche und die Eigenschaft als kirchliche Einrichtung iSv §§ 118 Abs. 2, 130 BetrVG. Die Mitglieder des Klägers sind – soweit sie nicht als öffentlich-rechtliche Körperschaften Teil der verfassten Kirche sind – Mitglieder eines landeskirchlichen Diakonischen Werks. Sie sehen sich dem diakonischen Auftrag verpflichtet. Sämtliche Mitglieder wenden die durch den Kläger abgeschlossenen Tarifverträge an.

Derzeit sind die Arbeitsbedingungen in Kirche und Diakonie im Wesentlichen in den Tarifverträgen KAT und KTD geregelt. Am 5.11.1979 wurde mit den Gewerkschaften ÖTV, DAG, Verband kirchlicher Mitarbeiter Nordelbien sowie der Gewerkschaft Gartenbau, Land- und Fortwirtschaft ein Grundlagentarifvertrag abgeschlossen. In § 1 ist geregelt: „Zwischen den Tarifvertragsparteien besteht für die Dauer dieses Tarifvertrags eine absolute Friedenspflicht". Zugleich wurde mit den Tarifpartnern des Grundlagentarifvertrags eine Schlichtungsvereinbarung abgeschlossen, wonach sich die Tarifvertragsparteien verpflichten, eine verbindliche Schlichtung durchzuführen, sollten Tarifverhandlungen scheitern. Die Schlichtungsstelle setzt sich zusammen aus einem unparteiischen neutralen Vorsitzenden sowie aus Beisitzern. Der Vorsitzende wird durch übereinstimmende Beschlüsse der Tarifvertragsparteien bestimmt. Kommt eine Einigung nicht zustande, entscheidet der Präsident bzw. die Präsidentin des Landgerichts Kiel. Die Einigung in der Schlichtungsstelle soll nach § 5 Abs. 2 die materielle Wirkung eines Tarifvertrags haben. Arbeitskämpfe hat es bislang in den Mitgliedseinrichtungen des Klägers nicht gegeben.

2007 hatte zunächst der Beklagte zu 2) den Kläger zu Tarifverhandlungen über einen arztspezifischen Tarifvertrag aufgefordert. Der Kläger wies darauf hin, dass die Aufnahme von Tarifverhandlungen den Beitritt des Beklagten (zu 2] und/oder zu 1]) zu dem schon bestehenden Grundlagentarifvertrag voraussetze, um die Geltung einer absoluten Friedenspflicht sicherzustellen. 2008 wurden Sondierungsgespräche mit dem Beklagten zu 1) geführt. Der Kläger erklärte seine grundsätzliche Bereitschaft zum Abschluss eines Anschlusstarifvertrags an den geltenden Tarifvertrag KTD. Vorbedingung sei aber die Vereinbarung einer absoluten Friedenspflicht sowie der Abschluss einer Schlichtungsvereinbarung gemäß der bestehenden Vereinbarung vom 5.11.1979.

Mit Schreiben vom 19.8.2009 teilte der Beklagte zu 1) mit, dass sich die Ärzte des BAK gGmbH in einer Urabstimmung für einen Streik ab dem 31.8.2009 ausgesprochen hätten, um den Kläger zu einem Abschluss eines arztspezifischen Tarifvertrags zu zwingen. Der Kläger erklärte erneut Verhandlungsbereitschaft unter den Vorbehalten einer absoluten Friedenspflicht und einer Schlichtungsvereinbarung. Der Streik fand schließlich statt, die Beteiligung war gering. Die Auseinandersetzung endete durch den Abschluss einer Gesamtzusage.

Der Kläger meint, das Führen von Arbeitskämpfen in seinen Einrichtungen sei generell unzulässig, weil der christlich motivierte Dienst am Nächsten nicht zwecks kampfweiser Durchsetzung von arbeitsvertragsbezogenen Forderungen ausgesetzt werden könne. Dienstellenleitungen und Arbeitnehmer bildeten eine Dienstgemeinschaft. Alle arbeiteten gemeinschaftlich „im Weinberg des Herrn“. Der Gedanke der christlichen Dienstgemeinschaft präge den gesamten Dienst in den Einrichtungen der Mitglieder. Hiermit sei das weltliche Tarifvertragssystem auf der Grundlage des TVG, das untrennbar mit Arbeitskampfrecht verbunden sei, nicht vereinbar. Der „Fehdegedanke“ eines Arbeitskampfes würde die christliche Dienstgemeinschaft sprengen. Die Mitglieder des Klägers würden unter keinen Umständen zum Mittel der Aussperrung greifen. Ihr christliches Bekenntnis verbiete nicht nur die Hinnahme von Streiks, sondern auch die Reaktion hierauf in Form von Aussperrungen. Verkündigung und tätige Nächstenliebe der Dienstgemeinschaft in Krankenhäusern, Pflegeeinrichtungen, in der Kinder-, Jugend-, Alten- und Behindertenhilfe könnten wesensmäßig nicht ausgesetzt werden. Diese Entscheidung wurzele zudem in der Glaubens- und Bekenntnisfreiheit und stelle eine Form der unmittelbar durch Art. 4 GG geschützten Religionsausübung dar. Die Erfüllung des geistig-religiösen Auftrags könne nicht unter den Vorbehalt eines Arbeitskampfes gestellt werden, ohne das Selbstverständnis als Teil der evangelischen Kirche preiszugeben, denn infolge eines Arbeitskampfes kämen der Dienst am Nächsten, Betreuung, Pflege und Fürsorge vorübergehend zum Erliegen. Diese Auffassung des Klägers sei zuletzt im Rahmen der Beschlussfassung der Kirchenkonferenz der EKD am 2.7.2009 zum Ausdruck gebracht worden.

Die Rechtswidrigkeit möglicher Streikmaßnahmen ergebe sich bereits aus der Verletzung des Gebots der Arbeitskampfparität. Die gestörte Arbeitskampfparität folge vorliegend schon daraus, dass die Beklagten das Streikrecht ohne eigene Risiken und ohne Befürchtung eines Gegenangriffs einsetzen könnten. Den Mitgliedern des Klägers fehlte jegliche Abwehrfähigkeit, da ihnen das Arbeitskampfmittel der Aussperrung nicht zur Verfügung stünde. Der Einsatz von Kampfmitteln sei ihnen kirchenrechtlich untersagt und im Hinblick auf die Grundsätze der christlichen Glaubens- und Sittenlehre unzumutbar. Ein Verhandlungs- und Kampfgleichgewicht sei nicht gegeben. Der Kläger könne nur dadurch geschützt werden, dass auch die Arbeitnehmer auf Arbeitskampfmittel verzichten müssten. Insbesondere würden Streiks in kirchlichen Einrichtungen die von Art. 137 Abs. 3 WRV dem Kläger gewährleistete Freiheit bei der Ausgestaltung des kirchlichen kollektiven Arbeitsrechts unverhältnismäßig beeinträchtigen. Auch das Bundesarbeitsgericht gehe von einem Arbeitskampfverbot im Geltungsbereich des sog. Dritten Weges aus. Nichts anderes könne für das kirchengemäß modifizierte Tarifvertragssystem der NK gelten, da bei beiden Systemen das wesentliche Strukturelement eine verbindliche Schlichtung sei. Wesentlich sei die unter dem Schutz von Art. 137 Abs. 3 WRV stehende Entscheidung des Klägers, keine auf den Abschluss von Tarifverträgen gerichtete Arbeitskämpfe zuzulassen sowie die Entscheidung, ein eigenständiges kirchengemäß modifiziertes Tarifvertragssystem für die Regelung der Arbeitsbedingungen zur Anwendung kommen zu lassen. Diese von der Verfassung geschützten Grundentscheidungen stünden nicht zur Disposition der Gewerkschaften. Ein Arbeitskampf würde einen schwerwiegenden Eingriff in Art. 137 Abs. 3 WRV bedeuten. Die Grundentscheidung gegen das weltliche Tarifvertrags- und Arbeitskampfsystem würde auch nicht durch ein „für alle geltendes Gesetz" eingeschränkt. Dieser Schrankenvorbehalt erfordere eine hinreichend bestimmte gesetzliche Grundlage, die vorliegend fehle. Auch Art. 9 Abs. 3 GG stelle eine solche nicht dar. Selbst wenn das der Fall wäre, würde sich im Ergebnis nichts ändern. Ein Recht auf Streik sei nicht zwangsläufig vom Schutzbereich des Art. 9 Abs. 3 GG umfasst. Inhalt und Grenzen des Streikrechts seien aus dessen Funktion heraus zu entwickeln. Für die Beklagten sei das Instrument des Streiks aus Gründen der wirksamen Interessendurchsetzung und aus Gründen der Gleichheit mit dem Gegner nicht unverzichtbar. Ein Streik sei nicht erforderlich, um eine Gleichheit mit dem Kläger zu erzielen, weil dem Kläger bzw. seinen Mitgliedern das Mittel der Aussperrung nicht zur Verfügung stehe. Ein Verhandlungsgleichgewicht würde zudem durch das Schlichtungsverfahren gemäß Schlichtungsvereinbarung vom 5.11.1979 gewährleistet. Eine Konfliktlösung durch einen Arbeitskampf sei nicht erforderlich. Eine Behinderung oder Einschränkung der Koalitionsfreiheit sei im Bereich der NK ausgeschlossen. Zudem genieße das weltliche Tarifvertrags- und Arbeitskampfsystem keinen Ausschließlichkeitsanspruch. Jenseits dieses Systems seien alternative Ausgestaltungen der Koalitionsfreiheit denkbar und umsetzbar. Auf jeden Fall aber führe eine Kollision von Art. 9 Abs. 3 GG und Art. 137 Abs. 3 WRV nicht zur Rechtmäßigkeit von Arbeitskämpfen bei den Mitgliedern des Klägers. Im Rahmen der gebotenen Abwägung komme dem Interesse kirchlicher Arbeitgeber an einem Streikverbot ein höherer Wert zu als dem Interesse der Mitarbeiter oder Gewerkschaften an einer kampfweisen Durchsetzung ihrer Forderungen. Der Kläger und seine Mitglieder partizipierten nämlich an einem alternativen Regelungsmodell, das durch verbindliche Schlichtung gekennzeichnet sei und daher nicht weniger als das weltliche Tarifvertrags- und Arbeitskampfsystem angemessene und gerechte Arbeitsbedingungen hervorbringe. Die Koalitionsfreiheit finde vorliegend ihre Grenze im Selbstbestimmungsrecht der Kirche, das erheblich beschränkt und letztlich entwertet werde, wenn Streiks zulässig seien. Ein Streik suspendiere die bewusste Abkehr vom weltlichen Arbeitskampfsystem vollständig. Von der Freiheit bei der Gestaltung des kollektiven Arbeitsrechts, die die Verfassung der NK in Art. 137 Abs. 3 WRV offen halte, würde nichts mehr übrig bleiben. Der kirchliche Arbeitgeber sei gezwungen, seinen Auftrag zur Nächstenliebe den Funktionsstrukturen der staatlich vorgegebenen Tarifautonomie in Widerspruch zu seiner religiös motivierten Überzeugung vollständig unterzuordnen. Die individuelle und kollektive Koalitionsbetätigung sei im Fall eines Streikverbots nur partiell beeinträchtigt, nämlich in dem speziellen Teilbereich der Streikdurchführung. Die im Übrigen grundgesetzlich verbürgten Freiheiten des Art. 9 Abs. 3 GG blieben unberührt (z.B. Gründungsfreiheit, Bestandsgarantie, Betätigungsfreiheit, Tarifvertragsverhandlungen und –abschlüsse). Hinzu komme, dass die Mitglieder des Klägers zugleich einen Eingriff in ihre schrankenlos gewährleistete Religionsfreiheit aus Art. 4 GG hinzunehmen hätten. Der Dienst am Nächsten käme infolge eines Arbeitskampfes vorübergehend zum Erliegen. Verkündigung und Nächstenliebe könnten aber wesensmäßig nicht ausgesetzt werden. Der geistig-religiöse Auftrag könne nicht unter den Vorbehalt eines Arbeitskampfes gestellt werden. Auch sei zu berücksichtigen, dass ein Arbeitskampf die „Falschen“ treffe, nämlich die Patienten, die als unbeteiligte, hilfebedürftige Dritte betroffen wären. Ein Streik würde sich zudem gegen den falschen Gegner richten. Die diakonischen Einrichtungen seien abhängig von der Refinanzierung durch Vergütung durch die gesetzlichen Sozialversicherungen, andere Sozialleistungsträger und Selbstzahler. Ein diakonischer Arbeitgeber könne keine weitergehenden finanziellen Zugeständnisse machen, als es die gültigen Refinanzierungsbedingungen erlaubten.

Der Kläger beantragt,

1\. a. die Beklagten zu verpflichten, es zu unterlassen, die Arbeitnehmer in den Mitgliedseinrichtungen des Klägers zu Streiks, Warnstreiks oder sonstigen Arbeitsniederlegungen aufzurufen sowie Streiks, Warnstreiks und sonstige Arbeitsniederlegungen in den Mitgliedseinrichtungen des Klägers zu organisieren und durchzuführen;
hilfsweise zu 1) a.:
1\. b. die Beklagten zu verpflichten, es zu unterlassen, die Arbeitnehmer in den Mitgliedseinrichtungen des Klägers zu Streiks, Warnstreiks oder sonstigen Arbeitsniederlegungen aufzurufen sowie Streiks, Warnstreiks und sonstige Arbeitsniederlegungen in den Mitgliedseinrichtungen des Klägers zu organisieren und durchzuführen, solange und soweit der Kläger zur Aufnahme von Tarifverhandlungen mit den Beklagten auf der Grundlage des ARRG-NEK bei vorherigem Abschluss einer Schlichtungsvereinbarung, die inhaltsgleich mit der bestehenden Schlichtungsvereinbarung vom 5.11.1979 (Anlage K 5) ist, bereit ist;
2\. den Beklagten für jeden Fall der Zuwiderhandlung gegen die Unterlassungspflicht ein Ordnungsgeld bis zu einer Höhe von € 250.000,00 anzudrohen.

Die Beklagten meinen, Arbeitskampfmaßnahmen, insbesondere auch Streiks, seien in Einrichtungen des Klägers zulässig. Die NK habe sich 1976 für den Abschluss von Tarifverträgen und damit gerade nicht für den grundsätzlich möglichen „Dritten Weg" entschieden, der darin bestanden hätte, ein eigenständiges innerkirchliches kooperatives Regelungs- und Schlichtungsmodell zu entwickeln, in dem die Festlegung allgemeiner Bedingungen für die Vertragsverhältnisse durch die paritätisch zusammengesetzte Kommissionen erfolge. Aus dieser Entscheidung folge, dass auch Gewerkschaften das Mittel des Arbeitskampfes möglich sein müsse, um Druck auf den kirchlichen Arbeitgeber ausüben zu können, wenn und soweit keine vereinbarte relative oder absolute Friedenspflicht entgegenstehe. Mit dem freiwilligen Aussperrungsverzicht des Klägers könne den Gewerkschaften nicht das Streikrecht aus der Hand genommen werden. Will die Kirche mit dem Abschluss von Tarifverträgen verbundene Konflikte für ihr Selbstverständnis vermeiden, so habe sie mittels ihres Selbstbestimmungsrechts die Möglichkeit einer alternativen Ausgestaltung ihres Regelungsmodells. Eine Entscheidung für ein Tarifvertragssystem sei nicht möglich, ohne die mit dieser Entscheidung verbundenen Konsequenzen zu tragen. Art. 9 Abs. 3 GG gewährleiste ohne weitere einfachgesetzliche Umsetzung die koalitionsspezifische Betätigung und damit das Führen von Arbeitskämpfen. Das Streikrecht sei ein notwendiges Hilfsmittel, andernfalls wären weder das Zustandekommen noch die inhaltliche Sachgerechtigkeit tariflicher Regelungen gewährleistet. Indem den Kirchen die Möglichkeit des Dritten Weges eingeräumt werde, sei dem durch Art. 137 Abs. 3 WRV gewährleisteten Selbstbestimmungsrecht Genüge getan.

Das Arbeitsgericht weist die Klage ab.

Aus den Gründen:

[19] Die zulässige Klage war als unbegründet abzuweisen. Den Beklagten steht grundsätzlich das Recht auf Streik und sonstige Arbeitsniederlegungen auch gegen den Kläger zu.

[20] I. 1. Die Anträge zu 1) und 2) sind hinreichend bestimmt iSv §§ 253 Abs. 2 Nr. 2 ZPO, 46 Abs. 2 ArbGG.

[21] Der Kläger begehrt im Sinne eines Globalantrags die Untersagung sämtlicher Streikmaßnahmen sowie sonstiger Arbeitsniederlegungen, d.h. den Aufruf zu solchen, deren Organisation und Durchführung. Damit ist eine Vielzahl möglicher Fallgestaltungen umfasst. Dennoch steht dieser Umstand der Bestimmtheit des Antrags nicht entgegen, weil der Antrag ausnahmslos alle denkbaren Fälle im Zusammenhang mit Streiks oder sonstigen Arbeitsniederlegungen erfassen soll (BAG 16.11.2004 -1 ABR 53/03- *juris*). Es ist hinreichend erkennbar, was der Kläger von den Beklagten verlangt, nämlich die Unterlassung sämtlicher Handlungen in Verbindung mit einem Aufruf, einer Organisation und Durchführung von Streiks oder sonstigen Formen von Arbeitsniederlegungen.

[22] 2. Die Beklagten, auch der Beklagte zu 1), sind gem. § 10 ArbGG parteifähig.

[23] Der Beklagte zu 1) ist, obwohl er nur ein Landesverband ist, parteifähig. Gewerkschaftsuntergliederungen sind dann parteifähig, wenn sie körperschaftlich organisiert und gegenüber dem Bundesverband weitgehend selbständig sind (BAG, 19.11.1985 -1 ABR 37/83- *juris*). Davon ist vorliegend auszugehen. Der Beklagte zu 1) ist nach den unstreitigen Angaben in der mündlichen Verhandlung vom 1.9.2010 satzungsrechtlich ermächtigt, Streiks zu organisieren sowie Tarifverträge zu verhandeln und abzuschließen und damit im Hinblick auf die Parteifähigkeit hinreichend selbständig.

[24] II. Die Klage ist unbegründet. Entgegen der Ansicht des Klägers besteht kein generelles Streikverbot bzw. ein Verbot sonstiger Arbeitsniederlegungen. Dem Kläger stehen die geltend gemachten Unterlassungsansprüche nach §§ 823 Abs. 1 BGB, 1004 BGB nicht zu.

[25] Im Einzelnen:

[26] 1. Als mögliches „sonstiges Recht“ iSv § 823 Abs. 1 BGB als Voraussetzung für einen Unterlassungsanspruch iSv §§ 823 Abs. 1, 1004 BGB kommt Art. 9 Abs. 3 GG, der auch dem Kläger bzw. seinen Mitgliedern zusteht, iVm Art. 137 Abs. 3 WRV, Art. 4 GG in Betracht.

[27] 2. Dennoch steht dem Kläger bzw. seinen Mitgliedern kein Anspruch auf Unterlassung jedweden Streiks, Warnstreiks oder jedweder sonstiger Arbeitsniederlegungen gegen die Beklagten zu. Weder folgt ein solcher Anspruch

unmittelbar aus den Grundsätzen des Arbeitskampfrechts noch aus Art. 140 GG, 137 Abs. 3 WRV iVm Art. 4 GG. Der Antrag zu 1 a) war abzuweisen.

[28] a) Die mögliche Wiederholungsgefahr eines Streiks bzw. einer Arbeitsniederlegung durch die Mitglieder der Beklagten kann unterstellt werden.

[29] b) Ein generelles Verbot von Streikmaßnahmen und sonstigen Arbeitsniederlegungen folgt entgegen der Ansicht des Klägers nicht aus den Grundsätzen des Arbeitskampfrechts. Es ist nicht erkennbar, dass die Arbeitskampfparität in allen erdenklichen Fällen von Arbeitsniederlegungen in den Mitgliedseinrichtungen des Klägers aus diesem Gesichtspunkt derart gestört wäre, dass diese unzulässig sein sollen.

[30] Das geltende Arbeitskampfrecht leitet sich her aus Art. 9 Abs. 3 GG. Art. 9 Abs. 3 GG schützt die vorbehaltlos gewährleistete Koalitionsfreiheit. Diese zählt zu den Grundprinzipien der Rechtsordnung der Bundesrepublik Deutschland. Geschützt ist die Freiheit des Einzelnen, darüber hinaus die der Koalition selbst, d.h. ihr Bestand, ihre organisatorische Ausgestaltung und ihre spezifische Betätigung (BVerfGE 84, 212 [225]; BVerfGE 92, 365 [393]).

[31] Zur Betätigungsgarantie der Koalitionen gehört insbesondere der Abschluss von Tarifverträgen (BVerfG 2.3.1993 -1 BvR 1213/85- *juris*). Die Koalitionen sollen beim Abschluss von Tarifverträgen frei sein und die Mittel, die sie zur Erreichung dieses Zwecks für geeignet halten, selbst wählen können (BVerfG 2.3.1993, aaO). Auch der Arbeitskampf, der auf den Abschluss eines Tarifvertrags gerichtet ist, gehört grundsätzlich zu den von Art. 9 Abs. 3 GG geschützten Mitteln. Ein solches Mittel ist auch der Streik (BVerfG 2.3.1993, aaO; BVerfG 26.6.1991 -1 BvR 779/85- *juris*). Dabei bedürfen Arbeitskampfmaßnahmen allerdings der Rechtfertigung, wenn sie in Rechtspositionen anderer eingreifen. Die Zulässigkeit einer Arbeitskampfmaßnahme, also auch eines Streiks oder einer sonstigen Arbeitsniederlegung, richtet sich insbesondere nach dem Verhältnismäßigkeitsprinzip. Dabei ist, insoweit ist dem Kläger Recht zu geben, vor allem die Kampfparität zu wahren (BAG, 22.9.2009 -1 AZR 972/08- *juris*). Das Kräftegleichgewicht der Arbeitskampfparteien darf nicht gestört sein.

[32] Allerdings darf ein Streik – oder eine sonstige Arbeitsniederlegung – nur dann als rechtswidrig bewertet werden, wenn er offensichtlich ungeeignet, nicht erforderlich oder unverhältnismäßig im engeren Sinne ist (BAG, 22.9.2009, aaO). Entgegen der Ansicht des Klägers sind diese Voraussetzungen vorliegend aufgrund des Verzichts seiner Mitglieder auf Aussperrungen nicht erfüllt, zumindest nicht in einer Art und Weise, dass ein Streik generell für unzulässig erklärt werden könnte. Zunächst ist festzustellen, dass Streiks oder sonstige Arbeitsniederlegungen auch in Einrichtungen des Klägers als geeignet erscheinen, um bessere Arbeitsbedingungen erkämpfen zu können. Der Streik ist ein allgemein anerkanntes Kampfmittel der Gewerkschaften, mit seinem Einsatz

kann die Durchsetzung von Kampfzielen auch in Einrichtungen des Klägers gefördert werden. In der Regel ist ein Streik auch erforderlich, um bessere Arbeitsbedingen erzielen zu können, wobei den Koalitionen eine Einschätzungsprärogative bezüglich der Frage der Erforderlichkeit zukommt (BAG, 22.9.2009, aaO). Für den Einzelfall können sie entscheiden, ob z.B. ein Streik zur Erreichung des Ziels das notwendige Mittel ist oder ob ein milderes Mittel in Betracht kommt. Für die generelle Frage der Erforderlichkeit von Streiks – auf die es vorliegend ankommt – kann nicht vorab festgestellt werden, dass Streiks (u.ä.) in Einrichtungen des Klägers nicht erforderlich sind, weil es mildere Mittel gibt, um bessere Arbeitsbedingungen, insbesondere höhere Löhne, durchsetzen zu können. Dabei ist zu beachten, dass die Arbeitnehmer gegenüber ihrem Arbeitgeber strukturell unterlegen sind. Erst im Zusammenschluss und im gemeinsamen Auftreten für bessere Bedingungen kann ein Kräftegleichgewicht hergestellt werden. D.h. der Streik führt in der Regel erst zur Parität zwischen Arbeitnehmern und dem Arbeitgeber. Es gilt hierbei die generelle Einschätzung, dass die Arbeitnehmerseite zur Herstellung einer gleichgewichteten Verhandlungsposition auf Arbeitskampfmaßnahmen oder deren Androhung angewiesen ist (BVerfG, 26.6.1991 -1 BvR 779/85- *juris*). Das dürfte auch im Fall der vorliegend streitenden Parteien so sein, Gegenteiliges ist zumindest nicht erkennbar. Insoweit ist ein Streik auch im Streitfall grundsätzlich erforderlich, um ein Kräftegleichgewicht herzustellen und ein Verhandeln auf Augenhöhe möglich zu machen. Zweifelhaft könnte allenfalls sein, ob aufgrund des Aussperrungsverzichts des Klägers bzw. seiner Mitglieder ein Streik bzw. eine sonstige Arbeitsniederlegung verhältnismäßig im engeren Sinn ist. Das ist jedoch zu verneinen bzw. die Verhältnismäßigkeit ieS kann nicht generell für jeden erdenklichen Fall ausgeschlossen werden:

[33] Unverhältnismäßig im engeren Sinne könnte ein Streik sein, wenn eine unangemessene Beeinträchtigung gegenläufiger, ebenfalls verfassungsrechtlich geschützter Rechtspositionen droht (BAG, 22.9.2009, aaO). Dabei können zahlreiche Umstände eine Rolle spielen, was bereits erkennen lässt, dass eine generelle Beurteilung, die zu einem allgemeinen und umfassenden Streikverbot führen könnte, kaum möglich ist. Von Bedeutung ist stets, ob es „eigene Opfer“ des Angreifers gibt, im Fall des Streiks also der Gewerkschaft, und ob es effektive Verteidigungsmöglichkeiten des Angegriffenen gibt (BAG, 22.9.2009, aaO). Eigene Opfer der Angreifer sind im Fall eines Streiks durch Mitglieder der Beklagten zu bejahen, da die Arbeitsniederlegung zum Entgeltverlust führt. Auch können Imageverluste innerhalb des Unternehmens, Unverständnis bei Kollegen, Reduzierung von Karrierechancen, u.ä. drohen. Dem kirchlichen Arbeitgeber stehen zudem effektive Verteidigungsmöglichkeiten jenseits der Aussperrung zu. Die Aussperrung als ein Verteidigungsmittel steht den kirchlichen

Arbeitgebern aufgrund ihres eigenen Selbstverständnisses, insbesondere aufgrund ihres von Art. 4 GG geschützten Sendungsauftrags und des Grundsatzes der christlichen Nächstenliebe, nicht zur Verfügung. Das ist eine Entscheidung, die zu akzeptieren und hinzunehmen ist, nicht zuletzt aufgrund des dem Kläger bzw. seinen Einrichtungen zustehenden Selbstbestimmungsrechts nach Art. 137 WRV. Die Aussperrung ist jedoch nicht das einzige Verteidigungsmittel, das den kirchlichen Arbeitgebern im Fall eines Streiks zur Verfügung steht, um Kampfparität herzustellen. Zum einen ist insoweit erneut darauf hinzuweisen, dass der Streik häufig erst zu einer Parität führt und eine Aussperrung nur im Einzelfall als Kampfmittel des Arbeitgebers in Betracht kommt, wenn nämlich das Kräftegleichgewicht aufgrund der Streikführung zugunsten der Arbeitnehmerseite zu kippen droht (BVerfG 26.6.1991, aaO). Das ist keinesfalls der Regelfall. Schon deshalb ist ein generelles Streikverbot vorliegend aus den Grundsätzen des Arbeitskampfes heraus – wie es der Kläger vertritt – abzulehnen. Zum anderen hat – auch der kirchliche – Arbeitgeber effektive Verteidigungsmöglichkeiten abseits der Aussperrung. Allein schon das „Aussitzen" des Streiks und das – rechtmäßige – Verweigern der Entgeltzahlung üben einen enormen Druck auf die Arbeitnehmerseite aus. Ferner kann der Arbeitgeber, auch der kirchliche, Streikbrecher einsetzen und Streikbruchprämien zahlen. Er kann damit drohen, Arbeiten für die Zukunft fremd zu vergeben und auszugliedern. Er kann Überlegungen anstellen und offen legen, Arbeiten zu rationalisieren und Arbeitsplätze zu streichen. Insofern ist nicht erkennbar, dass dem kirchlichen Arbeitgeber von vornherein und ohne Ausnahme in jedem Fall einer wie auch immer gearteten Arbeitsniederlegung keine effektive Verteidigung – neben der von ihm abgelehnten Form der Aussperrung – möglich sein soll. Im Einzelfall mag das zutreffen und kann dann auch zur Rechtswidrigkeit der einzelnen Streikmaßnahme – aufgrund der Besonderheit des kirchlichen Selbstbestimmungsrechts – führen. Generell ist jedoch der Ausspruch eines Streikverbots allein aus dem Grundsatz der Wahrung der Kampfparität nicht geboten.

[34] c) Ein generelles Streikverbot bzw. ein generelles Verbot von sonstigen Arbeitsniederlegungen folgt auch nicht daraus, dass das Selbstbestimmungsrecht aus Art. 137 GG (iVm Art. 4 GG) im Fall der Zulässigkeit von Streikmaßnahmen verletzt wäre.

[35] aa) Entgegen der Ansicht des Klägers ist vorliegend nicht ein formelles Gesetz erforderlich, um Art. 137 Abs. 3 WRV beschränken zu können.

[36] Art. 137 Abs. 3 WRV gewährt den Kirchen das Recht, selbstbestimmt und ohne staatliche Aufsicht über ihre Angelegenheiten zu entscheiden. Art. 137 Abs. 3 WRV vervollständigt die in Art. 4 GG vorausgesetzte Sicherung religiöser Freiheit (Maunz/Dürig, Grundgesetzkommentar, Art. 137 WRV Rn 22). Dabei ist Art. 137 Abs. 3 GG nach wohl hM zwar kein Grundrecht oder ein grundrechtglei-

ches Recht, aber es ist vom Schutzbereich des Art. 4 GG umfasst und hat in Art. 137 Abs. 3 WRV eine spezialgesetzliche Konkretisierung erfahren (Maunz/Dürig, Grundgesetzkommentar, Art. 137 WRV Rn 22). Zu den eigenen Angelegenheiten gehört das kirchliche Arbeitsrecht. Leitbild desselben ist die christliche Dienstgemeinschaft. Der kirchliche Arbeitgeber darf die verfassungsrechtlich geschützte Eigenart kirchlicher Dienste nach eigenem Verständnis ausgestalten. Eine Schranke bilden dabei „die für alle geltenden Gesetze“. Hierzu zählen allerdings nicht nur formelle, hinreichend bestimmte Gesetze, sondern ebenso mit der Kirchenfreiheit kollidierende Rechte Dritter und sonstige Verfassungsgüter (Maunz-Dürig, Art. 137 WRV, Rn 47; Hammer, Kirchliches Arbeitsrecht, S. 337; vgl. auch BVerfG 7.3.2002 -1 BvR 1962/01- KirchE 40, 164; BVerfG 4.6.1985 -2 BvR 1703/83- KirchE 23, 105). D.h. im Falle einer Kollision von Art. 137 Abs. 3 GG mit verfassungsrechtlich geschützten Rechten Dritter ist eine Güterabwägung vorzunehmen (ebenso wie bei der Kollision schrankenlos gewährleisteter Grundrechte mit anderen Verfassungsgütern), die ebenfalls zu einer Beschränkung des kirchlichen Selbstbestimmungsrechts führen kann. Die Kirche kann sich im Fall eines fehlenden formellen Gesetzes nicht im rechtsfreien Raum bewegen, sondern hat die Rechte Dritter, insbesondere verfassungsrechtlich geschützte Rechte Dritter, zu beachten. Diese Rechte, wie z.B. auch die von Art. 9 Abs. 3 GG geschützte Tarifautonomie, können Vorrang vor dem Selbstbestimmungsrecht der Kirche haben und dieses beschränken (vgl. auch Kühling, AuR 2001, 241 ff).

[37] bb) Vorliegend kollidieren Art. 137 Abs. 3 WRV und Art. 9 Abs. 3 GG miteinander, wenn sich der Kläger auf das kirchliche Selbstbestimmungsrecht beruft und die Beklagten auf ihr Recht aus Art. 9 Abs. 3 GG.

[38] Im Rahmen der vorzunehmenden Güterabwägung (siehe oben) ergibt sich, dass das kirchliche Selbstbestimmungsrecht nicht einen derartigen Vorrang genießt, dass jeglicher Streik und jegliche sonstige Form der Arbeitsniederlegung, als Voraussetzung für den geltend gemachten Anspruch, unzulässig und damit verboten und zu unterlassen sind:

[39] (1) Art. 9 Abs. 3 GG ist ein vorbehaltlos gewährleistetes Grundrecht. Es genießt u.a. Schutz gegenüber Behinderungen durch Private: Art. 9 Abs. 3 Satz 2 GG beinhaltet das Verbot behindernder Maßnahmen und Abreden. Die Koalitionsfreiheit genießt einen hohen Rang in der Wertordnung des Grundgesetzes. Die Tarifautonomie gilt auch im kirchlichen Bereich, insbesondere wenn sich der kirchliche Arbeitgeber, wie vorliegend, für ein Tarifvertragssystem entschieden hat.

[40] Nach der Rechtsprechung des Bundesverfassungsgerichts gewährleistet Art. 9 Abs. 3 GG das Recht, Tarifverträge abschließen zu können. Beim Abschluss von Tarifverträgen sind die Koalitionen frei, sie können die Mittel selbst

wählen, die sie zur Erreichung des Zwecks für erforderlich halten. Geschützt sind auch Arbeitskampfmaßnahmen, die erforderlich sind, um eine funktionierende Tarifautonomie herzustellen (BVerfG 2.3.1993 -1 BvR 1213/85- *juris*). Ein solches Mittel ist auch der Streik (BVerfG 2.3.1993 -1 BvR 1213/85- *juris*).

[41] (2) Im Rahmen der vorzunehmenden Güterabwägung zwischen Art. 137 Abs. 3 WRV und Art. 9 Abs. 3 GG stehen sich gegenüber: auf der Arbeitnehmerseite die Einschränkung der Koalitionsfreiheit durch ein - von dem Kläger gefordertes - generelles Streikverbot und auf der Seite des kirchlichen Arbeitgebers die Einschränkung der kirchlichen Selbstbestimmung, wenn sich der kirchliche Arbeitgeber einem – von ihm abgelehnten – Streik ausgesetzt sieht. Das Ergebnis dieser Güterabwägung führt nicht zu einem Überwiegen des kirchlichen Selbstbestimmungsrechts in der Form, dass jedwede Arbeitsniederlegung zu verbieten ist.

[42] Art. 9 Abs. 3 GG erlaubt aufgrund der schrankenlosen Gewährleistung nur eine solche Reglementierung, die verfassungsrechtlich gerechtfertigt ist. Das wäre vorliegend der Fall, wenn das kirchliche, ebenfalls verfassungsrechtlich geschützte Selbstbestimmungsrecht höher wiegt als das Streikrecht der Gewerkschaften. Das ist jedoch zu verneinen. Die Argumente des Klägers, die christliche Dienstgemeinschaft und das christliche Gebot der Nächstenliebe (als Ausfluss von Art. 4 GG) stünden einer kämpferischen Auseinandersetzung um Arbeitsbedingungen entgegen, ein Streik sei zudem nicht erforderlich, um Gleichheit zu erzielen, weil den Mitgliedern des Klägers das Mittel der Aussperrung nicht zur Verfügung stünde, Verhandlungsgleichheit entstehe zudem durch eine zur Verfügung stehende Schlichtungsvereinbarung, überzeugen nicht. Diese Gesichtspunkte führen jedenfalls nicht zu der geforderten Rechtsfolge des generellen Verbots von Streiks und sonstigen Arbeitsniederlegungen jedweder Art.

[43] Insoweit ist zunächst auf den bereits dargestellten Aspekt hinzuweisen, dass allein der Verzicht auf Aussperrungen nicht zu einem Ungleichgewicht der Kampfparität führt: grundsätzlich ist von dem strukturell unterlegenen Arbeitnehmer auszugehen. Der Arbeitgeber diktiert die Arbeitsbedingungen. Er ist im Vergleich zum Arbeitnehmer, der auf Arbeit angewiesen ist, um seinen Lebensunterhalt zu bestreiten, der „Mächtigere". Erst durch einen Streik oder eine sonstige Arbeitsniederlegung bzw. Arbeitskampfmaßnahme wird ein Machtgleichgewicht hergestellt (BVerfG 26.6.1991 -1 BvR 779/85- *juris*). Ein Streik führt nicht per se zu einer Unterlegenheit des Arbeitgebers derart, dass sofort zu dem Kampfmittel der Aussperrung gegriffen werden darf. Das Kampfmittel der Aussperrung spielt in diesem Moment, in dem zunächst das Kräftegleichgewicht hergestellt wird, noch keine Rolle. Eine Aussperrung kommt nur und erst dann in Betracht, wenn aufgrund einer übermäßigen Arbeitskampfmaßnahme auf

Arbeitnehmerseite das Kräftegleichgewicht zugunsten der Arbeitnehmer zu kippen droht (vgl. Kühling, AuR 2001, 241 ff). Das ist jedoch eine Frage des Einzelfalls und kann nicht zu einem generellen Streikverbot bzw. zu einem Verbot von Arbeitsniederlegungen jedweder Art in kirchlichen Einrichtungen führen.

[44] Auch der Hinweis des Klägers, es gebe vorliegend einen alternativen Weg der Einigung, nämlich den Abschluss einer Schlichtungsvereinbarung, wie sie bereits mit anderen Gewerkschaften abgeschlossen worden ist, führt nicht zu einer anderen Bewertung, insbesondere nicht zu einem Überwiegen des Rechts auf kirchliche Selbstbestimmung. Die benannte Schlichtungsvereinbarung ist nicht gleich geeignet wie ein Streik oder eine sonstige Arbeitsniederlegung, um ein Kräftegleichgewicht zwischen Arbeitgeber und Arbeitnehmer herzustellen. Insbesondere führt sie nicht dazu, dass die Arbeitnehmer mithilfe der Schlichtung ihre eigenen Interessen auf gleich geeignete Art und Weise verfolgen und ggf. durchsetzen können wie mithilfe des verfassungsrechtlich geschützten Streikrechts. Am Ende der Schlichtungsvereinbarung steht eine Zwangsschlichtung, die dazu führen kann, dass die Arbeitnehmerseite von ihr nicht gewollte Ergebnisse hinzunehmen hat. Diese Ergebnisse können von Zufälligkeiten abhängen, je nachdem wer – ggf. zwangsweise – als Vorsitzender der Schlichtungsstelle eingesetzt worden ist und welche Ansichten diese Person hat. Ein derartiges Ergebnis widerspricht jedoch der von Art. 9 Abs. 3 GG geschützten Tarifautonomie, die auf eine freiwillig im Wege der Einigung, im Wege des gegenseitigen Nachgebens zustande gekommenen Lösung des Tarifkonflikts abstellt, die letztlich von beiden Seiten für angemessen und akzeptabel angesehen wird. An dieser Stelle nochmals: der vom kirchlichen Arbeitgeber postulierte Verzicht auf Aussperrung ist zu akzeptieren und auch von Art. 137 Abs. 3 WRV geschützt. Allerdings ist eine Aussperrung häufig weder das erforderliche, noch das angemessene Arbeitskampfmittel, um einer Arbeitsniederlegung zu begegnen. Dort, wo eine Aussperrung per se aus den Grundsätzen des Arbeitskampfrechts unzulässig ist, entsteht gar nicht erst der Konflikt zwischen Art. 9 Abs. 3 GG – Recht auf Streik – und Art. 137 Abs. 3 WRV – Recht auf kirchliche Selbstbestimmung in der Form der Ablehnung von Aussperrungen. In diesen Fällen ist die kirchliche Selbstbestimmung nur insoweit betroffen, als der kirchliche Arbeitgeber – von ihm auch abgelehnte – Streiks hinzunehmen hat, ohne allerdings sich faktisch gezwungen zu sehen, zum abgelehnten Mittel der Aussperrung greifen zu müssen. Sein Dienst am Nächsten muss bzw. darf in diesen Fällen nicht suspendiert werden, er gerät nicht – mangels faktischen Zwangs – in einen Gewissenskonflikt in Bezug auf seine christlichen Überzeugungen. Auch die christliche Dienstgemeinschaft wird in diesen Fällen nicht aufgelöst, sondern allenfalls um streikende Mitglieder zeitweise und vorübergehend im Hinblick auf den aktiven Dienst am Patienten reduziert.

[45] Das Gebot der christlichen Nächstenliebe steht einem Streik ebenfalls nicht grundsätzlich entgegen. Arbeitskampfmaßnahmen und auch der Streik stellen keinen „Krieg“ dar und tragen auch nicht zwangsläufig Aggressionen in die Einrichtungen des Klägers hinein. Sie dienen dazu, Arbeitnehmer auf Augenhöhe mit ihrem Arbeitgeber verhandeln zu lassen. Erfordert die christliche Nächstenliebe den Dienst am Patienten, so ist davon auszugehen, dass auch die Mitglieder der Beklagten dieser Aufgabe in ausreichendem Maße nachkommen werden, da auch sie sich der christlichen Nächstenliebe als Mitarbeiter einer christlichen Einrichtung verpflichtet fühlen. Der Streik ist ein Schritt auf dem Weg zu einer Einigung über Arbeitsbedingungen, die einvernehmlich erfolgen soll. Eine derartige einvernehmliche Lösung verfügt über eine hohe Richtigkeitsgewähr, insbesondere über eine höhere Richtigkeitsgewähr als eine Lösung, die ggf. per Zwangsschlichtung, wie sie am Ende der Schlichtungsvereinbarung steht, erfolgt. Führt der Streik zu einer Unterlegenheit und zu einer unangemessenen Beeinträchtigung von Rechten des Arbeitgebers, kann er im Einzelfall verboten werden. Im Falle einer solchen Beurteilung ist selbstverständlich das kirchliche Selbstbestimmungsrecht – hier in Form der Entscheidung, aus religiöser Überzeugung auf Aussperrungen zu verzichten – zu berücksichtigen, ebenso der Dienst des Klägers am Nächsten, der nicht ausgesetzt werden kann und darf, insbesondere wenn es sich um die Versorgung von Patienten handelt. Das aber stellen auch die Beklagten nicht in Abrede.

[46] Schließlich kann erneut darauf hingewiesen werden, dass der – kirchliche – Arbeitgeber nicht allein deshalb generell vor Streikmaßnahmen zu schützen ist, weil die Möglichkeit der Aussperrung nicht zur Verfügung steht: der Arbeitgeber kann, wie dargelegt, auf andere Art und Weise Druck auf die Arbeitnehmerseite ausüben (z.B. den Streik aussitzen, die Lohnzahlung einstellen, Streikbrecher einsetzen, etc.).

[47] Zu beachten ist ferner, dass bei einem generellen Streikverbot in kirchlichen Einrichtungen die kollektive Koalitionsfreiheit hin diesem Bereich gefährdet ist, da die Attraktivität der Gewerkschaften aufgrund einer fehlenden Mächtigkeit und auch aufgrund einer fehlenden Richtigkeitsgewähr von Zwangsschlichtungen abnehmen würde (vgl. Kühling, AuR 2001, 241 ff). Andererseits ist der kirchliche Arbeitgeber im Fall eines Streiks nicht gezwungen, den Dienst am Nächsten (um den Verkündigungsauftrag geht es vorliegend nicht) zu suspendieren: zum einen muss die Patientenversorgung in Krankenhäusern auch im Fall von Arbeitsniederlegungen generell gewährleistet sein. Dafür haben auch die Gewerkschaften zu sorgen, sonst ist der Streik – im Einzelfall – unzulässig. Zum anderen kann der kirchliche Arbeitgeber mit Streikbrechern und/oder Leiharbeitnehmern arbeiten und so den Dienst am Nächsten aufrechterhalten. Einen – faktischen – Zwang zur Aussperrung wird es nur in sel-

tenen Ausnahmefällen geben. In diesen Fällen kann dann im Einzelfall reagiert werden in Form der – gerichtlichen – Untersagung des einzelnen Streiks.

[48] Der Eingriff in Art. 137 Abs. 3 WRV erweist sich insofern – als ein Streik hinzunehmen wäre – als ein nur geringer Eingriff, wohingegen ein generelles Streikverbot ein erheblicher Eingriff in Art. 9 Abs. 3 GG wäre: den Arbeitnehmern und Gewerkschaften wäre ihr Mittel genommen, das Kräftegleichgewicht zum kirchlichen Arbeitgeber zunächst einmal herzustellen und für bessere Arbeitsbedingungen abseits einer Zwangsschlichtung kämpfen zu können. Außerdem berührt das vorliegend begehrte Streikverbot nicht nur die Möglichkeit, Streiks durchzuführen, sondern auch das Kampfmittel der Streikandrohung – wo ein Streik generell verboten ist, bewirkt nämlich auch eine Streikandrohung nichts.

[49] (3) Zu beachten ist schließlich noch folgendes:

[50] Der Kläger bzw. seine Mitglieder haben sich für ein Tarifvertragssystem entschieden, d.h. für eine Festlegung von Arbeitsbedingungen mittels eines Tarifvertrags und mit einer Gewerkschaft als Verhandlungspartner. Es sind nicht kollektive Vereinbarungen „sui generis“ gewollt. So heißt es auch in der Schlichtungsvereinbarung (...) in § 8, Abs. 3: „Die Entscheidung (der Schlichtungsstelle) hat die materielle Wirkung eines Tarifvertrags“. Einschränkungen irgendwelcher Art, z.B. dass nur kirchlich modifizierte Tarifverträge gewollt sind, die sich von weltlichen Tarifverträgen unterscheiden sollen, sind nicht festgehalten. Wären tatsächlich kollektive Verträge eigener Art mit den dazu gehörigen Rechtsfolgen gewollt, so hätte dies verdeutlicht werden müssen.

[51] Ein Tarifvertragssystem ist allerdings grundsätzlich geprägt vom Arbeitskampf, beide Verhandlungspartner können sich auf Art. 9 Abs. 3 GG und die dort geschützte Koalitionsfreiheit und Tarifautonomie – inklusive das Recht auf Streik – berufen. Der Kläger bzw. seine Mitglieder mögen – aus religiöser Überzeugung und aufgrund ihres Selbstbestimmungsrechts – auf ihr Grundrecht aus Art. 9 Abs. 3 GG verzichten, soweit es um das Kampfmittel der Aussperrung geht. Das führt aber nicht zugleich dazu, dass die Grundrechte der Arbeitnehmer aus Art. 9 Abs. 3 GG abbedungen wären.

[52] Schließlich ist folgendes zu beachten: Es gibt einzelgesetzliche Regelungen, wonach nur per Tarifvertrag von zwingendem Gesetzesrecht abgewichen werden darf (z.B. § 14 Abs. 2 S. 3 TzBfG). Dabei kann in der Regel davon ausgegangen werden, dass tarifliche Vereinbarungen nicht gegen den Willen der Arbeitnehmerseite, sondern nur einvernehmlich und nicht ohne eine angemessene Kompensation der Arbeitgeberseite abgeschlossen werden. Gerade durch das Druckmittel des Arbeitskampfes besteht ein austariertes Kräftegleichgewicht, das zu einer besonderen Richtigkeitsgewähr des Inhalts eines Tarifvertrags führt. Das ist jedoch im Fall einer Zwangsschlichtung, die in dem

von dem Kläger favorisierten System am Ende einer Auseinandersetzung stehen kann, nicht der Fall, da hier Regelungen gegen den Willen der Arbeitnehmerseite festgelegt werden können. Von einer gleichen Richtigkeitsgewähr wie bei einem Tarifvertrag, der durch „freies Spiel" der Kräfte zustande kommt, kann in dem kirchenrechtlich modifizierten System, von dem der Kläger ausgeht, daher nicht die Rede sein (vgl. hierzu BAG, 25.3.2009 -7 AZR 710/07- KirchE 53, 138). Die Rechtsfolge, ggf. von zwingendem Gesetzesrecht abweichen zu dürfen, erscheint im Fall des generellen Ausschlusses von Streiks und sonstigen Arbeitsniederlegungen mit einer möglichen Zwangsschlichtung am Ende des Konflikts nicht die angemessene und richtige Rechtsfolge. Auch dieser Umstand spricht mitentscheidend gegen das von dem Kläger verfolgte generelle Streikverbot in kirchlichen Einrichtungen, solange der kirchliche Arbeitgeber Tarifverträge abschließen und anwenden möchte.

[53] cc) Das Ergebnis der Güterabwägung ist somit, dass ein generelles Streikverbot in den Mitgliedseinrichtungen des Klägers abzulehnen ist. Das von Art. 9 Abs. 3 GG geschützte Streikrecht überwiegt aus den dargestellten Gründen das Selbstbestimmungsrecht des Klägers bzw. seiner Mitglieder aus Art. 137 WRV (iVm Art. 4 GG) und ihr Interesse, sich einem Streik nicht ausgesetzt zu sehen.

[54] dd) Abschließend ist noch folgendes festzustellen:

[55] Der von Art. 4 GG geschützte Kernbereich der Religionsfreiheit scheint durch einen Streik nicht berührt zu sein. Dem Kläger bzw. seinen Mitgliedern ist es unbenommen, in vollem Umfang ihrer Religionsfreiheit auch im Falle eines Streiks nachzukommen, ihren Glauben zu leben und den Dienst am Nächsten fortzusetzen.

[56] Entgegen der Ansicht des Klägers trifft ein Streik auch nicht den falschen Gegner. Gegner des Streiks ist und bleibt der Arbeitgeber, hier die Mitglieder des Klägers. Auswirkungen kann ein Streik zwar auch auf unbeteiligte Dritte haben, wie vorliegend auf Patienten, die in den Einrichtungen des Klägers versorgt, gepflegt und betreut werden. Richtig ist ebenfalls, dass diese Versorgung und Pflege nicht ausgesetzt werden darf, wofür auch die streikende Gewerkschaft zu sorgen hat. Das ist aber eine Frage des Einzelfalls, nicht eine Frage des generellen Streikverbots. Im Einzelfall eines Streiks ist die Versorgung der Patienten sicherzustellen. Ein dem widersprechender Streik kann untersagt werden. Ein genereller Ausschluss von Streiks und sonstigen Arbeitsniederlegungen folgt aus der möglichen Betroffenheit Dritter nicht, da eine Arbeitsniederlegung auch nur sehr kurz ohne große Auswirkungen auf Dritte erfolgen oder auch nur angedroht werden kann, so dass keinerlei Drittbetroffenheit gegeben ist.

[57] Die Arbeitskampfmaßnahmen richten sich auch insofern nicht gegen den falschen Gegner, als die Einrichtungen des Klägers nicht über Refinanzierungsmöglichkeiten verfügen. Zum einen ist dieser Sachvortrag des Klägers zu unsubstantiiert, um hierzu Stellung nehmen zu können. Dem Gericht sind die finanziellen Möglichkeiten und Refinanzierungen nicht bekannt und sie sind nicht derart dargelegt worden, dass eine eingehende Beurteilung dieses Arguments möglich wäre. Zum anderen könnte diese Frage allenfalls die Zulässigkeit eines Streiks im Einzelfall betreffen. Ein generelles Streikverbot kann hieraus jedoch nicht abgeleitet werden. Zudem muss nicht jeder Streik die Frage eines höheren Entgelts betreffen, es kann auch für sonstige Veränderungen/Verbesserungen der Arbeitsbedingungen gestreikt werden.

[58] 3. Aus den vorhergehenden Ausführungen ergibt sich zugleich die Unbegründetheit des Hilfsantrags, der ebenfalls abzuweisen war.

[59] Die von dem Kläger angebotene Schlichtungsvereinbarung führt nicht zu dem Ergebnis, dass infolge dieses Angebots Streiks und sonstige Arbeitsniederlegungen generell zu untersagen wären. Das Ergebnis einer Schlichtung auf Basis der angebotenen Vereinbarung verfügt nicht über die gleiche Richtigkeitsgewähr wie ein frei ausgehandelter Tarifvertrag und stellt kein gleich geeignetes Mittel dar wie der Streik (u.ä.). Auch insoweit überwiegen die durch Art. 9 Abs. 3 GG geschützten Interessen der Mitglieder der Beklagten die durch Art. 137 WRV (iVm Art. 4 GG) geschützten Interessen der Mitglieder des Klägers. Es wird auf die obigen Ausführungen verwiesen.

18

Das Einbringen eines 2 x 3 Meter großen Altarbildes in einer zum Gemeinschaftseigentum gehörenden, zur profanen Nutzung kirchenrechtlich freigegebenen Schlosskapelle stellt eine bauliche Maßnahme dar, die der Zustimmung aller Wohnungseigentümer bedarf.

§§ 10 Abs. 6, 14 Nr. 1, 15 Abs. 2, 22 Abs. 1 WEG
AG Starnberg, Urteil vom 3. September 2010 -3 C 785/10[1]-

Die Kläger und die Beklagten bilden zusammen die Wohnungseigentümergemeinschaft A. Zum Gemeinschaftseigentum gehört die Schlosskapelle.

Gemäß notariellem Überlassungsvertrag der Gemeinde B. mit der Voreigentümerin - einer Bauherrengemeinschaft - vom 23.7.1982 wurde für die Gemeinde

1 ZMR 2011, 914.

B. eine Grunddienstbarkeit eingetragen, wonach die jeweiligen Grundstückseigentümer „vom 1. April bis 30. September eines jeden Jahres jeweils von 10.00 Uhr bis 18.00 Uhr und vom 1. Oktober bis 31. März eines jeden Jahres jeweils von 10.00 Uhr bis 16.00 Uhr die Kapelle offen und allgemein zugänglich zu halten haben. An Tagen mit voraussichtlich wenig Besuchern ist der Verpflichtung genügt, wenn die Kapelle über ein unverglastes Gitter einsehbar ist und der Dokumentationsraum auf besonderes Ansuchen über eine gutsichtbar angebrachte Glocke betreten werden kann.“ Von diesem Recht hat die Gemeinde B. bisher keinen Gebrauch gemacht.

Das Grundstück wurde am 20.12.1983 durch Teilungserklärung in Wohnungseigentum aufgeteilt. Gemäß Beschluss der Eigentümerversammlung vom 30.10.2009 wurde ein Gutachten hinsichtlich der Rechtslage betreffend die Wirksamkeit der Grunddienstbarkeit in Auftrag gegeben sowie Verwaltung und Beirat bevollmächtigt, mit der Gemeinde über die zukünftige Ausgestaltung der Dienstbarkeit in Verhandlungen zu treten. Das Rechtsgutachten wurde am 23.4.2010 erstattet, bereits zuvor war zwischen den Beiräten und der Gemeinde B. ein Vereinbarungsentwurf erarbeitet worden. Hierbei handelt es sich um eine schuldrechtliche Vereinbarung zwischen der Gemeinde B. und der Eigentümergemeinschaft, vertreten durch die Hausverwaltung, die u.a. folgendes beinhaltet:

> „In der Zeit vom 1.4. bis 31.10. finden maximal 3 Führungen pro Woche statt, in diesem Zeitraum können zusätzliche 2 weitere Führungen im Monat stattfinden. In der Zeit vom 1.11. bis 31.3.2010 finden maximal 2 Führungen pro Woche statt. Führungen können zu folgenden Uhrzeiten stattfinden: Von April bis September 10.00 Uhr bis 18.00 Uhr und von Oktober bis März 10.00 Uhr bis 16.00 Uhr. Die Miteigentümer haben das Recht, bis zu 2 Tage pro Monat für eine private Nutzung für eigene, interne Nutzung zu reservieren. Diese Termine sind der Gemeinde bis zum 20. des Vormonats anzukündigen.
> Die Teilnehmerzahl pro Führung wird auf maximal 20 Personen begrenzt, die Aufenthaltsdauer in der Kapelle beträgt pro Führung 30 Minuten. Führungen werden ausschließlich von Personen durchgeführt, welche von der Gemeinde B. dafür autorisiert werden.
> Alle durch die Führungen verursachten Kosten wie z.B. Beheizung, Reinigung, laufende Schönheitsreparaturen, Verbrauchsmaterialien wie Papierhandtücher, werden von der Gemeinde erstattet.
> Die Gemeinde B. übernimmt die vollumfängliche Haftung für alle Schäden an der Kapelle und allen Gegenständen der Kapelle, die im Zuge der Führungen entstehen. Die Verkehrssicherungspflicht im Rahmen der Durchführung von Führung obliegt der Gemeinde B.
> Die Eigentümergemeinschaft gestattet der Gemeinde B. das Altarbild über dem Altar aufzuhängen. Die Eigentümergemeinschaft übernimmt keinerlei Haftung für das Bild. Es obliegt der Gemeinde, alle für den Erhalt des Bildes erforderlichen Gegebenheiten auf ihre Kosten und in Abstimmung mit der Eigentümergemeinschaft zu schaffen und zu unterhalten und die erforderlichen Versicherungen für das Bild abzuschließen."

Die Eigentümergemeinschaft fasste sodann in der auf 17.00 Uhr anberaumten Eigentümerversammlung am 30.4.2010 gegen 23.45 Uhr unter TOP 3a mehrheitlich folgenden Beschluss:

> „Dem mit der Gemeinde erarbeiteten Vergleichsvorschlag zur Öffnung und Nutzung der Kapelle soll zugestimmt und eine rechtlich wirksame Vereinbarung, welche die Grunddienstbarkeit konkretisiert, abgeschlossen werden. Die Verwaltung darf diesen Beschluss erst umsetzen, wenn die Anfechtungsfrist verstrichen ist, ohne dass der Beschluss angefochten wurde. Im Fall einer Anfechtung ist das Ergebnis des Beschlussanfechtungsverfahrens abzuwarten.

In einer früheren Eigentümerversammlung hatte die Eigentümergemeinschaft für die Kapelle die Benutzungsregelung vom 20.4.1999 beschlossen, wonach die Kapelle als christlich geweihte Kirche nur für religiöse Kirchenfeste genutzt werden darf und anschließende Tanzveranstaltungen sowie der Ausschank alkoholischer Getränke auch am Vorplatz der Kapelle nicht gestattet sind. Das Bistum X. hatte mit Datum vom 8.4.2009 ein Dekret erlassen, wonach die Kapelle profanem Gebrauch zugeführt werden darf, allerdings die Würde des dort befindlichen feststehenden Altars beachtet werden soll.

Mit der Klage wenden sich die Kläger gegen den vorgenannten Beschluss. Sie tragen unter anderem vor, die Gestattung des Aufhängens des Altarbildes durch die Gemeinde B. in der Kapelle der Eigentümergemeinschaft gemäß der geplanten Vereinbarung widerspreche ordnungsgemäßer Verwaltung. Bei Einbringen dieses 80 bis 100 kg schweren Bildes handle es sich um eine bauliche Maßnahme, der gem. § 22 Abs. 1 WEG alle Miteigentümer zustimmen müssten. Betroffen von der Maßnahme seien alle Miteigentümer, da durch das Einbringen des Altarbildes der Gesamteindruck der ansonsten leeren Kapelle geändert würde, deren sakraler Charakter verstärkt würde, ein erhöhtes Haftungsrisiko entstände, soweit Schäden nicht von der Gemeinde übernommen werden, und eine wesentlich intensivere Nutzung entstände. Bislang habe die Gemeinde kein Interesse an der Kapellenöffnung gehabt. Das Interesse entstünde erst durch Einbringen des Bildes. Zudem wären weitere bauliche Maßnahmen zum Schutz und zur Sicherung des Bildes erforderlich.

Der streitgegenständliche Beschluss sei zu unbestimmt, da nicht geregelt ist, wie das Bild aufgehängt bzw. eingebracht werden soll und welche Sicherungsmaßnahmen eingebaut werden müssten. Durch Abschluss der Vereinbarung werde die Grunddienstbarkeit geändert, wozu den Miteigentümern die Beschlusskompetenz fehle und was rechtlich unmöglich sei, da eine Eintragung im Grundbuch erforderlich wäre.

Der Beschluss sei zudem anfechtbar, weil die Eigentümergemeinschaft am 30.10.2009 unter TOP 1 beschlossen habe, dass gleichzeitig zu den Verhandlungen mit der Gemeinde ein Gutachten zur Rechtslage hinsichtlich der Dienstbarkeit eingeholt werden solle. Dieses Gutachten habe bei Aushandlung des Vereinbarungsentwurfes noch nicht vorgelegen und sei bei der Fassung des streitgegenständlichen Beschlusses nicht berücksichtigt worden. Hierin sei ein Ermessensausfall zu sehen, der ordnungsgemäßer Verwaltung widerspreche.

Der Beschluss sei des Weiteren zur Unzeit nach über 6 Stunden gefasst worden. Die Argumente der Beschlussgegner sowie des Rechtsgutachtens konnten daher nicht mehr hinreichend gewürdigt werden.

Die Vereinbarung gehe schließlich über die Grunddienstbarkeit hinaus, räume der Gemeinde weitergehende Rechte ein, so werde u.a. Pflicht zur bloßen Öffnung erweitert in das Recht der Gemeinde, Führungen durchzuführen, und das Nutzungsrecht durch die Miteigentümer auf 2 Tage pro Monat eingeschränkt. Den direkt angrenzenden Miteigentümern würde durch Abschluss der Vereinbarung ein erheblicher Nachteil entstehen, da mit Besucherströmen vor ihrer Terrasse zu rechnen wäre.

Die Einräumung eines Nutzungsrechtes für einen Dritten ohne Gegenleistung bzw. bei erheblichen Nachteilen für einzelne Miteigentümer widerspreche ordnungsgemäßer Verwaltung.

Das Amtsgericht erklärt den in der Eigentümerversammlung am 30.4.2010 unter TOP 3a (Zustimmung zum Vergleichsvorschlag mit der Gemeinde) gefassten Beschluss für ungültig.

Aus den Gründen:

[46] Die zulässige Klage ist begründet.

[47] Der unter TOP 3a in der Eigentümerversammlung vom 30.4.2010 gefasste Beschluss der Zustimmung zum Vereinbarungsentwurf mit der Gemeinde B. war für ungültig zu erklären. Der Beschluss ist zwar nicht nichtig, jedoch aus mehreren Gründen anfechtbar.

[48] 1. Es liegt keine Nichtigkeit vor. (*wird ausgeführt*)

[56] 2. Der Beschluss war jedoch aufgrund Anfechtung aus mehreren Gründen für ungültig zu erklären.

[57] a) Der Beschluss zu TOP 3a ist bereits wegen formellen Fehlers anfechtbar.

[58] Der Beschluss wurde zur „Unzeit“ gefasst. (*wird ausgeführt*)

[61] b) Der Beschluss ist des Weiteren wegen Unbestimmtheit seines Inhalts anfechtbar.

[62] Der Vereinbarungsentwurf, dem durch den Beschluss zugestimmt wurde, enthält Unklarheiten. So ist nicht geregelt, wie das ca. 2 m x 3 m große Altarbild im konkaven Altarraum eingebracht werden soll. Es ist nicht klargestellt,

ob es fest in der Wand verankert werden soll oder an einer mobilen Konstruktion aufgestellt werden soll. (*wird unter Hinweis auf weitere Unklarheiten ausgeführt*)

[66] c) Dem Beschluss fehlt die notwendige Zustimmung gem. § 22 Abs. 1 WEG.

[67] aa) Beim Einbringen des schweren 2 m x 3 m großen Altarbildes handelt es sich um eine bauliche Maßnahme.

[68] Unter einer baulichen Maßnahme versteht man jeden auf Dauer angelegten gegenständlichen Eingriff in die Substanz des gemeinschaftlichen Eigentums, durch den dauerhaft andere Funktionalitäten oder eine abgeänderte Optik geschaffen werden (vgl. Spielbauer/Then, Kom. zum WEG, § 22, Rn 3).

[69] Sollte das Altarbild fest verankert werden, liegt unstreitig ein Eingriff in die Substanz und damit -allein durch die veränderte Optik- auf jeden Fall eine bauliche Maßnahme vor.

[70] Aber auch bei Einbringung des 2 m x 3 m großen Altarbildes an einer mobilen Konstruktion müsste im vorliegenden Fall von einer baulichen Maßnahme ausgegangen werden. Denn der Eingriff in die Substanz darf nicht zu eng gesehen werden (s. Spielbauer/Then , § 22 Rn3). (*wird ausgeführt*)

[76] bb) Es haben nicht alle Eigentümer zugestimmt, die durch die Maßnahme über das in § 14 Nr. 1 WEG bestimmte Maß beeinträchtigt werden.

[77] Durch das Einbringen des Altarbildes werden alle Miteigentümer beeinträchtigt, so dass alle zustimmen hätten müssen.

[78] Das 2 m x 3 m große Bild würde die Optik der ansonsten leeren Kapelle verändern und den sakralen Charakter verstärken. Ob dies eine negative Beeinträchtigung darstellt, ist letztlich eine Frage der Religionszugehörigkeit und des kunstbezogenen Geschmackes. Entscheidend ist hier, ob sich ein Wohnungseigentümer verständlicherweise beeinträchtigt fühlen kann, wobei die Schwelle niedrig an zusetzen ist (s. Bärmann § 14 Rn 4). Laut Dekret des Bistums X. vom 8.4.2009 wurde ausdrücklich die Erlaubnis erteilt, die Kapelle profanem Gebrauch zuzuführen (...). Diese Möglichkeit würde das Einbringen des Altarbildes unterlaufen, wobei die Benutzungsregelung der Eigentümergemeinschaft vom 20.4.1999 (...) hieran nichts ändert. Denn diese wurde ca. 10 Jahre vorher unter der Prämisse einer „christlich geweihten Kapelle" abgefasst. Durch das nunmehr vorliegende Dekret wurde ihr die Geschäftsgrundlage entzogen. Unter Berücksichtigung des neuen Dekretes könnte sie daher jederzeit geändert werden. Demnach kann das Einbringen eines Altarbildes in eine profan erklärte Kapelle durchaus als Beeinträchtigung der Nutzungsmöglichkeiten für die Wohnungseigentümer gesehen werden.

[79] Des weiteren würde das Einbringen des Altarbildes zu einer intensiven Nutzung der bislang durch die Öffentlichkeit ungenutzten Kapelle führen. Die

Gemeinde würde nach Einbringung des Bildes tägliche Führungen für Touristen planen. Bisher - und ohne das Altarbild - hatte die Gemeinde kein Interesse an der Öffnung der Kapelle für die Öffentlichkeit. Die zu erwartenden Besucherströme würden zu einer Beeinträchtigung der Privatsphäre der Miteigentümer führen.

[80] Selbst wenn man davon ausginge, dass nur die an die Kapelle unmittelbar angrenzenden (*Sondernutzungsrechte*) der Kläger betroffen sind, so hätten jedenfalls diese Miteigentümer zustimmen müssen, was nicht geschehen ist.

[81] d) Auch wenn man davon ausginge, dass bei mobiler Einbringung des Bildes keine bauliche Maßnahme vorläge, sondern nur eine Gebrauchsregelung gem. § 15 Abs. 2 WEG, würde diese ordnungsgemäßer Verwaltung widersprechen.

[82] Es besteht zwar grundsätzlich die Beschlusskompetenz, der Gemeinde B. als Nichteigentümerin und somit außenstehender Dritter den Gebrauch zu gestatten. Denn die Eigentümergemeinschaft kann beschließen, dass Gemeinschaftseigentum an einen Dritten überlassen wird (vgl. Spielbauer/Then, § 13 Rn 19 mit Verweis auf NJW 2000, S. 3211 und Bärmann, § 15 Rn 26).

[83] Die Regelung würde jedoch ordnungsgemäßem Gebrauch widersprechen. Dies ist regelmäßig dann der Fall, wenn keine adäquate Gegenleistung vorliegt oder ein Miteigentümer durch die Gebrauchsregelung unzumutbar belästigt wird (vgl. Bärmann, § 15 Rn 26 mit Verweis auf BayObLG in WE 1988, S. 22 und ZMR 2007, 729).

[84] Beides trifft hier zu:

[85] Für die Gebrauchsregelung zugunsten der Gemeinde durch Einbringen eines Altarbildes und Durchführung von Führungen wurde keine Gegenleistung vereinbart. Eine Gegenleistung ist nicht mehr in der Vereinbarung des Überlassungsvertrages vom 23.7.82 (...) zu sehen. Denn die neue Vereinbarung würde über den Überlassungsvertrag hinausgehende Rechte einräumen. Das Recht der Gemeinde, ein Altarbild einzubringen, Führungen abzuhalten und Sanitäranlagen zu benutzen, wurde damals nicht vertraglich vereinbart. Eine aktuelle Gegenleistung für diese zusätzlichen, neu eingeräumten Rechte ist nicht vorgesehen.

[86] Zudem würden die direkt an die Kapelle angrenzenden Eigentümer unzumutbar benachteiligt. Durch die Durchführung von Führungen unmittelbar vor ihren Terrassen hätten sie gerade an Feiertagen und Wochenenden Besucherströme zu erdulden, was nach der bisherigen Regelung nicht der Fall ist. Dies würde die Privatsphäre erheblich beeinträchtigen.

[87] e) Schließlich widerspricht es ordnungsgemäßer Verwaltung, die Vereinbarung mit der Gemeinde abzuschließen, bevor die zugrunde liegende Rechtslage gerichtlich geklärt ist. (*wird ausgeführt*)

[89] f) Für das hier streitgegenständliche Verhältnis der Wohnungseigentümer untereinander kann dahinstehen, ob die Dienstbarkeit für die Gemeinde ... wirksam bestellt wurde und nicht erloschen *ist. (wird ausgeführt)*

19

Ein betriebliches Zugangsrecht der Gewerkschaften zum Zwecke der Mitgliederwerbung in einen kirchlichen Betrieb ist in der Entscheidung des Bundesverfassungsgerichts vom 17.2.1981 (KirchE 18, 329) jedenfalls dann verneint worden, wenn die Gewerkschaft im kirchlichen Betrieb bereits durch Mitglieder vertreten ist.
Dieser Beschluss entfaltet im kirchlichen Bereich auch nach Aufgabe der Kernbereichslehre zu Art 9 Abs 3 GG im Beschluss des Bundesverfassungsgerichts vom 14.11.1995 (BVerfGE 93, 352) weiterhin Bindungswirkung gemäß § 31 Abs. 1 BVerfGG.

Art./§ 9 Abs. 3, 140 GG, 137 Abs. 3 WRV, 31 Abs. 1 BVerfGG
LAG Baden-Württemberg, Urteil vom 8. September 2010 -2 Sa 24/10[1]-

Die Parteien streiten darüber, ob die beklagte Arbeitgeberin in ihrem kirchlichen Betrieb den Zutritt betriebsfremder Beauftragter der klagenden Gewerkschaft zum Zwecke der Mitgliederwerbung dulden muss.

Die Klägerin ist eine im Betrieb der Beklagten vertretene Einzelgewerkschaft. Die Beklagte betreibt das Diakonie-Klinikum mit den Klinikstandorten S.H. und G. In diesen Standorten werden derzeit ca. 1.300 Arbeitnehmer beschäftigt. Das Krankenhaus-Hauptgebäude D. Straße in S.H. hat die Beklagte vom Evangelischen Diakoniewerk S.H. e.V. gemietet. Mit Abschluss des Mietvertrages und der Gebrauchsüberlassung an die Beklagte ist das Hausrecht in diesem Gebäude auf die Beklagte übergegangen. Der Evangelische Diakoniewerk S.H. e.V. ist gem. seiner Satzung vom 29.3.2007 Mitglied im Diakonischen Werk der Evangelischen Kirche in Württemberg e.V. Laut seiner Satzung versteht er Diakonie als gelebten Glauben der christlichen Gemeinde und Antwort auf die Verkündigung des Evangeliums. Das Evangelische Diakoniewerk ist u.a. an gemeinnützigen Kapitalgesellschaften beteiligt, u.a. an der Gesundheitsholding S.H. gGmbH, zu der auch die Beklagte gehört. Das Evangelische Diakoniewerk

1 Amtl. Leitsätze (mit Klammerzusatz). LAGE Art. 9 GG Nr. 17; ArbuR 2010, 528; EzA-SD 2010, Nr. 21, 15 (LS); ZMV 2010, 335; ZTR 2011, 121. In der Revisionsinstanz ist am 11.12.2012 (-1 AZR 552/10-) Anerkenntnisurteil ergangen.

betont in seiner Satzung seine Verbundenheit mit Kirche und Diakonie (§ 4). Gem. § 9 der Satzung besteht der Vorstand aus mindestens 3 Mitgliedern: dem Vorsitzenden des Vorstands, der Oberin und dem kaufmännischen Vorstand. Die Vorstandsvorsitzende muss Mitglied der Evangelischen Landeskirche und soll ordinierter Theologe sein. Seine Wahl durch die Mitgliederversammlung erfolgt nach Fühlungnahme mit dem Evangelischen Oberkirchenrat der Württembergischen Landeskirche und dem Diakonischen Werk der Evangelischen Kirche in Württemberg. Die Oberin muss Mitglied der Evangelischen Landeskirche sein.

Im Diakonie-Klinikum arbeiten auch zahlreiche Mitglieder der Gemeinschaft der H'er Schwestern und Brüder, die die Beklagte auf bis zu 10% aller Mitarbeiter schätzt. Nach den verlautbarten Zielen der Beklagten bilden die Mitglieder der Gemeinschaft der H'er Schwestern und Brüder und alle Mitarbeiter im Diakonie-Klinikum eine Dienstgemeinschaft. Bei der Beklagten ist eine Mitarbeitervertretung gem. dem Mitarbeitervertretungsgesetz (EKD) gebildet. Ein Betriebsrat ist nicht vorhanden. Die Beklagte versteht sich als kirchliche Einrichtung, in der ein spezifisch kircheneigener, sog. Dritter Weg gegangen wird, wonach die Festlegung der Arbeitsbedingungen (z.B. AVR) durch eine paritätisch von Mitarbeiterseite und Kirchenleitung besetzte Kommission erfolgt.

Mit der Klage möchte die Klägerin erreichen, dass sie im Haupthaus des Diakonie-Klinikums an geeigneter Stelle über eine eigene Anschlagtafel oder über einen festen Platz an einer vorhandenen Anschlagtafel verfügen und dort durch betriebsfremde Gewerkschaftsbeauftragte Informationsmaterial anbringen lassen kann. Sie ist der Auffassung, dass sich die mit der Klage geltend gemachten Ansprüche aus Art. 9 Abs. 3 GG ergeben. Zum Recht auf koalitionsmäßige Betätigung gehörten u.a. die Selbstdarstellung und Mitgliederwerbung durch die Koalition und ihre Mitglieder. Der Schutz des Art. 9 Abs. 3 GG beschränke sich nicht auf diejenigen Tätigkeiten, die für die Erhaltung und Sicherung des Bestandes der Koalition unerlässlich seien. Zwar nehme die Beklagte als Einrichtung der Diakonie an dem Selbstbestimmungsrecht teil, das Art. 140 GG iVm Art. 137 Abs. 3 WRV den Religionsgemeinschaften gewähre. Das Selbstbestimmungsrecht der Religionsgemeinschaften bestehe gem. Art. 137 Abs. 3 WRV allerdings „innerhalb der Schranken des für alle geltenden Gesetzes". Bei dem Grundrecht aus Art. 9 Abs. 3 GG handele es sich um ein „für alle geltendes Gesetz" in diesem Sinne. Zwar gerieten das Grundrecht der Koalitionsfreiheit und das Selbstbestimmungsrecht der Religionsgemeinschaften in Konflikt, wenn - wie vorliegend - eine kirchliche Einrichtung ihren Arbeitnehmern oder deren Gewerkschaft das Recht auf koalitionsmäßige Betätigung verwehre. Bei einer solchen Kollision zwischen Grundrechten auf der einen und dem kirchlichen

Selbstbestimmungsrecht auf der anderen Seite müsse im Wege der Abwägung eine Lösung im Sinne praktischer Konkordanz gefunden werden. Zutreffend gehe das Bundesarbeitsgericht deshalb in seinem Urteil vom 28.2.2006 -1 AZR 460/04- (BAGE 117, 137, NZA 2006, 798,BB 2006, 1798, DB 2006, 1381) zur gewerkschaftlichen Mitgliederwerbung in säkularen Betrieben davon aus, dass die Gerichte koordinierende Regelungen entwickeln müssen, die gewährleisten, dass die aufeinander bezogenen Grundrechtspositionen trotz ihres Gegensatzes nebeneinander bestehen können. Wäge man die entgegenstehenden Positionen - die Koalitionsfreiheit der Klägerin und das kirchliche Selbstbestimmungsrecht der Beklagten - gegeneinander ab, so dränge sich ein Übergewicht der Belange der Klägerin auf. Kirchliche Belange würden durch die Ansprüche der Klägerin nicht - jedenfalls aber nicht nachhaltig - beeinträchtigt. Andererseits würde die Klägerin in ihrer koalitionsmäßigen Betätigung erheblich behindert, wäre es ihr verwehrt, im Betrieb der Beklagten durch betriebsfremde Beauftragte das im Antrag bezeichnete Informationsmaterial auf einer Anschlagtafel anbringen zu können.

Der Beschluss des Bundesverfassungsgerichtes vom 17.2.1981 -2 BvR 384/78- (BVerfGE 57, 220, KirchE 18, 329) entfalte keine Bindungswirkung mehr. Die Bindungswirkung sei erloschen, weil das Bundesverfassungsgericht in seinem Beschluss vom 14.11.1995 -1 BvR 601/92- (BVerfGE 93, 352, NJW 1996, 1201, BB 1996, 315, DB 1996, 1627) ein tragendes Element seiner damaligen Begründung als unzutreffend erkannt habe. Der Beschluss des Bundesverfassungsgerichtes vom 17.2.1981 beruhe auf dem tragenden Grundsatz der sogenannten Kernbereichstheorie. Nach dieser Theorie sei die koalitionsmäßige Betätigung der Gewerkschaften durch Art. 9 Abs. 3 GG nur in den Grenzen des Unerlässlichen gewährleistet worden. Diese Kernbereichstheorie habe das Bundesverfassungsgericht in seinem Beschluss vom 14.11.1995 aufgegeben. Damit sei ein tragender Grund für die Entscheidung vom 17.2.1981 entfallen. Die durch Art. 9 Abs. 3 GG gewährleistete koalitionsmäßige Betätigung der Gewerkschaften sei nicht auf das Unerlässliche beschränkt. Folgerichtig habe sich auch das Bundesarbeitsgericht in seinem Urteil vom 28.2.2006 nicht mehr an die Entscheidung des Bundesverfassungsgerichtes aus dem Jahre 1981 als gebunden erachtet.

Die Beklagte ist der Auffassung, dass ein Zutrittsrecht, wie im vorliegenden Fall, schon aufgrund des Beschlusses des Bundesverfassungsgerichts vom 17.2.1981 scheitere. In dieser Entscheidung sei bindend festgestellt worden, dass kein für alle geltendes Gesetz iSv Art. 137 Abs. 3 WRV existiere, das betriebsfremden Gewerkschaftsangehörigen ein Zutrittsrecht zu kirchlichen Einrichtungen einräume. In seinem Beschluss vom 14.11.1995 habe das Bundesverfassungsgericht nur klargestellt, dass der Schutzbereich des Art. 9 Abs. 3 GG nicht von vornherein nur auf einen Kernbereich der Koalitionsbetätigung beschränkt sei. Zur Frage, ob Art. 9 Abs. 3 GG zwingend gebiete, auch ohne einfachgesetzliche Grundlage ein gewerkschaftliches Zutrittsrecht betriebsfremder Gewerkschaftsangehöriger zu kirchlichen Einrichtungen anzunehmen, sei keine Aussage getroffen worden.

Die Beklagte ist weiter der Meinung, dass der Klägerin in kirchlichen Betrieben kein Zutrittsrecht zustehe. Zum einen bedürfe ein Zugangsanspruch betriebsfremder Gewerkschaftsbeauftragter zu kirchlichen Einrichtungen eines formellen Gesetzes. Im Übrigen führe eine Güterabwägung im vorliegenden Fall dazu, dass dem kirchlichen Selbstbestimmungsrecht der Vorrang gegenüber dem Zutrittsrecht betriebsfremder Gewerkschaftsangehöriger einzuräumen sei. Dies werde bereits aus dem Wortlaut des Art. 137 Abs. 3 WRV deutlich, wonach das Selbstbestimmungsrecht der Religionsgesellschaften „innerhalb der Schranken des für alle geltenden Gesetzes" gelte. Hieran werde deutlich, dass tragende Rechtsprinzipien der Rechtsordnung auf dem Spiel stehen müssen, um die Grenze des Selbstbestimmungsrechtes der Religionsgesellschaften zu erreichen. Nur dringende Gründe des Gemeinwohls oder ein Verstoß gegen das Willkürverbot könnten deshalb einen Eingriff in das kirchliche Selbstbestimmungsrecht rechtfertigen. Ein Aushang am Schwarzen Brett der Beklagten durch betriebsfremde Gewerkschaftsbeauftragte gegen den Willen der Beklagten würde eine Verletzung des aus Art. 137 Abs. 3 WRV abgeleiteten Rechts auf kirchliche Selbstbestimmung darstellen.

Das ArbG Heilbronn (Urteil vom 4.3.2010 -7 Ca 693/09- n.v.) hat die Klage abgewiesen. Auch die Berufung blieb ohne Erfolg.

Aus den Gründen:

[18] II. In der Sache hat die Berufung der Klägerin keinen Erfolg. Das Arbeitsgericht hat die zulässige Klage zu Recht abgewiesen. Der Klägerin steht im kirchlichen Betrieb der Beklagten ein Zutrittsrecht zum Zwecke der Mitgliederwerbung nicht zu. Die erkennende Kammer sieht sich an den Beschluss des Bundesverfassungsgerichtes vom 17.2.1981 gebunden. In dieser Entscheidung hat das Bundesverfassungsgericht die Ansicht vertreten, dass dem Zutrittsrecht betriebsfremder Gewerkschaftsbeauftragter in eine kirchliche Einrichtung zum Zwecke der Mitgliederwerbung eine Rechtsgrundlage fehle und jedenfalls dann gegen das kirchliche Selbstbestimmungsrecht verstoße, wenn die Gewerkschaft in dieser Einrichtung bereits durch Mitglieder vertreten ist.

[19] 1. Die zulässige, insbesondere iSd § 253 Abs. 2 Nr. 2 ZPO hinreichend bestimmte Klage ist nicht begründet. Die erkennende Kammer sieht sich gem. §

31 Abs. 1 BVerfGG an den Beschluss des Bundesverfassungsgerichtes vom 17.2.1981 gebunden.

[20] 1.1 Gem. § 31 Abs. 1 BVerfGG binden die Entscheidungen des Bundesverfassungsgerichts die Verfassungsorgane des Bundes und der Länder sowie alle Gerichte und Behörden. Nach ganz überwiegender Auffassung sind die sich aus dem Tenor und den tragenden Gründen der Entscheidung ergebenden Grundsätze für die Auslegung der Verfassung von den Gerichten und Behörden in allen künftigen Fällen zu beachten (BVerfG 20.1.1966 -1 BvR 140/62- AP Nr. 3 zu § 90 BVerfGG, Rn 40; BAG 28.02.2006 -1 AZR 460/04- AP Nr. 127 zu Art. 9 GG; Maunz/Schmidt-Bleibtreu/Klein/Bethge, BVerfGG, § 31 Rn 96). Tragend für eine Entscheidung sind diejenigen Teile der Entscheidungsbegründung, die aus der Deduktion des Gerichts nicht hinwegzudenken sind, ohne dass sich das im Tenor formulierte Ergebnis ändert (BAG 19.01.1982 -1 AZR 279/81- AP Nr. 10 zu Art. 140 GG, *juris* Rn. 38). Nicht tragend sind dagegen bei Gelegenheit der Entscheidung gemachte Rechtsausführungen, die außerhalb des Begründungszusammenhangs stehen. Bei der Beurteilung, ob ein tragender Grund vorliegt, ist von der niedergelegten Begründung in ihrem objektiven Gehalt auszugehen (BVerfG 18.01.2006 -2 BvR 2194/99- BVerfGE 115, 97, *juris* Rn. 31).

[21] 1.2 Im Beschluss des Bundesverfassungsgerichts vom 17.2.1981 (-2 BvR 384/78- AP Nr. 9 zu Art. 140 GG, KirchE 18, 392) hat das Bundesverfassungsgericht das Urteil des Bundesarbeitsgerichts vom 14.2.1978 (KirchE 16, 324) aufgehoben, weil es das verfassungsmäßige Recht der Beschwerdeführerin, einer kirchlichen Einrichtung, aus Art. 140 GG iVm Art. 137 Abs. 3 WRV verletze. In dem diesem Beschluss zugrunde liegenden Sachverhalt ging es ebenfalls um die Frage, ob Gewerkschaften das Recht zusteht, in karitativen Einrichtungen der Kirchen durch Gewerkschaftsbeauftragte, die in den betreffenden Einrichtungen selbst nicht beschäftigt sind, zu informieren, zu werben und Mitglieder zu betreuen. In seiner Begründung (Gründe C II. 4., *juris* Rn. 62 ff.) führt das Bundesverfassungsgericht aus, dass ein Zutrittsrecht betriebsfremder Gewerkschaftsangehöriger in eine kirchliche Einrichtung nur dann bejaht werden könnte, wenn das kirchliche Selbstbestimmungsrecht durch ein „für alle geltendes Gesetz“ iSv Art. 137 Abs. 3 WRV eine verfassungsrechtlich zulässige Einschränkung erfahren hätte. An einer solchen gesetzlichen Regelung fehle es. Aus Art. 9 Abs. 3 GG lasse sich ein solches Recht auch nicht durch Auslegung ableiten. Das Bundesverfassungsgericht gehe in ständiger Rechtsprechung davon aus, dass Art. 9 Abs. 3 GG die Koalitionsfreiheit und damit auch das Betätigungsrecht der Koalitionen nur in einem Kernbereich schütze. Art. 9 Abs. 3 GG verbürge verfassungskräftig gewerkschaftliche Betätigung jedenfalls nur insoweit, als diese für die Erhaltung und Sicherung der Existenz der Koalition als unerlässlich betrachtet werden müsse. Dass ohne berufsverbandliches Zutritts-

recht für betriebsexterne Gewerkschaftsangehörige die Erhaltung und Sicherung der Koalition gefährdet wäre, das Zutrittsrecht deshalb als unerlässlich betrachtet werden müsste und somit durch Art. 9 Abs. 3 GG postuliert wäre, sei jedenfalls dort, wo die Gewerkschaft bereits in Betrieben und Anstalten durch Mitglieder vertreten ist, mit Sicherheit auszuschließen. Weder Art. 9 Abs. 3 GG noch die in seinem Umfeld gewachsenen Rechtsgrundsätze und wissenschaftlichen Meinungen, erst recht nicht das streng dualistische System des Betriebsverfassungsgesetzes böten hinreichende Ansatzpunkte, die es erlauben würden, die Grenzen der richterlichen Gesetzesbindung auf diesem konfliktträchtigen Gebiet so weit zu ziehen und hier die „Sache des Gesetzgebers", nämlich „die Tragweite der Koalitionsfreiheit zu bestimmen und Befugnisse der Koalitionen auszugestalten und näher zu regeln", dem Richter zu überbürden.

[22] 1.3 Im Beschluss des Bundesverfassungsgerichtes vom 14.11.1995 (-1 BvR 601/92- AP Nr. 80 zu Art. 9 GG) hat das Bundesverfassungsgericht die in jahrelanger Rechtsprechung zu Art. 9 Abs. 3 GG von beiden Senaten (vgl. BVerfG 14.11.1995, aaO, *juris* Rn 21) vertretene Kernbereichslehre (je nach Standpunkt) klargestellt, modifiziert oder aufgegeben. Auch in nachfolgenden Entscheidungen des 1. Senates des Bundesverfassungsgerichtes ist immer betont worden, dass der Schutz des Grundrechtes in Art. 9 Abs. 3 GG nicht auf einen Kernbereich reduziert werden könne (z.B. BVerfG 24.4.1996 -1 BvR 712/86- Rn 101; BVerfG 24.2.1999 -1 BvR 123/93- Rn 27; BVerfG 27.4.1999 -1 BvR 2203/93, 1 BvR 897/95- *juris* Rn 49).

[23] Dem Beschluss des Bundesverfassungsgerichtes vom 14.11.1995 lag eine Verfassungsbeschwerde eines Arbeitnehmers zugrunde, der von seinem Arbeitgeber eine Abmahnung erhalten hatte, weil er während der Arbeitszeit für seine Gewerkschaft geworben hatte. In dieser Entscheidung führt das Bundesverfassungsgericht aus (Gründe B. I. 3., *juris* Rn 20 ff.), dass die Mitgliederwerbung durch die Koalitionen nicht nur in dem Maße grundrechtlich geschützt sei, in dem sie für die Erhaltung und Sicherung des Bestandes der Gewerkschaft unerlässlich sei. Der Grundrechtsschutz erstrecke sich vielmehr auf alle Verhaltensweisen, die koalitionsspezifisch seien. Ob eine koalitionsspezifische Betätigung für die Wahrnehmung der Koalitionsfreiheit unerlässlich sei, könne demgegenüber erst bei Einschränkungen dieser Freiheit Bedeutung erlangen. Insoweit gelte für Art. 9 Abs. 3 GG nichts anderes als für die übrigen Grundrechte. Allerdings könnten Formulierungen in früheren Entscheidungen des Bundesverfassungsgerichtes den Eindruck erwecken, als schütze Art. 9 Abs. 3 GG jedenfalls die koalitionsmäßige Betätigung von vornherein nur in einem inhaltlich eng begrenzten Umfang. Ausgangspunkt der Kernbereichsformel sei jedoch die Überzeugung, dass das Grundgesetz die Betätigungsfreiheit der Koalition nicht schrankenlos gewährleiste, sondern eine Ausgestaltung durch den Gesetzgeber

zulasse. Mit der Kernbereichsformel umschreibe das Gericht die Grenze, die dabei zu beachten sei. Das Bundesverfassungsgericht habe aber damit den Schutzbereich des Art. 9 Abs. 3 GG nicht von vornherein auf den Bereich des Unerlässlichen beschränken wollen. Der Senat sei auch nicht von der früheren Rechtsprechung des Bundesverfassungsgerichtes abgerückt. Gleiches gelte für die Entscheidung vom 14.11.1995. Es werde darin nur eine Klarstellung vorgenommen, die wegen der - nicht fernliegenden - Missverständnisse, zu denen die früheren Entscheidungen geführt hätten, veranlasst wäre.

[24] 1.4 Die Bindungswirkung des Beschlusses des Bundesverfassungsgerichts vom 17.2.1981 entfällt nicht dadurch, dass das Bundesverfassungsgericht in seiner Entscheidung vom 14.11.1995 und auch danach die Kernbereichsformel zur Bestimmung der kollektiven Koalitionsfreiheit aufgegeben hat.

[25] Zunächst ist festzuhalten, dass das von der Beklagten betriebene Diakonie-Klinikum eine kirchliche Einrichtung ist und der Beklagten deshalb das kirchliche Selbstbestimmungsrecht gem. Art. 140 GG iVm Art. 137 Abs. 3 WRV zusteht. Gem. Art. 140 GG iVm Art. 137 Abs. 3 WRV sind nicht nur die organisierte Kirche und deren rechtlich selbstständigen Teile, sondern alle der Kirche in bestimmter Weise zugeordneten Einrichtungen ohne Rücksicht auf ihre Rechtsform Objekte, bei deren Ordnung und Verwaltung die Kirche grundsätzlich frei ist, wenn die Einrichtungen nach kirchlichem Selbstverständnis ihrem Zweck oder ihrer Aufgabe entsprechend berufen sind, ein Stück des Auftrags der Kirche wahrzunehmen und zu erfüllen (BVerfG 17.02.1981 aaO, *juris* Rn 57 mwN). Weiterhin ist für das Verständnis der Bindungswirkung des Beschlusses des Bundesverfassungsgerichts vom 17.2.1981 von Bedeutung, dass vorliegend bei der Beklagten unstreitig Mitglieder der Klägerin beschäftigt sind.

[26] Zwar geht die erkennende Kammer davon aus, dass das Bundesverfassungsgericht in seiner Entscheidung vom 14.11.1995 die frühere Kernbereichslehre zu Art. 9 Abs. 3 GG nicht nur von Missverständnissen klargestellt, sondern - ohne es ausdrücklich zu erwähnen und damit nicht zu einer Vorlage an das Plenum des Bundesverfassungsgerichts gem. § 16 BVerfGG verpflichtet zu sein - aufgegeben hat. Mit der Aufgabe der Kernbereichslehre zu Art. 9 Abs. 3 GG und damit der Aufgabe der Beschränkung des Schutzbereiches des Art. 9 Abs. 3 GG auf den Bereich des Unerlässlichen ist jedoch noch keine Aussage getroffen, ob Art. 9 Abs. 3 GG es zwingend gebietet, auch ohne eine gesetzliche Regelung ein gewerkschaftliches Zutrittsrecht betriebsfremder Gewerkschaftsangehöriger zu kirchlichen Einrichtungen anzunehmen. Das Bundesverfassungsgericht selbst hat in seiner Entscheidung vom 14.11.1995 betont, dass es auch in diesem Beschluss nicht von seiner früheren Rechtsprechung und damit auch nicht von der Entscheidung vom 17.2.1981 abrücken möchte (BVerfG aaO, *juris* Rn 25). Der 1. Senat hat in seiner Entscheidung vom 14.12.1995 nur den Schutzbereich des

Art. 9 Abs. 3 GG über den Kernbereich hinaus erweitert, ohne zu den in der Entscheidung vom 17.2.1981 gezogenen Grenzen der richterlichen Gesetzesbindung Stellung zu nehmen. Damit kann nach Auffassung der erkennenden Kammer nicht davon gesprochen werden, dass tragende Entscheidungsgründe des Beschlusses vom 17.2.1981 aufgegeben worden sind.

[27] Auch in der arbeitsrechtlichen Literatur wird - soweit ersichtlich - ganz überwiegend die Auffassung vertreten, dass der Beschluss des Bundesverfassungsgerichts vom 17.2.1981, soweit er sich mit einem Zutrittsrecht für betriebsfremde Gewerkschaftsbeauftragte in kirchlichen Einrichtungen beschäftigt, in denen Mitglieder der Gewerkschaft vertreten sind, weiterhin Bindungswirkung nach § 31 Abs. 1 BVerfGG entfaltet (Richardi, Arbeitsrecht in der Kirche, 4. Aufl., § 11 Rn 22; ders. Münchner Handbuch Arbeitsrecht, 3. Aufl., § 329 Rn 19; Gehring/Thiele, in: Schliemann, Das Arbeitsrecht im BGB, 2. Aufl., § 630 Anhang Kirchenarbeitsrecht, Rn 252; Dütz, Gewerkschaftliche Betätigung in kirchlichen Einrichtungen. 1982, S. 14; Otto, Die verfassungsrechtliche Gewährleistung der koalitionsspezifischen Betätigung, 1982, S. 28 ff.; Däubler, Gewerkschaftsrechte im Betrieb, 10. Aufl., § 14 Rn 409 f.). Das Bundesarbeitsgericht hat in seinem Urteil vom 28.2.2006 diese Frage ausdrücklich offen gelassen (BAG aaO Rn 34).

[28] 1.5 Die Bindungswirkung des Beschlusses des Bundesverfassungsgerichts vom 17.2.1981 entfällt nach Ansicht des Berufungsgerichts auch nicht deshalb, weil sich die dem Lebenssachverhalt zugrunde liegenden Verhältnisse grundlegend geändert haben. Es ist allgemein anerkannt, dass die Bindungswirkung gem. § 31 Abs. 1 BVerfGG objektive Grenzen hat, die im Fall einer wesentlichen Änderung der Lebensverhältnisse erreicht sind - clausula rebus sic stantibus (Maunz/Schmidt-Bleibtreu/Klein/Bethge,. aaO, § 31 Rn 100 mwN). Im Gegensatz zu „schnelllebigen Bereichen“, wo sich die Lebensverhältnisse innerhalb weniger Jahre dramatisch ändern (Stichwörter: Datenschutz, medizinischer Fortschritt, Globalisierung) ist bei der vorliegenden Frage des Zugangsrechts von Gewerkschaften zu kirchlichen Einrichtungen in den letzten Jahren keine umwälzende Veränderung des zugrunde liegenden Lebenssachverhalts festzustellen.

[29] 2. Zwar ist die vorliegende Klage schon deshalb abzuweisen, weil das Gericht sich gem. § 31 Abs. 1 BVerfGG an die Entscheidung des Bundesverfassungsgerichts vom 17.2.1981 gebunden sieht. Im Hinblick auf die weitere Begründung des angefochtenen Urteils, das auch eine Anspruchsgrundlage für die vorliegenden Ansprüche verneint, möchte das Berufungsgericht kurz folgende Ausführungen machen:

[30] Die erkennende Kammer teilt die Rechtsauffassung der Klägerin, dass sich die mit der Klage geltend gemachten Ansprüche aus Art. 9 Abs. 3 GG ergeben. Mitgliederwerbung der Gewerkschaften und Information der Arbeitnehmer

über ihre Organisation und Aktivitäten gehören (auch bei kirchlichen Einrichtungen) zur koalitionsmäßigen Betätigung. Demgegenüber steht das in Art. 137 Abs.3 WRV verankerte kirchliche Selbstbestimmungsrecht der Beklagten. Wenn eine Gewerkschaft Zutritt zu einer kirchlichen Einrichtung - wie im vorliegenden Fall wegen Mitgliederwerbung - begehrt, kommt es zu einer Kollision zwischen dem Grundrecht auf Koalitionsfreiheit und dem kirchlichen Selbstbestimmungsrecht. Bei einer solchen Kollision muss eine Lösung im Wege der Abwägung der widerstreitenden Grundrechte gefunden werden. Bei der Abwägung der entgegenstehenden Positionen der Parteien kommt die erkennende Kammer zum Ergebnis, dass die Belange der Klägerin vorliegend überwiegen. Das Anbringen von Informations- und Werbematerial durch betriebsfremde Gewerkschaftsbeauftragte am bestehenden Schwarzen Brett der Beklagten beeinträchtigt das kirchliche Selbstbestimmungsrecht nur in einem geringen Maß. Dabei ist zu berücksichtigen, dass in der Klägerin organisierte Arbeitnehmer bei der Beklagten durchaus für ihre Gewerkschaft am Arbeitsplatz werben dürfen. Weiter ist zu berücksichtigen, dass der Inhalt des von der Klägerin am Schwarzen Brett aufgehängten Werbematerials weder den Betriebsfrieden gefährden noch den Betriebsablauf stören darf (vgl. dazu BAG 14.2.1978 -1 AZR 280/77- AP Nr. 26 zu Art. 9 GG, *juris* Rn 36, KirchE 16, 324).

20

Der Sammelbegriff Einrichtung iSd § 2 Abs. 1 AVR-DCV erfasst alle organisatorischen Einheiten mit karitativer Zielsetzung in kirchlicher Trägerschaft, in denen Mitarbeiter aufgrund von Dienstverträgen tätig sind. Vom Begriff der Einrichtung ist der des Rechtsträgers zu unterscheiden, der eine oder mehrere Einrichtungen haben kann. Die Auflösung einer Einrichtung (hier: durch Übertragung des Krankenhausbetriebs auf eine Tochter-GmbH desselben kirchlichen Dienstgebers) kann eine ordentliche Kündigung aus betrieblichem Anlass rechtfertigen.

§§ 2 Abs.1, 15 AVR-DCV
BAG, Urteil vom 9. September 2010 -2 AZR 582/09[1]-

1 ArbR 2011, 42 (LS); ArbuR 2011, 78 (LS); BB 2011, 180 (LS); DB 2011, 119 (LS); EzA § 611 BGB 2002 Kirchliche Arbeitnehmer Nr. 16; EzA-SD 2011, Nr. 1, 3; FA 2011, 89 (LS); NJW-Spezial 2011, 116 (LS); ZTR 2011, 113.

Die Parteien streiten über die Wirksamkeit einer von der Beklagten auf betriebliche Gründe gestützten Kündigung.

Der Kläger trat im Jahre 1984 als leitender Arzt der Abteilung Anästhesiologie und Intensivpflege in die Dienste der Beklagten. Der Dienstvertrag verweist auf die Richtlinien für Arbeitsverträge in den Einrichtungen des Deutschen Caritasverbandes (AVR) in der jeweils gültigen Fassung.

Die Beklagte ist eine im 19. Jahrhundert gegründete katholische Stiftung bürgerlichen Rechts, die bis Ende 2007 ein Krankenhaus, ein Altenheim und eine Sozialstation betrieb.

Die Beklagte gründete Ende 2007 für die drei Bereiche Krankenhaus, Altenheim und Sozialstation jeweils eigenständige gemeinnützige GmbHs. Für den Krankenhausbetrieb wurde die S. gGmbH (Krankenhaus GmbH) gegründet. Hierbei handelt es sich um eine 100-prozentige Tochter der Beklagten. Sie übernahm mit Wirkung vom 1.1.2008 den Krankenhausbetrieb.

Mit Schreiben vom 12.11.2007 unterrichtete die Beklagte den Kläger über den geplanten Betriebsübergang auf die Krankenhaus GmbH zum 1.1.2008. Der Kläger widersprach dem Übergang seines Arbeitsverhältnisses mit Schreiben vom 3.12.2007 und lehnte eine Beschäftigung bei der Krankenhaus GmbH ab. Unter dem 18.12.2007 bot die Beklagte die Fortsetzung der Tätigkeit bis zum 30.6.2008 bei der Krankenhaus GmbH an, wobei sie Arbeitgeberin bleibe. Gleichzeitig erklärte die Krankenhaus GmbH, sie übernehme für Ansprüche aus der Arbeitsleistung ab 1.1.2008 die gesamtschuldnerische Haftung. Mit Schreiben vom 28.12.2007 lehnte der Kläger das Beschäftigungsangebot ab.

Mit Schreiben vom 18.12.2007 beteiligte die Beklagte die Mitarbeitervertretung. Die Mitarbeitervertretung teilte der Beklagten am 20.12.2007 mit, sie werde sich zur Kündigung nicht äußern. Daraufhin wurde dem Kläger am 27.12.2007 das von K. unterzeichnete Kündigungsschreiben ausgehändigt. Mit Schreiben vom 28.12.2007 wies der Kläger die Kündigung mangels Nachweises einer ordnungsgemäßen Bevollmächtigung zurück.

Mit der Klage begehrt der Kläger, den Fortbestand des Arbeitsverhältnisses festzustellen, sowie Zahlung seines Gehalts für Januar 2008. Er macht unter anderem geltend, die Beklagte habe ihn an die Krankenhaus GmbH abordnen können. Darüber hinaus sei die Kündigung auch mangels ordnungsgemäßer Beteiligung der Mitarbeitervertretung unwirksam.

Die Beklagte hält die Kündigung für wirksam. Eine Beschäftigungsmöglichkeit für den Kläger bestehe nicht mehr. Vergütung für Januar 2008 schulde sie nicht, da der Kläger die ihm angebotene Beschäftigung abgelehnt habe.

Das ArbG Oldenburg (Urteil vom 21.7.2008 -2 Ca 18/08- n.v.) hat die Klage abgewiesen. Die Berufung des Klägers wurde zurückgewiesen (LAG Niedersachsen, Urteil vom 9.6.2009 -13 Sa 1609/08- n.v.).

Auch die Revision blieb erfolglos.

Aus den Gründen:

[12] Die Revision ist unbegründet. Die Kündigung vom 18.12.2007 hat das Arbeitsverhältnis wirksam aufgelöst (I.). Der Kläger hat keinen Anspruch auf Vergütung für Januar 2008 (II.).

[13] I. Die Kündigung hat das Arbeitsverhältnis der Parteien mit Ablauf der Kündigungsfrist aufgelöst.

[14] 1. Die Mitarbeitervertretung wurde vorschriftsmäßig beteiligt. (*wird ausgeführt*)

[18] 2. Herr K. war berechtigt, die Kündigung zu unterzeichnen. (*wird ausgeführt*)

[25] 3. Die Kündigung ist nicht nach § 174 Satz 1 BGB unwirksam. (*wird ausgeführt*)

[30] 4. Die Kündigung hat das Arbeitsverhältnis nach § 15 Abs. 1 AVR, § 1 Abs. 2 KSchG wirksam aufgelöst.

[31] a) Die nach § 15 Abs. 1 AVR zulässige Kündigung ist keine außerordentliche Kündigung, für die es eines wichtigen Grundes bedurft hätte, sondern eine ordentliche Kündigung aus betrieblichem Anlass. Für sie gelten neben den in § 15 Abs. 1 AVR genannten Voraussetzungen die in § 1 KSchG aufgestellten Erfordernisse.

[32] aa) Dass es sich um eine ordentliche Kündigung handelt, die auch im Fall einer im Übrigen bestehenden ordentlichen Unkündbarkeit unter den in § 15 AVR genannten Voraussetzungen möglich sein soll, folgt aus dem Wortlaut der Norm sowie der Systematik der AVR. Die Vorschrift des § 14 AVR enthält ausweislich ihrer Überschrift Regelungen zur „ordentlichen Kündigung“. Nach § 14 Abs. 5 AVR ist die ordentliche Kündbarkeit ausgeschlossen, „soweit nicht § 15 etwas anderes bestimmt“. Dies zeigt, dass die ordentliche Kündigung gerade nicht ausgeschlossen, sondern in den Grenzen des § 15 AVR zulässig ist. Der Wortlaut des § 15 Abs. 1 AVR, der eine „Sonderregelung“ aufstellt, gibt keinerlei Hinweis auf eine außerordentliche Kündigung. Im Kontrast hierzu steht § 16 AVR, der gesondert die „außerordentliche Kündigung“ jeweils sowohl in Abs. 1 als auch in Abs. 2 bei Vorliegen eines wichtigen personen- oder verhaltensbedingten Grunds zulässt. Insoweit kann auch der Teil des § 15 Abs. 1 AVR, der auf eine Kündigung nach § 16 Abs. 2 AVR Bezug nimmt („... kann ... außer nach § 16

Abs. 2 gekündigt werden ...“), nicht zu der Annahme führen, § 15 Abs. 1 AVR regele eine außerordentliche Kündigung. Vielmehr zeigt die Vorschrift zwei unterschiedliche Alternativen auf, nach denen ein grundsätzlich unkündbarer Arbeitnehmer gekündigt werden kann: Entweder - ordentlich - nach § 15 Abs. 1 AVR bei betrieblich veranlasster fehlender Weiterbeschäftigungsmöglichkeit wegen wesentlicher Einschränkung/Auflösung der Einrichtung oder - außerordentlich - nach § 16 Abs. 2 AVR bei Vorliegen eines wichtigen Grundes im Verhalten oder in der Person des Mitarbeiters.

[33] bb) Die Auffassung, aufgrund des ähnlichen Wortlauts von § 15 AVR und § 55 BAT müsse § 15 AVR als Regelung eines außerordentlichen Kündigungsrechts verstanden werden (LAG Köln 1.3.2010 -5 Sa 1191/09- zu I 2 a der Gründe), berücksichtigt nicht ausreichend die systematischen Unterschiede zwischen den Kündigungsregeln in §§ 53 ff. BAT und §§ 14 ff. AVR. § 53 Abs. 3 BAT regelt die Unkündbarkeit, § 54 BAT die außerordentliche Kündigung und § 55 BAT enthält Regelungen für unkündbare Angestellte. Nach § 55 Abs. 1 BAT ist - vergleichbar: § 16 Abs. 2 AVR - eine fristlose Kündigung bei in der Person oder im Verhalten liegendem wichtigen Grund möglich. § 55 Abs. 2 Satz 1 BAT hingegen - und dies ist der maßgebliche Unterschied zu § 15 Abs. 1, § 16 AVR - legt fest, dass andere wichtige Gründe, insbesondere dringende betriebliche Erfordernisse, die einer Weiterbeschäftigung entgegenstehen, den Arbeitgeber nicht zur Kündigung berechtigen. Eine solche Vorschrift fehlt gerade in den AVR (vgl. zu der ähnlichen Regelung in § 25 MTV Berufsfortbildungswerk des DGB idF vom 1.12.2003: Senat 2.2.2006 -2 AZR 58/05- Rn 26 f., BAGE 117, 53).

[34] b) Die Voraussetzungen des § 15 Abs. 1 AVR sind gegeben.

[35] aa) Die Einrichtung, in der der Kläger beschäftigt war, ist aufgelöst worden. Der Begriff der Einrichtung iSd § 2 Abs. 1 AVR erfasst alle organisatorischen Einheiten mit karitativer Zielsetzung in kirchlicher Trägerschaft, in denen Mitarbeiter aufgrund von Dienstverträgen tätig sind (Beyer/Papenheim Arbeitsrecht der Caritas Stand September 2010 Allgemeiner Teil § 2 Rn 11). Zur Auslegung des Begriffs kann auch auf § 1 Abs. 1 Mitarbeitervertretungsordnung für das Bistum Münster vom 14.11.1996 (MAVO Münster) zurückgegriffen werden, wonach der Oberbegriff der „Einrichtung“ sowohl Dienststellen, Einrichtungen als auch sonstige selbständig geführte Stellen umfasst (Beyer/Papenheim, aaO, § 15 Rn 8). Es handelt sich um einen Sammelbegriff für alle denkbaren Organisationseinheiten kirchlicher und karitativer Art wie Krankenhäuser, Heime, Betreuungseinrichtungen etc. (Frey/Coutelle/Beyer MAVO 5. Aufl. § 1 Rn 5). Vom Begriff der Einrichtung ist der des Rechtsträgers zu unterscheiden, der eine oder mehrere Einrichtungen haben kann (Frey/Coutelle/Beyer, aaO, Rn 6). Nach den Feststellungen des Landesarbeitsgerichts betrieb die Beklagte neben dem Krankenhaus, in dem der Kläger tätig war, auch ein Altenheim und eine Sozialstati-

on. Bei der Organisationseinheit „Krankenhaus“ handelt es sich somit um eine Einrichtung iSd § 15 Abs. 1 AVR. Da die Beklagte diese nicht weiter betreibt, liegt eine „Auflösung“ vor. Entgegen der Auffassung des Klägers kann es hierbei auch nicht darauf ankommen, dass die Einrichtung wegen des Betriebsübergangs von einem anderen Rechtsträger weiter betrieben wird. Die Dienstgeberin des Klägers betreibt die Einrichtung „Krankenhaus“ nicht mehr, womit innerhalb des maßgeblichen Rechtsverhältnisses zwischen Kläger und Beklagter die „Auflösung“ einer Einrichtung vorliegt.

[36] bb) Ob die Auflösung dieser Einrichtung zweckmäßig war, ist von den Arbeitsgerichten nur begrenzt nachprüfbar, nämlich darauf, ob sie offenbar unsachlich, unvernünftig oder willkürlich ist (stRspr, Senat 18. September 2008 -2 AZR 560/07- Rn 13, AP KSchG 1969 § 1 Nr. 89, EzA KSchG § 1 Betriebsbedingte Kündigung Nr. 162). Anhaltspunkte dafür, dass die Unternehmerentscheidung der Beklagten der Missbrauchskontrolle nicht standhalten würde, sind nicht gegeben.

[37] c) Die Kündigung ist nicht mangels sozialer Rechtfertigung nach § 1 Abs. 2 KSchG unwirksam. Zutreffend geht das Landesarbeitsgericht davon aus, dass sie durch dringende betriebliche Erfordernisse, die einer Weiterbeschäftigung des Klägers im Betrieb der Beklagten entgegenstehen, bedingt ist. Nach den Feststellungen des Landesarbeitsgerichts stand im Kündigungszeitpunkt fest, dass aufgrund der nicht zu beanstandenden Unternehmerentscheidung, die Einrichtung auf einen anderen Rechtsträger zu übertragen, eine Weiterbeschäftigung des Klägers bei der Beklagten nicht möglich war. Eine Sozialauswahl entfällt wegen der vollständigen Übertragung des Betriebs.

[38] II. Der Kläger hat keinen Vergütungsanspruch für Januar 2008. (*wird ausgeführt*)

21

Wenn ein Pfarrer freiwillig im Ruhestand eine Amtshandlung vornimmt, handelt er im Rahmen des weiterbestehenden Dienstverhältnisses mit allen Rechten (z.B. Unfallfürsorge) und Pflichten (Disziplinarrecht), so dass der Schutz aus der gesetzlichen Unfallversicherung nicht zum Zuge kommt.

§§ 2 Abs. 1, 4 Abs. 1 SGB VII
SG Frankfurt, Urteil vom 10. September 2010 -S 23 U 250/09[1]-

Zwischen den Beteiligten ist streitig, ob der Kläger zum Zeitpunkt des Unfalls zum anspruchsberechtigten Personenkreis nach dem SGB VII gehörte.

Der 1934 geborene Kläger ist seit dem 1.7.1997 Pfarrer im Ruhestand bei der Ev. Kirche in Hessen und Nassau (EKHN). Er war zuvor bei der ev.-luth. A-Gemeinde in B-Stadt tätig. Gegenüber dieser Gemeinde erklärte er sich vertretungsweise am 10.4.2009 (Karfreitag) bereit, den Karfreitagsgottesdienst zu gestalten und durchzuführen. Kurz vor Beginn des Gottesdienstes stürzte der Kläger sodann auf der Treppe zur Orgelempore und brach sich das linke Bein. Der Kläger musste daraufhin noch am gleichen Tag operiert und anschließend stationär und ambulant behandelt werden.

Nachdem die EKHN den Unfall bei der Beklagten angezeigt hatte, lehnte die Beklagte mit Bescheid vom 22.6.2009 Entschädigungsleistungen aus der gesetzlichen Unfallversicherung aufgrund des Ereignisses vom 10.4.2009 ab. Zur Begründung führte sie an, dass der Kläger zum Zeitpunkt des Unfalls nicht zum versicherten Personenkreis nach § 2 SGB VII gehört habe. Pfarrer seien nach § 4 Abs. 1 Nr. 1 SGB VII als Personen, für welche beamtenrechtliche Unfallfürsorgepflichten gelten, versicherungsfrei und somit nicht in der gesetzlichen Unfallversicherung versichert. Der Kläger sei daher zum Unfallzeitpunkt nicht wie ein Beschäftigter nach § 2 Abs. 1 Nr. 1 SGB VII, sondern wie eine versicherungsfreie Personen nach § 4 Abs. 1 Nr. 1 SGB VII tätig geworden. Es habe sich somit bei dem Ereignis vom 10.4.2009 nicht um einen Arbeitsunfall im Sinne der gesetzlichen Unfallversicherung gehandelt.

Mit der nach erfolglosem Widerspruch erhobenen Klage macht der Kläger im Wesentlichen geltend, dass er mit der Versetzung in den Ruhestand gegenüber der EKHN keinerlei dienstlicher Verpflichtungen mehr unterliege. Er unterliege auch nicht mehr dem Weisungsrecht des ehemaligen Dienstherrn. § 4 Abs. 1 Nr. 1 SGB VII stelle zudem nur solche Personen versicherungsfrei, für die die beamtenrechtlichen Unfallfürsorgevorschriften oder entsprechende Grundsätze gelten würden. Dies sei bei Ruhestandsbeamten jedoch gerade nicht mehr der Fall, da sie nicht mehr im Dienst seien und somit auch keine Dienstunfälle erleiden könnten. Zwar habe er, der Kläger, nach wie vor alle Ordinationsrechte und damit die Möglichkeit, Gottesdienste abzuhalten; verpflichtet sei er hierzu jedoch nicht. Da er am Unfalltag freiwillig und ohne hierfür eine finanzielle

---

1 UV-Recht Aktuell 2011, 36. Die Berufung des Klägers wurde zurückgewiesen; Hessisches LSG, Urteil vom 29.11.2011 -L 3 U 207/10- UV-Recht Aktuell 2012, 152.

Entschädigung zu erhalten, einen Gottesdienst gehalten habe, sei er ehrenamtlich tätig geworden. Er falle daher unter § 2 Nr. 10 b) SGB VII. Für sein Dienstverhältnis sei zudem das Kirchengesetz über die Dienstverhältnisse der Pfarrerinnen und Pfarrer (Pfarrdienstgesetz - PfDG) maßgebend, wonach sich gem. § 29 Abs. 2 die Unfallfürsorge bei Dienstunfällen nach den für Bundesbeamte geltenden Vorschriften regle. Er sei jedoch zum Zeitpunkt des Unfalls bereits im Ruhestand gewesen, so dass er nicht unter § 31 BeamtVG falle.

Die Beklagte wendet ein, dass gem. § 45 Abs. 1 PfDG mit Beginn des Ruhestandes eines Pfarrers dessen Verpflichtung zur Dienstleistung zwar ende, im Übrigen nach Abs. 2 der Vorschrift das Dienstverhältnis jedoch einschließlich der Ordinationsrechte weiter bestehe. Ob dem Pfarrer für seine Vertretung Entgelt gezahlt werde, sei zudem nur ein Indiz für eine ehrenamtliche Tätigkeit. Der Kläger habe im Unfallzeitpunkt jedenfalls genau die Tätigkeit ausgeübt, die er während seines aktiven Berufslebens auch ausgeübt habe.

Das Sozialgericht weist die Klage ab.

Aus den Gründen:

[13] Die ... Klage ist zulässig, in der Sache aber unbegründet. Der Bescheid der Beklagten vom 22.6.2009 in der Gestalt des Widerspruchsbescheides vom 12.11.2009 ist rechtmäßig und verletzt den Kläger nicht in seinen Rechten.

[14] Der Kläger gehört nicht zum anspruchsberechtigten Personenkreis nach dem SGB VII, so dass sein Unfall vom 10.4.2009 keinen Arbeitsunfall im Sinne der gesetzlichen Unfallversicherung darstellt.

[15] Arbeitsunfälle sind Unfälle von Versicherten infolge einer den Versicherungsschutz nach den §§ 2, 3 oder 6 SGB VII begründenden Tätigkeit (§ 8 Abs. 1 Satz 1 SGB VII). Gem. § 4 Abs. 1 Nr. 1 SGB VII sind dabei versicherungsfrei Personen, soweit für sie beamtenrechtliche Unfallfürsorgevorschriften oder entsprechende Grundsätze gelten.

[16] Der Kläger war zum Zeitpunkt des erlittenen Unfalls Pfarrer im Ruhestand. Für sein Dienstverhältnis gilt das Kirchengesetz über die Dienstverhältnisse der Pfarrerinnen und Pfarrer (Pfarrdienstgesetz - PfDG), wonach sich nach § 29 Abs. 2 Satz 2 die Unfallfürsorge bei Dienstunfällen nach den für Bundesbeamte geltenden Vorschriften richtet. Einen solchen als Dienstunfall zu qualifizierenden Unfall hat der Kläger vorliegend zur Überzeugung des Gerichtes am 10.4.2009 erlitten.

[17] Ein Dienstunfall setzt voraus, dass der Unfall bei Ausübung des Dienstes eingetreten ist. Gem. § 45 Abs. 1 PfDG endet mit Beginn des Ruhestandes zwar die Verpflichtung des Pfarrers zur Dienstleistung, nach Abs. 2 der Vor-

schrift besteht das Dienstverhältnis im Übrigen jedoch weiter. Der Pfarrer behält die mit der Ordination erworbenen Rechte und auch das kirchliche Disziplinarrecht findet weiter Anwendung. Zu den mit der Ordination erworbenen Rechten gehört dabei nach § 62 Abs. 1 PfDG das Recht zur öffentlichen Wortverkündung, zur Verwaltung der Sakramente und zur Vornahme von Amtshandlungen sowie das Recht, eine kirchliche Amtsbezeichnung zu führen und die Amtskleidung eines Pfarrers zu tragen. Im Ergebnis bedeutet dies somit, dass der Pfarrer mit der Versetzung in den Ruhestand zwar nicht mehr verpflichtet werden kann, Dienstleistungen zu erbringen, er diese jedoch aufgrund der Beibehaltung der Ordinationsrechte im Namen der Kirche weiter erbringen kann. Anders als bei Beamten, bei welchen mit Eintritt in den Ruhestand das Beamtenverhältnis endet (vgl. etwa § 30 Nr. 4 Bundesbeamtengesetz) und welche im Ruhestand auch nicht mehr berechtigt sind, Dienste zu erbringen (und dementsprechend auch keinen Anspruch auf beamtenrechtliche Unfallfürsorge hat, vgl. Hess.LSG, Urteil vom 5.2.2010 -L 3 U 198/07-), besteht bei einem Pfarrer in der EKHN das Dienstverhältnis fort. Wenn aber das Dienstverhältnis auch im Ruhestand besteht und der Pfarrer weiter das Recht behält, im Namen der Kirche Amtshandlungen auszuführen, so muss auch spiegelbildlich die Fürsorgepflicht des Dienstherrn weiter gelten. Hierfür spricht auch, dass die EKHN auch gegenüber Pfarrern im Ruhestand disziplinarrechtlich vorgehen kann. Wenn daher der Pfarrer freiwillig im Ruhestand eine Amtshandlung beziehungsweise wie vorliegend die Abhaltung eines Gottesdienstes vornimmt, handelt er im Rahmen des weiterbestehenden Dienstverhältnisses mit der EKHN - mit allen Rechten (z.B. Unfallfürsorge) und Pflichten (Disziplinarrecht). Der von dem Kläger am 10.4.2009 erlittene Unfall erfolgte damit bei Ausübung des Dienstes, so dass es sich um einen unter § 29 PfDG fallenden Dienstunfall handelt.

[18] Der Kläger war deshalb vorliegend versicherungsfreie Person iSd § 4 Abs. 1 Nr. 1 SGB VII, so dass eine Einstandspflicht der Beklagten nicht vorliegt. Eine solche ergibt sich auch nicht aus § 2 Abs. 1 Nr. 10 b) SGB VII, wonach u.a. kraft Gesetzes Personen versichert sind, die für öffentlich-rechtliche Religionsgemeinschaften und deren Einrichtungen ehrenamtlich tätig sind. Zwar hat der Kläger für die Übernahme des Karfreitaggottesdienstes vorliegend kein Entgelt bekommen, dies allein genügt jedoch nicht, die Tätigkeit als ehrenamtliche zu qualifizieren. Mit der Neufassung der Norm sollte der Entwicklung Rechnung getragen werden, dass bislang von öffentlich-rechtlichen Religionsgemeinschaften selbst wahrgenommene Aufgaben vermehrt durch bürgerschaftlich Engagierte unentgeltlich erfüllt werden (Franke, in: Ders./Molkentin, SGB VII, 2. Auflage 2007, § 2, Rn 90). Bereits nach dem Sinn und Zweck der Norm fällt der Kläger als Pfarrer im Ruhestand der Religionsgemeinschaft somit nicht unter

diese Vorschrift, da bei einer Ausführung der Aufgabe durch ihn die Religionsgemeinschaft selbst die Aufgabe erfüllt.

[19] Im Ergebnis vorrangig ist aber, dass für den Kläger infolge des erlittenen Unfalls beamtenrechtliche Unfallfürsorgevorschriften gelten und er deshalb unter § 4 Abs. 1 Nr. 1 SGB VII fällt. Der Bescheid der Beklagten vom 22.6.2009 in der Fassung des Widerspruchsbescheides vom 12.11.2009 ist daher rechtmäßig, so dass die Klage abzuweisen war.

22

Die Denkmalschutzbehörden haben bei Kulturdenkmalen, die der Religionsausübung dienen, gottesdienstliche Belange, die von der oberen Kirchenbehörde festzustellen sind, vorrangig zu beachten.
Zur Frage der denkmalschutzrechtliche Genehmigungsfähigkeit einer Photovoltaikanlage auf einem Kirchendach.

Art./§§ 140 GG, 137 Abs. 3 WRV,
2 Abs. 1, 8 Abs. 1, 12 Abs. 1, 18 Abs. 1 u. 2 SN.DSchG
VG Dresden, Urteil vom 11. September 2010 -4 K 1827/08[1]-

Die Klägerin wendet sich gegen die Versagung einer denkmalschutzrechtlichen Genehmigung der Unteren Denkmalschutzbehörde des Beklagten.

Am 6.6.2007 stellte das Ev.-Luth. Pfarramt H.-D.-S. beim damaligen Landkreis L. den Antrag auf Erteilung einer denkmalschutzrechtlichen Genehmigung für die Errichtung einer Photovoltaikanlage auf der südlichen Dachseite des Kirchenschiffs der Johanniskirche in S.-B. Geplant sei die Auflage von monokristallinen (anthrazitfarbenen) Solarmodulen über die gesamte Fläche der südlichen Dachseite des Kirchenschiffes ausschließlich des Chordachs und zwar in einer Ausführung über der vorhandenen Biberschwanzdoppeldeckung mit 4 cm lichter Höhe aufgeständert. Die Bauhöhe der Module betrage 3 cm. Sämtliche Anlagenteile wolle man reversibel und für die Kirche schadensfrei ausführen. Das Betreiben der Anlage sei entsprechend heutigem Stand der Technik für einen Zeitraum von 25 - 30 Jahren vorgesehen. In der Fernwirkung werde durch die vollständige Überdeckung der südlichen Dachseite eine unauffällige, etwa einheitliche anthrazitfarbene Optik ähnlich der einer Schieferdeckung erreicht. Die Installation der Anlage werde vom Kirchenvorstand wegen der Schlichtheit der Kirche, der dunkel erscheinenden Dachdeckung des Tur-

---

1 REE 2011, 38.

mes mit Buntschieferdeckung, der relativ geringen Dachneigung des Daches von ca. 30° und der Lage der Kirche im Ortsbild für unproblematisch angesehen. Der Bau der Anlage sei ein zeichenhafter Beitrag zur Erhaltung der Schöpfung. Christen seien vom Glauben her daran gewiesen, nicht nur mit dem gesprochenen Wort, sondern auch mit der Tat Verantwortung zu predigen.

In seiner vom Landkreis L. erbetenen Stellungnahme zum Vorhaben der Klägerin teilte das Landesamt für Denkmalpflege unter dem 17.7.2007 mit, dass es den Antrag der Klägerin nicht für genehmigungsfähig halte. Die Dorfkirche sei ein Kulturdenkmal. Es handele sich um eine große Saalkirche mit eingezogener Apsis und Westturm, errichtet 1844/45 durch den Zittauer Architekten und späteren Stadtbaumeister Carl August Schramm (1807-1869). Im Gesamtwerk des Architekten Schramm sei die Johanniskirche dessen frühester selbstständiger Kirchenbau nach der Dorfkirche in Sohland. Die Kirche gehöre zum Typus des protestantischen Emporensaals, wie er sich seit dem Ende des 17. Jahrhunderts in der Oberlausitz bei sakralen Neubauten durchgesetzt habe. Formal zeige sie Elemente des seit den 1830er-Jahren in Deutschland aufkommenden Rundbogenstils. Der besondere Rang des äußerlich schlichten, aber stattlichen Kirchenbaus beruhe auf seiner baugeschichtlichen Bedeutung. B. sei eine der frühesten Historismus-Saalkirchen der Oberlausitz und Sachsens mit baukörperlich und innenräumlich eigenständiger Apsis. In der Nachfolge der von Karl Friedrich Schinkel umgebauten Zittauer Johanniskirche habe Carl August Schramm diese seit dem frühchristlichen Kirchenbau bekannte Chorlösung in die Baukunst der Oberlausitz wieder eingeführt und damit die Vorherrschaft des „chorlosen" barocken Saals beendet. Besondere Beachtung verdiene die Kirche auch in stilgeschichtlicher Hinsicht. Denn mit diesem Bau habe Schramm offensichtlich den Rundbogenstil endgültig in der kirchlichen Baukunst der Oberlausitz etabliert, nachdem Schinkel an der Johanniskirche in Zittau diesen Stil erstmals am Mittelteil der Westfassade erprobt gehabt habe. Zahlreiche Kirchen in der Region seien dem Muster von B. bis in die 1870iger Jahre hinein gefolgt. Schramm selbst habe zu den prägendsten Architekten des 19. Jahrhunderts im ostsächsischen Raum gehört. Insofern sei die denkmalgerechte Erhaltung gerade einer „Schramm-Kirche" ein besonderes öffentliches Anliegen. Die Kirche verfüge über ein nicht sehr steiles Satteldach, wie es für die Kirchenbauten des Rundbogenstils typisch sei. Vorhanden sei eine kleinteilige, rote Biberschwanzziegeldeckung ohne Dachaufbauten. In Verbindung mit dem kleinteiligen Format (15,5 x 38 cm), dem natürlichen Material (Ton) und der individuellen Oberfläche der verwendeten Dachsteine ergebe sich die charakteristische Wirkung dieser Dachdeckung als ruhige, aber fein detaillierte Fläche, die damit dem schlicht-würdevollen Charakter des Bauwerks genau entspreche. Diese Deckung würde gemäß Planung unter der in Aufdachmontage ausgeführten Solaranlage vollständig verschwinden und sei damit auf der Südseite für Betrachter nicht mehr wirksam. Die Solarmodule seien im Gegensatz zum Biberschwanzziegel großformatige, glatte Platten, die deutlich technischen Charakter hätten und je nach Sonnenstand und Ausführung mehr oder wenig störende Reflexionen verursachten. Wirke zurzeit die Dachdeckung als homogener, einfacher Gebäudeabschluss, der den Fassaden mit den großen Rundbogenfenstern optischen Vorrang einräume, so verkehre sich dieses Verhältnis dann ins Gegenteil. Denn die Anlage ziehe durch ihre vollflächige Ausführung alle Blicke auf sich und erhalte im Gesamterscheinungsbild der Kirche eine störende Dominanz. Das Kirchengebäude wirke dann nur noch als Unterbau für eine überdimensionierte technische Anlage. Die anthrazitfarbenen Solarplatten verbinde farblich nichts mehr mit der roten Biberschwanzziegeldeckung. Auch von einer optischen Annäherung an eine Schieferdeckung, wie die Klägerin sie behaupte, könne keine Rede sein. Zum einen besitze die Kirche, mit Ausnahme der Turmhaube, keine Schiefer- sondern eine Ziegeldeckung. Zum anderen lasse die Solaranlage keine Assoziationen zu der in der Oberlausitz ebenfalls verbreiteten Schieferdeckung aufkommen, da sie allen Hauptmerkmalen des Schiefers (Kleinteiligkeit, Spaltstärken, natürlicher Baustoff) widerspreche. Bei Ausführung der Solaranlage würde somit die Kirche auf der Nordseite über eine rote, auf der Südseite über eine schwarze Dachfläche verfügen. Auch wenn man beide Seiten der Kirche nicht gleichzeitig sehen könne, so werde diese Lösung dem Rang des Kulturdenkmals nicht gerecht. Die Kirche stehe direkt an der Dorfstraße, der wichtigsten Straßenverbindung des Ortes. Es bedürfe nur weniger Schritte (etwa auf den Besucherparkplatz), um die Südseite der Kirche voll im Blick zu haben. Auch von den südwestlich gelegenen Anhöhen bestünden schöne Blickbeziehungen zur Ortslage, hier insbesondere auf die von der Solaranlage betroffene Südseite der Kirche. Im Winterhalbjahr sei die Fernwirkung noch offensichtlicher.

Mit Bescheid vom 19.7.2007 lehnte das Landratsamt als Untere Denkmalschutzbehörde den Antrag auf Erteilung einer denkmalschutzrechtlichen Genehmigung ab. Zur Begründung wiederholte das Landratsamt die Ausführungen des Landesamts für Denkmalpflege aus seiner Stellungnahme vom 17.7.2007 und führte ergänzend aus, die Errichtung bzw. der Betrieb einer Solaranlage berühre keine gottesdienstlichen Belange, da kein Zusammenhang mit der Ausübung des Gottesdienstes und anderen liturgischen Handlungen bestehe. §18 SN.DSchG greife daher nicht ein. Insgesamt würde die Kirche durch die geplante Anlage erheblich in ihrer äußeren Wirkung verfremdet. Im Hinblick auf den hohen Denkmalwert des Kirchenbaus sei jedoch das öffentliche Interesse an der unveränderten Erhaltung seines historischen Erscheinungsbildes höher zu bewerten als das Interesse der Kirchengemeinde an der Umsetzung eines religiös verstandenen Umweltschutzes.

Mit ihrem Widerspruch gegen den ablehnenden Bescheid führte die Klägerin aus, die Beeinträchtigung der Fassaden- und Dachgestalt durch den Aufsatz der Photovoltaikanlage werde durch den Bauherrn als sehr gering und sehr gut vertretbar angesehen. Das Dach sei verhältnismäßig flach, nicht ortsbildprägend und die beiden Dachseiten seien nicht zugleich zusammen einsehbar. Zudem sei die technische Installation voll reversibel. Weiterhin seien in Deutschland und sogar in Sachsen schon derartige Anlagen auf Kirchendächern vorhanden. Durch das Betreiben der Anlage könnten finanzielle Mittel für den weiteren Erhalt des Gebäudes erzielt werden. Es sei die Möglichkeit gegeben, Denkmalerhaltung und verantwortliche zukunftsweisende Energiepolitik sinnvoll zu verbinden.

Die Landesdirektion Dresden wies den Widerspruch der Klägerin mit Widerspruchsbescheid vom 8.10.2008 zurück und begründete hierzu unter Bezugnahme auf die Ausführungen im angegriffenen Bescheid ergänzend, Aufgabe des Denkmalschutzes sei der möglichst unbeeinträchtigte Erhalt der Denkmale in weitgehend originaler Substanz und Ansicht. Die Entscheidung über die Genehmigung sei nach pflichtgemäßem Ermessen zu treffen. Das öffentliche Interesse sei bei einem nach § 12 Abs. 1 SN.DSchG genehmigungsbedürftigen Vorhaben auf die originalgetreue Erhaltung des Kulturdenkmals und seines Erscheinungsbilds gerichtet. Aus den bereits genannten Gründen, insbesondere der hier gegebenen besonderen Bedeutung des Kulturdenkmales, überwögen die denkmalschutzrechtlichen Belange auch die umweltschutzrechtlichen Belange des Gesetzes für den Vorrang erneuerbarer Energien (EEG), dem an anderen Standorten und durch andere Anlagen (z.B. Erdwärmeanlagen) ebenfalls Rechnung getragen werden könne. Die Versagung der Genehmigung sei auch erforderlich, weil angesichts der besonderen Bedeutung des Denkmals kein anderes, den Bauherrn weniger einschränkendes Mittel, wie etwa die Genehmigung der Installation einer kleineren, nicht die gesamte südliche Dachfläche verdeckenden Anlage in Betracht komme. Die Klägerin werde durch die Versagung der Genehmigung auch nicht unzumutbar belastet. Der wirtschaftliche Gewinn sei nicht erwiesen und darüber hinaus sei auch nicht sicher, dass ein solcher der Erhaltung der Kirche zugute käme. Ein Verstoß gegen den Gleichheitsgrundsatz liege nicht vor. Die von der Klägerin genannten Objekte seien mit dem hier zu beurteilenden Kulturdenkmal nicht vergleichbar. So ließen die von Bundesland zu Bundesland unterschiedlichen Denkmalschutzgesetze und die daraus resultierenden unterschiedlichen Ermessensmaßstäbe Vergleiche mit außerhalb des Freistaats Sachsens liegenden Kirchen in der Regel nicht zu. Die von der Klägerin benannten Objekte in Sachsen wiesen eine graue, fast schwarze Dachdeckung (offenbar Schiefer) auf, so dass bereits dadurch die Photovoltaikanlage erheblich weniger störend sei. Auch die Reversibilität der Anlage könne zu keiner anderen Beurteilung führen. Gem. § 12 SN.DSchG sei nicht nur die Substanz, sondern auch das Erscheinungsbild des Kulturdenkmals Gegenstand des Denkmalschutzes. Durch die beabsichtigte lange Standzeit von 25 bis 30 Jahren sei die Reversibilität zudem praktisch nicht wirksam.

Mit der hierauf erhobenen Anfechtungs- und Verpflichtungsklage, mit der sie ein Bescheidungsurteil erstrebt, macht die Klägerin u.a. geltend, die versagende Entscheidung über die Genehmigung weise Ermessensfehler auf. Ihr stehe ein Selbstbestimmungsrecht beim Schutz ihrer Sakralbauten zur Seite. Durch die komplette Überdeckung des Dachs mit den Solarmodulen habe sie von Umfang, Farbe und Gestalt her gesteigerte Rücksicht auf die äußerlich schlichten, stilbildenden Elemente der Kirche genommen. Auch die gestalterische Teilausführung, wie Anordnung, Gliederung, Randausbildung an First und Traufe seien mit der Schlichtheit der Kirche abgestimmt worden. Die Homogenität der jeweiligen Dachseiten, die vom öffentlichen Straßenraum nicht zugleich einsehbar seien, bleibe im Kontext des Gebäudes weitgehend erhalten. Dadurch werde der Gesamteindruck der Kirche weder empfindlich gestört noch erheblich nachteilig beeinflusst. Der für die Belange des Denkmalschutzes aufgeschlossene Durchschnittsbetrachter werde die Maßnahme nicht als technologischen Makel wahrnehmen. In der Fernwirkung werde wegen der relativ geringen Dachneigung von ca. 30 Grad eine unauffällige, etwa einheitlich anthrazitfarbene Optik erreicht, ähnlich der in der Oberlausitz weitverbreiteten Schieferdeckung des Kirchturms. Aufgrund dieser farblichen Übereinstimmung entstehe ein gut vertretbares Miteinander aus Turmhaube und Photovoltaikanlage, welche weder die ortsprägende Wirkung noch den Charakter des Kirchengebäudes verändere. Auch das von den Photovoltaikmodulen je nach Stand der Sonne mal mehr, mal weniger ausgehende Glänzen wirke stets dezent und könne den Denkmalwert nicht herabsetzen. Allein die Wahrnehmbarkeit der Anlage als solches könne nicht bereits als erhebliche Beeinträchtigung gewertet werden. Die Denkmalschutzbehörde habe völlig verkannt, dass es sich bei den Belangen des Umweltschutzes um Belange mit Verfassungsrang handele. Durch die Erschließung erneuerbarer Energien werde, hier in Form der Installation der Photovoltaikanlage, ein aktiver Beitrag iSv Art. 20a GG geleistet. Auch § 18 SN.DSchG sei in der Abwägung unzureichend beachtet worden. Die dort normierte Pflicht der Denkmalschutzbehörden zur Berücksichtigung der relevanten Belange meine nicht nur, dass die Belange in die entsprechende Entscheidung mit einfließen müssten. Unter „vorrangig zu beachten“ sei vielmehr zu verstehen, dass die kirchlichen Belange nicht nur in die Ermessensausübung oder die Güterabwägung einzubeziehen seien, sondern selbstständig zu berücksichtigen seien. Weil sie vorrangig zu beachten seien, müssten Belange des Denkmalschutzes und insbesondere die Denkmalverträglichkeit ggf. zurückstehen und die Genehmigung erteilt werden. Die Absicht der Klägerin, durch die geplante Photovoltaikanlage einen zeichenhaften Beitrag zur Erhaltung der Schöpfung zu leisten, stelle aus sich selbst heraus einen gottesdienstlichen Belang dar. Bei der Erhaltung und Anpassung an technische Errungenschaften der Moderne gehe es den Kirchen neben der gottesdienstlichen Funktionalität um die Bedeutung der Gebäude als Sinnbilder des christlichen Glaubens. Diese Bedeutung werde nicht nur innerhalb der Kirchenmauern wahrgenommen. Die Ausstattung des Kirchengebäudes mit einer Photovoltaikanlage sei eine sinnvolle Anschaffung, um die Energiebilanz zu verbessern. Ein konkreter wirtschaftlicher Gewinn, der rein der Erhaltung der Kirche zugute käme, könne leider aufgrund der sich noch in der Vorplanungsphase befindlichen Anlage nicht benannt werden. Nach Angaben des Herstellers und aus der Praxis anderer, bereits mit Solaranlagen ausgestatteten Kirchen, sei jedoch eine deutliche Rentabilität zu erwarten. Die Versagung der Genehmigung sei darüber hinaus nicht verhältnismäßig. Ein milderes Mittel sei es z.B., die Anlage auf einer kleineren Fläche zu genehmigen oder die Genehmigung unter speziellen, die Form, Farbe und Gestalt betreffenden Auflagen zu erteilen. Die Denkmaleigenschaft der Kirche werde durch die reversible Überdeckung in keinster Weise geschmälert. Die Ziegeldeckung des Daches werde als solche nicht beseitigt, sondern lediglich für einen bestimmten Zeitraum überdeckt. Das Dach bleibe sowohl hinsichtlich der Form als auch in bauzeitlicher Gestaltung erhalten. Es sei beabsichtigt, die Photovoltaikanlage hinsichtlich der Materialgerechtigkeit, farblichen Abstimmung und Oberflächencharakter möglichst unauffällig zu integrieren. Bei der Installation würden nichtspiegelnde Module gewählt. In der mündlichen Verhandlung erläuterte der Vertreter der Klägerin zur Organisation der Landeskirche, die Regionalkirchenämter seien Außenstelle des Landeskirchenamts. Ihnen seien in bestimmten Bereichen landeskirchliche Aufgaben übertragen worden. Dies betreffe das Haushaltswesen, das Friedhofswesen und das Bauwesen. Die kirchliche Baugenehmigung sei im vorliegenden Fall erteilt worden.

Der Beklagte weist u.a. nochmals darauf hin, dass das streitgegenständliche Vorhaben keinen gottesdienstlichen Belang gem. § 18 Abs. 1 SN.DSchG berühre. Zwar seien von der Klägerin religiöse, klimapolitische und wirtschaftliche Zwecke angeführt worden. Dabei habe es sich aber in keinem Fall um einen gottesdienstlichen Belang gehandelt. Die Errichtung der Photovoltaikanlage führe zu einer erheblichen Beeinträchtigung des Erscheinungsbildes der Kirche. Das streitgegenständliche Vorhaben sei nicht denkmalverträglich. Bei der Kirche handele es sich um einen hochrangiges Kulturdenkmal mit besonderem Architekturwert und besonderer sonstiger Bedeutung. Das Landesamt für Denkmalpflege habe sich in seiner weiteren Stellungnahme vom 20.2.2009 nochmals ausführlich mit der Argumentation der Klägerin auseinandergesetzt und bleibe bei seiner ablehnenden Haltung.

In dem der Klageerwiderung angelegten Schreiben vom 20.2.2009 weist das Landesamt für Denkmalpflege zusätzlich darauf hin, dass es sich nicht grundsätzlich gegen die Errichtung von Solaranlagen auf Kulturdenkmalen stelle, sondern unter Einhaltung bestimmter Prämissen denkmalverträgliche Lösungen denkbar seien. Dazu gehörten insbesondere das Vorhandensein einer dunklen anthrazitfarbenen Dachdeckung und die Beschränkung der Photovoltaikanlage auf eine Größe, die der vorhandenen Dachdeckung optisch den Vorrang einräume. Beide Voraussetzungen seien im Rahmen der derzeitigen Planung nicht gegeben. Im vorliegenden Fall würde sich auch eine kleinere Ausführungsvariante nicht in die jetzt vorhandene Ziegeldeckung einfügen. Denn die auf dem Markt erhältlichen Solarkollektoren bewegten sich in einer Farbskala zwischen Blau und Anthrazit, während rote Platten nicht bekannt seien und nach Aussage diverser Solarfirmen nicht hergestellt werden könnten.

Die Klage hatte Erfolg. Unter Aufhebung der angefochtenen Bescheide verpflichtet die Kammer den Beklagten, die Klägerin unter Beachtung der Rechtsauffassung des Gerichts neu zu bescheiden.

Aus den Gründen:

[14] Die Klage ist begründet. Der Bescheid des Landkreises L. vom 19.7.2007 in Gestalt des Widerspruchsbescheids der Landesdirektion Dresden vom 8.10.2008 ist rechtswidrig und verletzt die Klägerin in ihren Rechten, § 113 Abs. 5 VwGO. Die Klägerin hat einen Anspruch darauf, dass der Beklagte unter Beachtung der Rechtsauffassung des Gerichts über ihren Antrag auf Erteilung der denkmalschutzrechtlichen Genehmigung neu entscheidet. Denn der Beklagte hat es versäumt, vor seiner Entscheidung über die Versagung der denkmalschutzrechtlichen Genehmigung die obere Kirchenbehörde anzuhören.

[15] Rechtsgrundlage für den Anspruch der Klägerin ist § 12 Abs. 1 Nr. 2 iVm § 18 Abs. 2 SN.DSchG. Danach darf ein Kulturdenkmal nur mit Genehmigung der Denkmalschutzbehörde in seinem Erscheinungsbild oder seiner Substanz verändert oder beeinträchtigt werden; steht das Kulturdenkmal in kirchlichem Eigentum, hat die Denkmalschutzbehörde ihre Entscheidung über die Genehmigung im Benehmen mit der oberen Kirchenbehörde zu treffen.

[16] Unstreitig handelt es sich bei der Johanniskirche in S.-B. um ein Kulturdenkmal iSv § 2 Abs. 1 SN.DSchG. Nach der Legaldefinition des § 2 Abs. 1

SN.DSchG setzt die Denkmaleigenschaft einer Sache ihre Denkmalfähigkeit und ihre Denkmalwürdigkeit voraus.

[17] Denkmalfähigkeit einer Sache ist gegeben, wenn mindestens einer der in § 2 Abs. 1 SN.DSchG genannten Schutzgründe vorliegt. Die dort genannten Schutzgründe sind abschließend. Für die Johanniskirche wird vom Landesamt für Denkmalpflege und dem Beklagten die baugeschichtliche und stilgeschichtliche, also die geschichtliche Bedeutung als Schutzgrund benannt. Mit diesem Schutzgrund wird bezweckt, historische Ereignisse oder Entwicklungen anschaulich zu machen. Die geschichtliche Bedeutung ist dadurch gekennzeichnet, dass durch das Schutzobjekt heimatgeschichtliche Entwicklungen anschaulich gemacht werden, dass ihm als Wirkungsstätte namhafter Personen oder als Schauplatz historischer Ereignisse ein bestimmter „Erinnerungswert“ beizumessen ist oder dass es einen im Bewusstsein der Bevölkerung vorhandenen Bezug zu bestimmten politischen, kulturellen oder sozialen Verhältnissen seiner Zeit herstellt („Assoziationswert“). Die geschichtliche Bedeutungskategorie ist nicht auf übergeordnete oder besonders bedeutsame Entwicklungen oder Verhältnisse beschränkt. Sie umfasst vielmehr auch Gegenstände des Denkmalschutzes, die nur für einzelne Wissenschaftsdisziplinen (z.B. Kirchengeschichte, Baugeschichte, Kunstgeschichte) oder für die Regional-, Heimat- oder Stadtgeschichte von Bedeutung sind. (vgl. Sächs.OVG, Urteil vom 12.6.1997 -1 S 344/95- SächsVBl. 1998, S. 12 [14]).

[18] Denkmalwürdigkeit liegt vor, wenn ein öffentliches Interesse an seiner Erhaltung besteht. Voraussetzung ist, dass die Denkmaleigenschaft einer Sache und die Notwendigkeit ihrer Erhaltung in das Bewusstsein der Bevölkerung oder mindestens eines breiten Kreises von Sachverständigen eingegangen sind. In erster Linie ist der Seltenheitswert zu berücksichtigen, wobei der Seltenheitswert den Denkmalschutz nicht auf die Erhaltung letzter Exemplare beschränkt. Daneben sind vor allem der dokumentarische und exemplarische Wert des Schutzobjekts, das Alter, das Maß der Originalität und Integrität sowie ganz allgemein das konkrete Gewicht der einschlägigen Schutzgründe einzustellen und gegeneinander abzuwägen (vgl. SächsOVG, Urteil vom 12.6.1997, aaO, S. 15).

[19] Sowohl die Denkmalfähigkeit als auch die Denkmalwürdigkeit der Johanniskirche hat das Landesamt für Denkmalpflege schon in seiner im Verwaltungsverfahren am 17.7.2007 abgegebenen Stellungnahme ausführlich begründet und hierfür nicht nur auf die besondere Bedeutung des Architekten der Kirche, sondern auch auf die besondere Bedeutung der von ihm mit der Kirche verwirklichten Bauweise hingewiesen. Diese Auffassung des Landesamts für Denkmalpflege ist von der Klägerin nicht in Frage gestellt worden und auch die Kammer hat keine Anhaltspunkte, an der Denkmaleigenschaft der Johanniskir-

che Zweifel zu hegen. Mit der Einordnung der Kirche als Kulturdenkmal steht daher auch fest, dass die (denkmalgerechte) Erhaltung im öffentlichen Interesse liegt.

[20] Mit dem bestehenden öffentlichen Interesse an der Erhaltung des Kulturdenkmals korrespondiert die sich für den Eigentümer eines Kulturdenkmals aus § 8 SN.DSchG ergebende Erhaltungspflicht, deren Einhaltung die Denkmalschutzbehörde im Rahmen ihrer Prüfung eines vom Eigentümer geplanten genehmigungspflichtigen Vorhabens überwacht.

[21] Die genehmigungspflichtigen Vorhaben an Kulturdenkmalen werden von § 12 SN.DSchG abschließend aufgezählt. Das von der Klägerin geplante Vorhaben fällt unter § 12 Abs. 1 Nr. 2 SN.DSchG, wonach ein Kulturdenkmal nur mit Genehmigung der Denkmalschutzbehörde in seinem Erscheinungsbild oder seiner Substanz verändert oder beeinträchtigt werden darf. Maßstab der Beurteilung für die Frage der Beeinträchtigung ist in subjektiver Hinsicht das Empfinden des für Belange des Denkmalschutzes aufgeschlossenen Durchschnittsbetrachters. In objektiver Hinsicht erfasst der Tatbestand jede nachteilige Veränderung des Erscheinungsbildes. Dagegen setzt die Genehmigungs- oder Zustimmungspflicht nicht voraus, dass die Beeinträchtigung von besonderem Gewicht ist. Eine erhebliche Beeinträchtigung in diesem Sinne ist gegeben, wenn der Gesamteindruck von dem Kulturdenkmal empfindlich gestört wird. Die damit allgemein gekennzeichneten Anforderungen bleiben einerseits unter der Schranke dessen was üblicherweise „hässlich" wirkt und deshalb im baurechtlichen Sinne „verunstaltend" ist. Andererseits genügt für eine erhebliche Beeinträchtigung nicht jede nachteilige Beeinflussung des Erscheinungsbildes. Erforderlich ist, dass der Gegensatz deutlich wahrnehmbar ist und vom Betrachter als belastend empfunden wird (vgl. Sächs.OVG, Urteil vom 18.1.2006 - 1 B 444/05- *juris* Rz. 26 - Mädler-Passage in Leipzig). Die Entscheidung über die Genehmigungsfähigkeit steht im Ermessen der Behörde (Sächs.OVG, Beschluss vom 14.7.2003 -1 B 166/02- Beschluss vom 23.6.2006 -1 B 227/05- *juris* Rz. 7).

[22] Die Kammer folgt der Auffassung des Landesamts für Denkmalpflege und des Beklagten und sieht ebenfalls die Voraussetzungen einer erheblichen Beeinträchtigung des Erscheinungsbildes der Kirche als erfüllt an, so dass das Vorhaben der Klägerin genehmigungspflichtig ist. Die Montage einer Photovoltaikanlage mit anthrazitfarbenen Solarmodulen auf der gesamten südlichen Dachfläche der Kirche, deren Dach insgesamt, bis auf das des Turms, mit roten Biberschwanzziegeln gedeckt ist, verändert das Aussehen des Kulturdenkmals völlig. Denn die Kirche würde dann über zwei unterschiedlich gedeckte Dachseiten verfügen. Auch wenn man nicht beide Dachseiten auf einen Blick sehen kann, würde ein Betrachter der Kirche, der sich, außer bei einem Blick lediglich aus der Ferne, im Regelfall nicht auf eine Seitenansicht des Kulturdenkmals

beschränken würde, den Gegensatz zwischen der Nord- und der Südseite der Kirche deutlich wahrnehmen können und deswegen den technischen Charakter der Südseite als das Denkmal belastend empfinden. Auf der Südseite der Johanniskirche würde sich zudem der Blick wegen der technischen Ausgestaltung auf die Dachseite lenken, wodurch das Dach bei der Betrachtung in den Vordergrund rücken, obwohl das Dach das die Kirche als Kulturdenkmal unter anderem heraushebende Element des in ihr verwirklichten Rundbogenstils nicht enthält. Das Auge würde von einer wesentlichen Gestaltungsform der Kirche auf das technisierte Dach abgelenkt. Das Vorhaben der Klägerin ist somit nicht denkmalgerecht, so dass die Klägerin sich nicht darauf berufen kann, wegen einer geplanten denkmalgerechten Ausführung Anspruch auf die Erteilung der Genehmigung zu haben. Hieran ändert auch nichts, dass die Anlage (nur) 25 - 30 Jahre betrieben werden soll. Dies stellt keine nur vorübergehende, und damit möglicherweise hinnehmbare, Beeinträchtigung dar. Der Betrieb der Anlage für den Zeitraum von mindestens 25 Jahren bedeutet den Betrieb während einer ganzen Generation. Das ist nicht mehr vorübergehend.

[23] Allerdings wird die Erhaltungspflicht des Eigentümers eines Kulturdenkmals durch den Grundsatz der Verhältnismäßigkeit begrenzt. Einen Aspekt, der in dieser Verhältnismäßigkeitsprüfung eine Rolle spielt, nennt § 8 SN.DSchG mit der Einschränkung der Pflicht des Eigentümers, das Kulturdenkmal lediglich im „Rahmen der Zumutbarkeit" denkmalgerecht erhalten zu müssen. Der Erhalt eines Denkmals ist nur dann unzumutbar, wenn keine sinnvolle Nutzungsmöglichkeit mehr besteht (vgl. BVerfG, Beschluss vom 2.3.1999, BVerfGE 100, 226). Das ist der Fall, wenn selbst ein dem Denkmalschutz aufgeschlossener Eigentümer von einem Baudenkmal keinen vernünftigen Gebrauch mehr machen und es praktisch nicht veräußern kann, wenn er also im öffentlichen Interesse eine Last zu tragen hat, ohne dafür die Vorteile einer privaten Nutzung genießen zu können (vgl. Sächs.OVG, Urteil vom 10.6.2010 -1 B 818/06- *juris* Rz. 49). Dass ihr die Erhaltung der Kirche in diesem Sinne unzumutbar ist, hat die Klägerin nicht geltend gemacht und ist nach Auffassung der Kammer in Hinblick auf die Funktion des Kulturdenkmals als für den Gottesdienst genutzte Kirche wohl auch nicht denkbar.

[24] Der vorliegende Fall weist jedoch darüber hinaus die Besonderheit auf, dass sich die Klägerin als Untergliederung der ev.-luth. Landeskirche Sachsen auf Art. 140 GG iVm Art. 137 Abs. 3 WRV berufen kann. Hierdurch wird den Kirchen das Recht garantiert, ihre Angelegenheiten selbständig innerhalb der Schranken des für alle geltenden Gesetzes zu ordnen und zu verwalten. Zu den eigenen Angelegenheiten zählen auch die Errichtung, Umgestaltung und Nutzung der für ihre Religionsausübung verwandten Gebäude und beweglichen Sachen. Im Grundsatz erstreckt sich das religionsgesellschaftliche Selbstorgani-

sationsrecht damit auch auf sämtliche von den Kirchen genutzten beweglichen und unbeweglichen Denkmäler (vgl. Martin/Krautzberger, Handbuch Denkmalschutz und Denkmalpflege, 2. Aufl. 2006, Teil G. Rn 37 f.). Das Denkmalschutzgesetz ist jedoch ein allgemeines Gesetz iSv Art. 137 Abs. 3 WRV iVm Art. 140 GG. Dennoch bedeutet das nicht, dass das Denkmalschutzgesetz dem kirchlichen Selbstbestimmungsrecht vorgeht. Art. 137 Abs. 3 Satz 1 WRV gewährleistet mit Rücksicht auf das zwingende Erfordernis des friedlichen Zusammenlebens von Staat und Kirche sowohl das selbständige Ordnen und Verwalten der eigenen Angelegenheiten durch die Kirchen als auch den staatlichen Schutz anderer für das Gemeinwesen bedeutsamer Rechtsgüter. Dieser Wechselwirkung von Kirchenfreiheit und Schrankenzweck ist durch entsprechende Güterabwägung Rechnung zu tragen. Dabei ist dem Selbstverständnis der Kirchen ein besonderes Gewicht beizumessen. Der Vorrang einer staatlichen Regelung kommt nur in Betracht, wenn sie zur Erfüllung der staatlichen Aufgabe und mit Blick auf das Gemeinwohl als unumgänglich erscheint (vgl. BVerfG, Urteil vom 13.12.1983 - 2 BvL 13/82 u. a.- BVerfGE 66, 1 [22], KirchE 21, 307).

[25] Die grundsätzlich bestehende Pflicht des Eigentümers eines Kulturdenkmals zur denkmalgerechten Erhaltung wird bei kirchlichen Denkmälern daher zusätzlich noch durch § 18 SN.DSchG eingeschränkt, der die Regelung im Denkmalschutzgesetz darstellt, mit der der erforderliche Ausgleich zwischen kirchlichem Selbstbestimmungsrecht und denkmalschutzrechtlichen Belangen erfolgen soll. Danach haben die Denkmalschutzbehörden gem. § 18 Abs. 1 Satz 1 SN.DSchG bei Kulturdenkmalen, die der Religionsausübung dienen, die gottesdienstlichen Belange, die von der oberen Kirchenbehörde festzustellen sind, vorrangig zu beachten. Gottesdienstliche Belange sind Ritus, Liturgie, Andacht oder Seelsorge, nicht aber sonstige kirchliche Belange. Anerkennungsfähig können z.B. sein: Ausstattung der Kirchen- oder Versammlungsgebäude, Standort des Altars, Kirchenerweiterung bei unabweisbarem Bedarf (vgl. Martin/Schneider, SN.DSchG, § 18, Ziffer 2.2.). Die Feststellung der gottesdienstlichen Belange obliegt ausschließlich und abschließend den Kirchen, jedoch nicht der jeweiligen Kirchgemeinde, also der Klägerin, sondern den oberen Kirchenbehörden (vgl. VGH Baden-Württemberg, Urteil vom 30.1.2003 -1 S 1083/00- *juris*, Rz. 36, KirchE 43, 52). Die oberen Kirchenbehörden müssen die gottesdienstlichen Belange formulieren, begründen und im Rahmen der denkmalrechtlichen Verfahren geltend machen (vgl. Martin/Schneider, aaO Ziffer 2.3). Eine solche Feststellung durch die obere Kirchenbehörde ist in diesem Verfahren nicht erfolgt. Wäre sie getroffen worden, so hätte der festgestellte gottesdienstliche Belang nicht mit anderen Belangen im Rahmen der zu treffenden Ermessensentscheidung abgewogen werden dürfen, sondern die kirchlichen Belange hätten vorbehaltlos Vorrang besessen (vgl. VGH Baden-

Württemberg, aaO). Denn das Gesetz hat mit seiner Formulierung „vorrangig zu beachten“ das Ergebnis der zwischen der bestehenden Kirchenfreiheit und dem sich aus dem Denkmalschutzgesetz ergebenden Schrankenzweck vorgegeben. Gegenüber einem von der oberen Kirchenbehörde festgestellten gottesdienstlichen Belang hat der Schutzzweck des Denkmalschutzgesetzes zurückzustehen. Inwieweit eine Überprüfung der Entscheidung der Kirche über das Bestehen eines gottesdienstlichen Belangs dann noch, ggf. nur auf Plausibilität hin erfolgen könnte, oder Vorhaben, die z.B. Fragen der äußeren Gestaltung, die Zerstörung eines Denkmals, die Beseitigung von geschützter, aber nicht benötigter Ausstattung, den Ersatz funktionsfähiger historischer durch moderne Ausstattung betreffen, nicht anzuerkennen wären (vgl. Martin/Schneider, SN.DSchG, § 18, Ziffer 2.2.), kann hier offen bleiben.

[26] Denn der von der Klägerin als Kirchengemeinde geltend gemachte Belang, mit der Photovoltaikanlage einen zeichenhaften Beitrag zum Erhalt der Schöpfung setzen zu wollen, ist durch den Beklagten ohne die von der oberen Kirchenbehörde getroffene Feststellung als gottesdienstlicher Belang bei der Entscheidung über die Genehmigung nicht vorrangig zu beachten. Hieran ändert auch der Umstand nichts, dass die Klägerin im Klageverfahren durch den Leiter des Regionalkirchenamts vertreten wird. Denn das Regionalkirchenamt ist eine Kirchenbehörde auf mittlerer Ebene, der lediglich Aufgaben der oberen Kirchenbehörde zur Erledigung in eigener Zuständigkeit übertragen wurden. Diese Zuständigkeitsübertragung betrifft das Haushaltswesen, das Friedhofswesen und das Bauwesen, nicht jedoch Fragen des Gottesdienstes. Die von der oberen Kirchenbehörde über den gottesdienstlichen Belang zu treffende Feststellung konnte durch das Vorbringen des Vertreters der Klägerin daher nicht erfolgen. Die Kammer ist zudem der Auffassung, dass das Erfordernis der Feststellung des gottesdienstlichen Belangs durch die obere Kirchenbehörde einerseits eine einheitliche Handhabung der sich im Rahmen des Denkmalschutzes stellenden Fragen sicherstellen soll, andererseits aber auch der Bedeutung des gesetzlichen Vorrangs dieses Belangs gerecht werden muss.

[27] Der Beklagte hat daher zu Recht seine Ermessensentscheidung ohne Beachtung des sich aus § 18 Abs. 1 SN.DSchG ergebenden Vorrangs des kirchlichen Selbstbestimmungsrechts getroffen. Soweit der Beklagte von sich aus das Vorbringen der Klägerin daraufhin prüft, ob durch ihr Vorhaben ein gottesdienstlicher Belang betroffen ist, sind Ermessensfehler nicht erkennbar. Denn bei dem Vorhaben der Klägerin besteht weder ein Zusammenhang mit dem Gottesdienst (theologisch-dogmatische bzw. liturgische Aspekte) noch mit der Ausstattung des Kircheninnenraums. Für einen offensichtlichen Zusammenhang der durch das Vorhaben tangierten äußeren Gestaltung der Kirche mit einem gottesdienstlichen Belang bestehen keine ausreichenden Anhaltspunkte.

Dagegen spricht auch schon der Ausnahmecharakter solcher Dächer auf evangelischen Kirchen.

[28] Die Beklagte hat auch insoweit die Genehmigung ermessensfehlerfrei versagt, als er die von der Klägerin geltend gemachten Umweltschutzgesichtspunkte und den durch die Staatszielbestimmung des Art. 20a GG vorgenommenen Schutz der natürlichen Lebensgrundlagen mit in seine Ermessensentscheidung eingestellt, rechtsfehlerfrei mit den Belangen des Denkmalschutzes abgewogen und die Interessenabwägung zugunsten der besonderen Bedeutung des Kulturdenkmals vorgenommen hat. Darüber hinaus war der Beklagte wegen der von der Klägerin genannten Bezugsobjekte auch nicht aus dem Gleichbehandlungsgrundsatz verpflichtet, der Klägerin die Genehmigung zu erteilen. Im Widerspruchsbescheid stellt der Beklagte ausführlich dar, dass die von der Klägerin genannten Kirchen entweder schon nicht vergleichbar sind, weil sie unter die denkmalschutzrechtlichen Vorschriften anderer Bundesländer fallen, oder aber eine schwarze Dachdeckung bzw. keine vollflächige Überdeckung aufwiesen, die die dort montierten Photovoltaikanlagen erheblich weniger störend wirken ließen. Hieran sind Ermessensfehler nicht ersichtlich. Der Beklagte war schließlich - entgegen der Auffassung der Klägerin - nicht verpflichtet, Aussagen zum Umfang eines genehmigungsfähigen Vorhabens zu treffen. Alternativlösungen zu finden ist Aufgabe der Klägerin. Der Beklagte kann seine Entscheidung nur über ein konkretes Vorhaben treffen, das von der Klägerin hier als die ganze südliche Dachseite einnehmende Montage einer Photovoltaikanlage bezeichnet wurde. Ermessensfehlerhaft ist das nicht.

[29] Die Versagung der von der Klägerin beantragten Genehmigung ist jedoch wegen eines Verfahrensfehlers rechtswidrig. Denn der Beklagte hat es versäumt, vor seiner Entscheidung die obere Kirchenbehörde anzuhören. Nach § 18 Abs. 2 SN.DSchG können Entscheidungen der Denkmalschutzbehörden bei Kulturdenkmalen, die in kirchlichem Eigentum stehen, nur im Benehmen mit der oberen Kirchenbehörde ergehen. Benehmen heißt nicht Einvernehmen, sondern Anhörung. Eine solche Anhörung ist aber unterblieben. Dieses Versäumnis ist auch nicht nach § 45 Abs. 1 Nr. 3, Abs. 2 VwVfG unbeachtlich, da die Anhörung weder im Verwaltungsverfahren noch im Klageverfahren nachgeholt worden ist. Wie oben ausgeführt, wird die Klägerin zwar im Klageverfahren durch den Leiter des Regionalkirchenamts vertreten. Sein Vorbringen im Klageverfahren und die Auseinandersetzung des Beklagten mit seinem Vorbringen führt jedoch, schon wegen der nur in einem Teilbereich den Kompetenzen der oberen Kirchenbehörde entsprechenden Zuständigkeiten des Regionalkirchenamts, nicht zur Heilung des Verfahrensmangels. Da die Entscheidung über einen Antrag auf denkmalschutzrechtliche Genehmigung, jedenfalls soweit sie nicht durch § 8 Abs. 1 SN.DSchG oder durch § 18 Abs. 1 SN.DSchG eingeschränkt

wird, im Ermessen der Behörde steht, hat die Klägerin ihren aus dem Verfahrensverstoß folgenden Anspruch auf Aufhebung des angegriffenen Bescheids auch nicht gem. § 46 VwVfG verloren. Denn Voraussetzung hierfür wäre, dass offensichtlich ist, dass die Verletzung der Verfahrensvorschrift die Entscheidung in der Sache nicht beeinflusst hat. Eine solche Offensichtlichkeitsfeststellung kommt bei im Ermessen der Behörde stehenden Entscheidungen nur in den Fällen einer - hier nicht erkennbaren - Ermessenreduzierung auf null in Betracht. Denn nur dann ist die Annahme der rechtlichen Alternativlosigkeit gerechtfertigt.

23

In die gem. § 2 des Tarifvertrags zur Regelung der Altersteilzeit gebotene Ermessensentscheidung kann einfließen, dass eine Genehmigung für Wiederbesetzungen von Altersteilzeitstellen (hier: für eine Kindergärtnerin in einer Pfarrgemeinde) durch die an den Kosten beteiligte Diözese nicht zu erwarten ist.

§§ 2 TV ATZ, 315 Abs. 1 BGB
LAG Baden-Württemberg, Urteil vom 16. September 2010 -11 Sa 33/10[1]-

Die Parteien streiten um den Abschluss eines Altersteilzeitarbeitsvertrags. Die Klägerin ist bei der beklagten Kirchengemeinde seit 1.1.1973 als Kindergärtnerin vollzeitbeschäftigt. Nach § 2 des Arbeitsvertrags zwischen den Parteien ist der Bundesangestelltentarifvertrag (BAT) in der für den Bund und die Tarifgemeinschaft deutscher Länder geltenden Fassung Bestandteil des Arbeitsvertrages. Die Beklagte selbst geht davon aus, dass auf das Arbeitsverhältnis auch der Tarifvertrag zur Regelung der Altersteilzeit (TV ATZ) vom 5.5.1998 kraft Organisationszugehörigkeit und arbeitsvertraglicher Vereinbarung anzuwenden ist.

Im Juni 2009 beantragte die Klägerin den Abschluss eines Altersteilzeitvertrages mit einer Gesamtlaufzeit von 6 Jahren und 8 Monaten für den Zeitraum 1.12.2009 bis 31.7.2016 mit einer Arbeitsphase bis 31.3.2013 und der nachfolgenden Freistellungsphase. Mit Schreiben vom 30.9.2009 lehnte die beklagte Kirchengemeinde den Abschluss des begehrten Altersteilzeitvertrages ab.

Die Klägerin hat die Auffassung vertreten, die Beklagte habe bei ihrer Ermessensentscheidung nach § 9 Abs. 2 TV ATZ fehlerhaft gehandelt. Während

1 Die Revision der Klägerin wurde zurückgewiesen; BAG, Urteil vom 11.12.2012 -9 AZR 136/11- ZTR 2013, 267.

die Klägerin auf die körperlich besonders anspruchsvolle Arbeit im Kindergarten hingewiesen habe, sei der Verweis der Beklagten auf finanzielle Mehrbelastungen unschlüssig, weil nach eigenen Berechnungen der Diözese R. im Blockmodell sogar eine Kostenersparnis für die Arbeitgeberin eintrete.

Die Beklagte hat es abgelehnt, den durch das Altersteilzeitarbeitsverhältnis entstehenden finanziellen Mehraufwand aufzubringen, der derzeit noch nicht absehbar sei, weil niemand wissen könne, zu welchen finanziellen Bedingungen die nach dem Antrag der Klägerin am 1.4.2013 freiwerdende Stelle wieder besetzt werden könne. Da sie mit Ausnahme der Elternbeiträge für den Kindergarten keine eigenen Mittel habe, sei sie von der Stadt T. und der Diözese R. finanziell abhängig. Beide hätten der beantragten Altersteilzeit der Klägerin nicht zugestimmt. Deshalb sei es ihr aus wirtschaftlichen Gründen nicht möglich, der Klägerin die gewünschte Altersteilzeit zu bewilligen. Dementsprechend folge sie, die Beklagte, der Empfehlung der Diözese und der Stadt, keine Zustimmung mehr zum Abschluss von Altersteilzeitverträgen zu erteilen, wenn der beantragende Mitarbeiter, wie im Falle der Klägerin, erst nach dem 31.12.2009 das 59. Lebensjahr vollendet habe und somit aufgrund der 6-jährigen Begrenzung der Gesamtdauer der Altersteilzeit diese auch erst nach diesem Zeitpunkt antreten könne.

Das ArbG Freiburg/Br. (Urteil vom 24.3.2010 -2 Ca 358/09- n.v.) hat die Klage abgewiesen und ausgeführt, die Klägerin erfülle zwar die persönlichen Voraussetzungen auf einen gleitenden Übergang in den Ruhestand, habe aufgrund ihres Alters jedoch lediglich Anspruch auf eine Entscheidung über ihren Antrag nach billigem Ermessen. Die beklagte Kirchengemeinde habe ihr Ermessen nicht fehlerhaft ausgeübt, denn sie habe die wesentlichen Umstände des Einzelfalls und die beiderseitigen Interessen angemessen berücksichtigt. Zu den berücksichtigungsfähigen Umständen gehörten auch die von der Gemeinde geltend gemachten Unsicherheitsfaktoren bei der Besetzung der nach der verblockten Arbeitsphase freiwerdenden Arbeitsstelle. Unter Berücksichtigung dessen stehe nicht fest, ob und zu welchen Konditionen der Arbeitsplatz der Klägerin im Jahre 2013 wiederbesetzt werden könne, weshalb eine Kostenersparnis durch das Altersteilzeitverhältnis nicht angenommen werde.

Das Landesarbeitsgericht weist die Berufung zurück.

Aus den Gründen:

Nach § 2 Abs. 1 TV ATZ kann der Arbeitgeber mit Arbeitnehmern, die das 55. Lebensjahr vollendet haben, die Änderung des Arbeitsverhältnisses in ein Altersteilzeitarbeitsverhältnis vereinbaren.

[34] Mit der Formulierung „kann“ wird regelmäßig ausgedrückt, dass dem Berechtigten die Entscheidung überlassen wird, ob er tätig wird oder nicht. Das gilt auch für die Tarifvorschrift des § 2 Abs. 1 TV ATZ. Der Arbeitgeber ist nicht verpflichtet, den Antrag auf Änderung des Arbeitsvertrags allein deshalb anzunehmen, weil der Arbeitnehmer die in der Bestimmung genannten Voraussetzungen erfüllt. Die Tarifvertragsparteien haben die Entscheidung über die verlangte Vertragsänderung in das Ermessen des Arbeitgebers gestellt (BAG 12.12.2000 -9 AZR 706/99-).

[35] Der Arbeitgeber ist jedoch nicht frei in der Ausübung seines Ermessens. Die Tarifvertragsparteien haben mit der Kann-Bestimmung in § 2 Abs. 1 TV ATZ nicht nur die Selbstverständlichkeit wiederholt, dass der Arbeitgeber Vertragsfreiheit genießt und mit seinen Arbeitnehmern Altersteilzeitarbeitsverträge schließen kann. Der Arbeitnehmer hat vielmehr Anspruch darauf, dass der Arbeitgeber bei der Entscheidung über seinen Antrag billiges Ermessen entsprechend § 315 Abs. 1 BGB wahrt (stRspr. des BAG vgl. 15.4.2008 -8 AZR 111/07- AP Nr. 39 zu TVG § 1 ATZ).

[36] Der Arbeitgeber muss bei seiner Entscheidung die wesentlichen Umstände des Einzelfalls und die beiderseitigen Interessen angemessen berücksichtigen. Er ist berechtigt, den Antrag des Arbeitnehmers auch aus anderen als den in § 2 Abs. 3 TV ATZ genannten dringenden betrieblichen oder dienstlichen Gründen abzulehnen. Diese Vorschrift bezieht sich lediglich auf Arbeitnehmer iSv § 2 Abs. 2 TV ATZ, also auf Arbeitnehmer ab Vollendung des 60. Lebensjahres (BAG 12.12.2000 -9 AZR 706/99-).

[37] Einer Entscheidung nach oder entsprechend § 315 BGB setzt voraus, dass die beiderseitigen Interessen abgewogen und dabei alle wesentlichen Umstände angemessen berücksichtigt werden. Maßgeblich ist der Zeitpunkt, in dem der Arbeitgeber die Ermessensentscheidung zu treffen hat (BAG 10.5.2005 - 9 AZR 294/04- AP Nr. 20 zu TVG § 1 ATZ). Ob die Entscheidung der Billigkeit entspricht, unterliegt der vollen gerichtlichen Kontrolle, § 315 Abs. 3 Satz 2 BGB (vgl. BAG 23.1.2007 -9 AZR 624/06- AP Nr. 14 zu AVR Diakonisches Werk § 1). Diese Sachentscheidung ist wegen der zu berücksichtigenden Umstände des Einzelfalles vorrangig den Tatsachengerichten vorbehalten (BAG 10.5.2005 - 9 AZR 294/04).

[38] Nach der Rechtsprechung des Bundesarbeitsgerichts genügt im Rahmen billigen Ermessens jeder sachliche Grund, der sich auf den Übergang in die Altersteilzeit bezieht, um einen Altersteilzeitantrag abzulehnen. Dazu können auch finanzielle Gründe gehören (BAG 15.9.2009 -9 AZR 643/08- AP Nr. 44 zu § 1 TVG Altersteilzeit).

[39] 2. Unter Berücksichtigung des Vorstehenden ist das Arbeitsgericht zu Recht zur Auffassung gelangt, dass die ablehnende Entscheidung der beklagten

Kirchengemeinde diesem Maßstab der Billigkeit gerecht wird, weshalb das erstinstanzliche Urteil jedenfalls im Ergebnis den Angriffen der Berufung standhält.

[40] Im Wesentlichen sind es drei Sachgründe, die die Interessen der Beklagten an der Ablehnung des Altersteilzeitantrags der Klägerin rechtfertigen. Dies ist zum einen die Abhängigkeit der beklagten Kirchengemeinde von der Genehmigung einer Wiedereinstellung durch die Diözese R., die nicht zu erwarten war und erhebliche finanzielle Nachteile für die Beklagte zur Folge haben musste, zum Zweiten die Tatsache, dass die Klägerin die förderungsfähige Dauer der Altersteilzeit überschreiten wollte, und zum Dritten die Gefahr, bei Bewilligung der Altersteilzeit unter dem Gesichtspunkt der Gleichbehandlung weitere Altersteilzeitanträge positiv verbescheiden zu müssen.

[41] a) Spätestens nach Aussage des Zeugen W. steht zur Überzeugung des Berufungsgerichts fest, dass die beklagte Kirchengemeinde sich auf massive finanzielle Interessen berufen kann, die die Ablehnung des Altersteilzeitverlangens der Klägerin rechtfertigen können. Wie der Zeuge W. glaubhaft bekundete, stehen Neueinstellungen, zu denen auch Wiederbesetzungen von Altersteilzeitstellen während des Altersteilzeitvertrags zählen, unter Genehmigungsvorbehalt seitens der Diözese R., die im Wesentlichen neben der Stadt T. die Finanzmittel für den Betrieb von Kindergärten durch die Beklagte bereitstellt. Dass die Diözese R. sich im konkreten Falle gegen einen Altersteilzeitvertrag mit der Klägerin aussprach, ist folgerichtig, nachdem bereits im Jahr 2006 dort die Entscheidung gefallen war, keine Altersteilzeitverträge mit Mitarbeitern der Altersgruppe 55 bis 59 abzuschließen, soweit das Altersteilzeitarbeitsverhältnis länger als 6 Jahre dauern sollte. Eine Genehmigung durch die Diözese konnte die beklagte Kirchengemeinde schon deshalb nicht erwarten, weil ansonsten die Diözese Gefahr gelaufen wäre, entgegen ihrer Entscheidung hinsichtlich des Altersteilzeit-Kann-Bereichs mit weiteren Anträgen unter Berufung auf den Gleichbehandlungsgrundsatz konfrontiert zu werden. Ohne Genehmigung der Wiederbesetzung durch die Diözese R. aber hätte die beklagte Kirchengemeinde die Wiederbesetzung aus eigenen Mitteln bestreiten müssen, ohne auf die ansonsten verwendeten Fördermittel der Diözese zurückgreifen zu können. Dies allein stellt einen wesentlichen finanziellen Nachteil dar, auf den die beklagte Kirchengemeinde sich nach der Rechtsprechung des Bundesarbeitsgerichts zweifelsfrei berufen konnte. Wenn die beklagte Kirchengemeinde im Hinblick darauf von einer Wiederbesetzung abgesehen hätte, wären dagegen die Fördermittel der Bundesagentur für Arbeit in die Personalberechnung nicht eingeflossen, mit der Folge, dass auch insoweit ein erheblicher finanzieller Mehraufwand durch eine Altersteilzeit der Klägerin hervorgerufen worden wäre. Bei der gegenteiligen Berechnung der Diözese R., die offenbar zu einem finanziell güns-

tigeren Ergebnis kam, waren aber die Fördermittel der Bundesagentur fester Bestandteil.

[42] b) Zu Recht hat das Arbeitsgericht als aus der Sicht der beklagten Kirchengemeinde zu berücksichtigendes Interesse gewertet, dass bei Annahme des Angebots der Klägerin weitere drei Mitarbeiterinnen, die in der gleichen Alterssituation standen wie die Klägerin, unter Hinweis auf den Gleichbehandlungsgrundsatz ihrerseits ebenfalls Altersteilzeit hätten in Anspruch nehmen können. Das Argument der Klägerin hiergegen, im Hinblick auf das Auslaufen des Altersteilzeitgesetzes zum 31.12.2009 habe die Gefahr weiterer Anträge nicht bestanden, ist ungerechtfertigt. Maßgeblich ist der Zeitpunkt der Entscheidung des Arbeitgebers über den Antrag des Arbeitnehmers. Im September 2009 aber, als die Beklagte das Altersteilzeitbegehren der Klägerin zurückwies und damit ihre Entscheidung traf, stand für die weiteren zwei Kindergärtnerinnen und die Pfarrsekretärin durchaus noch die Möglichkeit offen, bis zum Jahresende einen vergleichbaren Antrag einzubringen.

[43] c) Wesentlicher Sachgrund für die Ablehnung des Altersteilzeitverlangens der Klägerin konnte auch der Umstand sein, dass diese für die Dauer von 6 Jahren und 8 Monaten in Altersteilzeit verbringen wollte. (*wird ausgeführt*)

[44] Die vorgenannten Interessen der beklagten Gemeinde wiegen schwerer als die von der Klägerin für sich in Anspruch genommenen. Niemand verkennt, dass die Arbeit einer Kindergärtnerin anstrengend und belastend ist. Dies alleine rechtfertigt es aber nicht, bei entgegenstehenden Interessen des Arbeitgebers einen Anspruch auf Altersteilzeit zu gewähren. (*wird ausgeführt*)

24

Die Zugehörigkeit eines Verfassungsrichters zu einer gesellschaftlichen Gruppe, wie z.B. einer Religionsgemeinschaft, kann für sich allein niemals die Besorgnis der Befangenheit rechtfertigen.

Ein Ablehnungsgesuch kann in zulässiger Weise nicht damit begründet werden, dass keine Auskunft über die Religionszugehörigkeit eines Richters erteilt wird.

Art./§ 9 BayVGHG, 26a StPO

BayVerfGH, Entscheidung vom 20. September 2010 -Vf. 19-VII-09[1] -

1 DÖV 2011, 118 (LS); NJW 2011, 211 (LS); NVwZ 2011, 39.

Die Antragsteller wenden sich mit der Popularklage gegen die Verpflichtung der Arbeitnehmer, die Zugehörigkeit oder Nichtzugehörigkeit zu einer Kirchensteuer erhebenden Religionsgemeinschaft in die Lohnsteuerkarte eintragen zu lassen und die Weitergabe dieser Daten an den Arbeitgeber zu dulden. Sie greifen in diesem Zusammenhang Art. 13 Abs. 1 und 2 sowie Art. 25 Satz 1 des bayerischen Gesetzes über die Erhebung von Steuern durch Kirchen, Religions- und weltanschauliche Gemeinschaften (Kirchensteuergesetz - KiStG) in der Fassung der Bekanntmachung vom 21.11.1994 (GVBl S. 1026, BayRS 2220-4-UK), zuletzt geändert durch Gesetz vom 22.11.2008 (GVBl S. 973), an. Nach Auffassung der Antragsteller verstoßen diese Bestimmungen gegen die Grundrechte auf informationelle Selbstbestimmung (Art. 100, 101 BV) und auf Verschweigen der religiösen Überzeugung (Art. 107 Abs. 1 und Abs. 5 Satz 1 BV).

Schriftsätzlich hat der Bevollmächtigte der Antragsteller verlangt, ihm die Konfessionszugehörigkeit der zuständigen Verfassungsrichter mitzuteilen, da die anstehende Entscheidung ausgesprochen religionsbezogen sei. Für den Fall, dass die Richter sich weigern sollten, ihre Religionszugehörigkeit bekannt zu geben, werde die Besorgnis der Befangenheit geltend gemacht.

In ihrer Antwort hat die Generalsekretärin des Verfassungsgerichtshofs dem Bevollmächtigten der Antragsteller mitgeteilt, dass die Klärung der Frage nach der Konfessionszugehörigkeit der für die Entscheidung über die Popularklage zuständigen Mitglieder des Verfassungsgerichtshofs nicht veranlasst sei. Die Zugehörigkeit eines Verfassungsrichters zu einer gesellschaftlichen Gruppe, wie z.B. einer Religionsgemeinschaft, könne für sich genommen niemals die Besorgnis der Befangenheit rechtfertigen. Ein entsprechend begründetes Ablehnungsgesuch wäre unzulässig.

Daraufhin hat der Bevollmächtigte der Antragsteller einen Befangenheitsantrag gegen die zur Entscheidung über die Popularklage berufenen Verfassungsrichter gestellt. Die Frage nach deren Konfessionszugehörigkeit dränge sich geradezu auf. Falls der Verfassungsgerichtshof der vorliegenden Popularklage stattgäbe, bräche das gegenwärtig geltende Kirchensteuersystem in sich zusammen. Katholische und evangelisch-lutherische Richter würden damit ihrer Kirche schweren Schaden zufügen. Deshalb gebe die Weigerung der Bekanntgabe der Religionszugehörigkeit Anlass zur Besorgnis der Befangenheit.

Der Verfassungsgerichtshof verwirft das Ablehnungsgesuch als unzulässig.

Aus den Gründen:

[5] Das Ablehnungsgesuch ist offensichtlich unzulässig.

[6] Nach Art. 9 VfGHG sind auf die Ablehnung von Mitgliedern des Verfassungsgerichtshofs die Vorschriften der §§ 22 bis 30 StPO entsprechend anzuwenden. Die anstehende Entscheidung über die Popularklage ist vom Verfassungsgerichtshof in der Besetzung nach Art. 3 Abs. 2 Satz 1 Nr. 2 VfGHG zu treffen. Deshalb entscheidet der Verfassungsgerichtshof in dieser Besetzung auch über das Ablehnungsgesuch. Darauf, ob und gegebenenfalls welcher Konfession die zuständigen Richter angehören, kommt es nicht an. Die abgelehnten Richter scheiden bei der Entscheidung nicht aus, weil die Ablehnung nach Art. 9 VfGHG iVm § 26 a Abs. 1 Nr. 2, Abs. 2 Satz 1 StPO als unzulässig zu verwerfen ist. Dem Fehlen der Begründung im Sinn der genannten Bestimmungen steht es hier gleich, dass die Begründung aus zwingenden rechtlichen Gründen zur Rechtfertigung eines Ablehnungsgesuchs völlig ungeeignet ist (VerfGH vom 27.5.1971, VerfGHE 24, 96; VerfGH vom 31.1.2000 VerfGHE 53, 20; VerfGH vom 17.7.2000 VerfGHE 53, 144, KirchE 38, 332, mwN).

[7] Die Zugehörigkeit eines Verfassungsrichters zu einer gesellschaftlichen Gruppe, wie z.B. einer Religionsgemeinschaft, kann für sich allein niemals die Besorgnis der Befangenheit rechtfertigen. Ein so begründetes Ablehnungsgesuch wäre unzulässig. Grundsätzlich ist nämlich von der inneren Unabhängigkeit des Richters auszugehen. Von ihm wird erwartet, dass er auch in einer Situation, wie sie hier vorliegt, unvoreingenommen an die Beurteilung der Sache herantritt und die staatlichen Gesetze ohne Rücksicht auf seine Zugehörigkeit zu einer religiösen oder weltanschaulichen Gemeinschaft anwendet (VerfGHE 53, 144 [145], KirchE 38, 332, mwN).

[8] Es besteht daher keine Veranlassung, die vom Bevollmächtigten der Antragsteller aufgeworfene Frage, ob und gegebenenfalls welcher Konfession die zur Entscheidung über die Popularklage berufenen Richter angehören, zu klären. Ein Ablehnungsgesuch kann in zulässiger Weise nicht damit begründet werden, dass hierüber keine Auskunft erteilt wird. Ebenso wenig können im Rahmen des Verfahrens zur Entscheidung über ein Ablehnungsgesuch entsprechende Auskünfte über die Person eines Richters verlangt werden (OLG Koblenz vom 25.5.1982 NStZ 1983, 470 [471]; Meyer-Goßner, StPO, 53. Aufl. 2010, Rn 21 zu § 24). Da das Ablehnungsgesuch offensichtlich unzulässig ist, war es nicht erforderlich, dienstliche Äußerungen einzuholen (VerfGHE 53, 144 [145], KirchE 38, 332).

25

Eine außerordentliche, betriebsbedingte Kündigung eines tariflich ordentlich unkündbaren Arbeitnehmers kommt nur in Betracht, wenn sonst ein sinnentleertes Arbeitsverhältnis über einen langen Zeitraum hinweg allein noch durch Gehaltszahlungen aufrechterhalten bliebe und dadurch der kirchliche Arbeitgeber in erhebliche, vor allem finanzielle Schwierigkeiten geraten würde. Deshalb ist der Arbeitgeber gehalten, eine Weiterbeschäftigungsmöglichkeit nicht nur innerhalb des eigenen Bereichs, sondern auch bei anderen Arbeitgebern, notfalls durch einen Personalgestellungsvertrag unter etwaiger Differenzzahlung, auszuschöpfen.

§§ 53, 55 KAVO
LAG Sachsen-Anhalt, Urteil vom 21. September 2010 -8 Sa 136/10[1]-

Die Parteien streiten über die Wirksamkeit einer ordentlichen, hilfsweise außerordentlichen Kündigung vom 18.5.2009 zum 30.11.2009.

Der Kläger ist bei dem beklagten Kirchenkreis bzw. seinem Rechtsvorgänger seit dem 1.9.1984 als Kirchenrevierförster der Kirchlichen Waldgemeinschaft beschäftigt. Nach § 10 des Arbeitsvertrages vom 12.9.1984 ist der Kläger verpflichtet, auch andere ihm zumutbare Dienste in seiner oder einer anderen Dienststelle zu übernehmen, wenn er mit seiner Tätigkeit als Kirchenrevierförster nicht ausgelastet ist. Gemäß einer „Nachtragsvereinbarung" vom 5.3.1994 findet auf das Arbeitsverhältnis seit dem 1.1.1992 die Kirchliche Arbeitsvertragsordnung für Angestellte (KAVO) in ihrer jeweiligen Fassung Anwendung.

Mit dreiseitigem Vertrag vom 24.11.1999 begründete der Kläger mit der KWG, einer anerkannten Forstbetriebsgemeinschaft einer großen Anzahl von Kirchengemeinden ein Arbeitsverhältnis als Kirchenrevierförster dieser KWG, deren zu bewirtschaftende Waldfläche gut 1.500 ha betrug. Auf das Arbeitsverhältnis fand die KAVO in ihrer jeweiligen Fassung Anwendung. Die Beschäftigungszeiten bei dem Beklagten waren anzurechnen. In § 6 des Vertrages ist geregelt, dass sich die Arbeitsvertragsparteien und der beklagte Kirchenkreis darüber einig seien, dass der Kläger im Falle der Auflösung der KWG in den Dienst des Beklagten zurückkehrt, sofern nicht eine Weiterbeschäftigung nach § 7 des Vertrages erfolgen kann. Gem. § 7 des Vertrages hat der Kläger sein Einverständnis dazu erklärt, im Bedarfsfall nach Abordnung entsprechende Tätigkeiten im Bereich einer anderen KWG auszuüben, sofern er mit der Tätigkeit für diese nicht ausgelastet sein sollte oder diese aufgelöst wird. Für den Fall der

---

1 juris.

Auflösung der KWG hat sich der Kläger bereit erklärt, eine nachgewiesene Kirchenrevierförsterstelle bei einer anderen Kirchlichen Waldgemeinschaft anzunehmen.

Am 20.2.2009 beschloss die Mitgliederversammlung, die KWG zum 30.9.2009 aufzulösen. Diese kündigte daraufhin das mit dem Kläger bestehende Arbeitsverhältnis mit Schreiben vom 16.3.2009 zum 30.9.2009. Eine Kündigungsschutzklage gegen diese Kündigung erhob der Kläger nicht.

In seiner Sitzung am 4.4.2009 stellte der Kreiskirchenrat des Beklagten fest, dass für den Kläger weder in dessen derzeitiger Besoldungsgruppe E 11 noch darunter eine zumutbare Beschäftigungsmöglichkeit bei dem Beklagten bestehe. Ferner beschloss der Kreiskirchenrat, das Arbeitsverhältnis mit dem Kläger zum nächstmöglichen Termin zu kündigen. Mit Schreiben seiner Prozessbevollmächtigten vom 18.5.2009 kündigte der Beklagte das Arbeitsverhältnis ordentlich, hilfsweise außerordentlich zum 30.11.2009.

Mit seiner hierauf erhobenen Kündigungsschutzklage beruft sich der Kläger auf seinen Status als unkündbarer Mitarbeiter nach §§ 53, 55 KAVO. Im Übrigen macht er geltend, dass die Mitarbeitervertretung (MAV) nicht ordnungsgemäß beteiligt worden sei.

Die Beklagte wendet ein, dass jegliche Beschäftigungsmöglichkeit für den Kläger weggefallen sei. Mit der Auflösung der KWG bestünden keine Waldflächen mehr, welche die Beklagte bewirtschaften könne. Ein Revierförster rechne sich zudem erst bei einer zusammenhängenden Waldfläche von 1.000 ha und mehr. Nach Auflösung der KWG habe der Beklagte die Verwaltung der Kirchen- und Pfarrwälder wieder an die einzelnen Eigentümer, die Kirchen- und Pfarrgemeinden, zurückgegeben. Diese schlössen sich zur Bewirtschaftung der Wälder den örtlichen forstlichen Betriebsgemeinschaften nach § 16 Bundeswaldgesetz an, die ihrerseits in der Regel einen Bewirtschaftungsvertrag mit dem Staatsforst geschlossen hätten. Der Beklagte verfüge weder über eine Revierförsterstelle noch über andere freie oder besetzte Arbeitsplätze, die für den Kläger in Betracht kämen.

Das ArbG Stendal (Urteil vom 26.1.2010 -3 Ca 697/09- n.v.) hat der Klage stattgegeben. Soweit gem. § 55 KAVO betriebsbedingte Kündigungen ausnahmsweise zulässig seien, handele es sich um eine außerordentliche Kündigungsmöglichkeit. Doch auch als außerordentliche sei die Kündigung der Beklagten unwirksam. Die Regelung komme nur zur Anwendung, wenn die Weiterbeschäftigung eines Mitarbeiters deshalb nicht möglich sei, weil die Dienststelle oder Einrichtung, in der er bisher tätig war, wesentlich eingeschränkt oder aufgelöst werde. Dies sei nicht der Fall, da die Auflösung der KWG keine wesentliche Einschränkung oder Auflösung einer Dienststelle des beklagten Kirchenkreises darstelle. Dieser habe eine vergleichbare Organisationsentscheidung nicht getroffen.

Mit der Berufung lässt der Beklagte vortragen, dass es sich bei der KAVO im Wesentlichen um eine dem Bundesangestelltentarif nachgebildete Vertragsordnung handele. Zu § 55 BAT, der dem § 55 KAVO im Wesentlichen entspreche, habe das Bundesarbeitsgericht entschieden, dass „Extremfälle" denkbar seien, in denen auch einem tariflich unkündbaren Angestellten des öffentlichen Dienstes nach § 626 BGB unter Gewährung einer notwendigen Auslauffrist außerordentlich gekündigt werden könne. Bei dem Beklagten bestünde keine Arbeitsmöglichkeit für den Kläger. Der Beklagte könne auch die rechtlich selbstständigen Kirchengemeinden nicht zwingen, ihre Waldflächen wieder in eine KWG einzubringen, um eine Beschäftigungsmöglichkeit für den Kläger zu schaffen. Anderweitige Beschäftigungsmöglichkeiten bei dem beklagten Kirchenkreis, die der Kläger nach seiner Eignung und Befähigung ausüben könne, bestünden nicht. Im Übrigen sei die Beklagte an einer Freikündigung etwaiger Stellen auch aus Rechtsgründen gehindert. Ferner habe sich der Kläger auf Nachfrage nicht geäußert, ob er bereit sei, eine Fortbildung für eine Verwaltungstätigkeit zu absolvieren. Darüber hinaus habe der Beklagte vielfältige Anstrengungen unternommen, eine anderweitige Beschäftigung für den Kläger als Revierförster zu finden (Nachfrage bzw. Verhandlungen bei den umliegenden KWG sowie beim Staatsforst, der Landeskirche und privaten Waldbesitzern). Die Vermittlung eines 57-jährigen Försters auf dem Arbeitsmarkt sei unmöglich.

Das Landesarbeitsgericht weist die Berufung zurück.

Aus den Gründen:

[18] Die zulässige Berufung des Beklagten ist unbegründet. Das Arbeitsgericht hat der Kündigungsschutzklage des Klägers im Ergebnis zu Recht stattgeben. Das Arbeitsverhältnis der Parteien ist durch die Kündigung der Beklagten vom 18.5.2009 weder ordentlich noch außerordentlich aufgelöst worden.

[19] 1. Die Kündigung der Beklagten ist sowohl als ordentliche als auch als außerordentliche unwirksam, weil sie gegen die Kündigungsbeschränkungen der §§ 53, 55 KAVO, die Kraft vertraglicher Bezugnahme auf das Arbeitsverhältnis Anwendung finden, verstößt. Die Bestimmungen haben folgenden Wortlaut:

> „Abschnitt XII
> Beendigung des Arbeitsverhältnisses
> § 53 Ordentliche Kündigung
> ...

(3) Nach einer Beschäftigungszeit (§ 19) von 15 Jahren, frühestens jedoch nach Vollendung des 40. Lebensjahres, ist der Mitarbeiter unkündbar.

...

§ 55 Unkündbare Mitarbeiter

(1) Dem unkündbaren Mitarbeiter (§ 53 Abs 3) kann aus in seiner Person oder in seinem Verhalten liegenden wichtigen Gründen fristlos gekündigt werden.

(2) Andere wichtige Gründe, insbesondere dringende betriebliche Erfordernisse, die einer Weiterbeschäftigung des Mitarbeiters entgegenstehen, berechtigen den Arbeitgeber nicht zur Kündigung. In diesen Fällen kann der Arbeitgeber jedoch, wenn eine Beschäftigung zu den bisherigen Vertragsbedingungen aus dienstlichen Gründen nachweisbar nicht möglich ist, zum Zwecke der Herabgruppierung um eine Vergütungsgruppe kündigen.

(3) Außer in den in Absatz 2 geregelten Fällen kann der Arbeitgeber das Arbeitsverhältnis ausnahmsweise mit einer Frist von sechs Monaten zum Schluss des Kalenderjahres kündigen, wenn die Weiterbeschäftigung des Mitarbeiters deshalb nicht mehr möglich ist, weil die Dienststelle oder Einrichtung, in der er bisher tätig war, wesentlich eingeschränkt oder aufgelöst wird. Die Kündigung darf jedoch nur erfolgen, wenn dem Mitarbeiter eine zumutbare, im Wesentlichen gleichwertige und entsprechend gesicherte Beschäftigungsmöglichkeit nachgewiesen wird, auch wenn er in dieser Beschäftigung eine Vergütungsgruppe niedriger eingruppiert ist."

[21] Der Kläger ist unstreitig gem. § 53 Abs. 3 KAVO ordentlich unkündbar, da er eine Beschäftigungszeit iSv § 19 KAVO von mehr als 15 Jahren aufweist und das 40. Lebensjahr vollendet hat. Damit scheidet ohne weiteres eine ordentliche Kündigung aus. Die in § 55 Abs 3 vorgesehene besondere Kündigungsmöglichkeit für den Fall der Auflösung oder Einschränkung einer Dienststelle stellt, wie das Arbeitsgericht zutreffend erkannt hat, eine außerordentliche Kündigung mit Auslauffrist dar; schon aus diesem Grund ist die ordentliche Kündigung unwirksam. Ungeachtet dessen liegen auch die Voraussetzungen einer außerordentlichen Kündigung nach § 55 Abs 3 KAVO nicht vor.

[22] a. Dabei kann dahingestellt bleiben ob es - wie das Arbeitsgericht meint - an der Auflösung oder Einschränkung einer Dienststelle im Sinne des § 55 Abs 3 Satz 1 KAVO bereits deshalb fehlt, weil die KWG keine Dienststelle des Beklagten war. Der Auffassung des Arbeitsgerichts ist immerhin entgegenzuhalten, dass § 55 Abs 3 Satz 1 KAVO nach seinem Wortlaut nicht verlangt, dass der Arbeitgeber eine eigene Dienststelle schließt oder einschränkt. Erforderlich ist lediglich, dass die Weiterbeschäftigung eines Mitarbeiters deshalb nicht mehr möglich ist, weil die Dienststelle oder Einrichtung, in der er bisher tätig war, wesentlich eingeschränkt oder aufgelöst wird. Die Dienststelle, in der der Kläger tätig war, war die KWG und wurde aufgelöst. Nach den vertraglichen Abreden der Parteien war der Kläger gerade verpflichtet, in fremden Dienststellen, insbesondere in Kirchlichen Waldgemeinschaften, tätig zu sein.

[23] b. Die Kündigung scheitert jedoch daran, dass sie gem. § 55 Abs. 3 Satz 2 KAVO nur erfolgen darf, wenn dem Mitarbeiter eine zumutbare im Wesentli-

chen gleichwertige und entsprechend gesicherte Beschäftigungsmöglichkeit nachgewiesen wird, auch wenn er in dieser Beschäftigung eine Vergütungsgruppe niedriger eingruppiert ist. Diese Voraussetzungen liegen unstreitig nicht vor. Die Beklagte macht gerade geltend, dass eine solche Beschäftigungsmöglichkeit für den Kläger nicht nachgewiesen werden könne.

[24] Allerdings hat das Recht zur außerordentlichen Kündigung aus § 626 BGB beidseitig zwingenden Charakter in dem Sinne, dass sein vollständiger Ausschluss im Lichte der Art 2, 12 GG rechtunwirksam ist. Dies gilt im Grundsatz auch für unzulässige Kündigungserschwerungen (vgl. zum Meinungsstand KR/Fischermeier 9. Auflage, § 626 BGB Rn 66 mwN). Zu der inhaltlich mit § 55 KAVO übereinstimmenden Regelung des § 55 BAT hat das Bundesarbeitsgericht daher in ständiger Rechtsprechung entschieden, dass trotz des entgegenstehenden Wortlauts der Norm „Extremfälle" denkbar seien, in denen auch einem nach § 55 BAT tariflich unkündbaren Angestellten des öffentlichen Dienstes nach § 626 BGB unter Gewährung einer notwendigen Auslauffrist außerordentlich betriebsbedingt gekündigt werden könne (vgl BAG 27.6.2002 - 2 AZR 367/01- BAGE 102, 40). Diese Rechtsprechung dürfte auf die Regelung des § 55 KAVO übertragbar sein, auch wenn es sich dabei letztlich um eine selbstgesetzte (und nicht nur tariflich ausgehandelte) Vertragsordnung handeln dürfte.

[25] Die nach der vorgenannten Rechtsprechung des Bundesarbeitsgerichts an die Zulässigkeit einer betriebsbedingten außerordentlichen Kündigung gegenüber einem in dieser Weise geschützten unkündbaren Angestellten zu stellenden Anforderungen sind jedoch erheblich. Keineswegs kann jede Umorganisation oder Schließung einer Teileinrichtung, die zum Wegfall von Arbeitsplätzen führt, entgegen § 55 KAVO zu einer außerordentlichen Kündigung führen. Die Norm bewirkt vielmehr eine Annäherung des Arbeitsverhältnisses an ein Beamtenverhältnis. Es kann daher nur darum gehen zu verhindern, dass ein sinnentleertes Arbeitsverhältnis über einen langen Zeitraum hinweg allein noch durch Gehaltszahlungen aufrechterhalten wird und dadurch der kirchliche Arbeitgeber in erhebliche, vor allem finanzielle Schwierigkeiten gerät. Der Beklagte muss dabei zunächst alle Möglichkeiten zur Vermeidung der außerordentlichen Kündigung ausgeschöpft haben. Hierzu gehört nicht nur eine Weiterbeschäftigungsmöglichkeit innerhalb des eigenen Bereichs, sondern auch der Versuch, den Arbeitnehmer bei anderen Arbeitgebern unterzubringen, notfalls durch einen Personalgestellungsvertrag unter etwaiger Differenzzahlung.

[26] Derartige Bemühungen der Beklagten lassen sich auch ihrem zweitinstanzlichen Vorbringen nicht entnehmen. Im Zeitpunkt des Ausspruchs der Kündigung hat die Beklagte sich offenbar darauf beschränkt, eine Weiterbeschäftigung in ihrem eigenen Bereich zu suchen. Anderweitige Bemühungen aus dieser Zeit sind nicht dargetan, obwohl der Arbeitgeber insoweit nach der

Rechtsprechung des Bundesarbeitsgerichts darlegungs- und beweispflichtig ist (vgl. etwa BAG 24.6.2004 -2 AZR 215/03- *juris* Rn 54). Tatsächlich hat sich der Beklagte zur Begründung der Kündigung auch in der von ihm vorgetragenen Anhörung der Mitarbeitervertretung vom 8.5.2009 ausschließlich auf eine fehlende Weiterbeschäftigungsmöglichkeit im eigenen Bereich berufen. Seine im Laufe des Rechtstreits vorgetragenen nachfolgenden Bemühungen um eine Unterbringung des Klägers werden den Anforderungen zum einen nicht gerecht, da sie weder hinreichend substanziiert dargelegt worden sind noch ersichtlich ist, ob auch der Abschluss eines Personalgestellungsvertrages, auch unter finanzieller Eigenbeteiligung der Beklagten, zur Sicherung der Weiterbeschäftigung des Klägers in Erwägung gezogen wurde. Zum anderen kann den dargelegten Bemühungen der Beklagten nicht entnommen werden, dass auch zum maßgeblichen Zeitpunkt des Zugangs der Kündigung eine anderweitige Weiterbeschäftigung des Klägers bei anderen in Betracht kommenden Arbeitgebern nicht möglich gewesen ist. Dass der Beklagte eine Unterbringung des Klägers nicht mit dem nötigen Nachdruck versucht hat, folgt auch daraus, dass er bereits am 4.4.2009 ohne solche Bemühungen beschlossen hat, eine Kündigung auszusprechen.

[27] 2. Die außerordentliche Kündigung des Beklagten ist unabhängig von Vorstehendem auch wegen fehlerhafter Beteiligung der MAV unwirksam. (*wird ausgeführt*)

26

Zur Frage der steuerrechtlichen Abgrenzung zwischen Betriebsstätte am Wohnsitz und Wohnung im Falle eines Pfarrhauses mit Büroräumen.

Die Religionsausübungsfreiheit wird nicht dadurch beeinträchtigt, dass Gehälter und sonstige Vorteile aus dem Arbeitsverhältnis (hier: arbeitgeberseitige Fahrergestellung für Fahrten zwischen Wohnung und Arbeitsstätte) auch bei den Arbeitnehmern steuerlich erfasst werden, die auf dem Gebiet der Religionsausübung beruflich gegen Entgelt tätig sind.

Art./§§ 4 Abs. 1 u. 2, 140 GG, 137 Abs. 3 WRV, 6 Abs. 1, 8 Abs. 2, 9 Abs. 1 EStG
BFH, Urteil vom 22. September 2010 -VI R 54/09[1]-

1 BFHE 231, 127; BFH/NV 2011, 345; BStBl II 2011, 354; DStR 2010, 2623; FR 2011, 285; HFR 2011, 155; NJW 2011, 557; StBW 2011, 7; SteuK 2011, 102; ZSteu 2010, R1307.

Streitig ist, ob Fahrten zwischen Wohnung und Arbeitsstätte vorliegen sowie ob und in welcher Höhe die unentgeltliche Überlassung eines Dienstwagens samt Fahrer einen geldwerten lohnsteuerrechtlich zu erfassenden Vorteil begründet.

Die Kläger sind Eheleute. Der Kläger war als Leitender Angestellter bei der evangelischen Kirche in A tätig und erzielte hieraus in den Streitjahren (1998 bis 2000) Einkünfte aus nichtselbständiger Arbeit. Die Klägerin war freiberuflich tätig. Der Kläger bewohnte in B eine ihm vom Arbeitgeber zugewiesene, über drei Etagen reichende Dienstwohnung. Deren einzelne Räume waren ohne besondere bauliche Trennung über ein zentrales Treppenhaus mit angrenzendem Flur zu erreichen. Im 1. Obergeschoss befanden sich zwei vom Arbeitgeber ausgestattete Räume, die dem Kläger zur Erledigung dienstlicher Aufgaben zur Verfügung standen. Die Klägerin wohnte zudem in D, dort betrieb sie eine Praxis. Daneben nutzten die Kläger noch eine gemeinsame Wohnung in E, wenn sie gemeinsam mehrere Tage arbeitsfrei hatten.

In den Einkommensteuererklärungen der Streitjahre hatte der Kläger angegeben, 1998 und 1999 an je 60 Tagen und im Jahr 2000 an 63 Tagen Fahrten mit dem eigenen Kraftfahrzeug zwischen der Wohnung in B und der Arbeitsstätte, dem Sitz des Arbeitgebers (Verwaltung) im 49 km entfernten C, durchgeführt zu haben.

Der Beklagte (Finanzamt) veranlagte die Kläger für die Streitjahre zusammen zur Einkommensteuer und berücksichtigte dabei erklärungsgemäß die Fahrten nach § 9 Abs. 1 Satz 3 Nr. 4 EStG als Werbungskosten. Die Einkommensteuerbescheide wurden bestandskräftig.

Eine Lohnsteuer-Außenprüfung bei der Arbeitgeberin des Klägers ergab, dass dem Kläger ein Dienstwagen samt Fahrer zwar nicht für die sonstige private Nutzung, aber für Fahrten zwischen Wohnung und Arbeitsstätte zur Verfügung gestellt worden war. Angesichts dessen änderte das Finanzamt nach § 173 Abs. 1 Nr. 1 AO die bestandskräftigen Einkommensteuerbescheide der Streitjahre. Es setzte in den Änderungsbescheiden diese bisher einkommensteuerrechtlich nicht erfasste Nutzungsmöglichkeit nach § 8 Abs. 2 Satz 3 iVm § 6 Abs. 1 Nr. 4 Satz 2 EStG unter Berücksichtigung einer einfachen Entfernung von 49 km mit monatlich 0,03 % des inländischen Listenpreises der jeweils überlassenen Fahrzeuge an. Die sich so ergebenden Werte erhöhte es jeweils um 50 %, weil dem Kläger mit dem Dienstwagen auch ein Fahrer gestellt worden war. Dementsprechend erhöhte das Finanzamt in den Streitjahren jeweils die Einkünfte aus nichtselbständiger Arbeit des Klägers um 16.087 DM (1998), um 17.476 DM (1999) und um 17.754 DM (2000).

Der dagegen erhobene Einspruch war insoweit erfolgreich, als das Finanzamt Werbungskosten für Fahrten zwischen Wohnung und Arbeitsstätte für jeweils 225 Tage im Jahr berücksichtigte. Im Übrigen wies es den Einspruch zurück.

Mit dagegen erhobener Klage wandten sich die Kläger gegen den Ansatz eines geldwerten Vorteils im Wesentlichen mit der Begründung, dass der Kläger sowohl in B als auch in C einen Dienstsitz gehabt habe und die Fahrten von B nach C daher keine Fahrten zwischen Wohnung und Arbeitsstätte seien.

Das Hessische Finanzgericht (Urteil vom 16.3.2009 -11 K 3700/05- DStRE 2009, 1490; EFG 2010, 1187; FR 2009, 914; ZSteu 2009, R368) entsprach der dagegen erhobenen Klage nur teilweise. Es berücksichtigte die streitigen Fahrten zwischen B und C als solche zwischen Wohnung und Arbeitsstätte, setzte diese als geldwerten Vorteil aber nur an, soweit das Fahrzeug für solche Fahrten tatsächlich genutzt worden war. Die so ermittelten Werte erhöhte es mit Hinweis auf die frühere Rechtsprechung des BFH (Urteil vom 27.9.1996 -VI R 84/95- BFHE 181, 181, BStBl II 1997, 147), wonach die unentgeltliche Überlassung eines Fahrers für Fahrten zwischen Wohnung und Arbeitsstätte einen geldwerten Vorteil begründet, entsprechend den Lohnsteuerrichtlinien (Abschn. 31 Abs. 7a LStR 1996, 1999 bzw. R 31 Abs. 10 LStR 2000) um 50 %.

Die Revision des Klägers hatte teilweise Erfolg; das Rechtsmittel des Finanzamts wurde zurückgewiesen.

Aus den Gründen:

[15] Die Revision der Kläger ist nur teilweise begründet. Soweit das Finanzgericht die Fahrten zwischen B und C als solche zwischen Wohnung und Arbeitsstätte beurteilt hatte, ist die Revision unbegründet und daher zurückzuweisen (§ 126 Abs. 2 FGO). Das Finanzgericht hat allerdings zu Unrecht die Lohneinkünfte des Klägers deshalb höher angesetzt, weil der Arbeitgeber dem Kläger für diese Fahrten einen Fahrer zur Verfügung gestellt hatte; insoweit ist die Revision begründet und der Klage zu entsprechen (§ 126 Abs. 3 Satz 1 Nr. 1 FGO).

[16] Die Revision des Finanzamts ist unbegründet; sie ist daher zurückzuweisen. Das Finanzgericht hat zutreffend auf Grundlage der Rechtsprechung des erkennenden Senats, an der der Senat auch nach erneuter Prüfung festhält (vgl. Urteil vom heutigen Tage in der Sache -VI R 57/09- BFHE 231, 139), die Nutzung des Dienstwagens nur für die tatsächlich zwischen Wohnung und Arbeitsstätte durchgeführten Fahrten angesetzt.

[17] 1. Für die private Nutzung eines betrieblichen Kraftfahrzeugs zu privaten Fahrten gilt nach § 8 Abs. 2 Satz 2 EStG die Vorschrift des § 6 Abs. 1 Nr. 4 Satz 2 EStG entsprechend. Danach ist die Nutzung eines betrieblichen Kraftfahrzeugs für private Fahrten für jeden Kalendermonat mit 1 % des inländischen

Listenpreises im Zeitpunkt der Zulassung zuzüglich der Kosten für Sonderausstattungen einschließlich der Umsatzsteuer anzusetzen (1 %-Regelung). Kann das Kraftfahrzeug auch für Fahrten zwischen Wohnung und Arbeitsstätte genutzt werden, erhöht sich dieser Wert nach § 8 Abs. 2 Satz 3 EStG nach Maßgabe der tatsächlichen Benutzung des Dienstwagens für solche Fahrten; der Senat hält insoweit an seiner Rechtsprechung fest, dass der Zuschlag nach § 8 Abs. 2 Satz 3 EStG (0,03 %-Regelung) nur zur Anwendung kommt, wenn und soweit der Arbeitnehmer den Dienstwagen tatsächlich für Fahrten zwischen Wohnung und Arbeitsstätte benutzt; auf das unter -VI R 57/09- BFHE 231, 139 am heutigen Tage ergangene Urteil wird zur weiteren Begründung zwecks Vermeidung von Wiederholungen verwiesen.

[18] Diese Grundsätze gelten auch dann, wenn das Kraftfahrzeug ausschließlich für Fahrten zwischen Wohnung und Arbeitsstätte überlassen wird, nicht aber für eine sonstige private Nutzung. Dieser Auslegung steht insbesondere nicht die Formulierung in § 8 Abs. 2 Satz 3 EStG entgegen, wonach das Fahrzeug „auch" für Fahrten zwischen Wohnung und Arbeitsstätte genutzt werden kann, also § 8 Abs. 2 Satz 3 EStG etwa eine Fahrzeugüberlassung für eine private Nutzung jeder Art voraussetzte. Denn nach der Rechtsprechung des Senats erfasst die 0,03 %-Regelung keinen privaten Nutzungsvorteil, der nicht schon durch die 1 %-Regelung erfasst wäre, sondern bezweckt lediglich als Korrekturposten den Ausgleich des pauschalen Werbungskostenabzugs für Fahrten zwischen Wohnung und Arbeitsstätte mit dem eigenen oder zur Nutzung überlassenen Kraftfahrzeug (§ 9 Abs. 1 Satz 3 Nr. 4 Sätze 1, 4 EStG in der in den Streitjahren geltenden Fassung - aF -). § 9 Abs. 1 Satz 3 Nr. 4 EStG gewährt den Werbungskostenabzug unabhängig davon, ob dem Arbeitnehmer tatsächlich Kosten für Fahrten zwischen Wohnung und Arbeitsstätte entstehen. Diesem Zweck als Korrekturposten entspricht es, wenn die 0,03 %-Zuschlagsregelung unabhängig von der 1 %-Regelung zur Anwendung kommt und ausgleicht, dass der Arbeitnehmer durch § 9 Abs. 1 Satz 3 Nr. 4 EStG aF in gleicher Weise wie durch die Entfernungspauschale einen Werbungskostenabzug für Fahrten zwischen Wohnung und Arbeitsstätte hat, obwohl ihm angesichts der Dienstwagenüberlassung dafür kein Aufwand entstanden war.

[19] a) Ob eine Fahrt zwischen Wohnung und Arbeitsstätte iSd § 8 Abs. 2 Satz 3 EStG vorliegt, beurteilt sich nach den Grundsätzen, die für den Werbungskostenabzug für Fahrten zwischen Wohnung und (regelmäßiger) Arbeitsstätte iSd § 9 Abs. 1 Satz 3 Nr. 4 EStG gelten (Senatsurteil vom 4.4.2008 -VI R 85/04- BFHE 221, 11, BStBl II 2008, 887). Eine regelmäßige Arbeitsstätte in diesem Sinne ist jede ortsfeste dauerhafte betriebliche Einrichtung des Arbeitgebers, der der Arbeitnehmer zugeordnet ist und die er nicht nur gelegentlich,

sondern mit einer gewissen Nachhaltigkeit, also fortdauernd und immer wieder aufsucht.

[20] b) Räume, die sich in unmittelbarer Nähe zur Wohnung des Steuerpflichtigen befinden, von den übrigen Räumen der Wohnung nicht getrennt sind und keine in sich geschlossene Einheit bilden, gelten nicht als Betriebsstätte des Arbeitgebers, auch wenn der Arbeitgeber diese Räume dem Arbeitnehmer überlässt und der Arbeitnehmer sie beruflich nutzt. Denn die berufliche Nutzung der Räume löst nicht deren Einbindung in die private Sphäre und lässt den privaten Charakter der Wohnung insgesamt unberührt. Insoweit gelten die Grundsätze, welche die Rechtsprechung zur Abgrenzung zwischen Betriebsstätte am Wohnsitz und Wohnung heranzieht (BFH-Urteile vom 16.2.1994 -XI R 52/91- BFHE 174, 65, BStBl II 1994, 468; vom 31.7.1996 -XI R 5/95- BFH/NV 1997, 279; vom 6.7.2005 -XI R 47/04- BFH/NV 2006, 43; BFH-Beschluss vom 12.1.2006 -VI B 61/05- BFH/NV 2006, 739). Diese Grundsätze hat das Finanzgericht zutreffend seiner Entscheidung zu Grunde gelegt und auch in revisionsrechtlich nicht zu beanstandender Weise angewandt.

[21] aa) Das Finanzgericht hat seiner Entscheidung die von ihm getroffenen und nicht mit zulässigen Revisionsrügen angegriffenen und daher nach § 118 Abs. 2 FGO für das Revisionsverfahren bindenden Feststellungen zu Grunde gelegt, dass die dem Kläger in B zur Verfügung stehenden beruflich genutzten Räume vom übrigen Wohnbereich in keiner Weise räumlich getrennt, sondern - dem Typus eines häuslichen Arbeitszimmers entsprechend - in die privaten Räume eingebunden sind. Auf dieser Grundlage konnte das Finanzgericht zu der revisionsrechtlich nicht angreifbaren Würdigung gelangen, dass die Wohnung insgesamt der Privatsphäre zuzuordnen ist, auch wenn sie einzelne beruflich genutzte Räume umfasst.

[22] bb) Die Revision beruft sich insoweit zu Unrecht darauf, dass der Kläger kirchenrechtlich gehalten sei, im Pfarrhaus zu wohnen. Denn aus welchen Gründen und Motiven eine Wohnung benutzt wird und in dieser Wohnung beruflich genutzte Räume liegen, ist grundsätzlich unerheblich. Entscheidend ist allein, dass der Kläger die vom Arbeitgeber überlassene Wohnung zu Wohnzwecken nutzt.

[23] Wenn die Revision einwendet, dass zur betrieblichen Sphäre nicht nur die beiden Büroräume, sondern die gesamte Wohnung gehöre, weil in einem Pfarrhaus eine Trennung von Wohnung und Dienstzimmer nicht möglich sei, ist dies eine subjektive Einschätzung der Kläger, die aber den objektiven Gegebenheiten, wie vom Finanzgericht festgestellt, nicht entspricht. Denn danach erstreckte sich die dem Kläger zugewiesene Dienstwohnung über drei durch ein zentrales Treppenhaus verbundene Etagen. Im ersten Obergeschoss befanden sich die beiden Räume, die vom Arbeitgeber ausgestattet waren und zur Erledi-

gung dienstlicher Aufgaben zur Verfügung standen. Angesichts dessen ist die Würdigung des Finanzgerichts, dass die beiden Büroräume der Wohnung insgesamt nicht das Gepräge geben, revisionsrechtlich nicht nur nicht zu beanstanden; sie erscheint auch näherliegender als die Einschätzung der Kläger. Nichts anderes ergibt sich aus den insoweit von der Revision herangezogenen Urteilen des BFH (in BFHE 174, 65, BStBl II 1994, 468; vom 21.3.1995 -XI R 93/94- BFH/NV 1995, 875). Denn auch dort wurde entscheidend darauf abgestellt, dass allein eine betriebliche Benutzung der Räume deren Einbindung in die private Sphäre nicht löse und eine andere Beurteilung nur gerechtfertigt sei, wenn durch nach außen erkennbare Umstände die häusliche Privatsphäre zugunsten eines eindeutig betrieblichen Bereichs zurücktrete. Und vergleichbar mit dem hier vorliegenden Streitfall der Kläger hatte der BFH dort (Urteil in BFHE 174, 65, BStBl II 1994, 468) trotz zweier beruflich genutzter Räume kein Zurücktreten des privaten Bereichs hinter den betrieblichen Bereich angenommen. Und die vom Kläger genutzte Wohnung wird auch nicht insgesamt dadurch zur Betriebsstätte, dass in einem Teil der übrigen Räume mitunter Berufskollegen empfangen oder berufliche Besprechungen durchgeführt werden. Auch solche Nutzungen lassen den Wohncharakter der Wohnung insgesamt unberührt.

[24] Die einkommensteuerrechtliche Erfassung der streitigen Fahrten zwischen B und C beeinträchtigt den Kläger auch nicht in seiner Religionsausübungsfreiheit. Insoweit berufen sich die Kläger zu Unrecht auf Art. 3 Abs. 1 GG sowie auf Art. 4 Abs. 1, 2 GG iVm Art. 140 GG und Art. 137 Abs. 3 WRV. Denn die Religionsausübungsfreiheit wird nicht dadurch beeinträchtigt, dass Gehälter und sonstige Vorteile aus dem Arbeitsverhältnis auch bei den Arbeitnehmern steuerlich erfasst werden, die auf dem Gebiet der Religionsausübung beruflich gegen Entgelt tätig sind. Daher beeinträchtigt die steuerliche Erfassung einer kostenlosen Dienstwagennutzung für Fahrten zwischen Wohnung und Arbeitsstätte nicht die diesbezüglichen Freiheitsrechte des Klägers.

[25] cc) Soweit schließlich die Revision vorbringt, dass der Dienstwagen nur dann benutzt worden sei, wenn zugleich auch Termine außerhalb der Kirchenverwaltung in C wahrgenommen worden seien, schließt dieses Vorbringen allein die Anwendung der 0,03 %-Regelung als Korrekturvorschrift für den Werbungskostenabzug nicht aus.

[26] Die 0,03 %-Regelung als Korrekturvorschrift ist für die Fahrten zwischen Wohnung und regelmäßiger Arbeitsstätte, im Streitfall also für die Fahrten zwischen B und C, anzuwenden. Soweit der Kläger Dienstreisen von der Wohnung aus angetreten hatte, kann für diese Fahrten die 0,03 %-Regelung nicht zur Anwendung kommen. Solches machte indessen der Kläger nicht geltend und ist vom Finanzgericht auch nicht festgestellt. Danach ist vielmehr davon auszugehen, dass der Kläger auf den Dienstwagen für Fahrten zwischen

Wohnung und Arbeitsstätte an den Tagen zurückgegriffen hatte, an denen möglicherweise auch im Anschluss an die betreffenden Fahrten Dienstreisen durchzuführen waren. In diesem Fall bleibt es allerdings bei der Anwendung der 0,03 %-Regelung für die Fahrten zwischen Wohnung und Arbeitsstätte. Davon zu unterscheiden sind die von der Arbeitsstätte aus angetretenen Dienstfahrten; solche stehen hier allerdings nicht im Streit. Insoweit hat sich das Finanzgericht zutreffend auf die Rechtsprechung des Senats berufen, dass für die Fahrten zwischen Wohnung und Arbeitsstätte § 9 Abs. 1 Satz 3 Nr. 4 EStG zur Anwendung kommt und für davon abgrenzbare beruflich veranlasste Umwegfahrten die tatsächlichen PKW-Fahrtkosten nach § 9 Abs. 1 Satz 1 EStG als Werbungskosten anzusetzen sind (vgl. Urteil vom 12.10.1990 -VI R 165/87- BFHE 162, 420, BStBl II 1991, 134).

[27] 2. Die Revision der Kläger ist insoweit begründet, als das Finanzgericht die beim Kläger anzusetzenden Einkünfte aus nichtselbständiger Arbeit deshalb höher ansetzte, weil dem Kläger durch dessen Arbeitgeber für die hier noch streitigen Fahrten zwischen Wohnung und Arbeitsstätte auch ein Fahrer gestellt worden war. Dabei kann der Senat hier offenlassen, ob er an seiner Rechtsprechung weiterhin festhält, dass die arbeitgeberseitige Fahrergestellung für solche Fahrten überhaupt einen lohnsteuerrechtlich erheblichen Vorteil begründet (a). Denn nach der für die Streitjahre 1998 bis 2000 geltenden Rechtslage erhöht eine solche Fahrergestellung jedenfalls nicht die bei dem betreffenden Arbeitnehmer anzusetzenden Lohneinkünfte, weil selbst bei Ansatz eines lohnsteuerrechtlichen Vorteils jedenfalls ein entsprechender Aufwand in gleicher Höhe entgegenstünde (b).

[28] a) Mit Urteil in BFHE 181, 181, BStBl II 1997, 147 hatte der Senat entschieden, dass die Grundsätze, die für die Gestellung eines Kraftfahrzeugs gelten und zu einem lohnsteuerrechtlich erheblichen Vorteil führen, wenn der Arbeitgeber dem Arbeitnehmer kostenlos ein Fahrzeug zur Verfügung stellt, in gleicher Weise für die Gestellung eines Fahrers gelten. Der Senat bezweifelt, ob an dieser Auffassung weiter festzuhalten ist. Gegen diese Auffassung könnte sprechen, dass die Überlassung eines Fahrers letztlich eine Arbeitsbedingung darstellt, die im Grundsatz nicht anders zu behandeln ist wie andere Personalüberlassungen durch den Arbeitgeber für die Zwecke der Berufsausübung des betreffenden Arbeitnehmers. Und diese Personalüberlassung dient auch nicht privaten Zwecken des Arbeitnehmers. Denn nach der in den Streitjahren (1998 bis 2000) geltenden und bis zum gegenwärtigen Zeitpunkt insoweit unveränderten Rechtslage zählen die Fahrten zwischen Wohnung und Arbeitsstätte zu den beruflich veranlassten Fahrten. Deshalb sind solche Fahrten, soweit keine gesetzlichen Sonderregelungen getroffen sind, im Grundsatz nicht anders zu behandeln als andere beruflich veranlasste Fahrten, die ebenfalls zu keinem wei-

teren Ansatz eines lohnsteuerrechtlich erheblichen Vorteils führen, wenn der Arbeitgeber dafür einen Chauffeur zur Verfügung stellt. Zutreffend wird daher im Schrifttum teilweise eingewandt, dass die arbeitgeberseitige unentgeltliche Überlassung eines Fahrers für Fahrten zwischen Wohnung und Arbeitsstätte keinen geldwerten Vorteil iSd §§ 19 Abs. 1 Satz 1 Nr. 1, 8 Abs. 2 EStG begründe, jedenfalls aber dem Ansatz eines Vorteils ein Werbungskostenabzug in gleicher Höhe gegenüberstehe (vgl. Drenseck in Schmidt, EStG, 29. Aufl., § 19 Rn 50 „Kraftfahrzeuggestellung"; Polke, Betriebs-Berater 1984, 1549; Lang, in: Steuerrechtsprechung, Steuergesetz, Steuerreform, Festschrift für Klaus Offerhaus 1999, S. 433 [444]).

[29] b) Ein als Arbeitslohn zu erfassender Vorteil aus der arbeitgeberseitigen Gestellung eines Chauffeurs führt im Streitfall nicht zu einem höheren Ansatz der Einkünfte des Klägers aus nichtselbständiger Arbeit. Denn der Kläger könnte die dem Arbeitgeber dafür entstandenen Aufwendungen als Werbungskosten abziehen, wenn er diese Aufwendungen dem Arbeitgeber erstatten würde. Insoweit saldierten sich Einnahmen und Erwerbsaufwendungen des Klägers. In diesem Fall sind Einkünfte daher ebenso wenig anzusetzen wie in dem Fall, dass der Arbeitgeber seinem Arbeitnehmer eine Schadensersatzforderung erlässt, die bei ihrer Begleichung zum Werbungskostenabzug berechtigt hätte (vgl. Senatsurteil vom 24.5.2007 -VI R 73/05- BFHE 218, 180, BStBl II 2007, 766).

[30] aa) Der Kläger könnte nach § 9 Abs. 1 Satz 3 Nr. 4 Satz 1 EStG aF die Chauffeurkosten als Werbungskosten abziehen. Danach sind Aufwendungen des Arbeitnehmers für Fahrten zwischen Wohnung und Arbeitsstätte Werbungskosten. Nach § 9 Abs. 1 Satz 3 Nr. 4 Satz 4 EStG aF sind für Fahrten mit einem eigenen oder zur Nutzung überlassenen Kraftfahrzeug die Aufwendungen mit Pauschbeträgen von 0,70 DM für jeden Kilometer der Entfernung zwischen Wohnung und Arbeitsstätte anzusetzen. Mit diesen Kilometer-Pauschbeträgen sind nach der ständigen Rechtsprechung des Senats dazu die normalen, voraussehbaren Kosten, die dem Arbeitnehmer bei Benutzung des eigenen privaten PKW für berufliche Zwecke entstehen, abgegolten. Deshalb können insbesondere Kraftfahrzeugsteuern, Haftpflichtversicherungsprämien, übliche Reparaturkosten, Parkgebühren und Absetzung für Abnutzung nicht neben den Kilometer-Pauschbeträgen als Werbungskosten abgezogen werden. In den Pauschbeträgen sind indessen nicht berücksichtigt Unfallkosten und sonstige Kosten, die ihrer Natur nach außergewöhnlich sind und sich einer Pauschalierung entziehen (vgl. Senatsurteil vom 29.1.1982 -VI R 133/79- BFHE 135, 200, BStBl II 1982, 325, mwN). Zu den durch diese Norm nicht abgegoltenen Aufwendungen gehören auch die Personalkosten für einen Chauffeur. Chauffeurkosten sind auch nicht durch anderweitige steuerliche in den Streitjahren 1998 bis 2000 geltende Regelungen als nichtabziehbare Aufwendungen qualifi-

ziert. In den Streitjahren gab es auch keine mit § 9 Abs. 2 EStG in der gegenwärtigen Fassung vergleichbare Regelung, wonach durch die Entfernungspauschale sämtliche Aufwendungen abgegolten sind, die durch die Wege zwischen Wohnung und regelmäßiger Arbeitsstätte und durch die Familienheimfahrten veranlasst sind.

[31] bb) Nach diesem Maßstab hatte das Finanzgericht zu Unrecht die nach § 8 Abs. 2 Satz 3 EStG iVm Satz 5 EStG aF dem Grunde nach zutreffend berücksichtigten Korrekturposten der Veranlagungszeiträume 1998 bis 2000 in Höhe von 2.204,61 DM, 1.317,12 DM und 1.663,16 DM um jeweils 50 % erhöht. Im Umfang dieser Erhöhungen ist die Revision begründet und der Klage insoweit zu entsprechen.

[32] 3. Die Revision des Finanzamts ist unbegründet.

[33] Der Senat hält auch nach erneuter Prüfung an seiner bisherigen Rechtsprechung fest (Urteile vom 4.4.2008 -VI R 68/05- BFHE 221, 17, BStBl II 2008, 890; in BFHE 221, 11, BStBl II 2008, 887, sowie vom 28.8.2008 -VI R 52/07- BFHE 223, 12, BStBl II 2009, 280), dass die 0,03 %-Regelung lediglich eine Korrekturvorschrift für den Werbungskostenabzug ist; er verweist insoweit auf seine Entscheidung vom heutigen Tage (-VI R 57/09- BFHE 231, 139).

27

Bei Betroffenheit einer Religionsgemeinschaft ist Art. 9 EMRK im Licht des Art. 11 EMRK auszulegen. Die Autonomie einer solchen Gemeinschaft gehört zum Kernbestand des nach Art. 9 EMRK zugesicherten Schutzes. Von seltenen Ausnahmefällen abgesehen, verbietet das Recht auf Religionsfreiheit dem Staat, religiöse Bekenntnisse und ihre Ausdrucksformen einer rechtlichen Beurteilung zu unterziehen. In Fragen des Verhältnisses von Staat und Religionen, bei denen es in einer demokratischen Gesellschaft berechtigterweise tiefgreifende Divergenzen geben kann, ist der Rolle des nationalen Entscheidungsträgers besondere Bedeutung beizumessen.

In Zusammenhang der Interessenabwägung, die bei Kündigung eines kirchlichen Arbeitsverhältnisses wegen Verletzung der dem Arbeitnehmer obliegenden Loyalitätspflicht vorzunehmen ist, muss geprüft werden, ob das staatliche Arbeitsgericht dem Anspruch auf Achtung des Privat- und Familienlebens nach Art. 8 MRK in ausreichendem Umfange Rechnung getragen hat.

Zur Frage gesteigerter Loyalitätsobliegenheiten eines Arbeitnehmers, der bei der Mormonenkirche als Gebietsdirektor Europa in der Abteilung Öffentlichkeitsarbeit tätig ist.

Art./§ 8, 9, 11 EMRK, 626 Abs. 1 BGB
EGMR, Urteil vom 23. September 2010 -No. 425/03-
(O. ./. Deutschland)[1]

SACHVERHALT

I. Die Umstände des Falles

A. Hintergrund der Rechtssache

[6] Der Beschwerdeführer wurde 1959 geboren und ist in N./Deutschland wohnhaft.

[7] Er ist in der Mormonenkirche aufgewachsen, die den Status einer öffentlich-rechtlichen Körperschaft innehat. 1980 heiratete er nach mormonischem Ritus. Nachdem er bereits verschiedene Ämter bei der Mormonenkirche bekleidet hatte, wurde er ab dem 1.10.1986 als Gebietsdirektor Europa in der Abteilung Öffentlichkeitsarbeit mit einem Monatsgehalt von 10.047,85 DM (ca. 5.000 €) beschäftigt.

[8] § 10 seines Anstellungsvertrags vom 25.9.1986 enthielt folgende Klausel:

> „Verhalten im Betrieb und außerhalb
> Dem Arbeitnehmer sind die wesentlichen Grundsätze der Kirche bekannt. Er hat Mitteilungen und jegliches Verhalten zu unterlassen, wodurch der Ruf der Kirche geschädigt oder diese Grundsätze in Frage gestellt werden könnten. Der Arbeitnehmer verpflichtet sich insbesondere zur Einhaltung hoher moralischer Grundsätze.
> Er verpflichtet sich, in den Betriebsräumen sowie unmittelbar in der Nähe des Betriebes und auch auf betrieblich veranlassten Fahrten und Veranstaltungen weder zu rauchen, noch Alkohol, Bohnenkaffee oder Rauschgift zu sich zu nehmen. Grobe Verstöße berechtigen den Arbeitgeber zur fristlosen Kündigung.
> Für die folgenden drei Gruppen von Mitarbeitern gelten gesteigerte Pflichten bezüglich des Verhaltens im Betrieb und außerhalb:
> a) Führungskräfte (insbesondere Manager)
> b) Mitarbeiter, die im Rahmen ihrer betrieblichen Tätigkeiten Kontakt mit betriebsfremden Personen (...) haben
> c) Mitarbeiter, die im Bildungswesen der Kirche religiösen Unterricht erteilen.
> Die diesen Gruppen zugehörigen Arbeitnehmer müssen Mitglied der Kirche Jesu Christi der Heiligen der letzten Tage sein. Sollten sie ihre Mitgliedschaft, aus welchen Gründen auch immer, verlieren oder sollten sie gegen die Grundsätze der Kirche in erheblichem Maße verstoßen, so muss dies eine Kündigung - in schwerwiegenden Fällen auch eine fristlose - nach sich ziehen.“

[9] Anfang Dezember 1993 wandte sich der Beschwerdeführer an seinen zuständigen Seelsorger S. und bat um seelsorgerischen Beistand. Im Laufe des

---

1 Anonymisierte nichtamtl. Übersetzung aus dem Französischen. Quelle: Bundesministerium der Justiz. EuGRZ 2010, 571; KuR 2010, 285 (LS); NZA 2011, 277; ZevKR 56 (2011), 82.

Gesprächs offenbarte er ihm, dass seine Ehe seit Jahren notleidend sei und dass er eine sexuelle Beziehung zu einer anderen Frau gehabt habe. S. legte ihm nahe, sich an N., Gebietspräsident und Vorgesetzter des Beschwerdeführers, zu wenden, und stellte klar, dass er N. unterrichten werde, wenn der Beschwerdeführer dies nicht selbst tue. Am 21.12.1993 wandte sich der Beschwerdeführer an N., der sich seines seelsorgerischen Beistands enthielt. Am 27.12.1993 sprach N. die fristlose Kündigung des Beschwerdeführers aus. Anschließend wurde der Betroffene im Rahmen eines internen Disziplinarverfahrens aus der Kirche ausgeschlossen.

B. Die Entscheidungen der unteren Arbeitsgerichte

[10] Am 14.1.1994 reichte der Beschwerdeführer beim Arbeitsgericht Frankfurt am Main Klage ein. Mit Urteil vom 26.1.1995 hob dieses die Kündigung mit der Begründung auf, sie stehe im Widerspruch zu den Offenbarungen des Propheten und Gründer der mormonischen Kirche, Joseph Smith. Es führte aus, der Ausschluss eines Kirchenmitglieds sei nämlich nur dann vorgesehen, wenn der Betroffene keine Reue zeige; dies sei bei dem Beschwerdeführer nicht der Fall, weil er um seelsorgerischen Beistand gebeten habe, um seine Ehe wieder in Ordnung zu bringen. Das Gericht hielt die Kündigung daher für eine unverhältnismäßige Sanktion.

[11] Am 5.3.1996 wies das Hessische Landesarbeitsgericht die Berufung der Mormonenkirche zurück. Es war der Ansicht, dass die Verhängung einer solchen Maßnahme gegen den Beschwerdeführer im vorliegenden Fall gegen die guten Sitten verstoße, obwohl Ehebruch, der bei den Mormonen als „die gräulichste aller Sünden" gelte, die Mormonenkirche grundsätzlich berechtige, dem fraglichen Angestellten zu kündigen. Unter Hinweis darauf, dass sich die Kirche auf Informationen zu den Eheproblemen des Paares gestützt habe, die der Beschwerdeführer seinen Seelsorgern mit dem Ziel offenbart habe, seelsorgerischen Beistand zu erhalten, war es der Auffassung, dass dieses Wissen moralisch der seelsorgerischen Schweigepflicht unterlegen hätte. Wie ein katholischer Priester oder Bischof, dem ein Verbrechen gebeichtet werde und der diese Information nicht an andere Personen weitergeben dürfe, solange sie nicht außerhalb der Beichte preisgegeben worden sei, seien daher dem Gericht zufolge die beiden Vorgesetzten des Beschwerdeführers nicht berechtigt gewesen, die Aussagen des Beschwerdeführers zu arbeitsrechtlichen Zwecken zu verwerten. Wegen der grundsätzlichen Bedeutung der Rechtssache ließ das Landesarbeitsgericht die Revision zu.

C. Das Urteil des Bundesarbeitsgerichts

[12] Am 24.4.1997 hob das Bundesarbeitsgericht (-2 AZR 268/96- KirchE 35, 142) das Urteil des Landesarbeitsgerichts auf und verwies die Sache an dieses Gericht zurück. Ihm zufolge verstieß die streitgegenständliche Kündigung nicht gegen die guten Sitten und stellte durchaus einen Kündigungsgrund iSd § 626 BGB (Rn 25 unten) dar, da der Beschwerdeführer durch sein Verhalten gegen die in § 10 seines Anstellungsvertrags vorgesehenen Verpflichtungen verstoßen habe.

[13] Unter Bezugnahme auf die Grundsatzentscheidung des Bundesverfassungsgerichts vom 4.6.1985 (Rn 26 unten) wies das Bundesarbeitsgericht anschließend darauf hin, dass die moralischen Grundsätze der Mormonenkirche bei der Beurteilung der Frage, ob ein wichtiger Kündigungsgrund iSv § 626 BGB vorliege, aus verfassungsrechtlichen Gründen zu berücksichtigen seien. Es führte weiterhin aus: Als Religionsgesellschaft iSv Art. 137 Abs. 3 WRV habe die Mormonenkirche das verfassungsrechtlich verbürgte Recht, ihre Angelegenheiten innerhalb der Schranken des für alle geltenden Gesetzes selbst zu regeln (Rn 24 unten). Wenn sich die Kirchen der Privatautonomie zur Einstellung von Personen bedienten, finde das staatliche Arbeitsrecht zwar Anwendung. Jedoch hindere die Anwendbarkeit des Arbeitsrechts die Zugehörigkeit der Arbeitsverhältnisse zu den eigenen Angelegenheiten der Kirchen nicht. Eine Kirche könne daher im Interesse ihrer eigenen Glaubwürdigkeit ihren Beschäftigten die Beachtung der tragenden Grundsätze ihrer Glaubens- und Sittenlehre auferlegen und von ihnen verlangen, dass sie nicht gegen die fundamentalen Verpflichtungen verstoßen, die jedem ihrer Mitglieder obliegen. Das Bundesarbeitsgericht war der Meinung, im vorliegenden Fall sei die Mormonenkirche also berechtigt gewesen, vom Beschwerdeführer die Einhaltung der ehelichen Treue zu verlangen.

[14] Es fügte hinzu, die Arbeitsgerichte seien bei der Anwendung der gesetzlichen Vorschriften zum Kündigungsschutz unter zwei Voraussetzungen an die Vorgaben der Kirchen gebunden: Zum einen müssten diese Vorgaben den anerkannten Maßstäben der verfassten Kirchen Rechnung tragen, zum anderen dürften sich die Arbeitsgerichte durch die Anwendung dieser Vorgaben nicht in Widerspruch zu den Grundprinzipien der Rechtsordnung begeben, darunter das allgemeine Willkürverbot sowie die Begriffe der „guten Sitten" und des „ordre public". Es obliege also den Arbeitsgerichten sicherzustellen, dass die Kirchen keine unannehmbaren Anforderungen an die Loyalität ihrer Arbeitnehmer stellten.

[15] Im vorliegenden Fall vertrat das Bundesarbeitsgericht die Auffassung, dass die Vorgaben der Mormonenkirche bezüglich der ehelichen Treue nicht im

Widerspruch zu den Grundprinzipien der Rechtsordnung stünden. Auch in den verfassten Kirchen und in den Weltreligionen habe die Ehe eine herausragende Bedeutung (insbesondere in der katholischen Kirche, im Judentum und im Islam); dieses Verständnis habe seinen Niederschlag im Grundgesetz gefunden, dessen Art. 6 die Ehe unter besonderen Schutz stelle. Der Ehebruch werde jedoch weiterhin von der Rechtsordnung als schwerwiegendes Fehlverhalten betrachtet, selbst wenn dies in der Praxis anders gesehen werde.

[16] Das Bundesarbeitsgericht fügte hinzu, die Kündigung verstoße auch nicht gegen den allgemeinen Grundsatz von Treu und Glauben bei Vertragsverhältnissen. Das Recht der Mormonenkirche, einem Angestellten zu kündigen, ergebe sich aus Art. 2 Abs. 1 GG und insbesondere aus Art. 137 Abs. 3 WRV. Gleichwohl könne sich der Beschwerdeführer auf das sich aus demselben Artikel ergebende Recht berufen, selbst zu entscheiden, welche Informationen über sein Privatleben offenbart werden könnten. Es habe also ihm oblegen zu entscheiden, ob und zu welchem Zweck er seinen Ehebruch gegenüber Dritten offenbaren wollte. Es treffe sicherlich zu, dass die Mormonenkirche ihre Entscheidung nur dann auf solche Informationen habe stützen können, wenn ihr diese durch den Betroffenen selbst zur Kenntnis gebracht worden seien. Nach den Feststellungen des Landesarbeitsgerichts habe der Beschwerdeführer S. nur in dessen Eigenschaft als Seelsorger informiert. Die Mormonenkirche habe aber durch N. von dem Ehebruch erfahren. Die Feststellung des Landesarbeitsgerichts, dass sich der Beschwerdeführer mit einem seelsorgerischen Anliegen an N. gewandt habe, dieser sich aber seines seelsorgerischen Beistands enthalten habe, belege nicht, dass der Beschwerdeführer N. nur in dessen Eigenschaft als Seelsorger in Anspruch genommen habe. Die Mormonenkirche habe diese Sichtweise im Übrigen bestritten und hervorgehoben, nach ihrem eigenen Verständnis sei N. auch nicht dafür zuständig gewesen, als Seelsorger für den Beschwerdeführer zu fungieren. Das Bundesarbeitsgericht vertrat die Auffassung, dass die Schlussfolgerung des Landesarbeitsgerichts, wonach das Anliegen des Beschwerdeführers seinen seelsorgerischen Charakter allein dadurch, dass S. ihn an N. weiterverwiesen habe, nicht verloren habe, nicht tatsachenmäßig belegt sei und im Widerspruch zu der nicht vorhandenen Kompetenz von N. stehe. Dessen Schweigepflicht, auf die das Landesarbeitsgericht seine Auffassung gestützt habe, habe also gar nicht vorgelegen. Da der Beschwerdeführer im Übrigen klargestellt habe, dass es eine Beichte in der Mormonenkirche nicht gebe, sei der Verweis des Landesarbeitsgerichts auf die Praxis der Beichte in der katholischen Kirche unerheblich. Zudem habe der Beschwerdeführer N. gegenüber nicht ausdrücklich zu verstehen gegeben, dass er sich nur in dessen Eigenschaft als Seelsorger an ihn wende. Er habe sich an S. und N. gewandt, um sein Eheproblem zu lösen, aber zu keinem Zeitpunkt zu erkennen gegeben, dass er

im Sinne von Abschnitt 42 Vers 23 und 24 der Prophetenschrift („Lehre und Bündnisse der Kirche Jesu Christi der Heiligen der Letzten Tage - Offenbarungen, die der Prophet Joseph Smith empfangen hat") „mit ganzem Herzen Umkehr" üben und zu seiner Frau zurückkehren wolle.

[17] Das Bundesarbeitsgericht stellte ferner fest, die in Rede stehende Kündigung sei auch zur Bewahrung der Glaubwürdigkeit der Mormonenkirche erforderlich gewesen; diese Glaubwürdigkeit sei angesichts der Aufgaben, die der Beschwerdeführer als Gebietsdirektor Europa in der Abteilung Öffentlichkeitsarbeit hatte, gefährdet gewesen. In dieser Eigenschaft sei er dafür verantwortlich gewesen, ein richtiges und wohlwollendes Verständnis für die Kirche zu fördern, die Missionierung zu unterstützen und etwa 170 Mitarbeiter aus dem Bereich Öffentlichkeitsarbeit zu schulen und zu motivieren. Die Vermittlung der unbedingten Treue zum Ehepartner als wesentlicher Grundsatz und der Glaube daran würden erschwert, wenn derjenige, der diesen Grundsatz in herausgehobener Position im Namen der Mormonenkirche verbreite, ihn selbst nicht beachte. Die Tatsache, dass der Ehebruch zum Zeitpunkt der Unterredungen mit S. und N. noch nicht öffentlich bekannt gewesen sei, ändere nichts an dieser Feststellung. Der Mormonenkirche sei nämlich nicht zuzumuten gewesen, die Kündigung erst nach Eintritt eines Glaubwürdigkeitsverlustes auszusprechen, zumal nicht davon ausgegangen werden konnte, dass die Ehefrau und die neue Partnerin Stillschweigen bewahren würden.

[18] Das Bundesarbeitsgericht stellt im Übrigen fest, dass es einer Abmahnung durch die Mormonenkirche im Übrigen nicht bedurft habe, weil es sich um eine Pflichtverletzung gehandelt habe, deren Schwere dem Beschwerdeführer angesichts seiner langen Zugehörigkeit zu der Kirche hätte bewusst sein müssen und die sein Arbeitgeber offensichtlich nur habe missbilligen können.

[19] Das Bundesarbeitsgericht gelangte zu dem Schluss, dass es an einer Sachentscheidung gehindert sei, weil die Vorinstanzen keine angemessene Abwägung der betroffenen Interessen gem. den in seinem Urteil aufgestellten Kriterien getroffen hätten. Hinzu komme, dass den Streitparteien ferner Gelegenheit gegeben werden müsse, zu einer Umdeutung der außerordentlichen in eine ordentliche Kündigung Stellung zu nehmen.

D. Das Verfahren nach der Zurückverweisung der Rechtssache

[20] In seiner im Rahmen der Rückverweisung ergangenen Entscheidung vom 26.1.1998 folgte das Landesarbeitsgericht (-7 Sa 1300/97- n.v.) der Argumentation des Bundesarbeitsgerichts in Bezug auf die Einstufung des Ehebruchs als schwerwiegende Pflichtverletzung (gleichbedeutend mit der Begehung einer schweren Straftat durch einen Arbeitnehmer eines weltlichen Arbeitgebers) und den exponierten Charakter der vom Beschwerdeführer wahrgenommenen Funk-

tionen. In Anbetracht des relativ jungen Lebensalters des Beschwerdeführers zum Zeitpunkt der Kündigung (vierunddreißig Jahre) und der Dauer seiner Beschäftigung (sieben Jahre) stehe der sich daraus durch die Kündigung für ihn ergebende Schaden nicht entgegen. Da er in der Mormonenkirche aufgewachsen sei und dort verschiedene Aufgaben wahrgenommen habe, hätte dem Beschwerdeführer bewusst sein müssen, für wie schwerwiegend sein Arbeitgeber seine Handlungen bewerte, zumal es sich nicht um einen einmaligen Fehltritt, sondern um eine längere Zeit andauernde außereheliche Beziehung handele. Hinsichtlich der Notwendigkeit einer Kündigungsfrist vertrat das Landesarbeitsgericht die Auffassung, dass die Mormonenkirche einen enormen Glaubwürdigkeitsverlust zu befürchten gehabt hätte, wenn die Person, die ihre Interessen in ganz Europa vertreten habe, sich selbst nicht an die Vorgaben gehalten hätte. Die Kirche sei daher nicht verpflichtet gewesen, die Dauer der ordentlichen Kündigungsfrist (drei Monate) einzuhalten und den Beschwerdeführer nach dem 27.12.1993 - dem Kündigungsdatum - in seinen Ämtern weiterzubeschäftigen.

[21] Unter Hinweis darauf, dass es die Begründetheit der Kündigung nur arbeitsrechtlich zu behandeln habe, äußerte sich das Landesarbeitsgericht nicht zu der Frage, ob das interne Disziplinarverfahren der Mormonenkirche, das den Beschwerdeführer ausschließlich in seiner Eigenschaft als Kirchenmitglied betreffe, fair war. Darüber hinaus betonte es, seine Schlussfolgerungen seien nicht so zu verstehen, dass Ehebruch an sich einen Grund zur Kündigung von kirchlichen Mitarbeitern darstelle. Die Besonderheit des Falles liege darin, dass die Mormonenkirche Ehebruch als besonders schwerwiegend ansehe und dass sich aus der wichtigen Stellung des Beschwerdeführers gesteigerte Loyalitätspflichten ergeben hätten.

[22] Am 16.12.1998 wies das Bundesarbeitsgericht (-5 AZN 860/98- n.v.) die Beschwerde des Beschwerdeführers gegen die Nichtzulassung der Revision mit der Begründung zurück, eine Divergenz zu seiner Rechtsprechung liege nicht vor.

[23] Am 27.6.2002 lehnte es das Bundesverfassungsgericht ab, die Verfassungsbeschwerde des Beschwerdeführers zur Entscheidung anzunehmen (-2 BvR 356/99- n.v.), weil sie keine hinreichende Aussicht auf Erfolg habe. Nach seiner Ansicht würden die angegriffenen Entscheidungen vor dem Hintergrund seiner Entscheidung vom 4.6.1985 keinen verfassungsrechtlichen Bedenken begegnen.

II. Das einschlägige innerstaatliche und gemeinschaftliche Recht und die einschlägige innerstaatliche und gemeinschaftliche Praxis

A. Das Grundgesetz

[24] Art. 140 GG führt aus, dass die Art. 136 bis 139 und Art. 141 (sog. Kirchenartikel) der Weimarer Verfassung vom 11.8.1919 Bestandteil des Grundgesetzes sind. Der einschlägige Passus von Art. 137 lautet im vorliegenden Fall wie folgt:

> „Art. 137
> (1) Es besteht keine Staatskirche.
> (2) Die Freiheit der Vereinigung zu Religionsgesellschaften wird gewährleistet. (...)
> (3) Jede Religionsgesellschaft ordnet und verwaltet ihre Angelegenheiten selbständig innerhalb der Schranken des für alle geltenden Gesetzes. (...)"

B. Die Kündigungsvorschriften

[25] Nach § 626 BGB kann ein Dienstverhältnis von jedem Vertragsteil aus wichtigem Grund ohne Einhaltung einer Kündigungsfrist gekündigt werden, wenn Tatsachen vorliegen, auf Grund derer unter Berücksichtigung aller Umstände des Einzelfalles und der Interessen der Vertragsteile dessen Fortsetzung bis zum Ablauf der Kündigungsfrist oder bis zu der vereinbarten Beendigung des Dienstverhältnisses nicht zugemutet werden kann. Nach Absatz 2 wird eine Frist von zwei Wochen gesetzt, die mit dem Zeitpunkt beginnt, in dem der Arbeitgeber von den dafür maßgebenden Tatsachen Kenntnis erlangt.

In § 1 Abs. 1 und 2 des Kündigungsschutzgesetzes heißt es insbesondere, dass eine Kündigung sozial ungerechtfertigt ist, wenn sie nicht durch Gründe, die in der Person oder in dem Verhalten des Arbeitnehmers liegen, bedingt ist.

C. Das Urteil des Bundesverfassungsgerichts vom 4. Juni 1985

[26] Das Bundesverfassungsgericht hat am 4.6.1985 eine Grundsatzentscheidung zur Wirksamkeit von Kündigungen erlassen, die kirchliche Einrichtungen gegen in ihren Diensten stehende Arbeitnehmer wegen Verletzung von Loyalitätsobliegenheiten ausgesprochen haben (-BvR 1703/83, 1718/83, 856/84- BVerfGE. 70, 138, KirchE 23, 105). Gegenstand der in Rede stehenden Verfassungsbeschwerden war einerseits die Kündigung eines in einem katholischen Krankenhaus beschäftigten Arztes wegen seines Standpunkts zum Thema Abtreibung und andererseits die Kündigung eines kaufmännischen Angestellten eines Jugendwohnheimes, das von einer Ordensgemeinschaft der katholischen Kirche geführt wird, wegen seines Austritts aus der katholischen Kirche. Nachdem die Arbeitsgerichte den beiden gekündigten Personen Recht gegeben hatten, haben die Kirchen das Bundesverfassungsgericht angerufen. Dieses hatte ihren Beschwerden stattgegeben.

Das hohe Gericht hat daran erinnert, dass das Recht der Religionsgesellschaften, ihre Angelegenheiten selbständig innerhalb der Schranken des für alle geltenden Gesetzes nach Maßgabe des Art. 137 Abs. 3 WRV zu regeln, nicht nur für die Kirchen gelten würde, sondern ohne Rücksicht auf ihre Rechtsform auch für alle der Kirche in bestimmter Weise zugeordneten Einrichtungen, wenn sie ein Stück des Auftrags der Kirche wahrnehmen. Bestandteil dieser Verfassungsgarantie sei das Recht der Kirchen, das für die Erfüllung ihres Auftrags erforderliche Personal auszuwählen und somit Arbeitsverträge abzuschließen. Bedienen sich die Kirchen wie jedermann der Privatautonomie zur Begründung von Arbeitsverhältnissen, würde auf diese das staatliche Arbeitsrecht Anwendung finden. Die Anwendung des Arbeitsrechts würde aber nicht dazu führen, die Zugehörigkeit der Arbeitsverhältnisse zu den eigenen Angelegenheiten der Kirche aufzuheben. Die Verfassungsgarantie des Selbstbestimmungsrechts der Kirchen bleibe für die Gestaltung der Arbeitsverhältnisse wesentlich. So könne eine Kirche im Interesse der eigenen Glaubwürdigkeit ihre Arbeitsverträge auf das Leitbild einer christlichen Dienstgemeinschaft stützen und demnach von den ihr angehörenden Arbeitnehmern die Beachtung der tragenden Grundsätze der kirchlichen Glaubens- und Sittenlehre sowie der fundamentalen Verpflichtungen verlangen, die jedem Kirchenglied obliegen. Durch all das würde die Rechtsstellung des kirchlichen Arbeitnehmers keineswegs „klerikalisiert". Es ginge vielmehr ausschließlich um den Inhalt und Umfang der vertraglich begründeten Loyalitätsobliegenheiten. Dies führe nicht dazu, dass aus dem bürgerlich-rechtlichen Arbeitsverhältnis eine Art kirchliches Statusverhältnis wird, das die Person total ergreift und ihre private Lebensführung voll umfasst.

Das Bundesverfassungsgericht hat ebenfalls dargelegt, dass die Gestaltungsfreiheit der Kirchen unter dem Vorbehalt des für alle geltenden Gesetzes stehe, einschließlich der Vorschriften zum Schutz vor ungerechtfertigten Kündigungen, nämlich die §§ 1 KSchG und 626 BGB. Dies würde aber nicht bedeuten, dass diese Bestimmungen den so genannten Kirchenartikeln der Weimarer Reichsverfassung vorgehen würden. Somit müsse eine Abwägung der unterschiedlichen Rechte vorgenommen und dem Selbstverständnis der Kirchen ein besonderes Gewicht beigemessen werden. Das Bundesverfassungsgericht führte weiter aus:

> „Daraus folgt: Gewährleistet die Verfassungsgarantie des kirchlichen Selbstbestimmungsrechts, dass die Kirchen bei der arbeitsvertraglichen Gestaltung des kirchlichen Dienstes das Leitbild einer christlichen Dienstgemeinschaft zugrunde legen und die Verbindlichkeit kirchlicher Grundpflichten bestimmen können, so ist diese Gewährleistung bei der Anwendung des Kündigungsschutzrechts auf Kündigungen von Arbeitsverhältnissen wegen der Verletzung der sich daraus für die Arbeitnehmer ergebenden Loyalitätsobliegenheiten aus verfassungsrechtlichen Gründen zu berücksichtigen und ihre Tragweite festzustellen. Eine Rechtsanwendung, bei der die vom kirchlichen Selbstverständnis her

gebotene Verpflichtung der kirchlichen Arbeitnehmer auf grundlegende Maximen kirchlichen Lebens arbeitsrechtlich ohne Bedeutung bliebe, widerspräche dem verfassungsverbürgten Selbstbestimmungsrecht der Kirchen.
Daraus ergibt sich: Im Streitfall haben die Arbeitsgerichte die vorgegebenen kirchlichen Maßstäbe für die Bewertung vertraglicher Loyalitätspflichten zugrunde zu legen, soweit die Verfassung das Recht der Kirchen anerkennt, hierüber selbst zu befinden. Es bleibt danach grundsätzlich den verfassten Kirchen überlassen, verbindlich zu bestimmen, was ‚die Glaubwürdigkeit der Kirche und ihrer Verkündigung erfordert', was ‚spezifisch kirchliche Aufgaben' sind, was ‚Nähe' zu ihnen bedeutet, welches die ‚wesentlichen Grundsätze der Glaubens- und Sittenlehre' sind und was als - gegebenenfalls schwerer - Verstoß gegen diese anzusehen ist. Auch die Entscheidung darüber, ob und wie innerhalb der im kirchlichen Dienst tätigen Mitarbeiter eine ‚Abstufung' der Loyalitätspflichten eingreifen soll, ist grundsätzlich eine dem kirchlichen Selbstbestimmungsrecht unterliegende Angelegenheit. Soweit diese kirchlichen Vorgaben den anerkannten Maßstäben der verfassten Kirchen Rechnung tragen, was in Zweifelsfällen durch entsprechende gerichtliche Rückfragen bei den zuständigen Kirchenbehörden aufzuklären ist, sind die Arbeitsgerichte an sie gebunden, es sei denn, die Gerichte begäben sich dadurch in Widerspruch zu Grundprinzipien der Rechtsordnung, wie sie im allgemeinen Willkürverbot sowie in dem Begriff der ‚guten Sitten' und des ordre public ihren Niederschlag gefunden haben. Es bleibt in diesem Bereich somit Aufgabe der staatlichen Gerichtsbarkeit sicherzustellen, dass die kirchlichen Einrichtungen nicht in Einzelfällen unannehmbare Anforderungen - insoweit möglicherweise entgegen den Grundsätzen der eigenen Kirche und der daraus folgenden Fürsorgepflicht - an die Loyalität ihrer Arbeitnehmer stellen.
Kommen sie hierbei zur Annahme einer Verletzung solcher Loyalitätsobliegenheiten, so ist die weitere Frage, ob diese Verletzung eine Kündigung des kirchlichen Arbeitsverhältnisses sachlich rechtfertigt, nach den kündigungsschutzrechtlichen Vorschriften der §§ 1 KSchG, 626 BGB zu beantworten (...)".

D. Die Richtlinie 2000/78/EG vom 27. November 2000

[27] In der Richtlinie 2000/78/EG des Rates vom 27.11.2000 zur Festlegung eines allgemeinen Rahmens für die Verwirklichung der Gleichbehandlung in Beschäftigung und Beruf heißt es:

„Erwägungsgrund (24)
Die Europäische Union hat in ihrer der Schlussakte zum Vertrag von Amsterdam beigefügten Erklärung Nr. 11 zum Status der Kirchen und weltanschaulichen Gemeinschaften ausdrücklich anerkannt, dass sie den Status, den Kirchen und religiöse Vereinigungen oder Gemeinschaften in den Mitgliedstaaten nach deren Rechtsvorschriften genießen, achtet und ihn nicht beeinträchtigt und dass dies in gleicher Weise für den Status von weltanschaulichen Gemeinschaften gilt. Die Mitgliedstaaten können in dieser Hinsicht spezifische Bestimmungen über die wesentlichen, rechtmäßigen und gerechtfertigten beruflichen Anforderungen beibehalten oder vorsehen, die Voraussetzung für die Ausübung einer diesbezüglichen beruflichen Tätigkeit sein können.
Art. 4 Berufliche Anforderungen
(1) (...) können die Mitgliedstaaten vorsehen, dass eine Ungleichbehandlung wegen [der Religion oder der Weltanschauungen] keine Diskriminierung darstellt, wenn das betreffende Merkmal aufgrund der Art einer bestimmten beruflichen Tätigkeit oder der Bedin-

gungen ihrer Ausübung eine wesentliche und entscheidende berufliche Anforderung darstellt, sofern es sich um einen rechtmäßigen Zweck und eine angemessene Anforderung handelt.
(2) Die Mitgliedstaaten können in Bezug auf berufliche Tätigkeiten innerhalb von Kirchen und anderen öffentlichen oder privaten Organisationen, deren Ethos auf religiösen Grundsätzen oder Weltanschauungen beruht, Bestimmungen in ihren (...) geltenden Rechtsvorschriften beibehalten oder in künftigen Rechtsvorschriften Bestimmungen vorsehen, die zum Zeitpunkt der Annahme dieser Richtlinie bestehende einzelstaatliche Gepflogenheiten widerspiegeln und wonach eine Ungleichbehandlung wegen der Religion oder Weltanschauung einer Person keine Diskriminierung darstellt, wenn die Religion oder die Weltanschauung dieser Person nach der Art dieser Tätigkeiten oder der Umstände ihrer Ausübung eine wesentliche, rechtmäßige und gerechtfertigte berufliche Anforderung angesichts des Ethos der Organisation darstellt. (...).
Sofern die Bestimmungen dieser Richtlinie im Übrigen eingehalten werden, können die Kirchen und anderen öffentlichen oder privaten Organisationen, deren Ethos auf religiösen Grundsätzen oder Weltanschauungen beruht, im Einklang mit den einzelstaatlichen verfassungsrechtlichen Bestimmungen und Rechtsvorschriften von den für sie arbeitenden Personen verlangen, dass sie sich loyal und aufrichtig im Sinne des Ethos der Organisation verhalten."

RECHTLCHE WÜRDIGUNG

I. Die behauptete Verletzung des Art. 8 der Konvention

[28] Der Beschwerdeführer behauptet, sein Ehebruch rechtfertige nicht seine fristlose Kündigung; ferner rügt er die Bestätigung dieser Kündigung durch die Arbeitsgerichte und das Bundesverfassungsgericht. Er beruft sich auf Art. 8 der Konvention, dessen einschlägiger Passus wie folgt lautet:

„(1) Jede Person hat das Recht auf Achtung ihres Privat (...) -lebens (....)
(2) Eine Behörde darf in die Ausübung dieses Rechts nur eingreifen, soweit der Eingriff gesetzlich vorgesehen und in einer demokratischen Gesellschaft notwendig ist ... zum Schutz der Rechte und Freiheiten anderer."

[29] Die Regierung bestreitet diese Behauptung.

A. Zur Zulässigkeit

[30] Der Gerichtshof stellt fest, dass die Beschwerde nicht offensichtlich unbegründet iSv Art. 35 Abs. 3 der Konvention ist. Er stellt ferner fest, dass in Bezug auf die Rüge kein anderer Unzulässigkeitsgrund vorliegt. Die Beschwerde ist daher für zulässig zu erklären.

B. Zur Hauptsache

1. Stellungnahmen der Parteien

a) Der Beschwerdeführer

[31] Der Beschwerdeführer behauptet, die Arbeitsgerichte hätten die in Rede stehenden Interessen unzureichend gewürdigt und abgewogen. Dies führe zu einem Rechtsprechungs-Automatismus zugunsten der Kirchen, die dem Be-

troffenen zufolge im deutschen Recht einen privilegierten Status innehaben, den keine andere wohltätige Organisation genieße. Sein Recht auf Achtung seines Privatlebens oder seiner Intimsphäre sei von den Arbeitsgerichten nicht geprüft worden. Art. 8 der Konvention verleihe ihm aber das Recht, ein Lebensmodell aufzugeben und ein neues zu wählen. Der Betroffene behauptet, dass dieses Recht, auch wenn es das Recht der Kirchen, ihre Angelegenheiten selbständig zu regeln, nicht in Frage stelle, dennoch nicht so weit gehen dürfe, dass sie ihre Beschäftigten zwingen können, Glaubenssätze über den beruflichen Bereich hinaus zu befolgen. Er trägt vor, dass die Arbeitsgerichte ihre Rechtsprechung in völlig unvorhersehbarer Weise ausgedehnt hätten, da bisher eine Kündigung seines Wissens nur im Falle einer Wiederverheiratung und nicht aufgrund einer außerehelichen intimen Beziehung ausgesprochen werden durfte. Angesichts der Vielzahl der kirchlichen Gebote mangele es in dieser Hinsicht an Vorhersehbarkeit; die Kündigung hänge schließlich allein von den Ansichten des jeweiligen Personalverantwortlichen ab. Die Rolle des Arbeitsgerichts beschränke sich somit darauf, den Willen des kirchlichen Arbeitgebers auszuführen. Nach Ansicht des Beschwerdeführers liegt die Folge dieser Tendenz darin, dass der Arbeitgeber und das Arbeitsgericht veranlasst werden, sich zunehmend in das Privatleben der Beschäftigten einzumischen, um die als Grundlage für die Kündigung dienenden Fakten zu ermitteln und zu würdigen. Im Übrigen werde die Glaubwürdigkeit einer Kirche nicht dadurch erschüttert, dass der ein oder andere Beschäftigte einige kirchliche Regeln nicht genau beachte; darin manifestiere sich lediglich das typische Menschsein der fraglichen Person.

[32] Der Beschwerdeführer hebt ferner hervor, dass er nicht auf seine Privatsphäre verzichtet habe, als er den Arbeitsvertrag mit der mormonischen Kirche unterzeichnet habe. Unter Hinweis auf die Macht, die jeder Arbeitgeber bei einer Einstellung besitze, fügt er hinzu, dass er jedenfalls keine Wahl gehabt habe, die pauschale Klausel in § 10 des Vertrags, abzulehnen. Außerdem behauptet er, er habe im Zeitpunkt der Unterzeichnung des Vertrags im Jahr 1986 nicht vorhersehen können, dass er sich eines Tages von seiner Frau trennen würde. Der Beschwerdeführer sieht Ehebruch nicht als das schwerste Vergehen nach Mord an, denn andere Verse des Buches Mormon erwähnten die Möglichkeit der Reue und der Vergebung. Sein Vorgesetzter S. habe ihn ferner gezwungen, N. seine außereheliche Beziehung zu offenbaren. Wie dem auch sei, er habe aufgrund seiner Stellung als einfacher Mitarbeiter, der lediglich den Gebietspräsidenten zuzuarbeiten hatte, der seinerseits die Mormonenkirche nach außen vertreten habe, keinen gesteigerten Loyalitätspflichten unterlegen.

[33] Der Beschwerdeführer behauptet schließlich, dass die Grundsatzentscheidung des Bundesverfassungsgerichts von 1985 nicht seine Privatsphäre

betreffe, dass der von der Regierung geltend gemachte Ermessensspielraum nicht gegeben sei, da die Öffentlichkeit in Deutschland sich immer weniger für Wiederverheiratungen interessiere und die europäische Richtlinie 2000/78/EG nur die Frage der Einstellung und nicht die der Kündigung nach langer Beschäftigungsdauer behandle.

b) Die Regierung

[34] Die Regierung behauptet, dass die Mormonenkirche trotz ihres Status als öffentlich-rechtliche Körperschaft nicht zur öffentlichen Gewalt zählt. Es liege daher kein Eingriff durch die staatliche Gewalt in die Rechte des Beschwerdeführers vor. Die Regierung ist daher der Auffassung, dass die von den Arbeitsgerichten angeführte Verfehlung allein unter dem Blickwinkel der Schutzpflicht des Staates beurteilt werden könne. Da es keinen gemeinsamen Standard der Mitgliedstaaten gebe, sei der Gestaltungsspielraum weit, zumal es sich hier um einen Bereich handele, der mit religiösen Gefühlen, Traditionen und der Religion verbunden sei. Die Regierung ruft in Erinnerung, dass die Europäische Kommission für Menschenrechte im Übrigen die Erwägungsgründe im Urteil des Bundesverfassungsgerichts vom 4.6.1985 bestätigt hatte, auf die das Bundesarbeitsgericht im vorliegenden Fall Bezug genommen hatte (*R. ./. Deutschland* -Nr. 12242/86- Entscheidung der Kommission vom 6.9.1989, *DR* 62, 151, KirchE 42, 80).

[35] Die Regierung legt anschließend dar, dass die Arbeitsgerichte, die über einen Rechtsstreit zwischen zwei Rechteinhabern zu entscheiden hatten, die Interessen des Beschwerdeführers und das Recht der Mormonenkirche, ihre Angelegenheiten nach Art. 137 der Weimarer Reichsverfassung autonom zu regeln, abzuwägen hatten. Sie vertritt die Auffassung, das Arbeitsgericht sei bei der Anwendung der Kündigungsvorschriften gehalten gewesen, den Grundsätzen der Mormonenkirche Rechnung zu tragen, da es den Kirchen und Religionsgemeinschaften selbst nach ihrem Selbstbestimmungsrecht obliege, die Loyalitätspflichten festzulegen, die ihre Arbeitnehmer zu beachten haben, um die Glaubwürdigkeit dieser Kirchen und Religionsgemeinschaften zu bewahren. Die Regierung führt aus, dass somit die Berücksichtigung kirchlicher Vorgaben nicht schrankenlos ist und die staatlichen Gerichte nicht eine Vorschrift anwenden dürfen, die den allgemeinen Grundsätzen der Rechtsordnung zuwiderläuft. Mit anderen Worten: Die kirchlichen Arbeitgeber können zwar ihren Beschäftigten Loyalitätspflichten auferlegen, doch ist es nicht ihre Aufgabe, Kündigungsgründe festzulegen, was durch die Auslegung der gesetzlichen Vorschriften zum Kündigungsschutz seitens des Gerichts erfolgt.

[36] Das Bundesarbeitsgericht und anschließend das Landesarbeitsgericht hätten diese Grundsätze auf den vorliegenden Fall angewandt und die in Rede

stehenden Interessen gebührend abgewogen, nämlich die Art der Stellung, die der Beschwerdeführer bekleidete (Ausbildung von 170 Mitarbeitern), die Schwere der Verfehlung nach der Wahrnehmung der Mormonenkirche (wiederholter Ehebruch), das Alter des Beschwerdeführers (34 Jahre) und die Dauer seiner Beschäftigung (sieben Jahre). Die Regierung fügt hinzu, dass eine Kündigung zwar tatsächlich die im deutschen Arbeitsrecht auszusprechende schwerste Sanktion sei (*ultima ratio*), doch eine weniger schwerwiegende Maßnahme, beispielsweise eine Abmahnung, vorliegend nicht geboten gewesen sei, da ihres Erachtens der Beschwerdeführer keinen Zweifel daran haben konnte, dass sein Arbeitgeber sein Verhalten nicht tolerieren würde. Sie weist darauf hin, dass der Beschwerdeführer freiwillig den Arbeitsvertrag mit der Mormonenkirche abgeschlossen habe, in dem für bestimmte Ämter gesteigerte Loyalitätspflichten vorgesehen waren. Der Beschwerdeführer habe somit der Beschränkung seiner Rechte zugestimmt, was nach den Bestimmungen der Konvention möglich sei (vorgenannte Entscheidung *R. ./. Deutschland*). Da er in der Mormonenkirche aufgewachsen sei, hätten ihm die grundlegende Bedeutung der Treue der Ehegatten innerhalb dieser Kirche und die etwaigen Folgen seines Ehebruchs bewusst sein müssen. Schließlich trägt die Regierung vor, dass die Tatsache, dass die Loyalitätspflichten sich auf das Privatleben des Arbeitnehmers auswirken können, für zwischen kirchlichen Arbeitgebern und ihren Mitarbeiter geschlossene Verträge bezeichnend sei.

c) Die Drittbeteiligte

[37] Die Mormonenkirche pflichtet im Wesentlichen den Schlussfolgerungen der Regierung bei und betont, dass ihres Erachtens die Feststellung einer Verletzung der Konvention einen schweren Eingriff darstellt, der europaweit Folgen für die Arbeitsverhältnisse aller Religionsgemeinschaften hätte. Die Selbständigkeit dieser Gemeinschaften sei für den religiösen Pluralismus in einer demokratischen Gesellschaft unabdingbar. Es sei Aufgabe der Kirchen, ihre Art der Organisation zu bestimmen und über die Bedeutung der Vorgaben für sie und ihre Mitglieder zu entscheiden. Diese Vorgaben müssten als Bestandteil der Identität der Kirche von den staatlichen weltlichen Behörden beachtet werden, selbst in den Fällen, in denen nicht so strenge Standards im Hinblick auf das weltliche Recht und die weltlichen Überzeugungen Anwendung finden könnten.

[38] Die Mormonenkirche fügt hinzu, dass ihre Anforderungen an das Verhalten ihrer Gläubigen sicher hoch sind. Das Verbot des Ehebruchs sei nicht nur eine Regel unter zahlreichen anderen, sondern eines der wichtigsten Gebote und stehe im Zentrum ihrer Glaubenslehre. Echte Reue gebiete es dem Betroffenen, seine Handlungen zu gestehen, die Absicht zu zeigen, die vorherige Situa-

tion wieder herzustellen, dem Ehebruch ein Ende zu setzen und die Folgen seiner Sünde, die beispielsweise in einem Arbeitsvertrag vorgesehen sind, zu tragen.

2. Die Würdigung durch den Gerichtshof

[39] Der Gerichtshof ruft in Erinnerung, dass der Begriff „Privatleben" weit gefasst ist und nicht abschließend definiert werden kann. Dieser Begriff bezieht sich auf die körperliche und moralische Unversehrtheit einer Person und umfasst gelegentlich Aspekte der physischen und sozialen Identität einer Person, darunter das Recht, Beziehungen zu anderen Menschen zu knüpfen und zu entwickeln, das Recht auf „persönliche Entfaltung" oder das Recht auf Selbstbestimmung als solches. Der Gerichtshof weist auch darauf hin, dass diese Aspekte, wie beispielsweise die sexuelle Identität, der Name, die sexuelle Ausrichtung und das Sexualleben zu der durch Art. 8 geschützten Persönlichkeitssphäre zählen (*E.B. ./. Frankreich* [GK] -Nr. 43546/02- Rn 43, CEDH 2008-..., und *Schlumpf ./. Schweiz* -Nr. 29002/06- Rn 100, 8.1.2009).

[40] Der Gerichtshof stellt im vorliegenden Fall zunächst fest, dass der Beschwerdeführer nicht staatliches Handeln rügt, sondern den Umstand, dass dieser seine Privatsphäre nicht gegen den Eingriff seines Arbeitgebers geschützt hat. Hierzu macht er gleich zu Beginn darauf aufmerksam, dass die Mormonenkirche trotz ihres Status als öffentlich-rechtliche Körperschaft nach deutschen Recht keine hoheitlichen Rechte ausübt (vgl. vorgenannte Entscheidung *R., Finska Församlingen i Stockholm und Teuvo Hautaniemi ./. Schweden,* Entscheidung der Kommission vom 11.4.1996 -Nr. 24019/94- und *Predota ./. Österreich* [Entscheidung] -Nr. 28962/95- 18.1.2000).

[41] Der Gerichtshof macht anschließend deutlich, dass Art. 8 zwar grundsätzlich zum Ziel hat, den Einzelnen vor willkürlichen behördlichen Eingriffen zu schützen, sich jedoch nicht darauf beschränkt, dem Staat aufzuerlegen, sich solcher Eingriffe zu enthalten: Zu dieser negativen Verpflichtung können positive Verpflichtungen hinzukommen, die Bestandteil einer wirksamen Achtung des Privat- und Familienlebens sind. Diese können Maßnahmen erforderlich machen, die der Achtung der Privatsphäre dienen und bis in die Beziehungen zwischen den Einzelnen untereinander reichen. Die Abgrenzung der positiven von den negativen Verpflichtungen des Staates aus Art. 8 eignet sich zwar nicht für eine präzise Bestimmung, doch sind die anwendbaren Grundsätze durchaus vergleichbar. In beiden Fällen ist insbesondere das zwischen dem Allgemeininteresse und den Interessen des Einzelnen herzustellende ausgewogene Gleichgewicht zu berücksichtigen, wobei der Staat in jedem Fall über einen Ermessensspielraum verfügt (*Evans ./. Vereinigtes Königreich* [GK] -Nr. 6339/05- Rn 75-

76, CEDH 2007-IV, vorgenannte Entscheidung *R. ./. Deutschland*; siehe auch *Fuentes Bobo ./. Spanien* -Nr. 39293/98- Rn 38, 29.2.2000).

[42] Der Gerichtshof führt ferner aus, dass der dem Staat eingeräumte Gestaltungsspielraum weiter ist, wenn es innerhalb der Mitgliedstaaten des Europarats keinen Konsens über die Bedeutung der in Rede stehenden Interessen oder über die besten Mittel zu ihrem Schutz gibt. Der Spielraum ist ganz allgemein auch weit, wenn der Staat einen gerechten Ausgleich zwischen konkurrierenden privaten und öffentlichen Interessen oder verschiedenen konventionsrechtlich geschützten Rechten herbeizuführen hat (vorgenannte Rechtssache *Evans*, Rn 77).

[43] Die grundlegende Frage, die sich im vorliegenden Fall stellt, lautet demnach, ob der Staat im Rahmen seiner Schutzpflichten aus Art. 8 verpflichtet war anzuerkennen, dass dem Beschwerdeführer im Zusammenhang mit der von der Mormonenkirche ausgesprochenen Kündigung das Recht auf Achtung seines Privatlebens zustand. Folglich hat der Gerichtshof bei der Prüfung der von den deutschen Arbeitsgerichten vorgenommenen Abwägung dieses Rechts des Beschwerdeführers mit dem Recht der Mormonenkirche aus den Artikeln 9 und 11 zu ermitteln, ob das Maß des dem Beschwerdeführer gebotenen Schutzes ausreichend war oder nicht.

[44] In dieser Hinsicht weist der Gerichtshof darauf hin, dass die Religionsgemeinschaften traditionell und weltweit in Form organisierter Strukturen existieren; wenn die Organisation einer solchen Gemeinschaft in Rede steht, ist also Art. 9 im Lichte des Artikels 11 der Konvention auszulegen, der die Vereinigungsfreiheit vor jeglichem ungerechtfertigten staatlichen Eingriff schützt. Ihre für den Pluralismus in einer demokratischen Gesellschaft unverzichtbare Autonomie gehört nämlich zum Kernbestand des Schutzes, den Art. 9 vermittelt. Der Gerichtshof legt ferner dar, dass das Recht auf Religionsfreiheit im Sinne der Konvention außer in extremen Ausnahmefällen jegliche Beurteilung seitens des Staates im Hinblick auf die Rechtmäßigkeit des religiösen Bekenntnisses oder die Art und Weise, in der es zum Ausdruck gebracht wird, ausschließt (*Hassan und Tchaouch ./. Bulgarien* [GK] -Nr. 30985/96- Rn 62 und 78, CEDH 2000-XI, KirchE 42, 444). Geht es schließlich um Fragen über das Verhältnis zwischen Staat und Religionen, hinsichtlich derer in einer demokratischen Gesellschaft berechtigterweise tiefgreifende Divergenzen herrschen können, ist der Rolle der nationalen Entscheidungsträger besondere Bedeutung beizumessen (*Leyla Şahin ./. Türkei* [GK] -Nr. 44774/98- Rn 108, CEDH 2005-XI, KirchE 47, 426).

[45] Der Gerichtshof stellt zunächst heraus, dass Deutschland, indem es ein Arbeitsgerichtssystem sowie ein Verfassungsgericht, das für die Kontrolle der durch die Arbeitsgerichte ergangenen Entscheidungen zuständig ist, eingerichtet hat, seine Schutzpflicht gegenüber den Rechtsuchenden im arbeitsrechtli-

chen Bereich erfüllt hat, indem die Streitigkeiten ganz allgemein die Rechte der Betroffenen aus Art. 8 der Konvention berühren. Folglich hatte der Beschwerdeführer im vorliegenden Fall die Möglichkeit, das Arbeitsgericht mit seinem Fall zu befassen, das die Rechtmäßigkeit der streitigen Kündigung unter dem Blickwinkel des staatlichen Arbeitsrechts unter Berücksichtigung des kirchlichen Arbeitsrechts zu untersuchen und die widerstreitenden Interessen des Beschwerdeführers und des kirchlichen Arbeitgebers abzuwägen hatte.

[46] Der Gerichtshof merkt danach an, dass das Bundesarbeitsgericht mit seinem Urteil vom 24.4.1997 sich umfassend auf die vom Bundesverfassungsgericht in seinem Urteil vom 4.6.1985 aufgestellten Grundsätze bezogen hat (Rn 26 oben). Das Bundesarbeitsgericht hat insbesondere herausgestellt, dass die Anwendbarkeit des staatlichen Arbeitsrechts zwar nicht die Zugehörigkeit der Arbeitsverhältnisse zu den eigenen Angelegenheiten der Kirchen hindere, das Arbeitsgericht jedoch nur unter der Voraussetzung an die tragenden Grundsätze der Glaubens- und Sittenlehre kirchlicher Arbeitgeber gebunden sei, dass diese Lehre der Lehre der verfassten Kirchen Rechnung trägt und nicht im Widerspruch zu den Grundprinzipien der Rechtsordnung steht.

[47] In Bezug auf die Anwendung dieser Kriterien auf den Fall des Beschwerdeführers stellt der Gerichtshof fest, dass das Bundesverfassungsgericht der Meinung war, dass die Vorgaben der Mormonenkirche hinsichtlich der ehelichen Treue den Grundprinzipien der Rechtsordnung nicht widersprechen, weil der Ehe auch in anderen Religionen und im Grundgesetz eine herausragende Bedeutung zukomme. Das Bundesarbeitsgericht betonte in diesem Zusammenhang, dass die Mormonenkirche die Kündigung nur deshalb auf den Ehebruch des Beschwerdeführers habe stützen können, weil der Betroffene selbst ihr die Informationen über den Ehebruch zur Kenntnis gebracht habe. Nachdem es die Argumente der Parteien geprüft hatte, gelangte es zu dem Schluss, dass der Beschwerdeführer aus eigenem Antrieb seinen Arbeitgeber über sein Verhalten, das die Kündigung bedingte, unterrichtet hat und dass insbesondere seine Behauptungen zum rein seelsorgerischen Charakter seiner Gespräche mit S., dann mit N., keine Grundlage in den erwiesenen Tatsachen fänden und im Widerspruch zu der nicht vorhandenen seelsorgerischen Kompetenz von N. stünden.

[48] Daraufhin stellt der Gerichtshof fest, dass dem Bundesarbeitsgericht zufolge die Kündigung eine erforderliche Maßnahme war, um die Glaubwürdigkeit der Mormonenkirche zu bewahren, vor allem angesichts der Art der Position, die der Beschwerdeführer innehatte, und der Bedeutung, die der absoluten Treue zum Ehegatten in der Kirche zukommt. Das hohe Gericht hat auch ausgeführt, weshalb die Mormonenkirche nicht verpflichtet war, zunächst eine weniger schwere Sanktion, beispielsweise eine Abmahnung, auszusprechen. Der Gerichtshof führt weiterhin aus, dass nach Ansicht des Landesarbeitsgerichts

der Schaden des Beschwerdeführers durch die Kündigung angesichts seines Alters, der Dauer seiner Beschäftigung und der Tatsache, dass dem Betroffenen, der in der Mormonenkirche aufgewachsen ist und dort verschiedene Ämter bekleidet hat, hätte bewusst sein müssen, für wie schwerwiegend sein Arbeitgeber seine Handlungen bewertet, zumal es sich nicht um einen einmaligen Fehltritt, sondern um eine länger andauernde außereheliche Beziehung handelte, begrenzt ist.

[49] Der Gerichtshof weist auch darauf hin, dass sich die Arbeitsgerichte mit der Frage auseinandergesetzt haben, ob die Kündigung des Beschwerdeführers auf den zwischen dem Betroffenen und der Mormonenkirche geschlossenen Anstellungsvertrag gestützt werden konnte und ob sie in Einklang mit § 626 BGB stand. Sie haben alle sachdienlichen Aspekte berücksichtigt und die betroffenen Interessen eingehend und umfassend abgewogen. Dass sie der Mormonenkirche das Recht zuerkannt haben, ihren Beschäftigen Loyalitätspflichten aufzuerlegen, und dass sie schließlich den Interessen der Mormonenkirche mehr Gewicht beigemessen haben als den Interessen des Beschwerdeführers, kann eigentlich mit Blick auf die Konvention kein Problem aufwerfen. Hierzu stellt der Gerichtshof fest, dass dem Bundesarbeitsgericht zufolge die Arbeitsgerichte nicht uneingeschränkt an die Vorgaben der Kirchen und Religionsgemeinschaften gebunden waren, sondern dafür Sorge zu tragen hatten, dass diese nicht ihren Beschäftigen unannehmbare Loyalitätspflichten auferlegen.

[50] Der Gerichtshof hält die Schussfolgerungen der Arbeitsgerichte, denen zufolge der Beschwerdeführer keinen unannehmbaren Verpflichtungen unterworfen wurde, für nicht unangemessen. Der Gerichtshof vertritt nämlich die Auffassung, dass dem Betroffenen, da er in der Mormonenkirche aufgewachsen war, bei der Unterzeichnung des Anstellungsvertrags und insbesondere des § 10 des Vertrags (über die Einhaltung „hoher moralischer Grundsätze") bewusst war oder hätte bewusst sein müssen, welche Bedeutung sein Arbeitgeber der ehelichen Treue beimisst (siehe entsprechend *Ahtinen ./. Finnland* -Nr. 48907/99-Rn 41, 23.9.2008) und dass seine außereheliche Beziehung, die er eingegangen war, mit den gesteigerten Loyalitätsobliegenheiten, zu denen er sich gegenüber der Mormonenkirche als Gebietsdirektor Europa in der Abteilung Öffentlichkeitsarbeit verpflichtet hatte, unvereinbar ist.

[51] Nach Ansicht des Gerichtshofs ist die Tatsache, dass die Kündigung auf ein Verhalten aus der Privatsphäre des Beschwerdeführers gestützt wurde und dies geschah, ohne dass der Fall in die Medien gelangte oder das fragliche Verhalten bedeutende öffentliche Auswirkungen hatte, im vorliegenden Fall nicht ausschlaggebend. Er stellt fest, dass sich die besondere Art der dem Beschwerdeführer auferlegten beruflichen Anforderungen aus der Tatsache ergeben, dass sie von einem Arbeitgeber festgelegt wurden, dessen Ethos auf religiösen

Grundsätzen oder Weltanschauungen beruht (siehe Rn 27 oben, Art. 4 der Richtlinie 2000/78/EG; siehe auch *Lombardi Vallauri ./. Italie* -Nr. 39128/05- Rn 41, CEDH 2009-... [Auszüge]). Er ist hierbei der Meinung, dass die Arbeitsgerichte hinlänglich nachgewiesen haben, dass die dem Beschwerdeführer auferlegten Loyalitätspflichten annehmbar waren, insofern als sie die Glaubwürdigkeit der Mormonenkirche bewahren sollten. Weiterhin stellt er heraus, dass das Landesarbeitsgericht eindeutig dargelegt hat, dass seine Schlussfolgerungen nicht so zu verstehen seien, als würden sie bedeuten, dass jeder Ehebruch an sich einen Grund für eine [fristlose] Kündigung eines kirchlichen Beschäftigten darstellt, sondern dass es aufgrund der Schwere des Ehebruchs in den Augen der Mormonenkirche und der herausragenden Position, die der Beschwerdeführer bekleidete und die ihn gesteigerten Loyalitätspflichten unterwarf, zu diesem Schluss gelangt sei.

[52] Angesichts des Ermessensspielraums des Staates im vorliegenden Fall (Rn 42 oben) und insbesondere der Tatsache, dass die Arbeitsgerichte einen gerechten Ausgleich zwischen mehreren privaten Interessen herbeiführen mussten, erachtet der Gerichtshof diese Aspekte für ausreichend, um zu dem Schluss zu gelangen, dass im vorliegenden Fall Art. 8 der Konvention dem deutschen Staat nicht auferlegte, dem Beschwerdeführer einen höheren Schutz zu bieten.

[53] Infolgedessen ist dieser Art. vorliegend nicht verletzt worden.

Aus diesen Gründen entscheidet der Gerichtshof einstimmig:
1. Er erklärt die Beschwerde für zulässig.
2. Er entscheidet, dass Art. 8 der Konvention nicht verletzt worden ist.

28
Bei Betroffenheit einer Religionsgemeinschaft ist Art. 9 EMRK im Licht des Art. 11 EMRK auszulegen. Die Autonomie einer solchen Gemeinschaft gehört zum Kernbestand des nach Art. 9 EMRK zugesicherten Schutzes. Von seltenen Ausnahmefällen abgesehen, verbietet das Recht auf Religionsfreiheit dem Staat, religiöse Bekenntnisse und ihre Ausdrucksformen einer rechtlichen Beurteilung zu unterziehen. In Fragen des Verhältnisses von Staat und Religionen, bei denen es in einer demokratischen Gesellschaft berechtigterweise tiefgreifende Divergenzen geben kann, ist der Rolle des nationalen Entscheidungsträgers besondere Bedeutung beizumessen.
In Zusammenhang der Interessenabwägung, die bei Kündigung eines kirchlichen Arbeitsverhältnisses wegen Verletzung der dem Arbeitnehmer obliegenden Loyalitätspflicht vorzunehmen ist, muss geprüft werden, ob das

staatliche Arbeitsgericht dem Anspruch auf Achtung des Privat- und Familienlebens nach Art. 8 MRK in ausreichendem Umfange Rechnung getragen hat. Zur Frage der Loyalitätsobliegenheiten eines Arbeitnehmers, der als Organist und Chorleiter bei der katholischen Kirchengemeinde tätig ist.

Art./§ 8, 9, 11 EMRK, 626 Abs. 1 BGB
EGMR, Urteil vom 23. September 2010 -No. 1620/03-
(S. ./. Deutschland)[1]

SACHVERHALT

I. Die Umstände des Falls

[6] Der Beschwerdeführer wurde 1957 geboren und ist in E./Deutschland wohnhaft.

A. Entstehung der Sache

[7] Der Beschwerdeführer war ab dem 15.11.1983 als Organist und Chorleiter bei der katholischen Kirchengemeinde St. Lambertus („die Kirchengemeinde“) in E. tätig.

[8] Art. 2 seines Arbeitsvertrages vom 30.1.1984 sah unter anderem vor, dass die Kirchliche Arbeits- und Vergütungsverordnung (Rn 37 unten) in ihrer anwendbaren Fassung Bestandteil des Vertragsverhältnisses sei und ein grober Verstoß gegen kirchliche Grundsätze einen wichtigen Grund für eine außerordentliche Kündigung gem. § 42 der Kirchlichen Arbeits- und Vergütungsordnung darstellen würde.

[9] Nach Genehmigung des Vertrages durch das bischöfliche Generalvikariat legte der Beschwerdeführer folgendes Gelöbnis ab:

> „Ich gelobe, meine Dienstobliegenheiten gewissenhaft zu erfüllen und die kirchlichen Vorschriften zu beachten und zu wahren“.

[10] Seit dem 1.1.1985 übte er ebenfalls die Tätigkeit eines Dekanatskirchenmusikers aus und erzielte einen durchschnittlichen Monatsverdienst von 5.688,1 DM) brutto (ca. 2.900 €).

[11] Im Jahr 1994 trennte sich der Beschwerdeführer von seiner Ehefrau, mit der er zwei Kinder hat. Die Trennung wurde im Januar 1995 bekanntgegeben. Seitdem wohnt der Beschwerdeführer in demselben Haus wie seine Lebensge-

---

1 Anonymisierte nichtamtl. Übersetzung aus dem Französischen. Quelle: Bundesministerium der Justiz. AkKR 179 (2010), 611; ArbuR 2011, 307; EuGRZ 2010, 560; NZA 2011, 279; ZevKR 56 (2011), 195.

fährtin, die ebenfalls seine Prozessbevollmächtigte vor den Arbeitsgerichten und dem Gerichtshof ist.

[12] Nachdem die Kinder des Beschwerdeführers im Kindergarten erklärt hatten, dass ihr Vater wieder Papa werden würde, traf der Dechant der Kirchengemeinde am 2.7.1997 mit dem Beschwerdeführer zusammen.

[13] Am 15.7.1997 kündigte die Kirchengemeinde das Arbeitsverhältnis des Beschwerdeführers zum 1.4.1998 mit der Begründung, er habe gegen die Loyalitätsobliegenheiten gem. Art. 5 der Grundordnung der Katholischen Kirche für den kirchlichen Dienst im Rahmen kirchlicher Arbeitsverhältnisse verstoßen („die Grundordnung" - Rn 38 unten). Nach den Grundsätzen der Katholischen Kirche über die Unauflöslichkeit der Ehe habe der Beschwerdeführer dadurch, dass er eine außereheliche Beziehung zu einer anderen Frau unterhalte, aus der demnächst ein Kind hervorgehe, nicht nur Ehebruch sondern auch Bigamie begangen.

[14] Nach der Kündigung beantragte die Ehefrau des Beschwerdeführers die Scheidung, die am 13.8.1998 ausgesprochen wurde.

B. Die Entscheidungen der unteren Arbeitsgerichte

[15] Am 24.7.1997 erhob der Beschwerdeführer Klage beim Arbeitsgericht Essen.

[16] Am 9.12.1997 (-6 Ca 2708/97- n.v.) gab das Arbeitsgericht dem Antrag des Beschwerdeführers statt und stellte fest, die Kündigung vom 15.7.1997 habe den Arbeitsvertrag des Betroffenen nicht aufgehoben. Es hat an die Schlussfolgerungen aus dem Urteil des Bundesarbeitsgerichts vom 9.4.1997 (Verkündungsdatum: 24.4.1997 -2 AZR 268/96- KirchE 35, 142) erinnert (O. ./. Deutschland -Nr. 425/03- Rn. 12-19, 23.9.2010; KirchE 56, 219), das die Kriterien aus der Grundsatzentscheidung des Bundesverfassungsgerichts vom 4.6.1985 (Rn 35 unten, KirchE 23, 105) übernommen hatte, und war der Ansicht, dass die verhaltensbedingte Kündigung des Beschwerdeführers noch nicht den Anforderungen des § 1 Abs. 1 des Kündigungsschutzgesetzes genügen würde (Rn 36 unten). Nach Ansicht des Gerichts unterlag der Betroffene keinen gesteigerten Loyalitätsobliegenheiten, weil er weder pastoral noch katechetisch tätig war, nicht aufgrund einer Missio canonica arbeitete und auch nicht leitender Mitarbeiter iSd Art. 5 Abs. 3 der Grundordnung war. Nach Auffassung des Gerichts hatte die Beklagte nicht nachgewiesen, dass seine Stellung als Dekanatskantor einer leitenden Tätigkeit entsprach; demnach hätte die Kirchengemeinde gem. Art. 5 Abs. 1 und 2 der Grundordnung zunächst ein klärendes Gespräch mit dem Betroffenen führen oder eine Abmahnung erteilen müssen, bevor sie auf die schwerste Sanktion in Form der Kündigung zurückgriff, insbesondere im Hinblick auf die lange Beschäftigungsdauer des Beschwerdeführers in der Kirchengemeinde (vierzehn Jahre) und den Umstand, dass er als Organist auf dem welt-

lichen Arbeitsmarkt praktisch keine Chance hatte. Das Arbeitsgericht erinnerte daran, dass eine anfängliche Abmahnung durch den Arbeitgeber nur dann entbehrlich sei, wenn nach Art und Schwere der Pflichtverletzung der Arbeitnehmer mit deren Billigung durch den Arbeitgeber nicht rechnen konnte oder wenn er nicht willens oder nicht in der Lage sei, seinen beruflichen Verpflichtungen nachzukommen.

[17] Soweit dem Beschwerdeführer von der Kirchengemeinde vorgeworfen werde, Vater eines außerehelichen Kindes zu sein, so sei diese Pflichtverletzung nach vierzehn Dienstjahren nicht so gravierend, als dass dies allein schon ausreichend sei, eine Kündigung ohne vorherige Abmahnung auszusprechen. Art. 5 Abs. 4 der Grundordnung sehe ausdrücklich vor, dass zu prüfen sei, ob ein Mitarbeiter die Lehre der Katholischen Kirche bekämpfe oder diese zwar anerkenne, es ihm aber nicht gelinge, sie in der Praxis zu beachten. Schließlich habe die Kirchengemeinde nicht nachgewiesen, dass der Beschwerdeführer gegenüber dem Dechanten erklärt haben soll, dass er seine Beziehung zur neuen Lebensgefährtin nicht einstellen werde.

[18] Am 13.8.1998 wies das Landesarbeitsgericht Düsseldorf (-7 Sa 425/98- KirchE 36, 343) die Berufung der Kirchengemeinde zurück. Es folgte den Schlussfolgerungen des Arbeitsgerichts und legte dar, dass nicht die Vaterschaft eines außerehelichen Kindes Kündigungsgrund sei, sondern die länger andauernde außereheliche Beziehung. Es betonte, dass die kirchliche Tätigkeit des Beschwerdeführers zwar nicht unter Art. 5 Abs. 3 der Grundordnung falle, eine Kündigung des Betroffenen aber nach Art. 5 Abs. 4 der Grundordnung wegen der Nähe seiner Aufgabe zum Verkündigungsauftrag der Kirche möglich sei. Nach einer förmlichen Anhörung des Beschwerdeführers als Partei folgerte das Landesarbeitsgericht jedoch, bei der Kündigung habe ein verfahrensrechtliches Versäumnis vorgelegen, weil die Kirchengemeinde nicht nachgewiesen habe, dass der Dechant versucht hatte, darauf hinzuwirken, dass der Beschwerdeführer seine außereheliche Beziehung beendet. Wegen der grundsätzlichen Bedeutung der Rechtssache hat es die Revision zum Bundesarbeitsgericht zugelassen.

C. Das Urteil des Bundesarbeitsgerichts

[19] Am 12.8.1999 (Verkündungsdatum: 16.9.1999) hat das Bundesarbeitsgericht (-2 AZR 712/98- KirchE 37, 300) das Urteil des Landesarbeitsgerichts aufgehoben. Es vertrat die Auffassung, dass Art. 5 Abs. 1 der Grundordnung, wonach ein klärendes Gespräch geführt werden muss, nicht nur für die nach Abs. 2 dieser Grundordnung ausgesprochenen Kündigungen gelte (Kündigung als letzte Maßnahme bei schwerwiegenden Verstößen), sondern auch für solche nach Abs. 3 (grundsätzlicher Ausschluss der Weiterbeschäftigung mit der Möglich-

keit, ausnahmsweise von einer Kündigung abzusehen). Zwischen den beiden Absätzen bestehe lediglich ein gradueller Unterschied, wobei in jedem Fall zunächst ein klärendes Gespräch oder Beratungsgespräch zu führen sei. Im vorliegenden Fall war das Bundesarbeitsgericht der Meinung, wegen der mangelnden Deutlichkeit der auf den Beschwerdeführer anzuwendenden kirchenrechtlichen Bestimmungen und zwecks Klärung der Frage, ob für ihn wegen seiner Tätigkeit verschärfte Loyalitätsobliegenheiten galten oder nicht, sei nicht eindeutig erwiesen, dass der Beschwerdeführer in hinlänglicher Weise vorhersehen konnte, dass in seinem Fall Art. 5 Abs. 3 der Grundordnung gültig war. Wenn demnach im Fall des Beschwerdeführers ein klärendes Gespräch hätte geführt werden müssen, so sei die Kündigung ohne ein solches Gespräch sozialwidrig. Das Bundesarbeitsgericht vertrat jedoch die Auffassung, die Schlussfolgerung des Landesarbeitsgerichts, derzufolge ein Gespräch mit dem Beschwerdeführer nicht stattgefunden hatte, sei fehlerhaft. In diesem Zusammenhang war das Bundesarbeitsgericht der Auffassung, das Berufungsgericht habe zu Unrecht davon abgesehen, auch eine Parteivernehmung des Dechanten durchzuführen, um festzustellen, ob dieser versucht hatte, den Beschwerdeführer zu einer Beendigung seiner außerehelichen Beziehung zu bewegen, weshalb das angefochtene Urteil aufzuheben sei. Mangels hinreichender Tatsachenfeststellungen sei es aber nicht in der Lage, abschließend zu entscheiden, ob die Kündigung des Beschwerdeführers gerechtfertigt gewesen sei. Daher verwies es die Sache an das Landesarbeitsgericht zurück.

[20] Das Bundesarbeitsgericht legte dar, dass der kirchliche Arbeitgeber beim Abschluss von Arbeitsverträgen nicht nur von der durch das staatliche Arbeitsrecht geprägten Privatautonomie Gebrauch mache, sondern zugleich von der institutionellen Garantie, dass die Kirche ihre Angelegenheiten selbständig ordnet und verwaltet. Deshalb finde neben dem staatlichen auch das kircheneigene Arbeitsrecht Anwendung. Mit der Grundordnung und insbesondere den Art. 4 und 5 habe die Katholische Kirche von ihrem aus Art. 137 Abs. 3 der Weimarer Reichsverfassung resultierenden Selbstbestimmungsrecht Gebrauch gemacht (Rn 34 unten). Die Anwendung des staatlichen Arbeitsrechts dürfe die verfassungsrechtlich geschützte Eigenart des kirchlichen Dienstes nicht in Frage stellen. Die Katholische Kirche sei deshalb befugt, bei der Gestaltung ihrer Arbeitsverhältnisse das Leitbild einer christlichen Dienstgemeinschaft zu Grunde zu legen und insbesondere ihren katholischen Arbeitnehmern aufzuerlegen, die Grundsätze der katholischen Glaubens- und Sittenlehre anzuerkennen und zu beachten, wie dies in Art. 4 Abs. 1 der Grundordnung vorgesehen ist. Die Glaubwürdigkeit von Kirchen könne vom Verhalten ihrer in ein Arbeitsverhältnis zu ihnen tretenden Mitglieder abhängen und davon, ob sie die kirchliche Ordnung - auch in ihrer Lebensführung - respektieren. Die Art. 4 und

5 der Grundordnung würden bestimmen, welche Maßstäbe für die Bewertung vertraglicher Loyalitätspflichten gelten und welche Schwere dem Loyalitätsverstoß zukommen würde.

[21] Das Bundesarbeitsgericht fügte hinzu, die Besonderheit der Loyalitätsobliegenheiten sei darin begründet, dass diese nicht so sehr die Arbeitspflichten betreffen würden, sondern Verhaltensweisen aus dem Bereich der Nebenpflichten oder sogar der Privatsphäre. Es betonte, dass zu den Grundsätzen der katholischen Glaubens- und Sittenlehre die herausragende Bedeutung der Ehe gehöre. Diese sei nicht nur ein Bund und ein Vertrag, vielmehr auch ein Sakrament. Selbst wenn der Ehebruch nach der Neufassung des Codex Iuris Canonici im Jahre 1983 nicht länger als Verbrechen angesehen werde, zeichne sich die Ehe weiterhin durch ihre Unauflöslichkeit, lebenslange und ausschließliche Natur aus.

[22] Das Bundesarbeitsgericht betonte, die Arbeitsgerichte seien bei der Anwendung des staatlichen Arbeitsrechts an die Vorgaben der Religionsgemeinschaften gebunden, soweit diese den anerkannten Maßstäben der verfassten Kirchen Rechnung trügen. Die Arbeitsgerichte dürften sich jedoch durch die Anwendung dieser Vorgaben nicht in Widerspruch zu den Grundprinzipien der Rechtsordnung begeben, wie sie im allgemeinen Willkürverbot, dem Begriff der „guten Sitten" und des „ordre public" niedergelegt seien. Nach der Rechtsprechung des Bundesverfassungsgerichts (Rn 35 unten) hätten die Arbeitsgerichte sicherzustellen, dass die Religionsgemeinschaften keine unannehmbaren Anforderungen an die Loyalität ihrer Arbeitnehmer stellen. Das Bundesarbeitsgericht vertrat die Auffassung, die Vorstellung der Katholischen Kirche über die eheliche Treue stehe nicht in Widerspruch zu den Grundprinzipien der Rechtsordnung. Nach Art. 6 GG stehe die Ehe unter einem besonderen Schutz, und der Ehebruch würde vom bürgerlichen Recht als schwerwiegendes Fehlverhalten betrachtet. Das Bundesarbeitsgericht führte aus, es habe schon in seinem Urteil vom 24.4.1997 darauf hingewiesen, dass der Ehebruch nach Ansicht der Katholischen Kirche als schwerwiegendes Fehlverhalten zu betrachten sei (vorerwähnte Rechtssache O. ./. Deutschland, Rn 15).

[23] Das Bundesarbeitsgericht folgerte, dass das Berufungsgericht das Verhalten des Beschwerdeführers zu Recht als eine schwerwiegende persönliche sittliche Verfehlung iSv Art. 5 Abs. 2 der Grundordnung und damit an sich als Kündigungsgrund iSv Art. 1 Abs. 2 des Kündigungsschutzgesetzes angesehen hatte. Es stellte fest, die Ansicht des Beschwerdeführers, wonach allein die Wiederheirat - die nach dem Verständnis der Katholischen Kirche ungültig war - mit einer solchen schwerwiegenden Verfehlung gleichzusetzen sei, sei weder der Grundordnung noch anderen Vorschriften zu entnehmen.

D. Das Verfahren nach der Zurückverweisung

[24] Das Landesarbeitsgericht Düsseldorf hat am 3.2.2000 (-7 Sa 425/98- n.v.) nach Zurückverweisung des Rechtsstreits der Berufung der Kirchengemeinde gegen das Urteil des Arbeitsgerichts vom 9.12.1997 stattgegeben. Nachdem der Dechant als Partei vernommen worden war und der Beschwerdeführer eingeräumt hatte, dass er seine neue Lebensbeziehung mit seiner Prozessbevollmächtigten bei seinem Gespräch mit dem Dechanten am 2.7.1997 als endgültig bezeichnet hatte, hat das Gericht erkannt, dass die Kirchengemeinde die Kündigung in Übereinstimmung mit Art. 5 Abs. 1 der Grundordnung ausgesprochen hat. Nach den Aussagen des Dechanten in der mündlichen Verhandlung, denen der Vorzug vor den Aussagen des Beschwerdeführers zu geben sei, habe in der Tat ein Gespräch zwischen den beiden Betroffenen stattgefunden. Angesichts des beharrlichen Standpunkts des Beschwerdeführers in Bezug auf seine neue Beziehung hätten der Dechant und die Kirchengemeinde zu Recht annehmen können, dass eine vorherige Abmahnung überflüssig sei.

[25] Das Landesarbeitsgericht legte dar, es verkenne die Konsequenzen der gegen den Beschwerdeführer ausgesprochenen Kündigung nicht, der seinen Beruf wahrscheinlich nicht mehr ausführen und seinen Unterhaltspflichten nicht mehr im bisherigen Umfang nachkommen könne. Es räumte aber ein, dass die Kirchengemeinde den Beschwerdeführer nicht weiterbeschäftigen konnte, ohne jegliche Glaubwürdigkeit hinsichtlich der Verbindlichkeit der Sittengesetze zu verlieren. In diesem Zusammenhang müsse berücksichtigt werden, dass der Beschwerdeführer zwar nicht zu den Mitarbeitern gehörte, für die nach Art. 5 Abs. 3 der Grundordnung gesteigerte Loyalitätsanforderungen gelten, seine Tätigkeit aber eine große Nähe zu dem Verkündigungsauftrag der Kirche aufwies. Ein weiteres Zusammenwirken des Beschwerdeführers mit dem Dechanten bei der Messfeier sei nach Außen nicht vermittelbar. Dem Berufungsgericht zufolge würden die Interessen der Kirchengemeinde gegenüber den Interessen des Beschwerdeführers deutlich überwiegen.

[26] Mit Beschluss vom 29.5.2000 (-2 AZN 257/00- n.v.) hat das Bundesarbeitsgericht die Beschwerde des Beschwerdeführers gegen die Nichtzulassung seiner Revision als unzulässig verworfen.

[27] Am 8.7.2002 hat das Bundesverfassungsgericht (-2 BvR 1160/00- n.v.) die Verfassungsbeschwerde des Beschwerdeführers mangels hinreichender Aussicht auf Erfolg nicht zur Entscheidung angenommen. Nach seiner Auffassung begegneten die angegriffenen Entscheidungen keinen verfassungsrechtlichen Bedenken im Hinblick auf seine Entscheidung vom 4.6.1985 (Rn 35 unten).

[28] Seit September 2002 ist der Beschwerdeführer bei einer protestantischen Kirchengemeinde in Essen als Chorleiter beschäftigt und leitet in ehrenamtlicher Tätigkeit drei Chöre.

E. Weitere Verfahren

[29] Am 22.12.1997 sprach die Kirchengemeinde eine zweite Kündigung zum 1.7.1998 aus. Am 4.12.1998 wies das Arbeitsgericht die Klage des Beschwerdeführers ab, die Kündigung für nichtig zu erklären. Das Verfahren ist noch beim Landesarbeitsgericht Düsseldorf anhängig.

II. Das einschlägige innerstaatliche und gemeinschaftliche Recht und die einschlägige innerstaatliche und gemeinschaftliche Praxis

A. Allgemeiner Kontext

1. Stellung der Kirchen und Religionsgemeinschaften im deutschen Recht

[30] Die Rechtsstellung der Kirchen und Religionsgesellschaften richtet sich insbesondere nach den Art. 137 bis 141 (sogenannte Kirchenartikel) der Weimarer Reichsverfassung vom 11.8.1919, die durch Art. 140 GG in das Grundgesetz aufgenommen wurden. Eine große Anzahl an Kirchen und Religionsgesellschaften, darunter die Katholische Kirche (etwa 24,9 Millionen Mitglieder) sowie die Evangelische Kirche in Deutschland (etwa 24,5 Millionen Mitglieder), die gemeinhin als die beiden Großkirchen bezeichnet werden, verfügen über eine Rechtsstellung als juristische Person des öffentlichen Rechts, sind aber dennoch nicht Teil der öffentlichen Gewalt. Die anderen Religionsgesellschaften sind rechtsfähig aufgrund des bürgerlichen Rechts. Aufgrund ihrer Stellung als juristische Person des öffentlichen Rechts können die betroffenen Kirchen Kirchensteuer erheben und Beamte beschäftigen.

[31] Die Katholische Kirche und die Evangelische Kirche beschäftigen insbesondere in ihren karitativen und wohltätigen Organisationen mehr als eine Million Menschen, sie sind daher nach dem Staat der bedeutendste Arbeitgeber in Deutschland. Ihre größten karitativen Organisationen, die (katholische) Caritas und die (evangelische) Diakonie beschäftigen ihrerseits jeweils fast 500.000 bzw. 450.000 Personen als Mitarbeiter. Ihre Tätigkeiten betreffen insbesondere die Verwaltung von Krankenhäusern, Schulen, Kindergärten, Heimen für Kinder oder Senioren und Beratungszentren (AIDS, Migrationsfragen, Frauen in Not). Die Katholische und die Evangelische Kirche begreifen ihre sozialen Tätigkeiten als Teil ihres Verkündigungsauftrags und als praktische Umsetzung des Gebots der Nächstenliebe.

[32] Das Recht, das die Arbeitsbeziehungen zwischen den Kirchen und ihren Amtsträgern regelt, lehnt sich an das öffentliche Dienstrecht an. Im Hinblick auf die Beschäftigten kommt das staatliche Arbeitsrecht zur Anwendung, allerdings mit gewissen Ausnahmen aufgrund des Selbstbestimmungsrechts der Kirchen. Letzteres gibt ihnen die Möglichkeit, ihren Bediensteten besondere Loyalitätsobliegenheiten aufzugeben (siehe unten). Im Übrigen unterliegen die Kirchen und ihre Institutionen nicht dem staatlichen Mitbestimmungsrecht im

Hinblick auf das Tarifvertragsrecht. Da ihre Tätigkeiten insbesondere im karitativen und wohltätigen Bereich dem Leitbild einer christlichen Dienstgemeinschaft folgen, die von allen Mitarbeitern gebildet wird, akzeptieren sie die Rechtsstrukturen nicht, die auf einer grundsätzlichen Gegensätzlichkeit zwischen Arbeitgeber und Arbeitnehmer beruhen. Die Katholische Kirche sowie die meisten Evangelischen Kirchen lehnen es daher ab, Tarifverträge mit den Gewerkschaften zu schließen, Streikrecht oder Aussperrung gibt es in ihren Einrichtungen nicht. Sie haben dagegen ihre eigenen Vertretungs- und Mitbestimmungssysteme für ihre Mitarbeiter geschaffen.

[33] Da sie die Stellung einer juristischen Person des öffentlichen Rechts bekleiden, sind die Kirchen und Religionsgesellschaften im Hinblick auf ihre Finanzierung befugt, Kirchensteuer zu erheben, die einen Großteil (etwa 80%) ihres Gesamtbudgets ausmacht. Die Kirchensteuer wird von den staatlichen Behörden für die Kirchen und Religionsgesellschaften eingezogen, diese überweisen als Gegenleistung eine Entschädigung in Höhe von 3 bis 5% des Kirchensteuerertrags an den Staat. Diese Steuer ist an die Lohnsteuer angelehnt und beträgt 8 bis 9% der Lohnsteuer. Sie wird vom Arbeitgeber des Steuerzahlers unmittelbar mit der Lohnsteuer an das Finanzamt abgeführt. Dazu stellen die Gemeinden für jeden Steuerzahler eine Lohnsteuerkarte aus, die der Arbeitnehmer seinem Arbeitgeber zu übermitteln hat. Die Lohnsteuerkarte enthält bestimmte persönliche Angaben des Arbeitnehmers, darunter die Steuerklasse, Abschläge für unterhaltsberechtigte Kinder sowie die Zugehörigkeit zu einer zur Erhebung von Kirchensteuer berechtigten Kirche oder Religionsgesellschaft.

2. Art. 140 des Grundgesetzes bestimmt, dass die Art. 136 bis 139 und Art. 141 (sog. Kirchenartikel) der Weimarer Reichsverfassung vom 11.8.1919 Bestandteil des Grundgesetzes sind. Art. 137 lautet wie folgt:

> „Art. 137
> (1) Es besteht keine Staatskirche.
> (2) Die Freiheit der Vereinigung zu Religionsgesellschaften wird gewährleistet. (...)
> (3) Jede Religionsgesellschaft ordnet und verwaltet ihre Angelegenheiten selbständig innerhalb der Schranken des für alle geltenden Gesetzes. Sie verleiht ihre Ämter ohne Mitwirkung des Staates oder der bürgerlichen Gemeinde.
> (4) Religionsgesellschaften erwerben die Rechtsfähigkeit nach den allgemeinen Vorschriften des bürgerlichen Rechts.
> (5) Die Religionsgesellschaften bleiben Körperschaften des öffentlichen Rechtes, soweit sie solche bisher waren. Anderen Religionsgesellschaften sind auf ihren Antrag gleiche Rechte zu gewähren, wenn sie durch ihre Verfassung und die Zahl ihrer Mitglieder die Gewähr der Dauer bieten (...).
> (6) Die Religionsgesellschaften, welche Körperschaften des öffentlichen Rechtes sind, sind berechtigt, auf Grund der bürgerlichen Steuerlisten nach Maßgabe der landesrechtlichen Bestimmungen Steuern zu erheben.

(7) Den Religionsgesellschaften werden die Vereinigungen gleichgestellt, die sich die gemeinschaftliche Pflege einer Weltanschauung zur Aufgabe machen.
(8) Soweit die Durchführung dieser Bestimmungen eine weitere Regelung erfordert, liegt diese der Landesgesetzgebung ob.

3. Das Urteil des Bundesverfassungsgerichts vom 4. Juni 1985

[35] Das Bundesverfassungsgericht hat am 4.6.1985 eine Grundsatzentscheidung zur Wirksamkeit von Kündigungen erlassen, die kirchliche Einrichtungen gegen in ihren Diensten stehende Arbeitnehmer wegen Verletzung von Loyalitätsobliegenheiten ausgesprochen haben (-2 BvR 1703/83, 1718/83 und 856/84-BVerfGE 70, 138, KirchE 23, 105). Gegenstand dieser Verfassungsbeschwerden war einerseits die Kündigung eines in einem katholischen Krankenhaus beschäftigten Arztes wegen seines Standpunkts zum Thema Abtreibung und andererseits die Kündigung eines kaufmännischen Angestellten eines Jugendwohnheimes, das von einer Ordensgemeinschaft der Katholischen Kirche geführt wird, wegen seines Austritts aus der Katholischen Kirche. Nachdem die Arbeitsgerichte den beiden gekündigten Personen Recht gegeben hatten, haben die Kirchen das Bundesverfassungsgericht angerufen. Dieses hatte ihren Beschwerden stattgegeben.

Das hohe Gericht hat daran erinnert, dass das Recht der Religionsgemeinschaften, ihre Angelegenheiten in den Schranken des für alle geltenden Gesetzes nach Maßgabe des Art. 137 Abs. 3 WRV nach ihrem Selbstverständnis zu regeln, nicht nur für die Kirchen gelten würde, sondern ohne Rücksicht auf ihre Rechtsform auch für alle der Kirche in bestimmter Weise zugeordneten Einrichtungen, wenn sie ein Stück des Auftrags der Kirche wahrnehmen. Bestandteil dieser Verfassungsgarantie sei das Recht der Kirchen, das für die Erfüllung ihres Auftrags erforderliche Personal auszuwählen und somit Arbeitsverträge abzuschließen. Bedienen sich die Kirchen wie jedermann der Privatautonomie zur Begründung von Arbeitsverhältnissen, würde auf diese das staatliche Arbeitsrecht Anwendung finden. Die Anwendung des Arbeitsrechts würde aber nicht dazu führen, die Zugehörigkeit der Arbeitsverhältnisse zu den eigenen Angelegenheiten der Kirche aufzuheben. Die Verfassungsgarantie des Selbstbestimmungsrechts der Kirchen bleibe für die Gestaltung von Arbeitsverhältnissen wesentlich. So könne eine Kirche im Interesse der eigenen Glaubwürdigkeit ihre Arbeitsverträge auf das Leitbild einer christlichen Dienstgemeinschaft stützen und demnach von den ihr angehörenden Arbeitnehmern die Beachtung der tragenden Grundsätze der kirchlichen Glaubens- und Sittenlehre verlangen sowie der fundamentalen Verpflichtungen, die jedem Kirchenmitglied obliegen. Durch all das würde die Rechtsstellung des kirchlichen Arbeitnehmers aber keineswegs „klerikalisiert“. Es ginge vielmehr ausschließlich um den Inhalt und Umfang der vertraglich begründeten Loyalitätsobliegenheiten. Dies führe nicht dazu, dass aus dem bürgerlich-rechtlichen Arbeitsverhältnis eine Art kirchliches Statusverhältnis wird, das die Person total ergreift und ihre private Lebensführung voll umfasst.

Das Bundesverfassungsgericht hat ebenfalls dargelegt, dass die Gestaltungsfreiheit der Kirchen unter dem Vorbehalt des für alle geltenden Gesetzes stehe, einschließlich der Vorschriften zum Schutz vor ungerechtfertigten Kündigungen, wie den §§ 1 KSchG und 626 BGB. Dies würde aber nicht bedeuten, dass diese Bestimmungen den sog. Kirchenartikeln der Weimarer Reichsverfassung vorgehen würden. Somit müsse eine Abwägung der unterschiedlichen Rechte vorgenommen und dem Selbstverständnis der Kirchen ein besonderes Gewicht beigemessen werden. Das Bundesverfassungsgericht führte weiter aus:

> „Daraus folgt: Gewährleistet die Verfassungsgarantie des kirchlichen Selbstbestimmungsrechts, dass die Kirchen bei der arbeitsvertraglichen Gestaltung des kirchlichen Dienstes das Leitbild einer christlichen Dienstgemeinschaft zugrunde legen und die Verbindlichkeit kirchlicher Grundpflichten bestimmen können, so ist diese Gewährleistung bei der Anwendung des Kündigungsschutzrechts auf Kündigungen von Arbeitsverhältnissen wegen der Verletzung der sich daraus für die Arbeitnehmer ergebenden Loyalitätsobliegenheiten aus verfassungsrechtlichen Gründen zu berücksichtigen und ihre Tragweite festzustellen. Eine Rechtsanwendung, bei der die vom kirchlichen Selbstverständnis her gebotene Verpflichtung der kirchlichen Arbeitnehmer auf grundlegende Maximen kirchlichen Lebens arbeitsrechtlich ohne Bedeutung bliebe, widerspräche dem verfassungsverbürgten Selbstbestimmungsrecht der Kirchen.
> Daraus ergibt sich: Im Streitfall haben die Arbeitsgerichte die vorgegebenen kirchlichen Maßstäbe für die Bewertung vertraglicher Loyalitätspflichten zugrunde zu legen, soweit die Verfassung das Recht der Kirchen anerkennt, hierüber selbst zu befinden. Es bleibt danach grundsätzlich den verfassten Kirchen überlassen, verbindlich zu bestimmen, was ‚die Glaubwürdigkeit der Kirche und ihrer Verkündigung erfordert', was ‚spezifisch kirchliche Aufgaben' sind, was ‚Nähe' zu ihnen bedeutet, welches die ‚wesentlichen Grundsätze der Glaubens- und Sittenlehre' sind und was als - gegebenenfalls schwerer - Verstoß gegen diese anzusehen ist. Auch die Entscheidung darüber, ob und wie innerhalb der im kirchlichen Dienst tätigen Mitarbeiter eine ‚Abstufung' der Loyalitätspflichten eingreifen soll, ist grundsätzlich eine dem kirchlichen Selbstbestimmungsrecht unterliegende Angelegenheit.
> Soweit diese kirchlichen Vorgaben den anerkannten Maßstäben der verfassten Kirchen Rechnung tragen, was in Zweifelsfällen durch entsprechende gerichtliche Rückfragen bei den zuständigen Kirchenbehörden aufzuklären ist, sind die Arbeitsgerichte an sie gebunden, es sei denn, die Gerichte begäben sich dadurch in Widerspruch zu Grundprinzipien der Rechtsordnung, wie sie im allgemeinen Willkürverbot sowie in dem Begriff der ‚guten Sitten' und des ordre public ihren Niederschlag gefunden haben. Es bleibt in diesem Bereich somit Aufgabe der staatlichen Gerichtsbarkeit sicherzustellen, dass die kirchlichen Einrichtungen nicht in Einzelfällen unannehmbare Anforderungen - insoweit möglicherweise entgegen den Grundsätzen der eigenen Kirche und der daraus folgenden Fürsorgepflicht - an die Loyalität ihrer Arbeitnehmer stellen.
> Kommen sie hierbei zur Annahme einer Verletzung solcher Loyalitätsobliegenheiten, so

ist die weitere Frage, ob diese Verletzung eine Kündigung des kirchlichen Arbeitsverhältnisses sachlich rechtfertigt, nach den kündigungsschutzrechtlichen Vorschriften der §§ 1 KSchG, 626 BGB zu beantworten(...)“

B. Die Kündigungsvorschriften

[36] In § 1 Abs. 1 und 2 KSchG des Kündigungsschutzgesetzes heißt es insbesondere, dass eine Kündigung sozial ungerechtfertigt ist, wenn sie nicht durch Gründe, die in der Person oder in dem Verhalten des Arbeitnehmers liegen, bedingt ist.

§ 626 BGB erlaubt jeder Vertragspartei das Dienstverhältnis aus wichtigem Grund ohne Einhaltung einer Kündigungsfrist zu kündigen.

C. Die Vorschriften der Katholischen Kirche

1. Die Kirchliche Arbeits- und Vergütungsverordnung

[37] § 2 Absatz 2 Buchst. b der Kirchlichen Arbeits- und Vergütungsverordnung für die (Erz)diözesen Aachen, Essen, Köln, Münster (Teil Nordrhein-Westfalen) und Paderborn vom 15.12.1971 in der bis zum 1.1.1994 geltenden Fassung forderte, dass die Lebensführung des Arbeitnehmers und der in seinem Haushalt lebenden Personen den Grundsätzen der katholischen Glaubens- und Sittenlehre entsprechen solle.

§ 6 sah vor, dass zu den Pflichten des Arbeitnehmers gehörte, sich in Wort und Tat zu den Grundsätzen der Katholischen Kirche zu bekennen und sich so zu verhalten, wie es von den Angehörigen des kirchlichen Dienstes erwartet wird.

Die geltende Fassung von § 42 Abs. 1 bestimmt insbesondere, dass als wichtiger Grund für eine fristlose Kündigung auch ein grober äußerer Verstoß gegen die kirchlichen Grundsätze gilt, wozu beispielsweise der Kirchenaustritt gehört.

2. Die Grundordnung der Katholischen Kirche

[38] Die einschlägigen Passagen der Art. 4 und 5 der Grundordnung der Katholischen Kirche für den kirchlichen Dienst im Rahmen kirchlicher Arbeitsverhältnisse, die von der Deutschen Bischofskonferenz am 22.9.1993 verabschiedet und durch den Diözesanbischof des Bistums Essen mit Wirkung vom 1.1.1994 in Kraft gesetzt wurde, lauten wie folgt:

> „Art. 4
> Loyalitätsobliegenheiten
> (1) Von den katholischen Mitarbeiterinnen und Mitarbeitern wird erwartet, dass sie die Grundsätze der katholischen Glaubens- und Sittenlehre anerkennen und beachten. Insbesondere im pastoralen, katechetischen und erzieherischen Dienst sowie bei Mitarbeiterinnen und Mitarbeitern, die aufgrund einer Missio canonica tätig sind, ist das persönliche Lebenszeugnis im Sinne der Grundsätze der katholischen Glaubens- und Sittenlehre erforderlich. Dies gilt auch für leitende Mitarbeiterinnen und Mitarbeiter.
> (...)

(4) Alle Mitarbeiterinnen und Mitarbeiter haben kirchenfeindliches Verhalten zu unterlassen. Sie dürfen in ihrer persönlichen Lebensführung und in ihrem dienstlichen Verhalten die Glaubwürdigkeit der [katholischen] Kirche und der Einrichtung, in der sie beschäftigt sind, nicht gefährden.
Art. 5
Verstöße gegen Loyalitätsobliegenheiten
(1) Erfüllt eine Mitarbeiterin oder ein Mitarbeiter die Beschäftigungsanforderungen nicht mehr, so muss der Dienstgeber durch Beratung versuchen, dass die Mitarbeiterin oder der Mitarbeiter diesen Mangel auf Dauer beseitigt. Im konkreten Fall ist zu prüfen, ob schon ein solches klärendes Gespräch oder eine Abmahnung, ein formeller Verweis oder eine andere Maßnahme (z.B. Versetzung, Änderungskündigung) geeignet sind, dem Obliegenheitsverstoß zu begegnen. Als letzte Maßnahme kommt eine Kündigung in Betracht.
(2) Für eine Kündigung aus kirchenspezifischen Gründen sieht die Kirche insbesondere folgende Loyalitätsverstöße als schwerwiegend an:
- Verletzungen der gem. Art. 3 und 4 von einer Mitarbeiterin oder einem Mitarbeiter zu erfüllenden Obliegenheiten, insbesondere Kirchenaustritt, öffentliches Eintreten gegen tragende Grundsätze der katholischen Kirche (z.B. hinsichtlich der Abtreibung) und schwerwiegende persönliche sittliche Verfehlungen,
- Abschluss einer nach dem Glaubensverständnis und der Rechtsordnung der Kirche ungültigen Ehe (...)
(3) Ein nach Abs. 2 generell als Kündigungsgrund in Betracht kommendes Verhalten schließt die Möglichkeit einer Weiterbeschäftigung aus, wenn es begangen wird von pastoral, katechetisch oder leitend tätigen Mitarbeiterinnen und Mitarbeitern oder Mitarbeiterinnen und Mitarbeitern, die aufgrund einer Missio canonica tätig sind. Von einer Kündigung kann ausnahmsweise abgesehen werden, wenn schwerwiegende Gründe des Einzelfalles diese als unangemessen erscheinen lassen.
(4) Wird eine Weiterbeschäftigung nicht bereits nach Abs. 3 [der Grundordnung] ausgeschlossen, so hängt im übrigen die Möglichkeit einer Weiterbeschäftigung von den Einzelfallumständen ab, insbesondere vom Ausmaß einer Gefährdung der Glaubwürdigkeit von Kirche und kirchlicher Einrichtung, von der Belastung der kirchlichen Dienstgemeinschaft, der Art der Einrichtung, dem Charakter der übertragenen Aufgabe, deren Nähe zum kirchlichen Verkündigungsauftrag, von der Stellung der Mitarbeiterin oder des Mitarbeiters in der Einrichtung sowie von der Art und dem Gewicht der Obliegenheitsverletzung. Dabei ist auch zu berücksichtigen, ob eine Mitarbeiterin oder ein Mitarbeiter die Lehre der Kirche bekämpft oder sie anerkennt, aber im konkreten Fall versagt."

D. Die Regelungen der Evangelischen Kirche im Hinblick auf die Beschäftigung von Kirchenmusikern

[39] Aufgrund von § 2 Abs. 3 des Kirchengesetzes über den kirchenmusikalischen Dienst in der Evangelischen Kirche der Union (EKU) (Kirchenmusikgesetz) vom 15.6.1996 muss ein von der Evangelischen Kirche angestellter Kirchenmusiker grundsätzlich einer Gliedkirche der Evangelischen Kirche in Deutschland oder einer Kirche angehören, mit der die Evangelische Kirche der Union in Kirchengemeinschaft steht. Aufgrund von § 21 Absatz 2 dieses Gesetzes iVm § 7 Abs. 1 des Ausführungsgesetzes zum Kirchenmusikgesetz vom 13.11.1997

kann in Ausnahmefällen im kirchenmusikalischen Dienst im Nebenamt auch angestellt werden, wer Mitglied einer christlichen Kirche oder Gemeinschaft ist, die der Arbeitsgemeinschaft Christlicher Kirchen in Deutschland angeschlossen ist. Dazu gehört die Römisch-Katholische Kirche. Nach der Ordnung für den Dienst nebenamtlicher Kirchenmusiker vom 18.11.1988 beträgt die durchschnittliche Wochenarbeitszeit eines solchen Kirchenmusikers im Nebenamt weniger als achtzehn Stunden.

E. Die gesetzlichen Bestimmungen betreffend die Gleichbehandlung

1. Die Richtlinie 2000/78/EG vom 27.11.2000

[40] In der Richtlinie 2000/78/EG des Rates vom 27.11.2000 zur Festlegung eines allgemeinen Rahmens für die Verwirklichung der Gleichbehandlung in Beschäftigung und Beruf heißt es:

> „Erwägungsgrund (24)
> Die Europäische Union hat in ihrer der Schlussakte zum Vertrag von Amsterdam beigefügten Erklärung Nr. 11 zum Status der Kirchen und weltanschaulichen Gemeinschaften ausdrücklich anerkannt, dass sie den Status, den Kirchen und religiöse Vereinigungen oder Gemeinschaften in den Mitgliedstaaten nach deren Rechtsvorschriften genießen, achtet und ihn nicht beeinträchtigt und dass dies in gleicher Weise für den Status von weltanschaulichen Gemeinschaften gilt. Die Mitgliedstaaten können in dieser Hinsicht spezifische Bestimmungen über die wesentlichen, rechtmäßigen und gerechtfertigten beruflichen Anforderungen beibehalten oder vorsehen, die Voraussetzung für die Ausübung einer diesbezüglichen beruflichen Tätigkeit sein können.
> Art. 4 Berufliche Anforderungen
> (1) (...) können die Mitgliedstaaten vorsehen, dass eine Ungleichbehandlung wegen [der Religion oder der Weltanschauungen] keine Diskriminierung darstellt, wenn das betreffende Merkmal aufgrund der Art einer bestimmten beruflichen Tätigkeit oder der Bedingungen ihrer Ausübung eine wesentliche und entscheidende berufliche Anforderung darstellt, sofern es sich um einen rechtmäßigen Zweck und eine angemessene Anforderung handelt.
> (2) Die Mitgliedstaaten können in Bezug auf berufliche Tätigkeiten innerhalb von Kirchen und anderen öffentlichen oder privaten Organisationen, deren Ethos auf religiösen Grundsätzen oder Weltanschauungen beruht, Bestimmungen in ihren (...) geltenden Rechtsvorschriften beibehalten oder in künftigen Rechtsvorschriften Bestimmungen vorsehen, die zum Zeitpunkt der Annahme dieser Richtlinie bestehende einzelstaatliche Gepflogenheiten widerspiegeln und wonach eine Ungleichbehandlung wegen der Religion oder Weltanschauung einer Person keine Diskriminierung darstellt, wenn die Religion oder die Weltanschauung dieser Person nach der Art dieser Tätigkeiten oder der Umstände ihrer Ausübung eine wesentliche, rechtmäßige und gerechtfertigte berufliche Anforderung angesichts des Ethos der Organisation darstellt. (...).
> Sofern die Bestimmungen dieser Richtlinie im übrigen eingehalten werden, können die Kirchen und anderen öffentlichen oder privaten Organisationen, deren Ethos auf religiösen Grundsätzen oder Weltanschauungen beruht, im Einklang mit den einzelstaatlichen verfassungsrechtlichen Bestimmungen und Rechtsvorschriften von den für sie arbeiten-

den Personen verlangen, dass sie sich loyal und aufrichtig im Sinne des Ethos der Organisation verhalten.“

2. Das Allgemeine Gleichbehandlungsgesetz

[41] Der deutsche Gesetzgeber hat die Richtlinie mit der Verabschiedung des Gesetzes zur Umsetzung europäischer Richtlinien zur Verwirklichung des Grundsatzes der Gleichbehandlung (Allgemeines Gleichbehandlungsgesetz) vom 14.8.2006 in internes Recht umgesetzt. § 9 dieses Gesetzes lautet wie folgt:

> „(1) Ungeachtet des § 8 ist eine unterschiedliche Behandlung wegen der Religion oder der Weltanschauung bei der Beschäftigung durch Religionsgemeinschaften, die ihnen zugeordneten Einrichtungen ohne Rücksicht auf ihre Rechtsform oder durch Vereinigungen, die sich die gemeinschaftliche Pflege einer Religion oder Weltanschauung zur Aufgabe machen, auch zulässig, wenn eine bestimmte Religion oder Weltanschauung unter Beachtung des Selbstverständnisses der jeweiligen Religionsgemeinschaft oder Vereinigung im Hinblick auf ihr Selbstbestimmungsrecht oder nach der Art der Tätigkeit eine gerechtfertigte berufliche Anforderung darstellt.
> (2) Das Verbot unterschiedlicher Behandlung wegen der Religion oder der Weltanschauung berührt nicht das Recht der in Absatz 1 genannten Religionsgemeinschaften, der ihnen zugeordneten Einrichtungen ohne Rücksicht auf ihre Rechtsform oder der Vereinigungen, die sich die gemeinschaftliche Pflege einer Religion oder Weltanschauung zur Aufgabe machen, von ihren Beschäftigten ein loyales und aufrichtiges Verhalten im Sinne ihres jeweiligen Selbstverständnisses verlangen zu können.“

[42] Am 31.1.2008 hat die Europäische Kommission im Hinblick auf die Umsetzung der Richtlinie 2000/78/EG in innerstaatliches Recht ein Aufforderungsschreiben an die Bundesrepublik Deutschland gerichtet (Verfahren Nr. 2007/2362), das unter anderem die „Kündigung betrifft, die durch das Antidiskriminierungsgesetz nicht gedeckt ist.“ Sie hat festgestellt, dass, während die Richtlinie eine unterschiedliche Behandlung nur erlaubt, wenn die Religion oder die Weltanschauung eine wesentliche, rechtmäßige und gerechtfertigte berufliche Anforderung angesichts des Ethos der Organisation darstellt, § 9 Absatz 1 des Allgemeinen Gleichbehandlungsgesetz eine unterschiedliche Behandlung auch dann vorsieht, wenn die Religion oder Weltanschauung im Hinblick auf ihr Selbstbestimmungsrecht oder nach der Art der Tätigkeit eine gerechtfertigte berufliche Anforderung darstellt. Da ein derartiger Unterschied durch den Wortlaut der Richtlinie nicht gedeckt ist, entsprach die Art der Umsetzung nach Auffassung der Europäischen Kommission nicht den Zielen der Richtlinie. Eine solche Umsetzung würde dazu führen, dass eine Religionsgemeinschaft eine berufliche Anforderung allein aufgrund ihres Selbstbestimmungsrechts festlegen könnte, ohne dass diese Anforderung in Bezug auf die konkrete Tätigkeit einer Verhältnismäßigkeitsprüfung unterworfen werden könnte. Während Art. 4 Absatz 2 der Richtlinie auf eine wesentliche und entscheidende berufliche Anforderung abstellt, würde § 9 Abs. 1 des Allgemeinen

Gleichbehandlungsgesetzes diesen Begriff zudem auf die gerechtfertigte berufliche Anforderung verkürzen und somit die Vorgaben der Richtlinie schwächen. Die Europäische Kommission vertrat ebenfalls die Auffassung, dass das Ethos der Organisation zwar eine Rolle für die Bestimmung der beruflichen Anforderung spiele, jedoch nicht das alleinige Kriterium bleiben könne, denn wenn dies so wäre, bestünde die Gefahr, dass die deutsche Regelung diese Differenzierung nicht sicherzustellen vermöge und vielmehr bei einfachen Hilfstätigkeiten besondere Anforderungen an die Religionszugehörigkeit gestellt würden.

Am 29.10.2009 hat die Europäische Kommission eine begründete Stellungnahme an Deutschland gerichtet. Aus einer an demselben Tag veröffentlichten Pressemitteilung (IP/09/1620) geht hervor, dass die Kommission in dieser Stellungnahme unter anderem darauf einging, dass der Schutz gegen diskriminierende Kündigungen durch das deutsche Antidiskriminierungsgesetz nicht gewährleistet ist. Bis heute sind weder die Antwort der Regierung auf das Aufforderungsschreiben, noch die begründete Stellungnahme der Kommission oder die Antwort der Regierung auf diese Stellungnahme bekannt gegeben worden.

RECHTLICHE WÜRDIGUNG

I. Die behauptete Verletzung des Art. 8 der Konvention

[43] Der Beschwerdeführer rügt, dass ihm nur gekündigt worden sei, weil er eine außereheliche Beziehung zu seiner neuen Lebensgefährtin unterhalte. Er beruft sich auf Art. 8 Absatz 1 der Konvention, dessen einschlägiger Passus wie folgt lautet:

> „(1) Jede Person hat das Recht auf Achtung ihres Privat- und Familienlebens (...)
> (2) Eine Behörde darf in die Ausübung dieses Rechts nur eingreifen, soweit der Eingriff gesetzlich vorgesehen und in einer demokratischen Gesellschaft notwendig ist (...) zum Schutz der Gesundheit oder der Moral oder zum Schutz der Rechte und Freiheiten anderer."

[44] Die Regierung bestreitet diese Behauptung.

A. Zur Zulässigkeit

[45] Der Gerichtshof stellt fest, dass die Beschwerde nicht offensichtlich unbegründet iSv Art. 35 Abs. 3 der Konvention ist. Der Gerichtshof stellt ferner fest, dass in Bezug auf die Rüge kein anderer Unzulässigkeitsgrund vorliegt. Die Beschwerde ist daher für zulässig zu erklären.

B. Zur Hauptsache

1. Stellungnahme der Parteien

a) Der Beschwerdeführer

[46] Der Beschwerdeführer behauptet, die Arbeitsgerichte hätten die in Rede stehenden Interessen unzureichend gewürdigt und abgewogen. Dies führe zu einem Rechtsprechungs-Automatismus zugunsten der Kirchen, die dem Betroffenen zufolge im deutschen Recht einen privilegierten Status innehaben, den keine andere wohltätige Organisation genieße. Sein Recht auf Achtung seines Privatlebens oder seiner Intimsphäre sei von den Arbeitsgerichten nicht geprüft worden. Art. 8 der Konvention verleihe ihm aber das Recht, ein Lebensmodell aufzugeben und ein neues zu wählen. Der Betroffene behauptet, dass dieses Recht, auch wenn es das Recht der Kirchen, ihre Angelegenheiten selbständig zu regeln, nicht in Frage stelle, dennoch nicht so weit gehen dürfe, dass sie ihre Beschäftigten zwingen können, Glaubenssätze über den beruflichen Bereich hinaus zu befolgen. Er trägt vor, dass die Arbeitsgerichte ihre Rechtsprechung in völlig unvorhersehbarer Weise ausgedehnt hätten, da bisher eine Kündigung seines Wissens nur im Falle einer Wiederverheiratung und nicht aufgrund einer außerehelichen intimen Beziehung ausgesprochen werden durfte. Angesichts der Vielzahl der kirchlichen Gebote mangele es in dieser Hinsicht an Vorhersehbarkeit; die Kündigung hänge schließlich allein von den Ansichten des jeweiligen Personalverantwortlichen ab. Die Rolle des Arbeitsgerichts beschränke sich somit darauf, den Willen des kirchlichen Arbeitgebers auszuführen. Nach Ansicht des Beschwerdeführers liegt die Folge dieser Tendenz darin, dass der Arbeitgeber und das Arbeitsgericht veranlasst werden, sich zunehmend in das Privatleben der Beschäftigten einzumischen, um die als Grundlage für die Kündigung dienenden Fakten zu ermitteln und zu würdigen. Im Übrigen werde die Glaubwürdigkeit einer Kirche nicht dadurch erschüttert, dass der ein oder andere Beschäftigte einige kirchliche Regeln nicht genau beachte; darin manifestiere sich lediglich das typische Menschsein der fraglichen Person.

[47] Der Beschwerdeführer betont, bei Unterzeichnung seines Arbeitsvertrags mit der Katholischen Kirche nicht auf seine Privatsphäre verzichtet zu haben. Unter Berufung auf die Macht, die jeder Arbeitgeber bei einer Einstellung besitze, fügt er hinzu, dass er jedenfalls nicht in der Lage gewesen sei, § 2 des Arbeitsvertrags streichen zu lassen und dass diese Bestimmung im Übrigen nur eine Standardklausel sei. Er behauptet zudem, dass er bei Unterzeichnung des Vertrags im Jahr 1983 nicht vorhersehen konnte, dass er sich eines Tages von seiner Ehefrau trennen würde. Wie dem auch sei, da er weder kirchlicher Amtsträger noch Kleriker, sondern ein einfacher Mitarbeiter des liturgischen Dienstes ohne pastorale Verantwortung sei, habe er auch keinen gesteigerten

Loyalitätspflichten unterlegen. Der Beschwerdeführer stimmt zu, dass die Musik in der Liturgie eine besondere Rolle spielt, in seinen Augen feiert jeder Gläubige die Liturgie mit ihren Gesängen und Gebeten auf dieselbe Art wie der Organist. Der Betroffene erinnert auch daran, dass die Grundordnung erst zehn Jahre nach Unterzeichnung seines Arbeitsvertrages in Kraft getreten ist; sie sei daher nicht im Vertrag enthalten und könne aus diesem Grunde auch nicht als gesetzliche Grundlage für eine Kündigung dienen.

[48] Im Übrigen behauptet der Beschwerdeführer, dass er sich im Gegensatz zu den Betroffenen in den Sachen, die Gegenstand des Urteils des Bundesverfassungsgerichts waren (Rn 35 oben) weder öffentlich einem moralischen Grundsatz widersetzt habe, noch ein feindseliges Verhalten gegenüber der Katholischen Kirche und ihren moralischen Vorschriften gezeigt habe. Er sei im Gegenteil weiterhin katholisch und stelle den Sakramentscharakter, den die Ehe in den Augen der Katholischen Kirche hat, nicht infrage. Die schicksalhafte Trennung von seiner Frau aus rein persönlichen Gründen gehöre ausschließlich zu seiner Privatsphäre. Im Übrigen habe er nicht erneut geheiratet. Es sei nicht von ihm zu verlangen, wie das der Codex Iuris Canonici tue, dass er nach seiner Trennung und Scheidung bis ans Ende seiner Tage abstinent lebe. Er würde die innerkirchlichen Folgen seiner Wahl akzeptieren (Unmöglichkeit, die Kommunion zu empfangen), seine Kündigung sei jedoch eine zu schwere Konsequenz. Schließlich behauptet der Beschwerdeführer, dass der von der Regierung angeführte Ermessensspielraum nicht bestehe, denn in Deutschland interessiere sich die Öffentlichkeit immer weniger für Angelegenheiten der Wiederheirat, und die Europäische Richtlinie 2000/78/EG behandle lediglich die Frage der Einstellung und nicht die der Kündigung nach langer Beschäftigungsdauer. Unter Hinweis auf seine Ausbildung als katholischer Musiker weist er auch auf die Schwierigkeiten hin, anderenorts in der Katholischen Kirche eine Anstellung zu finden. Im Hinblick auf seine derzeitige Anstellung in einer evangelischen Gemeinde gibt er an, aufgrund seiner Zugehörigkeit zur katholischen Religion lediglich halbtags arbeiten zu können.

b) Die Regierung

[49] Die Regierung behauptet, dass die Katholische Kirche, zu der die Gemeinde St. Lambertus gehört, trotz ihres Status als juristische Person öffentlichen Rechts nicht der öffentlichen Gewalt angehört. Es habe also keinen Eingriff seitens der öffentlichen Gewalt in die Rechte des Beschwerdeführers gegeben. Die behauptete Verfehlung der Arbeitsgerichte könne demnach allein unter dem Aspekt der Schutzpflichten des Staates geprüft werden. Nun sei der Gestaltungsspielraum, da es keinen gemeinsamen Standard der Mitgliedstaaten gebe, weit, zumal es sich hier um einen Bereich handle, der mit Gefühlen, Traditionen

und der Religion verbunden sei. Die Regierung erinnert daran, dass die Europäische Kommission für Menschenrechte im Übrigen die Erwägungsgründe im Urteil des Bundesverfassungsgerichts vom 4.6.1985, auf die sich das Bundesarbeitsgericht in der vorliegenden Sache bezogen hat, bestätigt hatte (R. ./. Deutschland -Nr. 12242/86- Entscheidung der Kommission vom 6.9.1989, DR 62, 151, KirchE 42, 80).

[50] Die Regierung legt anschließend dar, dass die Arbeitsgerichte, die eine Streitigkeit zwischen zwei Rechteinhabern zu entscheiden haben, das Interesse des Beschwerdeführers und das Recht der Katholischen Kirche, ihre Angelegenheiten gem. Art. 137 der Weimarer Reichsverfassung selbstständig zu regeln, abzuwägen haben. Nach Auffassung der Regierung war das Arbeitsgericht bei der Anwendung der gesetzlichen Kündigungsvorschriften verpflichtet, die von der Katholischen Kirche niedergelegten Grundsätze zu berücksichtigen, denn aufgrund ihres Selbstbestimmungsrechts ist es Sache der Kirchen und Religionsgemeinschaften selbst, die von ihren Angestellten mit dem Ziel der Wahrung der Glaubwürdigkeit der Kirchen und Religionsgemeinschaften zu beachtenden Loyalitätsobliegenheiten zu definieren. Die Regierung ruft in Erinnerung, dass angesichts dieser Sachlage die Berücksichtigung der kirchlichen Glaubenssätze nicht schrankenlos ist und die staatlichen Gerichte keinen Glaubenssatz anwenden dürfen, der den allgemeinen Grundsätzen der Rechtsordnung entgegensteht. Anders ausgedrückt, können die kirchlichen Arbeitgeber nach Auffassung der Regierung ihren Arbeitnehmern zwar Loyalitätsobliegenheiten vorschreiben, es steht ihnen aber nicht zu, die Kündigungsgründe zu bestimmen; dies gehört zu der Auslegung der gesetzlichen Bestimmungen durch den Richter zum Kündigungsschutz.

[51] Das Bundesarbeitsgericht und alsdann das Landesarbeitsgericht hätten diese Grundsätze auf den vorliegenden Fall angewandt und die betroffenen Interessen gebührend abgewogen, insbesondere unter Berücksichtigung der Art der Beschäftigung des Beschwerdeführers, der Schwere der Verfehlung nach der Wahrnehmung der Katholischen Kirche sowie des Glaubwürdigkeitsverlusts der Katholischen Kirche im Falle eines Verbleibs des Beschwerdeführers im Amt. Die Regierung fügt hinzu, dass eine Kündigung in der Tat die härteste Sanktion (ultima ratio) im deutschen Arbeitsrecht darstelle, im vorliegenden Falle eine weniger schwere Maßnahme wie die Abmahnung jedoch vorliegend nicht angezeigt gewesen sei, denn nach ihrer Auffassung konnte der Beschwerdeführer keine Zweifel daran haben, dass sein Arbeitgeber seine Haltung nicht tolerieren würde. Sie ruft in Erinnerung, dass der Betroffene bei der freiwilligen Unterzeichnung seines Arbeitsvertrages der Beschränkung seiner Rechte aus freien Stücken zugestimmt habe, was im Hinblick auf die Konvention (vorgenannte Entscheidung R.) möglich sei, und daher das Risiko akzeptiert habe,

dass bestimmte Verhaltensweisen berufliche Ahndungsmaßnahmen nach sich ziehen können. Sie zeigt sich überzeugt, dass sich der Beschwerdeführer aufgrund seiner Beschäftigung der grundlegenden Bedeutung der Unauflösbarkeit der Ehe für die Katholische Kirche sowie der Konsequenzen bewusst sei, die sein Ehebruch haben könne. Die Tatsache, dass die Obliegenheiten Folgen für das Privatleben des Beschwerdeführers haben könnten, sei charakteristisch für Verträge zwischen kirchlichen Arbeitgebern und ihren Mitarbeitern. Die Regierung behauptet schließlich, die Anwendbarkeit der Grundordnung, die im Übrigen keine Loyalitätsobliegenheiten besonderer Tragweite vorschreibe, sei vor den innerstaatlichen Gerichten nicht diskutiert worden und könne aus diesem Grund nunmehr nicht vor dem Gerichtshof behandelt werden. Diese Ordnung sei zwar erst im September 1993 in Kraft getreten, die §§ 2 und 6 der Kirchlichen Arbeits- und Vergütungsordnung vom 15.12.1971 (Rn 37 oben), deren Anwendbarkeit auf den Arbeitsvertrag nach ihrer Auffassung außer Zweifel steht, seien bereits Bezugspunkte für die Grundsätze der katholischen Glaubens- und Sittenlehre gewesen und danach auch für die Grundordnung von 1993. Im Übrigen habe der Beschwerdeführer eine neue Beschäftigung gefunden und zwar in einer Gemeinde der Evangelischen Kirche in Essen.

c) Die Drittbeteiligte

[52] Die katholische Diözese Essen schließt sich im Wesentlichen den Schlussfolgerungen der Regierung unter Hinweis darauf an, dass die Feststellung einer Konventionsverletzung einen schwerwiegenden Eingriff bedeuten würde, der Konsequenzen nicht nur für die Diözese, sondern auch für alle Arbeitsverträge (nach ihren Angaben zwischen 1,2 bis 1,4 Millionen) der Katholischen Kirche wie der Evangelischen Kirche hätte. Nach ihrer Auffassung könnten die kirchlichen Arbeitgeber demnach nicht mehr von ihren Beschäftigten verlangen, besondere Dienstobliegenheiten zu beachten, die ihren besonderen Aufgaben entsprechen. Die Diözese betont, dass die Trennung des Beschwerdeführers von seiner Ehefrau und die Beziehung zu einer anderen Frau nicht mit dem Sakramentscharakter, den die Ehe in den Augen der Katholischen Kirche hat, vereinbar seien. Die Ehe sei mehr als ein einfacher Vertrag und zwar ein Sakrament, das ein unauflösliches Band darstelle und eine Gemeinschaft für das Leben betreffe. Die Diözese bekräftigt ebenfalls die besondere Rolle der Musik in der katholischen Liturgie, die bei weitem mehr darstelle als ein musikalischer Hintergrund. Die Auswahl der mit der Musik betrauten Person müsse aufgrund ihrer Nähe zu dem Verkündigungsauftrag der Kirche allein der Kirche zustehen und aufgrund ihrer eigenen Kriterien einschließlich der sittlichen Ansprüche erfolgen; im Übrigen sei sie Ausdruck der Ausübung der Religionsfreiheit. Die Diözese fügt hin zu, dass die Katholische Kirche mit der Verabschiedung ihrer

Grundordnung ein differenziertes System geschaffen habe. Die aufgrund dieser Ordnung getroffenen Entscheidungen würden im Übrigen der staatlichen Gerichtsbarkeit unterliegen.

2. Die Würdigung des Gerichtshofs

[53] Der Gerichtshof erinnert daran, dass der Begriff „Privatleben" ein weitgefasster Begriff ist, der nicht abschließend definiert werden kann. Dieser Begriff schließt die körperliche und moralische Unversehrtheit der Person ein und umfasst gelegentlich Aspekte der physischen und sozialen Identität eines Einzelnen, wie das Recht darauf, Beziehungen zu anderen Menschen zu knüpfen und zu entwickeln, das Recht der „persönlichen Entfaltung" oder das Recht auf Selbstbestimmung als solches. Der Gerichtshof ruft ebenfalls in Erinnerung, dass Aspekte wie die sexuelle Identität, der Name, die sexuelle Ausrichtung und das Sexualleben zu der nach Art. 8 geschützten Persönlichkeitssphäre zählen (E.B. ./. Frankreich [GK] -Nr. 43546/02- Rn 43, CEDH 2008-... und Schlumpf ./. Schweiz -Nr. 29002/06- Rn 100, 8.1.2009).

[54] Der Gerichtshof stellt im vorliegenden Fall zunächst fest, dass der Beschwerdeführer nicht staatliches Handeln, sondern ein Versäumnis des Staates rügt, nämlich seine Privatsphäre vor einem Eingriff seines Arbeitgebers zu schützen. Er erinnert in diesem Zusammenhang daran, dass die Katholische Kirche trotz ihres Status als öffentlich-rechtliche Körperschaft nach deutschem Recht keine hoheitlichen Rechte ausübt (vorgenannte Entscheidung R.; Finska Församlingen i Stockholm und Teuvo Hautaniemi ./. Schweden, Entscheidung der Kommission vom 11.4.1996 -Nr. 24019/94- und Predota ./. Österreich (Entsch.) -Nr. 28962/95- 18.1.2000).

[55] Er macht erneut deutlich, dass Art. 8 zwar grundsätzlich zum Ziel hat, den Einzelnen vor willkürlichen behördlichen Eingriffen zu schützen, sich jedoch nicht darauf beschränkt, dem Staat aufzuerlegen, sich solcher Eingriffe zu enthalten: zu dieser negativen Verpflichtung können positive Verpflichtungen hinzukommen, die Bestandteil einer wirksamen Achtung des Privatlebens sind. Diese können Maßnahmen erforderlich machen, die der Achtung des Privatlebens dienen und bis in die Beziehungen zwischen den Einzelnen untereinander reichen. Die Abgrenzung der positiven von den negativen Verpflichtungen des Staates aus Art. 8 eignet sich zwar nicht für eine präzise Bestimmung, doch sind die anwendbaren Grundsätze durchaus vergleichbar. In beiden Fällen ist insbesondere das zwischen dem Allgemeininteresse und den Interessen des Einzelnen herzustellende ausgewogene Gleichgewicht zu berücksichtigen, wobei der Staat in jedem Fall über einen Ermessensspielraum verfügt (Evans ./. Vereinigtes Königreich (GK) -Nr. 6339/05- Rn 75-76, CEDH 2007-IV und vorgenannte

Entscheidung *R. /. Deutschland*; siehe auch Fuentes Bobo ./. Spanien -Nr. 39293/98- Rn 38, 29.2.2000).

[56] Der Gerichtshof erinnert ferner daran, dass der dem Staat eingeräumte Gestaltungsspielraum weiter ist, wenn innerhalb der Mitgliedstaaten des Europarats kein Konsens im Hinblick auf die Bedeutung der in Rede stehenden Interessen oder über die besten Mittel zu ihrem Schutz besteht. Der Spielraum ist ganz allgemein ebenfalls weit, wenn der Staat einen gerechten Ausgleich zwischen konkurrierenden privaten und öffentlichen Interessen oder zwischen verschiedenen nach der Konvention geschützten Rechten herbeizuführen hat (o.a. Sache Evans, Rn 77).

[57] Die grundlegende Frage, die sich im vorliegenden Fall stellt, lautet demnach, ob der Staat im Rahmen seiner Schutzpflichten aus Art. 8 verpflichtet war anzuerkennen, dass dem Beschwerdeführer im Zusammenhang mit der von der Katholischen Kirche ausgesprochenen Kündigung das Recht auf Achtung seines Privatlebens zustand. Der Gerichtshof muss, indem er die von den deutschen Arbeitsgerichten vorgenommene Abwägung dieses Rechts des Beschwerdeführers mit dem Recht der Katholischen Kirche aus den Art. 9 und 11 prüft, demnach beurteilen, ob das Maß des dem Beschwerdeführer eingeräumten Schutzes ausreichend war oder nicht.

[58] Diesbezüglich erinnert der Gerichtshof daran, dass die Religionsgemeinschaften traditionell und weltweit in Form organisierter Strukturen existieren und, sollte die Organisation einer solchen Gemeinschaft betroffen sein, der Art. 9 im Licht des Art. 11 der Konvention auszulegen ist, der die Vereinigungsfreiheit vor jeglichen ungerechtfertigten staatlichen Eingriffen schützt. Die Autonomie solcher Gemeinschaften, die für die Pluralität in einer demokratischen Gesellschaft unverzichtbar ist, gehört in der Tat zum Kernbestand des nach Art. 9 zugesicherten Schutzes. Der Gerichtshof erinnert ferner daran, dass, von sehr wenigen Ausnahmefällen abgesehen, das Recht auf Religionsfreiheit im Sinne der Konvention jegliche Beurteilung des Staates hinsichtlich der Rechtmäßigkeit religiöser Bekenntnisse oder der Art und Weise, wie diese zum Ausdruck kommen, ausschließt (Hassan und Tchaouch ./. Bulgarien [GK] -Nr. 30985/96- Rn 62 und 78, CEDH 2000-XI, KirchE 42, 444). Geht es schließlich um Fragen des Verhältnisses zwischen Staat und Religionen, bei denen es in einer demokratischen Gesellschaft berechtigterweise tiefgreifende Divergenzen geben kann, so ist der Rolle des nationalen Entscheidungsträgers besondere Bedeutung beizumessen (Leyla Şahin ./. Türkei [GK] -Nr. 44774/98- Rn 108, CEDH 2005-XI, KirchE 47, 426).

[59] Der Gerichtshof unterstreicht zunächst, dass Deutschland durch die Einrichtung eines Arbeitsgerichtssystems sowie eines Verfassungsgerichts, das dafür zuständig ist, die Entscheidungen der Arbeitsgerichte zu kontrollieren,

seine Schutzpflichten gegenüber den Rechtsuchenden im arbeitsrechtsrechtlichen Bereich, einem Bereich, in dem die Rechtsstreitigkeiten ganz allgemein die Rechte der Betroffenen aus Art. 8 der Konvention berühren, grundsätzlich erfüllt hat. So war es dem Beschwerdeführer möglich, das Arbeitsgericht mit seinem Fall zu befassen und prüfen zu lassen, ob die streitgegenständliche Kündigung unter dem Blickwinkel des staatlichen Arbeitsrechts unter Berücksichtigung des kirchlichen Arbeitsrechts rechtmäßig ist, und dabei die widerstreitenden Interessen des Beschwerdeführers und des kirchlichen Arbeitgebers abzuwägen.

[60] Der Gerichtshof stellt sodann fest, dass das Bundesarbeitsgericht mit seinem Urteil vom 12.8.1999 (Anm.: 16.9.1999) sich umfassend auf die vom Bundesverfassungsgericht in seinem Urteil vom 4.6.1985 aufgestellten Grundsätze bezogen hat (Rn 35 oben). Das Bundesarbeitsgericht hat insbesondere daran erinnert, dass die Anwendung des staatlichen Arbeitsrechts nicht dazu führt, die Zugehörigkeit der Arbeitsverhältnisse zu den eigenen Angelegenheiten der Kirche aufzuheben. Die Katholische Kirche könne demnach bei der Gestaltung ihrer Arbeitsverhältnisse das Leitbild einer christlichen Dienstgemeinschaft zu Grunde legen und ihren Arbeitnehmern auferlegen, die Grundsätze ihrer Glaubens- und Sittenlehre anzuerkennen und zu beachten, weil ihre Glaubwürdigkeit hiervon abhängen könne. Das Bundesarbeitsgericht hat aber ausgeführt, das Arbeitsgericht sei an diese Grundprinzipien nur dann gebunden, wenn die Vorgaben den Maßgaben der verfassten Kirchen Rechnung tragen und sie nicht im Widerspruch zu den Grundprinzipien der Rechtsordnung stehen, zu denen nach Ansicht des Gerichts allgemein die nach der Konvention zugesicherten Rechte und Grundfreiheiten gehören, und hier insbesondere das Recht auf Achtung des Privatlebens.

[61] Was die Anwendung dieser Kriterien im Falle des Beschwerdeführers anbelangt, so stellt der Gerichtshof fest, das Arbeitsgericht habe erwogen, dass die Kirchengemeinde die Kündigung des Beschwerdeführers nicht beschließen konnte, ohne vorher eine weniger schwere Sanktion zu verhängen, wie dies nach der Grundordnung erforderlich ist. Nach Ansicht des Arbeitsgerichts war die Pflichtverletzung des Beschwerdeführers, d.h. die Vaterschaft für ein außereheliches Kind, nicht so gravierend, als dass dies allein ausreichend sei, eine Kündigung auszusprechen. Das Landesarbeitsgericht hat, indem es das Urteil des Arbeitsgerichts bestätigte, ausgeführt, das dem Beschwerdeführer angelastete Verhalten sei seine dauerhafte außereheliche Beziehung, was einer schwerwiegenden persönlichen sittlichen Verfehlung iSd Art. 5 Abs. 2 der Grundordnung entspreche und seine Kündigung wegen der Nähe seiner Aufgabe zum Verkündigungsauftrag der Kirche rechtfertigte. Nach Ansicht des Landesarbeitsgerichts trug der Beschwerdeführer in der Tat aufgrund seiner Funk-

tionen zu einer würdevollen Eucharistiefeier bei, dem für die Katholische Kirche zentralen Ereignis der Messfeier.

[62] Der Gerichtshof stellt fest, das Bundesarbeitsgericht habe zwar das Urteil des Landesarbeitsgerichts aufgehoben, die Schlussfolgerungen dieses Gerichts jedoch bestätigt, was die Einstufung des Verhaltens des Beschwerdeführers nach Maßgabe der Grundordnung anbelangt. Insoweit hat das hohe Gericht daran erinnert, dass die Vorstellung der Katholischen Kirche über die eheliche Treue nicht im Widerspruch zu den Grundprinzipien der Rechtsordnung stehe, weil die Ehe auch in anderen Religionen eine herausragende Bedeutung habe und unter dem besonderen Schutz des Grundgesetzes stehe. Es hat auch die Auffassung vertreten, dass die Ansicht des Beschwerdeführers, wonach einzig eine Wiederheirat mit einer schwerwiegenden Verfehlung gleichzusetzen sei, weder der Grundordnung noch anderen Vorschriften zu entnehmen sei.

[63] Der Gerichtshof stellt schließlich fest, das Landesarbeitsgericht habe nach der Verweisung der Sache hervorgehoben, dass es die Konsequenzen der Kündigung in Bezug auf den Beschwerdeführer nicht verkenne. Gleichwohl hat das Landesarbeitsgericht erachtet, dass, selbst wenn der Beschwerdeführer Gefahr lief, seinen Beruf nicht mehr auszuüben, die Kirchengemeinde diesen Organisten dennoch nicht weiterbeschäftigen konnte, ohne sämtliche Glaubwürdigkeit hinsichtlich der Verbindlichkeit der Glaubens- und Sittenlehre zu verlieren: Die Tätigkeit des Beschwerdeführers würde eine derart große Nähe zum Verkündungsauftrag der Kirche aufweisen, dass ein weiteres Zusammenwirken des Beschwerdeführers mit dem Dechanten etwa bei der Messfeier nach Außen nicht vermittelbar sei.

[64] Insoweit der Beschwerdeführer behauptet, die Grundordnung sei in seinem Fall nicht anwendbar, stellt der Gerichtshof fest, dass die Anwendung dieser Grundordnung, im Gegensatz zur Anwendung anderer von der Kirchengemeinde im Lauf des Kündigungsverfahrens geltend gemachter kirchenrechtlicher Bestimmungen, vor den Arbeitsgerichten niemals in Zweifel gezogen worden ist, die - im Falle des Arbeitsgerichts und des Landesarbeitsgerichts - diese Grundordnung übrigens zu Gunsten des Beschwerdeführers ausgelegt und festgestellt haben, dass das Arbeitsverhältnis durch die Kündigung nicht aufgehoben worden ist. Er stellt im Übrigen fest, die kirchliche Arbeits- und Vergütungsordnung, die - wie die Regierung unterstreicht - auf die Grundprinzipien der Glaubens- und Sittenlehre der Katholischen Kirche verweist, sei Bestandteil des Vertragsverhältnisses gewesen.

[65] Was die Schlussfolgerung der Arbeitsgerichte anbelangt, wonach die Kündigung angesichts der Grundordnung gerechtfertigt war, so erinnert der Gerichtshof daran, dass es in erster Linie den innerstaatlichen Gerichten obliegt, das innerstaatliche Recht auszulegen und anzuwenden (G. K. M. und B.

e.V. ./. Deutschland (Entsch.) -Nr. 52336/99- 18.9.2007, KirchE 50, 160, und Miroļubovs u.a. ./. Lettland -Nr. 798/05- Rn 91, 15.9.2009, KirchE 54, 165). Der Gerichtshof ruft aber in Erinnerung, es sei zwar nicht seine Aufgabe, an die Stelle der innerstaatlichen Gerichte zu treten, dennoch habe er zu prüfen, ob die Auswirkungen der von innerstaatlichen Gerichten ergangenen Schlussfolgerungen mit der Konvention in Einklang stehen (siehe sinngemäß Karhuvaara und Iltalehti ./. Finnland -Nr. 53678/00- Rn 49, CEDH 2004-X, o.a. Sache Miroļubovs u.a., Rn 91, und Lombardi Vallauri ./. Italien -Nr. 39128/05- Rn 42, CEDH 2009- ...).

[66] Was die Anwendung der Kriterien, auf die das Bundesarbeitsgericht verwiesen hat, auf die konkrete Situation des Beschwerdeführers anbelangt, so stellt der Gerichtshof allerdings den bündigen Charakter der Argumentation der Arbeitsgerichte hinsichtlich der Konsequenzen fest, die diese aus dem Verhalten des Beschwerdeführers gezogen haben (siehe zum Beweis des Gegenteils die o.a. Sache O., Rn 49). Das Landesarbeitsgericht hat sich in der Tat damit begnügt, darzulegen, dass die Funktionen des Betroffenen als Organist und Chorleiter zwar nicht unter Art. 5 Abs. 3 der Grundordnung fallen, sie aber eine derart große Nähe zum Verkündungsauftrag der Katholischen Kirche aufweisen, dass die Kirchengemeinde den Musiker nicht weiter beschäftigen konnte, ohne jegliche Glaubwürdigkeit zu verlieren, und dass ein weiteres Zusammenwirken zwischen ihm und dem Dechanten bei der Messfeier nach Außen nicht vermittelbar gewesen sei.

[67] Der Gerichtshof hebt zunächst hervor, die Arbeitsgerichte seien in ihren Folgerungen weder auf das tatsächliche Familienleben des Beschwerdeführers noch auf den damit gewährten Rechtsschutz eingegangen. Die Interessen des kirchlichen Arbeitgebers sind infolgedessen mit dem nach Art. 8 der Konvention zugesicherten Recht des Beschwerdeführers auf Achtung seines Privat- und Familienlebens nicht abgewogen worden, sondern nur mit seinem Interesse auf Wahrung seines Arbeitsplatzes (siehe diesbezüglich auch die Schlussfolgerungen des Bundesverfassungsgerichts in seinem Urteil vom 4.6.1985 Rn 35 oben).

Der Gerichtshof stellt ebenfalls fest, dass der Arbeitnehmer wegen des Lohnsteuerkartensystems (Rn 33 oben) nicht in der Lage ist, gegenüber seinem Arbeitgeber Ereignisse zu verheimlichen, die seinen Personenstand betreffen, wie eine Scheidung oder die Geburt eines Kindes. Somit wird ein Ereignis, das möglicherweise einen Loyalitätsverstoß darstellt, dem kirchlichen Arbeitgeber in jedem Fall zur Kenntnis gebracht, auch wenn der Fall nicht in die Medien gelangte oder öffentliche Auswirkungen hatte.

[68] Der Gerichtshof stellt sodann fest, dass die Arbeitsgerichte, indem sie das Verhalten des Beschwerdeführers als eine schwerwiegende Verfehlung iSd

Art. 5 Abs. 2 der Grundordnung eingestuft haben, den Standpunkt des kirchlichen Arbeitgebers als hier maßgeblich erachtet haben und dass, nach Ansicht des Bundesarbeitsgerichts, die gegenteilige Auffassung des Beschwerdeführers weder aus der Grundordnung noch aus anderen kirchenrechtlichen Bestimmungen ersichtlich sei. Er ist der Ansicht, dass diese Art des Vorgehens angesichts seiner Rechtsprechung an sich kein Problem darstellt (Rn 58 oben).

[69] Er betont jedoch, das Landesarbeitsgericht habe die Frage der Nähe der vom Beschwerdeführer ausgeübten Tätigkeit zum Verkündungsauftrag der Kirche nicht geprüft, sondern, wie es scheint ohne weitere Nachprüfungen vorzunehmen, den Standpunkt des kirchlichen Arbeitgebers in dieser Frage übernommen. Da es sich aber um eine Kündigung handelte, die im Anschluss an eine Entscheidung des Beschwerdeführers hinsichtlich seines nach der Konvention geschützten Privat- und Familienlebens erfolgt ist, vertritt der Gerichtshof die Auffassung, dass bei der Abwägung der im Spiel befindlichen konkurrierenden Rechte und Interessen eine eingehendere Prüfung nötig gewesen wäre (siehe o.a. Sache O., Rn 48-51), dies umso mehr, weil in der vorliegenden Sache das Individualrecht des Beschwerdeführers im Widerspruch zu einem Kollektivrecht stand. Wenn nämlich nach Maßgabe der Konvention ein Arbeitgeber, dessen Ethos auf religiösen Grundsätzen oder Weltanschauungen beruht, seinen Arbeitnehmern spezielle Loyalitätsobliegenheiten auferlegen kann, so darf ein auf eine Verfehlung gegen solche Obliegenheiten gestützter Kündigungsbeschluss angesichts des Selbstbestimmungsrechts des Arbeitgebers nicht allein einer eingeschränkten gerichtlichen Kontrolle durch das zuständige staatliche Arbeitsgericht unterworfen werden, ohne dass dabei die Art der vom Betroffenen bekleideten Stelle berücksichtigt und tatsächlich eine Abwägung der in Rede stehenden Interessen im Licht des Grundsatzes der Verhältnismäßigkeit stattfindet.

[70] Diesbezüglich stellt der Gerichtshof ebenfalls fest, dass die von Deutschland vorgenommene Umsetzung der Richtlinie 78/2000/EG in seiner innerstaatlichen Rechtsordnung in Bezug auf einige Punkte Gegenstand einer Beanstandung der Europäischen Kommission aus vergleichbaren Gründen gewesen ist (Rn 40-42 oben).

Er stellt auch fest, dass nach den vom Bundesverfassungsgericht festgelegten Grundsätzen eine Kirche von ihren Arbeitnehmern verlangen kann, bestimmte tragende Grundsätze zu achten, was aber nicht bedeute, dass die Rechtsstellung des Arbeitnehmers einer Kirche „klerikalisiert" und aus dem bürgerlich-rechtlichen Arbeitsverhältnis eine Art kirchliches Statusverhältnis wird, das die Person total ergreift und ihre private Lebensführung voll umfasst (Rn 35 oben).

[71] Der Gerichtshof räumt ein, dass der Beschwerdeführer durch Unterzeichnung seines Arbeitsvertrages eine Loyalitätspflicht gegenüber der Katholischen Kirche eingegangen ist, die sein Recht auf Achtung seines Privatlebens bis zu einem gewissen Grad einschränkte. Derartige vertragliche Einschränkungen sind nach der Konvention zulässig, wenn sie aus freiem Willen hingenommen werden (o.a. Entscheidung in der Sache R.). Der Gerichtshof ist allerdings der Ansicht, dass die Unterschrift des Beschwerdeführers auf diesem Vertrag nicht als eine unmissverständliche persönliche Verpflichtung zu verstehen ist, im Falle der Trennung oder Scheidung abstinent zu leben. Eine solche Auslegung würde den Kern des Rechts auf Achtung des Privatlebens des Betroffenen berühren, besonders deshalb, weil der Beschwerdeführer nach Feststellung der Arbeitsgerichte keinen gesteigerten Loyalitätsobliegenheiten unterworfen war (siehe zum Beweis des Gegenteils die o.a. Sache O. Rn 50). In diesem Zusammenhang hat der Beschwerdeführer dargelegt, er habe die Trennung von seiner Ehegattin aus rein persönlichen Gründen nicht verhindern können und es sei ihm nicht möglich, bis zu seinem Lebensende abstinent zu leben, wie es der Kirchenkodex der Katholischen Kirche verlangen würde.

[72] Der Gerichtshof stellt ebenfalls fest, die Arbeitsgerichte hätten sich, mit Ausnahme der ersten Instanz, nur am Rande damit befasst, dass, im Gegensatz zu Rechtssachen, die vor dem Bundesverfassungsgericht anhängig gemacht wurden und u.a. die Kündigung einer Person wegen ihrer öffentlichen Äußerungen im Widerspruch zum moralischen Standpunkt ihres kirchlichen Arbeitgebers betrafen (siehe o.a. Sache R.), der Fall des Beschwerdeführers nicht von den Medien aufgegriffen worden ist und dass Letzterer nach vierzehn Dienstjahren in der Kirchengemeinde die Standpunkte der Katholischen Kirche offenbar nicht angegriffen hat, sondern vielmehr deren Achtung in der Praxis verletzt zu haben scheint (siehe Art. 5 Abs. 2 der Grundordnung Rn 38 oben) und dass das hier streitgegenständliche Verhalten den Kernbestand des Privatlebens des Beschwerdeführers berührt.

[73] Der Gerichtshof hebt schließlich hervor, das Landesarbeitsgericht habe sich damit begnügt, anzugeben, dass es die Konsequenzen der gegen den Beschwerdeführer ausgesprochenen Kündigung nicht verkenne, ohne aber auf die Aspekte einzugehen, die es bei der Abwägung der im Spiel befindlichen Interessen in dieser Hinsicht berücksichtigt hatte (siehe zum Beweis des Gegenteils die o.a. Sache Obst, Rn 48 bis 51). Nach Ansicht des Gerichtshofs kommt aber der Tatsache, dass ein von einem kirchlichen Arbeitgeber gekündigter Arbeitnehmer begrenzte Möglichkeiten hat, einen neuen Arbeitsplatz zu finden, besondere Bedeutung bei. Dies trifft umso mehr zu, wenn der Arbeitnehmer tatsächlich eine gewichtige Stellung in einem bestimmten Tätigkeitsfeld innehat und in den Genuss einiger Abweichungen von den allgemeinen Rechtsvorschriften kommt,

was auf die beiden großen Kirchen in einigen Regionen Deutschlands insbesondere auf dem sozialen Sektor zutrifft (z.B. Kindergärten und Krankenhäuser - Rn 30-32 oben) oder wenn die Ausbildung des entlassenen Beschäftigten einen besonderen Charakter trägt, derart, dass es für ihn schwierig oder gar unmöglich ist, einen neuen Arbeitsplatz außerhalb des kirchlichen Arbeitgebers zu finden, was auf den hiesigen Fall zutrifft. In diesem Zusammenhang stellt der Gerichtshof fest, dass die Vorschriften der Evangelischen Kirche in Bezug auf Kirchenmusiker (Rn 39 oben) die Entlassung einer Person, die nicht Mitglied einer Evangelischen Kirche ist, nur in Ausnahmefällen und einzig im Rahmen eines Nebenamtes gestatten. Der Fall des Beschwerdeführers bestätigt dies übrigens. Der Gerichtshof erinnert im Übrigen daran, dass in Anbetracht der Regelung, dass die Lohnsteuerkarte, die vom Arbeitnehmer vorzulegen ist und eine Reihe von personenbezogenen Daten enthält (Rn 33 oben), der Arbeitgeber automatisch in gewisser Weise von der persönlichen und familiären Situation seines Arbeitnehmers Kenntnis erlangt.

[74] Der Gerichtshof ist demnach der Ansicht, die Arbeitsgerichte hätten nicht hinlänglich dargelegt, warum den Folgerungen des Landesarbeitsgerichts zufolge die Interessen der Kirchengemeinde diejenigen des Beschwerdeführers bei weitem übertroffen haben und sie die Rechte des Beschwerdeführers und diejenigen des kirchlichen Arbeitgebers nicht in einer Weise abgewogen haben, die in Einklang mit der Konvention steht.

[75] Infolgedessen folgert der Gerichtshof unter Berücksichtigung der besonderen Umstände der Sache, dass der deutsche Staat dem Beschwerdeführer nicht den notwendigen Schutz gewährt hat und dass somit Art. 8 der Konvention verletzt worden ist.

II. Die Anwendung des Art. 41 der Konvention

[76] Art. 41 der Konvention lautet wie folgt:

> „Stellt der Gerichtshof fest, dass diese Konvention oder die Protokolle dazu verletzt worden sind, und gestattet das innerstaatliche Recht der Hohen Vertragspartei nur eine unvollkommene Wiedergutmachung für die Folgen dieser Verletzung, so spricht der Gerichtshof der verletzten Partei eine gerechte Entschädigung zu, wenn dies notwendig ist."

A. Schaden

[77] Der Beschwerdeführer verlangt 323.741,45 € wegen materiellen Schadens, wobei dieser Betrag dem seit dem 1.7.1998 nicht ausbezahlten Gehalt entspricht, abzüglich der erhaltenen Arbeitslosenhilfe ab dem 1.9.2002 wegen seiner Halbtagsbeschäftigung in einer Kirchengemeinde der Evangelischen Kirche. Der Beschwerdeführer hat die Einzelheiten dieser Beträge vorgelegt. Er verlangt außerdem 30.000 € wegen immateriellen Schadens.

[78] Die Regierung ist der Ansicht, dass, sollte der Gerichtshof folgern, dass die Arbeitsgerichte die Kündigung nicht hätten akzeptieren dürfen, der Staat nicht verpflichtet ist, dem Beschwerdeführer das Gehalt zu erstatten, das dieser über die ganzen Jahre nicht erhalten hat. Sollte ihr zufolge in der Tat eine Verletzung festgestellt werden, könne der Beschwerdeführer einerseits die Wiederaufnahme des Verfahrens vor den innerstaatlichen Gerichten beantragen und andererseits könne nicht automatisch angenommen werden, dass sein Arbeitsvertrag mit der Kirchengemeinde von St. Lambertus noch mehrere Jahre lang weitergeführt worden wäre.

B. Kosten und Auslagen

[79] Der Beschwerdeführer verlangt ebenfalls 752,35 € für die Kosten und Auslagen vor dem Bundesverfassungsgericht und 876,73 € für diejenigen vor dem Gerichtshof. Er verlangt außerdem die Erstattung der Kosten für Übersetzungen und diejenigen für den Fall einer mündlichen Verhandlung vor dem Gerichtshof.

[80] Die Regierung hat sich diesbezüglich nicht geäußert.

C. Fazit

[81] Unter den gegebenen Umständen urteilt der Gerichtshof, dass die Frage der Anwendung des Art. 41 der Konvention noch nicht spruchreif ist. Infolgedessen ist es angebracht, die Beurteilung der Frage vorzubehalten und das weitere Verfahren unter Berücksichtigung einer etwaigen Vereinbarung zwischen dem beschwerdegegnerischen Staat und dem Beschwerdeführer festzusetzen (Art. 75 Abs. 1 der Verfahrensordnung). Zu dem Zweck räumt der Gerichtshof den Parteien eine Frist von drei Monaten ab dem Zeitpunkt dieses Urteils ein.

Aus diesen Gründen entscheidet der Gerichtshof einstimmig wie folgt:

1. *Er erklärt die Beschwerde für zulässig.*
2. *Er entscheidet, dass Art. 8 der Konvention verletzt ist.*
3. *Er entscheidet, dass die Frage der Anwendung von Art. 41 der Konvention noch nicht spruchreif ist; und infolgedessen*

a) *behält er sich die Beurteilung dieser Frage ganz vor;*

b) *fordert er die Regierung und den Beschwerdeführer auf, ihn von jeder Einigung, die sie möglicherweise erzielen, innerhalb von drei Monaten ab dem Zeitpunkt dieses Urteils zu unterrichten;*

c) *behält er sich die Bestimmung des weiteren Verfahrens vor und beauftragt den Kammerpräsidenten, das weitere Verfahren erforderlichenfalls zu bestimmen.*

29

Die Angabe zur Religionszugehörigkeit im Anmeldeschein kann nur dann als Beleg für die Freiwilligkeit der Mitgliedschaft in einer Religionsgemeinschaft herangezogen werden, wenn diese Religionsgemeinschaft eindeutig bezeichnet ist. Der Hinweis auf eine „mosaische" Religionszugehörigkeit lässt die Zuordnung zur konkreten jüdischen Gemeinde nicht zu.
Wer willentlich die Mitgliedschaft in einer Religionsgemeinschaft begründet, die nach ihrem Selbstverständnis und religionsgemeinschaftlichem Recht Teil eines nach den Grundsätzen des Parochialrechts gegliederten, umfassenderen Verbands ist, nimmt für den Fall des Wohnsitzwechsels auch den Wechsel der örtlichen Gemeinemitgliedschaft in seinen Willen auf.

Art. 4 Abs. 2, 140 GG, 137 Abs. 3 WRV
BVerwG, Urteil vom 23.September 2010 -7 C 22.09[1]-

Die Beteiligten streiten um die Mitgliedschaft der Kläger in der beklagten jüdischen Gemeinde.

Die Beklagte ist eine Körperschaft des öffentlichen Rechts. Nach § 2 Satz 1 ihrer Satzung sind Mitglieder der jüdischen Gemeinde alle Personen jüdischen Glaubens, die in F. ihren Wohnsitz oder gewöhnlichen Aufenthalt haben und nicht binnen einer Frist von drei Monaten nach ihrem Zuzug nach F. gegenüber dem Gemeindevorstand schriftlich erklären, dass sie nicht Mitglieder der Gemeinde sein wollen. Nach § 3 der Satzung endet die Mitgliedschaft unter anderem durch Wegzug oder Austritt aus der jüdischen Gemeinde nach den Bestimmungen des staatlichen Rechts.

Die Kläger sind französische Staatsangehörige jüdischen Glaubens. Am 8.11.2002 verlegten sie ihren Hauptwohnsitz von N., wo sie Mitglied einer jüdischen Gemeinde waren, nach F. Im Anmeldeschein der Stadt F. gaben sie am 11.11.2002 unter der Rubrik Religion „mosaisch" an.

Mit Schreiben vom 12.5.2003 begrüßte die Beklagte die Kläger als neue Gemeindemitglieder, übersandte ihnen die Satzung und forderte sie auf, die dem Schreiben beigefügten Anmeldeformulare zusammen mit entsprechenden Nachweisen der Zugehörigkeit zum Judentum ausgefüllt zurückzusenden. Die Kläger widersprachen mit Schreiben vom 11.6.2003 ihrer Mitgliedschaft und beantragten hilfsweise die Wiedereinsetzung in die versäumte Erklärungsfrist.

---

1 Satz 1 Amtl. Leitsatz. Buchholz 11 Art. 140 GG Nr. 79; DÖV 2011, 283 (LS); DVBl 2011, 180 (LS); NVwZ-RR 2011, 90; ZevKR 56 (2011), 75.

Durch Erklärung gegenüber dem Amtsgericht F. vom 29.10.2003 traten sie mit Wirkung zum 31.10.2003 vorsorglich aus der Beklagten aus.

Die Klage auf Feststellung, dass die Kläger vom 11.11.2002 bis zum 31.10.2003 nicht Mitglieder der Beklagten sind, hat das VG Frankfurt a.M. (Urteil vom 20.9.2005 -11 E 1452/04[1]- n.v.) abgewiesen.

Mit Urteil vom 19.5.2009 hat der Hessische VGH (-10 A 2079//07- n.v.) die Berufung der Kläger zurückgewiesen. Bei sachdienlichem Verständnis werde mit der Klage die Feststellung begehrt, eine Mitgliedschaft der Kläger in der Beklagten, deren diese sich für die Zeit vom 8.11.2002 bis zum 31.10.2003 berühme, könne staatlicherseits nicht anerkannt werden und ziehe deshalb keine Rechtsfolgen im staatlichen Bereich nach sich. In dieser Auslegung sei die Feststellungsklage zulässig, aber nicht begründet. Nach der Satzung der Beklagten seien die Kläger mit ihrem Zuzug nach F. deren Mitglieder geworden. Diese innerkirchliche Rechtsfolge müsse auch staatlicherseits anerkannt werden. Eine nach innerkirchlichem Recht - wie hier - allein durch Abstammung und Wohnsitznahme im Gemeindegebiet begründete Mitgliedschaft könne zwar wegen der Garantie der negativen Bekenntnisfreiheit nach Art. 4 Abs. 1 GG nicht als Grundlage für staatskirchenrechtliche Anknüpfungen dienen. Sie sei aber staatlicher Anerkennung fähig, wenn sich der Wille, der Religionsgemeinschaft anzugehören, in einem positiven Bekenntnis zu dem genannten - hier jüdischen - Glauben manifestiere. Eines formalisierten Eintrittsakts oder einer förmlichen Beitrittserklärung nach Maßgabe der Vorschriften des bürgerlichen Rechts bedürfe es nicht. Das erforderliche Bekenntnis ergebe sich im Fall der Kläger zunächst aus der Erklärung gegenüber dem Einwohnermeldeamt. Ob diese allgemein genüge, bedürfe keiner abschließenden Entscheidung. Denn hinzukomme, dass die Kläger sich bereits vor ihrem Zuzug nach F. zum jüdischen Glauben bekannt hätten. Dies ergebe sich unter anderem aus ihrer Zugehörigkeit zur jüdischen Gemeinde an ihrem Wohnort in Frankreich, aus ihrer Eheschließung dort nach jüdischem Ritus und der Angabe gegenüber der Beklagten, sie hielten ihre Mitgliedschaft in der jüdischen Gemeinde des bisherigen Wohnorts aufrecht. Die Klägerin sei zudem während eines früheren Aufenthalts in F. Mitglied der Beklagten gewesen, ohne vor ihrem Wegzug nach Frankreich von der Möglichkeit des Austritts Gebrauch gemacht zu haben. Den Klägern habe die Existenz der Beklagten und auch die Bedeutung der Erklärung der mosaischen Religionszugehörigkeit bewusst sein müssen. In der Gesamtschau ergebe sich damit ein hinreichendes Bekenntnis zum jüdischen Glauben. Dagegen könne nicht mit Erfolg eingewandt werden, die Angabe „mosaisch“ im Meldebogen sei ein Bekenntnis zum progressiven oder liberalen Judentum, nicht aber zu der orthodox geprägten Beklagten. Ein solcher Vorbehalt sei unbeachtlich. Nach dem objektiven Empfängerhorizont könne das darin liegende Bekenntnis zum Judentum nur als Bekenntnis zu der Beklagten als einziger jüdischer Gemeinde in F. verstanden werden. Im Übrigen sei der Satzung der Beklagten kein Bekenntnis zur Orthodoxie als einzig akzeptierter oder vertretener Form des jüdischen Glaubens zu entnehmen. Schließlich könnten die Kläger nicht mit Erfolg einwenden, die Beklagte verstoße in ihrem Fall gegen ihre eigene Verwaltungspraxis, weil sie in anderen Fällen die dreimonatige Frist für die Erklärung, ihr nicht angehören zu wollen, nicht mit dem Zuzug nach F., sondern mit dem Zugang eines Begrüßungsschreibens habe beginnen lassen. Zum einen habe die Beklagte schlüssig dargelegt, dass die abweichende Verwaltungspraxis bereits Ende 2001 aufgegeben worden sei. Zum anderen widerspreche die Verwaltungspraxis jedenfalls der Satzung, und eine unzulässige Gleichbehandlung könnten die Kläger nicht verlangen.

Mit der Revision verfolgen die Kläger ihr Begehren weiter. Zur Begründung tragen sie vor: Die Satzung der Beklagten, die den Erwerb der Mitgliedschaft an die Abstammung anknüpfe, könne bei Anwendung der staatlichen Gesetze nicht anerkannt werden. Die Satzung könne auch nicht im Wege einer verfassungskonformen Auslegung um das Erfordernis eines positiven Bekenntnisses zu der bei der Beklagten praktizierten jüdischen Glaubensrichtung ergänzt werden, denn darauf habe die Beklagte bewusst verzichtet. Jedenfalls fehle es bei einer verfassungskonformen Auslegung des Begriffs des „Kirchenangehörigen“ an einer nach außen hin erkennbaren und zurechenbaren Willensäußerung, der Religionsgemeinschaft zuzugehören. Der Verwaltungsgerichtshof habe die Frage, ob die Angabe gegenüber der Meldebehörde als Bekenntnis genüge, zunächst offen gelassen, sich in der Sache aber gleichwohl darauf gestützt. Mit der Angabe, die Religionszugehörigkeit sei „mosaisch“, hätten sie sich allgemein zum „israelitischen“ Glauben, nicht aber gerade zur Beklagten bekannt, denn nach der Konfession als einer bestimmten Richtung des jüdischen Glaubens oder nach der Religionsgemeinschaft als einer bestimmten Vereinigung sei nicht gefragt worden. Es verstoße gegen das Rechtsstaatsprinzip, dass die in der Satzung bestimmte Frist, in der neu Hinzugezogene erklären könnten, der Beklagten nicht anzugehören, unabhängig von der Kenntnis und einer Belehrung der Betroffenen zu laufen beginne, obwohl die Satzung niemals veröffentlicht worden sei. Zudem habe der Verwaltungsgerichtshof zu Unrecht angenommen, die Beklagte biete auch Angehörigen des liberalen Judentums Raum.

Die Revision hatte Erfolg. Der Senat gibt dem Feststellungsbegehren der Kläger statt.

Aus den Gründen:

[10] Die Revision der Kläger ist zulässig. Insbesondere genügt sie hinsichtlich der erhobenen Sachrügen mit der Bezugnahme auf das Beschwerdevorbringen dem Begründungserfordernis des § 139 Abs. 3 Satz 4 VwGO (vgl. Urteil vom 25.10.1988 -BVerwG 9 C 37.88- BVerwGE 80, 321 [322 f.], KirchE 26, 323).

[11] Die Revision ist auch begründet. Das angefochtene Urteil beruht auf einer Verletzung von Bundesrecht (§ 137 Abs. 1 Nr. 1 VwGO). Der Verwaltungsgerichtshof ist zwar zu Recht davon ausgegangen, dass die Mitgliedschaft in einer Religionsgemeinschaft nur dann im staatlichen Recht anerkannt werden kann, wenn sie vom Willen des Betroffenen getragen ist (1.). Die daraus folgenden Anforderungen an eine Willensbekundung des Betroffenen hat er jedoch unter Verstoß gegen Art. 4 Abs. 1 und 2 GG verkannt (2.). Die Entscheidung des Verwaltungsgerichtshofs erweist sich auch nicht aus anderen Gründen auf der Grundlage der vom Verwaltungsgerichtshof getroffenen tatsächlichen Feststellungen im Ergebnis als richtig (§ 144 Abs. 4 VwGO) (3.). Gem. § 144 Abs. 3 Satz 1 Nr. 1 VwGO kann der Senat abschließend eine Entscheidung zu Gunsten der Kläger treffen (4.)

[12] 1. a) Knüpft die staatliche Rechtsordnung - wie hier etwa § 16 Abs. 1 des Gesetzes über die Erhebung von Steuern durch die Kirchen, Religions- und Weltanschauungsgemeinschaften im Lande Hessen - Kirchensteuergesetz - an die Zugehörigkeit zu einer Religionsgemeinschaft Rechtsfolgen, so richtet sich die Frage der Mitgliedschaft nach dem innerkirchlichen (religionsgemeinschaftlichen) Recht. Das gebietet das Selbstbestimmungsrecht der Religionsgemeinschaften nach Art. 140 GG iVm Art. 137 Abs. 3 Satz 1 WRV; deren eigene Angelegenheiten erstrecken sich auch auf das Mitgliedschaftsrecht (vgl. etwa Kästner, in: Bonner Kommentar zum GG, Art. 140 Rn 299, 310 f., mwN). Im Interesse der Religionsgemeinschaft soll damit zum einen verhindert werden, dass ihr jemand aufgedrängt wird, den sie selbst nicht als ihr zugehörig erachtet; zum anderen soll sich kein Mitglied den aus der Mitgliedschaft folgenden Pflichten entziehen können. Das Selbstbestimmungsrecht findet allerdings seine Grenzen in den allgemeinen Gesetzen, so dass insoweit die religionsgemeinschaftlichen Regelungen nicht vorbehaltlos angewendet werden können. Vielmehr fordern die grundrechtlichen Gewährleistungen der negativen Bekenntnisfreiheit und der negativen Vereinigungsfreiheit im religiösen Bereich sowie das objektive Prinzip der staatlichen Neutralität die Freiwilligkeit der Mitgliedschaft; eine Vereinnahmung ohne oder gegen den Willen des Betroffenen kann durch das staatliche Recht nicht anerkannt werden (vgl. BVerfG, Beschluss vom 31.3.1971 - 1 BvR 744/67- BVerfGE 30, 415 [423], KirchE 12, 101; BVerfG, Urteil vom

14.12.1965 -1 BvR 413, 416/60- BVerfGE 19, 206 [216], KirchE 7, 338; BFH, Urteil vom 3.8.2005 -I R 85/03- BFHE 210, 573 [574], KirchE 47, 302).

[13] b) Nach den Feststellungen des Verwaltungsgerichtshofs ist die Freiwilligkeit der Mitgliedschaft durch die satzungsrechtlichen Bestimmungen der Beklagten nicht gewahrt. Mit der „Zugehörigkeit zur jüdischen Religion" nimmt die Satzung nach den in Übereinstimmung mit den Einlassungen der Beklagten getroffenen Feststellungen - entsprechend der jüdischen Tradition - auf die Abstammung von einer jüdischen Mutter Bezug (vgl. hierzu auch BFH, Urteil vom 6.10.1993 -I R 28/93- BFHE 172, 570 [572], KirchE 31, 420); eine - willensgetragene - Konversion steht hier nicht in Rede.

[14] Dieses Verständnis der Satzung ist mit Bundesrecht vereinbar. Es steht mit den genannten verfassungsrechtlichen Maßstäben in Einklang. Das Selbstbestimmungsrecht der Beklagten wird nur im erforderlichen Maß beschränkt; denn die Anforderungen an die Freiwilligkeit der Mitgliedschaft werden nicht verkannt.

[15] Die Begründung der Mitgliedschaft durch Abstammung findet in der Zurechnung des Elternwillens bei der Kindstaufe (BVerfG, Beschluss vom 31.3.1971 -1 BvR 744/67- BVerfGE 30, 415 [424], KirchE 12, 101) keine Parallele (so aber etwa Kapischke, ZevKR 50 [2005], 112 [113 f.]). Der Hinweis, dass die Zuordnung zum Judentum voraussetze, dass die Mutter sich - willentlich - gerade nicht vom Judentum gelöst habe, führt nicht weiter. Denn das bloße Unterlassen einer auf die eigene Person bezogenen Abkehr vom Glauben ist mit der ausdrücklich für den Täufling als einem Dritten abgegebenen Taufbitte nicht gleichzusetzen.

[16] Die Satzungsregelung, wonach die Mitgliedschaft durch eine Erklärung binnen drei Monaten ausgeschlagen werden kann, macht diese ebenso wenig zu einer vom Willen des Betroffenen getragenen. Zwar ist das „votum negativum" nicht als eine besondere Art des Austritts einzuordnen, der an einer gegebenenfalls zuvor begründeten (Zwangs-)Mitgliedschaft für die Vergangenheit nichts zu ändern vermag und deshalb den Anforderungen an die Freiwilligkeit der Mitgliedschaft nicht genügt (a.A. noch BVerwG, Urteil vom 9.7.1965 - BVerwG 7 C 16.62- BVerwGE 21, 330 [333 f.], KirchE 7, 218). Vielmehr ist die Mitgliedschaft auflösend bedingt. Aber auch ungeachtet des Umstands, dass einem Schweigen nur ein Erklärungswert zugemessen werden könnte, wenn der Betreffende sich des möglichen Erklärungsgehalts bewusst ist, fehlt es jedenfalls im vorliegenden Fall an der unabdingbaren positiven Erklärung. Denn die Satzungsbestimmung knüpft die Drei-Monats-Frist nicht an die Bekanntgabe gegenüber dem Zuziehenden an.

[17] c) Entspricht die religionsgemeinschaftliche Regelung über die Begründung der Mitgliedschaft den Anforderungen an die Freiwilligkeit der Mitglied-

schaft nicht, so kann sie als solche die Inanspruchnahme des Betroffenen als eines Angehörigen der Religionsgemeinschaft mit Wirkung für das staatliche Recht nicht rechtfertigen. Daraus folgt aber nicht, dass das an die insoweit unzulängliche Norm anknüpfende staatliche Recht von vornherein nicht angewendet werden kann.

[18] Der insbesondere grundrechtlich begründete Vorbehalt für die Beachtlichkeit des religionsgemeinschaftlichen Rechts ist - jedenfalls auch - eine Ausprägung des grundrechtlichen Schutzpflichtgedankens. Es geht hier zwar nicht um die unmittelbare Einwirkung der Religionsgemeinschaft als eines außerhalb der staatlichen Organisation stehenden Dritten auf grundrechtliche Schutzgüter, der die staatlichen Organe entgegentreten (vgl. dazu BVerfG, Beschluss vom 16.5.1995 -1 BvR 1087/91- BVerfGE 93, 1 [16], KirchE 33, 191). Aber auch dann, wenn der Staat die Belange der Religionsgemeinschaft mittels hoheitlicher Befugnisse stärkt, ist er in gleicher Weise gehalten, entgegenstehenden Rechtspositionen Rechnung zu tragen. Seinen Schutzpflichten kann der Staat dabei durch den Erlass genereller Regelungen nachkommen. Zur Wahrung der negativen Religionsfreiheit hat er das etwa durch den Erlass von Gesetzen über den Kirchenaustritt getan (vgl. Mückl, in: Bonner Kommentar zum GG, Art. 4 Rn 134; Magen, Körperschaftsstatus und Religionsfreiheit, 2004, S. 113).

[19] Die Handlungsmöglichkeiten beschränken sich aber nicht auf die abstrakt-generelle Ebene durch die Ausgestaltung der gesetzlichen Bestimmungen bzw. deren Nichtanwendung, falls sie in ihrer allgemeinen Fassung den verfassungsrechtlichen Anforderungen nicht genügen. Vielmehr kann der Schutz je nach der spezifischen Art der abzuwehrenden Grundrechtsverletzung auch im Rahmen einer einzelfallbezogenen Betrachtungsweise gewährt werden. Denn alle staatlichen Organe sind - in den ihnen von der Rechtsordnung und insbesondere vom Gesetzesvorbehalt gesetzten Grenzen - gehalten, den grundgesetzlich geforderten Schutz zu gewährleisten. Ein solches einzelfallbezogenes Vorgehen ist hier geboten. Denn das Vorliegen eines Eingriffs in die negative Bekenntnisfreiheit richtet sich danach, ob der Betroffene in dem für die Rechtmäßigkeit der nach staatlichem Recht zu beurteilenden Maßnahme entscheidungserheblichen Zeitpunkt auf freiwilliger Basis Mitglied der Religionsgemeinschaft war.

[20] Das vermag die Mitgliedschaftsregelung der Beklagten aber bereits deswegen nicht abschließend zu beantworten, weil sie neben der Wohnsitzbegründung nur die Abstammung in den Blick nimmt, nachfolgende Ereignisse demgegenüber aber ausblendet. Allein die Orientierung an der normativen Ausgestaltung der religionsgemeinschaftlichen Mitgliedschaftsregelung geht jedoch über den Schutzzweck hinaus und verfehlt demnach die Zielrichtung der staatlichen Schutzpflicht, wenn ungeachtet der Norm im konkreten Einzelfall

eine freiwillige Mitgliedschaft bejaht werden kann (vgl. auch Magen, aaO, S. 114). Vor diesem Hintergrund ist die Prüfung geboten, ob eine Willensbekundung festgestellt werden kann, die den Schluss auf eine solche vom Willen des Betroffenen getragenen Zuordnung erlaubt (so im Ergebnis auch BFH, Urteil vom 24.3.1999 -I R 124/97- BFHE 188, 245 [249], KirchE 37, 63).

[21] 2. a) Diese Willensbekundung muss sich auf die Mitgliedschaft in der konkreten rechtlich verfassten Religionsgemeinschaft beziehen. Allein die Zuordnung zu einem bestimmten religiösen Bekenntnis im Sinne von Glaubenslehren und Glaubensinhalten als solches kann es demgegenüber nicht ankommen. Das Bekenntnis bestimmt zwar die Zugehörigkeit zur Religionsgemeinschaft (vgl. BVerfG, Beschluss vom 31.3.1971 -1 BvR 744/67- BVerfGE 30, 415 [423], KirchE 12, 101); der Übergang vom vor- bzw. außerrechtlichen Bekenntnis zur rechtlich relevanten Eingliederung in die Religionsgemeinschaft muss aber wegen des Rechts auf negative Vereinigungsfreiheit im religiösen Bereich vom Willen getragen sein. Diese grundsätzliche Unterscheidung schließt aber nicht aus, dass nach den jeweiligen Umständen des Einzelfalls ein bestimmtes Verhalten zugleich mit dem Bekenntnis auf die Mitgliedschaft in der durch dieses geprägten Religionsgemeinschaft gerichtet ist.

[22] b) Den Charakter einer Beitrittserklärung muss die Willensbekundung nicht haben (so auch BFH, Urteile vom 6.10.1993 -I R 28/93- BFHE 172, 570 [573], KirchE 31, 420 und vom 28.1.2004 -I R 63/02- KirchE 45, 76 [78]). Zum einen drängte dies den Religionsgemeinschaften, die sich gerade nicht vereinsrechtlich organisiert haben, eine ihrem Selbstverständnis unangemessene Rechtsform auf. Zum anderen läge einem solchen Erfordernis die verfehlte Vorstellung zugrunde, dass die Willensbekundung die Zugehörigkeit zur Religionsgemeinschaft erst begründet. Um zwei getrennte Mitgliedschaften - eine im kirchenrechtlichen und eine im staatskirchenrechtlichen Sinn - geht es aber nicht, sondern nur darum, ob die einheitliche, nach Maßgabe des religionsgemeinschaftlichen Rechts begründete Mitgliedschaft anerkannt werden kann (vgl. etwa Muckel, JZ 2009, 174 [177 f.]). Die erforderliche Willensbekundung kann sich demnach aus den verschiedensten Äußerungen und Handlungen ergeben, sofern diese nur dem Erfordernis nach eindeutigen und nachprüfbaren Tatbeständen als Grundlage der Rechts- und Pflichtenstellung des Betroffenen genügt (siehe BVerfG, Beschluss vom 31.3.1971 -1 BvR 744/67- BVerfGE 30, 415 [426], KirchE 12, 101).

[23] c) Diesen Anforderungen genügt das angefochtene Urteil nicht. Es verfehlt den rechtlichen Bezugspunkt der erforderlichen Willensbekundung. Der Verwaltungsgerichtshof führt zwar auch aus, dass das in der Angabe gegenüber der Meldebehörde liegende Bekenntnis zum Judentum nur als Bekenntnis zur Beklagten verstanden werden könne. Auf eine so begründete Zugehörigkeit zur

Beklagten als rechtlich verfasster Religionsgemeinschaft stellt der Verwaltungsgerichtshof letztlich aber nicht ab. Bei seiner die Entscheidung tragenden „Gesamtschau" aller Umstände zieht er nämlich Willensbekundungen der Kläger heran, aus denen sich nur ihre - unstreitige - Zuwendung und Zugehörigkeit zum jüdischen Glauben ergeben sollen. Damit stellt der Verwaltungsgerichtshof mit Blick auf Art. 4 GG zu geringe Anforderungen an den gebotenen „Bekenntnisakt".

[24] 3. Das angefochtene Urteil erweist sich nicht wegen der Angabe der Kläger gegenüber der Meldebehörde im Ergebnis als richtig. Auch bei der Klägerin bildet dies - abgesehen von der nachfolgend unter 4. erörterten Fragestellung - den einzigen möglichen Ansatzpunkt für eine willensgetragene Mitgliedschaft in der Beklagten. Denn eine frühere Mitgliedschaft ist jedenfalls mit ihrem ehebedingten Umzug nach Frankreich beendet worden (§ 3 Buchst. a der Satzung der Beklagten). Eine Willensbekundung, der Beklagten anzugehören, kann aus der Angabe im Anmeldeschein nicht entnommen werden.

[25] a) Auf der Grundlage von § 2 Abs. 1 Nr. 11 MRRG, § 3 Abs. 1 Nr. 11 des Hessischen Meldegesetzes - HMG - wird bei der Anmeldung einer neuen Wohnung nach der rechtlichen Zugehörigkeit zu einer Religionsgesellschaft gefragt. Die geforderte Angabe hat demnach vor diesem rechtlichen Hintergrund den für die Willensbekundung gebotenen Bezugspunkt. Ob sie entsprechend ihrer gesetzlichen Zielrichtung verwertbar ist, hängt indessen wesentlich davon ab, ob die vom Gesetz beabsichtigte Fragestellung dem Betroffenen gegenüber hinreichend verdeutlicht wird und wie angesichts dessen die Antwort ausfällt.

[26] So ist für den Verständnishorizont des Zuziehenden und nachfolgend den Erklärungswert seiner Angabe von Bedeutung, ob im Anmeldeformular - sowie gegebenenfalls in weiteren Erläuterungen und Ausfüllhinweisen - nach der „Religion", nach der „Zugehörigkeit zu einer Religionsgesellschaft" oder nach der „öffentlich-rechtlichen Religionsgesellschaft" gefragt wird und ob alle oder jedenfalls die zahlenmäßig bedeutsamen korporierten - und insbesondere kirchensteuerberechtigten - Religionsgemeinschaften aufgeführt werden und der Zuziehende bei seinen Angaben eine diesen jeweils eindeutig zuzuordnende Bezeichnung verwendet.

[27] b) Hiernach lässt sich allein dem Eintrag der Kläger im Anmeldeschein der Wille, der Beklagten zuzugehören, nicht entnehmen.

[28] Der Senat ist dabei nicht an die Auslegung und Bewertung der Angabe der Kläger durch den Verwaltungsgerichtshof gebunden. Die Bindung nach § 137 Abs. 2 VwGO bezieht sich lediglich auf die der Auslegung zu Grunde liegenden tatsächlichen Feststellungen; die darauf aufbauende Frage nach dem zutreffenden Verständnis ist hingegen maßgeblich von rechtlichen Vorgaben

geprägt, so dass deren Beantwortung dem Senat obliegt (vgl. Neumann, in: Sodan/Ziekow, VwGO, 3. Aufl. 2010, § 137 Rn 165 f., 169 mwN).

[29] Die Kläger haben im Anmeldeschein in der Rubrik „Religion“ „mosaisch“ angegeben. Daraus lässt sich nicht mit der rechtlich gebotenen Eindeutigkeit und Klarheit entnehmen, dass die Kläger gerade der Beklagten angehören wollen. Dabei kann dahinstehen, ob die Kläger in zusätzlichen Erläuterungen darauf hingewiesen worden sind, dass ungeachtet der Verwendung des weiten Begriffs „Religion“ nicht eine allgemeine Auskunft zu Glaubensüberzeugungen verlangt war, sondern die am neuen Wohnort gegebene Zugehörigkeit zu einer öffentlich-rechtlichen - und folglich kirchensteuerberechtigten - Religionsgemeinschaft erklärt werden sollte (siehe etwa die derzeit geltenden Ausfüllhinweise, Erlass des Hessischen Ministeriums des Inneren und für Sport vom 21.2.2006, abgedruckt bei Lüttmann, Melderecht des Bundes und der Länder, Kommentar, Teil II: Hessen, E 1). Denn jedenfalls fehlt der Angabe „mosaisch“ der eindeutige Bezug auf die Beklagte. Die Kläger haben sich damit nicht der in der hessischen Verwaltungspraxis üblichen Kürzel bedient, mit denen die in Hessen als Körperschaft des öffentlichen Rechts anerkannten jüdischen Gemeinden bezeichnet werden und zweifelsfrei zu identifizieren sind (IS: Jüdische Gemeinde Frankfurt a.M.; IL: Kultussteuerberechtigte jüdische Gemeinden im Landesverband Hessen; vgl. Lüttmann, aaO, F 4). Nach ihrer Auffassung wird die Beklagte von der von ihr verwendeten Bezeichnung schon deshalb nicht erfasst, weil der Begriff „mosaisch“ jedenfalls im Französischen eine bestimmte, nämlich die liberale, Richtung des Judentums umschreibe, der die Beklagte nicht zuzurechnen sei. Ob diese begriffliche Unterscheidung zutrifft, bedarf keiner Klärung. Denn auch wenn „mosaisch“ als Synonym für „jüdisch“ zu verstehen sein sollte, lässt der Hinweis auf eine „mosaische“ Religionszugehörigkeit angesichts der allgemeinkundigen und dem Senat aus anderen Verfahren bekannten (vgl. Urteil vom 28.2.2002 -BVerwG 7 C 7.01- BVerwGE 116, 86 [90], KirchE 40, 140) Tendenz zur Pluralisierung und Rekonfessionalisierung des Judentums (vgl. Weber, LKV 2006, 9 [10]) die Zuordnung zur konkreten jüdischen Gemeinde nicht zu. Der jüdische Glaube kann in verschiedenen Strömungen und in unterschiedlichen Organisationen gelebt werden; bei deren Auswahl ist der Gläubige frei. Daran ändert sich auch dadurch nichts, dass die Beklagte sich nach ihrem Selbstverständnis als sogenannte Einheitsgemeinde begreift und alle Strömungen des Judentums unter einem Dach vereinigen will. Denn der Gläubige muss sich diesem Alleinvertretungsanspruch angesichts der ihm zukommenden negativen Bekenntnisfreiheit nicht unterordnen.

[30] 4. Eine vom Willen getragene Mitgliedschaft kann sich im Falle des Umzugs aus der Mitgliedschaft in einer Religionsgemeinschaft am bisherigen Wohnort ergeben. Die Voraussetzungen für eine solche Fortsetzung der Mit-

gliedschaft liegen hier aber nicht vor. Das kann der Senat selbst feststellen und deswegen nach § 144 Abs. 3 Nr. 1 VwGO eine abschließende Entscheidung zu Gunsten der Kläger treffen.

[31] a) Hat sich der Betroffene bereits vor seinem Zuzug an seinem bisherigen Wohnort einer Religionsgemeinschaft angeschlossen, so kann sich nach einem Umzug die Mitgliedschaft nur dann in der nunmehr örtlich zuständigen Gemeinschaft fortsetzen, wenn auch diese Mitgliedschaft auf einer freiwilligen Grundlage beruhte.

[32] b) Dieser Grundsatz der Freiwilligkeit der Mitgliedschaft in einer rechtlich verfassten Religionsgemeinschaft wird bei korporierten Religionsgemeinschaften durch das Parochialrecht nicht überlagert.

[33] Nach dem Parochialrecht, das als ungeschriebene Befugnis nach dem Herkommen mit dem Körperschaftsstatus verbunden ist (vgl. BVerwG, Urteil vom 26.6.1997 -BVerwG 7 C 11.96- BVerwGE 105, 117 [119], KirchE 35, 248), kann eine Religionsgemeinschaft bestimmen, dass alle Angehörigen des jeweiligen Bekenntnisses ipso iure als Mitglieder der örtlich zuständigen Gemeinde in Anspruch genommen werden. Das Parochialrecht als Ausdruck des überkommenen religionsrechtlichen Territorialprinzips ist zwar als öffentlich-rechtliche Befugnis ausgestaltet. Damit ist jedoch noch keine Aussage darüber getroffen, in welchem Umfang und insbesondere gegenüber welchen Personen hoheitliche Befugnisse verliehen werden (vgl. auch BVerfG, Urteil vom 19.12.2000 -2 BvR 1500/97- BVerfGE 102, 370 [388], KirchE 38, 502). Beim Parochialrecht betrifft dies angesichts der negativen Bekenntnisfreiheit allein die Mitglieder der korporierten Religionsgemeinschaft (vgl. Magen, aaO, S. 94; BVerfG, Urteil vom 19.12.2000 -2 BvR 1500/97- BVerfGE 102, 370 [371], KirchE 38, 502), die sich so in Ausübung ihrer Organisationsgewalt in bestimmter Weise örtlich strukturiert und rechtlich selbstständige Untergliederungen bildet (vgl. hierzu Beschluss vom 8.1.2009 -BVerwG 7 B 42.08- Buchholz 11 Art. 140 GG Nr. 77). Unmittelbar hat das Parochialrecht demnach (nur dann) seine Bedeutung, wenn die als öffentlich-rechtliche Körperschaft konstituierte Religionsgemeinschaft, der der Betroffene kraft einer Willensentscheidung angehört, in rechtlich selbstständige Einheiten untergliedert ist. Dies ist etwa der Fall bei den Diözesen der römisch-katholischen Kirche und den einzelnen Pfarrgemeinden oder den evangelischen Landeskirchen und den einzelnen Kirchengemeinden.

[34] Soweit es dagegen um die (Neu-)Begründung der Mitgliedschaft in einer Religionsgemeinschaft geht, zu der der Betroffene bislang nach Maßgabe des staatlichen Rechts in keiner mitgliedschaftlichen Beziehung stand, ist ein auf dem Parochialrecht basierendes Organisationsprinzip zwar nicht völlig unbeachtlich. Es ist aber nicht als Hoheitsrecht der Religionsgemeinschaft des Zuzugsortes von Bedeutung, sondern kann nur mittelbar - nämlich als Teil der

am früheren Wohnort auf freiwilliger Basis eingegangenen Rechtspflichten - herangezogen werden. Hat der Betroffene willentlich die Mitgliedschaft in einer Religionsgemeinschaft begründet, die nach ihrem Selbstverständnis und religionsgemeinschaftlichen Recht Teil eines umfassenderen Verbands ist, der nach den Grundsätzen des Parochialrechts gegliedert ist, so nimmt er auch den automatischen Wechsel der Mitgliedschaft bereits vorweg in seinen Willen auf. Dies gilt etwa für die römisch-katholische Kirche, die sich als einheitliche Weltkirche unter päpstlicher Oberhoheit begreift (siehe etwa v. Campenhausen, HdbStKirchR, § 26, S. 773 f.), sowie für die unter dem Dach der EKD zusammengeschlossenen evangelischen Landeskirchen (§ 8 des Kirchengesetzes über die Kirchenmitgliedschaft). Auch ohne eine solche Einordnung in einen höherstufigen Verband kann sich eine Rechtspflicht zur Eingliederung in eine andere Religionsgemeinschaft aus Vereinbarungen der Religionsgemeinschaften ergeben, die auf der Ebene der Gleichordnung abgeschlossen werden; denn auch diese bestimmen den Rechtsstatus des betroffenen Mitglieds. Fehlen solche vertraglichen Vereinbarungen, ist entsprechendes Gewohnheitsrecht nicht ausgeschlossen.

[35] c) Hiernach sind die Voraussetzungen für eine allein an die Mitgliedschaft in der jüdischen Gemeinde in Frankreich anknüpfende Mitgliedschaft der Kläger in der Beklagten nicht gegeben. Das kann der Senat selbst feststellen.

[36] Die Beklagte hat in der mündlichen Verhandlung erklärt, dass entsprechende „Übernahmevereinbarungen" zwischen ihr und anderen jüdischen Gemeinden nicht geschlossen worden seien. Sie hat betont, dass es einen Automatismus im Übergang der Mitgliedschaft nach dem Selbstverständnis der jüdischen Gemeinden nicht gebe und nicht geben könne; denn die Gemeinden seien jeweils eigenständig.

[37] Der Senat ist - nicht zuletzt im Interesse der Prozessökonomie - nicht gehindert, diese von den Klägern nicht in Zweifel gezogenen Einlassungen der Beklagten zu ihrer eigenen Rechtspraxis und ihrem Rechtsverständnis im Bereich ihrer eigenen Angelegenheiten seiner Entscheidung zu Grunde zu legen (vgl. Neumann, aaO, § 137 Rn 148).

30

Auch wenn Kirchen und Religionsgemeinschaften keine staatliche Gewalt ausüben, ändert dies nichts an der Bindung auch der Kirchen an die fundamentalen Grundsätze der staatlichen Rechtsordnung. Lediglich das Maß der Überprüfung ist durch das kirchliche Selbstbestimmungsrecht auf eine Wirksamkeitskontrolle beschränkt, nämlich ob sie gegen Grundprinzipien der Rechtsordnung verstoßen, wie sie in dem allgemeinen Willkürverbot sowie in

der Grundrechtsordnung und den rechtsstaatlichen Prinzipien ihren Niederschlag gefunden haben.

Art./§§ 140 GG, 137 Abs. 3 WRV, § 20 ND.StiftG, 40 VwGO
VG Oldenburg, Beschluss vom 27. September 2010 -1 B 1384/10[1]-

Die Beteiligten streiten über die Ablösung des Antragstellers als Vorstand einer kirchlichen Stiftung privaten Rechts.

Der Antragsteller war Pfarrer der Evangelisch-reformierten Kirche. Auf seinen Wunsch hin schied er im Jahre 2001 aus dem Pfarrdienst aus, damit er sich hauptberuflich den schon bisher wahrgenommenen Aufgaben als Vorstand der kirchlichen „Stiftung Johannes A Lasco Bibliothek Große Kirche Emden" (im Folgenden A Lasco Stiftung), der Beigeladenen, widmen konnte. Die A Lasco Stiftung war von der Antragsgegnerin mit einem Stiftungskapital von 8.000.000 DM ausgestattet worden. Durch weitere Zustiftung der Antragsgegnerin im Jahre 2001 wurde das Stiftungskapital auf insgesamt 15.000.000 DM (7.925.024,16 €) erhöht. Während der Vorstandstätigkeit des Antragstellers ging das Stiftungskapital auf 2,6 Mio. Euro zurück. Die Antragsgegnerin lastet diesen Vermögensverfall dem Antragsteller an, weil er das Stiftungskapital eigenmächtig in sehr riskanten Wertpapieren angelegt habe, die einen großen Teil ihres Wertes verloren hätten oder teilweise völlig wertlos geworden seien.

Wegen dieses Verlustes forderte die Antragsgegnerin die A Lasco Stiftung zunächst mit Verfügung vom 26.8.2008 auf, den Antragsteller als Stiftungsvorstand abzuberufen und das Vorstandsanstellungsverhältnis zu kündigen. Da dies innerhalb der gesetzten Frist nicht erfolgte, ordnete die Antragsgegnerin mit Verfügung vom 1.9.2008 unter Anordnung der sofortigen Vollziehung die Abberufung des Antragstellers als Vorstand der A Lasco Stiftung an. Gleichzeitig wurde ein neuer Stiftungsvorstand berufen. Darüber hinaus wurde das Vorstandsanstellungsverhältnis mit sofortiger Wirkung beendet, sowie hilfsweise außerordentlich oder ordentlich mit der gesetzlichen Kündigungsfrist gekündigt. Als der Antragsteller seinen Arbeitsplatz räumte, wurde festgestellt, dass eine Festplatte aus seinem PC ausgebaut worden war und aus dem Stiftungsgebäude gebracht wurde. Die Antragsgegnerin nahm dies zum Anlass, den Antragsteller nochmals mit sofortiger Wirkung abzuberufen und das Anstellungsverhältnis vorsorglich außerordentlich mit sofortiger Wirkung sowie hilfsweise ordentlich mit der gesetzlichen Kündigungsfrist zu kündigen. Anstelle des An-

1 juris. Die Beschwerde des Antragstellers wurde zurückgewiesen; Niedersächs. OVG, Beschluss vom 16.12.2010 -8 ME 276/10- KirchE 56, 493.

tragstellers wurde ein neuer Stiftungsvorstand berufen. Bei der Auswertung der Festplatte stellte die Antragsgegnerin fest, dass der Antragsteller für mehrere hunderttausend Euro Archivbestände adeliger Familien aus der ehemaligen DDR gekauft hatte. Die Finanzierung sollte eine mit dem Antragsteller persönlich verbundene kleine Stiftung übernehmen. Weil diese jedoch nicht über die erforderlichen finanziellen Mittel verfügte, war der überwiegende Teil des Kaufpreises von der A Lasco Bibliothek aufzubringen, obwohl sie weder das Eigentum noch Nutzungsrechte an den Archivalien erhielt. Dieser Vorfall führte zu der Verfügung der Antragstellerin vom 9.3.2009 mit der der bereits durch die Bescheide vom 1.9. und 15.9.2008 abberufene Antragsteller vorsorglich nochmals mit sofortiger Wirkung abberufen und an seiner Stelle ein neuer Stiftungsvorstand berufen wurde. Das durch die vorangegangenen Bescheide beendete Anstellungsverhältnis mit dem Antragsteller wurde vorsorglich außerordentlich mit sofortiger Wirkung sowie hilfsweise ordentlich mit der gesetzlichen Kündigungsfrist gekündigt.

Der Antragsteller hat gegen alle Verfügungen die in der Rechtsmittelbelehrung angegebene Klage beim Gemeinsamen kirchlichen Verwaltungsgericht in Detmold erhoben und gleichzeitig jeweils um Gewährung vorläufigen Rechtsschutzes nachgesucht. Der Antragsteller machte im Wesentlichen geltend, dass er keineswegs eigenmächtig riskante Wertpapiergeschäfte getätigt habe. Alle Anlagenentscheidungen seien dem zuständigen Gremium der A Lasco Stiftung und teilweise auch der Antragsgegnerin als Stiftungsaufsicht bekannt gewesen. Er sei bemüht gewesen, die seiner Ansicht nach unterkapitalisierte Stiftung arbeitsfähig zu erhalten und durch Anlage in Wertpapieren einen Ertrag zu erwirtschaften, um die anspruchsvollen Ziele der A Lasco Stiftung erreichen zu können. Mit dem Ausbau der Festplatte habe er nichts verheimlichen wollen, weil alle dort gespeicherten Dokumente in den Räumen der Stiftung vorhanden gewesen seien. Es sei ihm lediglich um eine Datensicherung gegangen, die im Büro nicht möglich gewesen sei. Die von ihm angekauften Archivbestände aus dem Gebiet der ehemaligen DDR hätten engen Bezug zum Forschungszweck und zum Bestand der Bibliothek. Die Mittel hätten von einem Drittfinanzierer aufgebracht werden sollen, dem deshalb auch das Eigentum an den Archivbeständen übertragen worden sei. Derartiges sei allgemein üblich und auch von der A Lasco Stiftung mehrfach getätigt worden.

Das vom Antragsteller angerufene Gemeinsame Verwaltungsgericht der Lippischen Landeskirche und der Evangelisch-reformierten Kirche lehnte die Anträge auf Gewährung vorläufigen Rechtsschutzes mit Beschluss vom 21.10.2009 ab. Aller Voraussicht nach seien die vom Antragsteller angefochtenen Verfügungen formell und materiell rechtmäßig. Die Anordnung der sofortigen Vollziehung sei gerechtfertigt gewesen, um eine weitere Vermögensgefährdung der Stiftung zu verhindern. Die dagegen eingelegte Beschwerde wies der Verwaltungsgerichtshof der Union der Evangelischen Kirchen in der EKD mit Beschluss vom 13.4.2010 zurück. Die angefochtene Verfügung sei nicht offensichtlich rechtswidrig. Die Antragsgegnerin habe ein berechtigtes Interesse daran, unabhängig von der Klärung der Vorwürfe im Einzelnen durch einen Wechsel im Vorstand sofort das Steuer herumzureißen und den Schaden für die A Lasco Stiftung nach Möglichkeit zu begrenzen. Inzwischen sei ein anderer Vorstand eingesetzt worden. Würde dem Antrag des Antragstellers stattgegeben, müsste der damit verbundene erneute Wechsel im Vorstand die notwendige Sanierung der Stiftung gefährden. Der Anstellungsvertrag mit dem Antragsteller werde ohnehin in weniger als einem Jahr enden mit der Folge eines weiteren Wechsels im Vorstand. Die A Lasco Stiftung benötige jetzt aber Stetigkeit in der Geschäftsführung, um die für sie schwierige Situation zu meistern. Hinsichtlich der weiteren Begründung des Beschlusses wird auf Blatt 42 der Gerichtsakte verwiesen.

Der Antragsteller ist vom Landgericht Aurich auch wegen der von ihm getätigten Archivkäufe wegen Untreue zu einer Gesamtgeldstrafe von 120 Tagessätzen zu je 30,- € verurteilt worden. Das Urteil ist vom Bundesgerichtshof am 24.6.2010 aufgehoben und zur erneuten Verhandlung und Entscheidung zurückverwiesen worden. Die A Lasco Stiftung hat das Anstellungsverhältnis mit dem Antragsteller gekündigt. Über die dagegen erhobene Klage hat das Landgericht Aurich noch nicht entschieden.

Nach der Abberufung des Klägers blieb die A Lasco Bibliothek vorübergehend geschlossen. Zur Sicherung der finanziellen Leistungsfähigkeit haben die EKD und ihre Gliedkirchen das Stiftungsvermögen durch eine Finanzhilfe von etwa 7 Mio. Euro wieder auf den alten Stand von rund 8,4 Mio. Euro gebracht. Seit dem 1.2.2010 ist die Bibliothek unter neuer Leitung wieder eröffnet.

Nach Beendigung des Verfahrens zur Gewährung vorläufigen Rechtsschutzes vor den kirchlichen Gerichten hat der Antragsteller am 28.5.2010 beim Verwaltungsgericht vorläufigen Rechtsschutz beantragt. Seiner Ansicht nach seien die Voraussetzungen für die von der Antragsgegnerin verfügte Ersatzvornahme nicht gegeben, weil die beigeladene Stiftung keine ausreichende Gelegenheit erhalten hätte, die Angelegenheiten selbst zu regeln. Die Vorwürfe seien unberechtigt. Die Anlageentscheidungen insbesondere auch für den hohen Aktienanteil, der durchaus risikobehaftet gewesen sei, seien nicht eigenmächtig von ihm, sondern in Übereinstimmung mit dem Leitungsgremium der Stiftung getroffen worden: Die A Lasco Stiftung sei ebenso wie andere Anleger Opfer des allgemeinen Niedergangs der Aktienmärkte geworden. Er habe niemals versucht, Dateien zu löschen oder Unterlagen zu verheimlichen. Die von ihm getätigten Käufe, insbesondere Archive der Adelshäuser aus dem Gebiet der ehemaligen DDR, hätten dem Stiftungszweck entsprochen und hätten auch eine ausreichende finanzielle Grundlage gehabt. Die Finanzierung durch Dritte, denen dafür das Eigentum übertragen werde, sei bei Museen und Bibliotheken durchaus üblich. Die Antragsgegnerin tritt dem entgegen und hält insbesondere den Rechtsweg zu den staatlichen Gerichten nicht für gegeben.

Das Verwaltungsgericht versagt die Gewährung vorläufigen Rechtsschutzes.

Aus den Gründen:

[9] Der Antrag auf Gewährung vorläufigen Rechtsschutzes ist zulässig. Das Verwaltungsgericht als staatliches vom Land Niedersachsen eingerichtetes unabhängiges Gericht ist zur Entscheidung berufen. Insbesondere steht der Entscheidung durch die Verwaltungsgerichte nicht das durch Art. 140 GG iVm Art. 137 Abs. 3 WRV gewährleistete kirchliche Selbstverwaltungsrecht entgegen.

[10] Nach dem kirchenpolitischen System des Grundgesetzes ordnet und verwaltet jede Religionsgemeinschaft ihre Angelegenheit selbständig innerhalb der Schranken der für alle geltenden Gesetze. Insbesondere entscheidet sie über die Verleihung ihrer Ämter ohne Mitwirkung des Staates oder der bürgerlichen Gemeinde. Damit erkennt der Staat die Kirchen als Institutionen mit dem Recht der Selbstbestimmung an, die ihrem Wesen nach vom Staat unabhängig sind und ihre Gewalt nicht von ihm herleiten. Das führt jedoch nicht zu einem Ausschluss des durch Art. 19 Abs. 4 GG gewährleisteten Rechtsschutzes gegenüber hoheitlichen Maßnahmen (vgl. dazu Weber, Der Rechtsschutz im kirchlichen Amtsrecht, NJW 2009, 1179; Ehlers, in: Schoch und andere, VwGO Anm. 106 und 110 zu § 40 VwGO). Die Verfassungsgarantie des kirchlichen Selbstbestimmungsrechtes schließt die Kirchen nicht aus der staatlichen Rechtsordnung aus und begründet insbesondere keinen rechtsfreien Raum, sondern im Gegenteil eine die gemeinschaftliche Freiheitsausübung respektierende Sonderstellung innerhalb der staatlichen Rechtsordnung (BVerfG, Beschluss vom 9.12.2008 - 2 BvR 717/08- DVBl. 2009, 238, Rn 4., KirchE 52, 337). Die Pflicht des Staates zur Justizgewährung gilt für und gegen die Religionsgemeinschaften wie für alle anderen Rechtssubjekte auf dem Staatsgebiet (Hofmann, in: Schmidt-Bleibtreu/Klein, Kommentar zum Grundgesetz, 10. Aufl., Anm. 22 zu Art 140 GG).

[11] Auch wenn Kirchen und Religionsgemeinschaften keine staatliche Gewalt ausüben, ändert dies nichts an der Bindung auch der Kirchen an die fundamentalen Grundsätze der staatlichen Rechtsordnung. Lediglich das Maß der Überprüfung ist durch das kirchliche Selbstbestimmungsrecht auf eine Wirk-

samkeitskontrolle beschränkt (BGH, Urteil vom 28.3.2003 -V ZR 261/02- BGHZ 154, 306, KirchE 43, 201). Das Selbstbestimmungsrecht der Religionsgemeinschaften schränkt für den innerkirchlichen Bereich zwar die gerichtlichen Kontrolldichte ein, schließt aber den Anspruch des Betroffenen auf Justizgewährung nicht aus (OVG Koblenz, Urteil vom 28.11.2008 -2 A 10495/08- NJW 2009, 1223, KirchE 52, 298).

[12] Die vom Antragsteller angegriffenen stiftungsrechtlichen Maßnahmen der Antragsgegnerin sind dem kirchlichen Bereich zuzurechnen. Dazu gehören Maßnahmen, die materiell, der Natur der Sache oder der Zweckbeziehung nach als eigene Angelegenheiten der Kirchen anzusehen sind (vergl. BGH, aaO, Rn. 17). Die hier angegriffenen stiftungsrechtlichen Maßnahmen überschreiten den innerkirchlichen Bereich nicht. Es geht - mittelbar - auch um Personalentscheidungen, die der autonomen Entscheidung der Kirche überantwortet sind. Das Selbstbestimmungsrecht der Kirchen gewährleistet das Recht, ohne staatliche Inanspruchnahme festzulegen, welche Kirchenämter einzurichten und wie sie zu besetzen sind.

[13] Der Antragsteller war zwar nicht mehr Pfarrer der reformierten Kirche. Er ist aus dem Pfarrdienst ausgeschieden, als er im Jahre 2001 den hauptberuflichen Stiftungsvorstand übernahm. Außerdem stand und steht der Antragsteller als Stiftungsvorstand nicht im Dienst der Antragsgegnerin als evangelisch-reformierte Kirche. Sein Anstellungsvertrag war mit der Johannes A Lasco Stiftung als selbständiger juristischer Person, nämlich als kirchliche Stiftung bürgerlichen Rechts, geschlossen. Diese mittelbare Verbindung zur evangelisch-reformierten Kirche führt jedoch nicht zum Ausschluss des kirchlichen Selbstverwaltungsrechtes. Es bleibt der Kirche überlassen, wie sie ihre kulturellen und wissenschaftlichen Anliegen verfolgt. Sie kann wissenschaftliche Einrichtungen oder Bibliotheken als unselbständige Organisationseinheiten führen, kann aber auch durchaus selbständige Rechtspersönlichkeiten, nämlich kirchliche Stiftungen bürgerlichen Rechts, errichten. Näheres dazu ist für die evangelischen Kirchen in Niedersachsen u.a. in Art. 7 des Ergänzungsvertrages zum Vertrag des Landes Niedersachsen mit den evangelischen Landeskirchen vom 19.3.1955 (Nieders. GVBl. 1966, 3) geregelt. Auch wenn die Stiftungen nach Art. 7 des Ergänzungsvertrages einer - eingeschränkten - staatlichen Aufsicht unterliegen, wie sie im Einzelnen auch in § 20 des Niedersächsischen Stiftungsgesetzes geregelt ist, führt dies nicht dazu, dass kirchliche Stiftungen bürgerlichen Rechts außerhalb des kirchlichen Bereichs und damit außerhalb der Selbstbestimmungsgarantie des Art. 140 GG liegen. Maßgeblich kommt es auf den Stiftungszweck und die Organisation der Stiftung an. Hier hat die A Lasco Stiftung zwar auch außerkirchliche Bezüge, weil sie als Regionalbibliothek auch die Literatur zur ostfriesischen Geschichte sammelte und erschloss. Ihr wesentli-

cher Zweck war und ist aber ein wissenschaftlicher im Dienst der Kirche zur Erfüllung ihrer Aufgabe, nämlich der wissenschaftlich theologischen und historischen Forschung und Lehre. Ihr Archiv sollte die Geschichte und Wirkung kirchlicher Tätigkeit dokumentieren (vgl. § 3 der Satzung der Stiftung Johannes A Lasco Bibliothek vom 25.4.2005 und § 3 der Stiftungssatzung vom 25.6.2002).

[14] Dass es sich hier nicht um eine unabhängig von der kirchlichen Verkündung und Lehre eingerichtete Stiftung handelt, wird auch durch ihre Organisation und die Einflussnahme der Antragsgegnerin als Evangelisch-reformierte Kirche deutlich. Oberstes Organ der A Lasco Stiftung, das die Grundsätze und Richtlinien der Arbeit der Stiftung bestimmt, ist nach § 10 der Stiftungssatzung das Kuratorium. Dieses Gremium besteht aus mindestens acht Mitgliedern, von denen fünf von Gremien der Antragsgegnerin und zwei vom Kirchenrat der Evangelisch-reformierten Kirchengemeinde Emden benannt werden. Als nicht kirchlich gebundenes Mitglied gehört dem Kuratorium der Oberbürgermeister oder die Oberbürgermeisterin der Stadt Emden an. Auch wenn das Kuratorium mit Zustimmung der Mehrzahl seiner Mitglieder bis zu fünf weitere Personen als Mitglieder kooptieren kann, ändert dies nicht an dem maßgeblichen kirchlichen Einfluss. Selbst wenn das Kuratorium mit dreizehn Mitgliedern besetzt wäre, bilden die in § 9 Abs. 1 Nr. 1 bis 4 aufgeführten kirchlichen Mitglieder immer noch die Mehrheit.

[15] Das Erfordernis der staatlichen Anerkennung der Stiftung und die Befugnisse der staatlichen Stiftungsbehörden nach dem Niedersächsischen Stiftungsgesetz auch gegenüber den kirchlichen Stiftungen bürgerlichen Rechts schließen deren Zuordnung zum innerkirchlichen Bereich nicht aus. Diese Bestimmungen regeln nur die Teilnahme der kirchlichen Stiftung am außerkirchlichen Rechtsverkehr und begründen ihre Stellung als Subjekt und Objekt des bürgerlichen und öffentlichen Rechts. Die starke Stellung der Kirchen, die sie von anderen Stiftern unterscheidet, kommt insbesondere in § 20 Abs. 2 Satz 1 Niedersächsisches Stiftungsgesetz zum Ausdruck, wenn dort Entscheidungen der (staatlichen) Stiftungsbehörde nur im Einvernehmen mit der zuständigen Kirchenbehörde getroffen werden können. Damit sind Entscheidungen gegen die Kirche nicht möglich.

[16] Maßnahmen von Kirchen innerhalb ihres Selbstbestimmungsrechts sind nach der hier zu Grunde gelegten Rechtsansicht von den staatlichen Gerichten nur auf ihre Wirksamkeit überprüfbar, nämlich ob sie gegen Grundprinzipien der Rechtsordnung verstoßen, wie sie in dem allgemeinen Willkürverbot sowie in der Grundrechtsordnung und den rechtsstaatlichen Prinzipien ihren Niederschlag gefunden haben (BGH Urteil vom 28.3.2003 -V ZR 261/02- BHZ 154, 306 Rn 17, KirchE 43, 201; OVG Koblenz, Urteil vom 28.11.2008 -2 A 10495/08- NJW 2009, 1223, KirchE 52, 298).

[17] Unter Beachtung dieser Grenzen kann vorläufiger Rechtsschutz nicht gewährt werden.

[18] Dem Antragsteller stand insbesondere ein justizförmiges Rechtsmittelverfahren zur Verfügung. Das Kirchengesetz über die gemeinsame Verwaltungsgerichtsbarkeit in der Lippischen Landeskirche und der Evangelisch-reformierten Kirche vom 14.11.2002 gewährleistet ein faires Verfahren mit unabhängigen Richtern und umfangreicher Sachaufklärung. Der Antragsteller hat einen umfassenden Anspruch auf rechtliches Gehör. Im Wesentlichen entspricht das Kirchengesetz über die Verwaltungsgerichtsbarkeit den Bestimmungen der Verwaltungsgerichtsordnung, so dass auch in dieser Hinsicht die Notwendigkeit einer nochmaligen Überprüfung der kirchlichen Maßnahme durch staatliche Gerichte nicht gegeben ist.

[19] Die von den Kirchengerichten getroffenen Entscheidungen sind sorgfältig und ausführlich auch unter Beachtung des Vortrages des Antragstellers begründet worden. Insbesondere die vom Verwaltungsgerichtshof der Union evangelischer Kirchen in der EKD im Beschluss vom 13.4.2010 vorgenommene Interessenabwägung ist nach den vom BGH gezogenen Grenzen nicht zu beanstanden.

[20] In dem hier zu entscheidenden Verfahren geht es nicht um die endgültige Sachentscheidung, sondern um die Entscheidung über die Aussetzung der angefochtenen Maßnahme, also um die Regelung des Zustandes bis zur Entscheidung in der Hauptsache. In der von der Antragsgegnerin vorgefundenen Situation war es nicht willkürlich, den Antragsteller abzuberufen und damit der A Lasco Stiftung die Möglichkeit zu geben, sich neu auszurichten und aufzustellen. Dies ist inzwischen ohne Mitwirkung des Antragstellers auch geschehen. Im Übrigen kann auf die Beschlüsse der Kirchengerichte verwiesen werden.

[21] Verstöße gegen das Willkürverbot oder andere unverzichtbare Verfassungsprinzipien sind somit nicht ansatzweise zu erkennen. Allein die Ansicht des Antragstellers, die kirchlichen Gerichte hätten den umfangreichen Streitstoff nicht ausreichend zu seinen Gunsten berücksichtigt, erfordern eine Überprüfung des Verwaltungsgerichts über die oben dargelegten Grenzen hinaus nicht.

[22] Ob die vorstehenden Ausführungen zur Wirksamkeitskontrolle kirchlichen Handelns im Einklang mit der Entscheidung des BVerfG vom 9.12.2008 (- 2 BvR 717/08- DVBl 2009, 238, KirchE 52, 337) stehen, kann hier offen bleiben. Das BVerfG hat zwar bei kirchlichen Angelegenheiten den staatlichen Rechtsschutz ausgeschlossen, aber auch umfangreich die Übereinstimmung der angefochtenen Maßnahme mit dem staatlichen Recht geprüft (vgl. die Kritik dazu von Weber: Der Rechtsschutz im kirchlichen Amtsrecht, NJW 2009, 1179). Würde man die Entscheidung des BVerfG strikt anwenden, so wäre der Antrag des

Antragstellers auf Gewährung vorläufigen Rechtsschutzes schon deshalb abzulehnen, weil der Zugang zu den staatlichen Gerichten nicht gegeben wäre.

31

Das in Nordrhein-Westfalen weiterhin gültige preußische Gesetz über die Verwaltung des katholischen Kirchenvermögens vom 24.7.1924 (PrGS S. 585) enthält besondere Vorschriften über die Vertretung der katholischen Kirchengemeinden beim Abschluss von Rechtsgeschäften und stellt spezielle Formerfordernisse für die Abgabe von Willenserklärungen der Kirchengemeinden auf. Das Erfordernis einer Genehmigung durch das bischöfliche Generalvikariat folgt aus Nr. 1 der preußischen Anordnung betreffend die Veröffentlichung der Regelung der Rechtsgültigkeit der Beschlüsse der kirchlichen Verwaltungsorgane durch die bischöflichen Behörden vom 20.2.1928 (PrGS S. 12).

§§ 29 GBO, 14 KVG
OLG Hamm, Beschluss vom 29. September 2010 -I-15 W 615/10-

An diesem Grundbuchverfahren ist die kath. Kirchengemeinde St. K. als Rechtsnachfolgerin der kath. Kirchengemeinde B. und Grundstückseigentümerin beteiligt. Das AG Essen-Steele (Beschluss vom 29.9.2010 -LE-661-15- n.v.) hat Eintragungsanträge u.a. mit der Begründung zurückgewiesen, dass die Vertretungsberechtigung und die Rechtsnachfolge auf Seiten der Grundstückseigentümerin nicht nachgewiesen seien.

Die Beschwerde der Beteiligten führte zur Aufhebung des angefochtenen Beschlusses und Zurückverweisung der Sache an die Vorinstanz.

Aus den Gründen:

Die namens der Beteiligten vom Urkundsnotar (§ 15 GBO) eingelegte Beschwerde ist nach §§ 71, 73 GBO zulässig und hat, nachdem der Beschwerdeantrag auf Anweisung an das Grundbuchamt, die Käufer als Eigentümer des Grundstücks einzutragen, zurückgenommen worden ist, auch in der Sache Erfolg. Denn die vom Grundbuchamt erhobenen Bedenken gegen die Eintragung der Grundschuld gemäß Grundschuldbestellungsurkunde vom 6.5.2010 und die Löschung der in Abt. III des Grundbuchs unter lfd. 3 eingetragenen Hypothek zugunsten der S. und Q. in E. als Bundestreuhandstelle für den Bergarbeiterwohnungsbau sind unbegründet.

1. Die Beteiligte zu 1) hat bzgl. des Antrags auf Eintragung der Grundschuld den Nachweis der Vertretungsberechtigung der in der Grundschuldbestellungsurkunde vom 6.5.2010 für sie als Vertreter aufgetretenen Kirchenvorstandsmitglieder Pfarrer M, N. und O. und der Zustimmung des bischöflichen Generalvikariats in der Form des § 29 GBO erbracht.

a) Das in Nordrhein-Westfalen weiterhin gültige preußische Gesetz über die Verwaltung des katholischen Kirchenvermögens vom 24.7.1924 - KVG - (PrGS S. 585) enthält besondere Vorschriften über die Vertretung der katholischen Kirchengemeinden beim Abschluss von Rechtsgeschäften und stellt spezielle Formerfordernisse für die Abgabe von Willenserklärungen der Kirchengemeinden auf.

Nach § 14 S. 2 KVG wird die Kirchengemeinde durch Willenserklärungen des Kirchenvorstandes verpflichtet, wenn sie dessen Vorsitzender oder sein Stellvertreter und zwei Mitglieder schriftlich unter Beidrückung des Amtssiegels abgeben. Diese Voraussetzungen sind hier gegeben. In der Grundschuldbestellungsurkunde vom 6.5.2010 handeln für die zu 1) beteiligte Kirchengemeinde deren Pfarrer als Vorsitzender des Kirchenvorstands sowie N. und O. als Mitglieder des Kirchenvorstands. Dass sie Mitglieder des Kirchenvorstands sind, ergibt sich

- aus dem Sitzungsbuch des Kirchenvorstands vom 2.6.2010, das die Unterschrift des Gemeindepfarrers und zweier weiterer Mitglieder des Kirchenvorstandes trägt und dem das Amtssiegel der katholischen Kirchengemeinde St. K. in Essen beigedrückt ist, und
- aus der Bestellungsurkunde des Pfarrers durch den Bischof von Essen vom 27.1.2010, deren Übereinstimmung mit dem Original vom Pfarrer der Gemeinde beglaubigt ist.

Es ist anerkannt, dass der Kirchenvorstand eine siegelführende Behörde iSd § 29 Abs. 3 GBO ist (KG OLGE 44, 156, HRR 1925 Nr. 518; OLG Hamm NJW RR 1993, 1106 Rpfleger 1993, 19, KirchE 31, 178; vgl. zum Körperschaftsstatus der katholischen Kirchengemeinde auch OVG NRW NVwZ-RR 2004, 641, KirchE 45, 202).

b) Die Zustimmungserklärung der Beteiligten zu 1) als Grundstückseigentümerin bedurfte nach ständiger Rechtsprechung des Senats (Rpfleger 1981, 60, KirchE 18, 280; NJW RR 1993 aaO) und anderer Obergerichte (BayObLGZ 1989, 387, KirchE 27, 280; OLG Braunschweig Rpfleger 1991, 452, KirchE 29, 19) zusätzlich der Genehmigung des bischöflichen Generalvikariats. Dieses Genehmigungserfordernis folgt aus Nr. 1 der preußischen Anordnung betreffend die Veröffentlichung der Regelung der Rechtsgültigkeit der Beschlüsse der kirchlichen Verwaltungsorgane durch die bischöflichen Behörden vom 20.2.1928 (PrGS

S. 12). Auch diese Voraussetzung ist hier aber erfüllt, weil die Genehmigung des bischöflichen Generalvikariats vorliegt.

Zwar haben die Beteiligten nicht die von der Kirchengemeinde und dem Kirchenvorstand mit Amtssiegel versehenen Urkunden im Original eingereicht. Die vorgelegten Urkunden wahren aber die Form des § 29 GBO, weil sie gem. §§ 39, 42 BeurkG notariell beglaubigt sind. Die beglaubigte Abschrift erbringt den vollen Beweis, dass sie mit der Hauptschrift, also der Urkunde, von der die Abschrift übernommen wird, übereinstimmt, und ist fähig, sie zu ersetzen (vgl. Winkler, Beurkundungsgesetz, 16. Aufl. § 42 Rn 11, 12).

c) Zwischenzeitlich ist auch der Nachweis der Gesamtrechtsnachfolge der Kirchengemeinde St. K in der Form des § 29 GBO geführt. Denn die Verfügung des Ruhr-Bischofs vom 1.4.2008 über die Errichtung der Katholischen Pfarr- und Kirchengemeinde St. K in Essen ist nunmehr in einer von dem Bischöflichen Notar beglaubigten Abschrift der Originalurkunde vorgelegt worden.

32

Das der Justizvollzugsanstalt hinsichtlich der Zusammensetzung der Vollzugsplankonferenz zustehende Ermessen ist insoweit gebunden, als der Anstaltspfarrer regelmäßig zu beteiligen ist.

Die Pflicht zur Beteiligung des Anstaltspfarrers besteht nur in Bezug auf Angehörige seiner eigenen Konfession. Soweit der Anstaltspfarrer auch andere Gefangene betreut, ist die Beteiligung des Anstaltspfarrers an Vollzugsplankonferenzen nur geboten, wenn der Gefangene einen entsprechenden Wunsch konkret geäußert hat.

§ 159 StVollzG
LG Gießen, Beschluss vom 5. Oktober 2010 -2 StVK-Vollz 264/10[1]-

Der Antragsteller verbüßt in der JVA N. eine Freiheitsstrafe von 14 Jahren und 6 Monaten wegen Raubes mit Todesfolge sowie eine Rest-Freiheitsstrafe wegen Fahrens ohne Fahrerlaubnis. Er ist griechischer Staatsangehöriger und orthodoxer Religionszugehörigkeit.

Mit seinem Antrag auf gerichtliche Entscheidung wendet er sich gegen den für ihn von der Vollzugsplankonferenz der JVA N. im Februar 2010 aufgestellten Vollzugsplan. Unter anderem macht er geltend, die Vollzugsplankonferenz sei nicht ordnungsgemäß zusammengesetzt gewesen. So habe der evangelische

1 juris.

Pfarrer P. gefehlt, der seit Jahren regelmäßig wöchentlich an seiner Behandlung beteiligt gewesen sei und der besonders zur Beurteilung seiner Entwicklung im Vollzug hätte beitragen können.

Die Antragsgegnerin wendet ein, bei dem evangelischen Anstaltspfarrer handele es sich um einen externen Mitarbeiter, der nicht obligatorisch an Vollzugsplankonferenzen teilnehme. Es sei auch nicht ersichtlich, inwieweit seine Anwesenheit das Konferenzergebnis hätte anders beeinflussen können, zumal der Antragsteller in seinem Antrag zur Vorbereitung der Vollzugsplankonferenz nicht erwähnt habe, dass er eine Teilnahme des Geistlichen wünsche.

Der Antrag hatte teilweise Erfolg. Die Strafvollstreckungskammer hebt den für den Antragsteller erstellten Vollzugsplan zum Teil auf und verpflichtet die Antragsgegnerin, den Vollzugsplan insoweit unter Beachtung der Rechtsauffassung des Gerichts neu zu erstellen. Mit seinen Bedenken gegen die Zusammensetzung der Vollzugsplankonferenz konnte der Antragsteller jedoch nicht durchdringen.

Aus den Gründen:

[39] Der angefochtene Vollzugsplan ist nicht wegen Mängeln des Aufstellungsverfahrens rechtswidrig. Es ist im vorliegenden Fall rechtlich nicht zu beanstanden, dass die Antragsgegnerin den evangelischen Pfarrer nicht zu der Vollzugsplankonferenz hinzugezogen hat.

[40] Gemäß § 159 StVollzG hat der Anstaltsleiter zur Aufstellung und Überprüfung des Vollzugsplanes Konferenzen durchzuführen mit an der Behandlung maßgeblich Beteiligten.

[41] Eine weitere Präzisierung des Teilnehmerkreises in der Vollzugskonferenz enthält das Gesetz nicht. Der Teilnehmerkreis der Vollzugsplankonferenz muss daher nach Sinn und Zweck der Vorschrift bestimmt werden, wobei der Anstalt insoweit ein Ermessensspielraum zusteht.

[42] Sinn und Zweck der Pflicht zur Durchführung einer Vollzugsplankonferenz ist zunächst die umfassende Sammlung der beim Personal der Vollzugsanstalt vorhandenen Informationen über den Gefangenen, aber auch die Bewertung dieser Informationen. Der allgemeine Vollzugsdienst hat hier, weil er den Gefangenen im Alltag erlebt, einen wichtigen Beitrag zu leisten, auch die Angehörigen der Fachdienste, soweit sie den Gefangenen kennen.

[43] Soweit der Antragsteller die Teilnahme an der Vollzugsplankonferenz von Herrn A. und Frau D. vom Sozialdienst der Anstalt rügt, liegt darin kein Verfahrensmangel. *(wird ausgeführt)*

[44] Auch soweit der Antragsteller die Nichtteilnahme des evangelischen Anstaltspfarrers an der Vollzugsplankonferenz rügt, liegt darin kein Mangel des Aufstellungsverfahrens.

[45] Nach Art. 2 der Vereinbarung des Landes Hessen mit den Evangelischen Landeskirchen in Hessen über die evangelische Seelsorge an den hessischen Justizvollzugsanstalten vom 26.8.1977 gehört der Anstaltspfarrer im Rahmen seines Amtes, d.h. der Ausübung der evangelischen Seelsorge, zu den maßgeblich an der Behandlung der Gefangenen im Vollzug Beteiligten. Damit nimmt die Vereinbarung erkennbar auf den in § 159 StVollzG genannten Personenkreis Bezug.

[46] Die u.a. aufgrund dieser Vereinbarung erlassene Dienstordnung für die evangelischen und katholischen Anstaltspfarrer in den Justizvollzugsanstalten des Landes Hessen (JMBl. 1977, 719) sieht deshalb in Ziff. 4n) auch die Mitwirkung bei der Persönlichkeitserforschung der Gefangenen und der Aufstellung und Durchführung des Vollzugsplans als Aufgabe der Anstaltsseelsorge vor. Allerdings darf der Anstaltspfarrer nach Ziff. 5 die Mitwirkung an der Persönlichkeitserforschung in Einzelfällen ablehnen.

[47] Der Anstaltspfarrer ist daher regelmäßig an den Vollzugsplankonferenzen zu beteiligen; das der Anstalt im Rahmen des § 159 StVollzG zustehende Ermessen, wen sie an der Konferenz beteiligt, ist insoweit gebunden mit der Folge, dass die Anstalt den Anstaltspfarrer regelmäßig an den Vollzugsplankonferenzen beteiligen muss, es sei denn, er lehnt dies entsprechend Ziff. 5 der Dienstordnung ab.

[48] Die Pflicht zur Beteiligung des Anstaltspfarrers besteht nach der Vereinbarung des Landes Hessen mit den Evangelischen Landeskirchen in Hessen über die evangelische Seelsorge an den hessischen Justizvollzugsanstalten vom 26.8.1977 bzw. der entsprechenden Vereinbarung des Landes Hessen mit den katholischen Bistümern des Landes Hessen jedoch nur bei Angehörigen seiner eigenen Konfession. Die in den jeweiligen Vereinbarungen und der Dienstordnung geregelten Rechte und Pflichten der Anstaltspfarrer sind Ausfluss der evangelischen bzw. katholischen Seelsorge, die sich immer nur auf eigene Konfessionsangehörige bezieht.

[49] Soweit der Anstaltspfarrer nach Ziff. 7 der Dienstordnung auf Wunsch auch Gefangene betreuen darf, die nicht seiner Konfession angehören, kann im vorliegenden Verfahren dahinstehen, ob diese Betreuung die gesamten in Ziff. 4 der Dienstordnung für die evangelischen und katholischen Anstaltspfarrer in den Justizvollzugsanstalten des Landes Hessen aufgeführten Tätigkeiten umfasst oder nicht.

[50] Denn jedenfalls muss der jeweilige Gefangene seinen Wunsch zur Betreuung gegenüber dem jeweiligen Anstaltspfarrer und/oder der Anstalt konkret

äußern, jedenfalls soweit es um die Beteiligung des Anstaltspfarrers an Vollzugsplankonferenzen geht.

[51] Daran fehlt es hier jedoch. Der Antragsteller ist - wie sich aus seinem Personalbogen ergibt - nicht evangelisch, sondern orthodoxer Religionszugehörigkeit. Damit bestand keine originäre Verpflichtung der Antragsgegnerin, den evangelischen Anstaltspfarrer zur Vollzugsplankonferenz hinzuzuziehen.

[52] Den Wunsch des Antragstellers nach Teilnahme des evangelischen Anstaltspfarrers hat der Antragsteller auch erstmals im vorliegenden gerichtlichen Verfahren geäußert. *(wird ausgeführt)*

[53] Es liegt auf der Hand, dass die Antragsgegnerin unter diesen Umständen den evangelischen Anstaltspfarrer nicht an der Vollzugsplankonferenz beteiligen konnte oder musste.

[54] Soweit der Anstaltspfarrer Freizeitgruppen angeboten hat, an denen der Antragsteller nach eigenen Angaben teilgenommen hat bzw. teilnimmt, bestand gleichfalls keine Verpflichtung der Antragsgegnerin, den Anstaltspfarrer als Leiter dieser Freizeitgruppen an der Konferenz zu beteiligen. Denn die Leiter von Freizeitgruppen gehören jedenfalls in der Regel nicht zu den an der Behandlung der Gefangenen maßgeblich Beteiligten.

[55] Soweit sich der Antragsteller gegen einzelne Regelungen des Vollzugsplans wendet, hat der Antrag auf gerichtliche Entscheidung nur teilweise Erfolg. (*Anm.: die weiteren Beschlussgründe gehen auf die Stellung des Anstaltsseelsorgers nicht ein*)

33

Die Verleihung der Rechtsstellung einer Körperschaft des öffentlichen Rechts an eine Religionsgemeinschaft (hier: Jehovas Zeugen) bringt einen Vereinsstatus bürgerlichen Rechts, der bis dahin für den Verband und seine örtlichen Untergliederungen vorlag, zum Erlöschen.

LG Bielefeld, Beschluss vom 11. Oktober 2010 -23 T 80/09[1]-

Die Beteiligte zu 1) ist im Jahr 1999 als Jehovas Zeugen in Deutschland e.V. mit Sitz in Berlin gegründet und im Vereinsregister eingetragen worden. Diesem Verein wurden am 13.6.2006 durch das Land Berlin die Rechte einer Körper-

1 Zu einem bei dieser Fallgestaltung als begründet erachteten Anspruch auf Grundbuchberichtigung vgl. LG Bielefeld, Beschluss vom 12.10.2010 -23 T 23/09- (NRWEntscheidungen [http://www.nrwe.de]), wo auf die hier abgedruckte Entscheidung Bezug genommen wird.

schaft des öffentlichen Rechts verliehen. Der Beteiligte zu 2) ist eine sog. örtliche Versammlung der Jehovas Zeugen und seit 1967 ebenfalls im Vereinsregister eingetragen.

Einem Antrag der Beteiligten zu 1), den Beteiligten zu 2) im Vereinsregister zu löschen, wurde durch das Amtsgericht in der Folgezeit nicht entsprochen. Um die Löschung des Vereins im Vereinsregister zu erreichen hat der Verein durch schriftlichen Beschluss aller Mitglieder auf seine Rechtsfähigkeit verzichtet und dieses unter dem 11.9.2007 zur Eintragung in das Vereinsregister angemeldet.

Das Amtsgericht hat zunächst durch Zwischenverfügung vom 9.10.2007 auf bestehende Löschungshindernisse hingewiesen und sodann durch den angefochtenen Beschluss die Anmeldung vom 11.9.2007 zurückgewiesen.

Hiergegen richtet sich nunmehr die Beschwerde der Beteiligten zu 1), welche die Löschung des Vereins von Amts wegen, hilfsweise die Eintragung der beantragten Anmeldung vom 11.9.2007 begehrt.

Das Amtsgericht hat der Beschwerde durch Beschluss vom 22.1.2009 nicht abgeholfen und auch eine Eintragung des Löschens von Amts wegen abgelehnt.

Die Beschwerde der Beteiligten zu 1) hatte Erfolg. Unter Aufhebung des angefochtenen Beschlusses weist die Kammer das Amtsgericht an, den beteiligten Verein von Amts wegen zu löschen.

Aus den Gründen:

[9] Die Beschwerde ist nach §§ 19, 20 FGG zulässig, wobei die Beteiligte zu 1) durch die Ablehnung eines Amtslöschungsverfahrens auch in eigenen Rechten betroffen und damit beschwerdebefugt ist.

[10] Die Beschwerde ist auch begründet. Die Voraussetzungen für die Einleitung eines Amtslöschungsverfahrens sind gegeben. Dieses ist gem. §§ 159 Abs. 1 Satz 2, 142 Abs. 1 FGG einzuleiten, wenn die Unzulässigkeit der Eintragung nach Überprüfung aller maßgeblichen Umstände ohne vernünftigen Zweifel zu bejahen ist.

[12] Das ist hier der Fall.

[13] Die Beteiligte zu 1) ist nach Verleihung der Körperschaftsrechte an den Jehovas Zeugen in Deutschland e.V. durch das Bundesland Berlin vom 13.6.2006 und mit Erlass des Statuts vom 8.7.2006 als eigenständiger Verein erloschen. Dieses Schicksal teilt auch der Beteiligte zu 2), weil er als Untergliederung der Jehovas Zeugen in Deutschland e.V. anzusehen ist.

[14] § 3 Abs. 2 des Statuts der Jehovas Zeugen in Deutschland e.V. in der Fassung vom 14.8.1999 sah vor, dass Untergliederungen der Religionsgemein-

schaft der Jehovas Zeugen Deutschland e.V. die sogenannten örtlichen Versammlungen waren. Gem. § 3 Abs. 3 wurden diese vom Präsidium gegründet oder aufgehoben. Weiter war geregelt, dass die bereits im Vereinsregister als Verein eingetragenen Versammlungen in ihrer rechtlichen Funktion ihren Vereinsnamen behalten sollten.

[15] Dass sich der Beteiligte zu 2) auch als Untergliederung des Jehovas Zeugen in Deutschland e.V. verstanden hat, ergibt sich zunächst aus der von dem Beteiligten zu 2) am 18.2.2001 beschlossenen Satzungsänderung. § 11 Abs. 2 der Satzung ist dahin geändert worden, dass bei Auflösung des Vereins das Vereinsvermögen an die Religionsgemeinschaft der Jehovas Zeugen in Deutschland e.V. fallen soll. Weiterhin heißt es in dem der Vereinsregisteranmeldung vom 11.9.2007 beigefügten Beschluss:

> [16] „Unser Versammlungsverein war auf Veranlassung unserer geistlich aufsichtführenden Körperschaft gegründet worden, um der Versammlung die Teilhabe am Rechtsverkehr zu ermöglichen. Der Verein war von Beginn an religiöser Verein, der auf der Grundlage des Religionsrechts von Jehovas Zeugen basierte und Teil der Religionsgemeinschaft war. Durch das Statut der Religionsgemeinschaft der Jehovas Zeugen in Deutschland e.V. aus dem Jahre 1999 war dies auch satzungsmäßig niedergelegt worden".

[17] Mit der Verleihung der Körperschaftsrechte erlosch der eingetragene Verein der Jehovas Zeugen in Deutschland e.V. Dieses Schicksal teilt auch der Beteiligte zu 2) als Untergliederung. Er ist wie ein Zweigverein zu behandeln. Die Auflösung des Hauptvereins zieht auch die Auflösung des Zweigvereins nach sich. Denn ihre Existenz als Untergliederung des Gesamtvereins wird dadurch unmöglich (vgl. Münchner Kommentar, vor §§ 21 ff. Rn 146; Sauter/Schweyer/Waldner, Rn 329).

[19] Soweit das Amtsgericht in Frage gestellt hat, ob die Verleihung der Körperschaftsrechte durch das Land Berlin sich auch auf die übrigen Bundesländer und damit auch auf den Beteiligten zu 2) erstreckt hat, teilt das Beschwerdegericht diese Bedenken nicht. Insoweit hat das Beschwerdegericht in seiner Entscheidung vom 14.3.2008 (23 T 618/07) sich der in der Rechtsprechung verbreiteten Auffassung angeschlossen, dass die Verleihung des Körperschaftsstatus an eine Religionsgemeinschaft als überregionaler Akt zu verstehen ist, der über das verleihende Bundesland hinaus Wirkungen entfaltet. Die Umformung von einer Person des Privatrechts in die einer öffentlich-rechtlichen Körperschaft erstreckt sich grundsätzlich auch auf den eingetragenen Verein.

[20] Soweit das Amtsgericht Bedenken gegen die Wirksamkeit des der Anmeldung vom 11.9.2007 beigefügten Beschlusses hat, teilt das Beschwerdegericht diese Bedenken ebenfalls nicht. Durch den Wortlaut der notariell beglaubigten Anmeldung ist hinreichend glaubhaft gemacht, dass alle Mitglieder des Beteiligten zu 2) diesen Beschluss gefasst haben. Nach § 32 Abs. 2 BGB ist auch

ohne Versammlung der Mitglieder ein Beschluss gültig, wenn alle Mitglieder ihre Zustimmung zu dem Beschluss schriftlich erklären. Mit Einverständnis aller Mitglieder konnte auf jegliche Förmlichkeiten verzichtet werden (Palandt, BGB § 32 Rn 12).

[21] Der Beteiligte zu 2) ist somit unverzüglich im Vereinsregister zu löschen.

34

Es ist verfassungsrechtlich nicht zu beanstanden, dass der Arbeitgeber beim Abzug der Kirchenlohnsteuer gem. Art. 13 Abs. 1 und 2, Art. 25 Satz 1 KiStG Kenntnis von der formellen Zugehörigkeit bzw. Nichtzugehörigkeit des Arbeitnehmers zu einer Kirchensteuer erhebenden Religionsgemeinschaft erlangt.

Art./§§ 140 GG, 136 Abs. 3, 137 Abs. 6 WRV,
98, 100, 101, 107 Abs. 1 u. 5, 143 Abs. 3 BV, 13 Abs. 1 u. 2, 25 BayKiStG,
39b Abs. 1, 39e Abs 2 EStG
BayVerfGH, Entscheidung vom 12. Oktober 2010 -Vf. 19 VII-09[1]-

Die Antragsteller wenden sich gegen die Verpflichtung der Arbeitnehmer, die Zugehörigkeit oder Nichtzugehörigkeit zu einer Kirchensteuer erhebenden Religionsgemeinschaft in die Lohnsteuerkarte eintragen zu lassen und die Weitergabe dieser Daten an den Arbeitgeber zu dulden. Sie greifen in diesem Zusammenhang Art. 13 Abs. 1 und 2 sowie Art. 25 Satz 1 des bayerischen Gesetzes über die Erhebung von Steuern durch Kirchen, Religions- und weltanschauliche Gemeinschaften (Kirchensteuergesetz - KiStG) idF der Bekanntmachung vom 21.11.1994 (GVBl S. 1026, BayRS 2220-4-UK), zuletzt geändert durch Gesetz vom 22.12.2008 (GVBl S. 973), an.

Die angegriffenen Bestimmungen haben folgenden Wortlaut:

„Art. 13
(1) 1 Die Kirchenlohnsteuer wird durch Abzug vom Arbeitslohn erhoben. 2 Die Vorschriften über den Lohnsteuerabzug und den Lohnsteuer-Jahresausgleich durch den Arbeitgeber gelten entsprechend.
(2) Arbeitgeber, in deren Betrieb die Lohnsteuerberechnung und die Führung des Lohnkontos von einer innerhalb des Freistaates Bayern gelegenen Betriebsstätte im Sinn des Lohnsteuerrechts vorgenommen werden, haben die Kirchenlohnsteuer für den umlagepflichtigen Arbeitnehmer bei jeder mit Lohnsteuerabzug verbundenen Lohnzahlung ein-

1 Amtl. Leitsatz. BayVBl 2011, 107; DÖV 2011, 282 (LS); DuD 2011, 59; KuR 2010, 985 (LS); NVwZ 2011, 40.

zubehalten und mit der Lohnsteuer an das Finanzamt abzuführen, an das die Lohnsteuer zu entrichten ist.
Art. 25
1 Wer mit einer Kirchensteuer in Anspruch genommen wird, hat der mit der Verwaltung dieser Steuer betrauten Stelle Auskunft über alle Tatsachen zu geben, von denen die Feststellung der Zugehörigkeit zu der Gemeinschaft abhängt. ..."

Die Antragsteller rügen, die angegriffenen Bestimmungen verletzten die Grundrechte auf informationelle Selbstbestimmung (Art. 100, 101 BV) und auf Verschweigen der Religionszugehörigkeit (Art. 107 Abs. 1 und Abs. 5 Satz 1 BV). Sie gehörten keiner Konfession an und müssten dies in ihrer Lohnsteuerkarte offenbaren mit der Folge, dass sie bei kirchenabhängigen Arbeitgebern entsprechendem Misstrauen oder völliger Ablehnung begegneten.

1. Zwar hätten der Bayerische Verfassungsgerichtshof im Jahr 1967 und das Bundesverfassungsgericht - im Hinblick auf Art. 140 GG, Art. 136 Abs. 3 Satz 1 WRV - in den Jahren 1978 und 2001 Verfassungsverstöße verneint. Renommierte Stimmen in der Fachliteratur hielten diese Entscheidungen jedoch für fragwürdig (Weber, NVwZ 2002, 1443 [1448]; Korioth, in Maunz/Dürig, GG, Rn 92 zu Art. 140/Art. 136 WRV; Czermak, Religions- und Weltanschauungsrecht, 2008, Rn 243; Wasmuth/Schiller, NVwZ 2001, 852). Die Entscheidungen des Vorprüfungsausschusses bzw. einer Kammer des Bundesverfassungsgerichts seien nicht bindend und auf die Auslegung des Grundgesetzes beschränkt. Die Entscheidung des Verfassungsgerichtshofs stamme aus einer Zeit, in der der Datenschutz und das Grundrecht auf informationelle Selbstbestimmung noch keine Rolle gespielt hätten. Zudem hätten im Jahr 1970 noch 94 % der Bevölkerung einer der beiden großen Kirchen angehört, heute seien es nur mehr etwa 62 %, während rund 33 % konfessionslos seien. Auch die Gemeinwohlbezogenheit der Kirchensteuer erscheine heute in einem anderen Licht, da sie hauptsächlich für Kirchengehälter und nur zu maximal acht bis zehn Prozent für allgemeine soziale Zwecke verwendet werde. Durch die zunehmende Säkularisierung und Individualisierung der Gesellschaft sei ein grundlegender Wandel der Lebensverhältnisse eingetreten, der auch kirchensteuerrechtliche Verfassungsfragen erfasse und eine neuerliche Befassung des Verfassungsgerichtshofs mit den angegriffenen Bestimmungen ermögliche.

Entgegen der Entscheidung des Verfassungsgerichtshofs vom 17.10.1967 (VerfGHE 20, 171 [181], KirchE 9, 245) könne Art. 107 Abs. 5 Satz 2 BV nicht dahingehend ausgelegt werden, dass aus dem Fragerecht der Behörden nach der Religionszugehörigkeit auch ein Weitergaberecht an den Arbeitgeber resultiere. Das Fragerecht stelle eine Einschränkung des in Art. 107 Abs. 5 Satz 1 BV niedergelegten Rechts dar, die religiöse Überzeugung verschweigen zu dürfen; diese Einschränkung dürfe als Ausnahme von der Regel nicht erweiternd ausgelegt werden. Das religionsrechtliche Schweigerecht beziehe sich nicht nur auf die eigene innere Überzeugung, sondern auch auf den religiös motivierten Zusammenschluss und die Mitgliedschaft in einer religiös orientierten Vereinigung.

Zudem sei die Einschränkung des Schweigerechts durch das mittlerweile aus der Verfassung entwickelte Grundrecht auf informationelle Selbstbestimmung überholt. Einschränkungen dieses aus Art. 100 und 101 BV abgeleiteten Rechts seien nur unter besonderen Voraussetzungen zulässig, insbesondere im überwiegenden Allgemeininteresse, auf einer verfassungsmäßigen gesetzlichen Grundlage und unter Beachtung des Grundsatzes der Verhältnismäßigkeit. Von all dem könne bei der Weitergabe des Religionsvermerks in der Lohnsteuerkarte an die Arbeitgeber keine Rede sein. Eine verfassungsgemäße gesetzliche Grundlage gebe es nur für die Bekanntgabe der Religionszugehörigkeit gegenüber staatlichen bzw. kommunalen Stellen. Die Weitergabe dieser Daten sei zur Durchführung der in Art. 137 Abs. 6 WRV gewährleisteten Kirchensteuererhebung auch nicht erforderlich. Die Steuererhebung sei ursprünglich anhand der dort erwähnten „bürgerlichen Steuerlisten" erfolgt. Dass diese Listen abgeschafft worden seien, könne nicht bedeuten, dass man die Daten nun einfach an den Arbeitgeber weiterleite. Die Kirchensteuererhebung könne auch ohne die Mitwirkung des Arbeitgebers, etwa durch die Kirchensteuerämter in Bayern, organisiert werden.

Die Weitergabe der Daten über die Religionszugehörigkeit oder Konfessionslosigkeit eines Arbeitnehmers sei im Kirchensteuergesetz nicht ausdrücklich normiert, sondern werde dort vorausgesetzt. Nur unter dieser Voraussetzung sei Art. 13 KiStG, wonach die Kirchenlohnsteuer durch Abzug vom Arbeitslohn zu erheben sei und der Arbeitgeber die Kirchenlohnsteuer für die umlagepflichtigen Arbeitnehmer einzubehalten habe, vollziehbar. Auch Art. 25 KiStG, wonach der mit der Verwaltung der Kirchensteuer betrauten Stelle Auskunft über die Religionszugehörigkeit zu geben sei, gehe von der Weitergabe der dadurch erhaltenen Daten an den Arbeitgeber aus. Art. 13 Abs. 1 und 2 KiStG seien deshalb einschränkungslos verfassungswidrig, Art. 25 KiStG insoweit, als er voraussetze, dass die von der Auskunftspflicht betroffenen Daten an den Arbeitgeber und nicht nur an die Religionsgemeinschaften und Kirchen iSv Art. 1 KiStG weitergegeben würden.

Der Bayerische Landtag erachtet die Popularklage schon als unzulässig, da sich die angebliche Verletzung durch Eingriffe in die persönliche Sphäre der Kläger allenfalls aus dem Einkommensteuergesetz und damit aus Bundesrecht ergäbe. Zudem bestehe kein Anlass für eine erneute Befassung des Gerichts mit der früher bereits entschiedenen Frage. Zu unsubstanziiert und daher nicht beachtlich sei der Hinweis auf die informationelle Selbstbestimmung. Letztendlich fehle es an der Verletzung der Verhältnismäßigkeit. Art. 143 Abs. 3 BV gewährleiste das Recht, dass aufgrund der Steuerlisten von den Mitgliedern der Glaubensgemeinschaft Steuern verlangt und einbehalten werden dürften. Im Übrigen bestünden vertragliche Verpflichtungen des Staates gegenüber den verschiedenen Glaubensgemeinschaften. Es existierten somit ein verfassungsrechtlich garantiertes Besteuerungsrecht und eine vertragliche Verpflichtung des Staates, die Steuereinziehung zu gewährleisten.

Die Bayerische Staatsregierung hält die Popularklage jedenfalls für unbegründet. Die Zulässigkeit der Popularklage sei fraglich, da die Verpflichtung zur Eintragung des religiösen Bekenntnisses oder der Bekenntnislosigkeit in die Lohnsteuerkarte und zur Duldung der Weitergabe dieser Daten an den Arbeitgeber bundesrechtlicher Natur sei. Die Verpflichtung zur Vorlage einer Lohnsteuerkarte beim Arbeitgeber sei in § 39 b Abs. 1 Satz 1 EStG geregelt. Die Eintragung der Zugehörigkeit zu einer Religionsgemeinschaft, die zur Erhebung von Kirchensteuer berechtigt ist, auf der Lohnsteuerkarte beruhe auf der gem. Art. 108 Abs. 7 GG von der Bundesregierung mit Zustimmung des Bundesrats beschlossenen allgemeinen Verwaltungsvorschrift R 39.1 Abs. 4 der Lohnsteuerrichtlinien. Für den Lohnsteuerabzug mit Hilfe der elektronischen Lohnsteuerkarte sei die Aufnahme des Kriteriums der rechtlichen Zugehörigkeit zu einer Kirchensteuer erhebenden Religionsgemeinschaft in die vom Arbeitgeber abrufbaren Lohnsteuerabzugsmerkmale durch § 39e Abs. 2 Satz 1 Nr. 1 EStG geregelt. Die angegriffenen Bestimmungen der Art. 13 Abs. 1 und 2 und Art. 25 Satz 1 KiStG knüpften an die bundesrechtlichen Regelungen lediglich an. Zudem habe der Verfassungsgerichtshof die Verfassungsmäßigkeit der die Einbehaltung und Abführung der Kirchenlohnsteuer durch den Arbeitgeber betreffenden Normen des Kirchensteuergesetzes bereits in seiner Entscheidung vom 17.10.1967 bejaht. Seitdem sei kein grundlegender Wandel der Lebensverhältnisse oder der allgemeinen Rechtsauffassung eingetreten. Dies ergebe sich bereits daraus, dass das Bundesverfassungsgericht die Eintragung der Religionszugehörigkeit auf der Lohnsteuerkarte in ständiger Rechtsprechung weiterhin für mit dem Grundgesetz vereinbar erachte. Bei einer Gesamtbevölkerung von etwa 12,5 Millionen gehörten in Bayern etwa 7 Millionen Menschen der katholischen Kirche und etwa 2,6 Millionen Menschen den evangelischen Kirchen an. Damit belaufe sich allein die Zahl der Christen, die einer der beiden großen Konfessionen angehören, aktuell auf mehr als drei Viertel der Gesamtbevölkerung. Dem Bundesverfassungsgericht sei darin beizupflichten, dass die religionssoziologischen Entwicklungen die verfassungsrechtlichen Grundpositionen im Verhältnis zwischen Staat, Religionsgemeinschaften und dem einzelnen Bürger nicht verändert hätten.

Die Popularklage sei unbegründet, da die angegriffenen Normen weder die Bekenntnisfreiheit und das diesbezügliche grundsätzliche Schweigerecht noch das Recht auf informationelle Selbstbestimmung verletzten. Mit der Eintragung auf der Lohnsteuerkarte sei keine Verpflichtung zur Offenbarung oder Rechtfertigung der eigenen inneren Überzeugung verbunden. Da Gegenstand der Eintragung allein die äußere, rechtliche Zugehörigkeit zu einer Religionsgemeinschaft sei, müsse auch eine etwaige Konfessionslosigkeit nicht offenbart werden. Das bekenntnisbezogene Schweigerecht nach Art. 107 Abs. 5 BV werde durch die Weitergabe der Lohnsteuerkarte nicht verletzt. Das Verfahren sei vielmehr von der verfassungsimmanenten Schranke des Art. 107 Abs. 5 Satz 2 BV, zu der speziell auf dem Gebiet der Kirchensteuer die in Art. 143 Abs. 3 BV enthaltene Garantie einer geordneten Besteuerung trete, gedeckt. Das der zuständigen Behörde durch Art. 107 Abs. 5 Satz 2 BV eingeräumte Fragerecht umfasse auch die verfahrensnotwendige Weitergabe der diesbezüglichen Feststellungen an den Arbeitgeber, da die praktische Durchführung der Kirchenlohnsteuererhebung sonst nicht möglich wäre. Art. 107 Abs. 5 Satz 2 BV sei in diesem Sinn nicht erweiternd, sondern schlicht verfassungskonform auszulegen.

Auch das Recht auf informationelle Selbstbestimmung (Art. 100, 101 BV) werde nicht verletzt. Art. 107 Abs. 5 BV stelle eine verfassungsmäßige gesetzliche Grundlage für die Weitergabe der die bekenntnisbezogene Eintragung enthaltenden Lohnsteuerkarte an den Arbeitgeber dar. Diese Weitergabe sei für die Arbeitnehmer nach dem Grundsatz der Verhältnismäßigkeit zumutbar. Die bekenntnisbezogene Eintragung in die Lohnsteuerkarte und deren Weitergabe an den Arbeitgeber gewährleiste den Religionsgemeinschaften, zu denen sich der jeweilige Arbeitnehmer bekenne, die ihnen verfassungsrechtlich verbürgte Möglichkeit zur Erhebung von Kirchenlohnsteuer und diene damit einem wichtigen verfassungsrechtlich geschützten Rechtsgut. Arbeitnehmer könnten ohne Begründung aus einer derartigen Religionsgemeinschaft austreten und müssten ihre Konfessionslosigkeit ebenso wenig wie originär bekenntnislose Arbeitnehmer in ihrer Lohnsteuerkarte offenbaren. Kirchenaustritt und Bekenntnislosigkeit seien nur zwei von vielen Möglichkeiten, für welche die Eintragung „ - - “ auf der Lohnsteuerkarte stehen könne. Deshalb könne der Arbeitgeber aus dieser bloßen Eintragung keine Schlüsse über die Weltanschauung seines Arbeitnehmers ziehen. Die den Gegenstand des Rechts auf informationelle Selbstbestimmung bildende Befugnis des Einzelnen, grundsätzlich selbst zu entscheiden, wann und innerhalb welcher Grenzen persönliche Lebenssachverhalte offenbart werden, sei damit von der bekenntnisbezogenen Eintragung in die Lohnsteuerkarte und deren Weitergabe an den Arbeitgeber in so geringem Ausmaß betroffen, dass hierin keine Verletzung des Rechts auf informationelle Selbstbestimmung liege.

Der Verfassungsgerichtshof weist den Antrag ab.

Aus den Gründen:

[19] V. Die Popularklage ist zulässig.

[20] 1. Nach Art. 98 Satz 4 BV, Art. 55 Abs. 1 Satz 1 VfGHG hat der Verfassungsgerichtshof Gesetze und Verordnungen für nichtig zu erklären, die ein Grundrecht der Bayerischen Verfassung verfassungswidrig einschränken. Die Verfassungswidrigkeit kann jedermann durch Beschwerde (Popularklage) geltend machen. Gesetze und Verordnungen iSd Art. 98 Satz 4 BV sind alle Rechtsvorschriften des bayerischen Landesrechts; zu diesen gehören die angefochtenen Regelungen.

[21] Die Antragsteller haben hinreichend substanziiert dargetan, warum die angefochtenen Rechtsvorschriften nach ihrer Auffassung gegen das Grundrecht auf Verschweigen der Religionszugehörigkeit gem. Art. 107 Abs. 1, Abs. 5 Satz 1 BV sowie das Recht auf informationelle Selbstbestimmung gem. Art. 100, 101 BV verstoßen.

[22] 2. Die Popularklage ist im Hinblick auf die Entscheidung des Verfassungsgerichtshofs vom 17.10.1967 (VerfGHE 20, 171, KirchE 9, 245) nicht unter dem Gesichtspunkt der Wiederholung unzulässig.

[23] Hat der Verfassungsgerichtshof in einem Popularklageverfahren die Verfassungsmäßigkeit einer landesrechtlichen Rechtsvorschrift festgestellt, so ist die Rechtslage geklärt und es soll dabei sein Bewenden haben. Ein erneuter Antrag nach Art. 98 Satz 4 BV, der sich gegen eine vom Verfassungsgerichtshof bereits für verfassungsmäßig befundene Rechtsvorschrift richtet, ist deshalb nur dann zulässig, wenn ein grundlegender Wandel der Lebensverhältnisse oder der allgemeinen Rechtsauffassung eingetreten ist oder wenn neue rechtliche Gesichtspunkte oder neue, in der früheren Entscheidung noch nicht gewürdigte Tatsachen geltend gemacht werden. Das gilt auch dann, wenn die angefochtene Rechtsvorschrift zwar nicht formell mit der vom Verfassungsgerichtshof bereits überprüften Regelung identisch ist, inhaltlich aber mit ihr übereinstimmt (ständige Rechtsprechung; vgl. VerfGH vom 26.10.2009 BayVBl 2010, 140 mwN).

[24] Zwar hat der Verfassungsgerichtshof bereits am 17.10.1967 (VerfGHE 20, 171, KirchE 9, 245) entschieden, dass die die Einbehaltung und Abführung der Kirchenlohnsteuer durch den Arbeitgeber betreffenden Normen des Kirchensteuergesetzes mit der Bayerischen Verfassung vereinbar sind. Gegenüber

der damaligen Entscheidung wird mit dem Recht auf informationelle Selbstbestimmung nun jedoch ein neuer rechtlicher Gesichtspunkt geltend gemacht. Das Bundesverfassungsgericht hat dieses Recht auf informationelle Selbstbestimmung zum Schutz persönlicher Daten erstmals in seinem Urteil zum Volkszählungsgesetz vom 15.12.1983 (BVerfGE 65, 1) als Ausprägung des allgemeinen Persönlichkeitsrechts herausgearbeitet und auf Art. 2 Abs. 1 iVm Art. 1 Abs. 1 GG gestützt. In der Folgezeit hat auch der Verfassungsgerichtshof das Recht auf informationelle Selbstbestimmung als Ausprägung der Menschenwürde und der Handlungsfreiheit (Art. 100, 101 BV) angesehen (vgl. VerfGH vom 19.4.2007 VerfGHE 60, 80 [99] mwN). Daran hat der Verfassungsgerichtshof die angefochtenen Normen in seiner Entscheidung vom 17.10.1967 noch nicht gemessen, sodass insoweit von einem neuen rechtlichen Gesichtspunkt auszugehen ist.

[25] 3. Die Popularklage ist auch nicht unter dem Gesichtspunkt unzulässig, dass sich die Antragsteller gegen bundesrechtliche Verpflichtungen wenden würden.

[26] Zwar ergibt sich aus der bundesrechtlichen Bestimmung des § 39 b Abs. 1 Satz 1 EStG die Verpflichtung des Arbeitnehmers zur Vorlage einer Lohnsteuerkarte beim Arbeitgeber. Für den elektronischen Lohnsteuerabzug sieht § 39e Abs. 2 Satz 1 Nr. 1 EStG die Speicherung der rechtlichen Zugehörigkeit zu einer Steuer erhebenden Religionsgemeinschaft beim Bundeszentralamt für Steuern zum Zweck des Abrufs durch den Arbeitgeber vor. Zudem ergibt sich aus R 39.1 Abs. 4 der Lohnsteuer-Richtlinien 2008, dass aus den Angaben auf der Lohnsteuerkarte die Religionsgemeinschaften erkennbar sein müssen, die die Erhebung der Kirchensteuer den Finanzbehörden übertragen haben. Diese bundesrechtlichen Regelungen ergänzen jedoch lediglich das mit der Popularklage angegriffene Landesrecht. Sie erleichtern die Durchführung des Abzugsverfahrens bei der Kirchenlohnsteuer, das der Landesgesetzgeber in Art. 13 Abs. 1 und 2, Art. 25 Satz 1 KiStG aufgrund der ihm gem. Art. 140 GG iVm Art. 137 Abs. 6 WRV für das Kirchensteuerrecht zustehenden Gesetzgebungskompetenz festgelegt hat und das an den Lohnsteuerabzug anknüpft. Der hieraus resultierende Bezug zu steuerrechtlichen Regelungen des Bundesrechts ändert nichts daran, dass den angegriffenen landesrechtlichen Bestimmungen ein selbständiger Regelungsgehalt zukommt (vgl. VerfGH vom 26.10.2004, VerfGHE 57, 129 [135] mwN).

[27] 4. Da die Popularklage somit in zulässiger Weise erhoben ist, erstreckt der Verfassungsgerichtshof seine Prüfung auf alle in Betracht kommenden Normen der Bayerischen Verfassung, auch soweit diese keine Grundrechte verbürgen oder nicht als verletzt bezeichnet worden sind (ständige Rechtsprechung; vgl. VerfGH vom 15.12.2009 BayVBl 2010, 338 [339]).

[28] VI. Die Popularklage ist unbegründet. Art. 13 Abs. 1 und 2 sowie Art. 25 Satz 1 KiStG verstoßen nicht gegen die Bayerische Verfassung.

[29] 1. Art. 107 Abs. 5 Satz 1 BV ist nicht verletzt. Nach dieser Bestimmung ist niemand verpflichtet, seine religiöse Überzeugung zu offenbaren. Der Verfassungsgerichtshof hat bereits am 17.10.1967 (VerfGHE 20, 171 [180 f.], KirchE 9, 245) entschieden, dass das Verfahren beim Abzug der Kirchenlohnsteuer in der von den Antragstellern beanstandeten Form nicht gegen Art. 107 Abs. 5 BV verstößt (vgl. auch VerfGH vom 12.3.1968 VerfGHE 21, 38 [49], KirchE 10, 21). Auf diese Ausführungen wird Bezug genommen.

[30] Es ist nicht ersichtlich, dass im Hinblick auf das Grundrecht des Art. 107 Abs. 5 Satz 1 BV seither ein grundlegender Wandel der Lebensverhältnisse oder der allgemeinen Rechtsauffassung eingetreten wäre. Die Staatsregierung hat darauf hingewiesen, dass in Bayern aktuell mehr als drei Viertel der Gesamtbevölkerung einer der beiden großen christlichen Konfessionen angehören. Zudem geht auch das Bundesverfassungsgericht davon aus, dass die religionssoziologischen Verhältnisse die verfassungsrechtlichen Grundpositionen im Verhältnis zwischen Staat, Religionsgemeinschaften und dem einzelnen Bürger nicht verändert haben (vgl. BVerfG vom 25.5.2001 NVwZ 2001, 909, KirchE 39, 157).

[31] In der Rechtsprechung des Bundesverfassungsgerichts (BVerfG vom 17.2.1977, BVerfGE 44, 103, KirchE 16, 75; BVerfG vom 23.10.1978, BVerfGE 49, 375, KirchE 17, 93; BVerfG vom 27.8. 1987 -1 BvR 472/85- BVerfG NVwZ 2001, 909, KirchE 39, 157; BVerfG vom 30.9.2002 -1 BvR 1744/02) und des Bundesfinanzhofs (BFH vom 12.7. 1968, NJW 1969, 632, KirchE 10, 108; BFH vom 4.7.1975, BFHE 116, 485, KirchE 15, 1; BFH vom 9.8.2000 -VI B 23/99-; BFH vom 31.7.2002 -VI B 25/02-) wurde die Auffassung des Verfassungsgerichtshofs wiederholt bestätigt. Auch in der verfassungsrechtlichen Kommentarliteratur wird die Rechtmäßigkeit des von den Antragstellern kritisierten Lohnsteuerabzugsverfahrens nahezu einhellig bejaht (vgl. Wolff, in: Lindner/Möstl/Wolff, Verfassung des Freistaates Bayern, 2009, Rn 35 und 46 zu Art. 107; Meder, Die Verfassung des Freistaates Bayern, 4. Aufl. 1992, Rn 4 und 13 zu Art. 107; Nawiasky/Schweiger/Knöpfle, Bayerische Verfassung, Rn 21 f. zu Art. 143 Abs. 3; Kästner, in: Bonner Kommentar zum Grundgesetz, Rn 251 zu Art. 140; Jarass, in: Jarass/Pieroth, GG, 10. Aufl. 2009, Rn 5 und 21 zu Art. 140; von Campenhausen, in: von Mangoldt/Klein/Starck, GG, Band 3, 5. Aufl. 2005, Rn 37 zu Art. 136 WRV; Starck, in: von Mangoldt/Klein/Starck, GG, Band 1, 6. Aufl. 2010, Rn 24 und 127 zu Art. 4; Morlok, in: Dreier, GG, 2000, Rn 20 zu Art. 140/Art. 136 WRV; Ehlers, in: Sachs, GG, 2. Aufl. 1999, Rn 7 zu Art. 140/Art. 136 WRV, Rn 24 zu Art. 140/137 WRV; Leibholz/Rinck, GG, Rn 370 f. zu Art. 140; Hemmrich, in: von Münch/Kunig, GG, 5. Aufl. 2003, Rn 33 zu Art. 140; Magen, in: Umbach/Clemens, GG, 2002, Rn 48

zu Art. 140; a.M. offenbar nur Korioth, in: Maunz/Dürig, Rn 92 zu Art. 140; vgl. auch Drenseck, in: Schmidt, EStG, 28. Aufl. 2009, Rn 4 zu § 39). Die wenigen von den Antragstellern zitierten kritischen Stimmen in der sonstigen Literatur (Czermak, Religions- und Weltanschauungsrecht, 2008, Rn 243; Weber, NVwZ 2002, 1443 [1448]; Wasmuth/Schiller, NVwZ 2001, 852 f.) vermögen die gefestigte herrschende Meinung in der Rechtsprechung und Literatur (vgl. auch von Campenhausen/de Wall, Staatskirchenrecht, 4. Aufl. 2006, S. 236; Anke/Zacharias, DÖV 2003, 140 [145 ff.]; Marré, in:HdbStKR, I, , S. 1136 f.; Voll, Handbuch des Bayerischen Staatskirchenrechts, 1985, S. 253 f.) nicht mit neuen Argumenten ernstlich infrage zu stellen. Es besteht daher kein Anlass, die aufgeworfenen Fragen erneut zu vertiefen.

[32] 2. Das Recht auf informationelle Selbstbestimmung, das nach der Rechtsprechung des Verfassungsgerichtshofs (VerfGHE 60, 80 [99] mwN) eine Ausprägung der Menschenwürde und der Handlungsfreiheit (Art. 100, 101 BV) darstellt, wird durch die angegriffenen Normen nicht verletzt.

[33] Es gibt dem Einzelnen die Befugnis, grundsätzlich selbst über die Preisgabe und Verwendung seiner persönlichen Daten zu bestimmen (vgl. BVerfGE 65, 1 [43]; BVerfG vom 27.2.2008, BVerfGE 120, 274 [312]). Hierdurch wird jedoch im Hinblick auf das personenbezogene Merkmal der Zugehörigkeit zu einer Religionsgemeinschaft, die zur Erhebung von Kirchensteuern berechtigt ist, ein weitergehender Schutz als durch das insoweit spezielle religiöse Schweigerecht aus Art. 107 Abs. 5 Satz 1 BV (bzw. Art. 4 Abs. 1, Art. 140 GG iVm Art. 136 Abs. 3 Satz 1 WRV) nicht garantiert. Die mit dem Verfahren beim Abzug der Kirchenlohnsteuer verbundene Beschränkung der negativen Bekenntnisfreiheit ist nach der oben (VI. 1.) dargestellten herrschenden Meinung in Rechtsprechung und Schrifttum dem Grunde nach durch die Verfassung selbst vorgesehen. Sie ergibt sich aus Art. 107 Abs. 5 Satz 2 BV in Verbindung mit dem Steuererhebungsrecht der Kirchen nach Art. 143 Abs. 3 BV (bzw. durch Art. 140 GG iVm Art. 136 Abs. 3 Satz 2 und Art. 137 Abs. 6 WRV). Die Einschränkung in Art. 107 Abs. 5 Satz 2 BV betrifft im Übrigen nicht die religiöse Überzeugung, sondern lediglich die formale Konfessionszugehörigkeit. Deshalb ermöglichen die angegriffenen Bestimmungen auch nur die Weitergabe der Information über die formelle Zugehörigkeit zu einer Kirchensteuer erhebenden Religionsgemeinschaft an den Arbeitgeber.

[34] Es kann offenbleiben, ob dann, wenn eine Maßnahme mit Art. 107 Abs. 1 und 5 BV (bzw. Art. 4 Abs. 1 GG) vereinbar ist, überhaupt noch Raum ist für eine Prüfung am Maßstab der Art. 100, 101 BV (vgl. zu Art. 2 Abs. 1 GG BVerfG vom 16.10.1979, BVerfGE 52, 223 [246], KirchE 17, 325). Wenn der Vorbehalt des Art. 107 Abs. 5 Satz 2 iVm Art. 143 Abs. 3 BV geeignet ist, das religiöse Schweigerecht einzuschränken, liegt darin jedenfalls erst recht eine verfassungsgemäße

Einschränkung des Rechts auf informationelle Selbstbestimmung. Dementsprechend ging das Bundesverfassungsgericht bereits in seiner grundlegenden Entscheidung zum Volkszählungsgesetz vom 15.12.1983 (BVerfGE 65, 1 [39]) davon aus, dass die negative Bekenntnisfreiheit durch den Vorbehalt des Art. 136 Abs. 3 Satz 2 WRV eingeschränkt wird, der es den Behörden gestattet, nach der Zugehörigkeit zu einer Religionsgesellschaft zu fragen, wenn davon Rechte und Pflichten abhängen oder eine gesetzlich angeordnete statistische Erhebung dies erfordert. Deshalb sah die oben (VI. 1.) genannte höchstrichterliche Rechtsprechung auch nach dem so genannten Volkszählungsurteil keinen Anlass, ihre bisherige Rechtsprechung zur Verfassungsmäßigkeit des Verfahrens beim Abzug der Kirchenlohnsteuer im Hinblick auf das Recht auf informationelle Selbstbestimmung infrage zu stellen.

[35] 3. Eine Verletzung sonstiger Normen der Bayerischen Verfassung ist ebenfalls nicht erkennbar.

35

Hochschulen in kirchlicher Trägerschaft fallen in den Schutzbereich des Art. 140 GG iVm Art. 137 Abs. 3 WRV.

Die durch die staatliche Anerkennung einer kirchlichen Hochschule bewirkte Gleichstellung des Ausbildungsangebots mit demjenigen einer staatlichen Hochschule genügt nicht, um den Hochschulträger der Bindung an Art. 33 Abs. 2 GG zu unterwerfen.

Art./§§ 1 Abs. 3, 33 Abs. 2, 140 GG, 137 Abs. 3 WRV,
280 Abs. 1, 823 Abs. 2 BGB, 17a Abs. 5 GVG,
123 Abs. 1, 124 Abs. 1 BE.HG, 70 Abs. 3 HRG
BAG, Urteil vom 12. Oktober 2010 -9 AZR 554/09[1]-

Der Kläger begehrt von der Beklagten, das Auswahlverfahren zur Besetzung einer Professorenstelle zu wiederholen, hilfsweise, ihm Schadensersatz zu leisten.

Die Beklagte ist eine Hochschule in kirchlicher Trägerschaft. Mit Bescheid vom 17.2.1972 stimmte der Senator für Wissenschaft und Kunst von Berlin der Errichtung der Beklagten zu und verlieh ihr die Rechtsform einer Körperschaft des öffentlichen Rechts. Die Personalausgaben der Beklagten werden vom Land

---

1 AP Nr. 73 zu Art 33 Abs. 2; EzA Art. 33 GG Nr. 40; EzTöD 100 § 2 TVöD-AT Auswahlverfahren Nr. 12; JR 2011, 322 (LS); NZA 2011, 824 (LS); NZA-RR 2011, 216.

Berlin erstattet. Hierfür ist im Haushaltsplan des Landes Berlin für die Haushaltsjahre 2008 und 2009 unter dem Titel mit der Nummer 68540 ein Betrag iHv jeweils 3.502.000,- € ausgewiesen,

Die Verfassung der Beklagten in der Fassung vom 11.5.1990 (Verf) sah auszugsweise folgende Bestimmungen vor:

„Art.1 Name, Sitz, Rechtsform

...

(3) Die Fachhochschule ist eine Einrichtung der Evangelischen Kirche. Sie ist eine Körperschaft des öffentlichen Rechts im Bereich der Evangelischen Kirche Berlin-Brandenburg und als Fachhochschule für Sozialarbeit und Sozialpädagogik im Sinne des Berliner Hochschulgesetzes staatlich anerkannt.

Art. 2 Auftrag

(1) Alle Arbeit der Fachhochschule soll sich am Evangelium ausrichten.

(2) Die Fachhochschule vermittelt durch anwendungsbezogene Forschung und Lehre eine auf wissenschaftlicher Grundlage beruhende fachliche Bildung, die zur Anwendung wissenschaftlicher Methoden und Erkenntnisse im Beruf befähigt.

(3) Die Fachhochschule wirkt an der Fort- und Weiterbildung mit.

Art. 3 Kuratorium

(1) Das Kuratorium ist das oberste Leitungsorgan.

(2) Dem Kuratorium gehören der Bischof der Evangelischen Kirche in Berlin-Brandenburg als Vorsitzender und acht weitere von der Kirchenleitung zu berufende Personen an ...

Art. 4 Aufgaben des Kuratoriums

(1) Das Kuratorium wacht über die evangelische Zielsetzung der Fachhochschule und übt die Rechtsaufsicht aus.

(2) Das Kuratorium stellt den Haushaltsplan der Fachhochschule im Rahmen der von der Evangelischen Kirche in Berlin-Brandenburg und sonstigen Dritten zur Verfügung gestellten Mittel fest. ...

(3) Die im Rahmen der Selbstverwaltung der Fachhochschule erlassenen Rechtsvorschriften bedürfen der Bestätigung durch das Kuratorium. Die Bestätigung ist zu versagen, wenn ... die evangelische Zielsetzung nicht gewährleistet ist. ...“

Im Jahr 2008 schrieb die Beklagte in einer Regionalzeitung eine bis zum 30.9.2011 befristete Teilzeitstelle als Professor für den Studiengang Sozialarbeit/Sozialpädagogik im Angestelltenverhältnis aus. Die Vergütung sollte in Anlehnung an die Dienstbezüge eines Beamten der Besoldungsgruppe W 2 erfolgen.

Im Mai 2008 bewarb sich der Kläger, ein Rechtsanwalt mit fünf Jahren forensischer Erfahrung auf dem Gebiet des Sozialrechts, um die Stelle.

Mit Schreiben vom 27.5.2008 teilte die Rektorin der Beklagten, Frau Prof. Dr. T, dem Kläger mit, der Nominierungsausschuss habe ihn zu einer Teilnahme am weiteren Bewerbungsverfahren ausgewählt. Am 11.6.2008 hielten der Kläger und weitere Bewerber in Anwesenheit der Mitglieder des Nominierungsausschusses Probevorlesungen. Am 24.6.2008 teilte die Prorektorin Frau Prof. H, die dem Nominierungsausschuss der Beklagten angehörte, dem Kläger mit, die Beklagte gebe drei besser qualifizierten Bewerbern den Vorzug. Aus diesem Grund werde sie ihn nicht auf die Vorschlagsliste setzen, anhand derer das Kuratorium über die Stellenbesetzung befinde. Die von dem Kläger unter dem 25.6.2008 geäußerte Bitte, die Auswahlentscheidung zu begründen, lehnte Frau Prof. H ab.

Ein Antrag des Klägers, der Beklagten im Wege der einstweiligen Verfügung zu untersagen, die Stelle bis zum Abschluss eines erneuten Auswahlverfahrens anderweitig zu besetzen, wurde vom Arbeitsgericht Berlin mit Beschluss vom 27.6.2008 (-58 Ga 10479/08- n.v.) zurückgewiesen.

In einem Schreiben vom 8.7.2008 teilte die Rektorin der Beklagten dem Kläger mit, der Nominierungsausschuss habe ihn nicht auf die Berufungsliste „gesetzt". Auf der Grundlage eines vom 6.10.2008 datierenden Arbeitsvertrags besetzte die Beklagte die Stelle zum 1.11.2008 mit Frau Dr. D, einer Mitkonkurrentin des Klägers.

Mit der Klage möchte der Kläger erreichen, dass die Beklagte das Auswahlverfahren zur Besetzung der öffentlich ausgeschriebenen W 2-Professur für Sozialrecht unter seiner Beteiligung und unter Beachtung der Rechtsauffassung des Gerichts nach den Kriterien des Art. 33 Abs. 2 GG wiederholt; hilfsweise begehrt er die Feststellung, dass die Beklagte ihn finanziell so zu stellen hat, als wäre er entsprechend der öffentlichen Ausschreibung zum Wintersemester 2008/2009 als W 2-Professor eingestellt worden. Er macht geltend, die Beklagte habe bei der Besetzungsentscheidung die Vorgaben des Art. 33 Abs. 2 GG missachtet. Als Teil der mittelbaren Staatsverwaltung unterliege die Beklagte, die an der Verwirklichung des staatlichen Bildungsauftrags mitwirke, den Bindungen des staatlichen Rechts. Als öffentliche Arbeitgeberin, die ein öffentliches Amt, das aus öffentlichen Steuergeldern finanziert werde, öffentlich ausschreibe, habe sie das Prinzip der Bestenauslese zu beachten. Die Besetzungsentscheidung sei das Resultat eines intransparenten Besetzungsverfahrens. Keiner der übrigen Stellenbewerber sei besser qualifiziert als er.

Die Beklagte ist der Ansicht, als Formalkörperschaft sei sie nicht an Art. 33 Abs. 2 GG gebunden. Die staatliche Anerkennung als Hochschule führe nicht dazu, dass sie Adressat grundrechtsgleicher Verpflichtungen werde. Im Übrigen sei der vermeintliche Anspruch des Klägers infolge der zwischenzeitlichen Besetzung der Stelle untergegangen.

Die Vorinstanzen (ArbG Berlin, Urteil vom 29.8.2008 -58 Ca 10541/08- n.v., LAG Berlin-Brandenburg, Urteil vom 4.12.2008 -18 Sa 2121/08- juris) haben die Klage abgewiesen.

Auch die Revision des Klägers blieb ohne Erfolg.

Aus den Gründen:

[19] Die zulässige Revision ist nicht begründet. Das Landesarbeitsgericht hat die Berufung des Klägers gegen das klageabweisende Urteil des Arbeitsgerichts zu Recht zurückgewiesen.

[20] A. Die Klage ist zulässig.

[21] I. Es liegt eine bürgerliche Rechtsstreitigkeit vor, für die der Rechtsweg zu den staatlichen Gerichten eröffnet ist.

[22] 1. Einer Rechtswegprüfung durch den Senat steht die Regelung des § 17a Abs. 5 GVG nicht entgegen. Danach prüft das Gericht, das über ein Rechtsmittel in der Hauptsache entscheidet, nicht, ob der beschrittene Rechtsweg zulässig ist. Diese Norm bestimmt nur das Verhältnis der verschiedenen staatlichen Gerichtsbarkeiten untereinander (BAG 16.9.2004 -2 AZR 447/03- Rn 64, AP BGB § 611 Kirchendienst Nr. 44, EzA BGB 2002 § 242 Kündigung Nr. 5, KirchE 46, 126). Das Verhältnis der staatlichen Gerichtsbarkeit zu den von einer Kirche im Rahmen ihrer Selbstbestimmung errichteten Kirchengerichten regelt die Vorschrift nicht (vgl. BVerwG 28.4.1994 -2 C 23.92- zu 2 der Gründe, BVerwGE 95, 379, KirchE 32, 148).

[23] 2. Nach Art. 140 GG iVm Art. 137 Abs. 3 WRV ordnet und verwaltet jede Religionsgesellschaft ihre Angelegenheiten selbstständig innerhalb der Schranken der für alle geltenden Gesetze. Sie verleiht ihre Ämter ohne Mitwirkung des Staates und der bürgerlichen Gesellschaft. Deshalb ist bei Streitigkeiten in innerkirchlichen Angelegenheiten infolge des den Kirchen verfassungsrechtlich gewährleisteten Selbstbestimmungsrechts der Rechtsweg zu den staatlichen Gerichten nicht eröffnet (BAG 16.9.2004 -2 AZR 447/03- Rn 65, AP BGB § 611 Kirchendienst Nr. 44, EzA BGB 2002 § 242 Kündigung Nr. 5, KirchE 46, 126). Ob ein Handeln dem innerkirchlichen Bereich zuzurechnen ist, entscheidet sich danach, was inhaltlich, der Natur der Sache oder der Zweckbeziehung nach als eigene Angelegenheit der Kirche anzusehen ist (vgl. BAG 7.2.1990 -5 AZR 84/89- zu I 1 der Gründe, BAGE 64, 131, KirchE 28, 14). Bedienen sich die Religionsgesellschaften zur Erfüllung ihrer Aufgaben der Gestaltungsmittel des staatlichen Rechts, sind die staatlichen Gerichte zur Entscheidung berufen. Insoweit kann das den Religionsgesellschaften durch das Grundgesetz eingeräumte Recht, ihre Angelegenheiten selbstständig innerhalb der Schranken des für alle geltenden Gesetzes zu ordnen und zu verwalten, nur den Inhalt des anwendbaren materiellen Arbeitsrechts beeinflussen (vgl. BAG 11.3.1986 -1 ABR 26/84- zu B 1 der Gründe, BAGE 51, 238, KirchE 24, 72).

[24] Das Klagebegehren ist nicht den innerkirchlichen Angelegenheiten zuzurechnen. Es ist bürgerlich-rechtlicher Natur. Ausweislich der Ausschreibung sollte der erfolgreiche Bewerber im Angestelltenverhältnis tätig werden. Dem-

entsprechend stützt der Kläger sein Begehren auf Art. 33 Abs. 2 GG und § 280 Abs. 1 BGB, zwei außerhalb des kirchlichen Rechts liegende Rechtsnormen.

[25] II. Auch der Hilfsantrag, mit dem der Kläger die Feststellung eines Schadensersatzanspruchs begehrt, ist zulässig.

[26] 1. Das gem. § 256 Abs. 1 ZPO erforderliche Feststellungsinteresse liegt vor. Der Kläger hat ein rechtliches Interesse, alsbald feststellen zu lassen, ob die Beklagte ihm gegenüber verpflichtet ist, Schadensersatz zu leisten. Die Schadensersatzverpflichtung einer Partei ist ein Rechtsverhältnis iSd § 256 Abs. 1 ZPO (vgl. BAG 21.11.2000 -3 AZR 13/00- zu A 1 der Gründe, AP BetrAVG § 1 Auskunft Nr. 1, EzA BGB § 611 Fürsorgepflicht Nr. 61).

[27] 2. Der grundsätzlich geltende Vorrang der Leistungsklage (vgl. Senat 11.12.2001 -9 AZR 435/00- zu I der Gründe, EzA ZPO § 256 Nr. 59) steht der Zulässigkeit des Feststellungsantrags nicht entgegen.

[28] a) Soweit der Kläger eine Schadensersatzverpflichtung für den Zeitraum vom Beginn des Wintersemesters bis zum Tag der Revisionsverhandlung festgestellt begehrt, folgt dies aus den Grundsätzen, die das Bundesarbeitsgericht zur Einschränkung des Vorrangs der Leistungsklage entwickelt hat. Der Vorrang dient dem Zweck, Rechtsstreitigkeiten prozesswirtschaftlich sinnvoll zu erledigen (vgl. Senat 15.3.2005 -9 AZR 142/04- zu III 1 der Gründe, BAGE 114, 80). Deshalb ist eine Feststellungsklage zulässig, wenn mit ihr eine sachgerechte, einfache Erledigung der aufgetretenen Streitpunkte zu erreichen ist und prozesswirtschaftliche Überlegungen gegen einen Zwang zur Leistungsklage sprechen (Senat 16.12.2008 -9 AZR 985/07- Rn 19, BAGE 129, 72).

[29] Diese Erfordernisse sind gewahrt. Das der Vollstreckung nicht zugängliche Feststellungsurteil ist geeignet, den rechtlichen Konflikt der Parteien endgültig zu lösen und weitere Prozesse zu vermeiden. Zwischen den Parteien besteht lediglich Streit über den Grund der Schadensersatzverpflichtung, nicht über die Ausgestaltung der Leistungspflicht.

[30] b) Soweit der Kläger ein Feststellungsurteil hinsichtlich der zukünftig fällig werdenden Ansprüche auf Schadensersatz begehrt, gilt der Grundsatz des Vorrangs der Leistungsklage vor der Feststellungsklage ohnehin nicht. Auf Klagen, die zukünftige Ansprüche zum Gegenstand haben, ist der Grundsatz nicht anwendbar (vgl. Senat 20.1.2004 -9 AZR 43/03- zu A I der Gründe, AP BGB § 242 Betriebliche Übung Nr. 65, EzA BetrAVG § 1 Betriebliche Übung Nr. 5). Gegenüber Klagen nach § 257 ZPO ist ein Feststellungsantrag nicht subsidiär (BAG 19.6.2001 -1 AZR 463/00- zu I 2 a der Gründe, BAGE 98, 76); die klagende Partei kann zwischen einer Feststellungsklage und einer Klage auf zukünftige Leistung frei wählen (vgl. BAG 7.11.1995 -3 AZR 952/94- zu A 2 a der Gründe, AP TVG § 1 Tarifverträge: Bühnen Nr. 1).

[31] B. Die Klage ist nicht begründet. Das haben die Instanzgerichte im Ergebnis zu Recht festgestellt. Selbst wenn die Beklagte an das Prinzip der Bestenauslese gebunden wäre, wäre sie weder verpflichtet, das Bewerbungsverfahren zu wiederholen, noch, dem Kläger Schadensersatz wegen einer rechtswidrigen Besetzungsentscheidung zu leisten.

[32] I. Der Kläger hat keinen Anspruch darauf, dass das Auswahlverfahren zur Besetzung der ausgeschriebenen Stelle wiederholt wird. Die Besetzung der Stelle steht dem vom Kläger erhobenen Bewerbungsverfahrensanspruch aus Art. 33 Abs. 2 GG entgegen. Auch im einfachen Gesetzesrecht findet das Klagebegehren keine Rechtfertigung.

[33] 1. Gem. Art. 33 Abs. 2 GG hat jeder Deutsche nach seiner Eignung, Befähigung und fachlichen Leistung gleichen Zugang zu jedem öffentlichen Amt. Öffentliche Ämter iSd Art. 33 Abs. 2 GG sind sowohl Beamtenstellen als auch solche Stellen, die von Arbeitnehmern besetzt werden können. Art. 33 Abs. 2 GG dient zum einen dem öffentlichen Interesse an der bestmöglichen Besetzung der Stellen des öffentlichen Dienstes, dessen fachliches Niveau und rechtliche Integrität gewährleistet werden sollen. Zum anderen trägt Art. 33 Abs. 2 GG dem berechtigten Interesse des Bewerbers an seinem beruflichen Fortkommen Rechnung. Die Bestimmung begründet ein grundrechtsgleiches Recht auf rechtsfehlerfreie Einbeziehung in die Bewerberauswahl und auf deren Durchführung anhand der in Art. 33 Abs. 2 GG genannten Auswahlkriterien (Senat 24.3.2009 -9 AZR 277/08- Rn 15, BAGE 130, 107).

[34] 2. Der auf Art. 33 Abs. 2 GG gestützte Klageanspruch scheitert daran, dass die Beklagte die Stelle am 1.11.2008 endgültig besetzt hat.

[35] a) Der Anspruch des Bewerbers nach Art. 33 Abs. 2 GG auf Übertragung einer Stelle setzt dem Grundsatz nach voraus, dass diese noch nicht besetzt ist. Für eine Neubescheidung ist kein Raum, wenn die begehrte Stelle dem erfolgreichen Konkurrenten rechtswirksam auf Dauer übertragen worden ist (Senat 18.9.2007 -9 AZR 672/06- Rn 22, BAGE 124, 80). Da Art. 33 Abs. 2 GG den öffentlichen Arbeitgeber nicht verpflichtet, ein Amt mehrfach zu vergeben (vgl. Senat 18.9.2007 -9 AZR 672/06 -Rn 20 f., aaO), lässt sich der Eingriff in das Recht des unterlegenen Bewerbers auf gleichen Zugang zu jedem öffentlichen Amt nicht mehr korrigieren (vgl. BVerfG 9.7.2002 -2 BvQ 25/02- zu II 2 a der Gründe, ZBR 2002, 395). Art. 33 Abs. 2 GG liegt eine Abgrenzung zwischen den Zugangsrechten von Bewerbern um öffentliche Ämter einerseits und der Organisationsgewalt der öffentlichen Hand andererseits zugrunde (Senat 28.5.2002 -9 AZR 751/00- zu A II 2 a der Gründe, BAGE 101, 153). Es obliegt allein dem Haushaltsgesetzgeber, darüber zu bestimmen, wie viele Planstellen im öffentlichen Dienst geschaffen werden (Senat 15.3.2005 -9 AZR 142/04- zu III 2 a der Gründe, BAGE 114, 80). Mit einer Doppelbesetzung der Stelle würde in die Organisationsgewalt

der öffentlichen Hand unzulässig eingegriffen (Senat 28.5.2002 -9 AZR 751/00- zu A II 2 a der Gründe, aaO).

[36] b) Diese Grundsätze gelten auch für die Beklagte. Als Körperschaft des öffentlichen Rechts verfügt sie - ähnlich der öffentlichen Hand als Träger der Staatsgewalt - über eine Organisationsgewalt, die als Ausfluss des durch Art. 140 GG iVm Art. 137 Abs. 5 Satz 1 und 2 WRV geschützten Selbstbestimmungsrechts gegen den Zugriff Dritter gesichert ist. Der Status einer Körperschaft des öffentlichen Rechts nach Art. 140 GG, Art. 137 WRV vermittelt der Religionsgemeinschaft bestimmte öffentlich-rechtliche Befugnisse, zu denen die Organisationsgewalt gehört (BVerwG 10.4.2008 -7 C 47.07- Rn 14, NVwZ 2008, 1357, KirchE 51, 162). Dies gilt sowohl für die organisierte Kirche als auch für deren rechtlich selbstständige Teile (vgl. BVerfG 25.3.1980 -2 BvR 208/76- zu C I 2 a der Gründe, BVerfGE 53, 366, KirchE 18, 69). Gem. Art. 4 Abs. 2 Verf stellt das Kuratorium der Beklagten einen Haushaltsplan im Rahmen der von der Evangelischen Kirche in Berlin-Brandenburg und sonstigen Dritten zur Verfügung gestellten Mittel fest. Die Verpflichtung, eine ausgeschriebene Stelle mit zwei Bewerbern zu besetzen, griffe in unzulässiger Weise in dieses von Verfassungs wegen garantierte Haushaltsrecht ein.

[37] c) Die Beklagte hat die Stelle, auf die sich der Kläger beworben hat, mit Frau Dr. D, einer Mitbewerberin, besetzt. Wann ein öffentliches Amt iSd Art. 33 Abs. 2 GG besetzt ist, richtet sich nach der Ausgestaltung dieses Amts (Senat 18.9.2007 -9 AZR 672/06- Rn 26, BAGE 124, 80). Eine Besetzung des Amts ist erfolgt, wenn dem ausgewählten Bewerber eine gesicherte Rechtsposition eingeräumt ist, die der so vorgenommenen Ausgestaltung des Amts entspricht (vgl. Senat 28.5.2002 -9 AZR 751/00- zu A II 4 der Gründe, BAGE 101, 153). Diese Voraussetzungen liegen im Streitfall vor. Unter dem 6.10.2008 schloss die Beklagte mit Frau Dr. D einen Arbeitsvertrag, der die rechtliche Grundlage für eine Beschäftigung bis zum Befristungsende am 30.9.2011 bildet.

[38] d) Das von der Revision angeführte verfassungsrechtliche Gebot effektiven Rechtsschutzes fordert kein Freimachen der Stelle.

[39] aa) Das Gebot effektiven Rechtsschutzes garantiert nicht nur das Recht, die Gerichte anzurufen, sondern auch eine tatsächliche und wirksame gerichtliche Kontrolle. Mit diesen Vorgaben ist die Annahme unvereinbar, der Bewerbungsverfahrensanspruch gehe auch dann unter, wenn der öffentlich-rechtliche Arbeitgeber unter Verstoß gegen eine den Anspruch sichernde einstweilige Verfügung einen Konkurrenten einstellt (Senat 18.9.2007 -9 AZR 672/06- Rn 30, BAGE 124, 80). Einem zu Unrecht übergangenen Bewerber kann deshalb ausnahmsweise ein Anspruch auf Wiederherstellung zustehen, wenn durch das Verhalten der Verwaltung ein effektiver Rechtsschutz verhindert worden ist (vgl. Senat 28.5.2002 -9 AZR 751/00- zu A II 5 der Gründe, BAGE 101, 153; so auch

BVerwG 4.11.2010 -2 C 16.09-). Der Justizgewährleistungspflicht genügt die öffentliche Verwaltung, wenn sie dem abgelehnten Bewerber rechtzeitig mitteilt, er sei abgelehnt worden (vgl. BVerfG 9.7.2007 -2 BvR 206/07- Rn 18, ZTR 2007, 707), und diesem vor der Besetzung des Amts die Möglichkeit gewährt, vorläufigen Rechtsschutz in Anspruch zu nehmen (vgl. BVerfG 9.7.2009 -2 BvR 706/09- Rn 3, NVwZ 2009, 1430).

[40] bb) Nach diesen Maßstäben besteht der Bewerbungsverfahrensanspruch des Klägers im Streitfall nicht fort. Die Beklagte informierte den Kläger rechtzeitig über die Ablehnung seiner Bewerbung und gewährte ihm ausreichend Zeit, vorläufigen Rechtsschutz zu suchen. Am 24.6.2008 teilte die Prorektorin der Beklagten, Frau Prof. H, dem Kläger mit, die Beklagte werde nicht ihn, sondern drei Mitbewerber auf die Vorschlagsliste setzen. Mit Schriftsatz vom 25.6.2008 beantragte der Kläger einstweiligen Rechtsschutz. Mit Beschluss vom 27.6.2008 (-58 Ga 10479/08-), der dem Kläger am 1.7.2008 zugestellt wurde, wies das Arbeitsgericht Berlin den Antrag des Klägers ab, der Beklagten zu untersagen, die Stelle bis zum Abschluss eines erneuten Auswahlverfahrens anderweitig zu besetzen. Der Kläger legte gegen die Entscheidung des Arbeitsgerichts kein Rechtsmittel ein. Nach Ablauf der zweiwöchigen Beschwerdefrist am 15.7.2008, § 569 Abs. 1 Satz 1 ZPO, erwuchs der Zurückweisungsbeschluss in Rechtskraft. Das Verfahren des vorläufigen Rechtsschutzes war beendet, bevor die Beklagte und die erfolgreiche Bewerberin, Frau Dr. D, unter dem 6.10.2008 einen Arbeitsvertrag schlossen und Frau Dr. D am 1.11.2008 die Stelle antrat.

[41] e) Der Rechtsgedanke des widersprüchlichen Verhaltens zwingt die Beklagte nicht, die ausgeschriebene Stelle freizumachen, um das Besetzungsverfahren fortzusetzen. Indem die Beklagte mit Schreiben vom 26.6.2008 zusagte, die Stelle zunächst nicht zu besetzen, schuf sie auf Seiten des Klägers kein schützenswertes Vertrauen.

[42] Im Einzelfall kann die Durchsetzung einer Rechtsposition gegen Treu und Glauben (§ 242 BGB) verstoßen. Dies kommt unter dem Gesichtspunkt des widersprüchlichen Verhaltens in Betracht, wenn besondere Umstände die Rechtsausübung als rechtsmissbräuchlich erscheinen lassen (vgl. Senat 3. April 2007 -9 AZR 313/06- Rn 53). Die Rechtsprechung nimmt einen Fall des Rechtsmissbrauchs an, wenn durch das Verhalten der einen Seite - bewusst oder unbewusst - für die andere ein schützenswertes Vertrauen auf den Fortbestand des Bisherigen geschaffen worden ist (vgl. BAG 23.8.2006 -4 AZR 417/05- Rn 13, BAGE 119, 205).

[43] Diese Voraussetzungen liegen nicht vor. Mit Schreiben vom 26.6.2008 teilte die Beklagte dem Arbeitsgericht mit, sie werde die ausgeschriebene Stelle nicht vor dem 31.8.2008 besetzen. Der Kläger konnte nicht darauf vertrauen,

dass die Beklagte die Stelle über den bezeichneten Termin hinaus, etwa bis zum Abschluss des Verfahrens in der Hauptsache, freihalten werde.

[44] 3. Im Übrigen neigt der Senat zu der Auffassung, dass die Beklagte nicht Adressat der öffentliche Arbeitgeber verpflichtenden Regelung des Art. 33 Abs. 2 GG ist.

[45] Gem. Art. 1 Abs. 3 GG binden die Grundrechte - und in gleicher Weise die grundrechtsgleichen Rechte wie das Recht aus Art. 33 Abs. 2 GG - Gesetzgebung, vollziehende Gewalt und Rechtsprechung. Adressat ist die öffentliche Gewalt. Nicht öffentliche Gewalt unterliegt - abgesehen von dem Sonderfall des Art. 9 Abs. 3 Satz 2 GG - keiner Grundrechtsbindung (vgl. Herdegen, in: Maunz/Dürig GG Stand Oktober 2010 Art. 1 Abs. 3 Rn 92). Es spricht vieles dafür, dass die Beklagte nicht dem Bereich der öffentlichen Gewalt zuzurechnen ist.

[46] a) Nach dem kirchenpolitischen System des Grundgesetzes ordnet und verwaltet jede Religionsgesellschaft ihre Angelegenheiten selbstständig innerhalb der Schranken des für alle geltenden Gesetzes. Sie verleiht ihre Ämter ohne Mitwirkung des Staates oder der bürgerlichen Gemeinde, Art. 140 GG iVm Art. 137 Abs. 1 und 3 WRV. Diese Vorschriften bezwecken die institutionelle Sicherung der von der Verfassung geforderten Staatsfreiheit der Kirchen (vgl. BVerfG 9.12.2008 -2 BvR 717/08- Rn 4, NJW 2009, 1195, KirchE 52, 337). Der Staat erkennt die Kirchen als Institutionen mit dem Recht der Selbstbestimmung an, die ihrem Wesen nach unabhängig vom Staat sind und ihre Gewalt nicht von ihm ableiten (vgl. BVerfG 21.9.1976 -2 BvR 350/75- zu B II 1 der Gründe, BVerfGE 42, 312, ‚KirchE 15, 320).

[47] b) Die Rechtssubjektqualität der Beklagten als Körperschaft des öffentlichen Rechts führt nicht dazu, dass die Beklagte in die verfassungsrechtliche Pflichtenstellung des Art. 33 Abs. 2 GG einrückt.

[48] Die Kirchen, die eine „Sonderstellung innerhalb der staatlichen Rechtsordnung" (BVerfG 9.12.2008 -2 BvR 717/08- Rn 4, NJW 2009, 1195, KirchE 52, 337) einnehmen, sind ungeachtet ihrer Anerkennung als Körperschaften des öffentlichen Rechts nicht dem Staat inkorporiert, also auch nicht im weitesten Sinn „staatsmittelbare" Organisationen oder Verwaltungseinrichtungen (vgl. BVerfG 21.9.1976 -2 BvR 350/75- zu B II 1 der Gründe, BVerfGE 42, 312, KirchE 15, 320). Die Stellung der Kirchen bedeutet keine Gleichstellung mit anderen öffentlich-rechtlichen Körperschaften und unterwirft sie keiner besonderen Kirchenhoheit des Staates. Infolge dieser öffentlichen Rechtsstellung und öffentlichen Wirksamkeit der Kirchen, die sie aus ihrem besonderen Auftrag herleiten und durch die sie sich von anderen gesellschaftlichen Gebilden unterscheiden, ist die kirchliche Gewalt keine staatliche Gewalt (vgl. BVerfG 9.12.2008 -2 BvR 717/08- Rn 5, aaO); sie umfasst keine hoheitlichen Handlungsmöglichkeiten (Korioth, in: Maunz/Dürig GG Art. 140 Art. 137 WRV Rn 83). Die Kirchen sind als

Körperschaften des öffentlichen Rechts sui generis Träger der in der Verfassung gewährleisteten Grundrechte und grundrechtsgleichen Rechte, nicht deren Bindungsadressaten (vgl. Höfling, in: Bonner Kommentar zum GG Stand Oktober 2010 Art. 33 Abs. 1 bis 3 Rn 113).

[49] c) Die grundgesetzlich garantierte Staatsfreiheit streitet nicht nur für die Kirche als solche, sondern auch für die Beklagte als Einrichtung der Evangelischen Kirche in Berlin-Brandenburg.

[50] Der Status einer Körperschaft des öffentlichen Rechts nach Art. 140 GG, Art. 137 Abs. 5 Satz 1 oder 2 WRV vermittelt der Religionsgemeinschaft bestimmte öffentlich-rechtliche Befugnisse, zu der die Organisationsgewalt gehört (vgl. BVerwG 10.4.2008 -7 C 47.07- Rn 14, NVwZ 2008, 1357, KirchE 51, 162). Diese verleiht den Kirchenkörperschaften das Recht, neue rechtsfähige Anstalten, Stiftungen oder Körperschaften einzurichten (vgl. Korioth, in Maunz/Dürig GG Art. 140 Art. 137 WRV Rn 87). Nach Art. 140 GG iVm Art. 137 Abs. 3 WRV sind nicht nur die organisierte Kirche und deren rechtlich selbstständigen Teile, sondern alle der Kirche in bestimmter Weise zugeordneten Einrichtungen ohne Rücksicht auf ihre Rechtsform Objekte, bei deren Ordnung und Verwaltung die Kirche grundsätzlich frei ist, wenn die Einrichtungen nach kirchlichem Selbstverständnis ihrem Zweck oder ihrer Aufgabe entsprechend berufen sind, ein Stück des Auftrags der Kirche wahrzunehmen und zu erfüllen (BVerfG 25.3.1980 -2 BvR 208/76- zu C I 2 a der Gründe, BVerfGE 53, 366, KirchE 18, 69). Maßstab für das Vorliegen dieser Voraussetzungen sind das Ausmaß der institutionellen Verbindung mit einer Religionsgemeinschaft und die Art der mit der Vereinigung verfolgten Ziele (vgl. BVerfG 11.10.1977 -2 BvR 209/76- zu B II 2 a der Gründe, BVerfGE 46, 73, KirchE 16, 189). In der verwaltungsgerichtlichen Rechtsprechung ist anerkannt, dass nach diesen Kriterien insbesondere Hochschulen in kirchlicher Trägerschaft in den Schutzbereich des Art. 140 GG iVm Art. 137 Abs. 3 WRV fallen (vgl. BayVGH 7.4.1992 -7 CE 92.10001- zu 2 der Gründe, NVwZ 1992, 1225, KirchE 30, 185).

[51] Die Voraussetzungen, unter denen das Staatskirchenrecht den Schutz der Art. 140 GG, Art. 137 WRV auf kirchliche Einrichtungen erstreckt, liegen im Streitfall vor. Dies folgt aus der in der Verfassung der Beklagten festgeschriebenen Zweckbestimmung und aus der organisatorischen Struktur der Beklagten. Die Beklagte nimmt als Einrichtung der Evangelischen Kirche, Art. 1 Abs. 3 Satz 1 Verf, ein Stück des Auftrags der Kirche in der Welt wahr. Die Programmatik der Beklagten beschreibt Art. 2 Abs. 1 Verf: „Alle Arbeit der Fachhochschule soll sich am Evangelium ausrichten." Nach Art. 4 Abs. 1 Verf wacht das Kuratorium, das oberste Leitungsorgan der Beklagten, Art. 3 Abs. 1 Verf, über die evangelische Zielsetzung der Beklagten. Das Kuratorium versagt den im Rahmen der Selbstverwaltung der Fachhochschule erlassenen Rechtsvorschriften die gem.

Art. 4 Abs. 3 Satz 1 Verf erforderliche Bestätigung, wenn die evangelische Zielsetzung nicht gewährleistet ist. Lehrkräfte, die sich um eine Berufung an die Beklagte bewerben, müssen die evangelische Zielsetzung bejahen, Art. 5 Abs. 4 Satz 1 Verf. Darüber hinaus ist die Beklagte mit der Evangelischen Kirche in Berlin-Brandenburg sowohl institutionell als auch personell eng verflochten. Dem Kuratorium gehören gem. Art. 3 Abs. 2 Verf der Bischof der Evangelischen Kirche in Berlin-Brandenburg als Vorsitzender und acht weitere von der Kirchenleitung zu berufende Personen an. Diese Verflechtungen spiegelt das Berliner Hochschulgesetz (BerlHG) wieder. So heißt es in § 124 Abs. 1 Satz 2 BerlHG, die Beklagte sei eine Körperschaft des öffentlichen Rechts „im Bereich der Evangelischen Kirche Berlin-Brandenburg".

[52] d) Die Beklagte ist nicht schon deswegen dem Bereich der staatlichen Gewalt zuzurechnen, weil sie als staatlich anerkannte Hochschule die Berechtigung hat, Prüfungen abzuhalten und Zeugnisse mit gleicher Geltungskraft zu erteilen wie die staatlichen Hochschulen (vgl. BayVGH 7.4.1992 -7 CE 92.10001- zu 1 der Gründe, NVwZ 1992, 1225, KirchE 30, 185). Die Anerkennung der nicht staatlichen Hochschule verändert den Rechtsstatus der Hochschule nicht, sie führt nicht zu einer Inkorporation in den staatlichen Bereich. Es verbleibt bei der grundlegenden Unterscheidung zwischen staatlichen Hochschulen, die als Teil der mittelbaren Staatsgewalt Adressaten staatlicher Pflichten sind, einerseits und staatlich anerkannten Hochschulen, die Berechtigte, nicht aber Verpflichtete staatsgerichteter Normen sind, andererseits. Weder Sinn und Zweck der Anerkennung noch die Voraussetzungen, unter denen eine Hochschule in privater Trägerschaft staatlich anerkannt werden kann, deuten darauf hin, dass eine staatlich anerkannte Hochschule wie die Beklagte der Bindung an Art. 33 Abs. 2 GG unterliegt.

[53] aa) Sinn und Zweck der staatlichen Anerkennung ergibt sich aus § 70 Abs. 3 Satz 1 des Hochschulrahmengesetzes (HRG) idF der Bekanntmachung vom 19.1.1999 (BGBl. I S. 18), zuletzt geändert durch Art. 2 des Gesetzes zur Änderung arbeitsrechtlicher Vorschriften in der Wissenschaft vom 12.4.2007 (BGBl. I S. 506). Danach kann eine nicht staatliche Hochschule, die aber staatlich anerkannt ist, nach näherer Bestimmung des Landesrechts Hochschulprüfungen abnehmen und Hochschulgrade verleihen. Die staatliche Anerkennung ermöglicht es damit Personen, die an einer nicht staatlichen Hochschule studiert haben, eine Abschlussprüfung abzulegen. Das an einer staatlich anerkannten Hochschule abgeschlossene Studium ist ein abgeschlossenes Hochschulstudium, ohne dass sich die Studierenden einer externen Staatsprüfung unterziehen müssen, § 70 Abs. 3 Satz 2 HRG. Die besonderen Befugnisse, die der Staat durch die staatliche Anerkennung einräumt, erfassen nicht den gesamten Lehrbetrieb, sondern beschränken sich auf die das Studium abschließende Prüfungsphase.

Da vorliegend nicht Rechtspositionen im Zusammenhang mit von der Beklagten abgenommenen Prüfungen im Streit sind, braucht der Senat über die Rechtsnatur eines solchen Prüfungsverhältnisses nicht abschließend zu entscheiden.

[54] bb) Die Voraussetzungen, an welche die staatliche Anerkennung geknüpft ist, geben keinen Aufschluss über die Geltung des Prinzips der Bestenauslese. Dies gilt sowohl für die bundesgesetzlichen als auch für die Vorschriften des Berliner Landesrechts.

[55] (1) Nach § 70 Abs. 1 HRG können Einrichtungen des Bildungswesens, die nach Landesrecht nicht staatliche Hochschulen sind, nach näherer Bestimmung des Landesrechts die Eigenschaft einer staatlich anerkannten Hochschule erhalten, wenn gewährleistet ist, dass das Studium an dem in § 7 HRG genannten Ziel ausgerichtet ist, § 70 Abs. 1 Nr. 1 HRG. Danach soll das Studium Studenten auf ein berufliches Tätigkeitsfeld vorbereiten und ihnen die dafür erforderlichen fachlichen Kenntnisse, Fähigkeiten und Methoden dem jeweiligen Studiengang entsprechend so vermitteln, dass sie zu wissenschaftlicher oder künstlerischer Arbeit und zu verantwortlichem Handeln in einem freiheitlichen, demokratischen und sozialen Rechtsstaat befähigt werden. Weiterhin setzt eine staatliche Anerkennung grundsätzlich voraus, dass eine Mehrzahl von nebeneinander bestehenden oder aufeinanderfolgenden Studiengängen an der Einrichtung allein oder im Verbund mit anderen Einrichtungen des Bildungswesens vorhanden oder im Rahmen einer Ausbauplanung vorgesehen ist, § 70 Abs. 1 Nr. 2 HRG. Außerdem müssen die Studienbewerber die Voraussetzungen für die Aufnahme in eine entsprechende staatliche Hochschule erfüllen, § 70 Abs. 1 Nr. 3 HRG. Zusätzlich haben die hauptberuflich Lehrenden die Einstellungsvoraussetzungen zu erfüllen, die für entsprechende Tätigkeiten an staatlichen Hochschulen gefordert werden, § 70 Abs. 1 Nr. 4 HRG. Schließlich hängt eine staatliche Anerkennung davon ab, dass die Angehörigen der Einrichtung an der Gestaltung des Studiums in sinngemäßer Anwendung der für staatliche Hochschulen geltenden Grundsätze mitwirken, § 70 Abs. 1 Nr. 5 HRG. Keine der genannten Vorschriften verpflichtet die Hochschule, die Bewerber um eine Stelle als Hochschullehrer nach den in Art. 33 Abs. 2 GG festgelegten Kriterien auszuwählen.

[56] (2) Aus den Regelungen des 14. Abschnitts des Berliner Hochschulgesetzes folgt nichts anderes. Das Gesetz unterscheidet zwischen Hochschulen, die nicht in der Trägerschaft des Landes Berlin stehen, und Hochschulen, die in kirchlicher Trägerschaft stehen. Während erstere nach § 123 Abs. 1 Satz 1 BE.HG von dem für Hochschulen zuständigen Mitglied des Senats staatlich anerkannt werden können, gilt für Hochschulen in kirchlicher Trägerschaft die spezielle Regelung des § 124 BE.HG. Gem. § 124 Abs. 1 Satz 1 BE.HG ist die Beklagte staat-

lich anerkannt. Eines besonderen Aktes staatlicher Anerkennung, die von rechtlichen oder tatsächlichen Voraussetzungen abhängt, bedarf es nicht.

[57] e) Der Umstand, dass Kirchen in Teilbereichen ihres Wirkens einer Bindung an die Grundrechte unterliegen, ist für die Entscheidung des Rechtsstreits nicht von Bedeutung.

[58] Kirchen können staatliche Gewalt ausüben (so bereits BVerfG 17.2.1965 -1 BvR 732/64- zu II 1 der Gründe, BVerfGE 18, 385, KirchE 7, 172). Nur soweit sie die vom Staat verliehenen Befugnisse ausüben oder soweit ihre Maßnahmen den kirchlichen Bereich überschreiten oder in den staatlichen Bereich hineinreichen, betätigen die Kirchen mittelbar auch staatliche Gewalt (vgl. BVerfG 9.12.2008 -2 BvR 717/08- Rn 5, NJW 2009, 1195, KirchE 52, 337). Dies gilt vornehmlich für das kirchliche Steuerprivileg, bei dessen Ausgestaltung die Kirche rechtsstaatliche Grundsätze zu beachten hat (vgl. BVerfG 19.8.2002 -2 BvR 443/01- zu B 2 b aa der Gründe, NVwZ 2002, 1496, KirchE 41, 62). Die Mitwirkung an der Fort- und Weiterbildung, der sich die Beklagte gem. Art. 4 Abs. 3 Verf verschrieben hat, gehört nicht zu den Materien, die auf die Ausübung staatlicher Gewalt schließen lassen.

[59] f) Selbst wenn man zugunsten des Klägers davon ausgeht, dass Beliehene einer - gegebenenfalls modifizierten - Grundrechtsbindung unterliegen, verhilft dies dem Klageantrag nicht zum Erfolg. Die durch die staatliche Anerkennung bewirkte Gleichstellung des Ausbildungsangebots mit dem einer staatlichen Fachhochschule genügt nicht, die Tätigkeit einer nicht staatlichen Fachhochschule rechtlich als die einer beliehenen Unternehmerin zu qualifizieren (vgl. OVG des Saarlandes 18.9.1995 -1 W 6/95- NVwZ 1996, 1237, KirchE 33, 340). Eine Beleihung unterstellt, berührt diese allenfalls die Rechtsverhältnisse zwischen der Beklagten und den der Prüfungspflicht unterliegenden Studenten, nicht aber das Rechtsverhältnis der Parteien im Streitfall.

[60] g) Das von dem Kläger bemühte Argument, die staatliche Finanzierung der Beklagten erfordere die Geltung des Art. 33 Abs. 2 GG, vermag eine abweichende Entscheidung nicht zu rechtfertigen.

[61] Nach § 124 Abs. 1 Satz 4 Halbs. 1 BE.HG hat die Beklagte Anspruch auf Erstattung ihrer persönlichen Ausgaben. Der Haushaltsplan des Landes Berlin wies in den Haushaltsjahren 2008 und 2009 unter dem Titel 68540 einen Betrag iHv jeweils 3,502 Millionen € aus. Eine Fachhochschule in nicht staatlicher Trägerschaft, die - wie die Beklagte - laufende staatliche Zuschüsse erhält, ist nicht aufgrund ihrer Finanzverfassung Walter öffentlicher Interessen. Die staatliche Zuwendung ist regelmäßig ein Akt der staatlichen Grundrechtsvorsorge, dient also der Realisierung grundrechtlicher Freiheit und nicht ihrer Beschränkung und Überführung in eine grundrechtliche Bindung der Empfänger (vgl. BVerfG 17.10.2007 -2 BvR 1095/05- Rn 101, DVBl 2007, 1555, KirchE 50, 247). Die

staatlichen Zuschüsse verlieren mit der Ausschüttung an den Empfänger ihren Charakter als öffentliche Mittel und werden Teil der Finanzausstattung des Empfängers (vgl. OVG des Saarlandes 18.9.1995 -1 W 6/95- NVwZ 1996, 1237, KirchE 33, 340). Die weitgehende finanzielle Förderung durch den Staat führt deshalb nicht dazu, dass der Zuwendungsempfänger Adressat von Teilhabeansprüchen wird, die ihrer Natur nach gegen den Staat gerichtet sind (vgl. Bayerischer VGH 7.4.1992 -7 CE 92.10001- zu 2 der Gründe, NVwZ 1992, 1225, KirchE 30, 185).

[62] 4. Ebenso wenig rechtfertigen einfachgesetzliche Vorschriften das Klagebegehren.

[63] a) Die Besetzung der Stelle schließt die Wiederholung des Besetzungsverfahrens aus. Dies gilt unabhängig davon, auf welche Anspruchsgrundlage der Kläger den Bewerbungsverfahrensanspruch stützt.

[64] b) Im Übrigen sind die von dem Kläger angeführten Anspruchsgrundlagen nicht geeignet, dem Klageantrag zum Erfolg zu verhelfen.

[65] aa) Die Kirchen sind ungeachtet ihres verfassungsrechtlich garantierten Selbstbestimmungsrechts an das für alle geltende Recht gebunden, Art. 140 GG iVm Art. 137 Abs. 3 Satz 1 WRV. Der nicht lediglich den Staat, sondern auch die Subjekte des Privatrechts verpflichtende Normenbestand des bürgerlichen Rechts kennt allerdings das Gebot der Bestenauslese nicht.

[66] bb) Der Kläger kann den erhobenen Bewerbungsverfahrensanspruch nicht erfolgreich auf den Umstand stützen, dass die Beklagte die zu besetzende Stelle öffentlich ausgeschrieben hat. Vorbehaltlich besonderer Umstände erklärt ein Arbeitgeber durch die Ausschreibung einer Stelle den Stellenbewerbern gegenüber nicht, die Stelle mit dem bestqualifizierten Bewerber besetzen zu wollen. Mit der Ausschreibung einer Stelle verfolgt der Arbeitgeber erkennbar den Zweck, einen Überblick über den Bewerbermarkt zu erlangen. Abgesehen von den Fällen, in denen der Arbeitgeber in der Ausschreibung die Kriterien offenlegt, an denen er seine Auswahlentscheidung orientieren will, können die Bewerber nicht darauf vertrauen, der Beste der Bewerber werde eingestellt. Eine Erklärung, der zufolge sie die ausgeschriebene Stelle unter Beachtung des Prinzips der Bestenauslese besetzen werde, hat die Beklagte im Streitfall nicht abgegeben.

[67] II. Auch der hilfsweise gestellte Feststellungsantrag ist unbegründet. Die Beklagte ist nicht verpflichtet, den Kläger finanziell so zu stellen, als wäre ihm die ausgeschriebene Stelle übertragen worden. Selbst wenn Art. 33 Abs. 2 GG anzuwenden wäre, hätte der Kläger die vom Senat aufgestellten Voraussetzungen eines Schadensersatzanspruchs nicht hinreichend dargelegt.

[68] 1. Vergibt ein Arbeitgeber, der bei seiner Auswahlentscheidung an die Vorgaben des Art. 33 Abs. 2 GG gebunden ist, eine zu besetzende Stelle zu Un-

recht an einen Konkurrenten, kann er dem Stellenbewerber gegenüber zum Schadensersatz verpflichtet sein. Dem zurückgewiesenen Bewerber stehen allerdings nur dann Schadensersatzansprüche zu, wenn ihm anstelle des Konkurrenten das Amt hätte übertragen werden müssen (vgl. Senat 2.12.1997 -9 AZR 445/96- zu I 3 b der Gründe, BAGE 87, 165). Hierfür muss festgestellt werden, dass ein hypothetischer Kausalverlauf bei rechtmäßigem Vorgehen des Arbeitgebers zu einer Entscheidung geführt hätte, die für die Schadensersatz begehrende Partei günstiger gewesen wäre (vgl. BVerwG 17.8.2005 -2 C 37.04- Rn 36, BVerwGE 124, 99). Der Bewerbungsverfahrensanspruch verlangt nicht, dass, abweichend von sonst geltenden haftungsrechtlichen Grundsätzen, ein Schadensersatzanspruch unabhängig von adäquater Kausalität zwischen Rechtsverletzung und Schaden eingeräumt wird (vgl. BVerfG 13.1.2010 -2 BvR 811/09- Rn 9, BayVBl 2010, 303). Das Verhalten des Arbeitgebers im Bewerbungsverfahren ist für den Schaden eines zurückgewiesenen Bewerbers nur ursächlich, wenn sich jede andere Besetzungsentscheidung des Arbeitgebers als rechtsfehlerhaft erwiesen hätte. Dies erfordert eine Reduktion des dem Arbeitgeber zustehenden Auswahlermessens auf Null. Eine solche Reduktion ist nur anzunehmen, wenn der zurückgewiesene Bewerber nach den in Art. 33 Abs. 2 GG genannten Kriterien der bestqualifizierte Bewerber ist. Erst wenn die klagende Partei ihrer diesbezüglichen Darlegungslast genügt, obliegt es dem Arbeitgeber, dem Vortrag substantiiert entgegenzutreten. Dies gilt unabhängig davon, ob der Bewerber seinen Anspruch auf § 280 Abs. 1 BGB oder § 823 Abs. 2 BGB iVm Art. 33 Abs. 2 GG stützt (vgl. Senat 19.2.2008 -9 AZR 70/07- Rn 27 ff., BAGE 126, 26).

[69] 2. Mit seinem Vortrag, es sei nicht vorstellbar, dass „nicht wenigstens einer der drei gelisteten Bewerber ... schlechter ist als der Kläger“ (...), genügt der Kläger der ihm obliegenden Darlegungslast ebenso wenig wie mit seinem Vortrag, er halte es für „nahezu ausgeschlossen, dass drei andere Bewerber insgesamt besser geeignet gewesen sein sollen“ (...). Gleiches gilt für seinen Vortrag, er bestreite eine vergleichbare Qualifikation Frau Dr. D (...). Denn der Kläger hat nicht dargetan, dass er nach den Kriterien Eignung, Befähigung und fachlicher Leistung der Bestqualifizierte unter den Bewerbern um die ausgeschriebene Stelle war. Wird der Vortrag des Klägers als richtig unterstellt, kann nicht ausgeschlossen werden, dass andere über dieselben Qualifikationen verfügten wie der Kläger. Unter Gleichqualifizierten kann der Arbeitgeber auswählen.

36

Der Besuch einer Bibelschule, die nach ihren Studienplänen auf eine Tätigkeit als Missionar vorbereitet, ist als Berufsausbildung iSd § 32 Abs. 4 Satz 1 Nr. 2 Buchst. a EStG anzusehen. Die inhaltliche Wertung der angestrebten Ausbildung steht dem Gericht und der Kindergeldkasse nicht zu.

§ 32 Abs. 4b EStG
FG Sachsen-Anhalt, Urteil vom 12.Oktober 2010 -4 K 1629/09[1]-

Die Beteiligten streiten um Kindergeld für den Sohn J. der Klägerin, geb. 1988, von Juni 2009 bis Mai 2010.

Der Sohn der Klägerin besuchte ausweislich zweier Bescheinigungen vom 14.7.2008 des Glaubenszentrums N. e.V. vom 20.9.2008 bis zum 24.5.2009 einen im Studienplan festgelegten Ausbildungskurs I / Jüngerschaft, Bibelkunde und Evangelisation. Der Kurs diente ausweislich der Bescheinigung der theologischen Ausbildung geeigneter Personen für Kinder- und Jugendarbeit, Mission, Musikdienst, Diakonische Arbeit im seelsorgerlichen und sozialen Dienst sowie für Predigtdienst. Der Unterricht fand in Vollzeitunterricht statt, der theoretische Unterricht wurde von Montag bis Freitag von 8:30 bis 12:20 Uhr erteilt. Zum Ausbildungsprogramm gehörte auch die Durchführung praktischer Arbeiten an zwei Nachmittagen mit je drei Stunden und zwei Studierzeiten an den Abenden mit vorgegebenen Themen von je 2 Stunden. An einem weiteren Abend trafen sich die Schüler für eineinhalb Stunden mit Mitarbeitern des Zentrums zum Austausch und Vertiefen des Gelernten. Die Teilnahme an dem Kurs I wurde mit Zertifikat vom 23.5.2009 bestätigt.

Die Beklagte gewährte mit Bescheid vom 6.8.2008 im Zeitraum August 2008 bis Mai 2009 Kindergeld. Ausweislich einer Bescheinigung des Glaubenszentrums vom 29.9.2009 besuchte der Sohn nachfolgend vom 19.9.2009 bis 30.5.2010 den Kurs II / Mitarbeiterschule. Die Inhalte des Kurses folgten dem Studienplan vom 20.12.2009. Dieser Kurs fand in Vollzeitunterricht statt, theoretischer Unterricht wurde von Montag bis Freitag von 8:30 bis 12:20 Uhr erteilt. Weiter gehörten zum Kurs II spezifischer Unterricht an zwei Nachmittagen in einem der Bereiche Evangelisation, Musik, Kinder- und Jugendarbeit mit je drei Stunden, zwei Studierzeiten an den Abenden mit vorgegebenen Themen von je zwei Stunden und an einem weiteren Abend trafen sich die Schüler mit Mitarbeitern des Zentrums zum Austausch und Vertiefen des Gelernten. Die Teilnahme an dem Kurs II wurde durch Abschlusszertifikat des Glaubenszentrums vom

1 EFG 2011, 1000; StE 2011, 132 (LS).

29.5.2010 bestätigt. Insgesamt umfassten die Kurse jeweils 1.008 Unterrichtsstunden, dies ergibt 31,5 Stunden pro Woche.

Den Antrag auf Weiterzahlung des Kindergeldes ab Juni 2009 lehnte die Beklagte mit Bescheid vom 10.6.2009 mit der Begründung ab, dass die Anspruchsvoraussetzungen des § 32 Abs. 4 Satz 1 Nr. 2a EStG nicht erfüllt seien, da der Besuch des Glaubenszentrums N. nicht auf einen konkreten Beruf bezogen sei und lediglich der Vermittlung allgemein nützlicher Fertigkeiten oder der Lebenserfahrung und der Herausbildung sozialer Eigenschaften diene. Dies sei jedoch nach Ansicht der Beklagten keine Ausbildung im Sinne des Einkommensteuergesetzes.

Hiergegen richtete sich der Einspruch, mit dem die Klägerin die Ansicht vertrat, dass der Besuch der Bibelschule des Glaubenszentrums die notwendige Grundlage für die Ausübung der verschiedensten Berufe schaffe. Zwar komme dem Abschluss der Bibelschule keine staatliche Anerkennung zu, doch sei dies nicht erforderlich, da der Schulbesuch dem Aufbau oder der Erhaltung und Sicherung einer beruflichen Existenz und Lebensgrundlage diene. Eine anerkannte Schule oder Ersatzschule sei nicht erforderlich, um eine Ausbildung annehmen zu können. Die theologische Ausbildung sei die notwendige Voraussetzung für eine spätere Tätigkeit z.B. als Jugendreferent, Referent in der Kinderarbeit oder als diakonischer Mitarbeiter und Prediger und bilde die Schüler für seelsorgerliche und soziale Dienste aus. Für viele Missionsgesellschaften seien die in N. vermittelten Kenntnisse in Berufsfeldern der inneren und äußeren Mission Voraussetzung. Außerdem würden die erworbenen Ausbildungsinhalte eine gute Grundlage für eine weitere berufliche theologische Orientierung bzw. religionspädagogische Studienrichtung bieten und würden die Inhalte weit über eine reine Allgemeinbildung oder den Erwerb nützlicher Fähigkeiten hinausgehen. Darüber hinaus werde die Ausbildung von anderen Bibelschulen und Organisationen angerechnet. Die Ausbildung werde vom Sohn auch ernsthaft betrieben und von ihm aus Ersparnissen bezahlt. Auch zeigten der Zweijahreszeitraum der Ausbildung, die in Vollzeitausbildung durchgeführten Unterrichte, die Ausrichtung auf feste Lehrpläne und der Unterricht im Klassenverband, dass es sich nicht nur um eine „allgemeine Sache“ handele.

Der Sohn strebe den Beruf des Gemeindereferenten / Pastoralassistenten in einer evangelisch-pfingstlichen Gemeinde an. Die Ableistung des zweiten Kurses setze zwingend die notwendigen Zertifizierungen aus dem ersten Bildungsjahr voraus und zeige die Ernsthaftigkeit des Berufszieles auf. Das zweite Jahr sei auch entsprechend der zukünftigen Tätigkeit spezifiziert und befähige den Sohn zur pastoralen Mitarbeit in der Gottesdienstleitung und -gestaltung. Die Einführung in die zweite Bildungsphase sei auch mit einer praxisbegleitenden Ausbildung in einer Gemeinde verbunden gewesen.

Den Einspruch wies die Beklagte als unbegründet zurück. Die Belegung der Kurse an der Bibelschule bilde nicht die Grundlage für eine Erwerbstätigkeit in einem geeigneten und anerkannten beruflichen Abschluss. Die vorgelegten Bescheinigungen des Glaubenszentrums seien nicht geeignet, eine Ausbildung im Sinne des Gesetzes nachzuweisen; der Besuch der Kurse auch nicht unabdingbare Voraussetzung für ein Studium an einer theologischen Hoch- oder Fachhochschule oder einer anderen theologischen Ausbildung mit anerkanntem Abschluss oder Teil der Ausbildung zum angestrebten Berufsziel als Gemeindereferent/Pastoralreferent im freikirchlichen Bereich. Es fehle daher an einer Berufsausbildung im Sinne des Gesetzes. Da der Besuch des Kurses ab September 2009 nicht als Berufsausbildung anzusehen sei, könne auch nicht die Zeit zwischen Beendigung des ersten Kurses und Beginn des neuen Kurses (Juni–September 2009) als Übergangszeit iSv § 32 Abs. 4 Satz 1 Nr. 2b EStG berücksichtigt werden.

Mit der hierauf erhobenen Klage beantragt die Klägerin, ihr unter Aufhebung der angefochtenen Bescheide für den Sohn J. Kindergeld für den Zeitraum Juni 2009 bis Mai 2010 zu gewähren. Der Sohn der Klägerin führte aus, er beabsichtige, im Anschluss an die Bibelschule ein Studium im Bereich Agrarwissenschaften zu absolvieren, da dies den Einstieg in eine andere Kultur erleichtere bzw. teilweise zwingende Voraussetzung sei. Durch praktischen wie auch theoretischen Unterricht in der Schule werde er auf seine spätere Praxis als Missionar vorbereitet.

Die Beklagte ist der Ansicht, dass es den Beruf des Missionars nicht gebe und es sich dabei um eine Berufung handele, die im Regelfall einer abgeschlossenen Berufsausbildung und teilweise einer Berufserfahrung bedürfe. Die Absolvierung der Bibelschule sei weder Voraussetzung für das angestrebte Studium der Agrarwissenschaften noch Grundlage für die zukünftige Erwerbstätigkeit. Das Studium der Agrarwissenschaften baue nicht auf den Bibelkursen auf.

Das von der Beklagten beteiligte Bundeszentralamt für Steuern hat die Auffassung vertreten, dass die Lehrgänge des Glaubenszentrums N. vorwiegend eine religiöse Ausrichtung zum Ziel hätten, bei der die Formung der Persönlichkeit der Absolventen zu bekennenden Christen und nicht das Erreichen eines konkreten Berufsziels im Vordergrund stehe.

Die Klage hatte Erfolg.

Aus den Gründen:

[19] Die zulässige Klage ist begründet. Der Ablehnungsbescheid vom 10.6.2009 und die hierzu ergangene Einspruchsentscheidung der Beklagten vom 6.11.2009 verletzen die Klägerin in ihren Rechten, § 100 Abs. 1 Satz 1 FGO.

[20] a) Die Klägerin hat für ihren Sohn J. einen Anspruch auf Kindergeld nach §§ 62 ff. iVm § 32 Abs. 4 Satz 1 Nr. 2a EStG. Der Sohn befand sich im Streitzeitraum September 2009 bis Mai 2010 in Berufsausbildung.

[21] Nach § 32 Abs. 4 Satz 1 Nr. 2a EStG wird ein volljähriges Kind bis zur Vollendung des 25. Lebensjahres bei der Gewährung von Kindergeld berücksichtigt, wenn es für einen Beruf ausgebildet wird.

[22] In Berufsausbildung befindet sich, wer sein Berufsziel noch nicht erreicht hat, sich aber ernsthaft und nachhaltig darauf vorbereitet. Dieser Vorbereitung dienen alle Maßnahmen, bei denen Kenntnisse, Fähigkeiten und Erfahrungen erworben werden, die als Grundlage für die Ausübung des angestrebten Berufs geeignet sind (ständige Rechtsprechung, vgl. z.B. BFH-Urteile vom 9.6.1999 -VI R 33/98- BFHE 189, 88, BStBl II 1999, 701; vom 24.6.2004 -III R 3/03- BFHE 206, 413, BStBl II 2006, 294).

[23] Die Maßnahmen müssen nicht zwingend in einer Ausbildungs- oder Studienordnung vorgeschrieben sein, auch braucht die Ausbildungsmaßnahme Zeit und Arbeitskraft des Kindes nicht überwiegend in Anspruch zu nehmen (ständige Rechtsprechung, vgl. z.B. BFH-Urteil vom 2.4.2009 -III R 85/08- BFHE 224, 546, BStBl II 2010, 298, mwN). Maßgebend für diese weite Auslegung des § 32 Abs. 4 Satz 1 Nr. 2a EStG ist die Erwägung, dass die steuerliche Leistungsfähigkeit der Eltern auch dann gemindert ist, wenn sich ihr Kind unabhängig von vorgeschriebenen Ausbildungsgängen in Ausbildung befindet und von ihnen unterhalten wird (vgl. BFH-Urteil vom 24.6.2004 -III R 3/03- in BFHE 206, 413, BStBl II 2006, 294, mwN).

[24] Eine Ausbildung iSd § 32 Abs. 4 Satz 1 Nr. 2a EStG wird in der Regel mit einer Prüfung abgeschlossen. Die Berufsausbildung umfasst aber nicht nur Ausbildungsmaßnahmen, die erforderlich sind, um die Mindestvoraussetzungen für die Ausübung des gewählten Berufs zu erfüllen, sondern auch solche, die geeignet sind, die berufliche Stellung des Kindes zu verbessern (ständige Rechtsprechung, vgl. z.B. BFH-Urteile vom 16.3.2004 -VIII R 65/03- BFH/NV 2004, 1522, und vom 24.6.2004 –III R 3/03- BFHE 206, 413, BStBl II 2006, 294; Senatsbeschluss vom 19.9.2008 -III B 102/07- BFH/NV 2009, 16). Danach kann sich ein Kind auch dann in Berufsausbildung befinden, wenn es nach erfolgreicher Absolvierung einer zur Berufsausübung berechtigenden Ausbildung zusätzliche Qualifikationen erwirbt, sofern diese als Grundlage für die Ausübung des angestrebten Berufs geeignet sind und das Kind seine Weiterqualifizierung

ernsthaft und nachhaltig betreibt. Der BFH hat daher ein Studium nach einer Lehre, ein Zusatzstudium mit dem Ziel „Master of Laws (LLM)" nach bestandenem Staatsexamen (BFH-Urteil vom 14.11.2000 -VI R 128/00- BFHE 193, 457, BStBl II 2001, 495) und die gegen geringe Entlohnung ausgeübte Volontärtätigkeit einer Wirtschaftsassistentin (BFH-Urteil vom 9.6.1999 -VI R 50/98- BFHE 189, 98, BStBl II 1999, 706) als Ausbildung angesehen. Der Begriff der Ausbildung für einen Beruf iSv § 32 Abs. 4 Satz 1 Nr. 2a EStG ist daher weiter als der Begriff der Berufsausbildung iSv § 10 Abs. 1 Nr. 7 EStG; die dort bedeutsame Abgrenzung zwischen Ausbildungs- und Fortbildungskosten ist für § 32 EStG nicht maßgeblich (vgl. BFH-Urteil vom 4.3.2010 –III R 23/08- BFH/NV 2010, 1264).

[25] Da das Berufsziel und die Gestaltung der Ausbildung nach ständiger Rechtsprechung weitgehend von den Vorstellungen der Eltern und des Kindes bestimmt werden (vgl. BFH-Urteile vom 8.11.1972 –VI R 54/70- BFHE 107, 447, BStBl II 1973, 138; vom 11.12.1984 –VI R 69/83- BFHE 142, 140, BStBl II 1985, 91 und vom 2.7.1993 –III R 81/91- BFHE 172, 59, BStBl II 1993, 870), ist das Berufsziel nicht ohne Weiteres dann als erreicht anzusehen, wenn das Kind die Mindestvoraussetzungen für die Ausübung des von ihm gewählten Berufs erfüllt (vgl. BFH-Urteil vom 8.11.1972 -VI R 54/70- BFHE 107, 447, BStBl II 1973, 138). Kindern muss deshalb zugebilligt werden, zur Vervollkommnung und Abrundung von Wissen und Fähigkeiten auch Maßnahmen außerhalb eines fest umschriebenen Bildungsgangs zu ergreifen (BFH-Urteil vom 9.6.1999 -VI R 24/99- BFH/NV 2000, 27 mwN).

[26] Diese etwas weitere Auslegung des Begriffs der Berufsausbildung fügt sich auch ohne Weiteres in die ständige Rechtsprechung des BFH zu Au-pair-Aufenthalten im Ausland ein, wonach die Abgrenzung zwischen kindergeldrechtlich nicht förderungsfähigen Tätigkeiten zur Erlangung allgemeiner Erfahrungswerte und solchen, die unter den Begriff der Berufsbildung iSd § 32 Abs. 4 Satz 1 Nr. 2 a EStG zu subsumieren sind, dergestalt vorzunehmen ist, dass eine Berufsausbildung in der Regel dann anzunehmen ist, wenn der Auslandsaufenthalt von einem theoretisch-systematischen Sprachunterricht mit einem Umfang von wöchentlich mindestens 10 Stunden begleitet wird (vgl. BFH-Urteile vom 9.6.1999 -VI R 143/98- BFHE 189, 107, BStBl II 1999, 710; vom 9.6.1999 -VI R 33/98- BFHE 189, 88, BStBl II 1999, 701; vom 9.6.1999 –VI R 24/99- BFH/NV 2000, 27; vom 19.2.2002 -VIII R 83/00- BFHE 198, 192, BStBl II 2002, 469; BFH-Beschluss vom 31.8.2006 -III B 39/06- BFH/NV 2006, 2256). Denn ebenso wie bei Au-pair-Aufenthalten im Ausland wird bei einer Betätigung, die auch dem Erwerb nicht unmittelbar beruflich zu nutzender Kenntnisse und Fähigkeiten dienen kann (bei Au-pair-Aufenthalten: das Erlangen bzw. Verbessern von Fremdsprachenkenntnissen; im Streitfall: die Beschäftigung mit theologisch-

sozialen Inhalten), die Schwelle zur Berufsausbildung iSd § 32 Abs. 4 Satz 1 Nr. 2a EStG dann überschritten, wenn diese Betätigung einen gewissen zeitlichen Mindestaufwand und eine ausreichende theoretische Systematisierung erfährt. Dies ist im Streitfall angesichts des dargestellten sachlichen und zeitlichen Umfangs sogar deutlich stärker gegeben als bei einem Au-pair-Aufenthalt, der nur die zeitlichen Mindestvoraussetzungen von zehn Stunden wöchentlich erfüllt (vgl. FG Baden-Württemberg Urteil vom 15.2.2010 -4 K 361/09- EFG 2010, 1050, KirchE 55, 103).

[27] Die inhaltliche Wertung der angestrebten Ausbildung steht dem Gericht und der Kindergeldkasse nicht zu. Der angestrebte Beruf muss nicht innerhalb bestimmter bildungspolitischer Zielvorstellungen des Gesetzgebers liegen (vgl. BFH, Urteil vom 18.12.1987 -VI R 149/81- BStBl II 1988, S. 494 ff.). Anders als für den Abzug als Sonderausgaben gem. § 10 Abs. 1 Nr. 9 EStG (vgl. BFH, Urteile vom 11.6.1997 –X R 77/94- und -X R 144/95- BStBl II 1997, 615 ff. und 621 ff.) ist auch nicht erforderlich, dass eine nach Landesrecht anerkannte allgemeinbildende Ergänzungsschule besucht wird. Maßgeblich ist vielmehr, ob der Schulbesuch zur Vorbereitung einer nicht nur vorübergehenden Betätigungsmöglichkeit, die dem Aufbau oder der Erhaltung und Sicherung einer beruflichen Existenz und damit der Erhaltung und Sicherung der Lebensgrundlagen des Sohnes der Klägerin dienen konnte und sollte (vgl. BFH, Urteil vom 18.12.1997, aaO, Ziff. 2; Niedersächs. Finanzgericht, Urteil vom 29.6.1999 -VIII 854/98 Ki-Haufe-Index 1063040).

[28] Die einzelne Bildungsmaßnahme muss weder angemessen noch notwendig sein. Die Berufsausbildung endet, wenn das Kind sein Berufsziel erreicht hat oder die Ausbildung nicht mehr ernsthaft betreibt oder vorzeitig eine Vollzeiterwerbstätigkeit aufnimmt. Das Kind kann sich erneut in eine Berufsausbildung begeben, wenn ein gehobener oder andersartiger Beruf angestrebt wird oder außerhalb eines fest umschriebenen Bildungsplanes Zusatzkenntnisse erworben bzw. Fortbildungsmaßnahmen ergriffen werden (vgl. Loschelder, in: Schmidt, Einkommensteuergesetz, Kommentar, 29. Aufl. 2010, § 32 Rz 26, 29, mwN aus der höchstrichterlichen Rechtsprechung).

[29] Nach diesen Grundsätzen stellt der Besuch des Glaubenszentrums N. und die erfolgreiche Teilnahme an den Kursen - im Streitfall am Kurs II - eine Berufsausbildung iSd § 32 Abs. 4 Satz 1 Nr. 2a EStG dar.

[30] Der Sohn bereitete sich auf eine Tätigkeit als Missionar vor und erlangte hierfür unterschiedliche Kenntnisse und Fähigkeiten, die die Grundlage für die angestrebte spätere Berufsausübung sind und sein können. Zwar ist die Teilnahme an den Kursen des Glaubenszentrums nicht unmittelbar berufsqualifizierend, doch weisen die Kurse aufgrund ihrer Lehrinhalte - insbesondere der Vermittlung theologischer Grundlagen und der Ausrichtung auf Kinder- und

Jugendarbeit, Mission, Musikdienst, Diakonische Arbeit im seelsorgerlichen und sozialen Dienst sowie für Predigtdienst - einen ausreichenden inhaltlichen Zusammenhang zu der von dem Sohn der Klägerin angestrebten Tätigkeit, wobei der Senat im Gegensatz zur Beklagten keine Zweifel daran hat, dass die Tätigkeit eines Missionars als Beruf anzusehen ist (und darüber hinaus als Berufung).

[31] Soweit die Klägerin im Verwaltungsverfahren anfänglich noch angab, dass der Sohn den Beruf des Gemeindereferenten/Pastoralassistenten anstrebe, hat sie dies im Klageverfahren korrigiert und auch nachvollziehbar mit erfolgten Auslandsaufenthalten und den dort erlebten Erfahrungen im Rahmen der mündlichen Verhandlung dargestellt. Der Senat sieht hierin eine persönliche Reifung des Sohnes, wie sie auch in dem Entschluss liegt, nach Abschluss der Kurse zunächst ein Studium im Bereich der Agrarwissenschaften zu absolvieren, um einen erleichterten Einstieg in fremde Kulturen zu erlangen und dort neben den missionarischen Gedanken auch praktische Hilfestellungen leisten zu können.

[32] Es versteht sich von selbst, dass die Teilnahme an den Kursen keine Voraussetzung für die Aufnahme oder den Beginn eines Studiums im Bereich der Agrarwissenschaften ist oder das Studium hierauf aufbaut. Gleichwohl hat der Sohn Lehrinhalte vermittelt bekommen, die für die spätere angestrebte Berufsausübung (als Missionar) zwingend notwendig sind. Dass vor Aufnahme der Tätigkeit noch ein Studium dazwischengeschaltet wird, ist insoweit ohne Belang.

[33] Die Ausbildung erfolgt im Glaubenszentrum anhand von festgelegten Studienplänen durch eine strukturierte Wissensvermittlung mit einem festen Zeitplan und einem Zeitaufwand für die Teilnehmer, der die Arbeitskraft und -zeit weitgehend in Anspruch nimmt und weit über die z.B. bei Au Pair-Verhältnissen vom BFH geforderten zehn Wochenstunden theoretisch-systematischen Unterrichts hinausgeht. Die Vollzeitausbildung umfasst umgerechnet wöchentlich 31,5 Wochenstunden. Sie ist darüber hinaus nicht in das Belieben des Schülers gestellt, sondern unterliegt festen Regelungen. Hierbei kann dahingestellt bleiben, dass es sich bei den Studieninhalten oder dem Ausbildungsgang nicht um einen anerkannten Ausbildungsgang handelt, da die Art und Weise der Wissenserlangung und Ausbildung von den Vorstellungen der Eltern und des Kindes bestimmt werden. Insoweit zeigen auch die von der Klägerin übersandten Stellenausschreibungen, die im Glaubenszentrum ausgehängt wurden, dass auch andere Personen und Einrichtungen - insbesondere im kirchlichen Sektor - den Besuch der Kurse anerkennen und für ihre angebotenen Tätigkeiten als sinnvoll erachten bzw. als Grundvoraussetzung erwarten.

[34] Selbst wenn vor Aufnahme einer praktischen Tätigkeit als Missionar von anderen Ländern oder Organisationen zunächst ein anerkannter Ausbildungsberuf erwartet oder gefordert wird, führen die im Glaubenszentrum vermittelten Kenntnisse und Lehrinhalte zu einer weiteren zusätzlichen Qualifikation. Die Ausbildungsinhalte dienen dabei nach Überzeugung des Senats nicht nur einer religiösen Schulung oder Formung einer religiösen Persönlichkeit, sondern sind auch unter berufspraktischen Gesichtspunkten zu betrachten. So dienen z.B. die Lehrinhalte Prinzipien geistlicher Leiterschaft, Ziele verfolgen und praktisch umsetzen, Weltmission, Gemeindegründungsstrategien, Teamarbeit, Grundlagen biblischer Seelsorge konkreten Berufstätigkeiten in kirchlichen Gemeinden. Die theologischen Unterrichtseinheiten sind auch Bestandteil der Ausbildungsinhalte eines Theologiestudiums an Hochschulen und Fachhochschulen.

[35] b) Im Streitzeitraum Juni bis August 2009 befand sich der Sohn der Klägerin in einer Übergangszeit zwischen zwei Ausbildungsabschnitten nach § 32 Abs. 4 Satz 1 Nr. 2b EStG und hat die Klägerin demzufolge einen Anspruch auf Kindergeld für diese Monate.

[36] Da der von dem Sohn der Klägerin in der Zeit ab September 2009 absolvierte Kurs II im Glaubenszentrum als iSd § 32 Abs. 4 Satz 1 Nr. 2a EStG anzusehen ist (wie der vorherige Kurs I, der im Mai 2009 endete), befand der Sohn sich in der Zeit zwischen dem Abschluss des ersten Kurses und dem Beginn des zweiten Kurses in einer Übergangsphase von höchstens vier Monaten iSd § 32 Abs. 4 Satz 1 Nr. 2b, weshalb auch für diese Zeit Kindergeld zu gewähren ist.

37

Einem im Außenbereich gelegenen jüdischen Friedhof ist wegen seiner religiösen Bedeutung als heiliger Ort hinsichtlich der von einem ebenfalls im Außenbereich vorgesehenen Mastschweinestall ausgehenden Geruchsimmissionen ein höherer Schutzanspruch als einem christlichen Friedhof zuzubilligen. Dieser Schutzanspruch ist auch unter Berücksichtigung des kollektiven Grundrechts aus Art. 4 Abs. 1, 2 GG wie auch des Art. 140 GG iVm Art. 138 WRV jedenfalls dann gewahrt, wenn der nach der GIRL für ein Wohngebiet anzusetzende Immissionswert von 0,10 (Jahresstunden-Geruchshäufigkeit) eingehalten wird. Ein Anspruch auf völlige Geruchsfreiheit besteht auch für einen jüdischen Friedhof nicht.

Art./§§ 4 Abs. 1 u. 2, 140 GG, 138 WRV, 149 BV, 35 Abs. 3 BauGB, 26 BayDSchG, 9 Abs. 2 BayBestG
VG Würzburg, Urteil vom 19. Oktober 2010 -W 4 K 07.1422[1]-

Die Kläger wenden sich gegen den Vorbescheid des Landratsamtes R vom 22.10.2007 idF der Ergänzungsbescheide vom 5.8.2008 und vom 20.3.2009. Diesem liegt zugrunde eine Bauvoranfrage des Beigeladenen für einen geplanten Mastschweinestall auf dem Grundstück Fl.Nr. 83 der Gemarkung Ne (Baugrundstück), Gemeinde No.

Das Baugrundstück, das in Ost-West-Richtung eine Länge von ca. 140 m und in Nord-Süd-Richtung eine Breite von ca. 100 m aufweist, grenzt mit seiner Nordseite an die in Ost-West-Richtung verlaufende Kreisstraße N 2 und im Osten an einen in Nord-Süd-Richtung verlaufenden Flurweg (Fl.Nr. 34 der Gemarkung W) an, der die Gemeindegrenze zur Gemeinde W markiert. Auf der anderen (östlichen) Seite des Weges befindet sich die Hofstelle des Vaters des Beigeladenen (Grundstück Fl.Nr. 33 der Gemarkung W). Dieser betreibt hier seit Mitte der 60er Jahre des letzten Jahrhunderts (Baugenehmigung des Landratsamtes M vom 30.7.1964) einen landwirtschaftlichen Aussiedlerhof (Vollbauern-Stelle) mit Stallungen für Rinder- und Kälberhaltung, Fahrsilo, Güllegrube, Wirtschaftsgebäude und einem Wohnhaus.

Nördlich der Kreisstraße liegt zunächst ein ca. 1,8 ha großes Ackergrundstück (Fl.Nrn. 04 und 05). Dahinter befindet sich der jüdische Friedhof Ne (Fl.Nrn. 01 und 02 der Gemarkung Ne), der im Eigentum des Klägers zu 3) steht. Der Friedhof, der über einen Feldweg von der Kreisstraße erschlossen ist, ist von einer Mauer umgeben und mit Büschen und Bäumen eingewachsen. Der (geringste) Abstand zwischen dem Baugrundstück (Nord-Ost-Ecke) und dem Friedhof (Süd-Spitze) beträgt ca. 150 m. Unter Beachtung der vom Landratsamt R gesetzten Vorgaben beträgt der Abstand zwischen dem jüdischen Friedhof und dem Emissionsschwerpunkt des Stalles ca. 185 m. In westlicher Richtung beginnt in einer Entfernung von ca. 850 m der Ortsrand von Ne, ein Ortsteil der Gemeinde No (Klägerin zu 2]). Die Entfernung zu den in östlicher Richtung befindlichen, nächstgelegenen (Wohn-) Anwesen in W (Gemeinde W, Klägerin zu 4) beträgt ca. 380 m, der Abstand zu dem bisher im Flächennutzungsplan dargestellten Mischgebiet beträgt 335 m. In östlicher Richtung befindet sich, in einem Abstand von ca. 170 m, auf dem Grundstück Fl.Nr. 32 ein ehemaliger Aussiedlerhof, der noch bewohnt ist (Aussiedlerhof T). Südlich bzw. südwest-

1 Auszug aus den amtl. Leitsätzen. Immissionsschutz 2011, 43. Die Berufung wurde im Rahmen des gerichtlichen Vergleichs vor dem BayVGH (9 ZB 10.2965) zurückgenommen.

lich grenzt, in einem Abstand von ca. 70 m vom Standort des Bauvorhabens eine Waldfläche an (Fl.Nr. 91 der Gemarkung Ne), die im Eigentum des Klägers zu 1) steht. In südlicher Richtung beginnt in einem Abstand von 300 m das amtlich festgesetzte Wasserschutzgebiet der „W'quelle", das für die Trinkwasserversorgung der Gemeinde S genutzt wird. Hieran Richtung Süden angrenzend beginnt das Wasserschutzgebiet des Wasserzweckverbandes „W'er Gruppe" (Kläger zu 5]), der in einem Abstand von ca. 560 m zum geplanten Schweinestall ein Wasserwerk betreibt.

Das Baugrundstück selbst fällt ganz leicht Richtung Norden und Osten, jenseits der Kreisstraße ist das Gelände bis zum jüdischen Friedhof nahezu eben. Richtung Westen (nach Ne) steigt das Gelände ganz leicht an, während es Richtung Osten (nach W) kontinuierlich abfällt, um dann jenseits des Ortes zügig anzusteigen.

Mit Bauvoranfrage vom 7.7.2005 hatte der Beigeladene einen Vorbescheid für den „Neubau eines Mastschweinestalles mit Güllegruben für 1.500 Mastschweine" auf dem Grundstück Fl.Nr. 29 der Gemarkung W, das südlich an die Hofstelle (Fl.Nr. 33 der Gemarkung W) angrenzt, beantragt. Die im Rahmen dieses Verfahrens durchgeführte immissionsschutzfachliche Prüfung kam zu dem Ergebnis, dass an dem beantragten Standort ein Mastschweinestall mit 1.500 Plätzen auf Grund der nahen Siedlung nicht möglich sei. Das Amt für Landwirtschaft und Forsten B erläuterte in seiner Stellungnahme vom 19.9.2005, dass das Vorhaben bzgl. der NH 3-Emissionen gemäß TA-Luft einen Mindestabstand von 262 m zu empfindlichen Ökosystemen (Wald) einzuhalten habe. Die Gemeinde W verweigerte das gemeindliche Einvernehmen. Mit Schreiben vom 10.10.2005 zog der Beigeladene seine Bauvoranfrage zurück.

Auf Anfrage teilte das Landratsamt R - Sachgebiet Immissionsschutz - dem Beigeladenen mit Schreiben vom 27.10.2006 mit, dass aber eine Bebauung der Grundstücke Fl.Nrn. 83, 83/1 und 83/2 der Gemarkung Ne mit einem Mastschweinestall in der beantragten Größe aus immissionsschutzfachlicher Sicht möglich sei. Daraufhin beantragte der Beigeladene mit Bauvoranfrage vom 4.12.2006 einen Vorbescheid für den Neubau eines Mastschweinestalles mit Güllegruben auf dem Grundstück Fl.Nr. 83 der Gemarkung Ne. Im Antragsvordruck findet sich hinsichtlich der Bezeichnung des Vorhabens die Angabe „für 1.500 Mastschweine". Der Gemeinderat der Gemeinde No befasste sich in seiner Sitzung vom 25.1.2007 mit der Bauvoranfrage mit folgendem Ergebnis: „Der Gemeinderat beschließt, vorerst keine Baufreigabe zu befürworten, da das Bauvorhaben erst durch das Landratsamt R zu prüfen ist". Nachdem das Landratsamt R mit Schreiben vom 3.5.2007 der Gemeinde No das Ergebnis der Trägerbeteiligung mitgeteilt hatte, befasste sich diese in der Sitzung des Gemeinderats erneut mit der Angelegenheit und lehnte die Bauvoranfrage mit Beschluss vom 24.5.2007 ab.

Am 22.10.2007 beschloss der Gemeinderat der Gemeinde No, für das Gebiet um das Baugrundstück einen Bebauungsplan aufzustellen und eine Veränderungssperre zu erlassen. Ziel der Planung ist „die Regelung gegenseitiger Interessen der Land-, Forst- und Wasserwirtschaft, des Fremdenverkehrs und Berücksichtigung der Belange der öffentlich rechtlichen Religionsgesellschaften, sowie der Belange des Umwelt- und Naturschutzes."

Am 29.11.2007 erließ die Gemeinde No eine Satzung „zum Erhalt des Denkmals und Begräbnisstätte jüdischer Friedhof (Fl.Nr. 02 der Gemarkung Ne) und dessen näherer Umgebung", in dessen Geltungsbereich das Baugrundstück einbezogen wurde.

Die als Eigentümerin des an das Baugrundstück angrenzenden Weges Fl.Nr. 036 (jetzt: 34) vom Landratsamt R am Verfahren beteiligte Gemeinde W machte mit Schreiben vom 2.8. 2007 u.a. Bedenken hinsichtlich der Geruchsbelastung im Ortsteil W sowie der Gefährdung der Trinkwasserversorgung geltend. Im Übrigen wurde vorgebracht, dass der gemeindliche Feld- und Waldweg Fl.Nr. 036 nicht als befahrbar iSv Art. 4 Abs. 3 Bayerischer Bauordnung angesehen werden könne.

Der Wasserzweckverband „W'er Gruppe" sprach sich in seiner Sitzung vom 18.10.2007 gegen das Bauvorhaben aus und machte Einwendungen geltend u.a. wegen der Gefahr von Einträgen von Ammoniak über die Luft in das Trinkwasser und des Schutzes der Einzugsgebiete. Einwendungen machte auch der Eigentümer des angrenzenden Waldes geltend; er befürchtet eine Schädigung durch die von dem Schweinestall ausgehende Ammoniakbelastung. Der als Träger öffentlicher Belange gehörte Landesverband der Israelitischen Kultusgemeinden in Bayern nahm in seiner Stellungnahme vom 20.8.2007 vollinhaltlich Bezug auf ein Schreiben der Israelitischen Gemeinde W. Diese kam zu der Bewertung, dass es unzweifelhaft nicht mit der jüdischen Ethik vereinbar sei, wenn in der Umgebung des Friedhofs ein Schweinemastbetrieb errichtet werde.

Der Umweltingenieur des Landratsamtes R beurteilte das Projekt mit Stellungnahmen vom 10.4. und 5.9.2007 grundsätzlich positiv.

Mit Vorbescheid vom 22.10.2007 stellte das Landratsamt R dem Beigeladenen eine Baugenehmigung u.a. unter folgenden „Voraussetzungen" in Aussicht:

„1. Die Erschließung des zur Bebauung vorgesehenen Grundstückes muss gesichert sein.

...

8. Der Stall muss dem Stand der Technik entsprechen, also mindestens 90 Punkte nach der VDI-Richtlinie 3471.

...

11. Zum Schutz des angrenzenden Waldes vor NH 3-Immissionen ist der Mastschweinestall mit Güllegruben soweit wie möglich im nordöstlichen Grundstücksbereich anzuordnen. Hierbei sind die Anbauverbotszone zur Straße (Fl.Nr. ...82) und die Vorgaben zur Eingrünung zu beachten.
12. (...). Da es sich um einen Mastschweinestall mit einem Bestand von ca. 1.500 Tieren handeln wird, unterliegt der Betrieb zukünftig den in § 3 Abs. 3 iVm Anlage 3 der o.g. Verordnung gestellten Anforderungen (Einfriedung, Hygieneschleuse, Isolierstall etc.)."

Dem geplanten Vorhaben stünden keine öffentlichen Belange iSv § 35 Abs. 2 BauGB entgegen. Durch das beantragte Vorhaben entstünden keine schädlichen Umwelteinwirkungen iSv § 35 Abs. 3 Satz 1 Nr. 3 BauGB, die geeignet seien, einen entgegenstehenden öffentlichen Belang zu begründen. Das Amt für Landwirtschaft und Forsten B habe ausgeführt, dass die durch das Vorhaben entstehenden NH 3-Emissionen (Ammoniak-Emissionen) zu empfindlichen Ökosystemen, wie z.B. Wald, einen Mindestabstand von 262 m erforderten, den das geplante Vorhaben jedoch nicht einhalte. Wie das Amt für Landwirtschaft und Forsten weiter ausführe, ergebe sich eine Waldfläche von 0,5 ha, die einer Belastung über dem Grenzwert von 10 µg NH 3/m³ ausgesetzt werde. Aus diesem Grunde sei dem Bauherrn aufgegeben worden, das Bauvorhaben soweit wie möglich vom angrenzenden Wald abzurücken. Auf Grund der Tatsache, dass die betroffene Waldfläche außer den dem Wald regelmäßig zukommenden Funktionen keine hervorzuhebenden Funktionen habe, seien hier die Belange des Bauherrn höher zu gewichten gewesen als die allgemein bestehende Verpflichtung, den Wald vor Schadstoffbelastungen zu bewahren. Durch das Vorhaben würden auch keine unwirtschaftlichen Aufwendungen für den Straßenbau iSv § 35 Abs. 3 Satz 1 Nr. 4 BauGB verursacht. Es werde auch nicht der Erholungswert der Landschaft beeinträchtigt und auch eine Gefährdung der Wasserwirtschaft sei nicht gegeben. Auch sonstige Belange, wie etwa solche des Denkmalschutzes und die Belange der anerkannten Religionsgemeinschaften, stünden dem geplanten Vorhaben nicht entgegen. Der jüdische Friedhof werde durch die zu erwartenden Emissionen nicht unzumutbar beeinträchtigt. Nachdem die Voraussetzungen für die Erteilung eines positiven Vorbescheides gegeben seien, habe auch das notwendige Einvernehmen der Gemeinde No ersetzt werden können.

Mit den zur gemeinsamen Entscheidung verbundenen Klagen erstreben die Kläger die Aufhebung des Vorbescheids und lassen zur Begründung u.a. folgendes vortragen:

Der Vorbescheid sei rechtswidrig und verletze die Kläger in ihren Rechten.

Der Kläger zu 1) werde durch die Ansiedlung des Mastschweinestalls als Waldbesitzer in erheblichem Maß beeinträchtigt. Die Klägerin zu 2) sei betroffen, weil der Ortsteil Ne der Gemeinde No mit dem Schloss, den Kolonistenhäusern und dem Potential seiner Ortsgeschichte eine Besonderheit darstelle; Wohnqualität und Erholungswert seien wegen des nahen Waldes hervorragend. Bei Verwirklichung des Bauvorhabens sei bei ungünstiger Witterungslage in den nahen Ortschaften mit sehr starken Geruchsbelästigungen zu rechnen. Das Vorhaben verstoße gegen die am 29.11.2007 erlassene Satzung zur Erhaltung des Denkmals und Begräbnisstätte „Jüdischer Friedhof" wie auch gegen den am 22.10.2007 beschlossenen Bebauungsplan. Die individuelle Betroffenheit des Klägers zu 3) sei auf Grund der geringen Entfernung des Mastschweinestalles zum jüdischen Friedhof von ca. 150 m gegeben. Damit liege dieser mit größter Wahrscheinlichkeit in einem Areal, welches permanent größte Geruchsbelästigungen erfahren werde. Der Friedhof sei eingetragenes Baudenkmal. Hier sei der Stall wegen seiner Größe als „in der Nähe" des Friedhofs befindlich anzusehen. Auch werde das Erscheinungsbild des Friedhofs nachdrücklich durch die ausgesprochene Nähe des vorgesehenen Stalls gemindert. Bei Andachten oder sonstigen Besuchen auf dem Baudenkmal „Jüdischer Friedhof" wäre daher jederzeit eine Geräusch- und Geruchsbelästigung vorhanden. Der Rechtsprechung sei auch zu entnehmen, dass das Erscheinungsbild eines denkmalgeschützten jüdischen Friedhofs, der in der Vergangenheit aus einer intoleranten Geisteshaltung heraus weitab von der Wohnbebauung errichtet werden musste, beeinträchtigt werden kann, wenn die Wohnbebauung bis auf wenige Meter an ihn heranrückt. Des Weiteren sei auch auf Art. 26 BayDSchG betreffend kirchlicher Denkmäler hinzuweisen. Schließlich sei der jüdische Friedhof ein heiliger Ort für jeden Juden. Die Halacha, das jüdische Religionsgesetz, verurteile die Missachtung der Ehre der Toten wie auch eines heiligen Ortes auf das Schärfste. Es werde auf dem heiligen Ort gebetet und mit dem Kaddisch-Gebet gepriesen. Es sei unzweifelhaft nicht mit der jüdischen Ethik vereinbar, dass in der Umgebung des Friedhofs ein Schweinemastbetrieb errichtet werde.

Der Beklagte hält die Klagen für unbegründet. Das geplante Vorhaben sei als privilegiertes Vorhaben iSv § 35 Abs. 1 Nr. 1 BauGB im Außenbereich zulässig. Öffentliche Belange iSv § 35 Abs. 3 BauGB stünden dem Vorhaben nicht entgegen. Der jüdische Friedhof des Klägers zu 3) werde durch das geplante Vorhaben nicht in unzulässiger Weise beeinträchtigt. Die Einschätzung der Klägerseite, wonach der Friedhof mit größter Wahrscheinlichkeit innerhalb des Areals liegen würde, welches permanent größte Geruchsbelästigungen erfahren werde, werde nicht geteilt. Da der Friedhof nicht in der Hauptwindrichtung zum geplanten Stallgebäude liege, sei nur mit gelegentlichen Geruchseinwirkungen zu rechnen. Ebenso wenig stünden dem Vorhaben Belange des Denkmalschutzes entgegen. Denn auf Grund der relativ großen Entfernung des geplanten Stalles von 150 m bis 250 m zum Friedhof sei nicht mehr von einem Vorhaben in der Nähe eines ausgewiesenen Denkmals auszugehen. Das Erscheinungsbild des jüdischen Friedhofs werde durch das geplante Vorhaben nicht tangiert.

Auch nach dem Vorbringen des Beigeladenen steht die Satzung zum Denkmalschutz (Judenfriedhof) dem Vorhaben nicht entgegen. Die Aufstellung einer Erhaltungssatzung sei nur vorgeschoben und solle der Verhinderung des Bauvorhabens des Beigeladenen dienen. Der Friedhof werde durch das geplante Vorhaben nicht in unzulässiger Weise beeinträchtigt. Da der Friedhof nicht in Hauptwindrichtung liege, sei nur mit gelegentlichen Geruchseinwirkungen zu rechnen, wie sie im ländlichen Raum allgemein üblich seien. Geruchsfreiheit könne auf dem Friedhof nicht verlangt werden. Schädliche Umwelteinwirkungen kämen grundsätzlich erst bei Unterschreitung des 1/4-Abstandes der VDI-Richtlinie 3471 in Betracht. Belange des Denkmalschutzes stünden ebenfalls nicht entgegen. Aufgrund der relativ großen Entfernung sei nicht mehr von einem Vorhaben in der Nähe des Baudenkmals auszugehen. Hinzu komme, dass der Friedhof eingegrünt sei und auch der künftige Stall einer Begrünungspflicht unterliege. Die Lage des Friedhofs im Außenbereich bringe es nun einmal mit sich, dass ein solcher die Nachbarschaft eines privilegierten Außenbereichsvorhabens hinnehmen müsse. Das Dorfgemeinschaftshaus, das Wasserwerk, das Grundschulgebäude und das Dorfgasthaus der Klägerin zu 4) lägen in einer Entfernung von deutlich über 340 m zum geplanten Bauvorhaben entfernt, weshalb schädliche Umwelteinwirkungen in Form von Gerüchen für die genannten Anlagen auszuschließen seien. Die städtebauliche Entwicklung der Klägerin zu 2) sei durch das geplante Vorhaben nicht beeinträchtigt. Weder der Bebauungsplan noch die Veränderungssperre könnten dem Vorhaben entgegen gehalten werden, da der Vorbescheid vor der Veränderungssperre erlassen worden sei. Im Übrigen vertrete man die Auffassung, dass die Veränderungssperre einer gerichtlichen Überprüfung nicht standhalten würde.

Im Laufe des Rechtsstreits hat das Landratsamt R den angegriffenen Vorbescheid vom 22.10.2007 durch Bescheide vom 5.8.2008 und 20.3.2009 ergänzt. Hier ist neben Auflagen zum Umweltschutz u.a. eine Beschränkung der Höchsttierzahl auf 1.000 Schweine vorgesehen. Die Kläger haben diese Ergänzungsbescheide in die Klage einbezogen.

Nachdem die Klägerin zu 4) u.a. ein meteorologisches Fachgutachten des Sachverständigen R beigebracht hatte, ergänzten die Kläger ihr Vorbringen u.a. wie folgt: Als Fazit der Prüfung des Dipl.-Meteorologen R könne festgehalten werden, dass eine konkrete Untersuchung der Kaltluftabflüsse ergeben habe, dass sowohl der Judenfriedhof als auch die Wohnbereiche der Klägerin zu 4) in wesentlichen Teilen von Kaltluftabströmen erfasst würden. Des Weiteren sei der Emissionsfaktor von 50 GE/m^2s anzusetzen und die Ergebnisse der Ammoniak-Immissionsprognose dürften nicht mit den Ergebnissen der Geruchsimmissionsprognose in Beziehung gesetzt werden. Die Unterschreitung der Irrelevanzschwelle von 3 µg/m³ sei nicht mehr sichergestellt. Der angegriffene Vorbescheid sei darüber hinaus wegen fehlender ausreichender Berücksichtigung der Belange der Glaubens- und Glaubensbetätigungsfreiheit (Art. 4 Abs. 1, 2 GG) sowie der Gewährleistung nach Art. 140 GG iVm Art. 138 WRV mit dem Einrichtungs- und Nutzungsinteresse des Beigeladenen auf jeden Fall rechtswidrig. Der jüdische Friedhof unterliege als Kirchengut dem Schutz von Art. 4 Abs. 1, 2 und Art. 140 GG iVm Art. 138 Abs. 2 WRV. Der jüdische Friedhof W stehe im Eigentum des Klägers zu 3). Er sei auch als Kirchengut und Ort der Religionsausübung einzuordnen. Der Kläger zu 3) könne sich auch auf den Schutz der kollektiven Religionsfreiheit nach Art. 4 Abs. 1, 2 GG berufen. Die in dem angegriffenen Vorbescheid enthaltene Genehmigung führe zu einem grundrechtlich relevanten Eingriff. Die verbindliche Zusage des Beklagten, den Schweinemastbetrieb an der vorgesehenen Stelle errichten zu können, werde dazu führen, dass der Geruch und der Lärm von Schweinen auf dem Friedhof wahrnehmbar seien. Dies allein sei schon eine schwerwiegende Beeinträchtigung in den Religionsausübungsabsichten des einzelnen Friedhofsgänger jüdischen Glaubens, aber auch eine Missachtung des Klägers zu 3). Die Häufigkeit von Kaltluftströmen betrage über das Jahr verteilt ca. 20%. Die Geruchsbelastung werde in jedem Fall dann mehr als 10% betragen. Die Belästigung des jüdischen Friedhofs durch Schweinegeruch könne auch nicht durch Bestandsschutz gerechtfertigt werden. Die Wirkung des Schweingeruchs sei als Eingriff in das Recht auf Religionsausübung anzusehen. Denn im jüdischen Glauben sei das Beten in Anwesenheit von „schlechtem Geruch" verboten. Es existiere sogar eine „Abstandsregel" hierfür, um dieses Verbot in der Realität handhabbar zu machen. Bereits die Nähe des Schweinestalls führe wegen ihres Symbolcharakters zu einer Entwürdigung dieses heiligen Ortes. Denn alles, was in der Synagoge wegen Respektlosigkeit verboten sei, sei auch am Friedhof verboten. Die Friedhöfe seien gerade in ihrem geschlossenen Zustand Zeugen der untergegangenen jüdischen Kultur. Zu verweisen sei auch auf die negative Bedeutung des Schweinefleischs und des Schweins für den jüdischen Glauben. Unbedeutend sei, dass es sich um einen mittelbaren Grundrechtseingriff durch den Beklagten handele. Es gebe auch keine verfassungsrechtliche Rechtfertigung für den Eingriff. Die Glaubensbetätigungsfreiheit könne nur durch kollidierendes Verfassungsrecht beschränkt werden. Die Eigentumsgewährleistung des Beigeladenen werde durch eine Verlegung des Vorhabens an einen anderen, geeigneten Standort nur relativ gering beschränkt, weil der Schweinemastbetrieb nicht standortabhängig sei. Im Unterschied zum Stall bestehe der Friedhof schon seit langer Zeit. Die nach dem Grundsatz der praktischen Konkordanz geboten gewesene Abwägung des grundrechtlich besonders geschützten Interesses an dem

Schutz des Friedhofs vor Schweinegerüchen mit dem Interesse des Beigeladenen habe der Beklagte nicht in ausreichendem Maße vorgenommen. Es sei hier von einem eklatanten unheilbaren Abwägungsdefizit auszugehen. Der Bescheid könne auch nicht damit gerechtfertigt werden, dass die Besuche auf dem jüdischen Friedhof seltener stattfänden als auf den sonstigen Friedhöfen. Die gegenteilige Auffassung ließe die Rechtsprechung zu den rechtlichen Auswirkungen des Holocaust auf das deutsche Recht außer Acht. Dieser Abwägungsmangel sei auch kausal für die getroffene Entscheidung.

In der mündlichen Verhandlung hat die Kammer den von ihr beauftragten Sachverständigen Dipl.-Met. W, TÜV Süd (zur Geruchsimmissionsprognose) und die von den Klägern beauftragten Gutachter (u.a. zur Ammoniakimmissionsprognose und forstlichen Fragen) sowie den vom Kläger zu 3) beigezogene Rabbiner E gehört. Der vom Klägerbevollmächtigten gestellte Beweisantrag, es möge Beweis erhoben werden durch Einholung eines Sachverständigengutachtens zu der Frage, welche Geruchsbelästigungen auf die Gemeinde W, die Gemeinde No/Ortsteil Ne und auf den jüdischen Friedhof zu erwarten sind, und zwar unter Zugrundelegung von konkreten Messungen der Kaltluftströme, deren Mächtigkeit, deren Fließrichtung und deren Fließgeschwindigkeit, wurde von der Kammer abgelehnt.

Das Verwaltungsgericht weist die Klagen ab.

Aus den Gründen:

[111] III. Die Klagen sind ... nicht begründet.

[112] Die Voraussetzungen des § 113 Abs. 1 Satz 1 VwGO liegen nicht vor. Der Vorbescheid des Landratsamtes Rhön-Grabfeld vom 22.10.2007 idF der Bescheide vom 5.8.2008 und vom 20.3.2009, mithin der baurechtliche Vorbescheid für einen Stall mit 1.000 Mastschweinen, ist nicht rechtswidrig und verletzt die Kläger nicht in ihren Rechten (§ 113 Abs. 1 Satz 1 VwGO).

[113] Ein Nachbar, der eine Baugenehmigung anficht, kann mit seiner Klage nur dann Erfolg haben, wenn er durch die Genehmigung in seinen subjektiven Rechten verletzt wird, wenn also öffentlich-rechtliche Vorschriften verletzt sind, die auch seinem Schutz dienen, oder wenn es das Vorhaben an der gebotenen Rücksichtnahme auf seine Umgebung fehlen lässt und dieses Gebot im Einzelfall Nachbarschutz vermittelt. Der streitgegenständliche Vorbescheid des Landratsamtes R vom 22.10.2007 idF der Bescheide vom 5.8.2008 und vom 20.3.2009 für einen Stall mit 1.000 Mastschweinen verletzt aber schon keine öffentlich-rechtlichen Vorschriften; es besteht ein Rechtsanspruch des Beigeladenen auf Erteilung dieses Vorbescheids. Im Einzelnen:

[114] Nach Art. 75 Abs. 1 Satz 1 BayBO 1998 kann vor Einreichung eines Bauantrags auf schriftlichen Antrag des Bauherrn zu einzelnen in der Baugenehmigung zu entscheidenden Fragen vorweg ein schriftlicher Bescheid (Vorbescheid) erteilt werden.

...

[129] 2. Der streitgegenständliche Vorbescheid ist auch materiell rechtmäßig. Im Einzelnen:

...

[215] 7. Öffentliche Belange im Hinblick auf den Jüdischen Friedhof:

[216] 7.1 Schädliche Umwelteinwirkung durch Geruchsbelästigung:

[217] 7.1.1 Zunächst wird von Seiten des Bevollmächtigten des Klägers zu 3) gerügt, dass die Belange des jüdischen Friedhofs vom streitgegenständlichen Vorhaben in unzulässiger Weise beeinträchtigt würden, weil die vom Stall ausgehenden Gerüche dort - nämlich durch die Friedhofsbesucher - wahrnehmbar seien. Dass nur ein Viertelabstand nach der Richtlinie VDI 3471 ausreichend sein solle, lasse sich dieser nicht entnehmen. Der GIRL-Gutachter habe fehlerhaft eine Beurteilung unterlassen. Des Weiteren wird besonders eindrucksvoll von dem in der mündlichen Verhandlung gehörten Rabbiner E darauf hingewiesen, dass der jüdische Friedhof ein heiliger Ort für jeden Juden sei. Die Halacha, das jüdische Religionsgesetz, verurteile die Missachtung der Ehre der Toten wie auch eines heiligen Ortes auf das Schärfste. Es werde auf dem heiligen Ort gebetet und Gott mit dem Kaddisch-Gebet gepriesen. Es sei nicht mit der jüdischen Ethik vereinbar, dass in der Umgebung des Friedhofs ein Schweinemastbetrieb errichtet werde.

[218] 7.1.2. Als maßgebliche Norm des Bauplanungsrechts ist auch hier zunächst §35 Abs. 3 Satz 1 Nr. 3 BauGB heranzuziehen, wonach eine Beeinträchtigung öffentlicher Belange dann vorliegt, wenn das Vorhaben schädliche Umwelteinwirkungen hervorrufen kann. Wie bereits unter Punkt 6.1. ff. dargestellt, sind mangels objektiver gesetzlicher Regelungen zu der Frage, wann ein Geruch eine unzumutbare Beeinträchtigung darstellt, auch hinsichtlich eines Friedhofs unter Beachtung der Besonderheiten des jeweiligen Einzelfalls die technischen Regelwerke der VDI Richtlinie 3471 und der GIRL heranzuziehen. Nach der VDI-Richtlinie 3471 errechnet sich unter Zugrundelegung einer Tierzahl von 1.000 Mastschweinen (Berechnung des Umweltingenieurs vom 17.12.2008) ein Abstand für Wohn- bzw. Mischgebiete von 295 m. Der tatsächliche Abstand beträgt vom Emissionsschwerpunkt des Stalles bis zum südlichen Rand des Friedhofs ca. 185 m. Der halbe Abstand für Dorfgebiete (ca. 150 m) - und somit die Geruchswahrnehmungsschwelle - ist damit eingehalten.

[219] Das vom TÜV Süd erstellte Gutachten nach der GIRL gelangt zu dem Ergebnis, dass die Geruchsstundenhäufigkeiten im Bereich des jüdischen

Friedhofs zwischen 4,5% und 8,1% liegen. Das heißt, dass hier die Werte für ein Wohngebiet - teilweise sogar deutlich - eingehalten werden. Im Bereich des zum jüdischen Friedhof führenden Weges sind Werte von 10% bis 18,5% zu erwarten.

[220] Im Hinblick auf das in § 35 Abs. 3 Satz 1 Nr. 3 BauGB enthaltene Gebot der baurechtlichen Rücksichtnahme stellt sich die Frage, welcher Schutz dem jüdischen Friedhof aufgrund der jüdischen Ethik in Bezug auf Geruchsimmissionen zuzubilligen ist, und ob - wie der Kläger zu 3) reklamiert - ein Anspruch auf völlige Geruchsfreiheit besteht. Die an das Gebot der Rücksichtnahme zu stellenden Anforderungen hängen nach der Rechtsprechung des Bundesverwaltungsgerichts (Urteil vom 25.02.1977 -4 C 22.75- BVerwGE 52, 122; seitdem ständige Rechtsprechung) wesentlich von den jeweiligen Umständen ab. Je empfindlicher und schutzwürdiger die Stellung derer ist, denen die Rücksichtnahme im gegebenen Zusammenhang zugute kommt, umso mehr kann an Rücksichtnahme verlangt werden. Je verständlicher und unabweisbarer die mit dem Vorhaben verfolgten Interessen sind, umso weniger braucht derjenige, der das Vorhaben verwirklichen will, Rücksicht zu nehmen. Bei diesem Ansatz kommt es für die sachgerechte Beurteilung des Einzelfalles wesentlich auf eine Abwägung zwischen dem an, was einerseits dem Rücksichtnahmebegünstigten und andererseits dem Rücksichtnahmepflichtigen nach Lage der Dinge zuzumuten ist. Dabei muss allerdings demjenigen, der sein eigenes Grundstück in einer sonst zulässigen Weise baulich nutzen will, insofern ein Vorrang zugestanden werden, als er berechtigte Interessen nicht schon deshalb zurückzustellen braucht, um fremde gleichwertige Interessen zu schonen.

[221] Hinsichtlich der Schutzwürdigkeit des Friedhofes ist noch ein weiterer Belang zu berücksichtigen:

[222] Die Vorschrift des § 35 Abs. 3 BauGB enthält keine allgemeine Definition der öffentlichen Belange, sondern nur eine beispielhafte Aufzählung. Es kommen daher auch andere öffentliche Belange als die in Absatz 3 bezeichneten in Betracht; nämlich alle bodenrechtlich relevanten öffentlichen Belange. Insofern können auch die bei der Bauleitplanung zu beachtenden öffentlichen Belange des § 1 Abs. 6 BauGB hinzugezogen werden (Ernst/Zinkahn/Bielenberg/Krautzberger, § 35 BauGB, Rn 75), und zwar als Auslegungshilfe. Nach der Rechtsprechung des Bundesverwaltungsgerichts (Urteil vom 6.12.1967 - 4 C 44.66- s. auch Ernst/Zinkahn/Bielenberg/Krautzberger, § 35 BauGB, Rn 75) gilt dies aber nur, soweit der jeweilige Belang in Bezug auf den Außenbereichsschutz im Einzelgenehmigungsverfahren bedeutsam ist. Letztlich ist nämlich ausschlaggebend, dass die Belange im Schutze des Außenbereichs und in seiner spezifischen Zweckbestimmung ihren Ursprung haben.

[223] Die Nummer 6 des § 1 Abs. 6 BauGB bezeichnet als abwägungsbeachtlich die von den Kirchen und Religionsgesellschaften des öffentlichen Rechts festgestellten Erfordernisse für Gottesdienst und Seelsorge. Die Erfordernisse des Gottesdienstes und der Seelsorge sind - für die Bauleitplanung - relevant, sofern sie Raum beanspruchend sind, für sie also Flächen bereitgestellt werden müssen, oder auf sie in sonstiger Weise Rücksicht zu nehmen ist. Der Kreis der entsprechenden Einrichtungen ist weit zu ziehen. Hierher zu rechnen sind auch die kirchlichen Friedhöfe (Ernst/Zinkahn/Bielenberg/Krautzberger, § 1 BauGB, Rn 140).

[224] 7.1.3. Zur Schutzbedürftigkeit bzw. Schutzwürdigkeit eines jüdischen Friedhofs erweist sich eine Recherche in den Rechtsprechungssammlungen bzw. in der Kommentarliteratur als erfolglos. Es lassen sich aber einige wenige Entscheidungen zu der eines (christlichen) Friedhofs finden:

[225] So hat das OVG Berlin (Beschluss vom 18.7.2001 -2 S 1.01- *juris*) - allerdings hinsichtlich des von einem Baumarkt/Hochregallager ausgehenden Lärms - entschieden, dass ein Friedhof in bauplanungsrechtlicher Gemengelage (Wohnen/Gewerbe) keinen über den Immissionsrichtwert der TA Lärm für allgemeine Wohngebiete hinausgehenden Schutzanspruch habe. Die erkennende Kammer des Verwaltungsgerichts Würzburg hat unter Heranziehung der VDI-Richtlinie 3471 entschieden (-W 4 K 00.1280- Urteil vom 6.11.2001), dass im konkreten Fall eines Dorfgebietes im Hinblick auf den dörflichen Charakter und auf die „Ortsüblichkeit" von Gerüchen aus der Tierhaltung hinsichtlich des Friedhofes keine unzumutbaren Geruchsbeeinträchtigungen zu besorgen sind, weil zwischen dem Emissionsschwerpunkt des landwirtschaftlichen Betriebs und dem Friedhof der 1/4-Abstand nach der VDI-Richtlinie eingehalten wird und erst bei Unterschreitung dieses Abstandes die Gefahr schädlicher Umwelteinwirkungen im Sinne unzumutbarer Geruchsbelästigungen anzunehmen ist. Das VG Gera (Urteil vom 21.8.2003 -4 K 437.99.GE- *juris*) hat bei der Frage, welche Geruchsimmissionen auf einem Friedhof zumutbar sind, auf die Richtwerte der Vorläufigen Thüringer Richtlinie zur Ermittlung und Bewertung von Geruchsimmissionen zurückgegriffen. Es hat entschieden, dass Geruchswahrnehmungshäufigkeiten zwischen 15% und 20% der Jahresstunden hinzunehmen sind, weil bei einem Friedhof nicht von einer Dauernutzung durch Menschen auszugehen ist. Das Gericht hat ausdrücklich erklärt, dass keine Bedenken bestehen, dass der Schutzanspruch eines Friedhofs gewahrt ist, wenn die Geruchswahrnehmungshäufigkeit unter 20% der Jahresstunden liegt. Der besondere Charakter eines Friedhofs werde dadurch nicht in Frage gestellt.

[226] 7.1.4. Der jüdische Friedhof Ne ist - wie Prof. Dr. H. in seiner Stellungnahme „Totenruhe und Tiermast" (...) darlegt - ein wichtiges Kultur- und Geschichtsmonument für die gesamte Gegend und muss auch als solches behan-

delt werden. Hier handelt es sich um einen geschlossenen Friedhof, dies meint in Entsprechung der jüdisch-sakralrechtlichen Bestimmungen zum „Alten Friedhof" den ungestörten Erhalt gemäß den biblischen Vorschriften zur ungestörten Totenruhe (so Prof. Dr. H.). Es handelt sich nicht um einen entwidmeten Friedhof. Der jüdische Friedhof wird bezeichnet als Beit Olam („Haus auf Ewigkeit") oder Beit Chaim („Haus des Lebens"). Der jüdische Friedhof hat die Bedeutung eines Heiligtums. Die Halacha, das jüdische Sakralrecht, verlangt die Würde der Toten (Kevod haMetim) genau so zu achten wie die Würde des lebenden Menschen (Kevod haChaiim), so Prof. Dr. H. Der Rabbiner E hat sowohl in seiner schriftlichen Stellungnahme vom 27.8.2010 wie auch in der mündlichen Verhandlung erklärt, dass ein jüdischer Friedhof einen heiligen Ort darstelle, der ähnlich wie eine Synagoge zu bewerten sei. Nach jüdischen Rechtsvorstellungen komme es letztlich nicht so sehr auf die konkrete Entfernung zwischen dem geplanten Vorhaben und dem jüdischen Friedhof an, vielmehr sei allein schon der Geruch der Schweine mit dem besonderen Charakter des jüdischen Friedhofs unvereinbar. Im Talmud stehe, dass man einen Begräbnisplatz nicht würdelos behandeln dürfe, dort kein Vieh weiden, keinen Wassergraben ziehen und keine Gräser sammeln dürfe, aus Achtung vor den Toten. Im Schulchan-Aruch stehe geschrieben, dass schlechter Geruch, z.B. von Kot, vier Ellen bei Seite gelassen werden müsse.

[227] 7.1.5. Im Hinblick auf diese - insbesondere von dem als Sachverständigen in Fragen der jüdischen Religion ausgewiesenen Rabbiner E eindringlich dargelegten - Besonderheiten eines jüdischen Friedhofs ist die Kammer zur Überzeugung gelangt, dass die vorerwähnte Rechtsprechung, die in Bezug auf christliche Friedhöfe ergangen ist, nicht einfach „eins zu eins" übertragen werden kann. Vielmehr ist einem jüdischen Friedhof hinsichtlich Geruchsimmissionen, die insbesondere von Schweinen herrühren, durchaus ein höherer Schutzanspruch zuzubilligen als christlichen Friedhöfen. Allerdings sieht die geltende Rechtsordnung einen absoluten Schutzanspruch, quasi ein Recht auf eine 100%ige Geruchsfreiheit, für keinen Bereich, auch nicht für einen jüdischen Friedhof vor. Im Einzelnen:

[228] Bei der Interessenabwägung der beiderseitigen Belange im Rahmen des Rücksichtnahmegebots ist auf der Seite des Bauherren zu berücksichtigen: Es geht um die Fortführung und Erweiterung des landwirtschaftlichen Familienbetriebes durch den nachwachsenden Hoferben. Der Betrieb befindet sich seit Mitte der 60er Jahre des letzten Jahrhunderts an dieser Stelle und es wurde seitdem Haltung von Großtieren betrieben. Die Familie des Bauherrn ist wegen dieser Tierhaltung schon aus der Ortslage in den Außenbereich ausgesiedelt. Das Baugrundstück befindet sich im Eigentum der Familie. Aus betrieblichen Gründen ist es auch sinnvoll, dass der Landwirt in der Nähe seiner Stallungen

wohnt. Zudem sind auf der Hofstelle schon die weiteren landwirtschaftlichen Gebäude, insbesondere auch die Möglichkeiten zur Unterstellung von Maschinen und Futter vorhanden. Ein anderer Standort in Hofnähe (Grundstück FlNr. 29 der Gemarkung W) ist wegen der Nähe zur Bebauung in W aus immissionsschutzrechtlichen Gründen nicht genehmigungsfähig. Einen weiteren Zwangspunkt stellt der wegen der Ammoniakbelastung erforderliche Abstand zum Wald des Klägers zu 1) dar.

[229] Andererseits ist aber hinsichtlich des Klägers zu 3) als Träger des Friedhofs zu berücksichtigen:

[230] Der Friedhof ist besonders schutzwürdig, insbesondere widerspricht es nach den vorerwähnten Stellungnahmen religiösen Vorschriften, dort zu beten, wenn es dort „riecht". Es kann nicht ausgeschlossen werden, dass aufgrund der Ausführung des geplanten Schweinestalles auf dem Friedhof gelegentlich Geruch aus der Tierhaltung wahrzunehmen ist. Andererseits ist ein Friedhof nicht zum dauernden Aufenthalt von lebenden Menschen bestimmt, sondern wird von Besuchern nur für kürzere Zeiten aufgesucht.

[231] Vorliegend liegt der tatsächliche Abstand zwischen dem Friedhof und dem Stall zwischen den Werten, die sich nach der VDI-Richtlinie 3471 für Wohngebiete (295 m) und für Dorfgebiete (150 m) errechnen. Das nicht zuletzt deshalb vom Gericht in Auftrag gegebene Gutachten nach der GIRL hat ergeben, dass die Schutzwerte, die die GIRL für Wohn-/Mischgebiete vorgibt, beim Friedhof eingehalten sind. Die GIRL sieht bei einer Beurteilung im Einzelfall nach Ziffer 5 gem. den Auslegungshinweisen die strengsten Werte für Kurgebiete bzw. Luftkurorte vor, nämlich den Wert von 0,06. Grundsätzlich gehen die Werte der GIRL von einer Dauernutzung durch Menschen aus. So führt die GIRL in Ziffer 3.1 ausdrücklich aus, dass sonstige Gebiete, die nicht in der Tabelle genannt sind (dies sind Wohn-/Mischgebiete, Gewerbe-/Industriegebiete und Dorfgebiete), in denen sich Personen nicht nur vorübergehend aufhalten, entsprechend den Grundsätzen des Planungsrechts den einzelnen Spalten dieser Tabelle zuzuordnen sind. Daraus folgt zugleich, dass für Gebiete, in denen sich Personen nur vorübergehend aufhalten - nur für wenige Stunden im Jahr wie an einem Friedhof -, eine andere Bewertung erforderlich ist.

[232] So hat auch das VG Gera (aaO) darauf abgestellt, dass für Gebiete mit nur vorübergehendem Aufenthalt von Menschen jedenfalls ein höheres Maß an Geruchsimmissionen zumutbar ist.

[233] Bei der Abwägung der widerstreitenden Belange ist die Kammer zu der Über-zeugung gelangt, dass auch der besondere Schutzanspruch eines jüdischen Friedhofs vor Geruchsimmissionen jedenfalls dann gewahrt ist, wenn die Geruchswahrnehmungshäufigkeit unter 10% der Jahresstunden liegt und damit sogar den in einem Wohngebiet - zum dauernden Wohnen (24 Stunden am Tag)

- erforderlichen Wert einhält. Tatsächlich wird selbst der strengste Wert der GIRL für Kurgebiete in wesentlichen Bereichen des jüdischen Friedhofs, nämlich auf über 90% der Fläche, noch eingehalten. Die auf dem Weg zum Friedhof auftretende Geruchsstundenhäufigkeit von 10% bis 18,5% kann nicht als Geruchsstundenhäufigkeit beim Friedhof selbst angesetzt werden.

[234] Damit kann aus Sicht der Kammer offen bleiben, ob es auf den Aspekt, den das Landratsamt Rhön-Grabfeld in das Verfahren eingeführt hat, überhaupt noch ankommt. Dieses hat auf einen Vergleich der in einem Dorf- bzw. Wohngebiet zulässigen Nutzungen abgestellt. Vergleiche man nämlich die in einem Wohngebiet allgemein zulässigen Nutzungen, so seien in diesem zulässig auch Anlagen für kirchliche Zwecke, und damit neben Kirchen auch Synagogen. Dies bedeute dann aber auch, dass diesen Einrichtungen die in einem Wohngebiet zulässige Geruchshäufigkeit von 10% zuzumuten seien. Wenn aber einer Synagoge eine solche Geruchshäufigkeit zuzumuten sei, dann müsse dies auch für einen jüdischen Friedhof gelten.

[235] Entgegen der Auffassung des Klägerbevollmächtigten hat der TÜV Süd die Beurteilung des jüdischen Friedhofs nicht (fehlerhaft) unterlassen, vielmehr wurde im Gutachten explizit die Häufigkeit von Geruchsereignissen auf dem Friedhof genannt. Nur dies war vom Gutachter gefordert. Die Frage der Bewertung der Geruchshäufigkeit als zumutbar bzw. unzumutbar ist Aufgabe des Gerichts.

[236] Auch die von Klägerseite thematisierte Kaltluftproblematik führt zu keiner anderen Beurteilung. Insoweit wird zur Vermeidung unnötiger Wiederholungen auf die obigen Ausführungen (unter Ziffer 6.3.6.) verwiesen.

[237] 7.2. Denkmalschutzrechtliche Belange:

[238] Von Seiten des Klägers zu 3) aber auch der Klägerinnen zu 2) und 4) wird ein Verstoß gegen Art. 6 Abs. 1 Satz 2 wie auch gegen Art. 26 des Bayerischen Denkmalschutzes (BayDSchG) gerügt. Hier sei der Stall wegen seiner Größe als „in der Nähe“ des Friedhofs als eingetragenes Baudenkmal befindlich anzusehen. Auch werde das Erscheinungsbild des Friedhofs nachdrücklich durch die ausgesprochene Nähe des vorgesehenen Stalls gemindert. Das Landesamt für Denkmalpflege hätte im Verfahren beteiligt werden müssen.

[239] Nach § 35 Abs. 3 Satz 1 Nr. 5 BauGB ist eine Beeinträchtigung öffentlicher Belange dann gegeben, wenn das Vorhaben u.a. Belange des Denkmalschutzes beeinträchtigt. Im Außenbereich ist insbesondere der Umgebungsschutz von Denkmälern von Bedeutung (Ernst/Zinkahn/Bielenberg/Krautzberger, § 35, Rn 95).

[240] Nach Art. 6 Abs. 1 Satz 2 BayDSchG bedarf einer Erlaubnis, wer in der Nähe von Baudenkmälern Anlagen errichten, verändern oder beseitigen will, wenn sich dies auf Bestand oder Erscheinungsbild eines der Baudenkmäler

auswirken kann. Historische Friedhöfe können Baudenkmäler sein, Friedhofsanlagen fallen unter den Begriff der Gartenanlagen iSd Art. 1 Abs. 2 Satz 3 BayDSchG. Die Kammer hat keinerlei Zweifel an der Denkmalseigenschaft des jüdischen Friedhofs von Ne.

[241] Eine Anlage ist dann in der Nähe eines Baudenkmals gelegen, wenn ihre Errichtung, Veränderung oder Beseitigung für ein Baudenkmal, insbesondere sein äußeres Erscheinungsbild nachteilige Wirkungen haben kann. Gegebenenfalls ist unter Beteiligung der Fachbehörde zu klären, ob eine erlaubnispflichtige Auswirkung auf das Denkmal eintreten kann (Eberl/Martin/Greipl, Bayerisches Denkmalschutzgesetz, 2007, Art. 6, Rn 38).

[242] Das Landratsamt R hat im Verwaltungsverfahren keine Stellungnahme des Bayerischen Landesamtes für Denkmalpflege (BLFD) eingeholt. Es liegt aber ein Schreiben des BLFD vom 6.12.2007 an die Klägerin zu 4) vor, das der Klägerbevollmächtigte mit Schriftsatz vom 5.8.2008 vorgelegt hat. Danach hält das BLFD „aus Gründen der Pietät" einen größeren Abstand für angemessen und macht Bedenken gegen den Standort geltend. Nach Auffassung des Landratsamtes R war das BLFD nicht am Vorbescheidsverfahren zu beteiligen, da das Landratsamt von keinem erlaubnispflichtigen Tatbestand nach dem Bayer. Denkmalschutzgesetz ausgegangen ist. Dies ist nicht zu beanstanden. Denn die Entscheidung, ob ein erlaubnispflichtiger Tatbestand vorliegt, trifft das Landratsamt als untere Denkmalschutzbehörde, nicht die Fachbehörde Bayerisches Landesamt für Denkmalpflege. Das BLFD ist die staatliche Fachbehörde für die Beurteilung der Fachfragen und ist stets zu beteiligen, wenn es um solche Fragen geht (Eberl/Martin/Greipl, Art. 12, Rn 1). Grundsätzlich ist aber für den Vollzug des Bayerischen Denkmalschutzgesetzes die untere Denkmalschutzbehörden zuständig (Art. 11 Abs. 4 Satz 1 BayDSchG).

[243] Letztendlich kommt es aber auf diese Zuständigkeitsfragen nicht an. Denn schließlich hat hier das BLFD mit der Stellungnahme vom 10.9.2008 deutlich gemacht, dass nach Auffassung der Fachbehörde der Stall schon nicht in der Nähe des jüdischen Friedhofs gelegen ist. Bei einer Ortseinsicht sei nämlich deutlich geworden, dass zwischen Friedhof und dem Baugrundstück ein großer Acker und auch eine Straße liegen. Beides wirke in der topographischen Hanglage als „deutliche Zäsur zum umgrenzten Friedhof". Ein unmittelbarer Zusammenhang und somit eine Behandlung als „Nähefall" zwischen dem geplanten Bauvorhaben und dem eingetragenen Baudenkmal „Jüdischer Friedhof" besteht nach Auffassung des Denkmalamtes nicht. Dieser Einschätzung der Fachbehörde schließt sich die Kammer an, da keinerlei Zweifel hieran angebracht sind.

[244] Soweit sich die Klägerseite auf den Beschluss des Nieders.OVG vom 28.5.2002 (-1 LA 2929/01- *juris*) beruft, bleibt Folgendes festzuhalten: Das Ge-

richt hat - nach einer entsprechenden Stellungnahme der Denkmalschutzfachbehörde - entschieden, dass die exponierte Lage eines alten jüdischen Friedhofs weit ab von der Bebauung durch das Heranrücken von Wohnbebauung wesentlich beeinträchtigt werden kann. Es sei „nicht ernstlich zweifelhaft, dass das Erscheinungsbild des jüdischen Friedhofs (...) beeinträchtigt wird, wenn die durch die 15. Änderung des Flächennutzungsplanes ermöglichte Wohnbebauung bis auf wenige Meter an das Denkmal heranrückt". Aufgrund ihrer Entfernung zur nächstgelegenen Bebauung dokumentiere die Friedhofsanlage, dass im ländlichen Bereich bis weit in das 19. Jahrhundert jüdische Begräbnisstätten aus einer intoleranten christlichen Geisteshaltung weit ab von den Siedlungen hätten angelegt werden müssen. Die Ausstrahlungskraft des jüdischen Friedhofs als Zeugnis der Geschichte beruhe wesentlich darauf, dass seine Umgebung bisher frei von Bebauung ist. Dadurch werde nachhaltig die erzwungene Abgeschiedenheit alter jüdischer Begräbnisstätten von der Besiedlung dokumentiert. Eine diese isolierte Lage zerstörende heranrückende Wohnbebauung beeinträchtige den Denkmalwert.

[245] Dem kann aus Sicht der Kammer nur beigepflichtet werden. Allerdings rückt im vorliegenden Fall die Bebauung - anders als in dem vom Oberverwaltungsgericht Niedersachsen entschiedenen Fall - nicht „auf wenige Meter" an den jüdischen Friedhof heran. Der Abstand zwischen dem südlichen Grundstückseck des Friedhofes und der nördlichen Grenze des Grundstücks, auf dem sich der Aussiedlerhof des Beigeladenen befindet, beträgt ca. 140 m, der Abstand zum Grundstück Fl.Nr.32 (Aussiedlerhof T) beträgt ca. 160 m, der Abstand zu dem nördlich des Friedhofs gelegenen Aussiedlerhofgrundstück Fl.Nr.04 ca. 220 m. Der Abstand zwischen dem Baugrundstück und dem Friedhofsgrundstück beträgt ca. 150 m. Wesentlich wichtiger als die genaue Entfernung und als der Umstand, dass die geplante Bebauung in etwa die gleiche Entfernung zum Friedhof einhält wie die bereits seit Jahrzehnten hier vorhandene landwirtschaftliche Bebauung, ist aber aus Sicht der Kammer, dass hier die in Ost-Westrichtung verlaufende Kreisstraße nicht überschritten wird. Dieser kommt nämlich - wie sich beim Augenscheinstermin deutlich gezeigt hat - eine trennende Wirkung zwischen landwirtschaftlicher Bebauung im Süden und Friedhof im Norden zu. Dadurch, dass diese Linie hier nicht überschritten wird, bleibt auch die isolierte Lage des Friedhofes gewahrt, er ist und bleibt in allen Himmelsrichtungen deutlich von der ihn umgebenden Bebauung abgesetzt. Im Übrigen liegt auch - worauf das BLFD zutreffender Weise seine Beurteilung gestützt hat - ein großes (1,8 ha) Ackergrundstück zwischen Friedhof und Baugrundstück, das ebenfalls zu einer deutlichen Zäsur beiträgt.

[246] Nach allem kann festgehalten werden, dass ein Verstoß gegen Belange des Denkmalschutzes nicht gegeben ist.

[247] 7.3. Ammoniakbelastung bezüglich des jüdischen Friedhofs:

[248] Soweit der von der Klägerin zu 4) mit einer gutachterlichen Stellungnahme beauftragte Sachverständige Dipl.-Ing. K negative Auswirkungen der Gülleaufbringung auf den Feldern hinsichtlich der Grabsteine auf dem jüdischen Friedhof befürchtet, kann dies nicht dem Bauvorhaben des Beigeladenen entgegengehalten werden, da es sich hierbei um eine allgemeine Problematik der Landbewirtschaftung handelt. Im Übrigen, nämlich hinsichtlich der vom Bauvorhaben auf den jüdischen Friedhof einwirkenden Ammoniakbelastung, bleibt die „gutachterliche Stellungnahme zum Thema Ammoniak und Naturstein“ vollkommen pauschal und mündet in der Aussage, dass es nicht Aufgabe dieser Stellungnahme sein könne, zu ermitteln, wie hoch die vom Bauvorhaben auf den Friedhof einwirkende Ammoniakbelastung sei. Dass Ammoniak auf Natursteine ganz generell negative Auswirkungen hat, ist allgemein bekannt; insoweit bedarf es keines Gutachtens. Dies zeigt auch der Umstand, dass viele Grabmale auf dem jüdischen Friedhof Ne durch die beschriebenen Vorgänge - wie der Gutachter ausführt - bereits angegriffen sind.

[249] 7.4. Berücksichtigung der Belange der Glaubens– und Glaubensbetätigungsfreiheit (Art. 4 Abs. 1, 2 GG) sowie der Gewährleistung nach Art. 140 GG iVm Art. 138 BV:

[250] Des Weiteren wird vom Klägerbevollmächtigten vorgebracht, dass der angegriffene Vorbescheid wegen fehlender ausreichender Berücksichtigung der Belange der Glaubens- und Glaubensbetätigungsfreiheit (Art. 4 Abs. 1, 2 GG) sowie der Gewährleistung nach Art. 140 GG iVm Art. 138 WRV mit dem Einrichtungs- und Nutzungsinteresse des Beigeladenen rechtswidrig sei.

[251] Insoweit ist zunächst aus Sicht der Kammer darauf hinzuweisen, dass ein aus Art. 14 GG abgeleiteter Rechtsanspruch des Bauherrn auf Erteilung der Baugenehmigung besteht, es sei denn es stehen dem Vorhaben öffentlich-rechtliche Vorschriften entgegen (vgl. Art. 68 Abs. 1 Satz 1 Halbsatz 1 BayBO). Die vg. Vorschrift als die einen Rechtsanspruch verbürgende gebundene Entscheidung kennt auch - anders als bei der Aufstellung eines Bebauungsplans - keine Abwägung zwischen einzelnen Belangen, nämlich den für den Bauherrn und den für den Nachbarn streitenden Interessen. Somit kann hier auch nicht eine von den öffentlichen Belangen des § 35 Abs. 3 BauGB „losgelöste“ Abwägungsentscheidung zwischen dem Grundrecht des Bauherrn aus Art. 14 GG und dem des Klägers zu 3) aus Art. 4 Abs. 1 und 2 sowie Art. 140 GG iVm Art. 138 WRV herbeigeführt werden.

[252] Allerdings erweist sich die von der Kammer getroffene Entscheidung im Sinn der vorgenannten erhöhten Schutzwürdigkeit eines jüdischen Friedhofs, vergleichbar der eines Wohngebiets, auch unter Beachtung der für den Kläger zu 3) angeführten Grundrechte, als rechtmäßig. Im Einzelnen:

[253] Ein Verstoß gegen Art. 4 Abs. 1 und 2 GG ist hier nicht gegeben, weil in den Schutzbereich dieses Grundrechts nicht eingegriffen wird. Nach Art. 4 Abs. 1 GG sind die Freiheit des Glaubens, des Gewissens und die Freiheit des religiösen und weltanschaulichen Bekenntnisses unverletzlich. Nach Art. 4 Abs. 2 GG wird die ungestörte Religionsausübung gewährleistet. Träger der (kollektiven) Glaubensfreiheit sind juristische Personen und Vereinigungen, soweit sie geschützte Tätigkeiten ausüben (Jarass/Pieroth, GG, 10. Aufl., Art. 4, Rn 119). Art. 4 Abs. 2 GG garantiert die Vornahme aller denkbaren kultischen Handlungen sowie die Beachtung und Ausübung religiöser Gebräuche (Maunz/Dürig, Grundgesetz, April 2010, Art. 4, Rn 101). Nach den überzeugenden Ausführungen des Rabbiners E ist davon auszugehen, dass der Schutzbereich dieses Grundrechts eröffnet ist.

[254] Die Grundrechte schützen allerdings nicht vor jeder Einwirkung des Staates in den Schutzbereich des Grundrechts. Zunächst muss es sich um eine Einwirkung eines Grundrechtsadressaten, also des Staates iwS, handeln. Hier würden aber die Geruchs- und sonstigen Immissionen vom Stall des Beigeladenen ausgehen. Ein Eingriff in das Grundrecht der Glaubensfreiheit ist dann gegeben, wenn ein Grundrechtsadressat die geschützten Tätigkeiten regelt oder faktisch in erheblicher Weise behindert, wenn die Beeinträchtigung in einer generellen oder individuellen Regelung besteht, die unmittelbar und gezielt (final) durch ein vom Staat verfügtes Ge- oder Verbot, also imperativ zu einer Verkürzung grundrechtlicher Freiheiten führt (Jarass/Pieroth, Art. 4, Rn 22; Vorb. vor Art. 1, Rn 27). Derartige Gebote oder Verbote zur Religionsausübung wurden aber durch das Landratsamt R hier nicht getroffen. Auch wenn es sich bei dem von dem Beklagten erlassenen, streitgegenständlichen Bescheid nicht um eine Baugenehmigung, sondern nur um einen Vorbescheid handelt, der noch nicht die Baufreigabe ausspricht, könnte hier dennoch in dem erlassenen Vorbescheid eine mittelbare Wirkung zu Lasten Dritter, nämlich des Klägers zu 3), gesehen werden. Solche Einwirkungen mittelbarer Art stellen aber nur dann eine Grundrechtsbeeinträchtigung dar, wenn sie in der Zielsetzung und ihren Wirkungen klassischen Eingriffen gleichkommen (BVerfG, Beschluss vom 21.6.2006 -2 BvL 2/99- *juris*; Jarass/Pieroth, Vorb. vor Art. 1, Rn 29) und damit die Eingriffsschwelle überschreiten. Unter Beachtung des Umstandes, dass hier nur eine in einem Wohngebiet zulässige Geruchsbeeinträchtigung des Friedhofs gegeben ist und die räumliche Trennung zwischen Bauvorhaben und Friedhof durch die Kreisstraße und einen großen Acker gewahrt ist, das Bauvorhaben sich nicht in unmittelbarer Nähe des Friedhofs befindet, sondern in vergleichbarer Nähe wie die beiden Aussiedlerhöfe, kann hier nicht davon gesprochen werden, dass die kollektive Religionsfreiheit des Klägers zu 3) „faktisch in erheblicher Weise“ (vgl. Jarass/Pieroth, Art. 4, Rn 22) behindert würde.

[255] Ein Verstoß gegen Art. 140 GG iVm Art 138 Abs. 2 WRV scheidet hier deshalb aus, weil kein Eingriff in den Schutzbereich gegeben ist. Gem. Art. 138 Abs. 2 WRV wird das Eigentum und andere Rechte der Religionsgemeinschaften und religiösen Vereine an ihren für Kultus-, Unterrichts-, und Wohltätigkeitszwecke bestimmten Anstalten, Stiftungen und sonstigen Vermögen gewährleistet. Die in Art. 138 Abs. 2 WRV verankerte Kirchengutsgarantie schützt bestimmte vermögenswerte Rechte der Religionsgemeinschaften wegen der religiösen oder weltanschaulichen Zwecksetzung dieser Rechte (vgl. Maunz/Dürig, Art 140 GG, Art. 138 WRV, Rn 15). Der Kläger zu 3) ist Eigentümer des jüdischen Friedhofs, auch die Zweckbestimmung im vorgenannten Sinn ist gegeben. Art 138 Abs. 2 WRV begründet eine verfassungsrechtliche Garantie zur Abwehr von Säkularisationen und säkularisationsähnlichen Akten (Maunz/Dürig, Art. 140 GG, Art. 138 WRV, Rn 13). Die Kirchengutsgarantie verbietet Eingriffe des Staates, die gerade und speziell das Kirchengut betreffen, also Säkularisationen und säkularisationsähnliche Akte. Die in das Grundgesetz inkorporierte Bestimmung des Art. 138 Abs. 2 WRV will mithin die besondere Funktion des Kirchenguts gegenüber Zugriffen des Staates schützen (BVerwG, Urteil vom 15.11.1990 - 7 C 9/89- BVerwGE 87, 115, KirchE 28, 294). Von einem Zugriff des Staates, einer Säkularisation oder säkularisationsähnlichen Maßnahme kann hier aber nicht gesprochen werden.

[256] Im Übrigen kann dem Klägerbevollmächtigten nicht gefolgt werden, wenn dieser - erstmals in der mündlichen Verhandlung vom 19.10.2010 - eine Verletzung des zwischen dem Freistaat Bayern und dem Landesverband der Israelitischen Kultusgemeinden in Bayern am 14.8.1997 abgeschlossenen Staatsvertrags (GVBl 1998, 30) reklamiert. Insbesondere ist nichts dafür ersichtlich, dass die in Art. 4 enthaltene Freundschaftsklausel verletzt worden wäre, zumal hier nach der Stellungnahme der Fachbehörde BLFD nicht von einem „Nähefall“ auszugehen ist.

[257] 7.5. Verstoß gegen Bestattungsgesetz und gegen Art. 149 BV, „schickliche Grabpflege“:

[258] Vorliegend ist weder ein Verstoß gegen Art. 9 Abs. 1 Satz 1 des Bayer. Bestattungsgesetzes (BestG), noch gegen Art. 149 der Bayerischen Verfassung (BV) erkennbar. Nach Art. 9 Abs. 1 Satz 1 BestG müssen die Friedhöfe so beschaffen sein, dass sie u.a. dem Friedhofszweck (Art. 8 Abs. 1) entsprechen. Nach Art. 8 Abs. 1 Satz 1 BestG sind Friedhöfe öffentliche Einrichtungen, die den Verstorbenen als würdige Ruhestätte und der Pflege ihres Andenkens gewidmet sind. Nach Art. 149 Abs. 1 Satz 1 BV haben die Gemeinden dafür zu sorgen, dass jeder Verstorbene schicklich beerdigt werden kann.

[259] Für die Kammer steht mit dem BayVGH (Beschluss vom 19.11.2003 -20 CS 03/2424- *juris*) dem Grunde nach außer Zweifel, dass ein Friedhof, der den

Verstorbenen als würdige Ruhestätte und der Pflege ihres Andenkens gewidmet ist, eine besonders schutzwürdige Anlage darstellt, die auch von der Nachbarschaft gerade in Bezug auf die Art der baulichen Nutzung die nach dem Widmungszweck gebotene Rücksichtnahme verlangen kann. Entscheidend sind aber die konkreten Umstände des Einzelfalls. Angesichts des Umstandes, dass hier nur eine in einem Wohngebiet zulässige Geruchsbeeinträchtigung des Friedhofs gegeben ist und die räumliche Trennung zwischen Bauvorhaben und Friedhof durch die Kreisstraße gewahrt ist und das Bauvorhaben sich nicht in unmittelbarer Nähe des Friedhofs befindet, kann hier nicht von einem Verstoß gegen den Friedhofszweck und insbesondere gegen die „schickliche Grabpflege" gesprochen werden.

38

Kann ein Wohnungsmieter alevitischen Glaubens Rundfunksendungen seiner Religionsgemeinschaft nur mit Hilfe einer Parabolantenne empfangen, muss der Vermieter deren Aufstellung auf Wohnungsbalkon dulden, wenn sich die optische Beeinträchtigung des Gebäudes als relativ geringfügig darstellt.

Art./§§ 5 Abs. 1, 14 Abs. 1 GG, 541 BGB
LG Berlin, Urteil vom 26. Oktober 2010 -63 S 95/10[1]-

Die Klägerin, eine Wohnungsvermieterin, verlangt von dem Beklagten, einem Mieter, die Entfernung einer auf seinem Balkon aufgestellten Parabolantenne. Der Beklagte setzt sich hiergegen zur Wehr, weil er nur mit Hilfe dieser technischen Einrichtung religiöse Rundfunksendungen seiner alevitischen Glaubensgemeinschaft empfangen kann.

Das AG Berlin-Mitte (Urteil vom 20.1.2010 -9 C 258/09- n.v.) hat der Klage stattgegeben.

Die Berufung des Klägers hatte Erfolg und führte zur Klageabweisung.

Aus den Gründen:

[3] 2. Die Berufung hat ... in der Sache Erfolg. Die Klägerin hat gegen den Beklagten gem. § 541 BGB keinen Anspruch auf Entfernung der auf dem Balkon stehenden Parabolantenne.

---

1 Grundeigentum 2010, 1686.

[4] Gem. § 541 BGB kann der Vermieter auf Unterlassung klagen, wenn der Mieter einen vertragswidrigen Gebrauch der Mietsache trotz einer Abmahnung fortsetzt. Der Anspruch umfasst auch die Beseitigung eines vom Mieter geschaffenen vertragswidrigen Zustandes (BGH, Urteil von 16.5.2007 -VIII ZR 207/04-WuM 2007, 381, unter II 1, und Urteil vom 16.11.2005 -VIII ZR 5/05- NJW 2006, 1062, unter II 2). Was jeweils im Einzelnen zum vertragsgemäßen Gebrauch der Mietsache gem. § 535 Abs. 1 Satz 1 BGB gehört, richtet sich in erster Linie nach den Abreden der Parteien.

[5] Einschlägig sind hier Nr. 6 (1) f) der Allgemeinen Vertragsbestimmungen, wonach der Mieter der vorherigen Zustimmung des Wohnungsunternehmens bedarf, wenn er „f) Antennen anbringt oder verändert" und Ziff. 9 der Hausordnung:

> „(...) Das Anbringen eigener Antennen außerhalb der Wohnung, z.B. sichtbar an Fenstern oder oberhalb einer Balkonbrüstung sowie an der Fassade oder auf dem Dach, ist grundsätzlich nicht gestattet. Begründete Ausnahmen bedürfen der Zustimmung der Genossenschaft."

[9] Ein Verstoß gegen diese vertraglichen Regelungen liegt jedoch schon deshalb nicht vor, weil der Beklagte die Antenne nicht „angebracht", sondern lediglich auf seinen Balkon gestellt hat. Das Anbringen einer Sache setzt nach seinem Wortsinn mehr voraus als das bloße Hinstellen; erforderlich ist zumindest eine Festigkeit der Verbindung zwischen zwei Sachen, die über ein schwerkraftbedingtes Ruhen hinausgeht. An der exemplarischen Aufzählung in Ziff. 9 der Hausordnung wird deutlich, dass auch die Klägerin das Wort „Anbringen" in diesem Sinne verstanden hat - denn bei den genannten Orten „an Fenstern", „oberhalb einer Balkonbrüstung", „an der Fassade" und „auf dem Dach" handelt es sich nur um solche Stellen, an denen eine Antenne nicht bloß hingestellt werden kann, sondern im Sinne einer festeren Verbindung „angebracht" werden muss.

[10] Auch unabhängig von den vertraglichen Regelungen in den AVB und der Hausordnung kann ein vertragswidriger Gebrauch der Mietsache nicht festgestellt werden.

[11] Nach der Rechtsprechung des Bundesverfassungsgerichts (BVerfGE 90, 27; Beschluss vom 24.1.2005 -1 BvR 1953/00- NJW-RR 2005, 661; Beschluss vom 17.3.2005 -1 BvR 42/03- BayVBl 2005, 691) ist dem Grundrecht des Mieters aus Art. 5 Abs. 1 Satz 1 Halbs. 2 GG, sich aus allgemein zugänglichen Quellen ungehindert zu unterrichten, auch in zivilgerichtlichen Streitigkeiten über Satellitenempfangsanlagen an Mietwohnungen Rechnung zu tragen. Dabei ist zu berücksichtigen, dass das - gleichrangige - Grundrecht des Vermieters als Eigentümer aus Art. 14 Abs. 1 Satz 1 GG berührt ist, wenn von ihm verlangt wird, eine

Empfangsanlage an seinem Eigentum zu dulden. Das erfordert in der Regel eine fallbezogene Abwägung der von dem eingeschränkten Grundrecht und dem grundrechtsbeschränkenden Gesetz geschützten Interessen, die im Rahmen der auslegungsfähigen Tatbestandsmerkmale des bürgerlichen Rechts (§§ 535 Abs. 1 Satz 1 und 2, 242 BGB) vorzunehmen ist (BVerfGE 90, 27 [32 ff.]; BVerfG, Beschluss vom 24.1.2005, aaO, unter II 2 b aa; Senatsurteil vom 16.11.2005, aaO, unter III 1 mwN). Nichts anderes kann gelten, soweit sich der Mieter - wie hier - zusätzlich auf sein Grundrecht auf Religionsfreiheit (Art. 4 GG) beruft, weil die im Breitbandkabelnetz angebotenen türkischsprachigen Programme nicht über Inhalte des alevitischen Glaubens berichten (vgl. BGH, Urteil vom 10.10.2007 - VIII ZR 260/06- GE 2007, 1690, KirchE 50, 233).

[12] Bei der danach vorzunehmenden Abwägung überwiegen hier die Interessen des Beklagten. Das Eigentumsrecht der Klägerin ist nicht tangiert im Hinblick auf die Bausubstanz. Diese wird nicht beeinträchtigt, da der Beklagte die Antenne unstreitig nicht mit dem Balkonboden oder der Balkonbrüstung verankert hat. Die Interessen der Klägerin werden daher allenfalls im Hinblick auf eine ästhetische Beeinflussung des äußeren Erscheinungsbildes des Gebäudes berührt, wobei sich diese optische Beeinträchtigung als relativ geringfügig darstellt. Ausweislich der vom Beklagten eingereichten aktuellen Fotografien ist die Satellitenschüssel - nachdem er diese versetzt hat - zwar von der Straße aus sichtbar, doch wird sie - je nach Blickwinkel - von vorne zum Teil von der Balkonbrüstung und von der Seite zum Teil von der Gebäudekante verdeckt.

[13] Mehr oder weniger weitgehende optische Beeinträchtigungen sind jedoch zwangsläufig mit jeder Nutzung eines Gebäudes durch einen Mieter verbunden. Auch wenn diese Beeinträchtigungen das Eigentum des Vermieters tangieren (so wohl BGH, Urteil vom 10.10.2007 -VIII ZR 260/06- GE 2007, 1690, KirchE 50, 233), so ist es der Vermieter selbst, der mit der Entscheidung zur Vermietung sein Eigentumsrecht mit dem Risiko belastet, dass der konkrete Mietgebrauch ästhetisch unschöne Formen annehmen kann. Der Anblick von Rankpflanzen (AG Schöneberg, MM 1990, 192) oder Sonnenschirmen auf einem Balkon (AG Hamburg-Harburg, WE 2006, 130) ist daher vom Vermieter ebenso hinzunehmen wie der Anblick trocknender Unterwäsche (AG Brühl, WuM 2001, 509; AG Euskirchen, WuM 1995, 310), auch wenn diese seinem ästhetischen Empfinden noch so sehr zuwider laufen mag.

[14] Demgegenüber hat der Beklagte ein berechtigtes (und letztlich überwiegendes) Interesse, als Anhänger des alevitischen Glaubens Programme seines Heimatlandes empfangen zu können, um sich über seinen Glauben und das dortige Geschehen unterrichten und die kulturelle und sprachliche Verbindung aufrecht erhalten zu können (vgl. BGH, Urteil vom 10.10.2007 -VIII ZR 260/06- GE 2007, 1690, KirchE 50, 233). Dieses Informationsbedürfnis kann auch nicht

durch den im Haus befindlichen Kabelanschluss befriedigt werden. Das Paket „X" des Anbieters Kabel Deutschland umfasst lediglich die Sender A-G und H (... Stand: 29.10.2010), nicht aber die Sender K und M, die der Beklagte nach seinem unbestrittenen Vortrag für Informationen über seinen alevitischen Glauben benötigt. Insofern musste vom Beklagten auch nicht dargelegt werden, dass diese Sender unzensierte Nachrichten verbreiten.

[15] Den Interessen der Klägerin hat der Beklagte bereits dadurch hinreichend Rechnung getragen, dass er die Antenne tiefer und weiter hinten auf dem Balkon aufgestellt hat.

39

Die Heranziehung von glaubensverschiedenen Ehegatten zur Kirchensteuer oder zum besonderen Kirchengeld ist auch dann verfassungskonform, wenn angesichts der Schwierigkeiten der Bestimmung des Lebensführungsaufwandes als Indikator der wirtschaftlichen Leistungsfähigkeit des kirchenangehörigen Ehepartners dieser Aufwand nach dem gemeinsamen Einkommen der Ehegatten bemessen wird.

Art./§§ 4 Abs. 2, 140 GG, 137 Abs. 3, 6 u. 8 WRV, 13 Abs. 3 BayKiSt,
7 ND.KiStRG, 7 NRW.KiStG, 5 TH.KiStG
BVerfG, Beschluss vom 28. Oktober 2010 -2 BvR 591/06,
1689/09, 2698/09, 2715/09, 148/10, 816/10)[1]-

Die Beschwerdeführer leben in sog. glaubensverschiedener Ehe, d.h. lediglich einer der beiden Ehepartner gehört einer steuerberechtigten Kirche. Sie wenden sich gegen die Heranziehung zur Kirchensteuer beziehungsweise gegen die Heranziehung zum besonderen Kirchgeld als einer Erscheinungsform der Kirchensteuer. Diese beruht auf im Einzelnen unterschiedlichen gesetzlichen Regelungen der Länder, vorliegend Bayern, Niedersachsen, Nordrhein-Westfalen und Thüringen (vgl. Art. 140 GG iVm Art. 137 Abs. 6 und 8 WRV), sowie zum Teil auf konkretisierenden Bestimmungen der steuerberechtigten Kirchen selbst (vgl. Art. 140 GG iVm Art. 137 Abs. 3 Satz 1 WRV). Die Verfassungsbeschwerden betreffen folgende fachgerichtliche Verfahren:

1 BFH/NV 2011, 181 (LS); DÖV 2011, 117 (LS); HFR 2011, 98; KuR 2010, 283 (LS); NJW 2011, 365; StBW 2010, 1074 (LS).

1) 2 BvR 591/06: BFH, Urteil vom 21.12.200 -5- I R 44/05-; FG Köln, Urteil vom 11.5.2005 - 11 K 6619/09-.
2) 2 BvR 1689/09: FG Nürnberg Urteil vom 15.6.2009 - 6 V 1769/2008 – (vgl. FG Nürnberg KirchE 53, 397 Anm. 1)
3) 2 BvR 2698/09: OVG Lüneburg, Beschluss vom 19.10.2009 -13 LA 182/08-, NdsVBl 2010, 47; KuR 2009, 284, KirchE 54, 282; VG Lüneburg, Urteil vom 4.9.2008 -2 A 348/07-.
4) 2 BvR 2715/09: OVG Lüneburg, Beschluss vom 19.10.2009 - 13 LA 183/08-; VG Lüneburg, Urteil vom 4.9.2008 -2 A 184/08-.
5) 2 BvR 148/10: BFH, Beschluss vom 16.11.2009 -I B 58/09- BFH/NV 2010, 905; Thüringer FG, Urteil vom 31.3.2009 -2 K 648/08-, EFG 2009, 1250; ThürVBl 2009, 230, KirchE 53, 169.
6) 2 BvR 816/10: BFH, Beschluss vom 29.1.2010 -I B 98/09- BFH/NV 2010, 1123, KuR 2010, 135, KirchE 55, 40; FG Nürnberg, Urteil vom 18.6.2009 -6 K 49/2008- KirchE 53, 397.

Die Verfassungsbeschwerden werden nicht zur Entscheidung angenommen.

Aus den Gründen:

[2] Die Annahmevoraussetzungen für die zur gemeinsamen Entscheidung verbundenen Verfassungsbeschwerden liegen nicht vor. Ihnen kommt weder eine grundsätzliche verfassungsrechtliche Bedeutung zu (§ 93a Abs. 2 Buchstabe a BVerfGG) noch ist ihre Annahme zur Durchsetzung der in § 90 Abs. 1 BVerfGG genannten Rechte angezeigt (§ 93a Abs. 2 Buchstabe b BVerfGG).

[3] Die für die Entscheidung im Wesentlichen maßgeblichen verfassungsrechtlichen Fragen sind bereits durch die Rechtsprechung des Bundesverfassungsgerichts geklärt (vgl. insb. BVerfGE 19, 268, KirchE 7, 352, fernerhin etwa BVerfGE 19, 206, KirchE 7, 338; BVerfGE 19, 226, KircheE 7, 310; BVerfGE 19, 253, KirchE 7, 327; BVerfGE 20, 40, KirchE 8, 67; BVerfGE 30, 415, KirchE 12, 101; BVerfGE 73, 388, KirchE 24, 267; BVerfG, Beschluss der 2. Kammer des Zweiten Senats vom 19.9.2002 -2 BvR 443/01- DVBl 2002, S. 1624, KirchE 41, 62) und durch die hieran anknüpfende Rechtsprechung der Fachgerichte verfassungsgemäß konkretisierend beantwortet. Insbesondere hat das Bundesverfassungsgericht hervorgehoben, dass zwar nicht das einkommensteuerrechtlich ermittelte Einkommen des nicht einer Kirche angehörenden Ehegatten, wohl aber der Lebensführungsaufwand des kirchenangehörigen Ehegatten den Gegenstand der Besteuerung bilden , kann (vgl. BVerfGE 19, 268 [282], KirchE 7, 352). Wenn angesichts der Schwierigkeiten der Bestimmung des Lebensführungsaufwandes als Indikator der wirtschaftlichen Leistungsfähigkeit des kirchenangehörigen Ehepartners dieser Aufwand nach dem gemeinsamen Einkommen der Ehegat-

ten bemessen wird, ist hiergegen verfassungsrechtlich nichts einzuwenden (vgl. auch BFH, Urteil vom 19.10.2005 -I R 76/04- BStBl II 2006, S. 274 [277] mwN, KirchE 47, 393). Danach begegnen auch die angegriffenen Entscheidungen keinen verfassungsrechtlichen Bedenken.

40

1. Der in Art. 139 WRV iVm Art. 140 GG und Art. 109 Abs. 4 SN.Verf verankerte Sonntagsschutz erfordert einen verfassungsrechtlichen Sachgrund für Freigabe verkaufsoffener Sonntage (im Anschluss an BVerfG, Urteil vom 1.12.2009, NVwZ 2010, 570, KirchE 54, 402).
2. Die Ermächtigungsgrundlage für die Freigabe von bis zu vier verkaufsoffenen Sonntagen in § 8 Abs. 2 Satz 1 SN.LÖG verstößt gegen das Bestimmtheitsgebot in Art. 75 Abs. 1 Satz 2 SN.Verf.

Art./§§ 80 Abs. 1, 140 GG, 139 WRV, 75 Abs. 1, 109 Abs. 4 SN.Verf,
3 Abs. 2, 8 Abs. 2 SN.LÖG
Sächsisches OVG, Beschluss vom 1. November 2010 -3 B 291/10[1]-

Die Antragstellerinnen begehren vorläufigen Rechtsschutz gegen § 1a der Verordnung der Landeshauptstadt Dresden über das Offenhalten von Verkaufsstellen an bestimmten Sonntagen und über das verlängerte Offenhalten an bestimmten Werktagen im Jahr 2010 vom 10.12.2009 (ABl. der Landeshauptstadt Dresden vom 17.12.2009, S. 13 - im Folgenden: Verordnung) in der Fassung, die sie durch die Verordnung zur Änderung der vorbezeichneten Verordnung vom 12.8.2010 erhalten hat (ABl. vom 26.8.2010, S. 14). Die Vorschrift erlaubt die Öffnung von Verkaufsstellen im Stadtgebiet am 10.10., 7.11., 5.12. sowie 12.12.2010; dabei handelt es sich jeweils um Sonntage. Die Antragstellerin zu 1) ist als Verkäuferin in einem Optikgeschäft angestellt und für den 12.12.2010 zur Arbeit eingeteilt; die Antragstellerin zu 2) ist Mitarbeiterin in einem Kopiergeschäft und am 5. sowie 12.12.2010 zur Arbeit eingeteilt. Bei der Antragstellerin zu 3) handelt es sich um die Vereinigte Dienstleistungsgesellschaft Ver.di, Bezirk Dresden.

---

1 Amtl. Leitsätze. LKV 2011, 85; NVwZ-RR 2011, 105; SächsVBl 2011, 38. Vgl. zu diesem Fragenkreis auch SN.OVG, Urteil vom 27.11.2011 -3 C 2/09- SächsVBl 2011, 209, GewArch 2011, 371; Beschlüsse vom 17.3.2011 -3 B 62/11- u. 16.11.2012 -3 A 716/11- (beide juris); VerfGH.SN, Urteil vom 21.6.2012 –Vf.77-II-1- LKV 2012, 309, NVwZ-RR 2012, 873.

Die angegriffene Verordnung beruht auf dem Sächsischen Gesetz über die Ladenöffnungszeiten (Sächsisches Ladenöffnungsgesetz -SN.LÖG), dessen maßgebliche Bestimmungen wie folgt lauten:

> „§ 3 Öffnungszeiten
> (1) Montags bis sonnabends dürfen Verkaufsstellen von 6 bis 22 Uhr öffnen, am 24. Dezember, wenn dieser Tag auf einen Werktag fällt, nur bis 14 Uhr. (...)
> (2) Außerhalb der in Absatz 1 genannten Zeiten sind die Öffnung von Verkaufsstellen und das Anbieten von Waren außerhalb von Verkaufsstellen zum Verkauf an jedermann verboten, soweit nicht durch dieses Gesetz oder auf Grund dieses Gesetzes etwas anderes bestimmt wird (Ladenschlusszeiten).
> § 8 Verkaufsoffene Sonn- und Feiertage
> (1) Abweichend von § 3 Abs. 2 dürfen Verkaufsstellen an jährlich bis zu vier Sonn- und Feiertagen zwischen 12 und 18 Uhr geöffnet sein.
> (2) Die Gemeinden werden ermächtigt, die Tage nach Absatz 1 durch Rechtsverordnung zu bestimmen. Bei der Freigabe kann die Öffnung auf bestimmte Ortsteile und Handelszweige beschränkt werden.
> (3) Der Neujahrstag, der Karfreitag, der Ostersonntag, der Ostermontag, der 1. Mai, Christi Himmelfahrt, der Pfingstsonntag, der Pfingstmontag, der Tag der Deutschen Einheit, der Reformationstag, der Buß- und Bettag, der Volkstrauertag, der Totensonntag, der 24. Dezember, soweit er auf einen Sonntag fällt, der 1. und der 2. Weihnachtsfeiertag dürfen nicht freigegeben werden.

Am 1.10.2010 haben die Antragstellerinnen den Antrag auf vorläufigen Rechtsschutz gegen die in § 1a der Verordnung geregelten Ladenöffnungszeiten gestellt. Zu seiner Begründung führen sie im Wesentlichen aus:

Sie seien gem. § 47 Abs. 2 VwGO antragsbefugt, weil sie durch die angegriffene Verordnung in ihren subjektiven Rechten aus dem Sächsischen Ladenöffnungsgesetz sowie aus Art. 2 Abs. 2, Art. 6 Abs. 1 sowie Art. 9 Abs. 1 und 3 GG, die jeweils durch Art. 140 GG iVm Art. 139 WRV konkretisiert seien, verletzt zu sein drohten. Nach der Gesetzesbegründung zum Sächsischen Ladenöffnungsgesetz sei vorrangiges Ziel des Gesetzes, die Beschäftigten im Einzelhandel durch rechtliche Rahmenbedingungen vor überlangen, sozial ungünstigen Arbeitszeiten zu schützen; damit habe schon dieses Gesetz in Bezug auf die Beschäftigten im Einzelhandel auch individualschützenden Charakter. Darüber hinaus seien diese in ihren Grundrechten aus Art. 2 Abs. 2 sowie Art. 6 Abs. 1 GG verletzt; nach der Entscheidung des Bundesverfassungsgerichts (Urteil vom 1.12.2009, NVwZ 2010, 570, KirchE 54, 402) diene der Sonntagsschutz aus Art. 139 WRV, der gem. Art. 140 GG in das Grundgesetz inkorporiert sei, nicht nur der Religionsfreiheit, sondern auch der Verwirklichung anderer Grundrechte wie beispielsweise der Grundrechte aus Art. 2 Abs. 2 sowie 6 Abs. 1 GG. Die Antragstellerin zu 3) sei antragsbefugt, weil nach der vorbezeichneten Entscheidung des Bundesverfassungsgerichts der Sonn- und Feiertagsschutz des

Grundgesetzes auch der Vereinigungsfreiheit gem. Art. 9 Abs. 1 GG diene; dass das Bundesverfassungsgericht in seiner Entscheidung nicht auch auf Art. 9 Abs. 3 GG abgestellt habe, ändere hieran nichts, da Art. 9 Abs. 3 GG ein Unterfall der Vereinigungsfreiheit des Art. 9 Abs. 1 GG sei. Die Antragstellerin zu 3) beabsichtige, am 7.11.2010 als Mitbegründerin der Dresdner „Allianz für den freien Sonntag“ ein Kinderfest durchzuführen, an dem zahlreiche Mitglieder der Antragstellerin zu 3) teilnehmen wollten. Unter den insgesamt 25.500 Mitgliedern des Bezirks Dresden seien etwa 2.600 im Einzelhandel beschäftigt.

In der Sache machen die Antragstellerinnen geltend, dass die Verordnung der Antragsgegnerin offensichtlich rechtswidrig sei, denn bereits die Rechtsgrundlage, § 8 Abs. 2 SN.LÖG, sei wegen eines Verstoßes gegen Art. 140 GG bzw. Art. 109 Abs. 4 SN.Verf jeweils iVm Art. 139 WRV verfassungswidrig und könne auf Grund der Bindungswirkung der vorbezeichneten Entscheidung des Bundesverfassungsgerichts nicht mehr angewandt werden. Hierzu gehörten insbesondere die Feststellungen des Bundesverfassungsgerichts zum Erfordernis eines Sachgrundes und zur Unzulässigkeit der Öffnung an mehreren Sonntagen in Folge. Darüber hinaus verstoße § 8 Abs. 2 SN.LÖG auch gegen den Bestimmtheitsgrundsatz, da die Ermächtigungsnorm Inhalt, Zweck und Ausmaß der erteilten Ermächtigung selbst nicht hinreichend genau bestimme; auch ergebe sich aus der Vorschrift nicht, welches vom Gesetzgeber gesetzte Programm durch die Rechtsverordnung erreicht werden solle. Aufgrund der zwischenzeitlich ergangenen Rechtsprechung des Bundesverfassungsgerichts sei es nicht mehr möglich, wie bisher eine verfassungskonforme Anwendung der Ermächtigungsgrundlage ausreichen zu lassen.

Auch die mit der Verordnung vorgenommene Freigabe von bestimmten Sonntagen für den Verkauf verletze das Gebot des Sonntagsschutzes gem. Art. 140 GG bzw. Art. 109 Abs. 4 SN.Verf jeweils iVm Art. 139 WRV. Die Antragsgegnerin habe bei Ausübung des ihr bisher durch die Rechtsprechung des Sächsischen Oberverwaltungsgerichts eingeräumten Verordnungsermessens nicht die wirtschaftlichen Interessen der Händler und der Tourismusbranche als bloße Umsatz- und Erwerbsinteressen heranziehen können, da diese nach der Entscheidung des Bundesverfassungsgerichts nicht berücksichtigungsfähig seien. Dafür, dass keine anderen als ökonomische Interessen für die Entscheidung maßgeblich gewesen seien, spreche auch, dass die Öffnungszeiten nicht nur auf die Stadtgebiete beschränkt würden, die besonders stark von Touristen frequentiert würden, sondern das gesamte Stadtgebiet umfassten. Auch eine vom Sächsischen Oberverwaltungsgericht herangezogene regionale Tradition, deren Förderung allenfalls die Freigabe der Öffnungszeiten am Sonntag rechtfertigen könnte, sei nicht erkennbar. Schließlich widerspreche die Freigabe der Ladenöffnungszeiten an zwei Sonntagen in Folge der vorbezeichneten Entscheidung des Bundesverfassungsgerichts, das eine mehrwöchige Durchbrechung des Wochenrhythmus für unzulässig erachtet habe.

Letztlich sei auch zu berücksichtigen, dass eine Öffnung der Geschäfte von montags bis sonnabends gem. § 3 Abs. 1 SN.LÖG in der Zeit von 6.00 bis 22.00 Uhr möglich sei. Dass diese regelmäßigen Ladenöffnungszeiten zur Befriedigung der Einkaufsbedürfnisse nicht ausreichten, sei nicht hinreichend nachgewiesen. Daher sei im Ergebnis von einer offensichtlichen Ungültigkeit der angegriffenen Regelung und mithin von hinreichend überschaubaren Erfolgsaussichten in der Hauptsache auszugehen. Bei einer Stattgabe werde zudem nur der Regelzustand, nämlich der Schutz der Sonn- und Feiertagsruhe, wiederhergestellt. Die Freigabe der Ladenöffnungszeiten insbesondere an mehreren Adventssonntagen in Folge stelle aber einen besonders intensiven Eingriff in die geschützten Rechte der Antragstellerinnen zu 1) und 2) dar. Daher spräche auch die Abwägung der jeweiligen Folgen für die Anträge.

Die Antragstellerinnen beantragen, durch den Erlass einer einstweiligen Anordnung nach § 47 Abs. 6 VwGO § 1a der Verordnung der Antragsgegnerin über das Offenhalten von Verkaufsstellen an bestimmten Sonntagen und über das verlängerte Offenhalten an bestimmten Werktagen im Jahr 2010 vom 10.12.2009, veröffentlicht im Amtsblatt der Antragsgegnerin Nummer 51/2009 vom 17.12.2009, geändert durch Änderungsverordnung der Antragsgegnerin vom 12.8.2010, veröffentlicht im Amtsblatt der Antragsgegnerin Nr. 34/2010 vom 26.8.2010, bis zu einer Entscheidung über einen Normenkontrollantrag der Antragstellerinnen außer Vollzug zu setzen.

Die Antragsgegnerin ist der Auffassung, die Anträge seien weder zulässig noch begründet. Die Antragstellerinnen hätten allenfalls hinsichtlich einzelner Sonntage ein konkretes Anordnungsinteresse; bei der Antragstellerin zu 3) fehle ein solches Interesse gänzlich. Die von ihr angegebene Mitgliedschaft in der Allianz für den freien Sonntag verschaffe ihr kein wehrfähiges Recht; von anderen Kommunen im Wirkungsbereich der Antragstellerin zu 3) unterscheide sich die Antragsgegnerin wohl nur dadurch, dass die Allianz für den freien Sonntag in Ansehung der hier angegriffenen Verordnung zu einem Kinderfest eingeladen habe, welches an einem von der Verordnung erfassten Sonntag stattfinden solle. Selbst wenn die Mitorganisation eines solchen Kinderfestes in den Schutzbereich von Art. 9 Abs. 1 bzw. Abs. 3 GG fiele, sei kein Grund dafür vorgetragen oder ersichtlich, weshalb die Veranstalter das Kinderfest zwingend an diesem Tag durchführen müssten und insoweit auf die Erlangung gerichtlichen Rechtsschutzes angewiesen seien.

Die Anträge seien jedenfalls unbegründet. Die angegriffene Vorschrift sei rechtmäßig, jedenfalls fehle es an einer Verletzung der Antragstellerinnen in eigenen Rechten. Die Ermächtigungsgrundlage für die hier streitige Verordnung, § 8 Abs. 2 SN.LÖG, genüge dem Parlamentsvorbehalt. Für eine Änderung der Rechtsprechung des Sächsischen Oberverwaltungsgerichts, wonach sich diese Vorschrift verfassungskonform auslegen lasse, bestehe auch in Ansehung der vorbezeichneten Entscheidung des Bundesverwaltungsgerichts kein Anlass. Es bestehe nämlich keine Notwendigkeit dafür, das sich aus dem Grundgesetz und der Rechtsprechung des Bundesverfassungsgerichts ergebende Erfordernis eines angemessenen Sachgrundes zur Verdeutlichung für den kommunalen Verordnungsgeber nochmals landesgesetzlich festzuschreiben. Die Vorschrift des Berliner Landesrechts, die es der Senatsverwaltung auch ohne konkrete „Programmvorgabe" erlaube, an weiteren Sonntagen Ladenöffnungen zuzulassen (vgl. § 6 Abs. 1 Berl.LÖG), sei ausdrücklich einer verfassungskonformen Auslegung für zugänglich gehalten worden.

Auch § 1a der Verordnung sei rechtmäßig. Insbesondere liege ein von der SN.Verfassung gebilligter besonderer Sachgrund für die Ausnahme von Sonntagsöffnungsverbot hinsichtlich der gewählten Sonntage vor. Dabei könne nicht allein auf die schriftliche Begründung des zu der Gesetzesänderung führenden Antrags abgestellt werden, sondern es müsse das gesamte im Stadtrat und seinen Ausschüssen ausführlich diskutierte Abwägungsmaterial berücksichtigt werden. Die „Wünsche" der Händlerschaft seien keinesfalls die tragende oder gar einzige Erwägung für die Freigabe der Öffnungszeiten gewesen. Entscheidender Grund sei aus Sicht der Stadtratsmehrheit gewesen, dass sich Dresden nicht nur gegenüber reinen Kulturtouristen, sondern auch gegenüber der zunehmenden Zahl von Touristen, für welche „Shopping" zumindest ein Nebenzweck sei, gerade hinsichtlich der Ladenöffnungszeiten einladend zeigen und von den gesetzgeberisch eingeräumten Möglichkeiten Gebrauch machen müsse. Die Quantität der Einkaufsmöglichkeiten stelle nach entsprechenden Studien einen ganz erheblichen Teil an Lebensqualität dar und sei für die Bewertung der Attraktivität einer Stadt entscheidend. Der Ruf der Antragsgegnerin reiche zwischenzeitlich insbesondere bis in die angrenzenden osteuropäischen Länder und deren Nachbarländer. Der Verzicht darauf, potenziellen Einkaufstouristen zusätzliche Einkaufserlebnisse zu verschaffen, erscheine mit diesem Ruf unvereinbar. Leitender Ermessenszweck für die Freigabe der Adventssonntage am 5. und 12.12.2010 sei auch die Förderung der regionalen Weihnachtstradition gewesen. Die Antragsgegnerin könne mit zahlreichen Weihnachtsmärkten aufwarten, deren weihnachtliches Flair die Besucher zum Flanieren einlüden und Touristen auch aus aller Welt anlockten. Die Besucher könnten den Besuch der Weihnachtsmärkte mit einem entsprechenden Einkaufsbummel verbinden. Die ohnehin schon belebte Stadt würde auf diese Weise noch an Attraktivität gewinnen. Mit dem die Nähe zum Erzgebirge widerspiegelnden Handelsangebot der Läden wie auch der Märkte sowie mit der weiteren typischen Dresdner Besonderheit, dem Verkauf des berühmten Dresdner Christstollens, würden bei einem entsprechenden Handelsangebot an Sonntagen durch die erhöhte Anziehungskraft für Besucher nicht nur die Weihnachtsmärkte, sondern auch die Tourismuswirtschaft, Museen und andere Kultureinrichtungen insgesamt profitieren, was für die Wettbewerbsfähigkeit der Antragsgegnerin von großer Bedeutung sei. Das zweite und das dritte Adventswochenende seien nach den Touristenzahlen der Vorjahre die am besten besuchten Wochenenden im Dezember. An den ausgewählten Adventssonntagen fänden zudem besondere, in der Antragserwiderung näher dargelegte besondere Veranstaltungen statt, die zusätzliche Besucherströme in die Stadt führten. Die Freigabe der Ladenöffnungszeiten am 7.11.2010 sei als Schutzmaßnahme für das in der Adventszeit besonders geforderte Verkaufspersonal zu sehen, weil hierdurch auf die Freigabe eines weiteren Adventssonntags habe verzichtet werden können. Die Entscheidung für diesen Tag rühre im Übrigen von dem spätestens ab November in Dresden erheblich gesteigerten Bedürfnis zur Abwicklung der vorweihnachtlichen Besorgungen und dem gleichzeitigen Ziel her, zum Schutz des Dienstleistungspersonals einen zu engen zeitlichen Abstand gegenüber den beiden Adventssonntagen zu vermeiden. Der „Dresdner November" sei im Übrigen schon lange eine feste Größe im Tourismus- und Innenstadtmarketing. Mit Partnern würden Veranstaltungen in der Stadt gebündelt und der triste Monat November belebt. Am 7.11.2010 fänden in verschiedenen Stadtteilen fünf Veranstaltungen im Rahmen der jährlichen Dresdner Jazz-Tage statt. Daher sei leitender Ermessenszweck die allgemeine Förderung der regionalen Wirtschaft und des Tourismus sowie die vorweihnachtliche Tradition der Weihnachtsmärkte gewesen, die allesamt von den höheren Besucherzahlen profitierten.

Eine Beschränkung der Möglichkeit zur Sonntagsöffnung auf einzelne Stadtteile im Dezember sei u.a. deshalb ausgeschieden worden, weil sich die Antragsgegnerin insgesamt als Weihnachtsstadt präsentiere und sich die Veranstaltungsorte zur Pflege der Weihnachtstradition, Geschäfte, Hotels und Pensionen über das gesamte Stadtgebiet verteilten. Weder Einwohnern noch Touristen, deren Unterkunft nicht im Stadtzentrum liege, sollte zugemutet werden, die Besorgungen, die sie gern mit einem Stadtbesuch verbinden würden, zwingend im Stadtzentrum machen zu müssen. Die Antragsgegnerin präsentiere sich insgesamt als Einheit und sehe keine Notwendigkeit, Ungleichheiten zwischen den Stadtteilen vorzugeben. Hätte sie eine Begrenzung auf einzelne Stadtteile beschlossen, hätte sie sich selbst der Möglichkeit beraubt, auch in weniger zentrumsnahen Stadtteilen die heimischen Traditionen, den Tourismus und die Wirtschaftskraft zu fördern. Zudem bestünde bei einer Beschränkung etwa auf das Gebiet der Alt- und Neustadt keine Möglichkeit, weitere Sonntagsöffnungen zu anderen Terminen in anderen Stadtteilen zuzulassen, da das Kontingent für das gesamte Stadtgebiet dann bereits ausgeschöpft sei.

Auch wenn zwischen den beiden ausgewählten Adventssonntagen kein freier Sonntag liege, sei die Bildung eines solchen Blocks zulässig. Entgegenstehende Vorgaben habe das Bundesverfassungsgericht in der vorbezeichneten Entscheidung nicht gemacht, da dort (nur) ein Zeitraum von vier Sonntagen in Folge streitgegenständlich gewesen sei. Die Blockbildung sei aufgrund der tatsächlichen Bedarfslage gerechtfertigt und überwiege die entgegenstehenden Interessen des Verkaufspersonals. Zudem sei die angegriffene Regelung auch im Hinblick auf die Grundrechte der einkaufs- bzw. verkaufswilligen Personen, aber auch derjenigen Angestellten, die einen möglichen Zusatzverdienst begrüßen würden oder sogar darauf angewiesen seien, unbedenklich. Schließlich seien die Antragstellerinnen zu 1) und 2) nicht in ihren eigenen Rechten verletzt, da sich die Möglichkeit, zur Sonntagsarbeit eingeteilt zu werden, bereits aus ihren Arbeits- bzw. Tarifverträgen ergäbe. Die von der Antragstellerin zu 3) behauptete Rechtsverletzung sei von ihr selbst zu vertreten bzw. vermeidbar gewesen, zumal sich die Allianz für den freien Sonntag in Dresden erst nach Bekanntwerden der in dem Antrag zur Änderung der Verordnung genannten Termine gegründet habe. Eine Terminkollision habe man möglicherweise sogar angestrebt.

Schließlich seien die Folgen für die Antragstellerinnen bei Nichterlass der beantragten Anordnung weniger schwerwiegend als die Folgen für das öffentliche Interesse an der Aufrechterhaltung der streitgegenständlichen Regelung. Insbesondere würde sich ein Erfolg der beantragten Anordnung nachteilig auf die Attraktivität der Antragsgegnerin als Weihnachtsstadt und als offene bzw. international bedeutsame Stadt auswirken. Die Werbung mit den verkaufsoffenen Sonntagen sei bereits in vollem Gange. Zudem entgingen der Antragsgegnerin - nach den Erfahrungen der Vorjahre - voraussichtlich erhebliche Steuereinnahmen, welche sie in der Folge nicht im öffentlichen Interesse einsetzen könnte. Schließlich fehle auch ein Anordnungsgrund, da die Antragstellerinnen in den Vorjahren keinerlei rechtliche Beschwer behauptet hätten, so dass die für dieses Jahr behauptete Dringlichkeit schwer nachvollziehbar sei.

Der Antrag auf vorläufigen Rechtsschutz hatte teilweise Erfolg. Das OVG setzt § 1a Buchst. b) bis d) der Verordnung der Antragsgegnerin über das Offenhalten von Verkaufsstellen an bestimmten Sonntagen und über das verlängerte Offenhalten an bestimmten Werktagen im Jahr 2010 vom 10.12.2009 (ABl. Nr. 51/2009, S. 13), geändert durch Verordnung vom 12.8.2010 (ABl. 34/2010, S. 14), bis zur Entscheidung über einen noch zu erhebenden Normenkontrollantrag außer Vollzug. Im Übrigen werden die Anträge abgelehnt.

Aus den Gründen:

[19] Die Anträge auf Erlass einer einstweiligen Anordnung sind überwiegend zulässig (1) und haben in dem tenorierten Umfang Erfolg (2).

[20] 1. Die Antragstellerinnen sind antragsbefugt.

[21] An die Geltendmachung einer Rechtsverletzung iSv § 47 Abs. 2 Satz 1 VwGO, die Zulässigkeitsvoraussetzung auch für die Gewährung vorläufigen Rechtsschutzes nach § 47 Abs. 6 VwGO ist, sind dieselben Maßstäbe anzulegen wie bei der Klagebefugnis iSv § 42 Abs. 2 VwGO (BVerwG, Urteil vom 26.2.1999, NVwZ 2000, 197). Die Antragstellerinnen haben hiernach hinreichend geltend gemacht, durch die von ihnen angegriffenen Regelungen in ihren subjektiven Rechten beeinträchtigt zu sein. Die Antragstellerinnen zu 1) und 2), die mit ihren Hinweisen im Antragsschriftsatz vom 1.10.2010 hinreichend substantiiert darlegen konnten, an jeweils einzelnen in Streit stehenden Sonntagen von ihren jeweiligen Arbeitgebern zur Arbeit eingeteilt zu sein, können sich auf ihre Grundrechte aus Art. 6 Abs. 1, Art. 2 Abs. 2 GG berufen, da die Sonn- und Feiertagsgarantie auch dem Schutz von Ehe und Familie sowie der physischen und psychischen Regeneration und damit der körperlichen Unversehrtheit (BVerfG, Urteil vom 1.12.2009, aaO) dienen. Darüber hinaus dienen die das grundsätzliche Verbot der Ladenöffnung am Sonntag regelnden Vorschriften des Sächsischen Ladenöffnungsgesetzes auch dem Schutz der rechtlichen Interessen der Antragstellerinnen zu 1) und 2) als Ladenangestellten; mit den Regelungen in § 3 Abs. 1, 2, § 8 Abs. 1, 2 SN.LÖG sollen Arbeitnehmer vor überlangen Arbeitszeiten am Wochenende geschützt werden (BVerwG, Urteil vom 17.12.1998, BVerwGE 108, 182 zu § 14 Abs. 1 LadSchlG); dies legt auch § 10 SN.LÖG nahe, der die Arbeitszeiten von Arbeitnehmern bei Beschäftigung an Sonn- und Feiertagen regelt. Dass die Antragstellerinnen zu 1) und 2) arbeitsvertragsrechtlich zu einer Sonn- und Feiertagsarbeit verpflichtet sind, ändert an der belastenden Wirkung der in Streit stehenden Regelungen nichts, denn erst hierdurch und durch die hierauf beruhende Anweisung des Arbeitgebers wird die abstrakte arbeitsrechtliche Pflicht konkretisiert.

[22] Auch die Antragstellerin zu 3) kann die Möglichkeit einer Verletzung ihrer subjektiven Rechte dartun. Sie kann sich hierfür auf ihre Vereinigungsfreiheit gem. Art. 9 Abs. 3 Satz 1 GG berufen, deren Schutz die Sonn- und Feiertagsgarantie ebenfalls dient. Die Arbeitsruhe an Sonn- und Feiertagen wirkt sich nämlich auch auf die Rahmenbedingungen des Wirkens u.a. von Gewerkschaften und auf die Möglichkeit zur Abhaltung von Versammlungen aus (BVerfG, aaO). Die Antragstellerin zu 3) hat dabei hinreichend konkret dargetan, dass es am 7.11.2010 wegen eines geplanten Kinderfestes, das u.a. von der Antragstellerin zu 3) im Rahmen der „Allianz für den freien Sonntag" organisiert wird, zu

einer Kollision kommen kann. Die Berufung auf eine Störung oder Behinderung dieser Veranstaltung durch die Ladenöffnung an diesem Sonntag ist auch nicht rechtsmissbräuchlich, weil der Termin für das Kinderfest bewusst auf den 7.11.2010 festgelegt und damit eine Terminkollision sehenden Auges in Kauf genommen worden ist. Vielmehr ist es Ausfluss der von Art. 9 Abs. 1, Abs. 3 Satz 1 GG geschützten Vereinigungsfreiheit der Antragstellerin zu 3), im Rahmen ihres satzungsgemäßen Auftrags in plakativer und öffentlichkeitswirksamer Form auf die aus ihrer Sicht negativen Auswirkungen von Ladenöffnungen an einem Sonn- oder Feiertag hinzuweisen; hierzu dient die Mitveranstaltung des Kindesfestes am 7.11.2010, weil hierdurch deutlich wird, dass nicht nur Mitglieder der Antragstellerin zu 3) als Eltern, die an diesem Tag wegen der Freigabe der Ladenöffnungszeiten arbeiten müssen, an einer Teilnahme an diesem Fest gehindert sein dürften.

[23] Allerdings fehlt den Antragstellerinnen für ihre Anträge, soweit sie damit eine einstweilige Regelung in Bezug auf den § 1a Buchst. a) der Verordnung enthaltenen Sonntag, den 10.10.2010, begehren, das Rechtsschutzbedürfnis. Der Senat hatte mit gerichtlicher SN.Verfügung vom 4.10.2010 den Prozessbevollmächtigten der Antragstellerinnen darauf hingewiesen, dass auch in Anbetracht der Kürze der zur SN.Verfügung stehenden Zeit nicht beabsichtigt sei, eine Entscheidung noch vor dem 10.10.2010 zu treffen. Prozessuale Schritte im Hinblick auf eine Einschränkung des Streitgegenstandes haben die Antragstellerinnen, nachdem der 10.10.2010 verstrichen war, nicht eingeleitet. Für einen Erlass der begehrten Regelung ist nach Ablauf des 10.10.2010 aber kein Raum mehr, so dass insoweit das Rechtsschutzbedürfnis für die Anträge zu verneinen ist.

[24] 2. Die Anträge haben, soweit sie zulässig sind, Erfolg.

[25] 2.1 Das Gericht ist nicht gehindert, die in Streit stehenden Regelungen umfassend zu überprüfen, obwohl die Antragstellerinnen nach ihrem Vorbringen jeweils nur durch Teile der in Streit stehenden Regelungen rechtlich betroffen sind. Hinsichtlich der in Streit stehenden Regelungen kann nämlich die Frage der Gültigkeit unter Heranziehung von § 139 BGB nur einheitlich beantwortet werden (vgl. hierzu BVerwG, Urteil vom 17.2.2005, NVwZ 2005, 695, mwN; vgl. hierzu Kopp/Schenke, VwGO, 16. Aufl. 2009, § 47 Rn 51 mwN). Wie sich aus der Entstehungsgeschichte der streitgegenständlichen Regelungen sowie dem Vorbringen der Antragsgegnerin mit Schriftsatz vom 22.10.2010 ergibt, beruht die Entscheidung, neben den beiden Adventssonntagen den 7.11.2010 als verkaufsoffenen Sonntag auszugestalten, auf einer Gesamtabwägung der Interessen der Wirtschaft sowie des Verkaufspersonals. Die Antragsgegnerin hat hierzu darauf hingewiesen, dass der Verzicht auf die Freigabe eines weiteren Adventssonntages zugunsten des deutlich früheren, aber bereits

nahe der Vorweihnachtszeit gelegenen 7.11.2010 eine Schutzmaßnahme für das in der Adventszeit besonders geforderte Verkaufspersonal sei. Zugleich sei durch diese Entscheidung sichergestellt, dass bei einer Öffnung an nur zwei von nur insgesamt vier Adventssonntagen die verkaufsoffenen Sonntage nicht in der Überzahl seien und für den Monat Dezember kein zu großer „Block", geschweige denn eine Regel gebildet werde. Hieraus ergibt sich, dass der Entscheidung der Freigabe der Ladenöffnung an den drei streitgegenständlichen Sonntagen eine Gesamtabwägung und damit eine einheitliche Betrachtungsweise zugrunde liegt.

[26] 2.2 Gem. § 47 Abs. 6 VwGO kann das Oberverwaltungsgericht die Anwendung der Verordnung der Antragsgegnerin im noch streitgegenständlichen Umfang vorübergehend außer Vollzug setzen, da dies vorliegend aus wichtigem Grund dringend geboten ist. Da sich der Wortlaut der Vorschrift an § 32 BVerfGG anlehnt, sind die vom Bundesverfassungsgericht hierzu entwickelten Grundsätze (BVerfG, Beschluss vom 8.11.1985, BVerfGE 71, 158; Beschluss vom 8.11.1994, BVerfGE 91, 252; stRspr.) auch bei der Anwendung von § 47 Abs. 6 VwGO heranzuziehen. Bei der Prüfung, ob die vorläufige Aussetzung einer bereits in Kraft gesetzten Norm dringend geboten ist, muss deshalb ein besonders strenger Maßstab angelegt werden (vgl. zuletzt SächsOVG, Beschluss vom 9.11.2009 -3 B 445/09- mwN). Danach sind - sofern sich die Hauptsache nicht ausnahmsweise von vornherein als offensichtlich begründet oder offensichtlich unbegründet erweist - grundsätzlich allein die Folgen, die eintreten würden, wenn eine einstweilige Anordnung nicht erginge, die Hauptsache aber Erfolg hätte, gegenüber den Nachteilen abzuwägen, die entstünden, wenn die begehrte einstweilige Anordnung erlassen würde, dem Normenkontrollantrag aber der Erfolg zu versagen wäre. Im Streitfall erweist sich der - noch zu stellende - Normenkontrollantrag in der Hauptsache als offensichtlich begründet. Geht es - wie hier - um die Prüfung der Verfassungsmäßigkeit eines formellen Gesetzes, ist das Gericht dabei im vorliegenden Verfahren des vorläufigen Rechtsschutzes wegen der Eilbedürftigkeit der Entscheidung und der noch gegebenen Möglichkeit, die Vorlage nach Art. 100 GG in der Hauptsache nachzuholen, nicht gehindert, eine eigene Beurteilung der Verfassungsmäßigkeit der Norm vorzunehmen (vgl. hierzu Kopp/Schenke, aaO, § 80 Rn 161 mwN). Diese Prüfung ergibt, dass sich die Ermächtigungsgrundlage für die in Streit stehenden Regelungen der Antragsgegnerin, § 8 Abs. 2 Satz 1 SN.LÖG, als offensichtlich verfassungswidrig darstellt.

[27] Gem. Art. 80 Abs. 1 Satz 2 GG, mit dem Art. 75 Abs. 1 Satz 2 SN.Verf wortgleich übereinstimmt, müssen Inhalt, Zweck und Ausmaß einer Ermächtigung zum Erlass einer Rechtsverordnung in dem ermächtigenden Gesetz bestimmt werden. Demnach hat der Gesetzgeber im formellen Gesetz selbst die

Entscheidung darüber zu treffen, welche Fragen durch die Rechtsverordnung geregelt werden sollen; er muss die Grenzen einer solchen Regelung festsetzen und angeben, welchem Ziel die Regelung dienen soll. Es muss sich aus dem Gesetz selbst ermitteln lassen, welches vom Gesetzgeber gesetzte Programm durch die Rechtsverordnung erreicht werden soll, so dass der Bürger schon aus dieser Rechtsnorm ersehen kann, in welchen Fällen und mit welcher Tendenz von der Ermächtigung Gebrauch gemacht werden wird und welchen Inhalt die Rechtsverordnung haben kann. Die Regelung ist so bestimmt zu fassen, wie dies nach der Eigenart des zu ordnenden Lebenssachverhalts und mit Rücksicht auf den Normzweck möglich ist. Für die Ermittlung des Anwendungs- und Wirkungsbereichs einer Ermächtigungsnorm gelten die allgemeinen Auslegungsgrundsätze (zu Art. 80 Abs. 1 GG vgl. BVerfG, Beschluss v. 4.5.1997, NJW 1998, 669 mwN, stRspr.). Diese Verfassungsbestimmungen konkretisieren die aus dem speziellen grundrechtlichen Gesetzesvorbehalt einerseits und aus dem Rechtsstaatsprinzip sowie aus dem allgemeinen Vorbehalt des Gesetzes andererseits abgeleitete Verpflichtung des Gesetzgebers, nicht nur im Bereich der unmittelbaren Grundrechtsausübung, sondern in allen grundlegenden normativen Bereichen die wesentlichen Entscheidungen selbst zu treffen (zu § 10 MV.LÖG vgl. OVG.MV, Urteil vom 7.4.2010 -4 K 13/09, 4 K 14/09- *juris*, KirchE 55, 198 mwN). Diesen verfassungsrechtlichen Vorgaben genügt § 8 Abs. 2 Satz 1 SN.LÖG offensichtlich nicht, denn diese Ermächtigungsgrundlage für gemeindliche Verordnungen, mit denen jährlich bis zu vier Sonn- und Feiertage festgelegt werden können, an denen in Abweichung von § 3 Abs. 2 SN.LÖG Verkaufsstellen zwischen 12.00 und 18.00 Uhr geöffnet sein können, enthält keine Sachgründe, die eine solche Freigabe der Ladenöffnungszeiten rechtfertigen könnten.

[28] Wie das Bundesverfassungsgericht ausdrücklich festgestellt hat (vgl. BVerfG, aaO), bedarf es für die Ladenöffnung an einem Sonn- oder Feiertag eines Sachgrundes, der dem von der Verfassung geschützten Sonntagsschutz gem. Art. 140 GG (entspricht Art. 109 Abs. 4 SächsVerf) iVm Art. 139 WRV gerecht wird. Dass die Entscheidung des Verordnungsgebers über die Freigabe der Ladungsöffnungszeiten gem. § 8 Abs. 2 Satz 1 SN.LÖG von einem solchen Sachgrund abhängig zu machen ist, ergibt sich indes weder aus dem Gesetz, noch lässt sich ein solcher Sachgrund im Wege der Auslegung ermitteln. Das Gesetz selbst enthält keine entsprechenden Vorgaben: Abgesehen von der in § 8 Abs. 1 SN.LÖG festgelegten Zahl von bis zu vier Sonn- und Feiertagen und dem hierin angegebenen Zeitraum der Ladenöffnung, der nach § 8 Abs. 2 Satz 2 SN.LÖG zulässigen Beschränkung der Öffnung auf bestimmte Ortsteile und Handelszweige sowie der in § 8 Abs. 3 SN.LadÖffG geregelten Herausnahme bestimmter Feiertage enthält die gesetzliche Ermächtigung keine inhaltlichen Vorgaben.

Solche Vorgaben lassen sich auch nicht daraus ableiten, dass mit dem Verweis in § 8 Abs. 1 SN.LÖG auf den Regelfall des § 3 Abs. 2 SN.LÖG, wonach die Öffnung von Verkaufsstellen und das gewerbliche Anbieten von Waren außerhalb von Verkaufsstellen zum Verkauf an jedermann an Sonn- und Feiertagen verboten ist, dem von Verfassungs wegen geforderten Regel-Ausnahme-Verhältnis Rechnung getragen wird. Da die Ermächtigungsgrundlage nicht - wie etwa § 10 MV.LÖG - auf bestimmte Gemeindetypen beschränkt ist, aus deren gesetzlicher Festlegung selbst schon eine bestimmte inhaltliche Beschränkung ersichtlich ist, ergibt sich aus der Festlegung dieses Regel-Ausnahme-Verhältnisses allein nämlich nicht, dass die Freigabe der Ladenöffnungszeiten nur bei Vorliegen eines hinreichenden sachlichen Grundes zulässig ist; die Regelung lässt sich damit, anders als etwa die vorgenannte Vorschrift Mecklenburg-Vorpommerns, nicht durch verfassungskonforme Auslegung konkretisieren (vgl. hierzu OVG.MV, aaO), zumal sie nicht einmal einen - allgemein gehaltenen - Sachgrund enthält, der, wie die Regelung in § 6 Abs. 1 Satz 1 Berl.LÖG („im öffentlichen Interesse“), unter Zugrundelegung der Rechtsprechung des Bundesverfassungsgerichts (aaO) wegen der Möglichkeit verfassungskonformer Auslegung noch für ausreichend erachtet werden könnte. In Ermangelung eines vom Gesetzgeber festgelegten Sachgrundes wäre damit auch die auf reine Praktikabilitätserwägungen abstellende Freigabe der Ladenöffnungszeiten an jedem ersten Sonntag im Quartal von § 8 Abs. 2 Satz 1 SN.LÖG gedeckt. Verfassungsvorgaben entsprechenden Sachgrundes bedürfte es hingegen nicht. Dass der Gesetzgeber diese Auffassung teilt, legt im Übrigen auch die Tatsache nahe, dass das am 1.1.2011 in Kraft tretende Nachfolgegesetz in seinem § 8 Abs. 2 Satz 1 nunmehr das Tatbestandsmerkmal „aus besonderem Anlass“ enthalten soll.

[29] Für eine solche Auslegung lässt sich im Übrigen auch nicht die Entstehungsgeschichte und Begründung des Gesetzes heranziehen. Der Senat hat in seinem Urteil vom 7.7.2009 (SächsVBl. 2010, 37) darauf hingewiesen, dass es nach der Begründung des Gesetzentwurfs der Staatsregierung zum Ladenöffnungsgesetz (LT-Drs. 4/6839) vorrangiges Ziel des Gesetzes sein soll, neben dem verfassungsrechtlich verankerten Schutz der Sonn- und Feiertage die Beschäftigten im Einzelhandel durch entsprechende rechtliche Rahmenbedingungen vor einer übermäßigen Inanspruchnahme und sozial ungünstigen Arbeitszeiten zu schützen. Das Gesetz soll hiernach einen Ausgleich zwischen den Interessen der Verkaufsstelleninhaber, den im Einzelhandel Beschäftigten und den Verbrauchern herstellen. Ausnahmen von dem verfassungsrechtlichen Schutz von Sonn- und Feiertagen sollen nur in engen Grenzen möglich sein. So soll regionalen Besonderheiten im Rahmen der Freigabe von bis zu vier Sonn- und Feiertagen Rechnung getragen werden. Im Hinblick auf die Adventssonntage, die nicht mehr von der Freigabe ausgenommen sein sollen, wurde der Vorschlag in dem

Landtagsbeschluss vom 22.9.2005 aufgenommen, nach dem die Staatsregierung alles unternehmen solle, damit in den Innenstädten des Weihnachtslandes Erzgebirge Ausnahmen zur Ladenöffnung an den Adventssonntagen ermöglicht werden könnten. Damit erschließt sich aus der Gesetzesbegründung aber nicht, welchem von der Verfassung gebilligten Sachgrund die Sonntagsfreigabe dienen soll. Soweit der vorgenannten Entscheidung des Senats etwas anderes zu entnehmen sein sollte, wird daran angesichts der jüngsten Klärung durch das Bundesverfassungsgericht nicht festgehalten.

[30] Soweit in der vorgenannten Begründung auf die Interessen von Händlern sowie auf das Einkaufsverhalten der Verbraucher abgestellt wird, ergibt sich schon aus der vorbezeichneten Entscheidung des Bundesverfassungsgerichts (BVerfG, Urteil vom 1.12.2009, aaO), dass das wirtschaftliche Umsatzinteresse der Verkaufsstelleninhaber und das alltägliche Erwerbsinteresse („shopping-Interesse") potenzieller Käufer grundsätzlich keine Ausnahme von dem verfassungsunmittelbar verankerten Sonn- und Feiertagsschutz rechtfertigen. Die als Ausgangspunkt der gesetzlichen Regelung angesprochene Pflege und Bewahrung regionaler Traditionen insbesondere im Erzgebirge mag zwar Anlass und Motiv für die gesetzliche Regelung selbst gewesen sein, kann hingegen für eine Konkretisierung des gesetzgeberischen Programms nicht herhalten. Wie sich nämlich aus der Gesetzesbegründung auch ergibt (aaO, S. 7), ist für eine Freigabe der Ladenöffnung an Sonn- und Feiertagen - anders als es nunmehr ab dem 1.1.2011 wieder sein soll - ausdrücklich auf die Anlassbezogenheit verzichtet worden, da sie nicht mehr der gesellschaftlichen Wirklichkeit entsprechen soll. Eine Beschränkung auf bestimmte Regionen oder Orte sei - so die Begründung - unter wettbewerbsrechtlichen Gesichtspunkten nach dem Gleichbehandlungsgrundsatz nicht möglich. Hieraus ergibt sich, dass inhaltliche Vorgaben für die zur Freigabe der Öffnungszeiten an Sonn- und Feiertagen maßgeblichen Sachgründe schon aus Gleichbehandlungsgründen bewusst nicht gemacht werden sollten. Ein gesetzgeberisches Programm lässt sich daher auch unter Zuhilfenahme der Gesetzesbegründung nicht ableiten (zustimmend Rozek, AuR 2010, 148, 151).

[31] Nach alledem ist daher zusammenfassend festzustellen, dass § 8 Abs. 2 Satz 1 SN.LÖG unbestimmt ist und daher offensichtlich den Vorgaben von Art. 80 Abs. 1 Satz 2 GG, Art. 75 Abs. 1 Satz 2 SN.Verf widerspricht. Eine von diesem Ergebnis abweichende Interessenabwägung ist unter diesen Umständen nicht möglich.

41
Die Gewährung von Renten- und Sozialversicherungsleistungen nach einem verstorbenen Ehegatten kann davon abhängig gemacht werden, dass die Ehe nach weltlichem (nicht nur nach religiösem) Recht gültig geschlossen war.

Art. 8, 14 EMRK, 1 Erstes Zusatzprotokoll
EGMR, Entscheidung vom 2. November 2010 -No. 3976/05-
(Şerife Yiğit ./. Türkei) -[1]

THE FACTS
I. The circumstances of the case
[9] The applicant was born in 1954 and lives in Islahiye.

[10] She was the partner of Ömer Koç (Ö.K.), a farmer whom she married in a religious ceremony in 1976 and with whom she had six children. Ö.K. died on 10 September 2002. The applicant stated that on that date, while she and her partner had been making preparations for an official marriage ceremony, Ö.K. had died following an illness.

A. Proceedings before the District Court
[11] On 11 September 2003 the applicant brought proceedings before the İslahiye District Court on her own behalf and on behalf of her daughter Emine seeking rectification of the entry concerning her in the civil status register. She requested that her religious marriage to Ö.K. be recognised and that her daughter be entered in the register as the deceased's daughter.

[12] In a judgment of 26 September 2003 the District Court refused the applicant's request concerning her religious marriage but granted the request for Emine to be entered in the register as Ö.K.'s daughter. As no appeal was lodged, the judgment became final.

B. Proceedings before the Labour Court
[13] On an unspecified date the applicant requested the Hatay retirement pension fund („Bağ-Kur") to award her and her daughter Emine a survivor's pension and health insurance cover on the basis of her late partner's entitlement. The fund refused the request.

[14] On 20 February 2003 the applicant applied to the İslahiye Labour Court to have that decision set aside. On 20 May 2003 the latter decided that it had no jurisdiction ratione loci and that the case should be heard by the Hatay Labour Court.

---
1 HUDOC; DÖV 2010, 40 (LS).

[15] In a judgment of 21 January 2004 the Hatay Labour Court, in a ruling based on the judgment of the İslahiye District Court, found that the applicant's marriage to Ö.K. had not been validated. Accordingly, since the marriage was not legally recognised, the applicant could not be subrogated to the deceased's rights. However, the court set aside the retirement fund's decision in so far as it related to Emine and granted her the right to claim a pension and health insurance cover on the basis of her deceased father's entitlement.

[16] On 10 February 2004 the applicant appealed on points of law to the Court of Cassation. She argued that the extract from the civil status register stated that she was the wife of Ö.K., who was registered in the village of Kerküt. She explained that in 1976 she had married Ö.K. in accordance with custom and practice. The couple had had six children. The first five children had been entered in the civil status register in 1985 under their father's name, while the last child, Emine, born in 1990, had been entered under her mother's name in 2002. The applicant asserted that, unlike her six children, she had been unable to claim a pension or health insurance cover based on her deceased partner's entitlement.

[17] In a judgment of 3 June 2004, served on the applicant on 28 June 2004, the Court of Cassation upheld the impugned judgment.

II. Relevant domestic law and practice

A. Legislation

1. Civil Code

[18] Article 134 of the Civil Code provides:

> „A man and a woman who wish to contract a marriage must apply together to the civil status registrar in the place of residence of either one of them.
> The civil status registrar [who is to perform the ceremony] shall be the mayor in the case of a municipality, or the official whom he or she has designated for the purpose, or the muhtar in the case of a village."

[19] Articles 135 to 144 of the Civil Code lay down the substantive and formal conditions governing the solemnisation of marriage between men and women.

[20] Article 143 of the Code reads as follows:

> „At the close of the [civil] marriage ceremony the official shall issue the couple with a family record book.
> No religious ceremony may be performed without the family record book being produced.
> The validity of the [civil] marriage is not linked to the performance of a religious ceremony."

[21] Article 176 § 3 of the Civil Code concerning maintenance payments provides that maintenance in the form of an allowance or periodic payments ceases to be due when the recipient remarries or one of the two parties dies, or if the recipi-

ent is living in a de facto marital relationship outside marriage, is no longer in financial need or has an immoral lifestyle.

2. Criminal Code

[22] The sixth paragraph of Article 230 of the Criminal Code reads as follows:

> „Any person who solemnises a religious marriage without having seen the document certifying that a marriage ceremony was performed in accordance with the law shall be liable to a term of imprisonment of between two and six months."

3. Code of Obligations

[23] Article 43 of the Code of Obligations concerns the determination of compensation awards depending on the circumstances and the seriousness of the fault. Article 44 of the Code deals with reductions in compensation awards. Article 45 concerns awards for damages following a death: persons deprived of financial support as the result of a death must receive compensation for loss of income.

4. Social Security Act

[24] Section 23(b) and (c) of the Social Security Act (Law no. 506) lists the persons eligible for a survivor's pension on the death of a spouse (where a civil marriage has taken place).

[25] Sections 32 to 34 of the General Health and Social Security Act (Law no. 5510) set out the circumstances in which the persons entitled under the deceased (where there was a civil marriage) may claim a survivor's pension, and the method used to calculate the amount.

5. Law no. 5251 of 27 October 2004 on the organisation and functions of the Directorate-General for the Status of Women

[26] The aim of this Law is to safeguard women's social, economic, cultural and political rights and to combat all forms of discrimination against women and improve their level of educational attainment.

6. Law no. 3716 of 8 May 1991 on the correct recording of the parentage of children born within or outside marriage and those born of a relationship not based on a marriage certificate

[27] As its title indicates, this Law (repealed on 16 May 1996) dealt with the recording in the civil status register under the father or mother's name of children born within or outside civil marriage and with the regularisation of the situation of children whose parents had not contracted a civil marriage. The new Civil Code, which entered into force on 8 December 2001, no longer distinguishes between children born within and outside marriage.

B. Case-law

1. Court of Cassation

[28] In a judgment of 28 May 2007 (E. 2007/289, K. 2007/8718), the Twenty-First Division of the Court of Cassation quashed a first-instance judgment on the ground that a woman married in accordance with religious rites should be paid compensation under Articles 43 and 44 of the Code of Obligations following the death of her partner in a work-related accident.

[29] In a judgment of 11 September 1990 (E. 1990/4010, K. 1990/6972), the Tenth Division of the Court of Cassation set aside a first-instance judgment awarding compensation to a woman living in a religious marriage following the death of her partner in a work-related accident. After reiterating that marriage was a legal institution, that a religious union between two persons of opposite sex could not be recognised as a marriage and that section 23(c) and (b) of the Social Security Act (Law no. 506) guaranteed compensation only to the children born of a marriage or a union other than marriage, the Court of Cassation ruled that the children were entitled to social security cover following the death of their father, but that the father's partner was not. The court held that in the absence of legislation on the subject, the social security agency could require the woman in question to repay the sums wrongly paid to her after her partner's death.

[30] By a judgment of 11 December 2003 (E. 2003/14484, K. 2003/14212), on the basis of Article 176 § 3 of the Civil Code, the Third Division of the Court of Cassation set aside a judgment of the lower court on the ground that a former husband was no longer required to pay maintenance to his ex-wife since the latter was living in a de facto marital relationship with another man, albeit without a marriage certificate, and the couple had a child together.

[31] In a judgment of 6 June 2000 (E. 2000/3127, K. 2000/4891) the Fourth Division of the Court of Cassation overturned a criminal court ruling acquitting an imam who had performed a religious marriage ceremony without first checking the document proving that a civil marriage had taken place in accordance with the law.

2. Supreme Administrative Court

[32] In a judgment of 17 October 1997 (E. 1995/79, K. 1997/479) the General Assembly of the plenary Supreme Administrative Court (Danıştay Dava Daireleri Genel Kurulu) upheld a first-instance judgment, thereby overturning the judgment of the Tenth Division of the Supreme Administrative Court, on the ground that the children and surviving partner from a religious marriage should be awarded compensation after their father and partner was accidentally killed (by police bullets fired on the fringes of a demonstration). The General Assembly

observed that the action had been brought by the surviving partner on her own behalf and that of her children, that four children had been born of the relationship, resulting from a religious marriage, and that following the man's death, the children and their mother had been deprived of his financial support (destekten yoksun kalma tazminatı). It pointed out that, while domestic law did not afford protection to or validate such a union, the couple had had children together whose births had been recorded under the parents' names in the civil status register and the deceased had supported the family financially. Accordingly, it awarded compensation to the children and their mother on account of the man's death.

3. Observations on the domestic law and case-law

[33] As cohabitation on the basis of religious marriage is a social reality, the courts apply two principles of civil liability in awarding compensation to women whose partner in a religious marriage has died:
(a) compensation for pecuniary and non-pecuniary damage (maddi ve manevi tazminat) on the basis of Articles 43 and 44 of the Code of Obligations;
(b) compensation for loss of financial support (destekten yoksun kalma tazminatı) following a death, on the basis of Article 45 of the Code of Obligations.

[34] In the specific context of Article 176 § 3 of the Civil Code, the legislation refers to couples living together as de facto man and wife without having contracted a civil marriage. In practice, this means religious marriage, and there is no requirement to continue paying maintenance to the other party in the situations contemplated (see paragraph 21 above). However, the Court of Cassation does not award the two types of compensation referred to in the previous paragraph in the case of same-sex or adulterous relationships, which are deemed to run counter to morals (see, for example, the judgment of the Twenty-First Division of the Court of Cassation of 11 October 2001 (E. 2001/6819, K. 2001/6640)).

[35] The legislature does not recognise any form of opposite-sex or same-sex cohabitation or union other than civil marriage. The domestic courts interpret the law very strictly. The fact that the general principles articulated in the Civil Code and the Code of Obligations are applied cannot be viewed as tacit or de facto recognition of religious marriage. Although the domestic courts award surviving partners compensation on the basis of general principles of civil liability – which cannot be equated with the principles governing social security or civil marriage – they never grant them survivor's pensions or social security benefits based on the deceased partner's entitlement.

C. Background to the case

1. History

[36] Under Islamic law, a religious marriage requires the presence of two male witnesses (or one man and two women). The marriage is solemnised simply by the couple exchanging vows in the presence of the witnesses, without the need for a cleric (imam or equivalent) to be present or for an official document to be drawn up. Under the Ottoman empire, following a decision taken by the supreme Sunni religious authority, the Sheikh-ul-Islam, the presence of an imam or a kadı (judge) became compulsory for all marriage ceremonies, on pain of penalties. This practice became widely established, and nowadays the presence of an imam is required. Muslim marriages also include a pecuniary element in the form of a dowry (mahr).

[37] Islamic law, save in some specific circumstances (for instance, the death of the husband), recognises repudiation (talâk) as the sole means of dissolving a marriage. This is a unilateral act on the part of the husband, who dismisses his wife and thereby severs the marital bond. It entails the husband explicitly repudiating his wife by saying the required form of words three times to her (for example: „I repudiate you" or „You are repudiated").

2. The Republic

[38] The Turkish Republic was founded on a secular basis. Before and after the proclamation of the Republic on 29 October 1923, the public and religious spheres were separated through a series of revolutionary reforms: the abolition of the caliphate on 3 March 1923; the repeal of the constitutional provision declaring Islam the religion of the State on 10 April 1928; and, lastly, on 5 February 1937, an amendment to the Constitution according constitutional status to the principle of secularism (see Article 2 of the 1924 Constitution and Article 2 of the Constitutions of 1961 and 1982). The principle of secularism was inspired by developments in Ottoman society in the period between the nineteenth century and the proclamation of the Republic (see Leyla Şahin v. Turkey [GC] -no. 44774/98- §§ 30-32, ECHR 2005-XI, KirchE 47, 426).

[39] One of the major achievements of the Civil Code was the institution of compulsory monogamous civil marriage between men and women, requiring religious marriages to be preceded by a civil ceremony. The new Civil Code, which entered into force on 8 December 2001, does not cover any forms of cohabitation other than marriage. The national parliament chose not to enact legislation in this sphere.

3. The Religious Affairs Directorate

[40] According to the Religious Affairs Directorate (Diyanet İşleri Başkanlığı), imams, who are appointed by the Directorate, are expressly required to verify

that the future husband and wife have been married by a civil status registrar. The „religious" ceremony before an imam appointed by the Directorate is a mere formality which entails little solemnity. The civil marriage takes precedence over the religious marriage.

III. Comparative law

[41] Of the thirty-six countries surveyed in a comparative-law study, fourteen (Cyprus, the Czech Republic, Denmark, Finland, Greece, Ireland, Italy, Latvia, Lithuania, Malta, Poland, Portugal, Spain and the United Kingdom) recognise varying forms of religious marriage. Exclusively religious marriages are not recognised and are treated on the same footing as cohabitation in the following countries: Albania, Armenia, Austria, Azerbaijan, Belgium, Bosnia and Herzegovina, Bulgaria, Estonia, France, Georgia, Germany, Hungary, Luxembourg, Moldova, Monaco, the Netherlands, Romania, Serbia, Slovenia, Switzerland, „the former Yugoslav Republic of Macedonia" and Ukraine.

[42] Of the thirty-six countries surveyed, four (France, Greece, Portugal and Serbia) expressly recognise cohabitation. In other countries, although such arrangements are not expressly recognised, they produce legal effects to one degree or another. This is the case in Austria, Belgium, the Czech Republic, Denmark, Hungary, Italy, the Netherlands, Slovenia and Switzerland. However, the majority of States do not recognise cohabitation at all (Albania, Armenia, Azerbaijan, Bosnia and Herzegovina, Bulgaria, Cyprus, Estonia, Finland, Georgia, Germany, Ireland, Latvia, Lithuania, Luxembourg, Malta, Moldova, Monaco, Poland, Romania, „the former Yugoslav Republic of Macedonia", Ukraine and the United Kingdom).

[43] In twenty-four countries (Armenia, Austria, Azerbaijan, Belgium, Bosnia and Herzegovina, Cyprus, the Czech Republic, France, Germany, Greece, Hungary, Ireland, Luxembourg, Moldova, Monaco, the Netherlands, Poland, Romania, Serbia, Slovenia, Spain, Switzerland, „the former Yugoslav Republic of Macedonia" and Ukraine), the national legislation allows the surviving spouse, subject to certain conditions, to claim benefits based on the deceased's social security entitlements. Of these countries, only six (Austria, Belgium, France, Hungary, the Netherlands and Spain) extend this right to cohabitants. In most of the member States of the Council of Europe, only married couples who have contracted a civil marriage qualify for health insurance cover on the death of one of the partners; hence, cohabitants are not eligible.

[44] In Denmark, Hungary, the Netherlands, Portugal, Slovenia and Spain a survivor's pension may be awarded to a surviving cohabitant in certain circumstances. In the vast majority of countries which have a survivor's pension, cohabitants are not eligible to receive it.

THE LAW

I. The Government's preliminary objection

A. The Chamber judgment[2]

[45] Before the Chamber, the Government raised an objection of failure to exhaust domestic remedies. They pointed out that the applicant had brought proceedings before the İslahiye District Court seeking recognition of her religious marriage to her deceased partner. The action had been dismissed by the court and the applicant had not appealed against that decision to the Court of Cassation.

[46] In its judgment, the Chamber dismissed the Government's preliminary objection, reasoning as follows:

> „19. The Court observes that the applicant complained that her application concerning her deceased partner's retirement pension and health insurance rights had been rejected by the Hatay Labour Court on 21 January 2004. That judgment was upheld by the Court of Cassation judgment of 3 June 2004, served on the applicant on 28 June 2004. The applicant lodged her application with the Court on 6 December 2004, that is to say, within the six-month time-limit laid down by Article 35 § 1 of the Convention. Accordingly, the Government's objection must be dismissed."

B. The parties' submissions

[47] The Government reiterated the same preliminary objection before the Grand Chamber.

[48] The applicant maintained that she had exhausted domestic remedies, pointing out that she had applied unsuccessfully to the domestic courts for a survivor's pension and social security benefits based on her partner's entitlement.

C. The Court's assessment

[49] The Court observes that after the death of her partner the applicant first lodged an action with the İslahiye District Court seeking rectification of the entry concerning her in the civil status register, with a view to having her religious marriage recognised and having her daughter registered as her partner's daughter. She subsequently lodged another action, this time with the Hatay Labour Court, seeking to obtain a survivor's pension and social security benefits based on her late partner's entitlement. Hence, by complaining in substance of her inability to obtain those benefits the applicant made use, without success, of an appropriate and available remedy before the Hatay Labour Court, whose judgment was upheld by the Court of Cassation.

---

2 EGMR, Urteil vom 20.1.2009 -No. 3976/05- (Şerife Yiğit ./.Türkei) KirchE 53, 6.

[50] Accordingly, the Grand Chamber agrees with the Chamber's conclusion. It reiterates in that regard that an applicant must have made normal use of domestic remedies which are likely to be effective and sufficient and that, when a remedy has been pursued, use of another remedy which has essentially the same objective is not required (see Kozacıoğlu v. Turkey [GC] -no. 2334/03- § 40, ECHR 2009-..., and Micallef v. Malta [GC] -no. 17056/06- § 58, ECHR 2009-...). It follows that the Government's objection as to non-exhaustion of domestic remedies must be dismissed.

II. The nature of the applicant's complaint

[51] The Grand Chamber observes that the Chamber examined the applicant's complaint from the standpoint of Article 8 of the Convention only. However, it should be reiterated that the scope of the Grand Chamber's jurisdiction in cases submitted to it is limited only by the Chamber's decision on admissibility (see Perna v. Italy [GC] -no. 48898/99- § 23, ECHR 2003–V, and Azinas v. Cyprus [GC] -no. 56679/00- § 32, ECHR 2004-III). Within the compass thus delimited, the Grand Chamber may deal with any issue of fact or law that arises during the proceedings before it (see Powell and Rayner v. the United Kingdom, 21 February 1990, § 29, Series A no. 172; Philis v. Greece (no. 1), 27 August 1991, § 56, Series A no. 209; Guerra and Others v. Italy, 19 February 1998, § 44 in fine, RJD 1998–I; and Scoppola v. Italy (no. 2) [GC] -no. 10249/03- § 48, ECHR 2009-...).

[52] Furthermore, since the Court is master of the characterisation to be given in law to the facts of the case, it is not bound by the characterisation given by the applicant or the Government. By virtue of the jura novit curia principle, it has, for example, considered of its own motion complaints under Articles or paragraphs not relied on by the parties and even under a provision in respect of which the Court had declared the complaint to be inadmissible while declaring it admissible under a different one. A complaint is characterised by the facts alleged in it and not merely by the legal grounds or arguments relied on (see Scoppola, cited above, § 54; Powell and Rayner, cited above, § 29; and Guerra and Others, cited above, § 44). By virtue of Article 43 of the Convention, it is the whole case, embracing all aspects of the application previously examined by the Chamber, which is referred to the Grand Chamber to be decided afresh by means of a new judgment (see, among other authorities, Göç v. Turkey [GC] -no. 36590/97- § 36, ECHR 2002–V). The Grand Chamber may proceed in the same manner in the present case.

[53] For that reason the Grand Chamber invited the parties, in their observations and pleadings before it, to also address the issue of compliance in the instant case with Article 14 of the Convention taken in conjunction with Article 1

of Protocol No. 1. In the light of their submissions, it considers it necessary to first examine the applicant's complaint from the standpoint of those provisions.

III. Alleged violation of Article 14 of the Convention taken in conjunction with article 1 of Protocol No. 1

[54] In connection with the invitation referred to in the preceding paragraph the applicant submitted that the refusal of the domestic courts to award her a survivor's pension and social security benefits based on her deceased partner's entitlement had been in breach of Article 14 of the Convention taken in conjunction with Article 1 of Protocol No. 1.
Article 14 of the Convention provides:

> „The enjoyment of the rights and freedoms set forth in [the] Convention shall be secured without discrimination on any ground such as sex, race, colour, language, religion, political or other opinion, national or social origin, association with a national minority, property, birth or other status."

Article 1 of Protocol No. 1 provides:

> „Every natural or legal person is entitled to the peaceful enjoyment of his possessions...

The preceding provisions shall not, however, in any way impair the right of a State to enforce such laws as it deems necessary to control the use of property in accordance with the general interest or to secure the payment of taxes or other contributions or penalties."

A. Applicability of Article 14 taken in conjunction with Article 1 of Protocol No. 1

[55] Article 14 of the Convention has no independent existence, since it has effect solely in relation to the rights and freedoms safeguarded by the other substantive provisions of the Convention and its Protocols. Its application does not presuppose a breach of one or more of such provisions and to this extent it is autonomous. For Article 14 to become applicable it suffices that the facts of a case fall within the ambit of another substantive provision of the Convention or its Protocols (see Thlimmenos v. Greece [GC] -no. 34369/97- § 40, ECHR 2000–IV, KirchE 42, 402, and Koua Poirrez v. France -no. 40892/98- § 36, ECHR 2003-X; see also Fretté v. France -no. 36515/97- § 31, ECHR 2002–I and the case-law cited therein).

[56] As regards the applicability of Article 1 of Protocol No. 1, the Court ruled in Stec and Others v. the United Kingdom ((dec.) [GC], nos. 65731/01 and 65900/01, §§ 42-56, ECHR 2005–X) that this provision did not oblige States to put in place a social security or pension scheme; however, if a Contracting State had in force legislation providing for the payment as of right of a welfare benefit – whether conditional or not on the prior payment of contributions – that legis-

lation had to be regarded as generating a proprietary interest falling within the ambit of Article 1 of Protocol No. 1 for persons satisfying its requirements.

[57] In the instant case the applicant complained that she had been deprived of a survivor's pension and social security benefits based on her deceased partner's entitlement on discriminatory grounds covered, in her view, by Article 14, namely her status as a woman married in accordance with religious rites.

[58] The Court notes that, under the national social security legislation, only persons married in accordance with the Civil Code inherit their late spouse's social security entitlements. It further observes that, according to the settled case-law of the domestic courts, based on the ordinary law on civil liability as defined in the relevant provisions of the Civil Code and the Code of Obligations, a retirement pension and social security benefits cannot be awarded to a surviving partner where there has been no civil marriage. However, the Court points to its own case-law to the effect that, although Article 1 of Protocol No. 1 does not include the right to receive a social security payment of any kind, if a State does decide to create a benefits scheme, it must do so in a manner which is compatible with Article 14 (see Stec and Others, cited above, § 55). In the instant case the applicant complained that she had not been awarded a retirement pension and social security benefits based on her late partner's entitlement on discriminatory grounds for the purposes of Article 14 of the Convention.

[59] Consequently, Article 14 of the Convention taken in conjunction with Article 1 of Protocol No. 1 is applicable in the present case.

B. Compliance with Article 14 taken in conjunction with Article 1 of Protocol No. 1

1. The parties' submissions

(a) The Government

[60] The Government began by pointing out that the regulation of marriage, which was compatible with Article 12 of the Convention, fell within the State's margin of appreciation. Civil marriage was clearly defined by the provisions of the Civil Code. Only persons who had contracted a civil marriage could enjoy the corresponding rights. That was why the applicant's application to the Hatay Labour Court seeking to benefit from her deceased partner's social security entitlements had been rejected on account of the absence of a civil marriage. Entitlement to a survivor's pension and social security benefits was not governed by the rules on inheritance laid down by the Civil Code. Under the domestic social security legislation, the lawful surviving partner of a civil marriage and his or her children could inherit such entitlement.

[61] Next, the Government stressed the importance of the principle of secularism, which was enshrined in the Constitution. It was not possible to attach

legal consequences to the application of religious rules. The legislature's aim was to prevent religious marriages and protect the most important building-block of society, namely the family. As a secular State, Turkey did not recognise religious marriages. In a similar situation where the woman rather than the man was in employment, the latter would not be awarded a survivor's pension or social security benefits on her death. Religious marriage placed women at a disadvantage compared to men. In order to prevent discrimination and grant the same rights to women and men, the law required religious marriages to be preceded by a civil ceremony. The law governing civil marriage did not impose any particular restrictions on the right to marry, neither could the legislature oblige persons who were living together to marry in accordance with the Civil Code.

[62] In the Government's submission, the domestic authorities had not subjected the applicant to discriminatory treatment compared to other persons in a similar situation. There was no provision of domestic law which entitled a „surviving life companion" or „surviving partner" to receive a survivor's pension or social security benefits as the deceased's successor. The main difference between religious and civil marriage was that the former was not recognised by the law. Religious marriages were not registered. Persons wishing to enter into such a union were free to do so, but only after they had contracted a civil marriage. Article 230 of the Criminal Code made it a punishable offence to solemnise a religious marriage before the civil ceremony. The object of that provision was to protect women against polygamy. If religious marriages were to be considered lawful all the attendant religious consequences would have to be recognised, for instance the fact that a man could marry four women. The only means of preventing that was to promote civil marriage and not to attach rights to religious marriage. A further legal argument militated against religious marriage, namely the principle of presumption of paternity, which was based on the existence of a civil marriage. Furthermore, the recognition of a child by his or her father did not entail regularisation of the latter's religious marriage. The applicant had had the opportunity to contract a civil marriage in order to secure entitlement to a survivor's pension and social security benefits in the event of her partner's death.

[63] Lastly, the Government submitted that a distinction needed to be made between a claim for damages under private law and an application for a survivor's pension and other social security benefits under the rules of public law. Under the latter, entitlement to such benefits required the existence of a legal relationship. As religious marriage was not recognised the applicant could not legally claim a survivor's pension or social security benefits based on her late partner's entitlement. Granting such rights to persons living in religious mar-

riages would be tantamount to encouraging religious marriage. Under domestic law, the introduction of a claim for damages did not depend on the persons concerned being related. Admittedly, the courts accepted that a fiancée or close friend who had cared for the deceased or a person who had suffered a loss of income as a result of the death could be awarded damages; however, in such situations Turkish law provided for compensation irrespective of the existence of a religious or civil marriage.

(b) The applicant

[64] During the hearing, without making an explicit complaint in that regard, the applicant stated that, as she herself had been born of a religious marriage, her name had not been entered in the civil status register until 15 October 2002. The delay in being registered was the reason why she had been unable to contract a civil marriage with Ö.K. As a woman married in accordance with custom and practice, she submitted that the domestic courts had rejected her claim for social security benefits on the death of her partner because she had not contracted a civil marriage.

[65] The applicant did not regard her application as tending towards the recognition of religious marriage or polygamy. The Civil Code recognised religious marriages provided that they were solemnised after a civil ceremony had been performed. While she was aware of the relevant provision of the Criminal Code, she had doubts as to its effectiveness (see paragraph 22 above). In her view, religious marriage was a social reality throughout Turkey. Furthermore, her situation could have been regularised on the basis of the amnesty laws which were enacted regularly with a view to ensuring that children born outside marriage could be entered in the civil status register.

[66] During the hearing the applicant stated that she had always paid her own medical expenses rather than being covered by her partner, as she had never had entitlement through him.

2. The Court's assessment

(a) Relevant general principles

[67] According to the Court's settled case-law, discrimination means treating differently, without an objective and reasonable justification, persons in relevantly similar situations (see D.H. and Others v. the Czech Republic [GC] -no. 57325/00- § 175, ECHR 2007-XII). A difference in treatment has no objective and reasonable justification if it does not pursue a legitimate aim or if there is not a reasonable relationship of proportionality between the means employed and the aim sought to be realised (see Larkos v. Cyprus [GC] -no. 29515/95- § 29, ECHR 1999-I). The provisions of the Convention do not prevent, in principle, Contracting States from introducing general policy schemes by way of legisla-

tive measures whereby a certain category or group of individuals is treated differently from others, provided that the difference in treatment which results for the statutory category or group as a whole can be justified under the Convention and its Protocols (see, mutatis mutandis, Ždanoka v. Latvia [GC] -no. 58278/00- § 112, ECHR 2006-IV).

[68] In other words, Article 14 does not prohibit distinctions in treatment which are founded on an objective assessment of essentially different factual circumstances and which, being based on the public interest, strike a fair balance between the protection of the interests of the community and respect for the rights and freedoms safeguarded by the Convention (see Ünal Tekeli v. Turkey -no. 29865/96- § 51, ECHR 2004-X).

[69] The right not to be discriminated against in the enjoyment of the rights guaranteed under the Convention is also violated when States without an objective and reasonable justification fail to treat differently persons whose situations are significantly different (see Thlimmenos, cited above, § 44).

[70] The Contracting States enjoy a certain margin of appreciation in assessing whether and to what extent differences in otherwise similar situations justify a different treatment in law (see Marckx v. Belgium, 13 June 1979, § 33, Series A no. 31; Abdulaziz, Cabales and Balkandali v. the United Kingdom, 28 May 1985, § 72, Series A no. 94; and Stubbings and Others v. the United Kingdom, 22 October 1996, § 72, Reports 1996-IV). That margin is wider when it comes to the adoption by the State of general fiscal, economic or social measures, which are closely linked to the State's financial resources (see Burden v. the United Kingdom [GC] -no. 13378/05- § 60, ECHR 2008-..., and Petrov v. Bulgaria -no. 15197/02- § 55, 22 May 2008). However, it is ultimately for the Court to decide, in the light of the circumstances of the case in question, whether such measures are compatible with the State's obligations under the Convention and its Protocols (see James and Others v. the United Kingdom, 21 February 1986, § 46, Series A no. 98, and National & Provincial Building Society, Leeds Permanent Building Society and Yorkshire Building Society v. the United Kingdom, 23 October 1997, § 80, Reports 1997-VII).

[71] As to the burden of proof in this sphere, the Court has established that once the applicant has shown a difference in treatment, it is for the Government to show that it was justified (see D.H. and Others, cited above, § 177; Timishev v. Russia, nos. 55762/00 and 55974/00, § 57, ECHR 2005-XII; and Chassagnou and Others v. France [GC], nos. 25088/94, 28331/95 and 28443/95, §§ 91-92, ECHR 1999-III).

[72] With regard to Article 12 of the Convention, the Court has already ruled that marriage is widely accepted as conferring a particular status and particular rights on those who enter it (see Burden, cited above, § 63, and Shackell v. the

United Kingdom (dec.) -no. 45851/99- 27 April 2000). The protection of marriage constitutes, in principle, an important and legitimate reason which may justify a difference in treatment between married and unmarried couples (see Quintana Zapata v. Spain, Commission decision of 4 March 1998, Decisions and Reports (DR) 92, p. 139). Marriage is characterised by a corpus of rights and obligations that differentiate it markedly from the situation of a man and woman who cohabit (see Nylund v. Finland (dec.) -no. 27110/95- ECHR 1999–VI, and Lindsay v. the United Kingdom (dec.) -no. 11089/84- 11 November 1986). Thus, States have a certain margin of appreciation to treat differently married and unmarried couples, particularly in matters falling within the realm of social and fiscal policy such as taxation, pensions and social security (see, mutatis mutandis, Burden, cited above, § 65).

(b) Application of the above principles to the present case

(i) Whether the civil or religious nature of a marriage can be a source of discrimination prohibited by Article 14

[73] It is not disputed in the instant case that the applicant, although not lawfully married, lived in a monogamous relationship with her partner for twenty-six years until his death, and that she had six children with him. According to the judgment of the Hatay Labour Court (see paragraph 15 above), the applicant's claim for a survivor's pension and social security benefits based on her late partner's entitlement was rejected because she had not contracted a civil marriage. The fact that the applicant, who was born of a religious marriage, had not been registered at birth does nothing to alter this.

[74] The applicant considered herself to be in a situation comparable to that of a widow in a civil marriage. She fulfilled all the legal requirements for claiming the benefits in question apart from the fact that her marriage had been religious rather than civil in nature.

[75] While contending that the national courts had not subjected the applicant to discriminatory treatment in relation to other persons in a similar situation, the Government took the view in particular that her situation, as a person married according to religious rites, could not be likened to that of a wife married in accordance with the Civil Code. The refusal of the domestic courts to award the benefits in issue to the applicant had been based on the law, the justification for which was twofold: the protection of women, particularly through efforts to combat polygamy, and the principle of secularism.

[76] Accordingly, the Court must now examine whether the nature of a marriage – that is, whether it is civil or religious – can be a source of discrimination prohibited by Article 14.

[77] In that regard the Court points out that Article 14 prohibits, within the ambit of the rights and freedoms guaranteed, discriminatory treatment having as its basis or reason a personal characteristic („status") by which persons or groups of persons are distinguishable from each other (see Kjeldsen, Busk Madsen and Pedersen v. Denmark, 7 December 1976, § 56, Series A no. 23, KirchE 42, 181). The characteristics in question are enumerated in Article 14.

[78] However, the list set out in that provision is illustrative and not exhaustive, as is shown by the words „any ground such as" (in French „notamment") (see Engel and Others v. the Netherlands, 8 June 1976, § 72, Series A no. 22; James and Others, cited above, § 74; and Luczak v. Poland -no. 77782/01- § 46, ECHR 2007-XIII). Furthermore, discrimination prohibited by Article 14 may also be on the ground of „other status" („toute autre situation" in French). As the nature of a marriage – that is, whether it is civil or religious – does not feature as such in the list of possible grounds of discrimination contemplated by Article 14, the Court must examine whether it might come under the heading of „other status".

[79] In that regard the Court has ruled in previous cases that children born outside marriage were discriminated against compared to those born within a civil marriage, as the difference in treatment was based solely on the former's „status" as children born out of wedlock (see, among many other authorities, Marckx, cited above; Mazurek v. France -no. 34406/97- ECHR 2000-II; and Inze v. Austria, 28 October 1987, Series A no. 126). The Court has adopted similar reasoning in finding that a refusal to grant access rights in respect of a child on the sole ground that the child was born out of wedlock was discriminatory (see, for example, Sahin v. Germany [GC] -no. 30943/96- § 87, ECHR 2003-VIII). Likewise, the Court considers that the absence of a marriage tie between two parents is one of the aspects of personal „status" which may be a source of discrimination prohibited by Article 14.

[80] These considerations apply, mutatis mutandis, to the instant case, given that it has not been disputed that the difference in treatment to which the applicant was subjected with regard to the benefits in question was based solely on the non-civil nature of her marriage to her partner.

(ii) Whether there was an objective and reasonable justification for the difference in treatment

(α) Legitimate aim

[81] The Court must now ascertain whether the difference in treatment in question pursued a legitimate aim. In that connection, taking into account the importance of the principle of secularism in Turkey, the Court notes that in adopting the Civil Code in 1926, which instituted monogamous civil marriage as a

prerequisite for any religious marriage, Turkey aimed to put an end to a marriage tradition which places women at a clear disadvantage, not to say in a situation of dependence and inferiority, compared to men. For the same reason it introduced the principle of gender equality in the enjoyment of civic rights, particularly in relation to divorce and inheritance, and prohibited polygamy. Marriage in accordance with the Civil Code is specifically aimed at protecting women, for instance by laying down a minimum age for marriage and establishing a set of rights and obligations for women (in particular in the event of the dissolution of the marriage or the death of the husband).

[82] In the light of the foregoing, the Court accepts that the difference in treatment in question primarily pursued the legitimate aims of protecting public order and protecting the rights and freedoms of others.

(β) Reasonable relationship of proportionality between the means employed and the aim sought to be realised

[83] As to whether there was a reasonable relationship of proportionality, it should be noted that the fact that the applicant had not contracted a civil marriage and had not regularised her situation had adverse legal consequences for her. Hence, she did not have the status of heir which would have entitled her to claim a survivor's pension and social security benefits on her partner's death. At the hearing the applicant pointed out that she had paid her own medical expenses while her partner was alive and that the latter had paid contributions into the „Bağ-Kur" retirement pension fund.

[84] The Court notes, however, that the applicant was aware of her situation and knew that she needed to regularise her relationship in accordance with the Civil Code in order to be entitled to benefits on her partner's death. The Civil Code requires a binding legal document to be issued in order for a civil marriage to be valid and to produce effects vis-à-vis third parties and the State. Thus, at the close of the official marriage ceremony, a family record book is handed over to the married couple. The Civil Code states clearly that no religious marriage may be solemnised in the absence of the family record book (see paragraph 20 above). In order to ensure that the pre-eminence of civil marriage is observed the respondent State also provides for criminal sanctions against any person who solemnises a religious marriage without first ascertaining that a civil ceremony has taken place (see paragraph 22 above). For its part, the Religious Affairs Directorate – the authority recognised by the legislature in this sphere – expressly requires its imams to verify that the couple intending to marry have already contracted a civil marriage before a civil status registrar.

[85] The present case is therefore clearly distinguishable from that of Muñoz Díaz v. Spain (-no. 49151/07- 8 December 2009), in which the Court observed

that the Spanish authorities had recognised the applicant – a member of the Roma community who had married in accordance with Roma rites – as her partner's „spouse". The woman in question and her family had been issued with a family record book and been granted large-family status; the mother, as a spouse, and her six children had also been in receipt of health-care assistance. The Court therefore took the view that the applicant's good faith as to the validity of her marriage, confirmed by the authorities' official recognition of her situation, had given her a legitimate expectation of being entitled to a survivor's pension. Finally, when the applicant had got married according to Roma rites and traditions, it had not been possible in Spain, except by making a prior declaration of apostasy or of affiliation to a different faith, to be married otherwise than in accordance with the rites of the Catholic Church.

[86] Unlike the situation in Muñoz Díaz, the applicant in the present case could not argue that she had a legitimate expectation of obtaining a survivor's pension and social security benefits on the basis of her partner's entitlement (see paragraph 58 above). Furthermore, the rules laying down the substantive and formal conditions governing civil marriage are clear and accessible and the arrangements for contracting a civil marriage are straightforward and do not place an excessive burden on the persons concerned (see paragraph 18 above). The applicant has never maintained otherwise. What is more, she had a sufficiently long time – twenty-six years – in which to contract a civil marriage. There is therefore no justification for her assertion that the efforts she allegedly undertook to regularise her situation had been hampered by the cumbersome nature or slowness of the administrative procedures. As to whether the civil status registrar could or should have regularised her situation of his or her own accord on the basis of the amnesty laws enacted in relation to children born outside marriage (see paragraph 27 above), the Court notes that, while the State may regulate civil marriage in accordance with Article 12 of the Convention, this does not mean that it can require persons within its jurisdiction to contract a civil marriage. The Court further notes, as did the Government, that the amnesty laws in question are not aimed at regularising religious marriages but at improving the situation of children born out of relationships which are not legally recognised, or outside the bonds of marriage.

[87] In the light of these considerations, the Court concludes that there was a reasonable relationship of proportionality between the impugned difference in treatment and the legitimate aim pursued. There was therefore an objective and reasonable justification for the difference in question.

[88] There has accordingly been no violation of Article 14 of the Convention taken in conjunction with Article 1 of Protocol No. 1.

IV. Alleged violation of Article 8 of the Convention

[89] On the basis of the same complaint as the one under Article 14 of the Convention taken in conjunction with Article 1 of Protocol No. 1, the applicant further alleged a breach of her right to respect for her family life within the meaning of Article 8 of the Convention, the relevant parts of which provide:

> „1. Everyone has the right to respect for his ... family life ...
> 2. There shall be no interference by a public authority with the exercise of this right except such as is in accordance with the law and is necessary in a democratic society in the interests of ... the economic well-being of the country, for the prevention of disorder or crime, for the protection of health or morals, or for the protection of the rights and freedoms of others."

A. The Chamber judgment

[90] The Chamber noted the existence in the present case of „family life" within the meaning of Article 8 (see paragraph 27 of the Chamber judgment). It held that there had been no violation of that provision because the difference complained of had pursued a legitimate aim and been based on objective and reasonable grounds, namely the protection of the traditional family based on the bonds of marriage (see paragraph 30 of the judgment).

B. The parties' submissions

[91] The Government agreed with the Chamber's conclusion, taking the view that Article 8 did not impose an obligation on the Contracting States to adopt a special regime for couples living together without having contracted a civil marriage.

[92] The applicant reiterated her allegations.

C. The Court's assessment

1. Whether there was „family life"

[93] By guaranteeing the right to respect for family life, Article 8 presupposes the existence of a family. The existence or non-existence of „family life" is essentially a question of fact depending upon the real existence in practice of close personal ties (see K. and T. v. Finland [GC] -no. 25702/94- § 150, ECHR 2001-VII).

[94] Article 8 applies to the „family life" of the „illegitimate" family as it does to that of the „legitimate" family (see Marckx, cited above, § 31, and Johnston and Others v. Ireland, 18 December 1986, § 55, Series A no. 112). The notion of the „family" is not confined solely to marriage-based relationships and may encompass other de facto „family" ties where the parties are living together outside of marriage (see Keegan v. Ireland, 26 May 1994, § 44, Series A no. 290, and Al-Nashif v. Bulgaria, no. 50963/99, § 112, 20 June 2002). A child born out of such a relationship is ipso jure part of that „family" unit from the moment and

by the very fact of his birth. Thus there exists between the child and his parents a bond amounting to family life (see Elsholz v. Germany [GC] -no. 25735/94- § 43, ECHR 2000–VIII).

[95] Furthermore, questions of inheritance and voluntary dispositions between near relatives appear to be intimately connected with family life. Family life does not include only social, moral or cultural relations, for example in the sphere of children's education; it also comprises interests of a material kind, as is shown by, amongst other things, the obligations in respect of maintenance and the position occupied in the domestic legal systems of the majority of the Contracting States by the institution of the reserved portion of an estate. Whilst inheritance rights are not normally exercised until the estate-owner's death, that is at a time when family life undergoes a change or even comes to an end, this does not mean that no issue concerning such rights may arise before the death: the distribution of the estate may be settled, and in practice fairly often is settled, by the making of a will or of a gift on account of a future inheritance; it therefore represents a feature of family life that cannot be disregarded (see Marckx, cited above, § 52, and Merger and Cros v. France -no. 68864/01- § 46, 22 December 2004).

[96] In addition, when deciding whether a relationship can be said to amount to „family life", a number of factors may be relevant, including whether the couple live together, the length of their relationship and whether they have children together (see X, Y and Z v. the United Kingdom, 22 April 1997, § 36, Reports 1997–II, and Kroon and Others v. the Netherlands, 27 October 1994, § 30, Series A no. 297–C).

[97] In its judgment in the present case, the Chamber held that Article 8 of the Convention was applicable, for the following reasons:

> „27. In the instant case the Court observes that the applicant entered into a religious marriage (imam nikâhı) in 1976 with Ö.K. The couple had six children, the first five of whom were entered in the civil register under the father's name, while the last child was entered under the applicant's name. It is not contested by the parties that the applicant and her children lived with Ö.K. until his death in 2002. The Court considers that it does not have jurisdiction to rule on the place or role of religious marriage in Turkish law and its social consequences. It simply notes that the applicant, Ö.K. and their children lived together in such a way that they constituted a 'family' within the meaning of Article 8 of the Convention."

[98] The Grand Chamber fully agrees with this finding.

2. The applicant's right to respect for her „family life"

[99] The Court must therefore determine whether, in the particular circumstances of the present case, the choice by the State to confer a particular status on civil marriage as distinct from religious marriage resulted in interference

with the applicant's „family life" within the meaning of Article 8 of the Convention. It will do so in the light of the reasoning it adopted in relation to Article 14 of the Convention taken in conjunction with Article 1 of Protocol No. 1 (see paragraphs 81 to 88 above).

[100] It should be reiterated in this regard that the essential object of Article 8 is to protect the individual against arbitrary interference by the public authorities. There may in addition be positive obligations inherent in effective „respect" for family life. In both contexts regard must be had to the fair balance that has to be struck between the competing interests of the individual and the community as a whole, and in both contexts the State is recognised as enjoying a certain margin of appreciation (see Hokkanen v. Finland, 23 September 1994, § 55, Series A no. 299-A). Furthermore, in the sphere of the State's planned economic, fiscal or social policy, on which opinions within a democratic society may reasonably differ widely, that margin is necessarily wider (see, mutatis mutandis, James and Others, cited above, § 46). This applies also in the present case (see paragraph 82 above).

[101] As to the applicant, she chose, together with her partner, to live in a religious marriage and found a family. She and Ö.K. were able to live peacefully as a family, free from any interference with their family life by the domestic authorities. Thus, the fact that they opted for the religious form of marriage and did not contract a civil marriage did not entail any penalties – either administrative or criminal – such as to prevent the applicant from leading an effective family life for the purposes of Article 8. The Court therefore finds no appearance of interference by the State with the applicant's family life.

[102] Accordingly, the Court is of the view that Article 8 cannot be interpreted as imposing an obligation on the State to recognise religious marriage. In that regard it is important to point out, as the Chamber did (see paragraph 29 of its judgment), that Article 8 does not require the State to establish a special regime for a particular category of unmarried couples (see Johnston and Others, cited above, § 68). For that reason the fact that the applicant does not have the status of heir, in accordance with the provisions of the Civil Code governing inheritance and with the domestic social security legislation, does not imply that there has been a breach of her rights under Article 8.

[103] In conclusion, there has been no violation of Article 8 of the Convention.

For these reasons, the Court unanimously

1. Dismisses the Government's preliminary objection;

2. Holds that there has been no violation of Article 14 of the Convention taken in conjunction with Article 1 of Protocol No. 1;

3. Holds that there has been no violation of Article 8 of the Convention.

CONCURRING OPINION OF JUDGE ROZAKIS

Together with the majority of the Grand Chamber, I voted in this case in favour of non-violation on both counts (Article 14 taken in conjunction with Article 1 of Protocol No. 1, and Article 8 of the Convention). However, I would like to express, through this concurring opinion, certain points of disagreement regarding the reasoning that the majority followed in reaching the conclusion that there had been no violation.

In dealing with the question of alleged discrimination under Article 14 taken in conjunction with Article 1 of Protocol No. 1, the Court was apparently influenced by the applicant's argument that the issue to be examined in the circumstances of the case was that she had been denied a survivor's pension and social security benefits because of her status as a woman married in accordance with religious rites, and that the authorities' conduct in that regard had discriminated against her since the Turkish State recognised civil marriage as the sole basis for legal entitlement to social security benefits. On the basis of this approach the Turkish Government maintained, in response to her arguments, that the difference in treatment between couples married only in accordance with religious rites and couples married in accordance with the requirements of domestic civil law was justified given the importance of the principle of secularism, and pursued the legislature's aim of „de-legitimising" religious marriage which, inter alia, placed women at a disadvantage compared to men and allowed polygamy.

As a consequence, the line followed by the Court in its judgment was that the elements to be compared (the comparators) in the exercise of establishing whether in the circumstances there had been discrimination in breach of Article 14 of the Convention were religious marriage on the one hand and civil marriage on the other. This was the core distinction which led the Court to find that the difference in treatment had a legal basis and a legitimate aim and was proportionate to the aim pursued. And this is where I differ in my consideration of the case.

I believe that the issue in this case, in Convention terms, is not religious marriage and its differences vis-à-vis civil marriage. Religious marriage is the backdrop, la toile de fond, which allowed the couple made up of the deceased man and his partner, the applicant, to live together monogamously for twenty-six years and have six children. The real comparators to be taken into account in our assessment should have been a long-standing and stable family relationship outside marriage on the one hand, and marriage, as understood by the domestic legal system, on the other. In other words, the elements to be compared are long-standing cohabitation and marriage, rather than religious marriage and civil marriage.

If these two elements are the comparators, then we should examine whether the distinction which the Turkish State makes between persons married only in a religious ceremony (who are to be considered, under Turkish law, as „unmarried"), and couples married in a civil ceremony, justifies the different treatment afforded by the State's legislation to the latter. And here I accept that the Convention case-law confers a particular status and particular rights on those who enter into a marital relationship. As it was correctly stated in paragraph 72 of the judgment, „[t]he protection of marriage constitutes, in principle, an important and legitimate reason which may justify a difference in treatment between married and unmarried couples. ... Marriage is characterised by a corpus of rights and obligations that differentiate it markedly from the situation of a man and a woman who cohabit. ... Thus, States have a certain margin of appreciation to treat differently married and unmarried couples, particularly in matters falling within the realm of social and fiscal policy such as taxation, pensions and social security."

For the above reasons, and considering that the comparators in the present case are stable cohabitation outside marriage and marriage itself, I accept that compliance with the Convention case-law must lead us to the conclusion that in the circumstances of the case the absence of social security benefits to the detriment of our applicant's interests is not contrary either to Article 14 (read in conjunction with Article 1 of Protocol No. 1) or to Article 8 of the Convention. Nevertheless, in view of the new social realities which are gradually emerging in today's Europe, manifested in a gradual increase in the number of stable relationships outside marriage, which are replacing the traditional institution of marriage without necessarily undermining the fabric of family life, I wonder whether this Court should not begin to reconsider its stance as to the justifiable distinction that it accepts, in certain matters, between marriage on the one hand and other forms of family life on the other, even when it comes to social security and related benefits.

CONCURRING OPINION OF JUDGE KOVLER

(Translation)

I accepted – not without some hesitation – the Grand Chamber's argument to the effect that States have a certain margin of appreciation to treat differently couples who have contracted a civil marriage and those who have not, particularly in matters falling within the realm of social policy, including pensions and social security. As the applicant's complaints focus on her right to claim a survivor's pension and social security benefits based on the entitlement of her late „partner" (within the meaning of the domestic legislation) rather than the right to claim an „ordinary" (old-age) pension, the domestic courts' refusal to award her the benefits in question was based on well-defined domestic-law provisions and her situation was therefore foreseeable. Accordingly, there was an objective and reasonable justification for the impugned difference in treatment and the latter did not amount to a violation of Article 14 of the Convention taken in conjunction with Article 1 of Protocol No. 1.

Of course it is regrettable that the respondent State, to judge by the information supplied by the two parties, did not allow the applicant to claim an ordinary pension. Viewed objectively, this lack of any social welfare provision for widows who contracted a religious marriage is an infringement of the freedom of choice as to the form taken by „family life", since, as the Court has stressed on numerous occasions, the notion of the „family" is not confined solely to marriage-based relationships and may encompass other de facto „family" ties where the parties are living together outside of marriage (see paragraph 94 of the judgment, with further references). But the applicant's complaints do not relate to this aspect of Article 8 of the Convention.

What I cannot agree with in the text of the judgment are the Court's pronouncements on marriage under Islamic law.

I think it would have been wiser to refrain from making any assessment of the complexity of the rules of Islamic marriage, rather than portraying it in a reductive and highly subjective manner in the short section entitled „History" (see paragraphs 36-37), where what is left unsaid speaks louder than what is actually said. Hence, to state that „Islamic law ... recognises repudiation (talâk) as the sole means of dissolving a marriage", such repudiation being „a unilateral act on the part of the husband", and not to mention that the woman can also seek a divorce, for instance if her husband is unable to maintain the family, is to present only half the picture.

Had the Court really been interested in the financial position of the applicant, whose complaints it reclassified, it could have analysed in greater detail in its judgment the financial relationship between married couples under Islamic law. The husband has to pay a dowry, which belongs to the wife unless she agrees otherwise (Koran, 4:4); after divorce, the man cannot claim back the dowry unless the woman agrees to it (Koran, 2:229); the woman can obtain a divorce by buying back her freedom (Koran, 2:229); finally, men and women are each entitled to a share of the inheritance (Koran, 4:7, 4:11 and 4:32). This analysis would have enabled the Court to give a more qualified interpretation of the „legitimate aim" of the 1926 Turkish Civil Code, instead of denouncing „a marriage tradition which places women at a clear disadvantage, not to say in a situation of dependence and inferiority, compared to men" (see paragraph 81). The language of politicians and NGOs is not always appropriate to the texts adopted by an international judicial body. Unfortunately, in another case (Refah Partisi (the Welfare Party) and Others v. Turkey [GC], nos. 41340/98, 41342/98, 41343/98 and 41344/98, ECHR 2003-II), the Court had already, in my view, committed a serious error by passing judgment on the Islamic system of values (see my concurring opinion in that case), when it could easily have refrained from such a demonstration of ideological activism.

The European Convention on Human Rights is not the only instrument of its kind. The Universal Islamic Declaration of Human Rights (21 Dhul Qaidah 1401 – 19 September 1981) also contains certain provisions (in particular Article XX on the rights of married women) which, had the Court taken them into account, would have prevented it from reaching hasty conclusions which I regret being obliged to adopt together with the rest of the text of the judgment. I would like to see the European Court of Human Rights take a more anthropological approach in the positions it adopts, by „not just exploring difference, but exploring it differently" („non seulement penser l'autre, mais le penser autrement") (see, in particular, C. Eberhard, Le droit au miroir des cultures – Pour une autre mondialisation, Paris, 2010). Otherwise, the Court is in danger of becoming entrenched in „eurocentric" attitudes.

42

Nur bei einem in ernsthaften Glaubenswechsel kann die für die Asylgewährung zuständige Behörde zu der Überzeugung gelangen, dass der schutzsuchende Ausländer bei einer Rückkehr in sein islamisches Heimatland von seiner neuen Glaubensüberzeugung nicht ablassen könnte. Eine solche Prüfung der Beweggründe ist nur dann entbehrlich, wenn der in Deutschland formal vollzogene Übertritt vom islamischen zum christlichen Glauben allein für sich im islamischen Heimatland des schutzsuchenden Ausländers mit beachtlicher Wahrscheinlichkeit selbst dann zu erheblichen Verfolgungsmaßnahmen führen würde, wenn er dort seine christliche Glaubenszugehörigkeit verheimlichen, verleugnen oder aufgeben würde.

Zur Gesamtwürdigung der Umstände, die die Überzeugung rechtfertigen, dass ein Asylsuchender während des Aufenthalts in Deutschland ernsthaft zum Christentum konvertiert ist.

§ 60 Abs. 1 AufenthG
VG Düsseldorf, Urteil vom 2. November 2010 -2 K 2199/09.A[1]-

Der 1979 in Bandar Abbas geborene Kläger ist iranischer Staatsangehöriger. Er reiste eigenen Angaben zufolge am 28.11.2008 auf dem Luftweg nach Deutschland ein.

Am 9.12.2008 stellte er einen Asylantrag. Zur Begründung gab er im Rahmen seiner Anhörung bei dem Bundesamt für Migration und Flüchtlinge unter anderem an: Er habe den Iran verlassen, da er sich vom Islam abgewendet und dem Christentum zugewendet habe. Ein Geschäftspartner im Iran habe ihm die Bibel und den christlichen Glauben nähergebracht. Anders als im Koran gehe es in der Bibel nicht um Hass und Blutvergießen, sondern um die Liebe unter den Menschen. So sei er Christ, und zwar Protestant geworden. Katholiken nähmen seines Wissens keine Konvertiten auf. Durch seine Ehefrau, eine traditionelle Muslima, sei seine Konversion nach außen bekannt geworden. Sie habe seine christliche Einstellung ihren Eltern mitgeteilt. Sein Schwiegervater sei eines Tages in Begleitung von Verwandten bei ihm erschienen und habe ihn mit dem Vorwurf der Abwendung vom Islam konfrontiert. In diesem Gespräch habe er sich zum Christentum bekannt. Seine Ehefrau habe die Scheidung beantragt und dies damit begründet, dass drei Zeugen mitbekommen hätten, dass er zum Christentum konvertiert sei. Nachdem er erfahren habe, dass man im Rahmen einer Wohnungsdurchsuchung seitens der staatlichen Behörden unter anderem Bücher zum Christentum bei ihm gefunden habe, sei er nach Deutschland geflohen.

Mit dem angefochtenen Bescheid lehnte das Bundesamt den Antrag auf Anerkennung als Asylberechtigter ab und stellte fest, dass die Voraussetzungen des § 60 Abs. 1 AufenthG und Abschiebungsverbote nach § 60 Abs. 2 bis 7 AufenthG nicht vorliegen. Zur Begründung führte das Bundesamt unter anderem aus: Der Kläger habe ein asylrechtlich relevantes Verfolgungsschicksal nicht glaubhaft machen können. Der wahre Grund für die Ausreise aus dem Iran sei eher in den geschäftlichen Machenschaften des Klägers und möglicherweise auch in familiären Problemen zu suchen. Die Konversion aber, der angebliche Asylgrund, sei in keiner Weise glaubhaft gemacht worden. Insoweit fehle schon ein nachvollziehbares Motiv für eine Hinwendung zum Christentum. Auch sei im Rahmen der detaillierten Befragung zur angeblichen Befassung mit dem Christentum kein nennenswertes Ergebnis ersichtlich geworden. Vertiefte Kenntnisse zum Alten und Neuen Testament habe er nicht offenbaren können.

1 juris. Vgl. hierzu auch VG Gießen, Urteil vom 5.8.2010 - 3 K 3995/08- *juris*.

Auch gebe es keinen verwertbaren Hinweis, wie eine Konversion überhaupt stattgefunden haben solle. Sei aber eine Hinwendung zum christlichen Glauben nicht ersichtlich, müsse er auch eine politische Verfolgung insoweit nicht befürchten.

Mit der Klage verfolgt der Kläger sein Asylbegehren weiter und macht geltend: Er habe sein Heimatland verlassen, da er sich als Christ fühle. Aus bestimmten Gründen habe er sich im Iran aber nicht taufen lassen können. Die Taufe sei allerdings in Deutschland am 7.3.2009 erfolgt. Auf die entsprechende Taufbescheinigung werde verwiesen. Wie in der vorgelegten Bescheinigung der O. e.V. (Mitglied im Bund evangelisch-freikirchlicher Gemeinden Deutschland K.d.ö.R.) vom 26.5.2009 bestätigt, sei er auch nach wie vor kirchlich aktiv. Vor diesem Hintergrund drohe ihm bei einer Rückkehr in den Iran große Gefahr für Leib und Leben.

Unter Abänderung des angefochtenen Bescheides verpflichtet das Verwaltungsgericht die Beklagte festzustellen, dass für den Kläger ein Abschiebungsverbot gem. § 60 Abs. 1 AufenthG hinsichtlich des Iran vorliegt.

Aus den Gründen:

[18] Soweit der angegriffene Bescheid des Bundesamtes die negativen Feststellungen zu § 60 Abs. 1 AufenthG trifft und den Kläger unter Androhung der Abschiebung zur Ausreise auffordert, ist er rechtswidrig und verletzt den Kläger in seinen Rechten, vgl. § 113 Abs. 1, 5 VwGO.

[19] Er hat im maßgeblichen Zeitpunkt der mündlichen Verhandlung (vgl. § 77 Abs. 1 Satz 1 Halbsatz 1 AsylVfG) einen Anspruch auf Zuerkennung der Flüchtlingseigenschaft nach § 3 Abs. 1 AsylVfG iVm § 60 Abs. 1 AufenthG, weil er im Falle der Rückkehr in den Iran wegen seines erfolgten Übertritts zum christlichen Glauben mit überwiegender Wahrscheinlichkeit der Gefahr politischer Verfolgung ausgesetzt äre. Da sein Begehren, wie sich aus den nachfolgenden Ausführungen ergibt, bereits bei Anlegung dieses strengen Prognosemaßstabs Erfolg hat, braucht nicht abschließend entschieden zu werden, ob er den Iran schon aus begründeter Verfolgungsfurcht verlassen hat und ihm daher möglicherweise auch der herabgesenkte Maßstab (Verfolgungsmaßnahmen nicht mit hinreichender Wahrscheinlichkeit auszuschließen) zugute kommt.

[20] Nach § 60 Abs. 1 Satz 1 AufenthG darf in Anwendung des Abkommens vom 28.7.1951 über die Rechtsstellung der Flüchtlinge (Genfer Flüchtlingskonvention) ein Ausländer nicht in einen Staat abgeschoben werden, in dem sein Leben oder seine Freiheit wegen seiner Rasse, Religion, Staatsangehörigkeit, seiner Zugehörigkeit zu einer bestimmten sozialen Gruppe oder wegen seiner

politischen Überzeugung bedroht ist. § 60 Abs. 1 Satz 5 AufenthG legt nunmehr fest, dass für die Feststellung, ob eine Verfolgung nach Satz 1 vorliegt, Art. 4 Abs. 4 sowie Art. 7 bis 10 der Richtlinie (2004/83/EG des Rates vom 29.4.2004 [Abl. EU Nr. L 304 S. 12] - Qualifikations-Richtlinie) ergänzend anzuwenden sind. Nach Art. 9 Abs. 1 der Richtlinie gelten als Verfolgungshandlungen iSd Art. 1 A der Genfer Flüchtlingskonvention solche Handlungen, die aufgrund ihrer Art oder Wiederholung eine schwerwiegende Verletzung der grundlegenden Menschenrechte darstellen. Art. 10 der Richtlinie definiert in Anknüpfung an Art. 2c der Richtlinie die flüchtlingsschutzrelevanten Verfolgungsgründe. Im vorliegenden Zusammenhang ist Art. 10 Abs. 1b der Richtlinie einschlägig. Hiernach umfasst der Begriff der Religion insbesondere theistische, nichttheistische und atheistische Glaubensüberzeugungen, die Teilnahme bzw. Nichtteilnahme an religiösen Riten im privaten oder öffentlichen Bereich, allein oder in Gemeinschaft mit anderen, sonstige religiöse Betätigungen oder Meinungsäußerungen und Verhaltensweisen Einzelner oder der Gemeinschaft, die sich auf eine religiöse Überzeugung stützen oder nach dieser vorgeschrieben sind. Dabei sind unter religiösen Riten die in einer Religionsgemeinschaft üblichen oder geregelten Praktiken oder Rituale zu verstehen, die der religiösen Lebensführung dienen, insbesondere Gottesdienste, kulturelle Handlungen und religiöse Feste (vgl. VGH.BW, Urteil vom 20.11.2007 -10 A S 70/06- InfAuslR 2008, 97; OVG Saarland, Urteil vom 26.6.2007 -1 A 222/07- InfAuslR 2008, 183; OVG NRW, Beschlüsse vom 30.7.2009 -5 A 1999/07.A- *juris*, und -5 A 982/07.A- EzAR-NF 62 Nr. 19).

[22] Da derartige Betätigungen in der Kirchengemeinde nach dem Selbstverständnis christlicher Religionsgemeinschaften zu den unverzichtbaren Bestandteilen des religiösen Lebens gehören, erweist sich die Verhinderung einer derartigen Ausübung des Glaubens durch den Staat bzw. deren Sanktionierung durch gegen die persönliche Freiheit gerichtete staatliche Zwangsmaßnahmen auch als schwerwiegende Verletzung der Religionsfreiheit, die dieses Recht in seinem Kernbereich berührt (offen gelassen durch BVerwG, Urteil vom 5.3.2009 -10 C 51.07- BVerwGE 133, 221, das eine Klärung dieser Frage dem Gerichtshof der Europäischen Gemeinschaften vorbehält).

[24] Die Garantien des Art. 10 Abs. 1b der Richtlinie gelten für Konvertiten, die ihren Glauben aus religiöser Überzeugung gewechselt haben, in gleichem Umfang wie für Gläubige, die ihre durch Geburt erworbene Religion beibehalten. Aufgrund des weitgehenden Schutzbereichs des Art. 10 Abs. 1b der Richtlinie kann den Mitgliedern der jeweiligen Religionsgemeinschaft auch nicht angesonnen werden, öffentliche Glaubensbetätigungen bzw. Praktiken, die nach dem Verständnis der jeweiligen Religion bzw. Weltanschauung, aber auch nach dem des einzelnen Flüchtlings von grundlegender Bedeutung sind, zu unterlas-

sen, um keine entsprechend vorgesehenen Sanktionen herauszufordern (Vgl. VGH. BW, Urteil vom 20.11.2007, aaO. Vgl. zu den vorstehenden Ausführungen zu § 60 Abs. 1 AufenthG insgesamt VG Stuttgart, Urteil vom 21.1.2008 - A 11 K 552/07- *juris*).

[26] Aus der Notwendigkeit der gerichtlichen Überzeugungsbildung über eine geltend gemachte religiöse Verfolgungsgefährdung ist allerdings insbesondere im Falle einer Konversion eine Prüfung der inneren, religiöspersönlichkeitsprägenden Beweggründe für einen vorgenommenen Glaubenswechsel erforderlich. Nur wenn verlässlich festgestellt werden kann, dass die Konversion auf einer glaubhaften Zuwendung zum christlichen Glauben im Sinne einer ernsthaften Gewissensentscheidung, auf einem ernst gemeinten religiösen Einstellungswandel mit einer identitätsprägenden festen Überzeugung und nicht lediglich auf bloßen Opportunitätsgründen beruht, kann davon ausgegangen werden, dass ein Verschweigen, Verleugnen oder die Aufgabe der neuen Glaubenszugehörigkeit zur Vermeidung staatlicher oder nichtstaatlicher Repressionen im Heimatland den Betroffenen grundsätzlich und in aller Regel unter Verletzung seiner Menschenwürde existentiell und in seiner sittlichen Person treffen würde und ihm deshalb nicht zugemutet werden kann. Nur bei einem in diesem Sinne ernsthaften Glaubenswechsel kann das Gericht zu der Überzeugung gelangen, dass der schutzsuchende Ausländer bei einer Rückkehr in sein islamisches Heimatland von seiner neuen Glaubensüberzeugung nicht ablassen könnte.

[27] Eine solche Prüfung der Beweggründe ist nur dann entbehrlich, wenn der in Deutschland formal vollzogene Übertritt vom islamischen zum christlichen Glauben allein für sich im islamischen Heimatland des schutzsuchenden Ausländers mit beachtlicher Wahrscheinlichkeit selbst dann zu erheblichen Verfolgungsmaßnahmen führen würde, wenn er dort seine christliche Glaubenszugehörigkeit verheimlichen, verleugnen oder aufgeben würde. Das trifft aber auf den Iran nicht zu. Der Übertritt eines Iraners zum christlichen Glauben wird von iranischen Stellen als undenkbar angesehen und als im Zusammenhang mit der Aufenthaltsproblematik stehend beurteilt. Die Konversion eines Moslems zum Christentum stellt nach den Maßstäben der islamischen Religion einen absoluten Tabubruch dar, der jenseits des Vorstellbaren liegt. Es wird daher davon ausgegangen, dass der Konvertierte es mit dem Übertritt nicht ernst gemeint habe und dieser allein der Förderung des Asylverfahrens dienen sollte (vgl. Deutsches Orient-Institut [DOI], Gutachten vom 6.12.2004 [585] und vom 27.2.2003 [454]).

[29] Es bedarf deshalb vorliegend einer Überprüfung, ob die Konversion des Klägers aufgrund einer glaubhaften Zuwendung zum christlichen Glauben im Sinne eines ernst gemeinten religiösen Einstellungswandels mit einer identi-

tätsprägenden festen Überzeugung und nicht lediglich auf bloßen Opportunitätsgründen beruht, sodass zu erwarten ist, dass er sich verpflichtet fühlte, auch im Iran seinen Glauben nach den Geboten seiner Kirche zu leben und zu bekennen, und somit Verfolgungsmaßnahmen seitens des iranische Staates befürchten müsste bzw. dass der Kläger durch den Zwang zum Verzicht auf bestimmte religiöse Betätigungen selbst in seiner religiös-personalen Identität betroffen wäre. Diese Prüfung geht zu Gunsten des Klägers aus.

[30] In der mündlichen Verhandlung vom heutigen Tag hat er eingehend und nachvollziehbar geschildert, wie er den Weg zum christlichen Glauben gefunden hat. Er hat, wie bereits im Rahmen seiner Anhörung beim Bundesamt, dargelegt, dass er bereits im Iran durch einen armenischen Arbeitskollegen von der christlichen Lehre erfahren habe und diese seiner Persönlichkeit wesentlich näher komme als der Islam. In Deutschland habe er den eingeschlagenen Weg weiterverfolgt und sei über einen Landsmann zur O. in E. gelangt. Hier sei seine Konversion zum Christentum mit der Taufe vollendet worden. Regelmäßig nehme er an kirchlichen Veranstaltungen (Gottesdiensten etc.) teil. Auch stehe er der Gemeinde für verschiedene Hilfstätigkeiten zur Verfügung.

[31] Das Gericht geht unter Würdigung der Angaben im Rahmen der Anhörung beim Bundesamt und in der Befragung in der mündlichen Verhandlung - entgegen den Bedenken des Bundesamtes - davon aus, dass sich der Kläger tatsächlich (wohl auch bereits im Iran) dem Christentum zugewandt hat, und dass die in Deutschland mit der Taufe vollzogene Konversion fester Bestandteil seiner inneren Überzeugung geworden ist. Bei seiner Befragung in der mündlichen Verhandlung berichtete der Kläger stringent und ohne erkennbaren Bruch. Auch war er in der Lage, auf Zwischenfragen von seinem eigentlichen „Erzählstrang" abzuweichen und diesen später wieder aufzunehmen. Auf Nachfragen vermochte er seine Angaben zu präzisieren, ohne dass dadurch der Erzählfluss unterbrochen wurde. Es verursachte bei ihm auch keinerlei Unruhe, wenn er Fragen unbeantwortet lassen musste (etwa nach dem bevorstehenden christlichen Fest). Aus Sicht des erkennenden Gerichts bewies er auch hinreichende Kenntnisse von christlichen Glaubensinhalten. Er vermochte einzelne christliche Feste zu benennen und war auf Nachfrage auch in der Lage, konkrete Hintergründe hierzu zu erläutern. Das Gebet „Vaterunser" gab er - eingebettet in die Erzählung zum Ablauf eines Gottesdienstes, nicht auf konkrete Nachfrage - inhaltlich zutreffend wieder, wobei besonders auffiel, dass er dieses Gebet nicht auswendig „abspulte", sondern - nach jeweils zwischenzeitigem Innehalten - Satz für Satz, zum Teil auch nicht wortgetreu, sondern sinngemäß (in deutscher Sprache) vortrug. Dies erscheint deshalb als besonders authentisch, weil die Gottesdienste in der O. nicht in der Muttersprache des Klägers abgehalten, sondern durch einen Dolmetscher übersetzt werden. Auch die Teilnahme an Got-

tesdiensten und sonstigen Veranstaltungen der O. schilderte er in einer Weise, dass ohne weiteres von einem tatsächlich erlebten Geschehen ausgegangen werden kann.

[32] Das Gericht ist bei einer Gesamtwürdigung zu der Überzeugung gelangt, dass der Kläger jedenfalls während seines Aufenthalts in Deutschland ernsthaft zum Christentum konvertiert ist. Die geschilderte enge Beziehung des Klägers zur O. und die Einbindung in die dortigen Aktivitäten, von deren Glaubhaftigkeit das Gericht insgesamt ausgeht, sprechen gegen die Annahme eines lediglich für die Zwecke des Asylverfahrens vorgeschobenen Grundes.

[33] Soweit sich das Bundesamt in dem angegriffenen Bescheid ausführlich mit dem Vorbringen des Klägers im Rahmen der Anhörung auseinandergesetzt und ihm u.a. mangelnde Kenntnisse von der christlichen Lehre entgegengehalten hat, wurden die insoweit zu stellenden Anforderungen nach Auffassung des Gerichts überspannt. Entgegen der im Rahmen der Anhörung und in dem Bescheid zum Ausdruck gekommenen Forderung sind umfassende Kenntnisse zu christlichen Glaubensinhalten in dem frühen Stadium der Glaubensentwicklung beim Kläger kaum zu erwarten. Auch wenn er sich nach eigenen Angaben bereits seit dem Jahr 2005 (Vorfall im Krankenhaus) näher mit der Bibel und dem christlichen Glauben beschäftigte, ist ihm zuzugestehen, dass eine intensive Auseinandersetzung mit der christlichen Lehre erst in Deutschland, nach seiner Kontaktaufnahme mit der O. begann und vertiefte Kenntnisse dementsprechend erst nach und nach erworben wurden (etwa im Rahmen des Taufkurses) bzw. noch erworben werden, zumal auch hier sprachliche Probleme zu berücksichtigen sind, die (derzeit noch) die Anwesenheit eines Dolmetschers erfordern. Hinzu kommt, dass allein das Fehlen umfassender Kenntnisse zum Christentum nicht geeignet ist, die Annahme einer lediglich vorgeschobenen Konversion zu rechtfertigen.

[34] Soweit das Bundesamt die gesamte Geschichte des Klägers zu seiner bereits im Iran erfolgten Befassung mit dem Christentum für unglaubhaft hält und den wahren Grund für die Ausreise aus dem Iran in der Verstrickung des Klägers als Amtsträger in Korruptionsfälle sieht, handelt es sich letztlich um bloße Mutmaßungen ... Insgesamt sind die Einwände in dem angegriffenen Bescheid nicht geeignet, den Kläger als unglaubwürdig und die gesamte Geschichte des Klägers zur Konversion als unglaubhaft einzustufen. Ob der Kläger schon damals wegen seiner (bloßen) Befassung mit bzw. Hinwendung zum Christentum tatsächlich schon aus begründeter Verfolgungsfurcht den Iran verließ, braucht hier, wie bereits oben dargelegt, nicht abschließend entschieden zu werden.

[35] Denn nach Einschätzung des Gerichts drohen mit beachtlicher Wahrscheinlichkeit asylrelevante bzw. abschiebungsrelevante staatliche Zwangs-

maßnahmen iSd Art. 9 Abs. 1 und 2 der Richtlinie, wenn ein zum Christentum übergetretener Moslem im Iran an öffentlichen Gottesdiensten oder sonstigen Veranstaltungen der für Konvertiten zugänglichen christlichen Kirchengemeinden teilnimmt oder sich gar missionarisch betätigt. (*wird ausgeführt*)

43

Auch im Geltungsbereich des kirchlichen Arbeitsrechts dürfen Umstände, die der Mitarbeitervertretung nicht vorgetragen worden sind, im Kündigungsschutzrechtsstreit nicht nachgeschoben werden.

§ 102 Abs. 1 Satz 2 BetrVG
LAG Berlin-Brandenburg, Urteil vom 3. November 2010 -15 Sa 1738/10[1]-

Die Parteien streiten über die Wirksamkeit einer außerordentlichen Kündigung mit sozialer Auslauffrist.

Die Klägerin ist seit dem 15.10.1992 bei der Beklagten, die evangelisches Krankenhaus betreibt, als Stationshilfe/Pflegehelferin beschäftigt.

Die Klägerin war im Jahre 2006 an 94, im Jahre 2007 an 31 und im ersten Halbjahr 2008 an 38 Kalendertagen arbeitsunfähig erkrankt. Seit dem 7.7.2008 war sie fortlaufend arbeitsunfähig erkrankt und hat die Arbeit nicht wieder aufgenommen. Mit Attest vom 27.1.2009 ist festgestellt worden, dass der Klägerin „eine überwiegend sitzende Tätigkeit, teilweise im Wechsel stehende Arbeit zu übertragen“ ist. Die Klägerin dürfe nicht schwer heben oder tragen. Im Februar 2009 führten die Parteien mindestens teilweise ein Betriebliches Eingliederungsmanagement (BEM) durch. Danach hat die Klägerin sich verschiedenen Operationen unterzogen. Sie ist aber auch heute nicht in der Lage, schwer zu heben oder zu tragen. Mit Bescheid vom 27.3.2009 ist bei der Klägerin ein Grad der Behinderung von 50 % festgestellt worden.

Mit Schreiben vom 9.11.2009 hörte die Beklagte die bei ihr bestehende Mitarbeitervertretung zu einer beabsichtigten Kündigung der Klägerin an. Darin heißt es u. a.:

> „Es bestehen im stationären Bereich innerhalb des Hauses unter Berücksichtigung der Erkrankung von Frau R. keine Möglichkeiten, die Arbeitsbedingungen so zu ändern, dass ein Einsatz möglich wird, ohne weitere Ausfälle zu befürchten ... Zum großen Teil handelt es sich in der Vergangenheit um häufige, unkalkulierbare Kurzerkrankungen. Dadurch

---

1 ZTR 2011, 181 (LS). In der Revisionsinstanz (-9 AZN 1372/10- BAG) wurde der Rechtsstreit durch Vergleich beendet.

gelang es nicht, Ersatzpersonal zu beschaffen, was zu einer Mehrbelastung bei den anderen Mitarbeitern führt ... Nach Aussage von Frau R. gestaltet sich die Zukunftsprognose eher negativ, so dass weiterhin mit häufigen bzw. lang anhaltenden Ausfallzeiten zu rechnen ist. Aufgrund der damit einhergehenden Belastung der anderen Mitarbeiter und der Qualitätseinbußen in der Patientenversorgung sind diese Ausfallzeiten billigerweise nicht mehr hinnehmbar."

Unter dem 25.11.2009 erklärte die Mitarbeitervertretung, keine Stellungnahme abzugeben. Daraufhin kündigte die Beklagte mit Schreiben vom 10.12.2009 das Arbeitsverhältnis mit einer sozialen Auslauffrist zum 30.6.2010. Diese Kündigung ging der Klägerin am 16.12.2009 zu. Mit Bescheid vom 25.11.2009 hat das Integrationsamt der beabsichtigten Kündigung der Klägerin zugestimmt. Der Widerspruch der Klägerin ist zurückgewiesen worden. Hiergegen hat sie Klage beim Verwaltungsgericht Berlin erhoben.

Mit der hierauf erhobenen Kündigungsschutzklage macht die Klägerin u.a. geltend, dass sie leichtere Arbeiten wie das Austeilen von Nahrung, das Messen von Fieber und Blutdruck durchführen könne. Ihrer Ansicht nach betreffe dies 50% der Tätigkeiten, die eine Stationshilfe/Pflegehelferin zu erbringen habe.

Die Beklagte hat die Ansicht vertreten, das Arbeitsverhältnis der Parteien sei inzwischen sinnentleert, da die Klägerin nicht in der Lage sei, körperlich schwere Arbeiten zu vollbringen. Die Beklagte hat ferner unter näherer Darlegung behauptet, dass andere freie Schonarbeitsplätze nicht vorhanden seien.

Mit Urteil vom 26.5.2010 hat das ArbG Berlin -18 Ca 115/10- (n.v.) der Klage stattgegeben. Hierbei hat es zu Gunsten der Beklagten unterstellt, dass die Klägerin auf unabsehbare Zeit nicht in der Lage sei, ihre arbeitsvertraglichen Verpflichtungen zu erbringen. Auch wenn insofern davon auszugehen sei, dass es zu erheblichen betrieblichen Beeinträchtigungen käme, so sei die Kündigung doch wegen der vorzunehmenden Interessenabwägung nicht gerechtfertigt. Zu Gunsten der Klägerin sei die lange Betriebszugehörigkeit, das hohe Lebensalter und die Schwerbehinderteneigenschaft zu berücksichtigen. Der Ausfall der Klägerin sei langfristig und planbar. Entgeltfortzahlungskosten fielen nicht an. Soweit Urlaubsabgeltungsansprüche zu erbringen seien, reiche dies nicht aus, um eine Interessenabwägung zu Lasten der Klägerin vorzunehmen.

Mit der Berufung ist die Klägerin weiterhin der Ansicht, dass wegen der dauernden Unfähigkeit der Klägerin zur Erbringung der geschuldeten Arbeitsleistung keine schutzwürdigen Interessen zu Gunsten der Klägerin anzunehmen seien. Nur in einem extremen Ausnahmefall, der hier nicht vorliege, könne bei einer solchen Konstellation die Interessenabwägung zu Gunsten des Arbeitnehmers ausfallen.

Das Landesarbeitsgericht weist die Berufung zurück.

Aus den Gründen:

[24] Die Berufung des Beklagten hat keinen Erfolg. Die Kündigung vom 10.12.2009 ist unwirksam. Das Urteil des Arbeitsgerichts Berlin ist daher nicht abzuändern.

[26] II. Die Berufung ist nicht begründet. Zu Recht hat das Arbeitsgericht Berlin festgestellt, dass das Arbeitsverhältnis zwischen den Parteien durch die Kündigung mit Schreiben vom 10.12.2009 nicht zum 30.06.2010 sein Ende gefunden hat. Die Beklagte kann sich nicht mit Erfolg darauf berufen, dass ihr ein wichtiger Kündigungsgrund iSd § 626 BGB zur Seite gestanden habe. Nicht berücksichtigungsfähig ist, dass die Klägerin aufgrund ihrer Erkrankung möglicherweise nicht mehr in der Lage ist, ihre arbeitsvertraglichen Verpflichtungen zu erfüllen.

[27] 1. Nach dem MVG-AnwG vom 23.4.2005 richtet sich die Beteiligung der Mitarbeitervertretung nach dem Mitarbeitervertretungsgesetz (MVG) der evangelischen Kirche. Wird - wie hier - eine außerordentliche Kündigung mit sozialer Auslauffrist ausgesprochen, dann richtet sich zur Vermeidung von Wertungswidersprüchen die Beteiligung des Betriebsrates nach den Regeln für eine ordentliche Kündigung (KR-Etzel, 9. Aufl. § 102 BetrVG, Rn 92a). Nach § 38 Abs. 1 Satz 2 iVm § 42b MVG ist eine ordentliche Kündigung unwirksam, wenn die Mitarbeitervertretung nicht beteiligt worden ist. Insofern gelten hier die gleichen Grundsätze wie bei der Beteiligung von Betriebsräten nach § 102 BetrVG (KR-Friedrich, 9. Aufl., Kirchliche Arbeitnehmer, Rn 22, Seite 2036; KGH.EKD vom 1.10.2007, ZMV 2008, 88; BAG vom 10.12.1992 NZA 1993, 593, KirchE 30, 412).

[28] Nach § 102 Abs. 1 Satz 2 BetrVG muss der Arbeitgeber den Betriebsrat diejenigen Gründe mitteilen, die nach seiner subjektiven Sicht die Kündigung rechtfertigen und für seinen Kündigungsentschluss maßgebend sind. Teilt der Arbeitgeber objektiv kündigungsrechtlich erhebliche Tatsachen dem Betriebsrat deshalb nicht mit, weil er darauf die Kündigung nicht oder zunächst nicht stützen will, dann ist die Anhörung selbst ordnungsgemäß. In diesem Fall ist es dem Arbeitgeber allerdings verwehrt, im Kündigungsschutzprozess Gründe nachzuschieben, die über die Erläuterung des mitgeteilten Sachverhaltes hinausgehen (BAG vom 18.10.2006 -2 AZR 676/05- NZA 2007, 798, Rn 35). Das Gleiche gilt im Bereich des kirchlichen Arbeitsrechts. Umstände, die der Mitarbeitervertretung nicht vorgetragen worden sind, können im Kündigungsschutzrechtsstreit nicht berücksichtigt werden (KR-Friedrich, aaO, Rn 26).

[29] 2. Bei Anwendung dieser Grundsätze kann die Beklagte sich im hiesigen Kündigungsschutzprozess nicht auf den Kündigungsgrund der dauernden Unmöglichkeit der Erbringung der Arbeitsleistung berufen, da sie der Mitarbei-

tervertretung nur Gründe aus dem Bereich häufiger Kurzerkrankungen mitgeteilt hat.

[30] In der Anhörung der Mitarbeitervertretung vom 9.11.2009 ... stellt die Beklagte ausschließlich auf häufige, unkalkulierbare Kurzerkrankungen ab. Es wird ferner mitgeteilt, dass „weiterhin mit häufigen bzw. lang anhaltenden Ausfallzeiten zu rechnen" sei. Auf diese Tatsachen und die sich möglicherweise hieraus ergebenden Beeinträchtigungen eines kontinuierlichen Arbeitsablaufs beruft sich die Beklagte aber im hiesigen Prozess weder erst- noch zweitinstanzlich. Umgekehrt wird der Mitarbeitervertretung jedoch an keiner Stelle mitgeteilt, dass die Klägerin aufgrund ihrer Erkrankung künftig überhaupt nicht mehr eingesetzt werden könnte. Daher ist diese Tatsache im hiesigen Kündigungsschutzverfahren auch nicht berücksichtigungsfähig.

[31] Dies ändert sich auch nicht dadurch, dass nach Darstellung der Beklagten möglicherweise im Rahmen des Betrieblichen Eingliederungsmanagements im Februar 2009 und im Hinblick auf das Attest vom 27.1.2009 der Mitarbeitervertretung in diesem Zeitpunkt bekannt war, dass die Klägerin ihren arbeitsvertraglichen Verpflichtungen nicht nachkommen konnte. Schon wegen des Zeitablaufs von über einem Dreivierteljahr konnte die Mitarbeitervertretung auch angesichts der Formulierungen im Anhörungsschreiben nicht davon ausgehen, dass ein solcher Befund noch weiter gilt. Auch hatte die Klägerin sich unstreitig danach noch weiteren Operationen unterzogen, was ebenfalls zu einer Veränderung des Leistungsvermögens hätte führen können.

[32] 3. Da die Kündigung schon nach den obigen Grundsätzen unwirksam ist, konnte offen bleiben, ob die vom Arbeitsgericht vorgenommene Interessenabwägung geteilt werden kann. Auch auf die weiteren von der Klägerin vorgetragenen Unwirksamkeitsgründe muss nicht eingegangen werden.

44

Die Gewährleistungen in Art. 140 GG, 137 Abs. 3 WRV umfassen auch die Regelungskompetenz zur Festlegung der Voraussetzungen, unter denen ein Pfarrer der Evangelischen Landeskirche in Württemberg in den Wartestand versetzt und ein gegenüber der vollen Besoldung prozentual abgestuftes Wartegeld festgesetzt werden kann.

Die insoweit einschlägigen kirchenrechtlichen Vorschriften sind weder evident sachwidrig noch willkürlich.

Art./§§ 3 Abs. 1, 33 Abs. 5, 140 GG, 137 Abs. 3 WRV, 135 BRRG, 43 Abs. 3, 57, 59 WPfarrG
VGH Baden-Württemberg, Beschluss vom 9. November 2010 -4 S 2257/09-

Der Kläger begehrt von der Beklagten die Nachzahlung höherer Dienstbezüge für bestimmte Zeiträume seines Wartestandes, in denen er geringerwertige Dienstaufträge wahrgenommen hat.

Der im Jahr 1950 geborene Kläger wurde im Jahr 1979 in den unständigen Pfarrdienst übernommen und mit Wirkung vom 1.1.1984 auf eine Pfarrstelle ernannt. Diese war nach der Pfarrbesoldungsgruppe P 2 bewertet. In der Folge bezog er Dienstbezüge nach den jeweiligen Dienstaltersstufen dieser Besoldungsgruppe P 2.

Mit Schreiben vom 1.8.2001 versetzte ihn der Oberkirchenrat der Beklagten mit Wirkung vom 1.9.2001 in den sog. Wartestand, da erwünschte Bewerbungen um andere Pfarrstellen nicht zu einer Ernennung geführt hatten. Diese Versetzung ist inzwischen bestandskräftig. Gleichzeitig wurde dem Kläger mit Wirkung vom 1.9.2001 ein erster Dienstauftrag erteilt.

Zwischen dem 1.1.2003 und 31.1.2006 war er für eine anderweitige Tätigkeit freigestellt und erhielt daher von der Beklagten keine Dienstbezüge. Zwischen dem 1.2.2006 und 31.5.2006 versah der Kläger einen Dienstauftrag in A., dessen Stelle nach P 2 bewertet war. Es folgte vom 1.6.2006 bis zum 13.2.2007 ein Dienstauftrag in der JVA B., welcher nach P 2 bewertet war; der Kläger erhielt in diesen Zeiträumen Dienstbezüge aus P 2. Daran schloss sich vom 14.2.2007 bis zum 31.8.2007 ein Dienstauftrag in C. an. Die zugrundeliegende Stelle war nach P 1 eingestuft. Ab dem 14.2.2007 erhielt der Kläger deswegen Dienstbezüge nur aus der Besoldungsgruppe P 1. In einem Schreiben vom 8.5.2007 wies der Oberkirchenrat den Kläger darauf hin, er könne derzeit nur Dienstbezüge aus P 1 erhalten, da dies für ihn günstiger sei als der Bezug von Wartegeld (80 v.H. aus P 2).

Mit Schreiben vom 16.5.2007 erhob der Kläger dagegen Widerspruch. In Vorgesprächen habe man ihm erläutert, aufgrund seines Alters gelte eine besoldungsrechtliche Besitzstandswahrung. Vom 1.9.2007 bis zum 31.12.2007 wurde dem Kläger kein Dienstauftrag übertragen. Vom 1.1.2008 an versah der Kläger einen Dienstauftrag im Kirchenbezirk D., wobei die zugrundeliegende Stelle wieder nach P 1 bewertet war. Wieder wurden ihm Dienstbezüge nach P 1 ausbezahlt. In seiner Widerspruchsbegründung machte der Kläger u.a. geltend, aus § 59 Abs. 3 Satz 3 iVm Abs. 2 Satz 2 des kirchlichen Gesetzes über das Dienstverhältnis der Pfarrer der Evangelischen Landeskirche in Württemberg (Württembergisches Pfarrergesetz -WPfarrG-) ergebe sich, dass im Wartestand bei einem „unterwertigen“ Dienstauftrag „die bisherigen Dienstbezüge“ zu gewähren seien.

Mit dem angefochtenen Bescheid wies der Oberkirchenrat den Widerspruch zurück. Bei Wahrnehmung von Dienstaufträgen, deren Stellen nach P 1 eingestuft seien, stünden dem Kläger nur Dienstbezüge nach dieser Besoldungsgruppe zu, da sie die Höhe seines Wartegeldanspruchs (80 v.H. aus P 2) überstiegen. Weitergehende einschlägige Regelungen zur Besitzstandswahrung seien nicht erkennbar.

Zur Begründung seiner hierauf erhobenen Klage, mit der er für die vorgenannten Zeiträume Nachzahlung der Wartestandsbezüge nach der Besoldungsgruppe P 2 begehrt, ließ der Kläger u.a. vortragen, es gebe keine Rechtfertigung für eine Besoldungsabsenkung, wenn sich ein Pfarrer im Wartestand um die Wahrnehmung von Dienstaufträgen bemühe. Ein Anspruch auf eine amtsangemessene Besoldung ergebe sich zwar nicht aus Art. 33 Abs. 5 GG, jedoch aus §§ 36 und 37 WPfarrG. Die Regelung in § 59 WPfarrG sei willkürlich, weil sie gleiche besoldungsrechtliche Regelungen an unterschiedlich zu bewertende Wartestandseintrittstatbestände knüpfe. Der Wartestand sei faktisch eine Endstation. Eine Ernennung auf eine Pfarrstelle gelinge in der Praxis nicht.

Das VG Stuttgart (Urteil vom 18.9.2009 -9 K 341/09- n.v.) hat die Klage abgewiesen. Obwohl es sich um eine innerkirchliche Streitigkeit handele, sei hier der Verwaltungsrechtsweg gegeben. Zwar besitze die Beklagte ein kirchliches Verwaltungsgericht, doch sei für vermögensrechtliche Streitigkeiten der Rechtsweg zu den Verwaltungsgerichten eröffnet (§ 43 Abs. 2 und 3 WPfarrG § 9 Abs. 2 Nr. 6 des Kirchlichen Verwaltungsgerichtsgesetzes idF vom 25.3.2006, Abl. 62 S. 57). Der Kläger besitze keinen Anspruch auf Nachzahlung höherer Dienstbezüge in den von ihm geltend gemachten Zeiträumen (§ 113 Abs. 5 Satz 1 VwGO entsprechend). Denn weder vermöge er sich auf eine „übergesetzliche“ Besitzstandswahrung zu berufen, noch seien die Regelungen zu den Dienstbezügen im Wartestand oder ihre Anwendung durch die Beklagte auf den vorliegenden Fall willkürlich.

Der Antrag des Klägers auf Zulassung der Berufung wurde zurückgewiesen.

Aus den Gründen:

[3] Zutreffend hat das Verwaltungsgericht die Zulässigkeit des Rechtswegs zu den staatlichen Verwaltungsgerichten für die geltend gemachten Besoldungsansprüche bejaht. Nach § 135 Satz 2 BRRG bleibt es den öffentlich-rechtlichen Religionsgemeinschaften überlassen, nicht nur die Rechtsverhältnisse ihrer Beamten und Seelsorger dem Beamtenrechtsrahmengesetz entsprechend zu

regeln, sondern auch die Vorschriften dieses Gesetzes über den Verwaltungsrechtsweg für Klagen aus dem Beamtenverhältnis (§§ 126, 127 BRRG) für anwendbar zu erklären (vgl. dazu BVerwG, Urteil vom 28.4.1994 -2 C 23.92- BVerwGE 95, 379, KirchE 32, 148). Eine solche kirchenrechtliche Rechtswegzuweisung an die staatlichen Verwaltungsgerichte liegt hier mit § 43 Abs. 3 Satz 1 WPfarrG idF vom 24.11.2008 (ABl. 63 S. 262) vor. Danach sind vermögensrechtliche Ansprüche vor den staatlichen Verwaltungsgerichten geltend zu machen.

[4] Ein Anspruch auf (Nach-)Zahlung höherer Dienstbezüge steht dem Kläger, wie das Verwaltungsgericht zu Recht entschieden hat, jedoch nicht zu. Seine ihm in den streitgegenständlichen Zeiträumen für die während des Wartestandes wahrgenommenen Dienstaufträge gewährten Bezüge entsprechen den kirchenrechtlichen Vorschriften. *(wird ausgeführt)*

[7] Entgegen der Auffassung des Klägers verstoßen die hier einschlägigen kirchenrechtlichen Regelungen nicht gegen höherrangiges staatliches Recht.

[8] Art. 33 Abs. 5 GG kommt nach der ständigen Rechtsprechung des Bundesverfassungsgerichts (vgl. nur Beschluss vom 9.12.2008 -2 BvR 717/08- DVBl. 2009, 238, KirchE 52, 337 mwN) auf die öffentlich-rechtlichen Dienstverhältnisse der Kirchen weder unmittelbar noch entsprechend zur Anwendung. Art. 33 Abs. 5 GG enthält inhaltliche Vorgaben lediglich für die Regelung des öffentlichen Dienstes als Bestandteil der Staatsverwaltung. Die Frage, ob der mit Besoldungskürzungen einhergehende Wartestand als ein hergebrachtes beamtenrechtliches Institut angesehen werden kann, dessen Voraussetzungen nicht vom Verschulden des Beamten abhängen (vgl. dazu OVG.NRW, Urteil vom 23.9.1997 -5 A 3031/95- DÖV 1998, 393 KirchE 35, 388), kann daher dahingestellt bleiben. Selbst wenn dem staatlichen öffentlichen Dienstrecht ein solcher Typenzwang innewohnen sollte, fehlt es jedenfalls schon an einer Grundlage, einen solchen entsprechend für das kirchliche Dienstrecht zu postulieren. Denn dies liefe darauf hinaus, die Religionsgesellschaften auf die Grundmuster staatlich geregelter Beschäftigungsverhältnisse festzulegen. Dies aber steht mit der durch Art. 140 GG iVm Art. 137 Abs. 3 Satz 2 WRV gewährleisteten kirchlichen Ämterautonomie nicht in Einklang (BVerfG, Beschluss vom 9.12.2008, aaO; OVG.NRW, Beschluss vom 8.11.2002 -5 A 751/01- NVwZ 2003, 1002, KirchE 41, 164).

[9] Auch die Rüge des Klägers, die unterschiedslose Ausgestaltung der Bezüge im Wartestand verstoße gegen Art. 3 Abs. 1 GG und das Willkürverbot, greift nicht. Der Kläger macht geltend, die Versetzung in den Wartestand beruhe auf völlig unterschiedlichen Lebenssachverhalten, die in jeglicher Hinsicht nicht miteinander vergleichbar seien. Die an die völlig verschiedenen Sachverhalte anknüpfenden, identischen besoldungsrechtlichen Folgen seien im Hinblick auf die Herabsetzung der Besoldung in seinem Fall gleichheitswidrig. Das

diesbezügliche Vorbringen des Klägers führt jedoch schon nicht im Ansatz darauf, dass ihm für die streitgegenständlichen Zeiträume höhere Bezüge zustünden. Denn selbst wenn ein Verstoß der angegriffenen Regelungen gegen Verfassungsrecht festgestellt würde, folgte daraus nicht der geltend gemachte Anspruch des Klägers. Unabhängig davon hat das Verwaltungsgericht zu Recht einen Verstoß gegen Art. 3 Abs. 1 GG verneint.

[10] Dem Gesetzgeber kommt schon bei der Regelung der Beamtenbesoldung ein verhältnismäßig weiter Spielraum zu, innerhalb dessen sehr unterschiedliche Gestaltungen rechtlich möglich und allein politisch zu verantworten sind. Der Gesetzgeber hat die Grenzen der ihm zustehenden weitgehenden Gestaltungsfreiheit mit der Folge einer Verletzung des Art. 3 Abs. 1 GG erst dann überschritten, wenn die ungleiche Behandlung der geregelten Sachverhalte mit Gesetzlichkeiten, die in der Natur der Sache selbst liegen, und mit einer am Gerechtigkeitsgedanken orientierten Betrachtungsweise nicht mehr vereinbar ist, mit anderen Worten, wo ein vernünftiger, einleuchtender Grund für die gesetzliche Differenzierung fehlt, es sich also um Regelungen handelt, die unter keinem sachlich vertretbaren Gesichtspunkt gerechtfertigt erscheinen, so dass die Unsachlichkeit der getroffenen Regelung evident ist. Dabei kommt es nicht darauf an, ob der Gesetzgeber im Einzelnen die zweckmäßigste, vernünftigste oder gerechteste Lösung gefunden hat (vgl. nur BVerwG, Beschluss vom 18.9.2007 -2 B 27.07- *juris*, mwN). Schon danach ist eine Verletzung von Art. 3 Abs. 1 GG nicht gegeben, sodass es keiner Vertiefung bedarf, inwieweit diese Grundsätze auf den kirchlichen Gesetzgeber zu übertragen sind.

[11] Die Vorschriften des Kirchenrechts über die Versetzung in den Wartestand finden ebenso wie die Regelungen über die Gewährung eines Wartegeldes ihre Grundlage in dem durch Art. 140 GG iVm Art. 137 Abs. 3 Satz 1 WRV gewährleisteten Recht der Religionsgesellschaften zur selbständigen Ordnung und Verwaltung ihrer Angelegenheiten innerhalb des für alle geltenden Gesetzes. Dieses Selbstbestimmungsrecht wie auch die in Art. 137 Abs. 3 Satz 2 WRV ausdrücklich hervorgehobene Gewährleistung der Ämterautonomie beinhalten nicht nur das Recht festzulegen, welche Kirchenämter einzurichten, wie diese zu besetzen und welche Anforderungen an die Amtsinhaber zu stellen sind (vgl. BVerfG, Beschluss vom 9.12.2008, aaO; BVerwG, Urteil vom 25.11.1982 -2 C 21.78- BVerwGE 66, 241, KirchE 20, 208; OVG.NRW, Urteil vom 23.9.1997, aaO). Das Selbstbestimmungsrecht enthält auch die Regelungskompetenz zur Festlegung der Voraussetzungen, unter denen ein Kirchenbeamter in den Wartestand versetzt werden kann und ein gegenüber der vollen Besoldung prozentual abgestuftes Wartegeld erhält. Die in Ausübung dieser Regelungskompetenz ergangene Vorschrift des § 57 WPfarrG, wonach ein Pfarrer in den Wartestand versetzt werden kann, wenn seine Stellung in der Gemeinde unhaltbar geworden ist,

wenn er ohne die erforderliche Befreiung eine nicht der evangelischen Kirche angehörige Person heiratet oder wenn er nach einer schriftlichen Aufforderung zum Wechsel seiner Pfarrstelle nach angemessener Frist keine Bewerbungen unternommen hat oder seine Bewerbung nicht zur Ernennung führt, dient der Sicherstellung des Wirkens im Sinne kirchlichen Selbstverständnisses und ist jedenfalls nicht evident sachwidrig oder willkürlich (vgl. dazu BVerfG, Beschluss vom 9.12.2008, aaO; OVG.NRW, Urteil vom 23.9.1997, aaO). Gleiches gilt für die allein an die Tatsache des Wartestandes anknüpfende Regelung des Wartegeldes.

[12] Die auf 80 v.H. der zuletzt bezogenen Dienstbezüge festgesetzte Höhe des Wartegeldes (§ 59 Abs. 2 Satz 3 WPfarrG) verstößt ferner nicht unter Sozialstaats-, Fürsorge- oder Verhältnismäßigkeitsgesichtspunkten gegen staatliche Rechtssätze. Denn das Wartegeld nach § 59 Abs. 2 Satz 3 WPfarrG genügt den Mindestanforderungen sozialer Sicherung, wie sie im staatlichen Bereich gelten (vgl. dazu BVerfG, Beschluss vom 9.12.2008, aaO; OVG.NRW, Urteil vom 23.9.1997, aaO).

45

Selbst wenn für einen gläubigen Menschen sein gesamtes Verhalten glaubensgeleitet sein kann (hier: bioenergetischer Weinbau), eröffnet nicht jede Regelung, die sich darauf auswirkt, den verfassungsrechtlichen Schutzbereich des Art. 4 Abs. 1 u. 2 GG.

Art./§ 4 Abs. 1 u. 2 GG, 43 Abs. 1 WeinG
VG Würzburg, Urteil vom 10. November 2010 -W 6 K 09.149[1]-

Am 17.2.2009 erließ die Verwaltungsgemeinschaft E. als Behörde für die beklagte Stadt E. einen Bescheid über Stabilisierungsfonds 2009 für das Objekt N., Weinberg(e). Auf der Grundlage von 132,72 Ar und einem Tarif (Hebesatz) von 0,67 € wurde eine Abgabeschuld von 88,92 € gegenüber dem Kläger festgesetzt, fällig 20.3.2009. Als Rechtsgrundlage wurde die Bekanntmachung der Neufassung des Weinwirtschaftsgesetzes vom 15.7.1994 (BGBl. I Nr. 42 S. 1467 ff.) iVm der Landesverordnung § 29 Abs. 2 (EU-Weinbaukartei) genannt. Die Abgabe betrage nach § 43 Abs. 1 Nr. 1 des Weingesetzes ab 1.1.2002 pro Ar Weinbergfläche 0,67 €. Über den Zweck der Abgabe wurde ausgeführt, der als Anstalt des öffentlichen Rechts errichtete Deutsche Weinfonds habe die Aufgabe, im Rah-

1 juris.

men der ihm zur Verfügung stehenden Mittel, insbesondere des Aufkommens aus der Abgabe, die Qualität des Weines sowie durch Erschließung und Pflege des Marktes den Absatz des Weines zu fördern.

Mit seiner hiergegen erhobenen Klage macht der Kläger u.a. geltend, er habe mit der Produktionsweise der deutschen Winzer, auch der deutschen Biowinzer, nichts gemein. Seine Arbeit nach den Richtlinien des bioenergetischen Weinbaus ziele auf die Gewinnung von Weinen auf den Grundlagen der Homöopathie. Eine Gemeinschaftswerbung für diese Weinproduktion erfolge bis heute in keiner Form. Es liege somit eine Verletzung des Art. 12 Abs. 1 GG vor. Eine Abgabe zur Bewerbung dieser herkömmlichen Weine stelle auch eine rechtswidrige Wettbewerbsverzerrung dar. Diese Weinfonds zwängen dazu, Weine zu bewerben, die mit den in seinem Betrieb hergestellten Weinen nichts zu tun hätten. Nichts einzuwenden und völlig zeit- oder rechtsgemäß wäre es, wenn die Winzer freiwillig Werbegelder an eine privat organisierte Gruppierung leisten würden. Er arbeite nach den Richtlinien des bioenergetischen Weinbaus auf den Grundlagen der Homöopathie basierend auf den Geboten der Religionsgemeinschaft „Leben in Liebe und Licht“. Da diese Gebote Menschen und Natur uneingeschränkt respektierten, werde er durch diese Zwangsabgabe offenkundig in seiner Religionsausübung nach Art. 4 Abs. 1 und 2 GG und somit auch in seiner Würde nach Art. 1 GG nachhaltig verletzt.

Das Verwaltungsgericht weist die Klage ab.

Aus den Gründen:

[26] Die zulässige Klage ist unbegründet. Der Bescheid der Beklagten vom 17.2.2009 ist rechtmäßig und verletzt den Kläger nicht in seinen Rechten (§ 113 Abs. 1 Satz 1 VwGO).

[27] Die Festsetzung der Abgabe in dem angefochtenen Bescheid findet ihre Rechtsgrundlage in den §§ 43 Abs. 1 Nr. 1, 44 Abs. 1 Weingesetz – WeinG -idF der Bekanntmachung vom 16.5.2001 (BGBl. I, S. 985), zuletzt geändert durch Gesetz vom 15.8.2010 (BGBl. I, S. 1136) iVm § 29 der Verordnung zur Ausführung weinrechtlicher Vorschriften - BayWeinRAV - vom 31.8.1995 (GVBl. 1995, S. 667). Nach § 43 Abs. 1 Nr. 1 WeinG ist von den Eigentümern oder Nutzungsberechtigten eine jährliche Abgabe von 0,67 € je Ar der Weinbergsfläche, sofern diese mehr als fünf Ar umfasst, zur Beschaffung der für die Durchführung der Aufgaben des Deutschen Weinfonds erforderlichen Mittel zu entrichten (sog. Flächenabgabe). Berechnungsgrundlage ist gem. § 44 Abs. 1 Satz 1 WeinG die zur Weinbaukartei gemeldete Fläche. Die Abgabe wird von den Gemeinden zugleich mit der Grundsteuer jeweils für ein Kalenderjahr erhoben (§ 29 BayWeinRAV).

Die einfachgesetzlichen Voraussetzungen der Heranziehung des Klägers zur Flächenabgabe nach diesen Rechtsgrundlagen sind zwischen den Beteiligten sowohl dem Grund als auch der Höhe nach unstreitig.

[28] Die maßgeblichen Vorschriften stehen aber auch mit höherrangigem Recht im Einklang. Die Kammer hat nicht die Überzeugung gewonnen, dass die Abgabe nach § 43 Abs. 1 Nr. 1 WeinG verfassungswidrig wäre. Ebenso wenig bestehen Anhaltspunkte dafür, dass die Abgabenerhebung europäisches Unionsrecht verletzt. Daher war das Verfahren weder gem. Art. 100 Abs. 1 GG auszusetzen und die Entscheidung des Bundesverfassungsgerichts einzuholen, noch war gem. Art. 267 des Vertrags über die Arbeitsweise der Europäischen Union - AEUV - der Europäische Gerichtshof anzurufen.

[29] Nach Überzeugung der Kammer bestehen keine durchgreifenden Bedenken gegen die Verfassungsmäßigkeit der Abgabe an den Deutschen Weinfonds. (*wird ausgeführt*)

[31] Bei der Abgabe handelt es sich um eine „Sonderabgabe mit Finanzierungsfunktion", die an dem strengen verfassungsrechtlichen Maßstab zu messen ist, den das Bundesverfassungsgericht mit Blick auf die bundesstaatliche Finanzverfassung (Art. 105, 110 GG) und die Grundrechte (insbes. Art. 2 Abs. 1, Art. 12 Abs. 1 und Art. 3 Abs. 1 GG) an derartige Abgaben anlegt (vgl. BVerfG, Urteil vom 3.2.2009 -2 BvL 54/06- BVerfGE 122, 316 und Beschluss vom 12.5.2009 -2 BvR 743/01- BVerfGE 123, 132). Demnach muss der Gesetzgeber mit der Abgabe einen Sachzweck verfolgen, der über die bloße Mittelbeschaffung hinausgeht. Die mit der Abgabe belastete Gruppe muss homogen sein; sie muss dem Sachzweck näher stehen als jede andere Gruppe; die Gruppe muss eine besondere Finanzierungsverantwortung haben. Das Mittelaufkommen aus der Abgabe muss gruppennützig verwendet werden. Der Gesetzgeber muss die Erforderlichkeit der Abgabe regelmäßig überprüfen und sie haushaltsrechtlich vollständig dokumentieren.

[32] Zur Überzeugung der Kammer entspricht die Abgabe an den Deutschen Weinfonds diesen Vorgaben und begegnet auch sonst keinen verfassungsrechtlichen Bedenken. (*wird ausgeführt*)

[48] Des Weiteren liegt - entgegen der Behauptung des Klägers - auch keine Verletzung des Art. 4 Abs. 1 und 2 GG vor. Schon ein Eingriff in den Schutzbereich der Religions- und Glaubensfreiheit des Klägers ist zu verneinen. Jedenfalls liegt eine zulässige Schranke vor. Die Abgabepflicht zum Deutschen Weinfonds knüpft nicht an eine religiöse Überzeugung an, sondern an eine erwerbswirtschaftliche Tätigkeit als Winzer. Unabhängig von der Abgabe ist dem Kläger ein bioenergetischer Weinbau ungehindert möglich. Die Kriterien für die Abgabe betreffen alle Winzer gleich. Selbst wenn für einen gläubigen Menschen sein gesamtes Verhalten glaubensgeleitet sein kann, eröffnet nicht

jede Regelung, die sich darauf auswirkt, den Schutzbereich des Art. 4 Abs. 1 und 2 GG. Ein irgendwie gearteter Zusammenhang mit einer Religionsausübung verhilft der objektiv vorliegenden wirtschaftlichen Tätigkeit noch nicht zu einem gesteigerten Grundrechtschutz nach Art. 4 GG. Generell verleihen die Grundrechte keinen Titel, sich von allgemeinen staatsbürgerlichen Pflichten zu befreien. Aus Art. 4 Abs. 1 und 2 GG resultiert kein subjektiver Anspruch des Klägers, sich der Abgabepflicht zu entziehen oder eine bestimmte Verwendung der Mittel zu verlangen (BVerfG, Urteil vom 18.4.1984 -1 BvL43/81- BVerfGE 67, 26 [30]; Mückl, in Bonner Kommentar, Art. 4 Rn 85, 88, 106 und 130; Jarass, Komm. z. GG, Art. 4, Rn 13, 46 und 51). Ebenso scheidet daher ein Verstoß gegen die Menschenwürde (Art. 1 GG) aus.

[49] Gleichermaßen kann der Kläger aus der Bestimmung des Art. 20a GG mit Verweis auf die fehlende Nachhaltigkeit im Weinbau und die entsprechende Mittelverwendung des Deutschen Weinfonds keinen subjektiven Anspruch auf Befreiung von der Abgabepflicht geltend machen (vgl. Jarass, Komm. z. GG, Art. 20a Nr. 1 ff.). (*wird ausgeführt*)

[53] Die Abgabe an den Deutschen Weinfonds begegnet schließlich auch keinen durchgreifenden europarechtlichen Bedenken. (*wird ausgeführt*)

46

1. Die in § 9 Abs. 3 BauNVO bezeichneten, ausnahmsweise zulassungsfähigen Nutzungsarten sind nur dann ohne weiteres gebietsverträglich, wenn sie nicht störempfindlich sind und deshalb mit dem Hauptzweck des Industriegebiets nicht in Konflikt geraten können (hier: Zulassung einer Krypta in einer Kirche im Industriegebiet).
2. Die in den Glaubensvorstellungen wurzelnden Belange privatrechtlich organisierter Kirchen und Religionsgesellschaften können Gründe des Wohls der Allgemeinheit iSd § 31 Abs. 2 Nr. 1 BauGB sein, die eine Befreiung erfordern.

Art./§§ 3 Abs. 1, 4 Abs. 1 u. 2, 140 GG, 137 Abs. 3 WRV,
29 Abs. 1, 31 Abs. 1 u. 2 BauGB, 9 Abs. 1 u. 3 BauNVO
BVerwG, Urteil vom 18. November 2010 -4 C 10/09[1]-

1 Amtl. Leitsätze (mit Klammerzusatz). BauR 2011, 623; BBB 2011, Nr. 4, 60 (LS); BRS 76 Nr. 76 (2010); Buchholz 406.11 § 31 BauGB Nr. 41; BVerwGE 138, 166; DÖV 2011, 576 (LS); DVBl 2011, 358; Info BRS 2011, Nr. 2, 1; NVwZ 2011, 748; VR 2011, 143 (LS); ZfBR 2011, 269. Nach Zurückver-

Die Klägerin ist eine als eingetragener Verein organisierte Pfarrgemeinde der Syrisch-Orthodoxen Kirche. Im Jahre 1994 beantragte sie die Erteilung einer Baugenehmigung für die Errichtung einer „Syrisch-Orthodoxen Kirche mit Mausoleum“ sowie eines „Gemeindezentrums“. In der Bauzeichnung für das Untergeschoss der Kirche war eine „Krypta“ mit zehn Grabkammern eingezeichnet.

Das Baugrundstück liegt im Geltungsbereich eines Bebauungsplans der Beigeladenen zu 1), der das gesamte Plangebiet als Industriegebiet (GI) festsetzt. In den textlichen Festsetzungen des Bebauungsplans sind „Ausnahmen nach § 9 Abs. 3 BauNVO und Nebenanlagen nach § 14 BauNVO“ zugelassen.

Die Beklagte erteilte der Klägerin die beantragte Baugenehmigung für das Kirchengebäude und das Gemeindezentrum. Hinsichtlich der Krypta lehnte sie den Antrag unter Hinweis auf das versagte gemeindliche Einvernehmen der Beigeladenen zu 1) ab. Die Klägerin erhob Widerspruch gegen die Ablehnung, ließ dann aber in der Bauzeichnung ihres Bauantrags die Zweckbestimmung „Krypta“ durch „Abstellraum“ ersetzen und die Grabkammern streichen. Die Beklagte hob daraufhin den ablehnenden Teil des Genehmigungsbescheides auf. Die Kirche ist mittlerweile errichtet und wird von der Klägerin als solche genutzt.

Im Jahre 2005 beantragte die Klägerin, im betreffenden Raum im Untergeschoss der Kirche eine Krypta „als privaten Bestattungsplatz ausdrücklich ausschließlich für verstorbene Geistliche“ ihrer Kirche zu genehmigen. Entsprechend der ursprünglichen Planung ist der Einbau von zehn Grabkammern in Wandnischen vorgesehen, die nach Beisetzung durch dicht verfugte Stahlbetonplatten zur Raumseite hin verschlossen und mit beschrifteten Marmorverkleidungen versehen werden sollen. Die Krypta soll nur von außen zugänglich sein.

Das Gesundheitsamt beim Landratsamt H. stimmte der Krypta aus hygienischer Sicht unter Auflagen zu. Die Beigeladene zu 1) versagte wiederum das gemeindliche Einvernehmen. Die Beklagte lehnte den Bauantrag ab, der hiergegen gerichtete Widerspruch der Klägerin blieb ohne Erfolg.

Das VG Stuttgart (Beschluss vom 15.4.2008 -5 K 2146/06- n.v.) hat die Beklagte unter Aufhebung der ablehnenden Bescheide verpflichtet, über den Antrag der Klägerin auf Erteilung einer Baugenehmigung für den Einbau einer

---

weisung hat der VGH Baden-Württemberg (Urteil vom 20.7.2011 -3 S 465/11- n.v.) das Urteil des VG Stuttgart vom 15.4.2008 -5 K 2146/06- geändert, die Klage abgewiesen und die Berufung der Klägerin gegen das erstinstanzliche Urteil zurückgewiesen. Die Nichtzulassungsbeschwerde der Klägerin blieb ohne Erfolg; BVerwG, Beschluss vom 27.6.2013 -4 B 43/11- BauR 2013, 1650.

Krypta im Untergeschoss der Kirche unter Beachtung der Rechtsauffassung des Gerichts erneut zu entscheiden; im Übrigen hat es die Klage abgewiesen.

Auf die Berufung der Beklagten und der Beigeladenen zu 1) hat der VGH Baden-Württemberg (Urteil vom 9.11.2009 -3 S 2679/08- VBlBW 2010, 155) die erstinstanzliche Entscheidung geändert und die Klage insgesamt abgewiesen; die Berufung der Klägerin hat er zurückgewiesen. Die Umwandlung des betreffenden Abstellraums in eine Krypta sei eine genehmigungspflichtige, aber nicht genehmigungsfähige Nutzungsänderung. Sie sei bauplanungsrechtlich unzulässig, weil sie den Festsetzungen des qualifizierten Bebauungsplans widerspreche. Zwar handle es sich bei der Krypta um eine - städtebaulich gegenüber der Kirche eigenständig zu würdigende - Anlage für kirchliche Zwecke im Sinne des Ausnahmekatalogs des § 9 Abs. 3 Nr. 2 BauNVO. Sie sei jedoch wegen Unverträglichkeit mit dem Charakter eines Industriegebiets unzulässig. Das Ermessen für eine ausnahmsweise Zulassung nach § 31 Abs. 1 BauGB sei deshalb entgegen der Auffassung des Verwaltungsgerichts nicht eröffnet. Eine Befreiung nach § 31 Abs. 2 BauGB komme ebenfalls nicht in Betracht. Es spreche alles dafür, dass die private Bestattungsanlage schon die Grundzüge der Planung berühre, die auf ein typisches, die gewerbliche Nutzungsbreite voll ausschöpfendes Industriegebiet ohne konfliktträchtige Ausnahmenutzungen gerichtet gewesen sei. Jedenfalls fehle es aber an Befreiungsgründen. Insbesondere erforderten es Gründe des Wohls der Allgemeinheit nicht, die Krypta trotz ihrer bauplanungsrechtlichen Unzulässigkeit an der vorgesehenen Stelle zu errichten. Dies gelte auch im Lichte der Art. 4 und Art. 140 GG iVm Art. 137 Abs. 3 WRV. Das Bedürfnis, über eine Krypta in der eigenen Kirche zu verfügen, sei nicht zwingender Bestandteil der Religionsausübung der Klägerin. Der durch die Ablehnung unterhalb dieser Schwelle angesiedelte Eingriff in die Religionsausübungsfreiheit sei durch den Achtungsanspruch der Verstorbenen und das Recht der Angehörigen und Trauernden auf ein würdevolles Gedenken gerechtfertigt, das im Industriegebiet weder nach seiner Typik noch nach seiner Eigenart gewährleistet sei. Eine diskriminierende Ungleichbehandlung im Verhältnis zur katholischen Kirche sei ebenfalls nicht zu erkennen.

Die Klägerin wendet sich mit ihrer Revision gegen die vorinstanzlichen Urteile und macht eine Verletzung ihrer Grundrechte aus Art. 4 Abs. 1 und 2 und Art. 3 Abs. 1 GG sowie ihrer Selbstverwaltungsgarantie aus Art. 140 GG iVm Art. 137 ff. WRV geltend.

Unter Aufhebung des angefochtenen Urteils verweist der Senat den Rechtsstreit zur anderweitigen Verhandlung und Entscheidung an die Vorinstanz zurück.

Aus den Gründen:

[9] Die Revision der Klägerin ist begründet. Das Berufungsurteil verstößt gegen Bundesrecht.

[10] Die Einrichtung einer Krypta im Untergeschoss des Kirchengebäudes der Klägerin ist eine Nutzungsänderung iSd § 29 Abs. 1 BauGB, deren bauplanungsrechtliche Zulässigkeit an §§ 30 ff. BauGB zu messen ist (1). Die Annahme des Verwaltungsgerichtshofs, dass diese Nutzungsänderung im Industriegebiet nicht im Wege einer Ausnahme gem. § 31 Abs. 1 BauGB zugelassen werden kann, weil sie mit dem typischen Charakter eines Industriegebiets unvereinbar ist, steht im Einklang mit Bundesrecht (2). Bundesrechtswidrig sind demgegenüber die Gründe, auf die der Verwaltungsgerichtshof seine Auffassung gestützt hat, dass die Krypta auch nicht im Wege einer Befreiung gem. § 31 Abs. 2 BauGB genehmigt werden könne (3). Da die Tatsachenfeststellungen des Verwaltungsgerichtshofs für eine abschließende Prüfung der Befreiungsvoraussetzungen nicht ausreichen, war die Sache zur anderweitigen Verhandlung und Entscheidung an den Verwaltungsgerichtshof zurückzuverweisen (4).

[11] 1. Die beantragte Nutzung des Abstellraums im Untergeschoss des Kirchengebäudes der Klägerin als Krypta ist eine vom Vorhabenbegriff des § 29 Abs. 1 BauGB umfasste, mit geringfügigen baulichen Änderungen verbundene Nutzungsänderung.

[12] Eine Nutzungsänderung liegt vor, wenn durch die Verwirklichung eines Vorhabens die einer genehmigten Nutzung eigene Variationsbreite verlassen wird und durch die Aufnahme dieser veränderten Nutzung bodenrechtliche Belange neu berührt werden können, so dass sich die Genehmigungsfrage unter bodenrechtlichem Aspekt neu stellt (Urteil vom 18.5.1990 -BVerwG 4 C 49.89- NVwZ 1991, 264 mwN; Beschlüsse vom 14.4.2000 -BVerwG 4 B 28.00- *juris* Rn 6 und vom 7.11.2002 -BVerwG 4 B 64.02- BRS 66 Nr. 70 S. 327). Die Variationsbreite der bisherigen Nutzung wird auch dann überschritten, wenn das bisher charakteristische Nutzungsspektrum durch die Änderung erweitert wird (Urteil vom 27.8.1998 -BVerwG 4 C 5.98- Buchholz 406.11 § 34 BauGB Nr. 190 S. 64). So liegen die Dinge hier. Die Nutzung als Begräbnisstätte ist heute für eine Kirche nicht mehr charakteristisch. Im vorliegenden Fall wurde die Krypta zudem von der im Jahre 1994 erteilten Baugenehmigung für die Errichtung der Kirche ausdrücklich ausgenommen und sollte - auf Anregung des Regierungspräsidiums Stuttgart letztlich auch aus der Sicht der Klägerin - einem Nachtrags-Baugenehmigungsverfahren vorbehalten bleiben.

[13] Vorhaben iSd § 29 Abs. 1 BauGB und damit Gegenstand der bauplanungsrechtlichen Prüfung ist jedoch nicht - wie vom Verwaltungsgerichtshof angenommen - die Krypta als selbständige „Hauptanlage“, sondern die Ände-

rung von einer Kirche mit Abstellraum zu einer Kirche mit Krypta als Gesamtvorhaben. Geht es um die Änderung einer Nutzung, dürfen die bauliche Anlage und ihre Nutzung nicht getrennt beurteilt werden; sie bilden eine Einheit (Urteil vom 15.11.1974 –BverwG 4 C 32.71- BVerwGE 47, 185 [188]). Soll nicht die Nutzung der baulichen Anlage insgesamt, sondern - wie hier - lediglich eines bestimmten Teils der Anlage geändert werden, kann die bauplanungsrechtliche Prüfung hierauf nur beschränkt werden, wenn der betroffene Anlagenteil auch ein selbständiges Vorhaben sein könnte; er muss von dem Vorhaben im Übrigen abtrennbar sein (Urteil vom 17.6.1993 -BVerwG 4 C 17.91- BRS 55 Nr. 72 S. 204). Daran fehlt es hier. Der streitgegenständliche, unter dem Altar gelegene Raum ist untrennbar mit der Kirche im Übrigen verbunden. Nur weil dies so ist, möchte die Klägerin in der Krypta ihre Gemeindepriester beisetzen. Der Verwaltungsgerichtshof hat festgestellt, dass nach den Glaubensvorstellungen der Klägerin die Verpflichtung besteht, syrisch-orthodoxe Priester in einem geweihten kirchlichen Bestattungsraum beizusetzen (UA S. 17 und 27). Kirche und Krypta stehen deshalb als Gesamtvorhaben zur bauplanungsrechtlichen Prüfung.

[14] Die Nutzungsänderung ist auch städtebaulich relevant, weil durch die Aufnahme der neuen Nutzung bodenrechtliche Belange neu berührt werden können (Urteil vom 18.5.1990 -BVerwG 4 C 49.89- aaO). Der Verwaltungsgerichtshof hat festgestellt, dass das Trauern und Gedenken nicht nur im Innern der Kirche unter Ausschluss der Öffentlichkeit stattfinden, sondern auch außerhalb des Kirchengebäudes bemerkbar sein werde. Wie sich aus den Äußerungen der Klägerin im Baugenehmigungsverfahren sowie aus den von ihr in Bezug genommenen externen Stellungnahmen zum Ritual des Totengedenkens ergebe, solle das Gedenken feierlich zelebriert werden; die Toten sollen mit gelegentlichen Feiern geehrt werden. Zudem sei es Brauch der syrisch-orthodoxen Christen, nach jedem samstäglichen Abendgottesdienst vor den Priestergruften Gedenkgebete zu zelebrieren und an bestimmten Sonntagen und an hohen kirchlichen Feiertagen die Gottesdienste mit einer feierlichen Prozession in die Krypta abzuschließen. Bereits diese Feststellungen rechtfertigen die Annahme, dass durch die beantragte Nutzungsänderung bodenrechtliche Belange neu berührt werden können, auch wenn der Verwaltungsgerichtshof Quantität und Dauer dieser „externen“ Traueraktivitäten nicht näher beschrieben und sie „letztlich“ selbst nicht für ausschlaggebend gehalten, sondern entscheidend auf die funktionsmäßige städtebauliche Qualität der Krypta als Begräbnisstätte abgestellt hat (UA S. 22).

[15] 2. Der Verwaltungsgerichtshof hat angenommen, dass eine Kirche mit Krypta zwar grundsätzlich unter die im Industriegebiet gem. § 9 Abs. 3 Nr. 2 BauNVO ausnahmsweise zulassungsfähigen Anlagen für kirchliche Zwecke fällt, eine Ausnahme vorliegend aber wegen Unverträglichkeit dieser Nutzung

mit dem typischen Charakter eines Industriegebiets nicht erteilt werden kann. Dagegen gibt es aus bundesrechtlicher Sicht nichts zu erinnern.

[16] Das Kirchengrundstück liegt nach den Feststellungen des Verwaltungsgerichtshofs im Geltungsbereich eines qualifizierten Bebauungsplans, der hinsichtlich der Art der baulichen Nutzung für das gesamte Plangebiet ein Industriegebiet (GI) gem. § 9 BauNVO festsetzt. Bedenken gegen die Wirksamkeit des Bebauungsplans hat der Verwaltungsgerichtshof nicht zu erkennen vermocht. Anhaltspunkte dafür haben sich auch im Revisionsverfahren nicht ergeben. Maßstab für die Zulässigkeit des Vorhabens ist deshalb grundsätzlich § 30 Abs. 1 BauGB. Im Industriegebiet ist eine Kirche mit Krypta nicht gem. § 9 Abs. 2 BauNVO allgemein zulässig. Zu Recht konzentriert der Verwaltungsgerichtshof seine Prüfung deshalb zunächst auf die Frage, ob die beantragte Nutzungsänderung im Wege einer Ausnahme gem. § 31 Abs. 1 BauGB zugelassen werden kann.

[17] a) Im Einklang mit Bundesrecht geht der Verwaltungsgerichtshof davon aus, dass das Vorhaben eine Anlage für kirchliche Zwecke iSd § 9 Abs. 3 Nr. 2 BauNVO ist. Unter diesen Begriff fallen Anlagen, die unmittelbar kirchlich-religiösen Zwecken dienen, wie insbesondere ein dem Gottesdienst dienendes Kirchengebäude. Die von der Klägerin errichtete Kirche erfüllt diese Voraussetzungen. Die Krypta ist - wie bereits dargelegt - untrennbar mit der Kirche verbunden. Sie ist nicht nur ein privater Bestattungsplatz iSd § 9 BestattG, sondern, weil sie der Bestattung von Gemeindepriestern dienen soll, die nach der Glaubensvorstellung der Klägerin nur in einem geweihten kirchlichen Raum beigesetzt werden dürfen, selbst Anlage für kirchliche Zwecke.

[18] b) In Übereinstimmung mit Bundesrecht geht der Verwaltungsgerichtshof davon aus, dass die ausnahmsweise Zulassungsfähigkeit der beantragten Nutzungsänderung aber am ungeschriebenen Tatbestandsmerkmal der Gebietsverträglichkeit scheitert.

[19] Die Prüfung der Gebietsverträglichkeit rechtfertigt sich aus dem typisierenden Ansatz der Baugebietsvorschriften der Baunutzungsverordnung. Der Verordnungsgeber will durch die Zuordnung von Nutzungen zu den näher bezeichneten Baugebieten die vielfältigen und oft gegenläufigen Ansprüche an die Bodennutzung zu einem schonenden Ausgleich im Sinne überlegter Städtebaupolitik bringen. Dieses Ziel kann nur erreicht werden, wenn die vom Verordnungsgeber dem jeweiligen Baugebiet zugewiesene allgemeine Zweckbestimmung den Charakter des Gebiets eingrenzend bestimmt (Urteil vom 21.3.2002 - BVerwG 4 C 1.02- BVerwGE 116, 155 [158]; Beschluss vom 28.2.2008 -BVerwG 4 B 60.07- Buchholz 406.12 § 4 BauNVO Nr. 19 Rn 6, jeweils mwN). Zu Recht geht der Verwaltungsgerichtshof deshalb davon aus, dass die Gebietsverträglichkeit eine für die in einem Baugebiet allgemein zulässigen und erst recht für die ausnahmsweise zulassungsfähigen Nutzungsarten ungeschriebene Zulässigkeits-

voraussetzung ist, der eine typisierende Betrachtungsweise zugrunde liegt und die der Einzelfallprüfung auf der Grundlage des § 15 Abs. 1 BauNVO vorgelagert ist.

[20] Industriegebiete dienen gem. § 9 Abs. 1 BauNVO ausschließlich der Unterbringung von Gewerbebetrieben, und zwar vorwiegend solcher Betriebe, die in anderen Baugebieten unzulässig sind. Gewerbegebiete dienen gem. § 8 Abs. 1 BauNVO der Unterbringung von nicht erheblich belästigenden Gewerbebetrieben. Die Unterbringung erheblich störender Betriebe ist deshalb dem Industriegebiet vorbehalten und zugleich dessen Hauptzweck.

[21] Von maßgeblicher Bedeutung für die Frage, welche Vorhaben mit dieser allgemeinen Zweckbestimmung des Industriegebiets unverträglich sind, sind die Anforderungen des jeweiligen Vorhabens an ein Gebiet, die Auswirkungen des Vorhabens auf ein Gebiet und die Erfüllung des spezifischen Gebietsbedarfs (Urteil vom 21.3.2002 aaO). Da Industriegebiete der einzige Baugebietstyp der Baunutzungsverordnung sind, in dem erheblich störende Gewerbebetriebe untergebracht werden können, sind die in § 9 Abs. 3 BauNVO bezeichneten Nutzungsarten nur dann ohne Weiteres gebietsverträglich, wenn sie nicht störempfindlich sind und deshalb mit dem Hauptzweck des Industriegebiets nicht in Konflikt geraten können. Diese Voraussetzung erfüllt eine Kirche - mit oder ohne Krypta - bei typisierender Betrachtung nicht (vgl. auch Beschluss vom 20.12.2005 -BVerwG 4 B 71.05- Buchholz 406.12 § 8 BauNVO Nr. 21 [Krematorium]). Eine auf störunempfindliche Anlagen beschränkte ausnahmsweise Zulassungsfähigkeit von „Anlagen für kirchliche Zwecke" iSd § 9 Abs. 3 Nr. 2 BauNVO führt auch nicht dazu, dass dieses Tatbestandsmerkmal leer liefe. Das gilt bereits deshalb, weil nicht alle Anlagen für kirchliche Zwecke in gleicher Weise störempfindlich sind (vgl. etwa die Beispiele bei Stock, in: Ernst/Zinkahn/Bielenberg/Krautzberger, BauGB, Band V, Stand: Juni 2010, Rn 82 zu § 4 BauNVO). Ob und gegebenenfalls unter welchen Voraussetzungen auch eine störempfindliche Nutzung gebietsverträglich sein kann, etwa weil sie einem aus dem Gebiet stammenden Bedarf folgt, kann offen bleiben, weil weder seitens der Verfahrensbeteiligten geltend gemacht worden noch sonst ersichtlich ist, dass hier derartige die Gebietsverträglichkeit begründende Umstände gegeben sein könnten.

[22] 3. Bundesrechtswidrig sind jedoch die Gründe, auf die der Verwaltungsgerichtshof seine Annahme gestützt hat, das Vorhaben könne auch nicht im Wege einer Befreiung gem. § 31 Abs. 2 BauGB genehmigt werden.

[23] Ob die Umwandlung des Abstellraums in eine Krypta die Grundzüge der Planung berührt, hat der Verwaltungsgerichtshof nicht abschließend entschieden. Nach seiner Auffassung fehlt jedenfalls ein Befreiungsgrund. Auch Gründe des Wohls der Allgemeinheit erforderten es nicht, dass die Krypta trotz

ihrer bauplanungsrechtlichen Unzulässigkeit an der vorgesehenen Stelle eingerichtet werde. Das gelte auch bei Bewertung der Grabstättennutzung im Licht der Art. 4 und 140 GG iVm Art. 137 Abs. 3 WRV (...). Die Bestattung der Gemeindepriester in der Hauskirche sei kein zwingender Bestandteil der Religionsausübung (...). Der verbleibende Eingriff in die Religionsausübungsfreiheit sei gerechtfertigt. Die Krypta erfordere ein Umfeld der Ruhe und Andacht. Dieses Umfeld sei in dem Industriegebiet weder nach seiner Typik noch nach seiner Eigenart gewährleistet. Zudem befinde sich die Krypta nur wenige Meter von der Grenze zum östlichen Nachbargrundstück und nur ca. 17 m von der dortigen großen Produktionshalle entfernt. Diese Situation widerspreche der Würde der in solchem Umfeld bestatteten Toten in hohem Maße. Insofern werde der Achtungsanspruch der Verstorbenen verletzt, der sich nachwirkend aus Art. 1 Abs. 1 GG ergebe. Darüber hinaus werde bei objektiver Betrachtung auch das durch Art. 1 Abs. 1 GG geschützte Recht der Angehörigen und Trauernden auf ein würdevolles Gedenken beeinträchtigt. Diese verfassungsimmanente Schranke setze sich gegenüber der Beeinträchtigung der Religionsausübungsfreiheit durch und sei auch verhältnismäßig. Dabei sei besonders zu berücksichtigen, dass die Krypta keinesfalls nur am vorgesehenen Ort, sondern (zusammen mit der Kirche) an anderer geeigneter Stelle errichtet werden könnte oder damals hätte errichtet werden können. Das Planungsrecht biete zahlreiche Möglichkeiten, um städtebaulich die Grundlagen für eine pietätvolle Begräbnisstätte zu schaffen (...).

[24] Mit diesen Erwägungen kann das Vorliegen eines Befreiungsgrundes nach § 31 Abs. 2 Nr. 1 BauGB nicht verneint werden.

[25] a) Gründe des Wohls der Allgemeinheit beschränken sich nicht auf spezifisch bodenrechtliche Belange, sondern erfassen alles, was gemeinhin unter öffentlichen Belangen oder öffentlichen Interessen zu verstehen ist, wie sie beispielhaft etwa in § 1 Abs. 5 und 6 BauGB aufgelistet sind (vgl. Urteil vom 9.6.1978 -BVerwG 4 C 54.75- BVerwGE 56, 71 [76]). Vom Wortlaut des § 1 Abs. 6 Nr. 6 BauGB erfasst werden die Erfordernisse für Gottesdienst und Seelsorge zwar nur, soweit sie von Kirchen und Religionsgesellschaften des öffentlichen Rechts festgestellt werden. Die in den Glaubensvorstellungen wurzelnden Belange privatrechtlich organisierter Kirchen und Religionsgesellschaften sind jedoch ebenfalls als öffentliche Belange zu berücksichtigen, sei es als kulturelle Bedürfnisse der Bevölkerung iSd § 1 Abs. 6 Nr. 3 BauGB oder als ein in dem nicht abschließenden Katalog des § 1 Abs. 6 BauGB nicht ausdrücklich erwähnter Belang (BayVGH, Urteil vom 29.8.1996 -26 N 95.2983- VGHE nF 49, 182 [186], NVwZ 1997, 1016 [1017 f.], KirchE 34, 332 mwN). Das gilt jedenfalls, wenn die betreffende Kirchengemeinde - wie dies bei der Klägerin der Fall sein dürfte - eine nicht unbedeutende Zahl von Mitgliedern hat.

[26] b) Gründe des Wohls der Allgemeinheit erfordern eine Befreiung iSd § 31 Abs. 2 Nr. 1 BauGB nicht erst dann, wenn den Belangen der Allgemeinheit auf eine andere Weise als durch eine Befreiung nicht entsprochen werden könnte, sondern bereits dann, wenn es zur Wahrnehmung des jeweiligen öffentlichen Interesses „vernünftigerweise geboten" ist, mit Hilfe der Befreiung das Vorhaben an der vorgesehenen Stelle zu verwirklichen. Dass die Befreiung dem Gemeinwohl nur irgendwie nützlich oder dienlich ist, reicht demgegenüber nicht aus (Urteil vom 9.6.1978, aaO; Beschluss vom 6.3.1996 -BVerwG 4 B 184.95- Buchholz 406.11 § 31 BauGB Nr. 35). Maßgebend sind die Umstände des Einzelfalls. Dabei kann es auch auf - nach objektiven Kriterien zu beurteilende - Fragen der Zumutbarkeit ankommen (Urteil vom 9.6.1978, aaO, S. 77).

[27] Der Verwaltungsgerichtshof hat festgestellt, dass das Bedürfnis der Klägerin, ihre verstorbenen Gemeindepriester in der eigenen Kirche beisetzen zu können, kein zwingender Bestandteil ihrer Religionsausübung ist. Nach ihrer Begräbnisregel sei es zwar verboten, syrisch-orthodoxe Priester zusammen mit den Gemeindeangehörigen auf normalen Friedhöfen zu bestatten. Es bestehe die Verpflichtung, diesen Personenkreis in einem geweihten kirchlichen Bestattungsraum beizusetzen. Die Beisetzung müsse jedoch nicht zwingend in der „Hauskirche" erfolgen (...).

[28] Diese Feststellungen stehen der Erteilung einer Befreiung nach § 31 Abs. 2 Nr. 1 BauGB nicht entgegen. Gründe des Wohls der Allgemeinheit erfordern die Zulassung der Krypta auch, wenn Alternativen zur Beisetzung in der eigenen Kirche an sich in Betracht kommen, der Klägerin aber unter den gegebenen Umständen nicht zugemutet werden können. Dass die Klägerin theoretisch an anderer Stelle eine Kirche mit Krypta neu errichten könnte, genügt nicht. Entgegen der Auffassung des Verwaltungsgerichtshofs kann eine Befreiung auch nicht mit dem Argument verweigert werden, dass es planungsrechtlich bereits bei Errichtung der Kirche möglich gewesen wäre, an anderer geeigneter Stelle die Grundlagen für eine pietätvolle Begräbnisstätte zu schaffen. Maßgebend für die Zumutbarkeit ist vielmehr, ob der Klägerin tatsächlich zu nicht unangemessenen Bedingungen ein besser geeignetes Grundstück für die Errichtung einer Kirche mit Krypta auf dem Gebiet der Beklagten zur Verfügung gestanden hätte oder, wenn dies nicht der Fall war, ob sie sich bewusst auf die Errichtung einer Kirche ohne Krypta eingelassen hat. Feststellungen hierzu hat der Verwaltungsgerichtshof nicht getroffen. Anhaltspunkte dafür, dass der Klägerin ein besser geeignetes Grundstück zur Verfügung gestanden hätte, sind jedenfalls nach Aktenlage nicht ersichtlich. Ausweislich der Verwaltungsvorgänge hat das Regierungspräsidium selbst angeregt, dass über die Zulässigkeit einer Krypta im Rahmen eines Nachtragsbaugesuchs entschieden wird. Ausgehend hiervon dürfte der Klägerin nicht entgegengehalten werden können, dass

sie den Anspruch auf eine Krypta nicht bereits vor Errichtung der Kirche gerichtlich geltend gemacht hat. Mangels tatsächlicher Feststellungen kann der Senat hierüber jedoch nicht abschließend entscheiden. Eine Bestattung der Gemeindepriester in einem niederländischen Kloster kann der Klägerin wegen der großen Entfernung von fast 500 km jedenfalls nicht zugemutet werden. Auch der Verwaltungsgerichtshof hat diesen Einwand „gut nachvollziehen" können (...). Er hat ihn jedoch nicht - wie es geboten gewesen wäre - im Rahmen des „Erforderns" als für eine Befreiung sprechenden Umstand gewürdigt.

[29] Die Annahme eines Befreiungsgrundes gem. § 31 Abs. 2 Nr. 1 BauGB scheitert auch nicht daran, dass die Krypta - wie der Verwaltungsgerichtshof anführt - an der vorgesehenen Stelle „bauplanungsrechtlich unzulässig" sei (...). Richtig ist zwar, dass die Krypta weder allgemein zulässig ist noch im Wege einer Ausnahme zugelassen werden kann und - so ist zu ergänzen - wohl auch bereits die Kirche am betreffenden Standort nicht hätte genehmigt werden dürfen. Dies stellt jedoch kein Hindernis für die Erteilung einer Befreiung dar, sondern eröffnet im Gegenteil erst den Anwendungsbereich des § 31 Abs. 2 BauGB.

[30] Schließlich darf bei der einzelfallbezogenen Prüfung des Befreiungsgrundes nicht unberücksichtigt bleiben, dass hier eine Nutzungserweiterung in Frage steht, die zwar bei typisierender Betrachtung gebietsunverträglich ist, aber „vernünftigerweise" an ein vorhandenes Kirchengebäude anknüpft, das aufgrund bestandskräftiger Baugenehmigung im genehmigten Umfang formal legal weitergenutzt werden darf. Das gilt umso mehr, wenn die bestandsgeschützte Kirchennutzung - wie hier - im Einvernehmen mit der Gemeinde genehmigt wurde, die Gemeinde also gewissermaßen selbst den Keim für „vernünftigerweise gebotene" Nutzungserweiterungen gelegt hat. Ob die sich aus der Würde der Toten und der Trauernden ergebenden städtebaulichen Anforderungen an eine Begräbnisstätte der Befreiung entgegen stehen, ist keine Frage des Befreiungsgrundes, sondern der weiteren Voraussetzung, dass die Abweichung auch unter Würdigung nachbarlicher Interessen mit den öffentlichen Belangen vereinbar sein muss.

[31] 4. Das Berufungsurteil erweist sich auch nicht aus anderen Gründen als richtig (§ 144 Abs. 4 VwGO). Ob die Abweichung unter Würdigung nachbarlicher Interessen mit den öffentlichen Belangen vereinbar ist, hat der Verwaltungsgerichtshof nicht ausdrücklich geprüft. Auch mit den dargelegten grundrechtlichen Erwägungen verfehlt er die nach § 31 Abs. 2 BauGB anzulegenden Prüfungsmaßstäbe. Für eine eigene abschließende Beurteilung dieser Frage durch den Senat fehlt es an hinreichenden tatsächlichen Feststellungen (a). Nicht abschließend entschieden hat der Verwaltungsgerichtshof, ob die Grundzüge der Planung berührt werden. Auch der Senat ist hierzu nicht in der Lage (b).

[32] a) Der Verwaltungsgerichtshof verfehlt die gem. § 31 Abs. 2 BauGB anzulegenden Maßstäbe, soweit er der Religionsausübungsfreiheit der Klägerin den Achtungsanspruch der Toten und das Recht der Angehörigen und Trauernden auf ein würdevolles Gedenken abstrakt gegenübergestellt und hierbei maßgebend auf die Typik und die Eigenart des Industriegebiets abgestellt hat, anstatt die Vereinbarkeit der Abweichung mit den öffentlichen Belangen anhand der konkreten Umstände des Einzelfalls zu prüfen.

[33] Geboten ist eine Betrachtung, die die bisherige Situation (hier: Kirche ohne Krypta) dem durch die Abweichung zu ermöglichenden Gesamtvorhaben (hier: Kirche mit Krypta) gegenüberstellt und die Vereinbarkeit des sich daraus ergebenden Unterschieds mit öffentlichen Belangen untersucht. Welche Umstände als öffentliche Belange iSv § 31 Abs. 2 BauGB eine Befreiung ausschließen, lässt sich nicht generell beantworten. In Betracht kommen insbesondere die in § 1 Abs. 5 und 6 BauGB genannten öffentlichen Belange (vgl. Urteil vom 9.6.1978 -BVerwG 4 C 54.75- BVerwGE 56, 71 [78]), auch solche, die nicht in der gemeindlichen Planungskonzeption ihren Niederschlag gefunden haben (Roeser, in: Berliner Kommentar, 3. Aufl., Stand: August 2010, Rn 17 zu § 31; vgl. auch Urteil vom 19.9.2002 -BVerwG 4 C 13.01- BVerwGE 117, 50 [54]). Ist die Befreiung mit einem öffentlichen Belang in beachtlicher Weise unvereinbar, so vermag sich der die Befreiung rechtfertigende Gemeinwohlgrund iSd § 31 Abs. 2 Nr. 1 BauGB nicht durchzusetzen (Urteil vom 9.6.1978, aaO, S. 77 f.). Da der Plan gerade unter den Nachbarn einen Ausgleich von Nutzungsinteressen zum Inhalt hat, muss ferner darauf abgehoben werden, ob in den durch den Bebauungsplan bewirkten nachbarlichen Interessenausgleich erheblich störend eingegriffen wird (Beschluss vom 6.3.1996 -BVerwG 4 B 184.95- Buchholz 406.11 § 31 BauGB Nr. 35). Maßgebend sind stets die konkreten Umstände des jeweiligen Einzelfalls (Urteil vom 9.6.1978, aaO, S. 77).

[34] Diesen bauplanungsrechtlichen Anforderungen werden die verfassungsrechtlichen Erwägungen des Verwaltungsgerichtshofs auch der Sache nach nicht in jeder Hinsicht gerecht. Zutreffend ist zwar, dass auch der Achtungsanspruch der Verstorbenen und das Recht der Angehörigen und Trauernden auf ein würdevolles Gedenken als öffentliche Belange iSd § 31 Abs. 2 BauGB in Betracht kommen, wobei offen bleiben kann, ob der Verwaltungsgerichtshof mit der Menschenwürdegarantie des Art. 1 Abs. 1 GG die richtige grundrechtliche Anknüpfung gewählt hat. Mit den abstrakten Erwägungen, dass eine Krypta ein städtebauliches Umfeld der Ruhe und Andacht erfordere, um der Totenruhe und der Würde der Toten Rechnung zu tragen, und dass dieses Umfeld in einem Industriegebiet weder nach seiner Typik noch nach seiner Eigenart gewährleistet sei, ferner, dass „bei objektiver Betrachtung" das Recht der Angehörigen und Trauernden auf ein würdevolles Gedenken beeinträchtigt werde, lässt sich die

Versagung einer Befreiung nicht begründen. Maßgebend ist, ob im konkreten Einzelfall ausnahmsweise auch eine Begräbnisstätte in einem Industriegebiet den sich aus der Würde der Toten und der Trauernden ergebenden städtebaulichen Anforderungen genügt. Soweit der Verwaltungsgerichtshof auch die konkreten örtlichen Verhältnisse in den Blick genommen und darauf abgehoben hat, dass sich die Krypta nur wenige Meter von der Grenze zum östlichen Nachbargrundstück und nur ca. 17 m von der dortigen großen Produktionshalle entfernt befinde, in der auch im Schichtbetrieb gearbeitet werde und teilweise auch Lkw-Verkehr im Grenzbereich stattfinde, was in hohem Maße der Würde der in solchem Umfeld bestatteten Toten widerspreche (...), fehlen jedenfalls Feststellungen dazu, inwieweit dieser Belang durch die Geschäftigkeit und Betriebsamkeit der industriellen Umgebung konkret beeinträchtigt werden kann, obwohl die Krypta in dem gegenüber der Außenwelt abgeschirmten Kircheninnern gelegen ist. Ähnliches gilt, soweit der Verwaltungsgerichtshof „bei objektiver Betrachtung" auch das Recht der Angehörigen und Trauernden auf ein würdevolles Gedenken beeinträchtigt sieht. Insoweit ist zudem zu berücksichtigen, dass die Beisetzung in einem geweihten Kirchenraum nach den Glaubensvorstellungen nicht nur der Syrisch-Orthodoxen Kirche eine besonders würdevolle Form der Bestattung ist.

[35] Es fehlen auch Feststellungen, inwieweit durch die Zulassung der Abweichung nachbarliche Interessen konkret betroffen werden können, etwa, ob und gegebenenfalls in welcher Intensität gewerbliche Nutzungen in der Umgebung der Kirche durch die Krypta mit Nutzungseinschränkungen rechnen müssen. Hierbei ist zu berücksichtigen, dass mögliche Nutzungskonflikte bereits mit der Errichtung und Nutzung der Kirche entstanden sein dürften. Allein auf die Feststellung, dass das Trauern und Gedenken auch außerhalb des Kirchengebäudes „bemerkbar" sein werde (...), kann die Ablehnung einer Befreiung nicht gestützt werden, weil dies auch auf die in einer Kirche ohne Krypta abgehaltenen Beerdigungs- und Trauergottesdienste zutrifft.

[36] b) Mit der Formulierung, es spreche alles dafür, dass die private Bestattungsstätte die Grundzüge der Planung berühre, hat der Verwaltungsgerichtshof zwar deutlich gemacht, dass er dieser Auffassung zuneigt. Tragend festgelegt hat er sich insoweit aber nicht. Mangels ausreichender tatsächlicher Feststellungen lässt sich derzeit auch hierzu Abschließendes nicht sagen.

[37] Ob die Grundzüge der Planung berührt sind, hängt von der jeweiligen Planungssituation ab. Entscheidend ist, ob die Abweichung dem planerischen Grundkonzept zuwider läuft. Je tiefer die Befreiung in das Interessengeflecht der Planung eingreift, desto eher liegt der Schluss auf eine Änderung in der Planungskonzeption nahe, die nur im Wege der (Um-)Planung möglich ist (Urteil vom 9.6.1978, aaO; Beschlüsse vom 5.3.1999 -BVerwG 4 B 5.99- Buchholz

406.11 § 31 BauGB Nr. 39 S. 2 und vom 19.5.2004 -BVerwG 4 B 35.04- BRS 67 Nr. 83). Die Beantwortung der Frage, ob Grundzüge der Planung berührt werden, setzt einerseits die Feststellung voraus, was zum planerischen Grundkonzept gehört, und andererseits die Feststellung, ob dieses planerische Grundkonzept gerade durch die in Frage stehende Befreiung berührt wird (vgl. Söfker, in Ernst/Zinkahn/Bielenberg/Krautzberger, BauGB, Band II, Stand: Juni 2010, Rn 35 zu § 31 BauGB).

[38] Zur ersten Frage hat der Verwaltungsgerichtshof festgestellt, dass die Planung - zum maßgeblichen Zeitpunkt des Planerlasses im Jahr 1970, aber auch nach der tatsächlichen Bebauung - auf ein typisches, die gewerbliche Nutzungsbreite voll ausschöpfendes Industriegebiet ohne konfliktträchtige Ausnahmenutzungen gerichtet gewesen sei (...). Weder die Festsetzungen noch die Begründung des Bebauungsplans enthielten Hinweise für die Absicht des Plangebers, das Baugebiet in einer vom Regelfall des § 9 Abs. 1 BauGB abweichenden Weise auszugestalten. Auch die seither verwirklichten Gewerbebetriebe in der näheren und weiteren Umgebung der Kirche ließen eine geradezu „klassische" Industriegebietsnutzung erkennen (...), die vorhandenen Betriebe im Bebauungsplangebiet entsprächen der Nutzungsstruktur eines normtypischen Industriegebiets geradezu beispielhaft (...). Diese Feststellungen haben zwar Tatsachen (§ 137 Abs. 2 VwGO) sowie die Auslegung des Bebauungsplans als Teil des nicht revisiblen Landesrechts (§ 173 Satz 1 VwGO iVm § 560 ZPO) zum Gegenstand. Der Verwaltungsgerichtshof hat aber mehrere für die Grundzüge der Planung bedeutsame Umstände außer Acht gelassen. Soweit er auf den Zeitpunkt des Planerlasses im Jahr 1970 abstellt, hat er unberücksichtigt gelassen, dass die Plangeberin in Ziffer 1 der textlichen Festsetzungen des Bebauungsplans (konfliktträchtige) Ausnahmenutzungen gem. § 9 Abs. 3 BauNVO ausdrücklich zugelassen hat. Auch wenn diese Festsetzung nicht über das hinausgeht, was gem. § 1 Abs. 3 Satz 2 iVm § 9 Abs. 3 BauNVO auch ohne sie gegolten hätte, bedarf es der Prüfung, welche Bedeutung dem Umstand, dass sich die Gemeinde gleichwohl zu einer ausdrücklichen Regelung veranlasst gesehen hat, bei der Bestimmung der Planungskonzeption beizumessen ist. Soweit der Verwaltungsgerichtshof auch auf die tatsächliche Bebauung im Industriegebiet abgestellt hat, hätte er nicht unberücksichtigt lassen dürfen, dass nicht nur Gewerbebetriebe verwirklicht wurden, sondern im Einvernehmen mit der Beigeladenen zu 1) auch die Kirche der Klägerin. Das ist ein Umstand, dem eine starke Indizwirkung für eine auch gegenüber konfliktträchtigen Ausnahmenutzungen offene Planungskonzeption zukommen kann.

[39] Zu der weiteren Frage, ob die planerische Grundkonzeption durch die Befreiung berührt würde, hat der Verwaltungsgerichtshof keine Feststellungen getroffen. Verlässliche Rückschlüsse lassen auch die in anderem Zusammen-

hang getroffenen Feststellungen nicht zu. Diese Feststellungen wird der Verwaltungsgerichtshof nachzuholen haben, falls es für seine Entscheidung hierauf ankommt. Weil eine planerische Grundkonzeption durch ein Vorhaben nicht mehr berührt werden kann, wenn der mit der Planung verfolgte Interessenausgleich bereits durch die bisherige tatsächliche Entwicklung im Baugebiet nachhaltig gestört ist (zutreffend VGH München, Urteil vom 9.8.2007 -25 B 05.1337- *juris* Rn 41; nachfolgend Beschluss vom 28.4.2008 -BVerwG 4 B 16.08-), wird er sich hierbei auch mit der Frage auseinanderzusetzen haben, ob die Grundzüge der Planung bereits durch die Errichtung und Nutzung der Kirche nachhaltig gestört sind und deshalb durch das Hinzutreten der Krypta nicht mehr in einer ins Gewicht fallenden Weise berührt werden können.

47

Aus § 7 Satz 1 Nr. 7 der Sonderurlaubsverordnung des Bundes ergibt sich kein Anspruch auf Sonderurlaub für den Besuch eines Bezirkskongresses der Zeugen Jehovas.

Es kann jedoch offen bleiben, ob die Richtlinie 78/2000 EG im Hinblick auf die Diskriminierung wegen der Religion hinreichend umgesetzt ist, denn die Vorenthaltung eines Anspruchs auf Sonderurlaub für die Teilnahme am Bezirkskongress der Zeugen Jehovas stellt jedenfalls keine unmittelbare Diskriminierung im Sinne von Art. 2 Abs. 2a) der Richtlinie dar.

Art./§§ 3 Abs. 1 GG, 4 Abs. 1, 140 GG, Art. 139 WRV,
7, 12 Abs. 3 SUrlV, 2, 16 EGRL 78/2000
BVerwG, Urteil vom 25. November 2010 -2 C 32/09[1]-

Der Kläger ist Bundesbeamter. Er beantragte Sonderurlaub, um an einem Bezirkskongress der Zeugen Jehovas teilzunehmen. Nachdem er den Kongress vor der Entscheidung über seinen Antrag unter Inanspruchnahme von Erholungsurlaub besucht hatte, legte er eine Bescheinigung der Zeugen Jehovas vor, aus der sich ergab, dass er als Delegierter der Gemeinde B. teilgenommen habe. Der Bezirkskongress sei ein jährlich stattfindender regionaler Gottesdienst und das nach der Abendmahlfeier zweitwichtigste religiöse Fest im Jahresverlauf.

Der Antrag wurde abgelehnt, der Widerspruch blieb erfolglos. Das VG Koblenz (Urteil vom 4.12.2008 -2 K 602/08.KO- n.v.) hat die Beklagte verpflichtet,

1 Amtl. Leitsätze. ArbuR 2011, 39; Buchholz 232.4 § 7 SUrlV Nr. 2; DÖV 2011, 367; DokBer 2011, 127-132; PersR 2011, 96; Schütz BeamtR ES/B III 2 Nr. 70.

dem Kläger den beantragten Sonderurlaub zu gewähren. Das OVG Rheinland-Pfalz (Urteil vom 19.6.2009 -10 A 10042/09- KirchE 53, 407) hat diese Entscheidung geändert und die Klage abgewiesen.

Mit seiner Revision rügt der Kläger die Verletzung des rechtlichen Gehörs, mangelnde Sachaufklärung sowie die Verletzung materiellen Rechts, blieb jedoch ohne Erfolg.

Aus den Gründen:

[6] Die Revision ist unbegründet. Das Berufungsgericht hat im Ergebnis ohne Verstoß gegen revisibles Recht entschieden, dass dem Kläger der geltend gemachte Anspruch auf Sonderurlaub nicht zusteht. Ein solcher Anspruch ergibt sich weder aus der Verordnung über den Sonderurlaub für Bundesbeamtinnen, Bundesbeamte, Richterinnen und Richter des Bundes (SUrlV) in der Fassung der Bekanntmachung vom 11.11.2004 (BGBl I S. 2836) oder anderen Vorschriften des einfachen Rechts noch aus Verfassungsrecht oder dem Recht der Europäischen Union.

[7] 1. Gem. § 7 Satz 1 Nr. 7 SUrlV kann Urlaub unter Fortzahlung der Besoldung gewährt werden, wenn dienstliche Belange nicht entgegenstehen und einer der drei in der Vorschrift genannten Urlaubsgründe vorliegt. Danach kommt Sonderurlaub in Betracht für die Mitarbeit bei der Willensbildung der Verfassungs- oder Verwaltungsorgane öffentlich-rechtlich verfasster Religionsgesellschaften (Fallgruppe 1), für die Teilnahme an Tagungen dieser Religionsgesellschaften als Delegierter auf Anforderung der Kirchenleitung (Fallgruppe 2) sowie für den Besuch des Deutschen Katholikentages oder des Deutschen Evangelischen Kirchentages (Fallgruppe 3). Keine dieser Alternativen liegt hier vor:

[8] Ein Anspruch nach der ersten Fallgruppe scheidet aus. Denn der Kläger ist nicht Mitglied eines Verfassungsorgans oder überörtlichen Verwaltungsgremiums der öffentlich-rechtlichen Religionsgesellschaft Jehovas Zeugen. Auch ist ein Bezirkskongress dieser Religionsgesellschaft nicht als Sitzung eines derartigen Gremiums anzusehen, weil es sich nach den Feststellungen des Berufungsgerichts um eine Veranstaltung für alle Mitglieder der Religionsgesellschaft handelt, deren Gegenstand sich nicht auf die Willensbildung innerhalb der internen Verwaltungsstruktur der Religionsgesellschaft beschränkt.

[9] Der Kläger kann Sonderurlaub auch nicht unter Berufung auf die zweite Fallgruppe verlangen. Er hat zwar eine Bescheinigung vorgelegt, die ihn als Delegierten der Gemeinde B. bezeichnet, doch hat er die Behauptung, er sei Delegierter iSd § 7 Satz 1 Nr. 7 SUrlV, nach den Feststellungen des Berufungsge-

richts in der mündlichen Berufungsverhandlung nicht aufrechterhalten. Hiervon abgesehen hat er weder behauptet noch hat das Berufungsgericht festgestellt, dass er auf Anforderung der obersten Kirchenleitung an dem Bezirkskongress teilgenommen hat. Deshalb kommt es auf die Frage, ob ein Delegierter stets gewählt oder durch Berufungsakt bestimmt sein muss, ebenso wenig an wie auf die weitere Frage, was unter einer Tagung im Sinne der zitierten Vorschrift zu verstehen ist.

[10] Schließlich lässt sich ein Anspruch des Klägers auch nicht auf die dritte Fallgruppe der Vorschrift stützen. Sonderurlaub kann danach nur für die Teilnahme am Deutschen Katholikentag und am Deutschen Evangelischen Kirchentag gewährt werden. Dies schließt die Möglichkeit von Sonderurlaub für andere Veranstaltungen aus.

[11] Für diese enge Auslegung sprechen Wortlaut und Zweck der Vorschrift. Die enumerative Aufzählung ist nach ihrem Wortlaut abschließend, weil sie nicht als beispielhaft oder in anderer Weise als ergänzungsoffen gekennzeichnet ist. Nichts anderes ergibt sich aus dem Zweck der Norm. § 7 SUrlV verfolgt neben der Unterstützung fachlicher (Nr. 1 und 2) und staatspolitischer (Nr. 3) Fortbildung den Zweck, die Einbindung der Beamten in die Gesellschaft zu fördern. Ihre Tätigkeit als Jugendgruppenleiter (Nr. 4) sowie in politischen Parteien oder Selbsthilfeorganisationen (Nr. 5, 6) soll als erwünschtes gesellschaftliches Engagement ebenso unterstützt werden wie eine Betätigung im aktiven Sport oder in den Sportverbänden (Nr. 8, 9). Aus diesem Regelungszusammenhang folgt, dass auch § 7 Satz 1 Nr. 7 SUrlV gesellschaftspolitisch erwünschtes Engagement fördert. Der Sonderurlaub dient ausschließlich dem Zweck, die dem allgemeinen Wohl dienende Funktion von Religionsgesellschaften, die auch Voraussetzung für die Zuerkennung des Körperschaftsstatus ist, zu unterstützen (Urteil vom 13.11.1984 -BVerwG 2 C 74.81- Buchholz 232 § 89 BBG Nr. 11, KirchE 22, 239). Die Vorschrift verfolgt hingegen nicht das Ziel, die individuelle Glaubensbetätigung der Beamten zu fördern. Dies ergibt sich nicht nur aus der Beschränkung auf öffentlich-rechtlich verfasste Religionsgesellschaften, sondern auch daraus, dass die Gewährung von Sonderurlaub für die Teilnahme an den Kirchentagen nicht auf evangelische oder katholische Beamte beschränkt ist, sondern allen Beamten ungeachtet ihrer individuellen Glaubensüberzeugung offen steht. Auch die Verwaltungspraxis spricht nicht für eine erweiternde Auslegung der Vorschrift. Zwar besteht nach einem Rundschreiben des Bundesministeriums des Innern vom 4.3.2003 die Möglichkeit, Sonderurlaub über den Wortlaut der Vorschrift hinaus auch für die Teilnahme am Ökumenischen Kirchentag zu gewähren. Mit dieser Handhabung wird jedoch - ohne dass es auf ihre Rechtmäßigkeit hier ankäme - die Beschränkung der dritten Fallgruppe auf Veranstaltungen von hervorgehobener gesellschaftlicher Bedeutung ebenso

wenig verlassen wie die Möglichkeit einer Teilnahme unabhängig von der Konfessionszugehörigkeit.

[12] Es handelt sich schließlich bei der Erwähnung des Deutschen Katholikentages und des Deutschen Evangelischen Kirchentages auch nicht lediglich um einen Unterfall der zweiten Fallgruppe des § 7 Satz 1 Nr. 7 SUrlV mit der Folge, dass der dort verwendete Begriff der Tagung einer erweiternden Auslegung zugänglich wäre. Denn nach Wortlaut und Normzweck enthält die Norm drei gleichgeordnete Gründe für die Gewährung von Sonderurlaub, deren dritter sich von den ersten beiden deutlich unterscheidet. Während die ersten beiden Gründe alle öffentlich-rechtlich verfassten Religionsgesellschaften erfassen und nur solchen Beamten die Möglichkeit von Sonderurlaub einräumen, die in die Willensbildung und Organisation dieser Religionsgesellschaften eingebunden sind, gibt die dritte Fallgruppe allen Beamten ungeachtet ihrer Konfessionszugehörigkeit die Möglichkeit von Sonderurlaub, begrenzt diese jedoch auf diejenigen Veranstaltungen, die der Verordnungsgeber allein wegen ihrer gesellschaftlichen Relevanz als hervorgehoben ansieht.

[13] Die Frage, ob § 7 Satz 1 Nr. 7 SUrlV verfassungsmäßig ist, braucht der Senat nicht zu entscheiden. Die Verfassungsmäßigkeit mag im Hinblick darauf zweifelhaft sein, dass in der dritten Fallgruppe durch die abschließende Benennung zweier Veranstaltungen alle vergleichbaren Veranstaltungen unabhängig davon ausgeschlossen sind, welcher Religionsgesellschaft sie nahestehen oder zuzurechnen sind. Eine Verfassungswidrigkeit würde jedoch lediglich zur Unwirksamkeit der Vorschrift, nicht aber dazu führen, ihr einen anderen Inhalt zu geben. Denn eine verfassungskonforme erweiternde Auslegung ist im Hinblick auf den eindeutigen Wortlaut und den Normzweck ausgeschlossen (Urteile vom 28.4.2005 -BVerwG 2 C 1.04- BVerwGE 123, 308 [316], Buchholz 240 § 72a BBesG Nr. 1 S. 6, und vom 26.6.2008 -BVerwG 2 C 22.07- BVerwGE 131, 242, Buchholz 11 Art. 12 GG Nr. 265, KirchE 51, 345, jeweils Rn 25 mwN zur Rspr des BVerfG). Auch einer Analogie ist § 7 Satz 1 Nr. 7 (dritte Fallgruppe) SUrlV nicht zugänglich, da es an einer planwidrigen Lücke des Verordnungstexts fehlt.

[14] 2. Ein Anspruch des Klägers kann auch nicht aus anderen Vorschriften des einfachen Rechts abgeleitet werden. Sein Wunsch, an dem Bezirkskongress der Zeugen Jehovas teilzunehmen, stellt insbesondere keinen wichtigen persönlichen Grund iSd § 12 Abs. 3 SUrlV dar. Es spricht bereits Überwiegendes dafür, dass § 7 Satz 1 Nr. 7 SUrlV im Anwendungsbereich der Vorschrift abschließend ist. Im Übrigen ist der Wunsch des Klägers nach Teilnahme am Bezirkskongress der Zeugen Jehovas - auch unter Berücksichtigung seiner grundrechtlichen Verankerung in Art. 4 Abs. 1 GG - kein Fall der Unabweisbarkeit, wie er in den benannten Fällen des § 12 Abs. 3 SUrlV geregelt ist (etwa: Geburt eines Kindes, Tod eines Angehörigen, Umzug, schwere Erkrankungen). Die Teilnahme an

einer jährlich wiederkehrenden Veranstaltung ist mit den in § 12 Abs. 3 SUrlV geregelten Fällen nach ihrem Gewicht nicht vergleichbar; dem Beamten wird deshalb zugemutet, ggf. Erholungsurlaub in Anspruch zu nehmen. Auch ein unmittelbar aus der beamtenrechtlichen Fürsorgepflicht des Dienstherrn abgeleiteter Anspruch scheidet aus, da die Sonderurlaubsverordnung die Fürsorgepflicht insoweit abschließend konkretisiert (vgl. Urteile vom 19.6.1997 -BVerwG 2 C 28.96- BVerwGE 105, 94, Buchholz 232.4 § 12 SUrlV Nr. 1, und vom 13.11.1984, aaO; vgl. auch Günther, Sonderurlaub, DÖD 1980, 22 [27]). Schließlich lässt sich ein Anspruch des Klägers - ungeachtet der Frage, ob eine Diskriminierung des Klägers überhaupt vorliegt - nicht auf das Allgemeine Gleichbehandlungsgesetz (AGG) vom 14.8.2006 (BGBl I S. 1897) stützen, da dieses über die geregelten Benachteiligungsverbote und Sekundäransprüche hinaus keine Ansprüche auf diskriminierungsfreie Einbeziehung in gesetzliche Ansprüche begründet, die anderen Gruppen gewährt werden.

[15] 3. Ein Anspruch des Klägers kann auch nicht unmittelbar aus Art. 3 Abs. 1 GG abgeleitet werden. Der Ausschluss von Sonderurlaub für die Teilnahme an den Bezirkskongressen der Zeugen Jehovas stellt weder einen Gleichheitsverstoß noch eine Verletzung des Paritätsgebots oder des Gebots der weltanschaulichen und religiösen Neutralität des Staates dar.

[16] Art. 3 Abs. 1 GG gebietet, wesentlich Gleiches gleich zu behandeln, überlässt aber dem Normgeber grundsätzlich bis zur Grenze der evidenten Sachwidrigkeit die Auswahl der Differenzierungsmerkmale, an die er eine Gleich- oder Ungleichbehandlung anknüpfen möchte. Der Gestaltungsspielraum des Normgebers verengt sich jedoch in dem Maße, in dem die von ihm gewählten Differenzierungskriterien sich personenbezogenen Merkmalen wie den in Art. 3 Abs. 3 GG erfassten annähern. Dasselbe kann gelten, wenn die vom Normgeber vorgenommene Unterscheidung sich im Anwendungsbereich anderer Grundrechte auswirkt. In diesen Fällen lassen sich Ungleichbehandlungen nicht schon damit rechtfertigen, dass ein einleuchtender sachlicher Grund für sie angeführt werden kann; vielmehr unterliegt der Normgeber einer strengen Bindung an Verhältnismäßigkeitserfordernisse (BVerfG, Beschluss vom 26.1.1993 -1 BvL 38/92 u.a.- BVerfGE 88, 87 [96]; Urteil vom 7.12.1999 -2 BvR 1533/94- BVerfGE 101, 275 [291]). Zusätzlich ist die Entscheidung des Normgebers in § 7 Satz 1 Nr. 7 SUrlV an dem Grundsatz der weltanschaulichen und religiösen Neutralität des Staates sowie dem Grundsatz der Parität der Kirchen und Bekenntnisse zu messen, wonach der Staat zwar zwischen Religionsgesellschaften unterscheiden, dabei aber nicht eine Bewertung von Glauben und Lehre einer Religionsgesellschaft vornehmen oder eine Privilegierung einzelner Bekenntnisse gegenüber anderen bewirken darf (BVerfG, Beschlüsse vom 16.10.1968 -1 BvR 241/66- BVerfGE 24, 236 [246], KirchE 10, 181, und vom

12.5.2009 -2 BvR 890/06- BVerfGE 123, 148 [178], KirchE 53, 290; Urteil vom 24.9.2003 -2 BvR 1436/02- BVerfGE 108, 282 [300], KirchE 44, 166).

[17] Dies führt im vorliegenden Fall zu der Anwendung eines strengen Prüfungsmaßstabs für die vom Verordnungsgeber gewählte Differenzierung. Sonderurlaub nach § 7 Satz 1 Nr. 7 Fallgruppe 3 SUrlV kann unabhängig von der Konfessionszugehörigkeit der Beamten gewährt werden, jedoch nur für die in der Vorschrift genannten Veranstaltungen, die zwar von Laienorganisationen veranstaltet werden, aber der Katholischen Kirche oder der Evangelischen Kirche in Deutschland nahe stehen. Dies führt dazu, dass nur katholische oder evangelische Beamte, die in einem weiteren Sinne an Veranstaltungen ihrer eigenen Konfessionszugehörigkeit teilnehmen möchten, hierfür Sonderurlaub in Anspruch nehmen können, während Beamte, die sich zu der Religionsgesellschaft Jehovas Zeugen bekennen, diese Möglichkeit nicht haben. Die Vorschrift führt weiter dazu, dass konfessionell ungebundene Beamte Sonderurlaub nur erhalten können, wenn sie sich für die Teilnahme an den der Katholischen oder Evangelischen Kirche nahe stehenden Kirchentagen entscheiden, nicht aber dann, wenn sie an einem Bezirkskongress der Zeugen Jehovas teilnehmen wollen. Dies wirkt sich im Schutzbereich der Art. 3 Abs. 3, 4 Abs. 1 und 5 Abs. 1 GG aus. Denn der Kläger kann sein Bedürfnis, seinen Glauben zu betätigen und sich über die Positionen seiner Glaubensgemeinschaft zu informieren, nur unter Inanspruchnahme von Erholungsurlaub befriedigen. Demgegenüber können katholische und evangelische Beamte für den Besuch dafür grundsätzlich geeigneter Veranstaltungen, die ihrer Religionsgesellschaft zumindest nahe stehen, Sonderurlaub erhalten.

[18] Gemessen an dem Maßstab strenger Verhältnismäßigkeit ist die vom Normgeber vorgenommene Differenzierung nicht zu beanstanden. Der Normgeber muss nicht alle Religionsgesellschaften schematisch gleich behandeln (BVerfG, Beschluss vom 4.12.1965 -1 BvR 498/62- BVerfGE 19, 129 [133 f.], KirchE 7, 242; Urteil vom 13.12.1983 -2 BvL 13/82 u.a.- BVerfGE 66, 1 [20, 24], KirchE 21, 307; BVerwG, Urteile vom 13.11.1984, aaO, und vom 15.11.1990 -BVerwG 7 C 9.89- BVerwGE 87, 115 [127 f.], Buchholz 11 Art. 140 GG Nr. 47, KirchE 28, 294), sondern darf an bestehende Unterschiede zwischen ihnen anknüpfen, solange er damit nicht zugleich unmittelbar oder mittelbar Glaubensinhalte privilegiert oder benachteiligt. Ob und inwieweit eine unterschiedliche Behandlung der Religionsgesellschaften zulässig ist, kann dabei nur im Hinblick auf die Eigenart des konkreten Sachzusammenhangs entschieden werden (BVerfG, Beschluss vom 28.4.1965 -1 BvR 346/61- BVerfGE 19, 1 [8], KirchE 7, 183).

[19] Diesen Anforderungen wird der Ausschluss der Bezirkskongresse der Zeugen Jehovas durch § 7 Satz 1 Nr. 7 Fallgruppe 3 SUrlV gerecht, weil die Vorschrift in der gebotenen Auslegung eine staatskirchenrechtlich oder grund-

rechtlich unzulässige Einflussnahme auf Glaubensinhalte oder eine Förderung der Glaubensbetätigung zugunsten einzelner Religionsgesellschaften nicht zulässt. Sie beschränkt die Gewährung von Sonderurlaub strikt auf Veranstaltungen, die wegen ihrer Größe, Struktur und inhaltlichen Ausrichtung hohe gesellschaftliche Bedeutung und erheblichen Einfluss auf die öffentliche Diskussion haben. Dies trifft nach den Feststellungen des Berufungsgerichts auf die Bezirkskongresse der Zeugen Jehovas nicht zu; die verfassungsrechtliche Bewertung des Umstands, dass die Vorschrift vergleichbare Veranstaltungen anderer Religionsgesellschaften von der Privilegierung durch die Möglichkeit von Sonderurlaub ausschließt, bedarf im vorliegenden Fall keiner näheren Betrachtung.

[20] Nach dem Vortrag des Klägers und den Feststellungen des Berufungsgerichts handelt es sich bei den Bezirkskongressen der Zeugen Jehovas um Veranstaltungen, die wie Gottesdienste der religiösen Verehrung gewidmet sind. Nach der in das Verfahren eingeführten Bescheinigung von Jehovas Zeugen in Deutschland haben sie den Charakter eines regionalen Gottesdienstes, der nach der Abendmahlsfeier das zweitwichtigste religiöse Fest der Glaubensgemeinschaft mit „überragender Bedeutung in ihrer Anbetung" darstellt. Sie zielen nach diesen Feststellungen auf die Festigung des individuellen Glaubens, geben Leitlinien für die religiöse Lebensführung und stärken als kollektives Glaubensereignis das Zusammengehörigkeitsgefühl der Gläubigen über Gemeinde- und Landesgrenzen hinweg. Die Tatsache, dass auch die Öffentlichkeit zu den Bezirkskongressen eingeladen ist, ändert an dem gottesdienstlichen Charakter der Veranstaltung ebenso wenig wie der Umstand, dass die während der Bezirkskongresse gehaltenen Predigten sich auch mit aktuellen Themen befassen mögen. Mit diesem Inhalt unterscheiden sie sich wesentlich von dem Deutschen Katholikentag und dem Deutschen Evangelischen Kirchentag. Zwar gehören die individuelle Glaubensbetätigung der Besucher und die Vermittlung kollektiver Glaubenserfahrung auch zu den Zielen dieser von § 7 Satz 1 Nr. 7 Fallgruppe 3 SUrlV erfassten Veranstaltungen, doch weisen sie zugleich eine Doppelfunktion auf, die den Bezirkskongressen der Zeugen Jehovas fehlt. Mit zumindest gleichem Gewicht sollen sie gesellschaftliche Breitenwirkung dadurch entfalten, dass aktuelle politische Themen aus christlicher Sicht und in Auseinandersetzung mit Positionen der Kirchen diskutiert werden. Indiz hierfür ist der Umstand, dass die Kirchentage von Laienorganisationen veranstaltet werden. Diese Funktion der Kirchentage tritt nach den Feststellungen des Berufungsgerichts gegenüber ihren gottesdienstlichen Elementen stark in den Vordergrund und ist alleiniger Grund für die Förderung einer Teilnahme durch die Gewährung von Sonderurlaub. Dass auch die Bezirkskongresse von sehr vielen Teilnehmern besucht werden - insbesondere wenn berücksichtigt wird, dass zeit- und the-

mengleich jeweils mehrere Bezirkskongresse stattfinden -, ändert an ihrer inhaltlichen Ausrichtung nichts. Die konfessionsübergreifende grundrechtliche Funktion der Kirchentage ist ein hinreichender sachlicher Grund, der die vom Verordnungsgeber vorgenommene Differenzierung rechtfertigt.

[21] Die Rüge des Klägers, das Berufungsgericht habe den maßgeblichen Sachverhalt nicht hinreichend aufgeklärt, dringt nicht durch. Das Berufungsgericht hat vielmehr den Vortrag des Klägers zu Inhalt und Bedeutung der Bezirkskongresse der Zeugen Jehovas seiner Entscheidung zu Grunde gelegt und ihm die relevanten Angaben zum Deutschen Katholikentag und zum Deutschen Evangelischen Kirchentag entgegengesetzt; es ist nicht zu beanstanden, dass es sich dabei auf Internet-Publikationen dieser beiden Veranstaltungen und die dadurch vermittelte Selbsteinschätzung der beiden Kirchentage gestützt hat. Im Übrigen hat der anwaltlich vertretene Kläger bis zum Schluss der mündlichen Berufungsverhandlung keinen Beweisantrag gestellt und damit nicht zu erkennen gegeben, dass und ggf. inwiefern er die Sachverhaltsaufklärung durch das Gericht für unzureichend hielt. Ebenso wenig ist der Vorwurf des Klägers begründet, das Berufungsgericht habe ihm das rechtliche Gehör verweigert. Die das Berufungsurteil tragenden Erwägungen sind in den Schriftsätzen der Verfahrensbeteiligten breit erörtert worden, so dass eine unzulässige Überraschungsentscheidung nicht vorliegt. Dass das Berufungsgericht den Vortrag des Klägers zur gesellschaftlichen Wirkung der Bezirkskongresse und zur Organisationsform der Kirchentage anders gewürdigt hat als der Kläger, begründet eine Verletzung des Rechts auf rechtliches Gehör ebenfalls nicht.

[22] Schließlich verletzen die dem Berufungsurteil zu Grunde liegenden Erwägungen auch die Neutralitätspflicht des Staates gegenüber religiösen Bekenntnissen nicht. Die Feststellung, dass der Deutsche Katholikentag und der Deutsche Evangelische Kirchentag neben ihrer Funktion als Veranstaltungen der privaten Glaubensbetätigung maßgeblich auf die Mitwirkung an der öffentlichen Meinungsbildung zielen und dass dies auf die Bezirkskongresse der Zeugen Jehovas nicht zutrifft, stellt mit der Abgrenzung von Gottesdienst und Kirchentag keine dem Staat verschlossene Bewertung von Glaubensinhalten dar. Der Kläger hat auch nicht behauptet, dass es dem religiösen Selbstverständnis seiner Religionsgesellschaft widersprechen würde, in einer den Kirchentagen vergleichbaren Art und Weise auf die öffentliche Meinungsbildung einzuwirken oder dass eine solche Einwirkung ausschließlich über die Veranstaltung von Gottesdiensten möglich und erforderlich wäre.

[23] 4. Schließlich kann der Kläger seinen Anspruch nicht auf § 7 SUrlV iVm der Richtlinie 2000/78/EG des Rates vom 27.11.2000 zur Festlegung eines allgemeinen Rahmens für die Verwirklichung der Gleichbehandlung in Beschäftigung und Beruf (ABl EG Nr. L 303/16) stützen.

[24] Der Geltungsbereich der Richtlinie ist eröffnet. Sie gilt nach ihrem Art. 3 Abs. 1c) u.a. für alle Personen in öffentlichen Bereichen in Bezug auf die Beschäftigungs- und Arbeitsbedingungen. Auch die Voraussetzungen für die Bewilligung von Erholungs- oder Sonderurlaub zählen zu den Beschäftigungsbedingungen, da die Richtlinie das Arbeitsrecht durch einen allgemeinen Rahmen möglichst vollständig erfassen und gegen Diskriminierung sichern soll (vgl. Art. 3 Abs. 1 der Richtlinie 96/71/EG des Europäischen Parlaments und des Rates vom 16.12.1996 über die Entsendung von Arbeitnehmern im Rahmen der Erbringung von Dienstleistungen). Die Frist zur Umsetzung der Richtlinie in die deutsche Rechtsordnung (Art. 18 Abs. 1 der Richtlinie 2000/78/EG) ist verstrichen; auch eignet sich die in Rede stehende Vorschrift zur unmittelbaren Anwendung (vgl. Urteil vom 28,10.2010 -BVerwG 2 C 52.09).

[25] Es kann jedoch offen bleiben, ob die Richtlinie im Hinblick auf die Diskriminierung wegen der Religion hinreichend umgesetzt ist, denn die Vorenthaltung eines Anspruchs auf Sonderurlaub für die Teilnahme am Bezirkskongress der Zeugen Jehovas stellt jedenfalls keine unmittelbare Diskriminierung iSv Art. 2 Abs. 2a) der Richtlinie dar. Zwar werden Beamte, die an einem Bezirkskongress der Zeugen Jehovas teilnehmen wollen, gegenüber Beamten, die den Deutschen Katholikentag oder den Deutschen Evangelischen Kirchentag besuchen wollen, nachteilig behandelt. Diese nachteilige Behandlung mag auch „wegen" der Religion (Art. 1 der Richtlinie) erfolgen, weil zwar die Teilnahme an einem solchen Bezirkskongress nicht an eine bestimmte Konfessionszugehörigkeit gebunden ist, aber doch typischerweise eine Übereinstimmung zwischen Konfession und religiöser Ausrichtung des Bezirkskongresses bestehen wird. Diese Frage kann jedoch offen bleiben. Denn eine unmittelbare Diskriminierung liegt nach Art. 2 Abs. 2a) der Richtlinie 2000/78/EG nur vor, wenn eine Person gegenüber einer anderen nachteilig behandelt wird, obwohl sich beide in einer vergleichbaren Situation befinden; ob dies der Fall ist, muss von den Gerichten der Mitgliedstaaten geprüft werden (EuGH, Urteil vom 1.4.2008 - Rs C-267/06 Maruko - Slg. 2008 I- 1757 [Rn 73]). An dieser Vergleichbarkeit fehlt es im vorliegenden Fall. Die Situation von Beamten, die an einem Bezirkskongress der Zeugen Jehovas teilnehmen möchten, ist im Hinblick auf die zu prüfende Norm - § 7 Satz 1 Nr. 7 SUrlV - aus den bereits genannten Gründen nicht vergleichbar mit der Situation von Beamten, die Sonderurlaub für einen der beiden in der Vorschrift genannten Kirchentage beantragen. Denn während das Sonderurlaubsrecht die Gewährung von Sonderurlaub ausschließlich für Veranstaltungen vorsieht, die wegen ihrer gesellschaftlichen Wirkung gefördert werden sollen, möchte der Kläger einen Anspruch auf Sonderurlaub für eine Veranstaltung durchsetzen, die auf die Ausübung und Bestätigung seines individuellen religiösen Bekenntnisses beschränkt ist.

48
Ein durch Übertritt zum Buddhismus begründetes Interesse, einen christlichen (und zudem einzigen) Vornamen durch einen anderen zu ersetzen, muss gegenüber dem Identifizierungsinteresse jedenfalls dann zurücktreten, wenn der Betreffende im Schuldnerverzeichnis eingetragen ist.

§§ 3, 11 NÄG
VG Berlin, Urteil vom 3. Dezember 2010 -3 K 11.09[1]-

Die im Jahr 1948 geborene Klägerin ist nach eigenen Angaben seit ca. 30 Jahren Zen-Buddhistin. Im Juni 2008 beantragte sie beim Bezirksamt Friedrichshain-Kreuzberg von Berlin, ihren Vornamen von „Christel“ in den ihrem Glauben entsprechenden Vornamen F. zu ändern. Zur Begründung führte sie aus, dass der eindeutig christlich geprägte Vorname Christel ihrer religiösen Identität widerspreche. Insbesondere im Rahmen ihrer beruflichen Tätigkeit als Dozentin für Deutsch als Fremdsprache, wo sie Menschen verschiedener Kulturen und Religionszugehörigkeit unterrichte, fühle sie sich immer wieder zu einer ausdrücklichen Distanzierung von diesem Vornamen aufgerufen.

Mit dem angefochtenen Bescheid lehnte das Bezirksamt den Antrag der Klägerin mit der Begründung ab, dass ein wichtiger Grund für die Änderung des Vornamens iSd § 11 iVm § 3 Abs. 1 des Gesetzes über die Änderung von Familiennamen und Vornamen (NÄG), der das öffentliche Interesse an der Namenskontinuität überwiege, nicht gegeben sei. Die Klägerin habe bereits seit vielen Jahren am Rechtsverkehr teilgenommen und sei in das Zentrale Schuldnerverzeichnis Berlin beim Amtsgericht Schöneberg eingetragen.

Mit der nach erfolglosem Widerspruch erhobenen Klage verfolgt die Klägerin ihr Begehren weiter. Sie ist der Auffassung, eine Beeinträchtigung ihrer religiösen Identität könne nur dadurch verhindert werden, dass ihr bisheriger Vorname durch ihren Wunschnamen ersetzt werde. Der Hinweis auf die Eintragung im Schuldnerverzeichnis sei eine unzulässige Anknüpfung an ihre wirtschaftlichen Verhältnisse.

Der Beklagte lässt vortragen, mit der Erteilung eines zusätzlichen Vornamens „F.“ sei er einverstanden. Die Berücksichtigung der Eintragung in das Schuldnerverzeichnis knüpfe nicht unzulässig an die wirtschaftlichen Verhältnisse der Klägerin an, sondern trage den Belangen Dritter Rechnung, die im Rahmen des öffentlichen Interesses ausschlaggebend seien.

---

1 StAZ 2011, 313.

Nachdem die Eintragung der Klägerin in das Zentrale Schuldnerverzeichnis zwischenzeitlich aufgrund der Löschungsfiktion des § 915 b Abs. 2 ZPO entfallen war, leistete die Klägerin am 1.3.2010 die eidesstattliche Versicherung nach § 807 ZPO und wurde daraufhin erneut in das Zentrale Schuldnerverzeichnis beim Amtsgericht Schöneberg eingetragen.

Das Verwaltungsgericht weist die Klage ab.

Aus den Gründen:

[15] Die als Verpflichtungsklage zulässige Klage ist unbegründet. Der Bescheid vom 26.8.2008 in Gestalt des Widerspruchsbescheides vom 17.12.2008 ist rechtmäßig und verletzt die Klägerin nicht in ihren Rechten; die Klägerin hat keinen Anspruch auf die begehrte Namensänderung (§ 113 Abs.5 VwGO).

[16] Rechtsgrundlage für die Namensänderung ist § 11 iVm §§ 1 und 3 Abs.1 des Gesetzes über die Änderung von Familiennamen und Vornamen (NÄG).

[17] Danach darf der Vorname auf Antrag nur dann geändert werden, wenn ein wichtiger Grund die Änderung rechtfertigt. Der „wichtige Grund" ist ein unbestimmter Rechtsbegriff, der für die Gerichte in vollem Umfang nachprüfbar ist. Ob ein wichtiger Grund für eine Namensänderung vorliegt, hängt weitgehend von den tatsächlichen Gegebenheiten des Einzelfalles ab.

[18] Nach der Rechtsprechung des Bundesverwaltungsgerichts (BVerwG, Beschluss vom 27.9.1993 -6 B 58/93-) liegt ein die Änderung des Namens rechtfertigender Grund iSd § 3 Abs. 1 NÄG vor, wenn die Abwägung aller für und gegen die Namensänderung streitenden schutzwürdigen Belange ein Übergewicht der für die Änderung sprechenden Interessen ergibt. Dabei müssen die schutzwürdigen Interessen desjenigen, der die Namensänderung erstrebt, die in der sozialen Ordnungsfunktion des Namens zusammengefassten Interessen der Allgemeinheit einschließlich der Grundentscheidungen des Bürgerlichen Gesetzbuchs zum Namensrecht als zwingende rechtliche Regelungen überwiegen (BVerwG, Urteil vom 24.4.1987 -7 C 120/86-). Dies gilt gem. § 11 NamÄndG für die Änderung eines Vornamens ebenso wie für die Änderung eines Familiennamens.

[19] Allerdings sind bei der Änderung eines Vornamens geringere Anforderungen an das Vorliegen eines wichtigen Grundes zu stellen als bei Änderung eines Familiennamens, weil die Ordnungsfunktion des Namens dadurch weniger beeinträchtigt wird und das öffentliche Interesse an der Beibehaltung des Vornamens daher geringer zu bewerten ist. Diesen Grundsatz hebt auch die Allgemeine Verwaltungsvorschrift zum NÄG (NamÄndVwV) vom 11.8.1980 (BAnz. Nr. 153a) in der Fassung vom 18.4.1986 (BAnz. Nr. 78) in Nr. 62 hervor.

Auch wenn das öffentliche Interesse am unveränderten Fortbestand eines Vornamens nicht so schwer wiegt wie das Interesse am Fortbestand eines Familiennamens, so ist doch die grundsätzliche Entscheidung des Gesetzgebers zu berücksichtigen, keine völlig freie Abänderung des Vornamens zuzulassen. Das Recht der Namensführung ist durch die entsprechenden familienrechtlichen Vorschriften des Bürgerlichen Gesetzbuches umfassend und im Grundsatz abschließend geregelt. Die Änderung des Namens nach dem NÄG dient lediglich dazu, Unzuträglichkeiten im Einzelfall zu beseitigen und hat Ausnahmecharakter (vgl. auch Nr. 27 der NamÄndVwV).

[20] Hinzu kommt, dass die Klägerin ausdrücklich die vollständige Ersetzung ihres bisherigen Vornamens „Christel" durch ihren Wunschnamen „F." begehrt. Die Anforderungen an die vollständige Ersetzung des Vornamens sind höher als bei bloßer Hinzufügung eines weiteren Vornamens, da das öffentliche Interesse an der Namenskontinuität durch eine vollständige Ersetzung des Namens stärker eingeschränkt wird. (VG Düsseldorf Urteil vom 27.11.2002 -18 K 2105/02- KirchE 41, 207)

[21] Ausgehend hiervon hat die Klägerin keinen Rechtsanspruch auf Änderung ihres Vornamens; denn die Abwägung aller für und gegen die von ihr begehrte Namensänderung streitenden Interessen ergibt ein Übergewicht der gegen die Änderung sprechenden Interessen.

[22] Durch die Namensänderung können Unzuträglichkeiten beseitigt werden, die sich daraus ergeben, dass die Beibehaltung des bisherigen Vornamens Belange des Namensträgers beeinträchtigt. Andererseits kann auch die Führung des erstrebten Namens im Vordergrund stehen. Hinsichtlich der Fortführung des bisherigen Namens kommt, da die Namensänderung Ausnahmecharakter hat, vor allem die Beeinträchtigung grundrechtlich geschützter Positionen des Namensträgers in Betracht. Den bisherigen Namen zu führen, kann für den Einzelnen zu seelischen Belastungen oder einem Gefühl der Herabwürdigung führen, wodurch die freie Entfaltung der Persönlichkeit, Art. 2 Abs.1 GG, beeinträchtigt werden kann. Auch kann das Recht der freien Religionsausübung, Art. 4 Abs. 1 GG, oder der freien Berufsausübung, Art. 12 Abs. 1 GG berührt sein, wenn der bisherige Name nicht mit der Religionsfreiheit in Einklang zu bringen ist oder berufliche Nachteile mit sich bringt.

[23] Dass sich die Klägerin in ihrer Religionsfreiheit dadurch beeinträchtigt sieht, dass sie ausschließlich den auf christliche Ursprünge hinweisenden Vornamen „Christel" führt, ist nachvollziehbar, da sie nach eigenen Angaben seit nunmehr etwa 30 Jahren Zen-Buddhistin ist, und es mit ihrer Glaubensüberzeugung nicht zu vereinbaren sei, einen Namen zu führen, der einer anderen Religion zugeordnet werde, zumal dann, wenn sie das Christentum als eine Religion ansieht, die den Werten der buddhistischen Lehre widerspreche. Die Tatsache,

dass die Klägerin ihren Vornamen erst nach etwa 30 Jahren der Zugehörigkeit zum Zen-Buddhismus als so störend empfindet, dass sie dessen Änderung begehrt, schließt nicht aus, dass dem nunmehr geäußerten Änderungswunsch ein ernsthaftes Anliegen zugrunde liegt.

[24] Dagegen dürfte eine Beeinträchtigung der Berufsfreiheit nicht gegeben sein. Zwar hat die Klägerin vorgetragen, sie werde als Dozentin für Deutsch als Fremdsprache oft mit den Themen Sprache, Religion und Namen konfrontiert; sie empfinde dabei stets einen gewissen Zwang, sich vom Christentum zu distanzieren, das nicht ihrer religiösen Anschauung entspreche, während ihr Vorname aber die Vermutung nahelege, sie sei Christin. Abgesehen davon, dass die Klägerin nach eigenen Angaben derzeit nicht berufstätig ist, vermag das Gericht ihr auch nicht dahin folgen, dass sich der von ihr so dargestellte „Rechtfertigungszwang" aus ihrer früheren oder einer von ihr angestrebten beruflichen Tätigkeit ergibt bzw. zwangsläufig damit einhergeht. Nur dann, wenn die Klägerin sowohl ihren Vornamen als auch Religionszugehörigkeit offenbart, erscheint es vorstellbar, dass ein aus ihrer Sicht gegebener Erklärungsbedarf entsteht. Dies dürfte jedoch nicht auf berufliche Lebenszusammenhänge beschränkt sein. Auch wenn man das von der Klägerin im Rahmen des einstweiligen Rechtsschutzverfahrens -VG 3 L 1212.09- dargestellte Vorhaben einer (ehrenamtlichen) Beschäftigung als buddhistische Sterbebegleiterin in Betracht zieht, erscheint die von ihr geschilderte Konfliktsituation jedenfalls nicht als unvermeidbar und nicht als so schwerwiegend, dass ihr nur mit der begehrten Namensänderung begegnet werden könnte. Die Klägerin könnte einer Beeinträchtigung ihrer Belange dadurch entgehen, dass sie ihrem Vornamen den Namen „F." als weiteren Vornamen hinzufügt und sodann selbst entscheidet, unter welchem dieser Vornamen sie auftritt. Der Beklagte hat in der mündlichen Verhandlung seine Bereitschaft wiederholt, eine dementsprechende Namensänderung vorzunehmen.

[25] Im Übrigen schreibt das Namensrecht keine starre Namensführungspflicht vor, sondern lässt in gewissem Umfang individuellen Gestaltungen Raum. Während eine Pflicht, den gesetzlichen Namen zu führen und zu benutzen, beispielsweise im Gebiet des Personenstandswesens, des Ausweis- und Melderechts und bei bestimmten beruflichen oder wirtschaftlichen Betätigungen besteht, bleibt nach bürgerlichem Recht eine unvollständige Namensangabe in der Regel bedeutungslos, solange die Identität des Namensträgers feststeht (vgl. VGH Baden-Württemberg, Urteil vom 8.8.1991 -1 S 2/91- StAZ 1992, 15). Dies unterstreicht, dass die Nachteile, die sich nach Schilderung der Klägerin auch dann ergeben würden, wenn sie neben dem Namen „F." weiterhin den Namen „Christel" führen würde, nicht von entscheidendem Gewicht sind. Daraus ergibt sich, dass eine maßgebliche Beeinträchtigung der Belange der Kläge-

rin auch nicht darin gesehen werden kann, dass sie durch die ablehnende Entscheidung des Beklagten gehindert wäre, einen Vornamen zu führen, der nach ihrem Verständnis ihrer buddhistischen Glaubensüberzeugung Rechnung trägt.

[26] Eine seelische Belastung, die durch die Führung des Namens „Christel“ hervorgerufen wird und die ein solches Gewicht hat, dass sie nur durch die begehrte Änderung des Vornamens abgewendet werden könnte, hat die Klägerin mit dem fachärztlichen Gutachten vom 16.10.2008 nicht belegt. Darin wird ihr im Wesentlichen bestätigt, dass die Führung des bisherigen Vornamens einen erheblichen Leidensdruck erzeuge, weil ihr Vorname ihrem „Identitätswunsch mit den eigenen Grundüberzeugungen“ widerspreche, und dass der Namensänderungswunsch „verständlich“ sei. Der Begutachtung kann jedoch keinerlei Anhaltspunkt dafür entnommen werden, dass eine Beeinträchtigung mit Krankheitswert gegeben sei und dass der von der Klägerin empfundene Leidensdruck nicht auf andere Weise bewältigt werden könnte.

[27] Das den Belangen der Klägerin gegenüberzustellende öffentliche Interesse an der Beibehaltung des bisherigen Vornamens ist hingegen höher zu gewichten, so dass im Ergebnis kein wichtiger Grund iSd § 3 Abs. 1 NÄG für die begehrte Namensänderung vorliegt.

[28] Entscheidend fällt dabei ins Gewicht, dass die Klägerin in das Zentrale Schuldnerverzeichnis Berlin beim Amtsgerichts Schöneberg eingetragen worden ist, nachdem sie die eidesstattliche Versicherung abgegeben hat. Die Errichtung des Schuldnerverzeichnisses nach § 915 ZPO dient sowohl Gläubigerinteressen als auch dem Schutz des redlichen Geschäftsverkehrs, für den sichergestellt bleiben muss, sich rechtzeitig und mit vertretbarem Aufwand über die Kreditwürdigkeit von (potentiellen) Geschäftspartnern vergewissern zu können.

[29] Die Eintragung der Klägerin in das Zentrale Schuldnerverzeichnis aufgrund der Abgabe der eidesstattlichen Versicherung vom 15.6.2006 war zwar zum Zeitpunkt der Entscheidung über den ursprünglichen Antrag der Klägerin am 26.8.2008 und zum Zeitpunkt der Entscheidung über den Widerspruch der Klägerin am 17.12.2008 entscheidungserheblich. Sie hat jedoch auf die vorliegende Entscheidung keinen Einfluss mehr. Die Klägerin galt gem. § 915b Abs.2 ZPO drei Jahre nach Eintragung in das Schuldnerverzeichnis, also seit dem 15.6.2009, als aus dem Schuldnerverzeichnis gelöscht.

[30] Im Rahmen der vorliegenden Verpflichtungsklage, bei der die Sach- und Rechtslage zum Zeitpunkt der gerichtlichen Entscheidung maßgeblich ist, ist zwar nicht mehr von Bedeutung, dass die Klägerin aufgrund der Abgabe der eidesstattlichen Versicherung vom 15.6.2006 in das Zentrale Schuldnerverzeichnis eingetragen worden war, da diese Eintragung seit dem 15.6.2009 als gelöscht anzusehen ist. Ein wichtiger Grund für die Namensänderung ist jedoch

deshalb zu verneinen, weil die Klägerin erneut in das Schuldnerverzeichnis eingetragen worden ist und diese Eintragung fortbesteht. In diesem Fall kommt dem Gesichtspunkt der Identifizierbarkeit der Klägerin eine besondere Bedeutung zu. Dies gilt zumindest deshalb, weil die Klägerin darauf besteht, dass ihr bisheriger Vorname vollständig durch einen neuen Vornamen ersetzt werde.

[31] Die Berücksichtigung dieser Eintragung im Schuldnerverzeichnis ist auch verhältnismäßig, da es der Klägerin zuzumuten ist, bis zur Löschung aus dem Schuldnerverzeichnis die Nachteile hinzunehmen, die aus ihrer Sicht mit der bisherigen Namensführung verbunden sind. Eine Alternative, die Belange aktueller und potentieller Gläubiger der Klägerin ebenso effektiv zu schützen, ist nicht ersichtlich. Insbesondere kommt es entgegen der Ansicht der Klägerin als milderes Mittel nicht in Betracht, durch entsprechende Hinweise im Schuldnerverzeichnis zu versuchen, die Identifizierbarkeit trotz Namensänderung sicherzustellen. Abgesehen von den dazu fehlenden rechtlichen Grundlagen und dem damit verbundenen Aufwand bliebe die Identifizierbarkeit jedenfalls erheblich erschwert.

49

Eine sachgerechte Abwägung zwischen den Belangen des Strafvollzugs und der Religionsfreiheit des Gefangenen gebietet es, einem religiös begründeten Verlangen nach fleischloser Kost Rechnung zu tragen.

Art. 9, 14 EMRK
EGMR, Urteil vom 7.12.2010 -No. 18429/06-
(Jokobówski ./. Polen)[1]-

THE FACTS

I. The circumstances of the case

[5] The applicant was born in 1965 and is currently detained in Nowogród Prison.

[6] Since 20 June 2003 the applicant has been serving an eight-year prison sentence imposed by the Poznan Regional Court following his conviction for rape.

[7] He was previously held in Goleniów Prison. On several occasions he requested to be served meat-free meals on account of his religious dietary requirements. He submitted that he was a Buddhist and that he adhered strictly to

1 HUDOC, DÖV 2011, 201 (LS).

the Mahayana Buddhist dietary rules which required refraining from eating meat.

[8] On 19 January 2006 the prison dermatologist recommended that the applicant be placed on a meat-free diet in view of his health problems. For three months he was granted a „no pork" diet (PK diet) that included very little meat and was also applied to six Muslims detained in the Goleniów Prison.

[9] On 20 April 2006 a doctor who examined the applicant considered that there were no medical grounds to continue granting the PK diet to the applicant. Consequently, the diet was discontinued. The applicant objected and threatened to go on a hunger strike.

[10] On 27 April 2006 the applicant asked the District Prosecutor to institute criminal proceedings against the employees of Goleniów Prison. The applicant claimed that despite having requested on several occasions to be provided with a meat-free diet, he was receiving meals containing meat products. Since he could not eat meat for religious reasons he depended on food parcels from his family. He was forced to accept the meals and then throw them away. The refusal to accept them would have been regarded as a decision to start a hunger strike and would have entailed disciplinary punishment. On 13 June 2006 the Goleniów District Prosecutor discontinued the criminal proceedings in respect of the applicant's allegations.

[11] On 3 July 2006 the Buddhist Mission in Poland sent a letter to the prison authorities supporting the applicant's request for a meat-free diet. They submitted that the Mahayana Buddhists had a serious moral problem when they were forced to eat meat. According to the rules, a Mahayana Buddhist should avoid eating meat to cultivate compassion for all living beings. They further asked the authorities simply to eliminate meat products from the applicant's meals.

[12] On 17 July 2006 the applicant requested the Director of Goleniów Prison to be served meat-free meals in view of his religious dietary requirements. He noted that the PK diet contained meat products and therefore it did not satisfy his needs. The applicant's request was refused on 16 October 2006. That decision did not contain any reasons.

[13] On 21 August 2006 and 31 August 2006 the applicant asked the Goleniów District Prosecutor to institute criminal proceedings against the prison guards. He alleged that there had been an interference with his religious convictions, in particular as the guards had referred to the Buddhist Mission in Poland as „a sect". They had also thrown religious publications belonging to the applicant into a toilet. On 19 August 2006, after receiving a family visit, he was ordered to undergo a body search. The applicant took off his clothes except for his underwear, whereupon the prison guard allegedly touched his private parts. He was further ordered to squat and other prison guards ridiculed him.

[14] On 29 October 2006 the Goleniów District Prosecutor refused to institute criminal proceedings against the persons concerned. It considered that the applicant's allegations were unfounded. The applicant was entitled to exchange correspondence with the Buddhist Mission in Poland and he could also telephone them. In addition, he was entitled to a diet that roughly corresponded to his religious requirements. However, the prosecutor stressed that as the applicant was kept in a single cell, there were no witnesses to the alleged ill-treatment by the prison officers and it was impossible to establish whether the events described by the applicant had actually taken place.

[15] On 13 October 2006 the District Court dismissed the applicant's interlocutory appeal against the decision of 13 June 2006. The court held that the applicant, when refusing to accept meals containing meat, had referred to his alleged vegetarianism. The court considered that there was no information in the prison files showing that the applicant was a vegetarian, and in addition for 3 months he had agreed to the PK diet even though it was not a completely meat-free diet.

[16] On 14 November 2006 in reply to the applicant's further complaints, the Szczecin Regional Prisons Inspector informed the applicant that the only special diet available in Goleniów Prison was the „PK" diet. That diet, with the exception of pork, consisted of various meat products, namely beef and poultry, as well as fish. A meat-free diet was not available in that prison.

[17] On 20 November 2006 the Szczecin Prisons Inspector, in reply to yet another complaint from the applicant, again confirmed that the only special diet which took into account religious beliefs was the PK diet. In addition, he explained:

> „A convict has a right to change religion while serving a prison sentence and to profit from freedom of religion if he/she feels like that. However, this does not mean that the prison authorities are obliged to provide an individual with special food in order to meet the specific requirements of his faith. The question of food related to religion or cultural background should not lead convicts to manipulate the prison authorities in order to secure personal advantages."

[18] On 14 December 2006 the Goleniów District Court dismissed the applicant's interlocutory appeal against the decision of 29 September 2006.

[19] On 25 June 2007 the Buddhist Mission in Poland again sent a letter to the Director of Goleniów Prison asking him to provide the applicant with a meat-free diet.

[20] In a complaint lodged with the Szczecin Regional Court on 3 September 2007 the applicant argued that the diet he had been granted in Goleniów Prison did not take into account his religious beliefs.

[21] On 3 December 2007 the Regional Court dismissed the applicant's complaint. The court held that the applicant had been granted a special diet since 18 July 2006. It further noted that given the technical conditions in the prison kitchen, the transporting of meals and understaffing in the kitchen, it was not possible to provide each prisoner individually with food in conformity with his or her religious dietary requirements. The court also confirmed that meals without pork were prepared.

[22] In March 2009 the applicant was transferred to Nowogród Prison. On 2 May 2009 he applied to be served meat-free meals in view of his religious dietary requirements. The applicant's request was refused on 13 May 2009.

[23] On 12 August 2009 in reply to the applicant's complaint, the Ombudsman informed him that the prison authorities had not been obliged to prepare special meals taking into consideration different dietary requirements. In addition, since the applicant was the only Buddhist in this prison, it would have put too much strain on the prison authorities.

II. Relevant domestic law And practice

A. The Code of Execution of Criminal Sentences

[24] The situation of prisoners and persons detained on remand is governed by the Code of Execution of Criminal Sentences of 6 June 1997.
Under Article 109 of that Code, prisoners should receive meals taking into consideration their employment, age and where possible religious and cultural beliefs. On the basis of that Article the Minister of Justice issued the Ordinance of 22 September 2003 on the rules to be followed by the relevant authorities when determining daily meals and different diets to be allowed to persons detained in prisons (Rozporzadzenie Ministra Sprawiedliwosci w sprawie okreslenia wartosci dziennej normy wyzywienia oraz rodzaju diet wydawanych osobom osadzonym w zakladach karnych I aresztach sledczych). The ordinance refers to two types of special diet – a „light diet" (dieta lekkostrawna) and a „diet for diabetics" (dieta cukrzycowa).

B. Civil-law remedies

[25] Article 23 of the Civil Code contains a non-exhaustive list of so-called „personal rights" (prawa osobiste). This provision states:

> „The personal rights of an individual, such as, in particular, health, liberty, honour, freedom of conscience, name or pseudonym, image, secrecy of correspondence, inviolability of the home, scientific or artistic work, [as well as] inventions and improvements, shall be protected by the civil law regardless of the protection laid down in other legal provisions."

Article 24, paragraph 1, of the Civil Code provides:

> „A person whose personal rights are at risk [of infringement] by a third party may seek an injunction, unless the activity [complained of] is not unlawful. In the event of infringement [the person concerned] may also require the party who caused the infringement to take the necessary steps to remove the consequences of the infringement ... In compliance with the principles of this Code [the person concerned] may also seek pecuniary compensation or may ask the court to award an adequate sum for the benefit of a specific public interest."

Article 445 § 1 of the Civil Code, applicable in the event that a person suffers a bodily injury or a health disorder as a result of an unlawful act or omission of a State agent, reads as follows:

> „...The court may award to the injured person an adequate sum in pecuniary compensation for the damage suffered."

Under Article 448 of the Civil Code, a person whose personal rights have been infringed may seek compensation. That provision, in its relevant part, reads:

> „The court may grant an adequate sum as pecuniary compensation for non-material damage (krzywda) suffered to anyone whose personal rights have been infringed. Alternatively, the person concerned, regardless of whether he or she seeks any other relief that may be necessary for removing the consequences of the infringement sustained, may ask the court to award an adequate sum for the benefit of a specific public interest."

C. European Prison Rules

[26] A Recommendation of the Committee of Ministers to member states on the European Prison Rules (Rec(2006)2) („the European Prison Rules"), adopted on 11 January 2006, sets out the following standards in respect of diet in prison that may be relevant in the context of the present case.

Rule 22 reads:

> „1. Prisoners shall be provided with a nutritious diet that takes into account their age, health, physical condition, religion, culture and the nature of their work.
> 2. The requirements of a nutritious diet, including its minimum energy and protein content, shall be prescribed in national law.
> 3. Food shall be prepared and served hygienically.
> 4. There shall be three meals a day with reasonable intervals between them.
> 5. Clean drinking water shall be available to prisoners at all times.
> 6. The medical practitioner or a qualified nurse shall order a change in diet for a particular prisoner when it is needed on medical grounds. „

THE LAW

I. Alleged violation of Article 9 of the Convention

[27] The applicant complained that the prison authorities, by refusing to provide him with a meat-free diet in accordance with his religious precepts, had

infringed his right to manifest his religion through observance of the rules of the Buddhist religion, as protected by Article 9 of the Convention, which reads as follows:

> „1. Everyone has the right to freedom of thought, conscience and religion; this right includes freedom to change his religion or belief and freedom, either alone or in community with others and in public or private, to manifest his religion or belief, in worship, teaching, practice and observance.
> 2. Freedom to manifest one's religion or beliefs shall be subject only to such limitations as are prescribed by law and are necessary in a democratic society in the interests of public safety, for the protection of public order, health or morals, or for the protection of the rights and freedoms of others."

[28] The Government contested that argument.

A. Admissibility

[29] The Government argued that the applicant could have, but had not, made use of the remedies of a compensatory nature governed by the provisions of Articles 23 and 24 of the Civil Code, in conjunction with Article 445 or Article 448 of the Civil Code, in order to bring an action for compensation for incarceration in conditions that were not in conformity with his religious beliefs. In their opinion, a person deprived of his or her liberty and who suffered a violation of his or her personal rights as a result of the authorities' failure to provide food in conformity with religious beliefs was entitled to bring a civil action against the State Treasury. The Government did not refer to any examples of judicial practice in this connection.

[30] The applicant replied that this remedy could not be considered adequate and effective and in his case lacked prospects of success. In particular, the applicant referred to the fact that the prison authorities had informed him that it was not possible to prepare vegetarian meals in prison because it would have put too much strain on the authorities.

[31] The Court reiterates that the rule of exhaustion of domestic remedies contained in Article 35 § 1 of the Convention requires that normal recourse should be had by an applicant to remedies which are available and sufficient to afford redress in respect of the breaches alleged. The existence of the remedies in question must be sufficiently certain not only in theory but in practice, failing which they will lack the requisite accessibility and effectiveness (see, among other authorities, Orchowski v. Poland -no. 17885/04- § 105, ECHR 2009–... (extracts); Norbert Sikorski v. Poland -no. 17599/05- § 108, 22 October 2009).

[32] The Court firstly observes that under Article 448 of the Civil Code no claim for damages may arise unless the infringement alleged resulted from an unlawful act or omission. The refusal to provide the applicant with the special

diet was at all times lawful having regard to the terms of Article 109 of the Code of Execution of Criminal Sentences (see paragraph 24 above). Consequently, in the circumstances of the present case, an action under Article 445 or Article 448 of the Civil Code could not have offered the applicant reasonable prospects of securing a diet in accordance with his religious requirements. The Court would further add that the applicant was not seeking compensation but the provision of meals which took account of his religious convictions. The Government have not established that the provisions of the Civil Code relied on would have afforded the relief sought. In addition, the Court observes that the Government have not alluded to any decisions of the domestic courts indicating that individuals detained in inadequate conditions have succeeded in obtaining an improvement of the status quo (see also Orchowski cited above § 108, 109; Latak v. Poland (dec.) -no.52070/08- § 79, 12 October 2010) It follows that the Government's objection must be rejected.

[33] The Court notes that this complaint is not manifestly ill-founded within the meaning of Article 35 § 3 of the Convention. It further notes that it is not inadmissible on any other grounds. It must therefore be declared admissible.

B. Merits

1. The applicant's submissions

[34] The applicant submitted that under Article 9 of the Convention the State was obliged to respect and support the individual's freedom to practice his or her religion. Any limitations could be set only in the interest of public safety, for the protection of public order, health or morals, or for the protection of the rights and freedoms of others. In the applicant's opinion observing vegetarianism could not be described as a threat to public safety, health, morals or the rights and freedoms of others.

[35] The applicant further stressed that Buddhism was a path of life in which the individual was supposed to recognise himself and develop self-awareness. A Buddhist was supposed to improve his spiritual life. He referred to the Third Secondary Precept of Shakyamuni Buddha (in the holy book of Brahmajala Sutra) according to which:

> „A disciple of the Buddha must not deliberately eat meat. He should not eat the flesh of any sentient being. The meat-eater forfeits the seed of Great Compassion ... Those who do so are guilty of countless offences."

[36] Lastly, the applicant maintained that Buddha was a teacher who gave suggestions and directions but never orders. He noted that if a Buddhist did not follow those directions he stopped on his path of self-development and resisted Buddha's teaching.

2. The Government's submissions.

[37] The Government observed that in principle they did not contest that religious precepts relating to a diet might be considered an essential aspect of the practice of one's religion and as such covered by the right to manifest one's religion within the meaning of Article 9 of the Convention.

[38] They noted, referring to the Great Polish Encyclopaedia (Wielka Encyklopedia PWN, vol. 4, Warsaw 2001, p. 544), that Buddhism generally did not prohibit eating meat and vegetarianism was not required nor did it constitute an element of the Buddhist religion. They further submitted, relying on Wikipedia (http://en.wikipedia.org/wiki/Buddhist_cuisine), that even the strict Mahayana school to which the applicant declared his adherence only encouraged vegetarianism and did not prescribe it. For these reasons only some Mahayana Buddhists were vegetarians.

[39] They submitted that in the particular circumstances of the present case, vegetarianism could not be considered an essential aspect of the practice of the applicant's religion - in particular since the applicant had agreed to the PK diet and had asked for it to be continued.

[40] The Government further observed that in any event the requirements laid down in the second paragraph of Article 9 of the Convention were met. In particular, under Article 109 § 1 of the Code of Execution of Criminal Sentences it was not obligatory to grant a special diet in accordance with a prisoner's religious beliefs. However, they agreed that in a situation where it was possible for a custodial institution to provide for a special diet it should have granted such a diet to the prisoner.

[41] The Government concluded that to accept that there was an obligation on the State authorities to provide each detainee with special food in accordance with his or her beliefs would be too rigorous and would entail too many difficulties of a technical and financial nature. In their opinion, the diet that the applicant had been granted roughly corresponded to his religious requirements. Since there were nearly 1,200 detainees in Goleniów Prison, the preparation of special meals for only one person would have placed an excessive burden on the prison authorities.

3. The Court's assessment

(a) Applicability of Article 9 of the Convention

[42] The Court must first consider whether the applicant can rely on Article 9 of the Convention.

[43] The applicant submitted that the refusal to provide him with a meat-free diet in prison in accordance with his religious precepts infringed his right to manifest his religion through observance of the rules of the Buddhist religion.

The Government argued that in the present case, vegetarianism could not be considered an essential aspect of the practice of the applicant's religion, since the strict Mahayana school to which the applicant claimed to adhere only encouraged vegetarianism but did not prescribe it.

[44] The Court notes that Article 9 of the Convention lists the various forms which manifestation of one's religion or belief may take, namely worship, teaching, practice and observance (see, mutatis mutandis, Cha'are Shalom Ve Tsedek v. France [GC] -no. 27417/95- § 73, ECHR 2000-VII; KirchE 42, 418). It does not protect every act motivated or inspired by a religion or belief (see, Leyla Şahin v. Turkey [GC] -no. 44774/98- § 78, ECHR 2005-XI; KirchE 47, 426). The freedom of thought, conscience and religion denotes views that attain a certain level of cogency, seriousness, cohesion and importance (see Leela Förderkreis e.V. and Others v. Germany -no. 58911/00- § 80, 6 November 2008; KirchE 52, 208). In addition, the State's duty of neutrality and impartiality, as defined in the Court's case-law, is incompatible with any power on the State's part to assess the legitimacy of religious beliefs (see Leyla Sahin, cited above, § 107).

[45] The Court also notes that Buddhism is one of the world's major religions officially recognised in numerous countries. In addition, it has already held that observing dietary rules can be considered a direct expression of beliefs in practice in the sense of Article 9 (see Cha'are Shalom Ve Tsedek, cited above, §§ 73 and 74). In the present case the applicant requested to be provided with a meat-free diet because as a practising Buddhist he wished to avoid eating meat. Without deciding whether such decisions are taken in every case to fulfil a religious duty (see Leyla Şahin, cited above, § 78), as there may be situations where they are taken for reasons other than religious ones, in the present case the Court considers that the applicant's decision to adhere to a vegetarian diet can be regarded as motivated or inspired by a religion and was not unreasonable. Consequently, the refusal of the prison authorities to provide him with a vegetarian diet falls within the scope of Article 9 of the Convention.

(b) The question of interference

[46] The Court observes that the applicant submitted that the refusal to provide him with meat-free meals amounted to an interference with his rights guaranteed by Article 9 of the Convention. However, the Court is of the view that the circumstances of the applicant's case and in particular the nature of his complaint are more appropriately examined from the standpoint of the respondent State's positive obligations.

[47] In this respect the Court reiterates that whether the case is analysed in terms of a positive duty on the State to take reasonable and appropriate measures to secure the applicant's rights under paragraph 1 of Article 9 or in

terms of an interference by a public authority to be justified in accordance with paragraph 2, the applicable principles are broadly similar. In both contexts regard must be had to the fair balance that has to be struck between the competing interests of the individual and of the community as a whole; and in both contexts the State enjoys a certain margin of appreciation in determining the steps to be taken to ensure compliance with the Convention. Furthermore, even in relation to the positive obligations flowing from the first paragraph of Article 9, in striking the required balance the aims mentioned in the second paragraph may be of a certain relevance (see, mutatis mutandis, Hatton and Others v. the United Kingdom [GC] -no. 36022/97- § 98, ECHR 2003-VIII).

(c) Compliance with Article 9 of the Convention

[48] The Court firstly notes that at least since 2006, first in Goleniów Prison and subsequently in Nowogród Prison, the applicant has repeatedly requested a meat-free diet. The authorities refused his requests in particular on the ground that preparation of meat-free meals for one person would have been too expensive (extra costs of hygiene requirements) and would have placed an excessive burden on the prison's kitchen staff (see paragraphs 7, 20, and 21 above).

[49] The Court further notes that for some time the applicant was granted a PK diet, a diet that contained no pork and included very little meat. However, the applicant argued that this diet had not corresponded entirely to his religious requirements (see paragraph 12 above).

[50] The Court observes that according to the second paragraph of Article 9 of the Convention restrictions are permitted, inter alia, for the protection of public health or morals or for the protection of the rights and freedoms of others. Whilst the Court is prepared to accept that a decision to make special arrangements for one prisoner within the system can have financial implications for the custodial institution and thus indirectly on the quality of treatment of other inmates, it must consider whether the State can be said to have struck a fair balance between the interests of the institution, other prisoners and the particular interests of the applicant.

[51] In order to justify the food regulations in prison, the Government referred to Article 109 of the Code of Execution of Criminal Sentences and the Ordinances of the Minister of Justice according to which it was not obligatory to serve a special diet in accordance with one's religious beliefs under Polish law. They also noted that providing each detainee with special food in accordance with his or her beliefs would have entailed too many difficulties of a technical and financial nature (see, paragraph 40 above).

[52] According to the applicant's religion he was supposed to have a simple meat-free diet. He merely asked to be granted a vegetarian diet, excluding meat

products (see paragraph 12 above). The Court notes that his meals did not have to be prepared, cooked and served in a prescribed manner, nor did he require any special products (see, mutatis mutandis, D and E.S. v. United Kingdom -no. 13669/88- Commission decision of 7 March 1990, DR 65, p. 245; X v. United Kingdom -no. 5947/72- Commission decision of 5 March 1976, DR) 5, p. 8. Unlike in the latter case, he was not offered any alternative diet, nor was the Buddhist Mission consulted on the issue of the appropriate diet. The Court is not persuaded that the provision of a vegetarian diet to the applicant would have entailed any disruption to the management of the prison or to any decline in the standards of meals served to other prisoners.

[53] In this respect the Court points out that the recommendation of the Committee of Ministers to the member States, namely Recommendation (Rec 92006)2) on the European Prison Rules (see paragraph 26 above) recommend that prisoners should be provided with food that takes into account their religion (see paragraphs 26 above). In recent judgments the Court has drawn the authorities' attention to the importance of this recommendation, notwithstanding its non-binding nature (see Sławomir Musiał v. Poland -no. 28300/06- § 96, ECHR 2009–... (extracts)).

[54] Having regard to all the foregoing factors, and despite the margin of appreciation left to the respondent State, the Court finds that the authorities failed to strike a fair balance between the interests of the prison authorities and those of the applicant, namely the right to manifest his religion through observance of the rules of the Buddhist religion.

[55] The Court concludes that there has been a breach of Article 9 of the Convention.

II. Alleged violation of Article 14 of the Convention in conjunction with Article 9 of the Convention

[56] The applicant complained under Article 14 in conjunction with Article 9 that he was discriminated against since other religious groups in prison were allowed a special diet.

Article 14 of the Convention provides as follows:

> „The enjoyment of the rights and freedoms set forth in [the] Convention shall be secured without discrimination on any ground such as sex, race, colour, language, religion, political or other opinion, national or social origin, association with a national minority, property, birth or other status."

[57] The Court notes that this complaint is linked to the one examined above and must therefore likewise be declared admissible.

[58] The Court reiterates that Article 14 has no independent existence, but plays an important role by complementing the other provisions of the Conven-

tion and its Protocols, since it protects individuals placed in similar situations from any discrimination in the enjoyment of the rights set forth in those other provisions. Where a substantive Article of the Convention or its Protocols has been relied on both on its own and in conjunction with Article 14 and a separate breach has been found of the substantive Article, it is not generally necessary for the Court to consider the case under Article 14 also, though the position is otherwise if a clear inequality of treatment in the enjoyment of the right in question is a fundamental aspect of the case (see Chassagnou and Others v. France [GC], nos. 25088/94, 28331/95 and 28443/95, § 89, ECHR 1999-III, and Dudgeon, cited above, § 67).

[59] In the circumstances of the present case the Court considers that the inequality of treatment, of which the applicant claimed to be a victim, has been sufficiently taken into account in the above assessment that led to the finding of a violation of a substantive Convention provision. It follows that there is no cause for a separate examination of the same facts from the standpoint of Article 14 of the Convention (see Metropolitan Church of Bessarabia and Others v. Moldova -no. 45701/99- § 134, ECHR 2001–XII; KirchE 42, 565, and Sidiropoulos and Others v. Greece, 10 July 1998, § 52, RJD 1998–IV).

III. Application of Article 41 of the Convention

[60] Article 41 of the Convention provides:

> „If the Court finds that there has been a violation of the Convention or the Protocols thereto, and if the internal law of the High Contracting Party concerned allows only partial reparation to be made, the Court shall, if necessary, afford just satisfaction to the injured party."

A. Damage

[61] The applicant claimed 5,000 EUR in respect of non–pecuniary damage.

[62] The Government objected to the amount of compensation requested and maintained that it was groundless and unsubstantiated.

[63] The Court awards the applicant EUR 3,000 in respect of non–pecuniary damage.

B. Costs and expenses (wird ausgeführt)

C. Default interest (wird ausgeführt)

For these reasons, the Court unanimously

1. Declares the application admissible;

2. Holds that there has been a violation of Article 9 of the Convention;

3. Holds that there is no need to examine separately the complaint under Article 14 in conjunction with Article 9 of the Convention;

...

50
Die Kosten für den Besuch einer weiterführenden allgemeinbildenden Hamburger Schule in kirchlicher Trägerschaft durch einen in Schleswig-Holstein wohnhaften Schüler werden nicht erstattet.

Art./§§ 3 Abs. 1 GG, 114, 136 SH.SchulG
Schleswig-Holsteinisches VG, Urteil vom 8. Dezember 2010 -9 A 244/09[1]-

Die Klägerin begehrt die Erstattung von Schülerbeförderungskosten für ihren im Jahre 1996 geborenen Sohn N. Die Klägerin und ihr Sohn zogen zum März 2009 von Hamburg nach A-Stadt/ Schleswig-Holstein, in das Kreisgebiet des Beklagten. Der Sohn besuchte weiterhin die B-Schule in Hamburg, eine staatlich anerkannte Privatschule, getragen von einer kirchlichen Stiftung.

Im April 2009 beantragte die Klägerin die Ausstellung einer Schülerfahrkarte zur Schule nach Hamburg und wies darauf hin, dass ihr Sohn wegen der differenten Lehrpläne weiterhin diese Schule in Hamburg besuchen solle. Mit Bescheid vom 27.4.2009 bewilligte der Beklagte zunächst die Schülerfahrkarte für den verbliebenen Schuljahreszeitraum 1.5. bis 30.9.2009. Mit Bescheid vom 3.6.2009 nahm der Beklagte den ergangenen Bewilligungsbescheid gem. § 116 LVwG zurück. Der Bescheid sei rechtswidrig erlassen worden, weil eine Übernahme der Schülerbeförderungskosten nach § 114 SchulG nur in Frage komme für Schülerinnen und Schüler, die im Kreisgebiet ihre Wohnung hätten und außerhalb des Kreises eine öffentliche Schule besuchten. Schulen in freier Trägerschaft fielen nicht in die Zuständigkeit des Kreises. Den dagegen eingelegten Widerspruch wies der Beklagte durch angefochtenen Widerspruchsbescheid zurück. Die Übernahme der Schülerbeförderungskosten richte sich grundsätzlich nach § 114 SchulG. Die rechtlichen Vorgaben des § 114 SchulG kämen beim Besuch von Schulen in freier Trägerschaft grundsätzlich nicht zur Anwendung. Irrelevant sei, ob und wie das Schulgesetz der Freien und Hansestadt Hamburg eine Unterscheidung zwischen staatlichen Schulen und Schulen in freier Trägerschaft treffe. Die vom Schleswig-Holsteinischen Gesetzgeber getroffene Entscheidung, die vom Träger der Schülerbeförderung vorzunehmende Kostenerstattung auf den Besuch öffentlicher Schulen zu beschränken, sei auch mit höherrangigem Recht vereinbar, verstoße insbesondere nicht gegen das Recht zur Errichtung von privaten Schulen nach Art. 7 Abs. 4 Satz 1 GG oder gegen den Gleichbehandlungsgrundsatz des Art. 3 Abs. 1 GG.

1 Der Antrag der Klägerin auf Zulassung der Berufung wurde zurückgewiesen; SH.OVG, Beschluss vom 8.6.2011 -3 LA 4/11- n.v.

Zur Begründung ihrer hierauf erhobenen Klage macht die Klägerin im Wesentlichen geltend, dass die eingeschränkte Kostenübernahme gegen Art. 7 Abs. 4 GG verstoße, der das Recht zur Errichtung von Schulen in freier Trägerschaft gewährleiste. Damit werde das Bestandsrecht von Schulen in freier Trägerschaft garantiert und der Staat sei verpflichtet, diese Schulen zu unterstützen und ihren Bestand zu gewährleisten. Im Übrigen stünden auch Schulen in freier Trägerschaft unter der Aufsicht des Staates. Darüber hinaus verstoße die vom Beklagten praktizierte Auslegung des Schulgesetzes gegen Art. 3 Abs. 1 GG, weil auch Schulen in freier Trägerschaft als öffentliche Schulen angesehen werden müssten. Für kirchliche Schulen ergebe sich dies aus dem Staatskirchenvertrag. Wenn der Beklagte die Schülerbeförderungskosten beim Besuch eines öffentlichen Gymnasiums in Hamburg gem. Urteil des OVG Lüneburg vom 30.11.1983 übernehme, gebiete Art. 3 Abs. 1 GG auch die Übernahme der Kosten bei Besuch eines privaten Gymnasiums, zumal beide in Hamburg komplett gleichgestellt seien. Auch die nach dem Gastschulabkommen zwischen dem Land Schleswig-Holstein und der Freien und Hansestadt Hamburg erfolgenden Zahlungen erfolgten unterschiedslos für alle Gastschüler. Hieraus folge, dass das Land Schleswig-Holstein alle Schulen in Hamburg als öffentlich anerkenne. Die Übernahme der Schülerbeförderung unter diesen Umständen als freiwillige Leistung zu behandeln und einzuschränken sei daher willkürlich und widerspreche dem Recht auf freie Schulwahl.

Das Verwaltungsgericht weist die Klage ab.

Aus den Gründen:

[11] Die Klage ist als Anfechtungsklage zulässig. (*wird ausgeführt*)

[12] Die Klage ist allerdings unbegründet. Die Rücknahme der bis September 2009 bewilligten Schülerfahrkarte ist rechtmäßig.

[13] Die Voraussetzungen der Rücknahme nach § 116 Abs. 1 LVwG sind gegeben. Die Bewilligung stellt einen rechtswidrigen begünstigenden Verwaltungsakt dar. Tatsächlich hätte die Schülerfahrkarte nicht ausgestellt werden dürfen, weil die Erstattung der Kosten für die Beförderung des Sohnes der Klägerin von seiner Wohnung im Kreisgebiet des Beklagten zu der von ihm besuchten Schule nach Hamburg weder der geltenden Rechtslage noch der geübten Praxis des Beklagten entspricht.

[14] Ein Anspruch auf Übernahme der Kosten für die Beförderung eines Schülers einer weiterführenden allgemeinbildenden Schule zwischen seiner Wohnung im Kreisgebiet und einer außerhalb des Kreisgebiets liegenden Schule in freier Trägerschaft besteht nach dem allein maßgeblichen schleswig-

holsteinischen Schulgesetz und der darauf basierenden Satzung des Beklagten über die Anerkennung der notwendigen Kosten für die Schülerbeförderung vom 18.12.1995 idF der Änderung vom 14.3.2008 (Schülerbeförderungssatzung -SBS-) iVm § 114 SchulG in der Fassung vom 24.1.2007 (GVOBl. 2007, S. 39 ff.) grundsätzlich nicht und ergibt sich auch nicht aus Art. 3 Abs. 1 oder Art. 7 Abs. 1 und 4 GG.

[15] Nach § 136 SchulG begründen die Bestimmungen im 6. Teil des Schulgesetzes - dazu gehören die §§ 111-114 SchulG - keine Ansprüche von Eltern, Schülerinnen oder Schüler gegen den Schulträger, den Träger der Schülerbeförderung oder das Land. Gleichermaßen schließt § 2 Abs. 3 SBS Rechtsansprüche Dritter unter Verweis auf § 136 SchulG aus. Dieser Ausschluss subjektiver Rechte war bereits in § 81 SchulG a.F. vorgesehen und geht darauf zurück, dass das Gesetz lediglich das Verhältnis des Landes gegenüber den Schulträgern und den Trägern der Schülerbeförderung regelt, nicht jedoch das Verhältnis zu den Schulbenutzern. Den objektiven Verpflichtungen der Schulträger und der Träger der Schülerbeförderung sollen keine subjektiven Rechte der Schülerinnen und Schüler, Eltern oder Lehrkräfte gegenüberstehen (Karpen/ Lorentzen in: Praxis der Kommunalverwaltung, Kommentar zum SchulG a.F., § 80 Anm. 5.3, § 81 Anm. 1 u. 2).

[16] Die Klägerin kann deshalb nur verlangen, dass der Beklagte als der nach § 114 Abs. 1 Satz 2 Nr. 1 SchulG in Anspruch genommene Träger der Schülerbeförderung über ihr Begehren auf Übernahme von Schülerbeförderungskosten in ermessensfehlerfreier Weise entscheidet, insbesondere frei von Willkür (Art. 3 Abs. 1 GG) seine Entscheidungen trifft (vgl. OVG Schleswig, Urteil vom 5.3.1992 -3 L 5/91- Die Gemeinde 1993, 258; Urteil vom 25.3.1994 -3 L 204/93- Die Gemeinde 1994, 228).

[17] Das OVG Schleswig hat in der genannten Entscheidung vom 25.3.1994 ausgeführt:

> *[18]* „Für die Frage, ob der Beklagte sein Ermessen fehlerfrei betätigt hat, indem er der Klägerin die begehrte Bewilligung versagt hat, kommt es auf die Auslegung des Schulgesetzes bzw. der Satzung des Beklagten nicht an. Das Schulgesetz enthält im Hinblick auf Schülerbeförderungskosten - wie ausgeführt - keine Rechtsanspruchsnormen für Bürger. Dieser Ausschluss subjektiver Rechte wirkt sich auch auf die Ermessensbetätigung der Schulträger bei der Entscheidung über entsprechende Anträge aus. Die gesetzlichen Regelungen zu den Schülerbeförderungskosten (§ 80 SchulG) entfalten keine Rechtswirkung außerhalb der Organbereiche, für die sie verbindlich sind (Land, Kreise, Gemeinden, Schulträger). Insoweit ist das Schulgesetz vergleichbar mit einem Haushaltsplan, der ebenfalls einen gesetzlichen Ausschluss von Außenwirkungen enthält (vgl. BVerfG, Beschluss vom 22.10.1974 -1 BvL 3/72- BVerfGE 38, 121). Konstruierte man über den Gleichheitsgrundsatz des Art. 3 GG einen subjektiven Rechtsanspruch darauf, dass das Ermessen in der vom Gesetz vorgesehenen Weise zu betätigen sei, würde der Wille des Gesetzgebers,

der erkennbar darin besteht, dem Bürger die Berufung auf das Gesetz zu verwehren, unterlaufen. Die vorstehenden Ausführungen gelten für die Satzung des Beklagten entsprechend.

[19] Dem Schulgesetz und der Satzung des Beklagten kommen daher hinsichtlich der Bestimmungen zu den Schülerbeförderungskosten im Verhältnis zwischen dem Schulträger und dem Bürger nicht mehr Gewicht zu als einer nur für die Verwaltung verbindlichen Richtlinie (vgl. Urteil des Senats vom 5.3.1992 -3 L 5/91- Die Gemeinde 1993, 258, SchlHA 1993, 120).

[20] Eine im Rahmen des Gleichbehandlungsgrundsatzes relevante Selbstbindung entsteht noch nicht, wenn ausschließlich für die Verwaltung verbindliche Vorschriften erlassen werden oder sie sich selbst - innerbehördliche - Richtlinien, Anweisungen oder dergleichen gibt. Ein im beschriebenen Sinne der Selbstbindung relevantes Verhalten liegt erst dann vor, wenn und soweit die Verwaltung sich nach außen hin, d.h. dem Bürger gegenüber betätigt. Danach kommt es nicht darauf an, wie eine für die Verwaltung verbindliche Vorschrift auszulegen wäre, wenn die Auslegung nach den für Rechtsanspruchsnormen entwickelten Grundsätzen vorzunehmen wäre. Sofern die Normen allein die Verwaltung binden, sind sie nach der Rechtsprechung des Bundesverwaltungsgerichts, die der Senat teilt, nicht der gerichtlichen Interpretation unterworfen (vgl. BVerwG, aaO). Entscheidend ist vielmehr, wie die die Verwaltung bindende Vorschrift von der Verwaltung selbst - nach ihrem eigenen Verständnis - gehandhabt wird. Denn der Gleichheitssatz, an dem die Ermessensausübung zu messen ist, stellt nicht auf den Wortlaut der die Verwaltung bindenden Vorschrift, sondern auf ihre Handhabung ab (vgl. BVerwG, Beschluss vom 1.6.1979 -6 B 33.79- ZBR 1980, 24; Urteil vom 26.4.1979, aaO). Es kommt also darauf an, welche Verwaltungspraxis sich aufgrund der Vorschrift entwickelt hat. Nur die bisherige Verwaltungspraxis bindet die Verwaltung dem Bürger gegenüber (vgl. Dürig in Maunz/Dürig/Herzog, Kommentar zum Grundgesetz, Art. 3 Abs. 1 Rn 432 mwN)."

[21] Dieser Auffassung hat sich das erkennende Gericht angeschlossen (vgl. Urteil vom 16.4.2008 -9 A 207/07- *juris*; Urteil vom 4.11.2009 -9 A 98/09- mwN).

[22] Richterlicher Prüfungsmaßstab kann unter diesen Umständen nur sein, ob der Beklagte in Anwendung der für ihn verbindlichen Vorgaben den Gleichheitssatz bzw. sonstige rechtliche Regelungen willkürlich verletzt oder höherrangige Zweckbestimmungen nicht beachtet (vgl. BVerwG, Urteil vom 26.4.1979 -3 C 111/79- BVerwGE 58, 45; Beschluss vom 21.9.1993 -2 B 109/93- *juris*), wenn er der Klägerin die Schülerfahrkarte für ihren Sohn verweigert und deren Bewilligung als rechtswidrige Entscheidung zurücknimmt. Dabei ist für die Beurteilung der Rechtswidrigkeit nicht eine objektive Auslegung des § 114 Abs. 1 SchulG oder der Schülerbeförderungssatzung maßgeblich, sondern die vom Beklagten nach außen praktizierte Handhabung. Daran gemessen war die Bewilligung rechtswidrig.

[23] Der Beklagte hat in seinem letzten Schriftsatz nochmals bestätigt, dass er seine Praxis an den bestehenden gesetzlichen und satzungsmäßigen Regelungen ausrichte und unter Beachtung der von der Klägerin zur Gerichtsakte gereichten Entscheidung des OVG Lüneburg vom 30.11.1983 -13 OVG A 54/83-

zwar die Beförderungskosten von denjenigen Schülerinnen und Schülern aus dem Kreisgebiet übernehme, die in Hamburg eine öffentliche Schule besuchen, generell aber nicht von denjenigen Schülerinnen und Schülern, die eine Ersatzschule besuchen, unabhängig davon, ob diese Schule im Kreisgebiet oder außerhalb des Kreises liege.

[24] Diese Praxis entspricht der Gesetzeslage. Zutreffend ist zunächst, dass § 114 Abs. 1 Satz 2 Nr. 1 SchulG auch den Besuch von Schulen außerhalb des Landes erfasst. Dies zeigt die Regelung des § 114 Abs. 3 Satz 3 SchulG. Eine Übernahme von Kosten nach § 114 Abs. 1 Satz 2 Nr. 1 SchulG und der gem. § 114 Abs. 2 SchulG erlassenen Satzung kommt aber deshalb nicht in Frage, weil die Regelungen nur für öffentliche Schulen gelten mit der Folge, dass der Beklagte für Schulen in freier Trägerschaft von vornherein nicht Träger der Schülerbeförderung ist. Dies gilt für Schulen in Schleswig-Holstein und Hamburg gleichermaßen.

[25] § 114 Abs. 1 Satz 2 Nr. 1 SchulG gilt ausdrücklich nur für öffentliche Schulen. Dies sind nach der Definition des allein maßgeblichen § 2 Abs. 2 Satz 1 SchulG nur solche Schulen, deren Träger das Land, die Kreise, die Gemeinden oder andere im Gesetz bestimmte öffentlich-rechtliche Körperschaften sind. Ist der Träger der Schule eine natürliche oder juristische Person des Privatrechts oder auch eine Kirche mit den Rechten einer Körperschaft des öffentlichen Rechts, handelt es sich um eine Schule in freier Trägerschaft, nämlich um eine Ersatz- oder Ergänzungsschule iSd § 2 Abs. 3 und 4 SchulG. Inwieweit sich unter diesen Umständen aus dem von der Klägerin zitierten etwas anderes ergeben sollte, ist nicht ersichtlich. Staatskirchenvertrag (*Anm. d. Hrsg.: in Betracht kommen die Staatskirchenverträge des Landes Schleswig-Holstein mit den evangelischen Landeskirchen [1957] und dem Hl. Stuhl [2004]. Beide sehen eine staatliche Förderung kirchlicher Schulen vor*). Ob dem Hamburger Schulrecht ein anderer Begriff öffentlicher Schulen zugrunde liegt, kann für die Auslegung und Anwendung schleswig-holsteinischen Landesrechts ebenfalls keine Rolle spielen. Letzteres jedenfalls sieht eine Übernahme der Schülerbeförderungskosten beim Besuch von Ersatzschulen nicht vor. Dies mag sich in den Bundesländern unterschiedlich verhalten, wie z.B. in Niedersachsen oder Rheinland-Pfalz (vgl. etwa BVerwG, Urteil vom 14.9.1994 -6 C 42/92- BVerwGE 96, 350, NJW 1995, 344 zu §§ 94, 121 Abs. 3 Nds.SchulG; OVG Lüneburg, Urteil vom 24.5.2007 -2 LC 9/07- zu §§ 114, 141 Abs. 3 Nds.SchulG, NdsVBl 2007, 336, *juris* Rn 42; OVG Rheinland-Pfalz, Urteil vom 2.2.2005 -2 A 11888/04- zu § 28 RP.PrivSchG, *juris* Rn 24 ff.), hat aber vorliegend keine Relevanz. Die Unanwendbarkeit des § 114 Abs. 1 SchulG ergibt sich im Übrigen auch aus § 1 Abs. 2 SchulG, weil eine Anwendung der Vorschriften über die Schülerbeförderung auf private Schulen (Schulen in freier Trägerschaft) gerade nicht vorgesehen ist.

[26] Die an der geltenden Gesetzeslage ausgerichtete Praxis des Beklagten stellt sich weder als ungerechtfertigte und von Art. 3 Abs. 1 GG nicht gedeckte Ungleichbehandlung von Schülerinnen und Schülern öffentlicher und privater Schulen dar noch verstößt sie sonst gegen höherrangiges Recht.

[27] Verfassungsrechtlich ist die Schülerbeförderung als eine freiwillige Leistung der öffentlichen Hand anzusehen, auf die der Bürger keinen geschützten Anspruch hat. Weder das elterliche Erziehungsrecht aus Art. 6 Abs. 2 GG noch das Sozialstaatsprinzip gewährleisten einen Anspruch auf kostenlose Schülerbeförderung (vgl. OVG Lüneburg, Urteil vom 24.5.2007 -2 LC 9/07- NdsVBl 2007, 336, *juris* Rn 40; BVerwG, Beschluss vom 22.10.1990 -7 B 128/90- DVBl. 1991, S. 59 ff.). Ebenso wenig vermittelt die in § 20 Abs. 1 S. 1 SchulG normierte allgemeine Schulpflicht als Konkretisierung des staatlichen Bildungs- und Erziehungsauftrages iSd Art. 7 GG einen Anspruch auf eine kostenlose Schülerbeförderung. Denn die Erfüllung der Schulpflicht ist traditionell als Bringschuld zu begreifen (OVG Rheinland-Pfalz, Urteil vom 25.8.2003 -2 A 10588/03- DÖV 2004, S. 350 ff.), so dass es grundsätzlich den Eltern obliegt, für einen Transport zu und von den Schulen zu sorgen und die damit verbundenen Kosten als Teil des allgemeinen Lebensführungsaufwandes zu tragen. Die Schülerbeförderung stellt demgegenüber eine freiwillige Leistung der öffentlichen Hand dar (VG Schleswig-Holstein, Urteil vom 16.4.2008 -9 A 207/07- *juris*).

[28] Bei der Ausgestaltung des Gesetzes und der am Gesetz ausgerichteten Verwaltungspraxis besteht deshalb ein weiter Gestaltungsspielraum, der erst dann überschritten wird, wenn die Vorgehensweise sich nicht mehr mit einer am Gerechtigkeitsgedanken orientierten Betrachtungsweise verträgt und mangels sachlicher und einleuchtender Gründe als willkürlich beurteilt werden muss (VG Schleswig aaO; vgl. auch BayVerfGH, Urteil vom 7.7.2009 -Vf.15-VII-08- BayVBl 2010, 76, *juris* Rn 38).

[29] Diese Grenze wird durch die Versagung der Beförderungskosten gegenüber der Klägerin nicht überschritten. Zum einen ist weder vorgetragen noch ersichtlich, dass der Beklagte die Kosten der Beförderung von Schülerinnen und Schülern anderer privater Schulen - in Schleswig-Holstein oder Hamburg - insoweit schon einmal übernommen hätte. Zum anderen ist die generelle Differenzierung zwischen öffentlichen Schulen und solchen in freier Trägerschaft iSd § 2 Abs. 2 und 3 SchulG sachgerecht, da die Finanzierung der Schülerbeförderung im Falle des Besuchs von in freier Trägerschaft geführten Ersatzschulen (§ 2 Abs. 4 Satz 1 SchulG) im Rahmen der Zuschussgewährung an den jeweiligen Schulträger erfolgt (so schon OVG Schleswig, Beschluss vom 25.11.2002 - 3 L 67/02- *juris*; vgl. auch BayVerfGH, Urteil vom 7.7.2009 -Vf.15-VII-08- BayVBl 2010, 76, *juris* Rn 44). Ersatzschulen erhalten nach § 119 Abs. 1 SchulG vom Land Zuschüsse u.a. zu den laufenden Kosten (Sachkosten). Zu diesen laufenden

Kosten zählen nach § 120 Abs. 1, § 48 Abs. 1 Satz 2 und Abs. 2 Nr. 8 SchulG auch die Aufwendungen für die notwendige Beförderung der Schülerinnen und Schüler.

[30] Die Praxis des Beklagten verstößt auch nicht gegen Art. 7 Abs. 4 GG. Die darin enthaltene Pflicht des Staates, Privatschulen in ihrem Bestand und als Institution zu erhalten und diese entsprechend finanziell zu fördern, verlangt nicht, Ersatzschulen gerade dadurch zu finanzieren, dass die jeweiligen Schülerinnen und Schülern unmittelbar von den Kosten der Beförderung freigestellt werden. Vielmehr steht dem Staat auch insoweit ein weiter Gestaltungsspielraum zu und es ist nicht zu beanstanden, wenn er den kommunalen Schulträgern nur für den Bereich der öffentlichen Schulen die Erstattung der Beförderungskosten auferlegt und diese im Übrigen in den an den Träger der Ersatzschule gerichteten Zuschuss einberechnet (BayVerfGH, Urteil vom 7.7.2009 -Vf.15-VII-08 - BayVBl 2010, 76, *juris* Rn 54 ff.; OVG Lüneburg, Urteil vom 24.5.2007 -2 LC 9/07- NdsVBl 2007, 336, *juris* Rn 36-38 mwN; Niehues/Rux, Schul- und Prüfungsrecht, Bd. 1, 4. Aufl., Rn 1095 mwN).

[31] Soweit die Klägerin auf das zwischen dem Land Schleswig-Holstein und der Freien und Hansestadt Hamburg im Jahr 1963 geschlossene Abkommen „über die Verbürgung der Gegenseitigkeit und Gleichbehandlung für den öffentlichen Schulbesuch" verweist, hat auch dies keinen Erfolg. Zum einen hatten die Vertragsparteien darin nur Regelungen für den Besuch öffentlicher Schulen getroffen; zum anderen vereinbarte man insoweit nur eine gegenseitige Schulgeldfreiheit und Gleichbehandlung ihrer Schülerinnen und Schüler im Rahmen vorhandener Aufnahmekapazitäten [I. 1)]. Dies beinhaltete die Verpflichtung, Schülerinnen und Schüler aus dem jeweils anderen Land aufzunehmen, ohne hierfür Schulgeld oder Gastschulbeiträge zu erheben [III. 1, IV.]. Für die Fahrgelderstattung galt das Heimatortprinzip [VII.]. Soweit ersichtlich, wurde für den länderübergreifenden Besuch von Schulen in freier Trägerschaft im Juni 1998 ein Finanzhilfe-Erstattungs-Abkommen geschlossen, dass nur bis Ende 2002 Geltung hatte. Aufgrund eines zusätzlichen Abkommens aus dem Jahr 2004 zum grenzüberschreitenden Schulbesuch wurde erstmals eine Zahlung vom Land Schleswig-Holstein an die Freie und Hansestadt Hamburg in Höhe von jährlich 8,5 Mio. € vereinbart. [IV.]. Diese Vereinbarungen sind von der Freien und Hansestadt Hamburg zum Ende des Jahres 2009 gekündigt worden. Für das Jahr 2010 gilt eine Übergangslösung, nach der nochmals pauschal 8,5 Mio. € gezahlt wurden und die Freie und Hansestadt Hamburg sich verpflichtet, in eingeschränktem Maße weiterhin bestimmte Schülerinnen und Schüler aufzunehmen.

[32] Für den hier streitigen Zeitraum des Jahres 2009 ergibt sich daraus ebenso wenig eine Verpflichtung zur Übernahme der Kosten für die Beförde-

rung von Schülerinnen und Schülern, die in Hamburg Ersatzschulen besuchen, wie beim Besuch von Ersatzschulen in Schleswig-Holstein. Auch insoweit vermochte die Klägerin nicht darzulegen, dass das Land Schleswig-Holstein oder der Beklagte entsprechende Zahlungen schon einmal übernommen hätten. Soweit das Land Schleswig-Holstein zur Abgeltung aller aus dem gegenseitigen Schulbesuch entstehenden Zahlungsansprüche jährlich 8,5 Mio. € gezahlt hat, diente diese Zahlung dem Ausgleich der wiederum der Freien und Hansestadt Hamburg entstehenden Aufwendungen bei Erfüllung ihrer öffentlich-rechtlichen Pflichten als Trägerin öffentlicher Schulen bzw. Zuschussgeberin für Schulen in freier Trägerschaft gem. §§ 14 ff. des Hamburgischen Gesetzes über Schulen in freier Trägerschaft (HmbSfTG) vom 21.9.2004. Die Übernahme dieser vertraglich vereinbarten Zahlungspflicht steht in keinem Zusammenhang zu den Pflichten des Landes aus Art. 7 Abs. 4 GG. Ebenso wenig kann darin eine - mittelbare - Bezuschussung der vom Sohn der Klägerin besuchten Schule gesehen werden (vgl. VGH Koblenz, Urteil vom 2.2.2005 -2 A 118888/04- *juris* Rn 27 zum horizontalen Finanzausgleich zwischen den Ländern).

[33] Die Rücknahme erfüllt auch die übrigen gesetzlichen Voraussetzungen. (*wird ausgeführt*)

51

Der Staat darf grundsätzlich sein Verhältnis zu einer bestimmten Religionsgemeinschaft auf eine vertragliche Grundlage stellen, soweit objektive und nachvollziehbare Gründe eine unterschiedliche Behandlung rechtfertigen und anderen Religionsgemeinschaften die Möglichkeit entsprechender Vereinbarungen offensteht. Die hierfür maßgeblichen Kriterien müssen in Anbetracht der weltanschaulichen Neutralität des Staates für alle Religionsgemeinschaften auf der Basis der Gleichbehandlung angewandt werden.

Art. 9, 14 EGMR
EGMR, Urteil vom 9. Dezember 2010 -No. 7798/08-
(Savez Crkava „Rijec Zivota“ u.a. ./. Kroatien)[1]-

THE FACTS

I. The circumstances of the case

[5] The applicants are churches of a Reformist denomination which are registered as religious communities under Croatian law and which have their seats in

1 HUDOC.

Zagreb (the first and second applicant churches) and Tenja (the third applicant church).

[6] The first applicant church has been present in Croatia since 1993, the second since 1989 and the third since the sixteenth century as part of the Reformed Church and since 2001 as an independent church. The applicant churches were entered in the register of religious communities in Croatia on 18 December 2003 (the first applicant church), 3 December 2003 (the second applicant church) and 14 October 2003 (the third applicant church), in accordance with the Religious Communities Act.

[7] On 21 June 2004 the applicant churches submitted a request to the Government's Commission for Relations with Religious Communities (Komisija za odnose s vjerskim zajednicama – „the Religious Communities Commission") in order to conclude an agreement with the Government of Croatia, as envisaged in section 9(1) of the Religious Communities Act (see paragraph 18 below), which would regulate their relations with the State. They explained that without such an agreement they were unable to provide religious education in public schools and nurseries, to provide pastoral care to their members in medical and social-welfare institutions, as well to those in prisons and penitentiaries, or to perform religious marriages with the effects of a civil marriage.

[8] On 23 December 2004 the Government of Croatia adopted an instruction (zaključak – „the Instruction") setting out the criteria which religious communities had to satisfy in order to conclude such an agreement with it (see paragraph 19 below).

[9] In a letter of 12 January 2005 the Religious Communities Commission informed the applicant churches that they did not satisfy, either individually or jointly, the historical and numerical criteria set out in the above Instruction, that is to say, that they had not been present in the territory of Croatia since 6 April 1941 and that the number of their adherents did not exceed 6,000 (see paragraph 19 above). Referring to section 21 of the 2003 Health Care Act (see paragraph 21 below) and sections 14, 78(1) and 95 of the Enforcement of Prison Sentences Act (see paragraphs 23-26 below), it also remarked that members of religious communities which had not concluded the relevant agreement with the Government of Croatia had a right to receive pastoral care in medical and social-welfare institutions as well as in prisons and penitentiaries.

[10] On 10 February 2005 the applicant churches submitted another request to conclude an appropriate agreement with the Government of Croatia, this time addressing it to the Prime Minister directly.

[11] In a letter of 15 June 2005 the Religious Communities Commission replied to the applicant churches' request of 10 February 2005, informing them again that they did not satisfy, either individually or jointly, the criteria set forth

in the Instruction of 23 December 2004, this time without specifying which particular criteria had not been met. It again referred to section 21 of the 2003 Health Care Act and sections 14, 78(1) and 95 of the Enforcement of Prison Sentences Act, reiterating its opinion that the members of religious communities which had not concluded appropriate agreements with the Government of Croatia had a right to receive pastoral care in medical and social-welfare institutions and in prisons and penitentiaries.

[12] The applicant churches then lodged a request for the protection of a constitutionally guaranteed right (zahtjev za zaštitu ustavom zajamčenog prava) with the Administrative Court (Upravni sud Republike Hrvatske) against the Religious Communities Commission's refusal of 15 June 2005, in accordance with section 66 of the Administrative Disputes Act (see paragraph 28 below). They argued that the refusal, even though it had been given in the form of a letter, constituted „an individual legal act" (that is, a decision), within the meaning of section 66 of the Administrative Disputes Act, that had violated their constitutional right to equality of all religious communities before the law, as guaranteed by Article 41 of the Constitution (see paragraph 16 below).

[13] On 12 October 2006 the Administrative Court declared their action inadmissible, holding that the Religious Communities Commission's refusal did not constitute „an individual act" for the purposes of section 66 of the Administrative Disputes Act, and thus was not susceptible to that court's review.

[14] The applicant churches then lodged a constitutional complaint, relying again, inter alia, on Article 41 of the Constitution and alleging a violation of their constitutional right to equality of all religious communities before the law. On 1 October 2006 the Constitutional Court (Ustavni sud Republike Hrvatske) dismissed the applicant churches' constitutional complaint, finding, inter alia, that Article 41 of the Constitution was not applicable in the particular case.

[15] Meanwhile, on 30 September 2005 the applicant churches filed a petition with the Constitutional Court for an abstract review of constitutionality and legality, asking it to examine the conformity of the Instruction of 23 December 2004 with the Religious Communities Act and Article 41 of the Constitution. On 5 June 2007 the Constitutional Court declared the applicant churches' petition inadmissible, finding that the contested Instruction was not subordinate legislation susceptible to a review of constitutionality and legality.

II. Relevant domestic law

A. The Constitution

1. Relevant provisions

[16] The relevant provisions of the Constitution of the Republic of Croatia (Ustav Republike Hrvatske, Official Gazette nos. 56/1990, 135/1997, 8/1998 (consolidat-

ed text), 113/2000, 124/2000 (consolidated text), 28/2001 and 41/2001 (consolidated text), 55/2001 (corrigendum) and 76/2010) read as follows:

„Article 14
Everyone in the Republic of Croatia shall enjoy rights and freedoms regardless of their race, colour, sex, language, religion, political or other belief, national or social origin, property, birth, education, social status or other characteristics.
All shall be equal before the law."

„Article 16
Rights and freedoms may be restricted only by law in order to protect the rights and freedoms of others, the legal order, public morals or health.
Every restriction of the rights and freedoms should be proportional to the nature of the necessity for the restriction in each individual case."

„Article 40
Freedom of conscience and religion and freedom to profess faith or other belief publicly shall be guaranteed."

„Article 41
All religious communities shall be equal before the law and shall be separated from the State.
Religious communities shall be free to, in accordance with the law, perform religious services publicly, open schools, educational and other institutions, social-welfare and charitable institutions and to administer them, and in their activities enjoy the protection and assistance of the State."

„Article 140
International agreements in force, which were concluded and ratified in accordance with the Constitution and made public, shall be part of the internal legal order of the Republic of Croatia and shall have precedence in terms of their legal effects over the [domestic] statutes. ..."

2. The Constitutional Court's jurisprudence

[17] In its decisions nos. U-I-892/1994 of 14 November 1994 (Official Gazette no. 83/1994) and U-I-130/1995 of 20 February 1995 (Official Gazette no. 112/1995) the Constitutional Court held that all rights guaranteed in the Convention and its Protocols were also to be considered constitutional rights having legal force equal to the provisions of the Constitution.

B. The Religious Communities Act

1. Relevant provisions

[18] The relevant provisions of the Act on the Legal Status of Religious Communities (Zakon o pravnom položaju vjerskih zajednica, Official Gazette no. 83/2002 – „the Religious Communities Act"), which entered into force on 24 July 2002, read as follows:

„Section 1
A church or a religious community of a different name (hereafter 'religious community') within the meaning of this Act is a group of natural persons who exercise freedom of religion by the equal public performance of religious ceremonies and by other manifestations of their faith (hereafter 'adherents') and is entered in the register of religious communities in the Republic of Croatia."

„Section 5
(1) Religious communities operating as legal persons on the day of the entry into force of this Act (hereafter 'existing religious communities') shall be entered in the register [of religious communities] upon their submission of an application for registration.
(2) Congregations which on the day of the entry into force of this Act do not operate as religious communities or which are established after the entry into force of this Act (hereafter 'newly established religious communities') shall be entered in the register [of religious communities] upon their submission of an application for registration. An application for registration in the register [of religious communities] may be submitted by those congregations which, before submission of such an application, have operated for at least five years as associations with legal personality."

„Section 9
(1) Issues of common interest for the Republic of Croatia and one or more religious communities may also be regulated by an agreement made between the Government of the Republic of Croatia and the religious community.
(2) With a view to implementing [legal] instruments regulating relations between the State and religious communities, as well as other issues of interest for the status and operation of religious communities, the Government of the Republic of Croatia shall establish a Commission for Relations with Religious Communities."

„(d) Religious education and teaching of religion in educational institutions
Section 13 (1) and (2)
(1) In nurseries, at the request of parents or guardians, the curriculum of nursery education shall include teaching of religion. Teaching of religion shall be organised in accordance with the law and with an agreement between the religious community and the Government of the Republic of Croatia.
(2) In elementary schools and high schools, at the request of parents or guardians of pupils younger than 15 years and on the basis of a joint declaration by students of 15 years of age or above and their parents or guardians, a religious education course shall be organised as an optional course in accordance with the prescribed curriculum and an agreement between the religious community and the Government of the Republic of Croatia."

„(e) Pastoral care in medical and social-welfare institutions
Section 14
The right of a religious community to provide pastoral care to its members in medical and social-welfare institutions shall be guaranteed. The manner of exercising this right shall be regulated by an agreement between the religious community and the founder of those institutions."

„(f) Pastoral care in prisons and penitentiaries
Section 15

The right of a religious community to provide pastoral care to its members in prisons and penitentiaries shall be guaranteed. The manner of exercising this right shall be regulated by an agreement between the religious community and the Government of the Republic of Croatia."

„(g) Pastoral care in the armed forces and the police
Section 16
A religious community shall have the right to provide pastoral care to its members serving in the armed forces and the police, as well as to other persons permanently employed in the armed forces and the police, and to members of their families under the conditions and in the manner regulated by an agreement with the Government of the Republic of Croatia."

2. The Government of Croatia's Instruction of 23 December 2004

[19] The Government of Croatia's Instruction (zaključak) of 23 December 2004 setting out the criteria which religious communities have to satisfy in order to conclude an agreement with it („the Instruction" – not published in the Official Gazette) reads as follows:

„INSTRUCTION
1. For the conclusion of an agreement on issues of common interest for the Republic of Croatia and one or more religious communities, made between the Government of the Republic of Croatia and a religious community, it is necessary for one or more religious communities wishing to conclude the agreement to satisfy one of the following two conditions:
   - they were active in the territory of the Republic of Croatia on 6 April 1941 and have continued to operate in continuity and legal succession, and the number of [their] adherents exceeds six thousand, according to the last census,
   - they are a historical religious community of the European cultural circle (Catholic Church, Orthodox Church, Evangelical Church in the Republic of Croatia, Reformed Christian Church in Croatia, Islamic Community in Croatia, Jewish Community in the Republic of Croatia).
2. A church or a religious community that secedes or has seceded from a church or a religious community shall be regarded as a new church or religious community, and its secession or establishment shall be taken as the beginning of its activities.
3. The Commission for Relations with Religious Communities shall be responsible for the implementation of this instruction."

C. The Family Act

[20] The relevant provisions of the Family Act (Obiteljski zakon, Official Gazette nos. 116/2003, 17/2004, 136/2004 and 107/2007), which entered into force on 22 July 2003, read as follows:

„CELEBRATION OF MARRIAGE
Section 6
Marriage shall be celebrated ... in a civil or a religious form."

„Section 8
Marriage in religious form with the effects of civil marriage shall be performed by the minister of a religious community with which the Republic of Croatia has regulated legal issues in this respect."

„Section 23
A marriage celebrated in religious form in accordance with the provisions of section 8 ... of this Act shall from the date of [its] celebration have all the effects of a civil marriage as prescribed by this Act."

D. The Health Care Act

[21] Section 21 of the former 2003 Health Care Act (Zakon o zdravstvenoj zaštiti, nos. 121/03, 48/05 (corrigendum), 85/06 and 117/08), which was in force between 6 August 2003 and 1 January 2009, provided that in the exercise of his or her right to health care, during a stay in a medical institution, every person had the right – in accordance with that Act and other subordinate legislation on compulsory health insurance – to a diet in accordance with his or her belief and the right to perform acts of worship in the areas provided for that purpose. In the case of death, everyone had the right to be treated in accordance with religious and other customs expressing piety to the deceased.

[22] Section 22 of the new 2008 Health Care Act (Zakon o zdravstvenoj zaštiti, nos. 150/2008, 155/2009 and 71/2010), which entered into force on 1 January 2009, contains provisions identical to those of section 21 of the former 2003 Health Care Act (see the preceding paragraph).

E. The Enforcement of Prison Sentences Act

[23] The relevant provisions of the Enforcement of Prison Sentences Act (Zakon o izvršavanju kazne zatvora, nos. 128/99, 55/00, 59/00 (corrigendum), 129/00, 59/01, 67/01 (corrigendum), 11/02 (corrigendum), 190/03 (consolidated text), 76/07, 27/08 and 83/2009) provide as follows.

[24] Section 14 provides that every prisoner has, under the conditions set forth in the Act, inter alia, the right to profess his or her faith and to consult an authorised cleric.

[25] Section 78(1) provides that prisoners have the right to a diet in accordance with their religious demands, providing that such diet is feasible in the particular prison or penitentiary.

[26] Section 95 provides that a prison or penitentiary where a large number of prisoners of the same faith are serving their sentences must provide their cleric, at least once a week, with an adequate place and time for worship.

F. The Government of Croatia Act

[27] The relevant provisions of the Act on the Government of the Republic of Croatia (Zakon o Vladi Republike Hrvatske, Official Gazette nos. 101/1998,

15/2000, 117/2001, 199/2003 and 77/2009 – „the Government of Croatia Act"), which entered into force on 5 August 1998, read as follows:

> „Section 30
> The Government shall issue decisions (odluke), rulings (rješenja) and instructions (zaključci) on matters that cannot be regulated by decrees.
> A decision shall be adopted to regulate particular issues within the competence of the Government or to order measures, give consent to or confirm acts of other authorities or legal entities, and to decide on other matters which cannot be regulated by subordinate legislation.
> An instruction shall be adopted to define the Government's position on issues concerning the implementation of an established policy, and to determine the tasks of State administrative bodies.
> A ruling shall be adopted to decide on appointments or dismissals or other individual matters within the Government's purview."

> „Section 31
> Decrees and rules of procedure shall be published in the Official Gazette. They shall enter into force on the eighth day from the date of their publication, unless the instruments in question provide for some other date [as the date] of their entry into force.
> Decisions, rulings and instructions may be published in the Official Gazette if the Government so decides when adopting these instruments."

G. The Administrative Disputes Act

[28] The Administrative Disputes Act (Zakon o upravnim sporovima, Official Gazette of the Socialist Federal Republic of Yugoslavia no. 4/1977, and Official Gazette of the Republic of Croatia nos. 53/1991, 9/1992 and 77/1992) in its relevant part provides as follows:

> „Section 66
> A request for the protection of a constitutionally guaranteed right or freedom ... if such a right or freedom has been violated by a final individual act [that is, decision], and no other judicial protection is secured, shall be decided by the [Administrative Court], by applying mutatis mutandis the provisions of this Act."

[29] Sections 67-76 provide for special proceedings for the protection of constitutionally guaranteed rights and freedoms from unlawful factual (physical) acts of public authorities, if no other judicial remedy is available. Under the case-law of the domestic courts, the protection against unlawful „acts" also includes omissions (for example, the Administrative Court in its decision no. Us-2099/89 of 21 September 1989 and the Supreme Court in its decision no. Gž-9/1993 of 6 April 1993 held that failure of the administrative authorities to carry out their own enforcement order constituted an „unlawful act" within the meaning of section 67 of the Administrative Disputes Act).

[30] Section 67 provides that such proceedings are to be instituted by bringing an „action against an unlawful act" (tužba za zaštitu od nezakonite radnje)

in the competent municipal court. The action must be brought against the public authority to which the factual act (or omission) is imputable (the defendant).

[31] Section 73 provides that the court decides on the merits of the case by a judgment. If it finds in favour of the plaintiff, the court orders the defendant to desist from the unlawful activity and, if necessary, orders restitutio in integrum.

[32] Section 74 provides that in proceedings following an „action against an unlawful act" the court is to apply, mutatis mutandis, the provisions of the Civil Procedure Act.

H. The Obligations Act

1. The relevant provisions

[33] The relevant part of the Obligations Act (Zakon o obveznim odnosima, Official Gazette, nos. 35/2005 and 41/2008 – „the 2006 Obligations Act"), which entered into force on 1 January 2006 and abrogated the former 1978 Obligations Act (see the next paragraph), reads as follows:

> „Rights of personality
> Section 19
> (1) Every natural person or legal entity is entitled to the protection of its rights of personality (prava osobnosti) under the conditions provided by law.
> (2) Rights of personality within the meaning of this Act are the right to life, to physical and mental health, reputation, honour, dignity, name, privacy of personal and family life, liberty, etc.
> (3) A legal entity shall have all the above-mentioned rights of personality – apart from those related to the biological character of a natural person – and, in particular, the right to a reputation and good name, honour, name or company name, business secrecy, entrepreneurial freedom, etc."

Mandatory conclusion and mandatory contents of a contract

> „Section 248(1)
> If a party is bound by law to enter into a contract, the other interested party may request that the contract be entered into without delay."
> „Request to desist from a violation of rights of personality
>
> Section 1048
> Anyone may request a court or other competent authority to order the cessation of an activity which violates his or her rights of personality and the elimination of its consequences."

[34] The text of section 157(1) of the former 1978 Obligations Act (Zakon o obveznim odnosima, Official Gazette of the Socialist Federal Republic of Yugoslavia nos. 29/1978, 39/1985 and 57/1989, and Official Gazette of the Republic of Croatia no. 53/1991 with subsequent amendments – „the 1978 Obligations Act") was nearly identical to the text of section 1048 of the current 2006 Obligations Act, and read as follows:

„Section 157(1)
Anyone may request a court or other competent authority to order the cessation of an activity which violates his or her rights of personality."

2. The position of legal scholars and the case-law

[35] Among Croatian legal scholars there is no consensus as to which rights, apart from those enumerated in section 19 of the Obligations Act, are to be considered rights of personality. It is, however, common ground that the following rights of natural persons fall into that category: the right to life, the right to physical and mental integrity (health), the right to liberty, the right to reputation and honour, the right to privacy of personal and family life, the right to secrecy of letters and personal manuscripts, the right to personal identity (in particular the rights to one's image, voice and name) and the moral rights of the author. It would appear that only these rights have so far been interpreted as rights of personality by the Croatian courts in the application of section 157 of the former 1978 Obligations Act and section 19 of the current 2006 Obligations Act. The issue whether other rights guaranteed by the Constitution may, at this point, be qualified as rights of personality remains largely disputed.

I. The Anti-Discrimination Act

[36] The relevant part of the Anti-Discrimination Act (Zakon o suzbijanju diskriminacije, Official Gazette, no. 85/2008), which entered into force on 1 January 2009, reads as follows:

„Section 16
Common provisions
Anyone who considers that his or her right has been violated because of discrimination may seek the protection of that right in the proceedings in which that right is being decided as the main issue, or may also seek protection in special proceedings referred to in section 17 of this Act."

„Section 17
Special actions for protection against discrimination
(1) A person claiming to be a victim of discrimination under the provisions of this Act shall be authorised to bring an action and seek:
1. a declaration that the defendant has violated the plaintiff's right to equal treatment or that the activities the defendant has undertaken or failed to undertake may directly result in the violation of the right to equal treatment (action for declaration of discrimination);
2. the cessation of activities which violate or may violate the plaintiff's right to equal treatment, or to undertake activities which eliminate discrimination or its consequences (action to desist from or eliminate discrimination);
3. compensation for pecuniary and non-pecuniary damage caused by the violation of the rights protected by this Act (action for damages);
4. publication in the media of the judgment declaring the violation of the right to equal treatment, at the defendant's expense.

(2) Unless this Act provides otherwise, the court shall decide on claims referred to in paragraph 1 of this section by applying the provisions of the Civil Procedure Act.
(3) Claims referred to in paragraph 1 of this section may be brought together with claims for the protection of other rights to be determined in civil proceedings if all those claims are interrelated and if the same court has jurisdiction based on subject matter in respect of them, regardless of whether such claims fall to be examined in regular or special civil proceedings, except in cases of disturbance of possessions. In that case, regulations relevant to the type of dispute in question shall apply, unless otherwise provided by this Act.
(4) ..."

III. Other relevant materials

A. Report on the Implementation of the Constitutional Act on the Rights of National Minorities

[37] The relevant part of the Report on the Implementation of the Constitutional Act on the Rights of National Minorities and the Expenditure of Means Allocated in the State Budget of the Republic of Croatia for 2009 for the Needs of National Minorities (Izvješće o provođenju Ustavnog zakona o pravima nacionalnih manjina i o utrošku sredstava osiguranih u državnom proračunu Republike Hrvatske za 2009. godinu za potrebe nacionalnih manjina), which the Government of the Republic of Croatia submitted to the Croatian Parliament on 1 July 2010, reads as follows:

„4. The right to manifest religion and establish religious communities
To date, the Republic of Croatia has concluded four international agreements [concordats] with the Holy See ...
...
The Government of the Republic of Croatia also concluded six agreements on issues of common interest with churches and religious communities, and in this way has regulated relations with another 15 churches and religious communities.
...
Churches which have regulated relations with the State of Croatia:
1. receive regular annual financial support,
2. can teach religion courses in schools, and teach religion in nurseries,
3. can celebrate marriage in religious form with the effects of a civil marriage.
...
All other religious communities have the right to provide pastoral care in medical and social-welfare institutions, prisons and penitentiaries, as well as in the armed forces."

B. Agreements concluded between the Government of Croatia and religious communities

[38] The Government of Croatia has to date concluded agreements on issues of common interest, as envisaged in section 9(1) of the Religious Communities Act, with the following religious communities:

- the Serbian Orthodox Church, on 20 December 2002 (Official Gazette, no. 196/2003);
- the Islamic Community in Croatia, on 20 December 2002 (Official Gazette, no. 196/2003);

- the Evangelical Church in the Republic of Croatia and the Reformed Christian Church in Croatia, on 4 July 2003 (Official Gazette, no. 196/2003);
- the Evangelical (Pentecostal) Church in the Republic of Croatia (together with the associated Church of God in the Republic of Croatia and the Alliance of Pentecostal Churches of Christ in the Republic of Croatia), the Christian Adventist Church in the Republic of Croatia (together with the associated Seventh-day Adventists Reform Movement) and the Alliance of Baptist Churches in the Republic of Croatia (together with the associated Church of Christ), on 4 July 2003 (Official Gazette, no. 196/2003);
- the Bulgarian Orthodox Church, the Croatian Old Catholic Church and the Macedonian Orthodox Church, on 29 October 2003 (Official Gazette, no. 196/2003), amended on 23 September 2004 (Official Gazette, no. 141/2004); and
- the Jewish (Religious) Community Beth Israel in Croatia, on 24 October 2008.

[39] Relations with the Catholic Church are regulated by four concordats concluded with the Holy See:
- the Agreement between the Holy See and the Republic of Croatia on Legal Issues (Official Gazette – International Agreements, no. 3/1997);
- the Agreement between the Holy See and the Republic of Croatia on Pastoral Care of Catholic Believers [who are] Members of the Armed Forces and the Police (Official Gazette – International Agreements, no. 2/1997),
- the Agreement between the Holy See and the Republic of Croatia on Cooperation in the Field of Education and Culture (Official Gazette – International Agreements, no. 2/1997),
- the Agreement between the Holy See and the Republic of Croatia on Economic Issues (Official Gazette – International Agreements, no. 18/1998).

C. The 2001 census

[40] According to the last census of 2001 the Bulgarian Orthodox Church has eight members, the Croatian Old Catholic Church 303 and the Macedonian Orthodox Church 211.

THE LAW

I. Alleged violation of Article 14 of the Convention in conjunction With Article 9

[41] The applicant churches complained that they had been discriminated against because, unlike other religious communities with which the Government of Croatia had concluded agreements on issues of common interest, as referred to in section 9(1) of the Religious Communities Act, they were not: (a) allowed to provide religious education in public schools and nurseries, (b) allowed to provide pastoral care to their members in medical and social-welfare institutions, prisons and penitentiaries, or (c) entitled to have religious marriages they performed recognised by the State as equal, in terms of their legal effects, to civil marriages. In particular, they argued that certain religious communities such as the Bulgarian Orthodox Church, the Croatian Old Catholic Church and the Macedonian Orthodox Church, which did not satisfy the criteria set forth in the Government's Instruction of 23 December 2004, had nevertheless concluded agreements with the State and were thus allowed to provide the

above religious services and were entitled to the official recognition of religious marriages performed by them. They relied on Article 14 of the Convention, taken together with Article 9. Those Articles read as follows:

> „Article 14
> The enjoyment of the rights and freedoms set forth in [the] Convention shall be secured without discrimination on any ground such as sex, race, colour, language, religion, political or other opinion, national or social origin, association with a national minority, property, birth or other status."

> „Article 9
> 1. Everyone has the right to freedom of thought, conscience and religion; this right includes freedom to change his religion or belief and freedom, either alone or in community with others and in public or private, to manifest his religion or belief, in worship, teaching, practice and observance.
> 2. Freedom to manifest one's religion or beliefs shall be subject only to such limitations as are prescribed by law and are necessary in a democratic society in the interests of public safety, for the protection of public order, health or morals, or for the protection of the rights and freedoms of others."

[42] The Government contested these arguments. They argued that domestic remedies had not been exhausted, that the Articles relied on were not applicable to certain complaints, and that, in any event, all the applicant churches' complaints were manifestly ill-founded.

A. Admissibility

1. Non-exhaustion of domestic remedies

(a) The arguments of the parties

[43] The Government first argued that the applicant churches had failed to exhaust domestic remedies. They submitted, in particular, that the applicant churches could have brought a civil action for mandatory conclusion of a contract under section 248 of the Obligations Act, an action for the protection of rights of personality under section 1048 of the same Act (see paragraph 33 above), or an action under the Anti-Discrimination Act (see paragraph 36 above).

[44] The applicant churches admitted that they had not exhausted all existing domestic remedies but wondered how many different legal actions, according to the Government, they should have undertaken in order to comply with Article 35 § 1 of the Convention. In turn, they submitted that they had exhausted all remedies which had been available to them at the given time and which had had realistic prospects of success. In particular, they had initiated the relevant proceedings in Croatia long before the 2006 Obligations Act and the Anti-Discrimination Act had entered into force. In any event, it would have been unreasonable to expect them to resort to remedies the effects of which had nev-

er been proved by even a single example in the case-law (there was no evidence on the application of the Anti-Discrimination Act in practice), and whose effectiveness, even theoretically speaking, was difficult to envisage. For example, since the Religious Communities Act did not provide for an obligation for the Government of Croatia to enter into agreements with religious communities, the applicant churches submitted that therefore they could not have relied on section 248 of the Obligations Act. Lastly, the applicant churches submitted that using the remedies suggested by the Government would have required them to institute another set of proceedings, from the very beginning, in order to protect their rights, and to wait patiently for a few more years in order to „test" yet another remedy.

(b) The Court's assessment

[45] As regards the action for mandatory conclusion of a contract under section 248 of the Obligations Act, it is sufficient for the Court to note that this provision applies only to situations where one party is bound by law to enter into a contract (see paragraph 33 above), whereas section 9(1) of the Religious Communities Act provides only that issues of common interest may be regulated by an agreement (see paragraph 18 above) and thus does not bind the State to enter into such an agreement.

[46] As regards the action for the protection of rights of personality, the Court notes that under Croatian law it is not clear whether the freedom from discrimination or freedom of religion could be qualified as such a right (see paragraph 35 above), and that, in any event, section 1048 of the Obligations Act provides only for the possibility of a court ordering the cessation of an activity infringing rights of personality (see paragraph 33 above). In these circumstances, the Court considers that it was incumbent on the respondent Government to provide examples of cases in which section 1048 of the 2006 Obligations Act or section 157 of the former 1978 Obligations Act had been applied by the courts in order to protect individuals from discrimination or interferences with their freedom of religion and/or of cases in which those provisions had been interpreted to extend to protection against omissions. However, the Government failed to do so.

[47] Lastly, as regards the action under the Anti-Discrimination Act, the Court notes that the applicant churches lodged their application with the Court on 4 December 2007, whereas the Anti-Discrimination Act entered into force on 1 January 2009 (see paragraph 36 above). In this connection the Court reiterates that the issue whether domestic remedies have been exhausted is normally determined by reference to the date when the application was lodged with the Court (see Baumann v. France, no. 33592/96, § 47, ECHR 2001–V). While it is true

that this rule is subject to exceptions which may be justified by the specific circumstances of each case (see, for example, Brusco v. Italy (dec.), no. 69789/01, ECHR 2001-IX; and Nogolica v. Croatia (dec.), no. 77784/01, ECHR 2002-VIII), the Court considers, having due regard to the subsidiary character of the Convention machinery, that in the present case there are no special circumstances to justify making an exception to that rule.

[48] In the light of the foregoing, and given that the Government did not rely on any other possible remedies (see paragraphs 119-123 below), it follows that their objection of failure to exhaust domestic remedies must be dismissed.

2. Applicability

(a) The arguments of the parties

(i) The Government

[49] The Government averred that Article 9 could not be interpreted to mean that the State must allow religious education in public schools and nurseries or recognise religious marriages.

[50] In particular, the Government argued that while teaching was one of the forms of manifestation of religion referred to in Article 9 § 1 of the Convention, neither the wording of that Article nor the Court's case-law indicated that the State was obliged to allow religious education in public schools or nurseries.

[51] The Government further argued that while celebration of a religious marriage was also one of the forms of manifestation of religion as it amounted to „observance" within the meaning of Article 9 § 1 of the Convention, the recognition of such marriages as equal to civil marriages in terms of their effects was not among the rights guaranteed by that Article. In other words, a religion was manifested through celebration of a religious marriage, and not through the official recognition of such a marriage.

[52] In conclusion, the Government submitted that the right to religious education in public schools and nurseries and the right to obtain State recognition of religious marriages went beyond the scope of Article 9 of the Convention.

[53] As to the applicability of Article 14 of the Convention, the Government noted that under the Court's case-law that provision had effect solely in relation to other rights safeguarded by the Convention and thus had no independent existence. That being so, and given their view that the right to provide religious education in public schools and nurseries and the right to have religious marriages recognised by the State was beyond the scope of Article 9 of the Convention, the Government concluded that Article 14 was equally inapplicable to that part of the application.

(ii) The applicant

[54] The applicant churches contested in particular the Government's contention that Article 14 of the Convention was inapplicable because the right to provide religious education in public schools and nurseries and the right to the official recognition of religious marriages were outside the scope of Article 9 of the Convention. They averred that in a situation in which certain religious communities had been granted such rights, there was clearly a positive obligation to grant the same rights to other religious communities in a comparable situation.

(b) The Court's assessment

[55] The Court reiterates that Article 14 of the Convention has no independent existence since it has effect solely in relation to „the enjoyment of the rights and freedoms" safeguarded by those provisions. Although the application of Article 14 does not presuppose a breach of those provisions – and to this extent it is autonomous – there can be no room for its application unless the facts at issue fall within the ambit of one or more of the latter (see, for example, Van Buitenen v. the Netherlands, no. 11775/85, Commission decision of 2 March 1987, and Cha'are Shalom Ve Tsedek v. France [GC] -no. 27417/95- § 86, ECHR 2000–VII, KirchE 42, 418).

[56] The Court further reiterates that the Convention, including its Article 9 § 1, cannot be interpreted so as to impose an obligation on States to have the effects of religious marriages recognised as equal to those of civil marriages (see X. v. Germany -no. 6167/73- Commission decision of 18 December 1974, DR) 1, pp. 64-65, KirchE 42, 8; Khan v. the United Kingdom -no. 11579/85- Commission decision of 7 July 1986, DR 48, pp. 253 and 255; Spetz and Others v. Sweden -no. 20402/92- Commission decision of 12 October 1994; and Şerife Yiğit v. Turkey [GC] -no. 3976/05- § 102, 2 November 2010, KirchE 56,361).

[57] Likewise, the right to manifest religion in teaching guaranteed by Article 9 § 1 of the Convention does not, in the Court's view, go so far as to entail an obligation on States to allow religious education in public schools or nurseries.

[58] Nevertheless, the Court considers that celebration of a religious marriage, which amounts to observance of a religious rite, and teaching of a religion both represent manifestations of religion within the meaning of Article 9 § 1 of the Convention. It also notes that Croatia allows certain religious communities to provide religious education in public schools and nurseries and recognises religious marriages performed by them. The Court reiterates in this connection that the prohibition of discrimination enshrined in Article 14 of the Convention applies also to those additional rights, falling within the wider ambit of any Convention Article, for which the State has voluntarily decided to

provide (see E.B. v. France [GC] -no. 43546/02- § 48, ECHR 2008–...). Consequently, the State, which has gone beyond its obligations under Article 9 of the Convention in creating such rights cannot, in the application of those rights, take discriminatory measures within the meaning of Article 14 (see, mutatis mutandis, E.B. v. France, cited above, § 49). It follows that, although Croatia is not obliged under Article 9 of the Convention to allow religious education in public schools and nurseries or to recognise religious marriages, the facts of the instant case nevertheless fall within the wider ambit of that Article (see, for example and mutatis mutandis, Thlimmenos v. Greece [GC], no. 34369/97, §§ 40-43, ECHR 2000–IV KirchE 42, 402; Löffelmann v. Austria, no. 42967/98, §§ 46-48, 12 March 2009; and Gütl v. Austria, no. 49686/99, §§ 31-33, 12 March 2009 KirchE 53, 93). Accordingly, Article 14 of the Convention, read in conjunction with Article 9, is applicable to the present case.

[59] It follows that the Government's objection to the applicability of Article 14 of the Convention must also be dismissed.

3. Whether the complaints are manifestly ill-founded

(a) The arguments of the parties

[60] As regards the applicant churches' complaint concerning pastoral care in medical and social-welfare institutions, prisons and penitentiaries, the Government submitted that the Religious Communities Act undoubtedly guaranteed the right to provide such care to all religious communities. The fact that certain religious communities had not concluded an appropriate agreement with the Government of Croatia did not mean that they were in any way prevented from exercising that right. This was so because the right at issue was not created by such agreements but was directly guaranteed by law.

[61] The Government further submitted that, in addition to the Religious Communities Act, the right to pastoral care was also recognised under certain special legislation, in particular by the Health Care Act and the Enforcement of Prison Sentences Act (see paragraphs 21-26 above).

[62] In any case, the Government observed, the applicant churches had not claimed that any of their members had ever been denied the right to pastoral care in the institutions in question.

[63] Lastly, the Government emphasised that the Religious Communities Commission had on several occasions clearly informed the applicant churches that they were entitled to provide pastoral care in medical and social-welfare institutions, and also in prisons and penitentiaries, regardless of the fact that they had not concluded an agreement with the Government of Croatia (see paragraphs 7 and 11 above).

[64] In the light of the above, the Government concluded that the applicant churches had the right to pastoral care in medical and social-welfare institutions, as well as in prisons and penitentiaries, and that therefore their complaints on that account were manifestly ill-founded.

[65] The applicant churches did not comment on this issue.

(b) The Court's assessment

[66] The Court notes that sections 14 and 15 of the Religious Communities Act guarantee to all religious communities the right to provide pastoral care to their members in medical and social-welfare institutions, prisons and penitentiaries (see paragraph 18 above). While it is true that those sections also provide that this right is to be exercised in a manner regulated by the relevant agreements, the Government explained that members of religious communities which had not concluded such agreements also had a right to receive pastoral care in the institutions in question. This interpretation is corroborated by the Report on Implementation of the Constitutional Act on the Rights of National Minorities of 1 July 2010 (see paragraph 37 above), and the letters of 12 January and 15 June 2005 from the Religious Communities Commission to the applicant churches (see paragraphs 7 and 11 above).

[67] The Court is also mindful of the Government's argument (see paragraph 62 above), which remained uncontested, that the applicant churches had not claimed, by citing concrete examples, that the right to provide pastoral care had ever been denied to them.

[68] In these circumstances, and having regard to the relevant provisions of the Health Care Act and the Enforcement of Prison Sentences Act (see paragraphs 21-26 above), which constitute leges speciales in relation to the Religious Communities Act, it cannot but be concluded that the applicant churches have the right to provide pastoral care to their members in medical and social-welfare institutions, prisons and penitentiaries, and that this right has not been hindered in any way.

[69] It follows that the applicant churches' complaints, in so far as they concern pastoral care in medical and social-welfare institutions, prisons and penitentiaries, are inadmissible under Article 35 § 3 as manifestly ill-founded and must therefore be rejected pursuant to Article 35 § 4 of the Convention.

[70] On the other hand, to the extent that the applicant churches' complaints concern religious education in public schools and nurseries and official recognition of religious marriages, they are not manifestly ill-founded within the meaning of Article 35 § 3 of the Convention. Furthermore, these complaints are not inadmissible on any other grounds. They must therefore be declared admissible.

B. Merits

1. The arguments of the parties

(a) The Government

[71] The Government argued that the difference in treatment between the applicant churches and the religious communities with which the Government of Croatia had entered into agreements on issues of common interest had an objective and reasonable justification.

[72] The Government explained that forty-two religious communities had been registered in Croatia and that, in practice, it was not feasible to allow each of them to provide religious education in public schools and nurseries or to have religious marriages they performed officially recognised. For this reason, the State had to enjoy a margin of appreciation as regards the conditions to be fulfilled by religious communities in order to be granted those privileges.

[73] In this connection the Government relied on the Conclusions of the Seminar on Church-State Relations in the Light of the Exercise of the Right to Freedom of Religion, organised in Strasbourg on 10 and 11 December 2001 by Mr Alvaro Gil-Robles, the former Council of Europe Commissioner for Human Rights. In those conclusions the participants acknowledged that certain religious communities could be granted a special status. This did not constitute discrimination provided that cooperation between those religious communities and the State was based on objective and reasonable criteria such as their historical or cultural relevance, representativeness or usefulness to society as a whole or to a large or specific sector of the population. The Government further cited the example of Austria, where the right to provide religious education in public schools and nurseries was granted only to thirteen religious communities which had been granted the special status of religious societies.

[74] The Government further maintained that, contrary to the applicant churches' arguments, the religious communities which had concluded agreements with the Government of Croatia, and thus had been allowed to provide religious education in public schools and nurseries and conduct religious marriages with the effects of a civil marriage, satisfied either the specific historical and numerical criteria or the cultural criterion set forth in the Instruction of 23 December 2004, that is, they had either been active in the territory of Croatia on 6 April 1941 and had at least 6,000 adherents, or they belonged to the European cultural circle (see paragraph 19 above). This meant that those religious communities in their long-standing presence in the territory of Croatia had made a contribution to religious and cultural diversity and gained a certain level of trust and recognition in society.

[75] In particular, the Government submitted that the Serbian Orthodox Church, the Bulgarian Orthodox Church, the Croatian Old Catholic Church, the

Macedonian Orthodox Church, the Islamic Community in Croatia, the Evangelical Church in the Republic of Croatia, the Reformed Christian Church in Croatia and the Jewish Community Beth Israel in Croatia each satisfied the cultural criterion as they were all „historical religious communities of the European cultural circle". It was true that the remaining religious communities with which an agreement on issues of common interest had been concluded, that is, the Evangelical (Pentecostal) Church in the Republic of Croatia, the Christian Adventist Church in the Republic of Croatia and the Alliance of Baptist Churches in the Republic of Croatia and the associated churches (see paragraph 38 above), each had fewer than 6,000 adherents. However, the Government pointed out that those religious communities had entered into the agreement jointly, a possibility provided for by section 9 of the Religious Communities Act (see paragraph 18 above). In that way, the total number of their adherents had reached 6,316, thus exceeding the threshold of 6,000. More importantly, apart from that numerical criterion, those small religious communities satisfied the historical criterion, that is to say, they had been active in Croatia before 6 April 1941.

[76] On the contrary, the applicant churches were relatively „young" religious communities, which had been active in Croatia since 1993 (the first applicant church), 1989 (the second) and 2001 (the third). Unlike the religious communities with which the Government of Croatia had entered into relevant agreements, the applicant churches had not even been mentioned in the 2001 census. As regards the third applicant church, the Government pointed out that it was a completely new religious community, and could not be considered to have been active since the sixteenth century in the territory of Croatia as part of the Reformed Church. This was so because the Instruction of 23 December 2004 clearly specified that a church or religious community that seceded or had seceded from a church or a religious community was to be regarded as a new church or religious community, and its secession or establishment was to be taken as the beginning of its activities (see paragraph 19 above).

[77] In the light of the above considerations, the Government concluded that there had been no violation of Article 14 taken in conjunction with Article 9.

(b) The applicant churches

[78] The applicant churches submitted that treating them differently from the religious communities which had concluded appropriate agreements with the Government had had neither reasonable nor objective justification. They first contested the Government's argument that it was not feasible to allow every religious community to provide religious education in public schools and nurse-

ries and to have marriages they celebrated recognised by the State (see paragraph 72 above).

[79] As regards the right to provide religious education in public schools and nurseries, the applicant churches referred to the Agreement between the Government of Croatia and the Bulgarian Orthodox Church, the Croatian Old Catholic Church and the Macedonian Orthodox Church of 29 October 2003, from which it followed that the State allowed religious education classes to be held even outside schools provided that they conformed to the same pedagogical standards as the classes held in schools. Therefore, having regard to the possibility of holding such classes on the premises of religious communities, the Government could not argue that it was not feasible to organise religious education in public schools and nurseries for all religious communities. Given that the core of their complaint was the fact that their members could not have their grades from religious education classes registered in their diplomas, the applicant churches explained that they would have accepted an arrangement whereby religious education classes could be organised outside school premises. It followed that it would take very little effort for the religious education being provided on the applicant churches' premises to have the same effect as religious education provided on the premises of the religious communities with which the appropriate agreements had been concluded.

[80] As regards the State recognition of marriages celebrated in religious form, the applicant churches submitted that the Government had failed to clarify why it was impracticable to recognise all religious marriages, irrespective of the religious community within which they had been celebrated. Such an argument was absurd because recognising all marriages performed by a church minister of any religious community would only decrease the workload of the competent State authorities (registrars).

[81] As to the Government's argument that there was a consensus among the Contracting States that certain religious communities could have a special status and that such treatment was not discriminatory if cooperation between certain religious communities and the State was based on objective and reasonable criteria, such as historical and cultural significance, membership or benefits to society (see paragraph 73 above), the applicant churches argued that they all had historical and cultural significance, and were beneficial to society. In particular, the applicant churches had been making a significant contribution to society through work with drug addicts and alcoholics, marriage and family counselling, financial aid to the socially disadvantaged, and by promoting moral standards, encouraging non-smoking and alcohol-free lifestyles and prompting individuals to work and earn a living.

[82] The applicant churches further disagreed with the Government's argument (see paragraphs 74-75 above) that all religious communities with which the appropriate agreements had been concluded complied with the criteria set forth in the Instruction of 23 December 2004. In the applicant churches' submission, it was a well-known fact that, for example, the Macedonian Orthodox Church had separated from the Serbian Orthodox Church in 1958, which did not mean that it had stopped being Orthodox. Likewise, the separation of the Old Catholic Church from the Roman Catholic Church had not called into question its Catholicism. Despite the fact that those churches had been created through separation or schism they had, in the view of the Religious Communities Commission, apparently retained their character as „historical religious communities of the European cultural circle" for the purposes of the Instruction of 23 December 2004 (see paragraph 19 above), and the Government of Croatia had therefore concluded agreements with them on issues of common interest. However, when the third applicant church (the Protestant Reformed Christian Church in the Republic of Croatia), which had separated from the Reformed Christian Church in 2001 (a religious community specifically listed in the Instruction as „a historical religious community of the European cultural circle" – see paragraph 19 above), had sought the conclusion of such an agreement, its request had been denied.

[83] As to the Government's argument that they had not been listed in the 2001 census (see paragraph 76 above), the applicant churches submitted that certain religious communities with which the relevant agreement had been concluded, such as the Reformed Christian Church in Croatia and the Evangelical (Pentecostal) Church in the Republic of Croatia, had not been listed in that census either. Moreover, contrary to the Government's argument, certain religious communities which had concluded such an agreement, for example the Evangelical (Pentecostal) Church in the Republic of Croatia, the Church of God and the Alliance of Pentecostal Churches of Christ in the Republic of Croatia, had not existed in Croatia before 6 April 1941 and thus did not fulfil the historical criterion (see paragraph 19 above) set forth in the Instruction of 23 December 2004.

[84] In conclusion, the applicant churches contended that they had been discriminated against in the exercise of their freedom of religion, contrary to Article 14 of the Convention, and invited the Court to find a violation of that provision.

2. The Court's assessment

[85] The Court reiterates that discrimination means treating differently, without an objective and reasonable justification, persons in relevantly similar situa-

tions. However, the Contracting States enjoy a certain margin of appreciation in assessing whether and to what extent differences in otherwise similar situations justify a different treatment (see, for example, Oršuš and Others v. Croatia [GC], no. 15766/03, §149, ECHR 2010–...). In particular, the conclusion of agreements between the State and a particular religious community establishing a special regime in favour of the latter does not, in principle, contravene the requirements of Articles 9 and 14 of the Convention, provided that there is an objective and reasonable justification for the difference in treatment and that similar agreements may be entered into by other religious communities wishing to do so (see Alujer Fernández and Caballero García v. Spain (dec.), no. 53072/99, ECHR 2001–VI).

[86] The Court notes that it was not disputed between the parties that the applicant churches were treated differently from those religious communities which had concluded agreements on issues of common interest with the Government of Croatia, under section 9(1) of the Religious Communities Act. The Court sees no reason to hold otherwise. Accordingly, the only question for the Court to determine is whether the difference in treatment had „objective and reasonable justification", that is, whether it pursued a „legitimate aim" and whether there was a „reasonable relationship of proportionality" between the means employed and the aim sought to be realised (see, for example, Oršuš and Others, cited above, § 156).

[87] The Court notes that in the case of Religionsgemeinschaft der Zeugen Jehovas and Others v. Austria (-no. 40825/98- 31 July 2008 KirchE 52, 57) it had an opportunity to examine criteria (in particular, the ten-year waiting period) which a religious community (Religionsgemeinschaft) that already had legal personality had to satisfy in order to obtain a status – specifically, the status of a religious society (Religionsgesellschaft) – entitling it to various privileges (such as, inter alia, the right to provide religious education in public schools), not available to other religious communities which did not have that status. It held:

> „92. ...Given the number of these privileges and their nature, ... the advantage obtained by religious societies is substantial and this special treatment undoubtedly facilitates a religious society's pursuance of its religious aims. In view of these substantive privileges accorded to religious societies, the obligation under Article 9 of the Convention incumbent on the State's authorities to remain neutral in the exercise of their powers in this domain requires therefore that if a State sets up a framework for conferring legal personality on religious groups to which a specific status is linked, all religious groups which so wish must have a fair opportunity to apply for this status and the criteria established must be applied in a non-discriminatory manner."

[88] The Court also found that the imposition of such criteria raised delicate questions, as the State had a duty to remain neutral and impartial in exercising its regulatory power in the sphere of religious freedom and in its relations with different religions, denominations and beliefs. Therefore, such criteria called for particular scrutiny on the part of the Court (see Religionsgemeinschaft der Zeugen Jehovas, cited above, § 97).

[89] The Court observes that the applicant churches in the present case found themselves in a situation comparable to that of the first applicant in the Religionsgemeinschaft der Zeugen Jehovas case. They are also religious communities which already have a legal personality but were unable to obtain a similar privileged status that would entitle them to provide religious education in public schools and nurseries and to have religious marriages they perform recognised by the State.

[90] In that case the Court found that the ten-year waiting period had been applied to the first applicant but not to the Coptic Orthodox Church, which had been registered as a religious community in 1998 but obtained the status of a religious society in 2003. The Court therefore held that the waiting period had not been applied on an equal basis, which led it to find a violation of Article 14 of the Convention read in conjunction with Article 9 (see Religionsgemeinschaft der Zeugen Jehovas, cited above, §§ 95 and 98).

[91] In the present case, the Religious Communities Commission refused to conclude an agreement on issues of common interest with the applicant churches because it found that they did not satisfy the cumulative historical and numerical criteria set forth in the Instruction of 23 December 2004 (see paragraphs 7, 11 and 19 above). The Government of Croatia nevertheless entered into such an agreement with the Bulgarian Orthodox Church, the Croatian Old Catholic Church and the Macedonian Orthodox Church (see paragraph 38 above), which jointly had 522 adherents according to the 2001 census (see paragraph 40 above) and thus did not meet the numerical criterion. The Government explained that this was so because the Religious Communities Commission established that those churches had satisfied the alternative criterion of being „historical religious communities of the European cultural circle" (see paragraphs 19 and 75 above). However, the Government provided no explanation as to why the applicant churches, which are of a Reformist denomination, were not qualified as „historical religious communities of the European cultural circle" by the Religious Communities Commission. Therefore, it has to be concluded, as also submitted by the applicant churches (see paragraph 82 above), that the criteria set forth in the Government's Instruction of 23 December 2004 were not applied on an equal basis to all religious communities.

[92] The foregoing considerations are sufficient to enable the Court to conclude that the difference in treatment between the applicant churches and those religious communities which had concluded agreements on issues of common interest with the Government of Croatia and were therefore entitled to provide religious education in public schools and nurseries and to have religious marriages they performed recognised by the State did not have any „objective and reasonable justification".

[93] There has accordingly been a violation of Article 14 of the Convention taken in conjunction with Article 9.

II. Alleged violation of Article 9 of the Convention taken alone

[94] The applicant churches also complained that the fact that they had not been allowed to provide religious education in public schools and nurseries, to provide pastoral care to their members in hospitals, social-welfare institutions, prisons and penitentiaries, or to have religious marriages they celebrated recognised by the State as equal to civil marriages, amounted to a violation of Article 9 of the Convention.

[95] The Court considers that it follows from its above findings (see paragraphs 56-57 and 66-69 above), that these complaints are inadmissible under Article 35 § 3 as manifestly ill-founded and must therefore be rejected pursuant to Article 35 § 4 of the Convention.

III. Alleged violation of Article 1 of Protocol No. 12 to the Convention

[96] Under Article 1 of Protocol No. 12 to the Convention, the applicant churches raised the same complaints as under Article 14 (see paragraph 41 above). Article 1 of Protocol No. 12 reads as follows:

> „1. The enjoyment of any right set forth by law shall be secured without discrimination on any ground such as sex, race, colour, language, religion, political or other opinion, national or social origin, association with a national minority, property, birth or other status.
> 2. No one shall be discriminated against by any public authority on any ground such as those mentioned in paragraph 1."

[97] The Government contested these arguments. They argued that the applicant churches had failed to exhaust domestic remedies, that Article 1 of Protocol No. 12 was inapplicable to certain complaints, and that, in any event, all the applicant churches' complaints were manifestly ill-founded.

A. Admissibility

1. Non-exhaustion of domestic remedies

[98] The Government and the applicant both relied on the arguments summarised in paragraphs 43-44 above.

[99] The Court refers to its findings under Article 14 of the Convention (see paragraphs 45-48 above), which apply with equal force to the complaints made in the context of Article 1 of Protocol No. 12 to the Convention.

[100] It follows that the Government's objection of failure to exhaust domestic remedies must be dismissed.

2. Applicability

(a) The arguments of the parties

[101] The Government noted that Article 1 of Protocol No. 12 to the Convention prohibited discrimination in relation to „any right set forth by law". While its scope was therefore broader than that of Article 14, it was not unlimited. The Government submitted that for Article 1 of Protocol No. 12 to be applicable it was first necessary to establish whether the right in question was actually „set forth by law". That being so, the Government pointed out that the Religious Communities Act and the Family Act provided for a possibility rather than an obligation to conclude an agreement between the Government of Croatia and one or more religious communities on issues of common interest in order to regulate, inter alia, religious education in public schools and nurseries and recognise the civil effects of religious marriages. Accordingly, the applicant churches could not claim that they had „any right set forth by law" in this regard.

[102] The applicant churches averred that the right to provide religious education in public schools and nurseries was guaranteed by the Religious Communities Act, just as the right to conduct religious marriages with the effects of civil marriage was guaranteed by the Family Act. Hence, those rights were „set forth by law" within the meaning of Article 1 of Protocol No. 12 to the Convention, which was therefore applicable.

(b) The Court's assessment

[103] The Court notes that whereas Article 14 of the Convention prohibits discrimination in the enjoyment of „the rights and freedoms set forth in [the] Convention", Article 1 of Protocol No. 12 introduces a general prohibition of discrimination.

[104] It is important to note that Article 1 of Protocol No. 12 extends the scope of protection not only to „any right set forth by law", as the text of paragraph 1 might suggest, but beyond that. This follows in particular from paragraph 2, which further provides that no one may be discriminated against by a public authority. According to the Explanatory Report on Article 1 of Protocol No. 12, the scope of protection of that Article concerns four categories of cases, in particular where a person is discriminated against:

> „i. in the enjoyment of any right specifically granted to an individual under national law;
> ii. in the enjoyment of a right which may be inferred from a clear obligation of a public authority under national law, that is, where a public authority is under an obligation under national law to behave in a particular manner;
> iii. by a public authority in the exercise of discretionary power (for example, granting certain subsidies);
> iv. by any other act or omission by a public authority (for example, the behaviour of law enforcement officers when controlling a riot)."

The Explanatory Report further clarifies that:

> „... it was considered unnecessary to specify which of these four elements are covered by the first paragraph of Article 1 and which by the second. The two paragraphs are complementary and their combined effect is that all four elements are covered by Article 1. It should also be borne in mind that the distinctions between the respective categories i-iv are not clear-cut and that domestic legal systems may have different approaches as to which case comes under which category."

[105] Therefore, in order to determine whether Article 1 of Protocol No. 12 to the Convention is applicable, the Court needs to establish whether the applicant churches' complaints fall within one of the four categories mentioned in the Explanatory Report.

[106] In this connection the Court reiterates that sections 14 and 15 of the Religious Communities Act guarantee „the right" to (all) religious communities to provide pastoral care in medical and social-welfare institutions, prisons and penitentiaries. As already noted above, those sections further provide that this right is to be exercised in a manner regulated by an agreement between a religious community and the founder of a medical or social-welfare institution or, as regards prisons and penitentiaries, with the Government (see paragraph 18 above). It follows that the conclusion of such an agreement is not a necessary condition for the right to be created. Rather, the agreement only regulates the manner in which the right is to be exercised. The Court therefore finds that this complaint does concern a „right specifically granted under national law" and, consequently, that Article 1 of Protocol No. 12 to the Convention is applicable to it.

[107] In contrast to those provisions, there is nothing in the text of section 13 of the Religious Communities Act or the text of sections 6, 8 and 23 of the Family Act conferring on religious communities the authority to provide religious education in schools and nurseries or to have religious marriages celebrated by them officially recognised, as a matter of right. The religious communities which are entitled to do so were granted those privileges exclusively on the basis of agreements on issues of common interest concluded with the Government of Croatia. As already noted above (see paragraph 45), section 9(1) of

the Religious Communities Act does not bind the State to enter into such agreements, therefore leaving their conclusion at the discretion of the State. Thus, it cannot be argued that the applicant churches' complaints that they were not granted the same privileges also concern a „right specifically granted to them under national law". However, the Court considers that those complaints nevertheless fall under the third category specified in the Explanatory Report as they concern alleged discrimination „by a public authority in the exercise of discretionary power" and that, consequently, Article 1 of Protocol No. 12 to the Convention is applicable to them.

[108] It follows that the Government's objection to the applicability of Article 1 of Protocol No. 12 to the Convention must also be dismissed.

3. Whether the complaints are manifestly ill-founded

[109] The Government repeated their above arguments (see paragraphs 60-64) that the applicant churches had not in any way been prevented from exercising their right to provide pastoral care in medical and social-welfare institutions, prisons and penitentiaries, whereas the applicant churches remained silent on the issue (see paragraph 65 above).

[110] The Court refers to its above findings under Article 14 of the Convention (see paragraphs 66-68 above), which apply with equal force to the same complaints made in the context of Article 1 of Protocol No. 12 to the Convention.

[111] It follows that the applicant churches' complaints, in so far as they concern pastoral care in medical and social-welfare institutions, prisons and penitentiaries, are inadmissible under Article 35 § 3 as manifestly ill -founded and must therefore be rejected pursuant to Article 35 § 4 of the Convention.

[112] On the other hand, to the extent that the applicant churches' complaints concern religious education in public schools and nurseries and official recognition of religious marriages, they are not manifestly ill -founded within the meaning of Article 35 § 3 of the Convention. Furthermore, these complaints are not inadmissible on any other grounds. They must therefore be declared admissible.

B. Merits

1. The arguments of the parties

[113] The Government and the applicant both relied on the arguments summarised in paragraphs 71-84 above.

2. The Court's assessment

[114] The Court has already found that the difference in treatment between the applicant churches and those religious communities which had concluded agreements on issues of common interest with the Government of Croatia and

were therefore entitled to provide religious education in public schools and nurseries and to have religious marriages they performed recognised by the State amounted to discrimination in breach of Article 14 taken together with Article 9 of the Convention (see paragraphs 92-93 above).

[115] Having regard to that finding, the Court considers that it is not necessary to examine separately whether, in this case, there has also been a violation of Article 1 of Protocol No. 12 to the Convention (see Sejdić and Finci v. Bosnia and Herzegovina [GC], nos. 27996/06 and 34836/06, § 51, ECHR 2009-...).

IV. Alleged violations of Article 6 § 1 and Article 13 of the Convention

[116] The applicant churches further complained that they had not had access to a court or an effective remedy as they had not been able either to challenge the Government's Instruction of 23 December 2004 before the Constitutional Court, or to challenge the refusal of the Religious Communities Commission to grant their request to conclude an appropriate agreement before the Administrative Court. They relied on Article 6 § 1 and Article 13 of the Convention, the relevant parts of which read as follows:

> „Article 6 § 1
> In the determination of his civil rights and obligations ... everyone is entitled to a fair ... hearing ... by [a] ... tribunal ..."

> „Article 13
> Everyone whose rights and freedoms as set forth in [the] Convention are violated shall have an effective remedy before a national authority notwithstanding that the violation has been committed by persons acting in an official capacity."

1. The arguments of the parties

[117] By referring again to the remedies the applicant churches had failed to exhaust for the purposes of Article 35 § 1 of the Convention (see paragraph 43 above), the Government argued that these complaints were manifestly ill-founded. The fact that the applicant churches had resorted to inappropriate remedies in order to protect their rights did not mean that they had not been granted access to a court or that they had not had an effective remedy.

[118] The applicant churches did not specifically address this issue. However, it follows from their arguments adduced in reply to the Government's objection concerning exhaustion of domestic remedies (see paragraph 44 above) that they contested the Government's submissions and maintained their view that they had been denied the right of access to a court and had not had an effective remedy for the protection of their rights.

2. The Court's assessment

[119] The Court first notes that sections 67-76 of the Administrative Disputes Act (see paragraphs 29-32 above) provide for an „action against an unlawful act", a judicial remedy open to anyone who considers that his or her rights or freedoms guaranteed by the Constitution have been violated by a public authority and that no other judicial remedy is available. Together with the remedy available under section 66 of the same Act (to which the applicant churches resorted – see paragraphs 12 and 28 above), they represent remedies of last resort, to be used in the absence of any other judicial protection, against decisions (the remedy under section 66 of the Administrative Disputes Act) or other (factual) acts or omissions („action against an unlawful act") of public authorities capable of violating constitutionally guaranteed rights or freedoms. The rationale behind those remedies is that constitutional rights and freedoms are so precious that they cannot be left unprotected by the courts.

[120] The Court further notes that it has already found the „action against an unlawful act" to be an effective remedy in Croatia in respect of other rights guaranteed by the Convention (see Hackbarth v. Croatia (dec.), no. 27897/02, 3 November 2005). It has reached the same conclusion also in respect of similar remedies in other States Parties (see X. v. Austria, no. 2742/66, Commission decision of 30 May 1967, Collection 23, p. 99).

[121] Given that the right of equality of all religious communities before the law is guaranteed by Article 41 of the Croatian Constitution (see paragraph 16 above), and having regard to the rationale behind the „action against an unlawful act" as described above (see paragraph 119), the Court considers that it cannot be argued that such an action would have lacked prospects of success. It reiterates in this connection that the „effectiveness" of a „remedy" within the meaning of Article 13 does not depend on the certainty of a favourable outcome for an applicant (see, for example, Kudła v. Poland [GC], no. 30210/96, § 157, ECHR 2000-XI; and Amann v. Switzerland [GC], no. 27798/95, § 88, ECHR 2000-II) and that the mere fact that an action has very limited prospects of success is not equivalent to depriving the plaintiff of the right of access to a court (see X v. the United Kingdom, no. 7443/76, Commission decision of 10 December 1976, DR 8, pp. 216, 217). Consequently, it cannot be said that the applicant churches lacked access to a court or an effective remedy. The fact that the domestic courts have not yet had a chance to deal with Article 41 of the Constitution in the context of an „action against an unlawful act" does not make any difference. Had the applicants brought such an action, the only possible ground for the domestic courts to declare their action inadmissible would be a finding that another judicial avenue of redress was available to them. However, such a finding would

only reinforce the Court's view that the applicant churches had access to a court and had an effective remedy at their disposal.

[122] The finding that the applicant churches had access to a court and an effective remedy for the purposes of Article 6 § 1 and Article 13 of the Convention in the form of an „action against an unlawful act", does not call into question the Court's above finding that the Government's objection of failure to exhaust domestic remedies must be dismissed (see paragraph 48 above). This is so because under Rule 55 of the Rules of Court and the Court's case-law (see, for example, Mooren v. Germany [GC], no. 11364/03, §§ 57-59, ECHR 2009-...), a plea of inadmissibility on account of non-exhaustion of domestic remedies is subject to the rule of estoppel, that is to say that such a plea „must, in so far as its character and the circumstances permit, be raised by the respondent Contracting Party in its written or oral observations on the admissibility of the application". Since the Government never argued that the applicant churches should have brought an „action against an unlawful act" under sections 67-76 of the Administrative Disputes Act, the Court could not have taken that remedy into account when examining the Government's objection concerning non -exhaustion of domestic remedies. However, the Court is not prevented from doing so when examining whether the applicant churches' complaints under Articles 6 § 1 and Article 13 of the Convention are manifestly ill-founded or not, which is an issue going to the merits of the case that, even at the stage of the admissibility, must be determined without regard to the attitude of the respondent State (see, for example and mutatis mutandis, Morel v. France, (dec.), no. 54559/00, ECHR 2003-IX; Acquaviva v. France, 21 November 1995, § 45, Series A no. 333 -A; H. v. France, 24 October 1989, § 47, Series A no. 162 -A; and Panikian v. Bulgaria, no.29583/96, Commission decision of 10 July 1997, DR 90, pp. 109 and 114).

[123] It follows that these complaints are inadmissible under Article 35 § 3 as manifestly ill-founded and must therefore be rejected pursuant to Article 35 § 4 of the Convention.

V. Other alleged violations of the Convention

[124] Lastly, the applicant churches complained that their inability to provide religious education in public schools and nurseries, as well as to celebrate marriages with the same effects as civil marriages, had violated their rights under Article 12 of the Convention and Article 2 of Protocol No. 1, taken alone and in conjunction with Article 14 of the Convention. Article 12 of the Convention reads as follows:

> „Men and women of marriageable age have the right to marry and to found a family, according to the national laws governing the exercise of this right."

Article 2 of Protocol No. 1 to the Convention reads as follows:

> „No person shall be denied the right to education. In the exercise of any functions which it assumes in relation to education and to teaching, the State shall respect the right of parents to ensure such education and teaching in conformity with their own religious and philosophical convictions."

[125] The Court reiterates that solely the members of a religious community, as individuals, can claim to be victims of a violation of the right to marry or the right to education, rights which by their nature are not susceptible of being exercised by a religious community itself. Therefore, the applicant churches as religious communities cannot themselves allege a violation of either of these rights (see Ingrid Jordebo Foundation of Christian Schools and Ingrid Jordebo v. Sweden, no. 11533/85, Commission decision of 6 March 1987, DR 51, p. 125, and Scientology Kirche Deutschland e.V. v. Germany -no. 34614/97- Commission decision of 7 April 1997).

[126] It follows that these complaints are incompatible ratione personae with the provisions of the Convention within the meaning of Article 35 § 3 and must be rejected pursuant to Article 35 § 4.

VI. Application of Article 41 of the Convention

[127] Article 41 of the Convention provides:

> „If the Court finds that there has been a violation of the Convention or the Protocols thereto, and if the internal law of the High Contracting Party concerned allows only partial reparation to be made, the Court shall, if necessary, afford just satisfaction to the injured party."

A. Damage

[128] The applicant churches claimed 30,000 € in respect of non-pecuniary damage.

[129] The Government contested that claim.

[130] The Court finds that the applicant churches must have sustained non-pecuniary damage. Ruling on an equitable basis, it awards them each EUR 9,000 under that head, plus any tax that may be chargeable on that amount.

B. Costs and expenses (*wird ausgeführt*)

For these reasons, the Court unanimously

1. *Declares the complaints under Article 14 taken in conjunction with Article 9 of the Convention and Article 1 of Protocol No. 12 thereto, in so far as they concern religious education in public schools and nurseries and State recognition of religious marriages, admissible and the remainder of the application inadmissible;*
2. *Holds that there has been a violation of Article 14 taken in conjunction with Article 9 of the Convention;*

3. Holds that there is no need to examine the complaint under Article 1 of Protocol No. 12 to the Convention;
4. Holds
(a) that the respondent State is to pay ... (i) to each applicant church, 9,000 €, plus any tax that may be chargeable, in respect of non-pecuniary damage;
(ii) to the applicant churches jointly, 4,570 €, plus any tax that may be chargeable to the applicant churches, in respect of costs and expenses;
(b) ...
5. Dismisses the remainder of the applicant churches' claim for just satisfaction.

52

Stellt das Berufungsgericht eine nach seiner Auffassung für die Flüchtlingsanerkennung wesentliche innere Tatsache (hier: Ernsthaftigkeit der Glaubensüberzeugung), zu der das Verwaltungsgericht sich keine abschließende Überzeugung gebildet und über die das Bundesamt nicht entschieden hat, allein aufgrund der Aktenlage fest, verletzt es in aller Regel die Sachaufklärungspflicht sowie den Grundsatz der Unmittelbarkeit der Beweisaufnahme.

§§ 86 Abs. 1, 96 Abs. 1, 98, 104 Abs. 1, 130a VwGO, 51 Abs. 1–3 VwVfG
BVerwG, Urteil vom 9. Dezember 2010 -10 C 13/09[1]-

Die Klägerin, eine iranische Staatsangehörige, begehrt die Zuerkennung der Flüchtlingseigenschaft.

Die 1985 in Teheran geborene Klägerin reiste im Juli 2001 zusammen mit ihrer Mutter und ihrer Schwester in die Bundesrepublik Deutschland ein und beantragte Asyl. Das Bundesamt für die Anerkennung ausländischer Flüchtlinge (jetzt: Bundesamt für Migration und Flüchtlinge) lehnte den Antrag mit Bescheid vom 16.8.2001 ab. Die Klage wies das Verwaltungsgericht mit Urteil vom 24.6.2003 rechtskräftig ab.

Im Dezember 2004 stellte die Klägerin einen Asylfolgeantrag. Zur Begründung berief sie sich auf Nachfluchtaktivitäten für die Arbeiterkommunistische Partei Irans. Mit Bescheid vom 11.7.2005 lehnte das Bundesamt den Antrag auf Durchführung eines weiteren Asylverfahrens ab.

Während des Klageverfahrens teilten ihre neuen Verfahrensbevollmächtigten am 30.3.2007 mit, dass die Klägerin bereits am 23.3.2003 zum christlichen

1 Auszug aus den amtl. Leitsätzen. BVerwGE 138, 289; DÖV 2011, 371 (LS); DVBl 2011, 366; InfAuslR 2011, 170; NVwZ 2011, 629; NWVBl 2011, 173.

Glauben konvertiert sei. Sie habe sich zusammen mit ihrer Mutter und ihrer Schwester in einer evangelisch-freikirchlichen Gemeinde taufen lassen, besuche Gottesdienste und nehme wöchentlich an einem Bibelkreis teil. Da sie in Abkehr vom Islam ihren christlichen Glauben öffentlich praktiziere, müsse sie bei einer Rückkehr in den Iran mit einer Verfolgung aus religiösen Gründen rechnen. Von der Änderung der Rechtslage durch die Richtlinie 2004/83/EG - sog. Qualifikationsrichtlinie - habe sie erst jetzt erfahren.

Das VG Düsseldorf hat die Klägerin in der mündlichen Verhandlung zu ihrem Glaubensübertritt näher befragt und die Klage sodann abgewiesen. Es hat in seinem Urteil vom 14.5.2007 (-9 K 3140/05.A- n.v.) letztlich offengelassen, ob der Glaubensübertritt der Klägerin und ihre kirchlichen Aktivitäten lediglich asyltaktische Hintergründe hätten oder auf einer wirklichen religiösen Überzeugung beruhten. Selbst wenn man Letzteres unterstelle, sei eine religiöse Verfolgung der Klägerin, die sich weder in herausgehobener Position für ihren Glauben eingesetzt noch missionarische Aktivitäten entfaltet habe, im Iran nicht wahrscheinlich.

Nach Zulassung der Berufung wegen grundsätzlicher Bedeutung hat das Oberverwaltungsgericht die Beteiligten unter näherer Darlegung seiner Einschätzung der Sach- und Rechtslage darauf hingewiesen, dass es beabsichtige, durch Beschluss gem. § 130a VwGO zu entscheiden. Es erachte die Berufung einstimmig für begründet und halte eine mündliche Verhandlung nicht für erforderlich. Daraufhin hat die Beklagte angeregt, eine mündliche Verhandlung durchzuführen, damit das Oberverwaltungsgericht sich einen persönlichen Eindruck von der Klägerin und deren Glaubwürdigkeit verschaffen könne. Das Berufungsgericht ist dem nicht gefolgt, sondern hat den Beteiligten mitgeteilt, dass es weiterhin beabsichtige, durch Beschluss zu entscheiden.

Mit Beschluss vom 30.7.2009 hat das OVG Nordrhein-Westfalen (-5 A 1999/07.A- n.v.) das Urteil des Verwaltungsgerichts geändert und die Beklagte zur Flüchtlingsanerkennung der Klägerin verpflichtet. Es hat das Vorliegen der Voraussetzungen des § 51 Abs. 1 bis 3 VwVfG bejaht und darauf abgestellt, dass sich mit Ablauf der Frist zur Umsetzung der Richtlinie 2004/83/EG am 10.10.2006 die Rechtslage zugunsten der Klägerin geändert habe. Die Antragsfrist sei gewahrt, da die Klägerin erst durch ihren neuen Prozessbevollmächtigten von der Rechtsänderung erfahren habe. Unschädlich sei, dass sie die im März 2003 erfolgte Taufe nicht schon im ersten Asylverfahren geltend gemacht habe, da dieses Vorbringen unter der damaligen Rechtslage nicht zum Erfolg hätte führen können. Zudem habe sich, wie im Einzelnen ausgeführt wird, die Sachlage durch den Beschluss des iranischen Parlaments zum Entwurf eines Apostasiestrafgesetzes im September 2008 zugunsten der Klägerin geändert.

Hiernach drohe der Klägerin im Iran mit beachtlicher Wahrscheinlichkeit flüchtlingsrelevante Verfolgung. Denn sie sei aufgrund einer echten Glaubensentscheidung zum Christentum konvertiert und der christliche Glaube präge nunmehr ihre religiöse Identität. Sie habe eine Taufurkunde sowie Bescheinigungen vorgelegt, dass sie Mitglied einer christlich-iranischen Gemeinde sei und dort regelmäßig Gottesdienste und Bibelstunden besuche. Ihrer gleichzeitig getauften Mutter und Schwester sei aufgrund von deren Konversion Flüchtlingsschutz zuerkannt worden. Bei ihrer Befragung durch das Verwaltungsgericht habe sie ihren persönlichen Weg zum christlichen Glauben nachvollziehbar geschildert und hinreichende Kenntnisse über die christliche Religion offenbart. Die Ernsthaftigkeit des Glaubensübertritts werde nicht dadurch in Zweifel gezogen, dass sie sich für die strikt antireligiöse Arbeiterkommunistische Partei Irans betätigt habe. Dazu habe sie vor dem Verwaltungsgericht nachvollziehbar ausgeführt, dass ihr Glaube in der Partei als Privatsache respektiert worden sei und sie sich als Sozialistin von den religionsfeindlich eingestellten Kommunisten abgrenze. Aufgrund ihrer Charakterisierung der Partei erscheine die Formulierung ihres früheren Prozessbevollmächtigten, sie habe sich bei der Anhörung vor dem Bundesamt als überzeugte Kommunistin gezeigt, nicht als Widerspruch zu ihren persönlichen Einlassungen, sondern als missverständliche Bewertung. Der Sachverhalt sei ausreichend geklärt und es bestehe kein Anlass, die Klägerin erneut zur Ernsthaftigkeit ihres Glaubenswechsels anzuhören.

Die Vorschrift des § 28 Abs. 2 AsylVfG stehe der Zuerkennung der Flüchtlingseigenschaft nicht entgegen, weil die Klägerin bereits vor Abschluss des Ausgangsverfahrens getauft worden sei. Abgesehen davon habe sie sich aufgrund einer ernstlichen Gewissensentscheidung und nicht lediglich aus asyltaktischen Gründen vom Islam ab- und dem Christentum zugewandt.

Die Beklagte hat die vom Berufungsgericht wegen grundsätzlicher Bedeutung der Rechtssache zugelassene Revision eingelegt und rügt die Verletzung formellen wie sachlichen Rechts. Sie macht im Hinblick auf die Feststellung der Ernsthaftigkeit der Konversion einen Verfahrensfehler wegen der Entscheidung durch Beschluss gem. § 130a VwGO ohne Durchführung einer mündlichen Verhandlung geltend. Sachlich sei die Klägerin mit dem Vorbringen der Konversion gem. § 51 Abs. 2 VwVfG präkludiert, da sie diesen Umstand schon in dem im August abgeschlossenen Erstverfahren hätte geltend machen können. Ob dieses Vorbringen möglicherweise nicht ausgereicht hätte, die Asyl- oder Flüchtlingsanerkennung zu tragen, sei unerheblich. Zudem sei die Konversion nicht fristgerecht gem. § 51 Abs. 3 VwVfG geltend gemacht worden.

Die Revision führte zur Aufhebung des angefochtenen Beschlusses und Zurückverweisung der Sache an die Vorinstanz.

Aus den Gründen:

[15] Die zulässige Revision ist begründet, da die von der Beklagten angebrachten Verfahrensrügen durchgreifen. Das Berufungsgericht hat seine Pflicht zur Sachaufklärung sowie den Grundsatz der Unmittelbarkeit der Beweisaufnahme verletzt, da es die Klägerin nicht persönlich angehört hat (1.). Zudem hat es über die Berufung unter Verstoß gegen § 130a Satz 1 VwGO ohne Durchführung einer mündlichen Verhandlung durch Beschluss entschieden (2.). Auf diesen Verfahrensmängeln beruht die angegriffene Entscheidung, so dass der Beschluss aufzuheben und die Sache zur anderweitigen Verhandlung und Entscheidung zurückzuverweisen ist (§ 144 Abs. 3 Satz 1 Nr. 2 VwGO).

[16] 1. Das Berufungsgericht hat seine Pflicht zur Sachaufklärung (§ 86 Abs. 1 VwGO) sowie den Grundsatz der Unmittelbarkeit der Beweisaufnahme (§ 96 Abs. 1 VwGO) verletzt. Denn es hat die gebotene Aufklärungsmaßnahme nicht ergriffen, die Klägerin persönlich zur Ernsthaftigkeit ihres Glaubenswechsels anzuhören und sich zu dieser inneren Tatsache einen unmittelbaren Eindruck zu verschaffen. Um diese Aufklärung zu erreichen, hatte die Beklagte nach der ersten Anhörungsmitteilung auf der Durchführung einer mündlichen Verhandlung im Berufungsverfahren bestanden.

[17] a) Die Ernsthaftigkeit der Konversion erweist sich nach dem materiellrechtlichen Standpunkt des Berufungsgerichts, der bei der Prüfung auf Verfahrensfehler selbst dann zugrunde zu legen ist, wenn er verfehlt sein sollte (stRspr, vgl. Urteil vom 14.1.1998 -BVerwG 11 C 11.96- BVerwGE 106, 115 [119]), als entscheidungserheblich. Das Berufungsgericht ist davon ausgegangen, dass eine Flüchtlingsanerkennung wegen der Gefahr religiöser Verfolgung gem. § 60 Abs. 1 Satz 5 AufenthG iVm Art. 10 Abs. 1 Buchst. b der Richtlinie 2004/83/EG des Rates vom 29.4.2004 über Mindestnormen für die Anerkennung und den Status von Drittstaatsangehörigen oder Staatenlosen als Flüchtlinge oder als Personen, die anderweitig internationalen Schutz benötigen, und über den Inhalt des zu gewährenden Schutzes (ABl.EU Nr. L 304 vom 30.9.2004 S. 12) - sog. Qualifikationsrichtlinie - nur dann in Betracht kommt, wenn die Hinwendung zu dem angenommenen Glauben auf einer festen Überzeugung und einem ernst gemeinten religiösen Einstellungswandel und nicht nur auf Opportunitätserwägungen beruht. Nur wenn die Konversion die religiöse Identität des Schutzsuchenden in dieser Weise präge, könne ihm nicht angesonnen werden, in seinem Heimatland auf die Religionsausübung zu verzichten, um staatlichen Verfolgungsmaßnahmen zu entgehen (...).

[18] b) Auf der Grundlage dieses materiellrechtlichen Ansatzes lag es nahe und hätte sich dem Berufungsgericht in der hier vorliegenden Prozesssituation aufdrängen müssen, die Klägerin persönlich anzuhören, um sich für die gericht-

liche Beweiswürdigung einen unmittelbaren Eindruck von ihr zu verschaffen. Nach ständiger Rechtsprechung des Bundesverwaltungsgerichts liegt es zwar grundsätzlich im Ermessen des Berufungsgerichts, ob es einen im ersten Rechtszug gehörten Zeugen oder Beteiligten erneut vernimmt. Es kann dessen schriftlich festgehaltene Aussage auch ohne nochmalige Vernehmung zu dem unverändert gebliebenen Beweisthema selbstständig würdigen. Von der erneuten Anhörung des Zeugen oder Beteiligten darf das Berufungsgericht jedoch dann nicht absehen, wenn es die Glaubwürdigkeit des in erster Instanz Vernommenen abweichend vom Erstrichter beurteilen will und es für diese Beurteilung auf den persönlichen Eindruck von dem Zeugen oder Beteiligten ankommt (vgl. etwa Beschlüsse vom 20.11.2001 -BVerwG 1 B 297.01- Buchholz 402.25 § 1 AsylVfG Nr. 251 und vom 28.4.2000 -BVerwG 9 B 137.00- Buchholz 402.25 § 1 AsylVfG Nr. 235). Diese Ausnahme greift - wie das Berufungsgericht richtig erkannt hat (...) - nicht, da das Verwaltungsgericht nach Anhörung der Klägerin zwar erhebliche Zweifel an der Ernsthaftigkeit ihrer Konversion geäußert hatte, diese Frage aber letztlich offengelassen hat.

[19] Damit hat es aber nicht sein Bewenden, denn im Berufungsverfahren ist eine persönliche Anhörung des Asylbewerbers im Wege der „informatorischen Befragung“ (§ 103 Abs. 3, § 104 Abs. 1 VwGO) oder der Parteivernehmung (§ 96 Abs. 1 Satz 2, § 98 VwGO iVm §§ 450 ff. ZPO) auch dann geboten, wenn die Vorinstanz - wie hier - hinsichtlich eines zentralen Punkts seines tatsächlichen Vorbringens keine Feststellungen getroffen, sondern seine Glaubwürdigkeit insoweit offengelassen hat. Denn der Ausländer, der politische Verfolgung geltend macht, befindet sich hinsichtlich seines individuellen Verfolgungsschicksals typischerweise in Beweisnot und ist als „Zeuge in eigener Sache“ zumeist das einzige Beweismittel. Auf die Glaubhaftigkeit seiner Schilderung und Glaubwürdigkeit seiner Person kommt es entscheidend an, so dass seinem persönlichen Vorbringen und dessen Würdigung maßgebliche Bedeutung zuzumessen ist (Urteil vom 16.4.1985 -BVerwG 9 C 109.84- BVerwGE 71, 180 [182]). Soweit die tatrichterliche Würdigung des individuellen Vorbringens des Asylbewerbers wesentlich von seiner Glaubwürdigkeit abhängt, wird vom Gericht hierüber in aller Regel nur nach einer persönlichen Anhörung des Asylbewerbers entschieden werden können (Beschluss vom 10.5.2002 -BVerwG 1 B 392.01- Buchholz 402.25 § 1 AsylVfG Nr. 259, NVwZ 2002, 1381 mwN auch zu Ausnahmen). Das gilt nicht nur hinsichtlich der Würdigung seiner Angaben zum Vorfluchtschicksal, sondern in gleicher Weise für die innere Tatsache der ernsthaften, die Persönlichkeit des Asylbewerbers prägenden Glaubensüberzeugung. Stellt das Berufungsgericht diese nach seinem materiellrechtlichen Ansatz zentrale anspruchsbegründende Tatsache der Flüchtlingsanerkennung, zu der das Verwaltungsgericht sich nicht abschließend verhalten hat und über die das

Bundesamt noch nicht zu entscheiden hatte, im Rahmen der ihm obliegenden Beweiswürdigung allein aufgrund der Aktenlage fest, verletzt es in aller Regel - und so auch hier - die Sachaufklärungspflicht (§ 86 Abs. 1 VwGO) sowie den Grundsatz der Unmittelbarkeit der Beweisaufnahme (§ 96 Abs. 1 VwGO).

[20] c) Der angefochtene Beschluss beruht auf den festgestellten Verfahrensverstößen. Es ist nicht auszuschließen, dass das Berufungsgericht bei einer persönlichen Anhörung der Klägerin deren Vorbringen zur Ernsthaftigkeit ihrer Konversion zum Christentum in anderer Weise gewürdigt und daraus geschlossen hätte, dass ihr eine Verfolgung aus religiösen Gründen nicht mit der notwendigen beachtlichen Wahrscheinlichkeit droht.

[21] 2. Das Oberverwaltungsgericht hat mit seiner Verfahrensweise darüber hinaus § 130a Satz 1 VwGO verletzt. (*wird ausgeführt*)

[27] d) Die auf dem Verstoß gegen § 130a, § 101 Abs. 1 iVm § 125 Abs. 1 Satz 1 VwGO beruhende Gehörsverletzung erfasst die Berufungsentscheidung in ihrer Gesamtheit und lässt sich nicht auf einzelne Tatsachenfeststellungen eingrenzen (vgl. Urteil vom 30.6.2004, aaO, S. 221 mwN). Daher fehlen dem Revisionsgericht die für eine eigene abschließende Entscheidung notwendigen tatsächlichen Feststellungen, so dass der angefochtene Beschluss aufzuheben und die Sache zur anderweitigen Verhandlung und Entscheidung zurückzuverweisen ist (§ 144 Abs. 3 Satz 1 Nr. 2 VwGO).

[28] 3. Sollte sich in dem erneuten Berufungsverfahren die vom Berufungsgericht seiner Entscheidung zugrunde gelegte Sachlage und insbesondere die Ernsthaftigkeit der Konversion - wie in der angefochtenen Entscheidung angenommen - bestätigen, weist der Senat vorsorglich darauf hin, dass entgegen der Ansicht der Beklagten die Voraussetzungen für ein Wiederaufgreifen des Verfahrens erfüllt sein dürften. Allerdings hat der Wiederaufgreifensgrund der nachträglichen Änderung der Sachlage (§ 71 Abs. 1 Satz 1 AsylVfG iVm § 51 Abs. 1 Nr. 1 Alt. 1 VwVfG) nicht vorgelegen. Denn der durch die Taufe am 23.3.2003 dokumentierte Wechsel der Klägerin zum christlichen Glauben ist nicht nach dem Schluss der mündlichen Verhandlung im Erstverfahren am 24.6.2003 eingetreten. Auf den vom Berufungsgericht als Wiederaufgreifensgrund zusätzlich hervorgehobenen Beschluss des Iranischen Parlaments vom 9.9.2008 über den Entwurf eines Apostasiestrafgesetzes und die dadurch eingetretene Verschärfung der Verfolgungsgefahr (BA S. 6) hat sich die Klägerin nicht innerhalb der Drei-Monats-Frist des § 51 Abs. 3 VwVfG berufen, so dass auch dieser Umstand nicht die Durchführung eines Asylfolgeverfahrens rechtfertigt. Denn weder das Bundesamt noch die Verwaltungsgerichte sind befugt, ihrer Entscheidung über die Wiederaufnahme andere als vom Antragsteller geltend gemachte Gründe zugrunde zu legen (Urteile vom 30.8.1988 -BVerwG 9 C 47.87- Buchholz 402.25 § 14 AsylVfG Nr. 8 und vom 13.5.1993 - BVerwG 9 C 49.92 - InfAuslR 1993, 357 -

insoweit in BVerwGE 92, 278 nicht abgedruckt). Die dreimonatige Ausschlussfrist gilt auch für im gerichtlichen Verfahren neu vorgebrachte Wiederaufgreifensgründe (Urteil vom 10.2.1998 -BVerwG 9 C 28.97- BVerwGE 106, 171 [176 f.]).

[29] Jedenfalls mit Inkrafttreten des Richtlinienumsetzungsgesetzes vom 19.8.2007 (BGBl I S. 1970) am 28.8.2007 lag jedoch der Wiederaufgreifensgrund einer nachträglichen Änderung der Rechtslage vor (§ 71 Abs. 1 Satz 1 AsylVfG iVm § 51 Abs. 1 Nr. 1 Alt. 2 VwVfG). Es ist zwar noch nicht abschließend geklärt, ob sich durch Umsetzung der Art. 9 Abs. 1 und Art. 10 Abs. 1 Buchst. b der Richtlinie 2004/83/EG in § 60 Abs. 1 Satz 5 AufenthG die Rechtslage mit Blick auf die Verfolgung aus religiösen Gründen zugunsten der Betroffenen geändert hat. Aber die durch die Zweifel über die Auslegung der unionsrechtlichen Vorgaben bewirkte Unsicherheit reicht aus, um ein Asylverfahren wiederaufzugreifen und diese Frage prüfen zu lassen. Auf die Änderung der Rechtslage hat sich die Klägerin auch rechtzeitig berufen. Denn jedenfalls im Flüchtlingsrecht ist aus Gründen der Rechtssicherheit und -klarheit hier für den Beginn der Frist des § 51 Abs. 3 VwVfG nicht auf den Ablauf der Umsetzungsfrist (Art. 38 Abs. 1 Richtlinie 2004/83/EG), sondern auf die Bekanntmachung im Gesetzblatt dokumentierte Umsetzung durch den nationalen Gesetzgeber abzustellen.

[30] Entgegen der Auffassung der Beklagten ist die Klägerin insoweit mit ihrem Vorbringen der Taufe und der Glaubensausübung nicht gem. § 51 Abs. 2 VwVfG präkludiert. Denn ein grobes Verschulden liegt nicht vor, wenn ein Asylbewerber Umstände im vorangegangenen Verfahren nicht vorgebracht hat, die mit Blick auf die damals geltende Rechtslage oder die damals gegebene Sachlage vorzutragen kein Anlass bestand. Allein aufgrund der Taufe hätte sich die unverfolgt ausgereiste Klägerin nach damaliger Sach- und Rechtslage nicht mit Erfolg auf eine ihr mit beachtlicher Wahrscheinlichkeit drohende religiöse Verfolgung berufen können. Dann kann ihr die mangelnde Geltendmachung der Taufe im Erstverfahren auch nicht entgegengehalten werden. Denn in Fällen evident fehlender Relevanz eines nicht vorgetragenen Umstands für den Ausgang des Erstverfahrens kann dem Betreffenden nicht der Vorwurf gemacht werden, die ihm gebotene Sorgfalt in schwerwiegender Weise außer Acht gelassen zu haben (vgl. Funke-Kaiser, in: GK-AsylVfG, II-§ 71 Rn 204, Stand Dezember 2007).

53

1. Begleitet ein Pfarrer Angehörige einer Pfarrei auf ihrer Pilgerwallfahrt nach Rom und übernimmt er dabei deren seelsorgerische Betreuung, sind die entsprechenden Aufwendungen als Werbungskosten bei den Einkünften aus nichtselbständiger Arbeit abziehbar.
2. Nimmt ein Pfarrer an einer sog. Tertiatskursfahrt von Geistlichen nach Jordanien teil, kann der Umstand, dass er zur Teilnahme dienstlich verpflichtet ist, die berufliche Veranlassung maßgeblich indizieren.

§§ 9 Abs. 1, 12 Nr. 1 EStG
BFH, Urteil vom 9. Dezember 2010 -VI R 42/09[1]-

Der Kläger ist katholischer Priester und Pfarrer in K. Er bezieht aus dieser Tätigkeit Einkünfte aus nichtselbständiger Arbeit.

Der Kläger nahm im Streitjahr (2003) in der Zeit vom 9. bis 16.6. an einer vom Pfarrgemeinderat der Pfarrei K initiierten und von einem professionellen Reiseveranstalter durchgeführten Pilgerwallfahrt nach Rom teil. Das Bischöfliche Ordinariat X hatte die Teilnahme des Klägers zuvor als Dienstreise genehmigt. Lt. Programm gestaltete sich die Reise wie folgt:

1. Tag: Abreise in K nach dem Gottesdienst ca. 11:30 Uhr, Fahrt bis Gardasee
2. Tag: Gardasee - Rom - Hotelbezug – Lichterfahrt
3. Tag: Papstaudienz - die drei Hauptkirchen
4. Tag: Katakomben - Pantheon - Spanische Treppe - Trevi-Brunnen
5. Tag: Antikes Rom (Colosseum, Piazza Venecia, Capitolhügel usw.)
6. Tag: Vatikan (Museen, Petersdom und Sixtinische Kapelle)
7. Tag: Gottesdienst in Rom - Übernachtung am Stadtrand von Florenz
8. Tag: Heimreise.

In der Zeit vom 4. bis 15.11. des Streitjahres nahm der Kläger an einer geschlossenen sog. Tertiatskursfahrt von Seelsorgern der Diözese X nach Jordanien teil. Die Studienreise wurde vom Katholischen Bibelwerk Y in Kooperation mit der Mitarbeiterseelsorge in der Diözese X gestaltet. Bei dem sog. Tertiatskurs handelt es sich nach den Regelungen der Diözese X um eine verpflichtende Fortbildung für Priester und Pastoralreferenten nach Ablauf von fünfzehn Dienstjahren. Auch für die Teilnahme an dieser Reise erhielt der Kläger eine Dienstreisegenehmigung. Die Reise verlief lt. Programm wie folgt:

1 Amtl Leitsätze. BFHE 232, 345BStBl II 2011, 522; DB 2011, 685; DStRE 2011, 601; HFR 2011, 539; IStR 2011, 434; KuR 2011, 142 (LS); NJW 2011, 1695; StC 2011, Nr. 6, 11ZSteu 2011, R289

- Dienstag, 4. November 2003:
  Linienflug Frankfurt - Amman, Hotelbezug in Ma'an
- Mittwoch, 5. November 2003:
  Fahrt zum Wadi Rum - Wanderung und Meditationszeit in der Wüste - Übernachtung in der Wüste (im Freien: ohne geschützte Stelle)
- Donnerstag, 6. November 2003:
  Wadi Rum - Bibelarbeit/Wanderung - gegen Abend Transfer nach Petra - Hotelbezug für 4 Nächte
- Freitag, 7. November 2003 bis Sonntag, 9. November 2003:
  Aufenthalt in Petra - Besichtigungen/Wanderungen - Bibelarbeiten/freie Zeit
- Montag, 10. November 2003:
  Transfer von Petra über die Königsstraße nach Kerak - durch Rabba und El Quar durch das Wadi el Mujib (der „Grand Canyon" Jordaniens) über Dhiban nach Zarka Main - Übernachtung im Hotel
- Dienstag, 11. November 2003:
  Fahrt nach Muquawer (Herodesfestung) - Um er-Rasas (byzantin, Mosaike) - Madaba (St. Georgs-Kirche/Apostelkirche/Marienkirche), Übernachtung in Madaba
- Mittwoch, 12. November 2003:
  Fahrt zum Berg Nebo - Besuch der Taufstelle am alten Übergang zum Jordan - Weiterfahrt zum Wadi es-Sir - Amman: Hotelbezug für 3 Nächte
- Donnerstag, 13. November 2003 und Freitag, 14. November 2003:
  Besichtigungen in und um Amman herum, u.a. Tell Hedjadi - Wanderung nach Tullel - Überquerung der Jabbokfurt - Deir'Alla (das biblische Sukkot) - Dscherasch (das biblische Gerasa) - Umm Qeis (Gadara)
- Samstag, 15. November 2003:
  Transfer zum Flughafen Amman, Rückflug nach Frankfurt.

Der Kläger machte in seiner Einkommensteuererklärung im Zusammenhang mit der Pilgerwallfahrt nach Rom stehende Übernachtungskosten (pauschal 574 €: 7 x 82 €) sowie die Kosten der Reise nach Jordanien in Höhe von 1.398 € als Werbungskosten geltend. Der Beklagte (Finanzamt) ließ die Aufwendungen im Einkommensteuerbescheid unberücksichtigt.

Das Finanzgericht Nürnberg (Urteil vom 12.6.2008 -7 K 1813/2007- n.v.) wies die nach erfolglosem Vorverfahren erhobene Klage ab. Nach Würdigung der Gesamtumstände sei bei den Reisen nach Rom und Jordanien die private Mitveranlassung nicht von ganz untergeordneter Bedeutung. Das Programm der Pilgerwallfahrt nach Rom habe sich im Wesentlichen auf die Sehenswürdigkeiten Roms konzentriert. Die Teilnahme des Klägers bzw. der Reiseteilnehmer an der Papstaudienz sowie die Feier von zwei Gottesdiensten seien zwar aus theologischer Sicht entscheidende Ereignisse der Wallfahrt. Doch sei eine Papstaudienz auch ohne beruflichen Bezug für einen gläubigen Katholiken - und nicht nur für diesen - ein Ereignis, das im sehr persönlichen Bereich liegende Bedürfnisse (Gefühle, Interessen) berühre.

Bei der Pilgerwallfahrt habe es sich daher um eine von einem Reiseunternehmen veranstaltete, touristische Reise gehandelt, die einschließlich der Papstaudienz ausschließlich Ziele beinhaltet habe, die regelmäßig von Romreisenden aufgesucht würden. Sie habe neben der religiösen Vertiefung der Teilnehmer auch deren allgemeiner Information und Bildung gedient. Dies gelte entsprechend für den Kläger. Aus dem Umstand, dass der Kläger mit seiner Teilnahme an der Reise den Bitten der Wallfahrer, sie während der Reise seelsorgerisch zu begleiten, nachgekommen sei, folge nicht, dass dadurch der touristische Charakter der Reise durch berufliche Aufgaben überlagert worden sei. Dabei sei mit zu berücksichtigen, dass die Reisekosten weder vom Dienstherrn noch von der Pfarrgemeinde übernommen worden seien. Danach hätten neben der beruflichen Veranlassung wesentliche Gründe der persönlichen Lebensführung zur Teilnahme an der Reise nach Rom geführt. Die dadurch entstandenen Aufwendungen gehörten daher zu den nichtabziehbaren Kosten der privaten Lebensführung.

Dies gelte entsprechend für die Tertiatskursfahrt nach Jordanien, die nach Würdigung der Gesamtumstände nicht nahezu ausschließlich durch besondere berufliche Gegebenheiten veranlasst gewesen sei.

Zwar habe der Kläger vorgetragen, es habe eine dienstliche Verpflichtung zur Teilnahme an der Tertiatskursfahrt bestanden. Es habe jedoch nach Aussage des Klägers nicht die Verpflichtung bestanden, speziell an dieser Tertiatskursreise teilzunehmen, sondern es habe auch die Möglichkeit bestanden, anstelle dieser Reise im Inland an Exerzitien teilzunehmen oder den Kurs unter Umständen im nächsten Jahr nachzuholen.

Außerdem stehe der Charakter der Auslandsreise einer nahezu ausschließlichen beruflichen Veranlassung entgegen. Die Reise sei zwar auch mit Veranstaltungen ausgefüllt gewesen, die einen religionswissenschaftlichen Hintergrund vermittelten, ebenso sei sie aber mit all den touristischen Besichtigungen angereichert gewesen, wie sie jede Jordanienreise eines beliebigen Reiseveranstalters ausweise. Auf eine solche typische Auslandsinformationsreise treffe in vollem Umfang der Zweck des Aufteilungs- und Abzugsverbots zu, nämlich zu verhindern, dass Steuerpflichtige durch eine mehr oder weniger zufällig oder bewusst herbeigeführte Verbindung zwischen beruflichen und privaten Interessen Aufwendungen für ihre Lebensführung deshalb zum Teil in einen einkommensteuerlich relevanten Bereich verlagern könnten, weil sie einen Beruf hätten, der ihnen das ermögliche, während andere Steuerpflichtige gleichartige Aufwendungen aus zu versteuernden Einkünften decken müssten.

Mit seiner Revision erreichte der Kläger die Aufhebung des angefochtenen Urteils und die Zurückverweisung der Sache in die Vorinstanz.

Aus den Gründen:

[15] II. Die Revision ist begründet. Das angefochtene Urteil wird aufgehoben und die Sache zur anderweitigen Verhandlung und Entscheidung an das Finanzgericht zurückverwiesen (§ 126 Abs. 3 Satz 1 Nr. 2 FGO). Entgegen der Auffassung der Vorinstanz können Aufwendungen für eine gemischt veranlasste Reise in abziehbare Werbungskosten und nicht abziehbare Aufwendungen für die private Lebensführung aufgeteilt werden. Die tatsächlichen Feststellungen des Finanzgerichts ermöglichen allerdings noch keine abschließende Beurteilung, in welchem Umfang die geltend gemachten Kosten als Werbungskosten zu berücksichtigen sind.

[16] 1. Werbungskosten sind Aufwendungen zur Erwerbung, Sicherung und Erhaltung von Einnahmen (§ 9 Abs. 1 Satz 1 des Einkommensteuergesetzes). Nach ständiger Rechtsprechung des Bundesfinanzhofs (BFH) gehören hierzu auch Bildungsaufwendungen, sofern sie beruflich veranlasst sind (Urteil vom 17.12.2002 -VI R 137/01- BFHE 201, 211, BStBl II 2003, 407). Eine berufliche Veranlassung ist gegeben, wenn die Aufwendungen objektiv mit dem Beruf zusammenhängen und subjektiv zu dessen Förderung getätigt werden (BFH-Urteil vom 1.2.2007 -VI R 25/03- BFHE 216, 522, BStBl II 2007, 459, mwN).

[17] Auch Aufwendungen für Reisen, die der beruflichen Fortbildung dienen, sind demnach dann als Werbungskosten abziehbar, wenn sie durch den Beruf bzw. den Betrieb veranlasst sind. Ob dies zutrifft, ist durch die Würdigung aller Umstände des Einzelfalls zu beurteilen. Der uneingeschränkte Abzug der Reisekosten setzt voraus, dass die Reise ausschließlich oder nahezu ausschließlich der beruflichen Sphäre zuzuordnen ist. Das ist zum einen der Fall, wenn der Reise ein unmittelbarer beruflicher Anlass zugrunde liegt und die Verfolgung privater Reiseinteressen nicht den Schwerpunkt der Reise bildet. Gleiches gilt, wenn die berufliche Veranlassung bei weitem überwiegt und die Befriedigung privater Interessen, wie z.B. Erholung, Bildung und Erweiterung des allgemeinen Gesichtskreises, nach dem Anlass der Reise, dem vorgesehenen Programm und der tatsächlichen Durchführung nicht ins Gewicht fällt und nur von untergeordneter Bedeutung ist. Ist eine Bildungsreise gemischt veranlasst, ist nach den Grundsätzen, die der Große Senat des BFH in seinem Beschluss vom 21.9.2009 -GrS 1/06- (BFHE 227, 1, BStBl II 2010, 672) aufgestellt hat, (nur) der beruflich veranlasste Teil der Reisekosten zum Abzug als Werbungskosten zuzulassen (s. auch Senatsentscheidung vom 21.4.2010 -VI R 5/07- BFHE 229, 219, BStBl II 2010, 687).

[18] 2. Das Finanzgericht ist von anderen Grundsätzen ausgegangen; die Vorentscheidung ist daher aufzuheben. Die Sache ist nicht spruchreif.

[19] a) Das Finanzgericht wird im zweiten Rechtsgang zunächst die Gründe festzustellen haben, aus denen der Kläger die jeweiligen Reisen unternommen hat. Die Gründe bilden das „auslösende Moment“, das den Steuerpflichtigen bewogen hat, die Reisekosten zu tragen (Beschluss des Großen Senats des BFH in BFHE 227, 1, BStBl II 2010, 672). Die Gründe sind anhand der Umstände des Falls zu ermitteln.

[20] aa) Hinsichtlich der Romreise ist Folgendes zu beachten: Der Kläger hat im bisherigen Verfahren wiederholt vorgetragen, dass es zu seinen dienstlichen Aufgaben gehöre, Pilgerwallfahrten von Pfarrangehörigen seelsorgerisch zu begleiten. Das Finanzgericht hat dem allerdings keine maßgebliche Bedeutung beigemessen und zur Frage, ob und in welchem Umfang der Kläger die Pilger seelsorgerisch begleitet und betreut hat, keine Feststellungen getroffen. Der Senat sieht sich daher nicht in der Lage, den erwähnten Vortrag des Klägers als iSv § 118 Abs. 2 FGO festgestellt zu werten.

[21] Sollte sich im zweiten Rechtsgang der Vortrag des Klägers bestätigen, wird das Finanzgericht von einer ausschließlich beruflich veranlassten Reise ausgehen können. Denn wie dargestellt führen Aufwendungen für eine Reise u.a. dann in voller Höhe zu Werbungskosten, wenn der Reise ein unmittelbarer beruflicher Anlass zugrunde liegt. Der Senat hat einen unmittelbaren beruflichen Anlass der Teilnahme an einer Gruppenreise beispielsweise angenommen, wenn die Organisation und Durchführung dieser Reise Dienstaufgabe des damit betrauten Arbeitnehmers ist (Entscheidungen vom 29.11.2006 -VI R 36/02- BFH/NV 2007, 681, KirchE 48, 450, mwN; vom 27.8.2002 -VI R 22/01- BFHE 200, 250, BStBl II 2003, 369). Entsprechendes gilt für einen Lehrer, der mit seiner Schulklasse eine von der zuständigen Stelle genehmigte Klassenfahrt unternimmt. Dabei steht es dem Werbungskostenabzug nicht entgegen, dass die Klassenfahrt - wie auch die übrige Schulausbildung - der Erweiterung des Allgemeinwissens dient (Senatsentscheidung vom 7.2.1992 -VI R 93/90- BFHE 167, 115, BStBl II 1992, 531). Gehört zum Aufgabenbereich eines Pfarrers auch die geistliche Betreuung von pfarrangehörigen Pilgern auf ihrer Reise und begleitet er diese nach Einholung einer entsprechenden dienstrechtlichen Genehmigung, ist die Situation mit der eines Lehrers vergleichbar. Die seelsorgerische Tätigkeit des Geistlichen auf einer Pilgerwallfahrt ist nicht anders zu bewerten als seine sonstige geistliche Tätigkeit vor Ort in der Pfarrei.

[22] bb) Bezüglich der Jordanienreise ist Folgendes zu berücksichtigen: Für eine Auslandsgruppenreise gelten auch nach der Entscheidung des Großen Senats des BFH in BFHE 227, 1, BStBl II 2010, 672 die in seinem Beschluss vom 27.11.1978 -GrS 8/77- (BFHE 126, 533, BStBl II 1979, 213) entwickelten Abgrenzungsmerkmale grundsätzlich fort. Für eine berufliche Veranlassung ist daher neben einer fachlichen Organisation vor allem maßgebend, dass das Programm

auf die besonderen beruflichen Bedürfnisse der Teilnehmer zugeschnitten und der Teilnehmerkreis im Wesentlichen gleichartig (homogen) ist. Von maßgeblicher Bedeutung ist auch, ob die Teilnahme freiwillig oder verpflichtend ist. Kommt der Steuerpflichtige mit seiner Teilnahme einer Dienstpflicht nach, indiziert dies in besonderer Weise den beruflichen Veranlassungszusammenhang. Dabei ist es ohne Bedeutung, ob der Steuerpflichtige die rechtliche oder praktische Möglichkeit gehabt hätte, sich der Teilnahme an der konkreten Reise zu entziehen (BFH-Urteil in BFHE 167, 115, BStBl II 1992, 531). Im Streitfall hat der Kläger die Jordanienreise zwar als eine Pflichtveranstaltung bezeichnet, das Finanzgericht hat jedoch auch insoweit von einer Feststellung abgesehen.

[23] Einer (ausschließlich) beruflichen Veranlassung steht im Übrigen nicht schon entgegen, dass die im beruflichen Interesse gewonnenen Erkenntnisse auch im privaten Bereich angewendet werden können (Senatsentscheidungen vom 17.7.1992 -VI R 12/91- BFHE 168, 567, BStBl II 1992, 1036; vom 28.8.2008 -VI R 35/05- BFHE 223, 1, BStBl II 2009, 108). Die berufliche Veranlassung kann auch nicht mit der Begründung abgesprochen werden, der Beruf erfordere Aufwendungen, die für andere Steuerpflichtige Privataufwendungen sind (Beschluss des Großen Senats des BFH in BFHE 227, 1, BStBl II 2010, 672; BFH-Urteil in BFHE 229, 219, BStBl II 2010, 687).

[24] b) Kommt das Finanzgericht zu dem Ergebnis, dass nicht nur berufliche, sondern auch nennenswerte private Gründe den Kläger bewogen haben, an der jeweiligen Reise teilzunehmen und die Reisekosten zu tragen, ist zu prüfen, ob die beruflichen und privaten Veranlassungsbeiträge nach objektiven Kriterien abgrenzbar sind. Wegen der dabei zu beachtenden Grundsätze wird auf die Senatsentscheidung in BFHE 229, 219, BStBl II 2010, 687 verwiesen.

54

1. Auch eine kirchliche Stiftung des bürgerlichen Rechts kann der Kirche zuzuordnen sein mit der Folge, dass Ordnung und Verwaltung der Stiftung durch die Kirche deren durch Art. 140 GG iVm Art. 137 Abs. 3 WRV geschütztem Selbstbestimmungsrecht unterfallen und vor staatlicher Einflussnahme geschützt sind.

2. Von Kirchenbehörden getroffene stiftungsaufsichtliche Maßnahmen gegenüber einer kirchlichen Stiftung bürgerlichen Rechts und deren Organen sind Bestandteil der durch Art. 140 GG iVm Art. 137 WRV garantierten selbständigen Ordnung und Verwaltung durch die Kirche und daher innerhalb des von Art. 137 Abs. 3 Satz 1 WRV gezogenen Rahmens einer Kontrolle durch staatliche Gerichte entzogen.

Art./§§ 140 GG, 137 Abs. 3 WRV, 20 Abs. 2 ND.StiftG, 40 Abs. 1 VwGO
Niedersächsisches OVG, Beschluss vom 16. Dezember 2010 -8 ME 276/10[1]-

Der Antragsteller begehrt vorläufigen Rechtsschutz gegen stiftungsrechtliche Aufsichtsmaßnahmen der Antragsgegnerin vom 1.9.2008, 15.9.2008 und 9.3.2009, durch die er unter Anordnung der sofortigen Vollziehung als Vorstand der beigeladenen Stiftung Johannes a Lasco Bibliothek Große Kirche Emden abberufen und sein Vorstandsanstellungsverhältnis für beendet erklärt und hilfsweise gekündigt worden ist. Dem Antragsteller werden unter anderem ein starker Vermögensverfall der Stiftung und rechtliche Versäumnisse bei Ankäufen von Archivalien zur Last gelegt.

Der Antragsteller hat gegen alle Verfügungen Klage beim Gemeinsamen kirchlichen Verwaltungsgericht in Detmold erhoben und gleichzeitig jeweils um Gewährung vorläufigen Rechtsschutzes nachgesucht. Letzterer blieb ihm im kirchlichen Rechtszug versagt. Auch das VG Oldenburg (Beschluss vom 27.9.2010 -1 B 1384/10- KirchE 56, 276) lehnte einen entsprechenden Antrag ab. Zwar sei der Rechtsweg zu den staatlichen Verwaltungsgerichten eröffnet, jedoch seien Maßnahmen von Kirchen innerhalb ihres Selbstbestimmungsrechts nur auf ihre Wirksamkeit überprüfbar, nämlich ob sie gegen Grundprinzipien der Rechtsordnung verstoßen, wie sie in dem allgemeinen Willkürverbot sowie in der Grundrechtsordnung und den rechtsstaatlichen Prinzipien ihren Niederschlag gefunden haben. Diesen Anforderungen sei genügt, weil dem Antragsteller im kirchlichen Bereich insbesondere ein justizförmiges Rechtsmittelverfahren zur Verfügung stehe.

Hiergegen richtet sich die vom Antragsteller erhobene Beschwerde, zu deren Begründung er sein erstinstanzliches Vorbringen weiter vertieft. Das Verwaltungsgericht sei zwar zutreffend von der Eröffnung des Verwaltungsrechtsweges ausgegangen, habe aber den Umfang der gerichtlichen Überprüfung zu Unrecht beschränkt. Eine solche Beschränkung des Prüfungsumfangs sei nur angezeigt bei rein innerkirchlichen und vom Selbstbestimmungsrecht der Kirche getragenen Maßnahmen, die auf der Ausübung autonomer kircheneigener Gewalt beruhten. Diese Voraussetzungen seien hier nicht erfüllt. Die Abberufung des Antragstellers als Vorstand einer kirchlichen Stiftung und die Kündigung seines Vorstandsanstellungsverhältnisses betreffe keine Kirchenämter und könne auch nicht allein auf kirchliche Befugnisse gestützt werden. Die Rechtmäßigkeit dieser Maßnahmen beurteile sich vielmehr nach den staatli-

1 Amtl. Leitsätze. DÖV 2011,248 (LS); DVBl 2011,187(LS); KuR 2011,142 (LS); NdsVBl 2011, 109; NVwZ 2011, 448 (LS).

chen Normen des Stiftungsrechts. Gerade auf die Bestimmungen des Niedersächsischen Stiftungsgesetzes habe sich die Antragsgegnerin in ihren Verfügungen auch stets bezogen. Daher sei die Maßnahme auf der Grundlage zumindest mittelbar vom Staat abgeleiteter hoheitlicher Gewalt ausgeübt worden und berühre einen außerkirchlichen Bereich; sie müsse daher vollständig durch die staatlichen Gerichte überprüft werden. Diese Überprüfung führe unter Berücksichtigung der in den kirchengerichtlichen und im verwaltungsgerichtlichen Verfahren erhobenen Einwände zu einer Rechtswidrigkeit der streitgegenständlichen Verfügungen.

Die Antragsgegnerin macht geltend, entgegen der Auffassung des Verwaltungsgerichts sei bereits der Rechtsweg zu den staatlichen Gerichten nicht eröffnet. Hier liege eine rein innerkirchliche Maßnahme vor, die die Kirche ohne Ausübung von vom Staat verliehener hoheitlicher Gewalt getroffen habe. Sowohl zur Errichtung einer kirchlichen Stiftung als auch zu deren Ausstattung mit Personal und zur Führung der Aufsicht über diese bedürfe es keiner hoheitlichen Befugnisse. Entgegen der Auffassung des Antragstellers habe die Antragsgegnerin ihre Verfügungen auch nicht unmittelbar auf die Bestimmungen des Niedersächsischen Stiftungsgesetzes gestützt, sondern diese nur im Rahmen ihrer allgemeinen kirchenrechtlichen Aufsichtsbefugnisse entsprechend angewandt. Selbst wenn man Maßnahmen dieses rein innerkirchlichen Bereichs einer Überprüfung durch staatliche Gerichte stellen wollte, wäre diese wegen des grundgesetzlich garantierten kirchlichen Selbstbestimmungsrechts jedenfalls auf eine bloße Wirksamkeitskontrolle beschränkt. Eine solche Kontrolle habe das Verwaltungsgericht durchgeführt und keine Verstöße festgestellt. Dass diese Feststellung unzutreffend sei, ergebe sich aus dem Beschwerdevorbringen des Antragstellers nicht.

Die Beschwerde blieb im Ergebnis ohne Erfolg.

Aus den Gründen:

[19] Die Beschwerde des Antragstellers gegen den Beschluss des Verwaltungsgerichts Oldenburg vom 27.9.2010, mit dem dieses es abgelehnt hat, vorläufigen Rechtsschutz gegen die Verfügungen der Antragsgegnerin vom 1.9.2008, 15.9.2008 und 9.3.2009 zu gewähren, hat keinen Erfolg.

[20] Der Antrag auf Gewährung vorläufigen Rechtsschutzes durch die staatlichen Verwaltungsgerichte ist mangels Eröffnung des Verwaltungsrechtsweges nach § 40 VwGO unzulässig. Die in den angefochtenen Verfügungen getroffenen stiftungsrechtlichen Aufsichtsmaßnahmen sind keine Akte öffentlicher staatlicher Gewalt, sondern rein innerkirchliche Maßnahmen. Sie unterliegen

daher nicht der Kontrolle durch die staatliche Gerichtsbarkeit (vgl. zum Erfordernis der Ausübung von staatlicher Gewalt für den Justizgewährleistungsanspruch nach Art. 19 Abs. 4 GG: BVerfG, Entscheidung vom 17.2.1965 -1 BvR 732/64- BVerfGE 18, 385 [387], KirchE 7, 172; BVerwG, Urteil vom 25.11.1982 - 2 C 21.78- BVerwGE 66, 241 [242], KirchE 20, 208, und für die Eröffnung des Verwaltungsrechtswegs nach § 40 Abs. 1 Satz 1 VwGO: BVerwG, Urteil vom 30.10.2002 -2 C 23.01- BVerwGE 117, 145 [147], KirchE 41, 148).

[21] Nach dem kirchenpolitischen System des Grundgesetzes ordnet und verwaltet jede Religionsgesellschaft ihre Angelegenheiten selbstständig innerhalb der Schranken des für alle geltenden Gesetzes. Sie verleiht ihre Ämter ohne Mitwirkung des Staates oder der bürgerlichen Gemeinde (Art. 140 GG iVm Art. 137 Abs. 1 und Abs. 3 WRV). Damit erkennt der Staat die Kirchen als Institutionen mit dem Recht der Selbstbestimmung an, die ihrem Wesen nach unabhängig vom Staat sind und ihre Gewalt nicht von ihm herleiten. Die Folge ist, dass der Staat in ihre inneren Verhältnisse nicht eingreifen darf (vgl. BVerfG, Entscheidung vom 17.2.1965, aaO, S. 386). Dort, wo die Kirchen über das Recht zur Selbstbestimmung verfügen, unterliegen sie auch nicht der staatlichen Gerichtsbarkeit (vgl. BVerwG, Urteil vom 30.10.2002, aaO, mwN).

[22] Diese Verfassungsgarantie des kirchlichen Selbstbestimmungsrechts bedeutet entgegen der Annahme des Verwaltungsgerichts keine Ausklammerung aus der staatlichen Rechtsordnung im Sinne rechtsfreier Räume, sondern sie begründet im Gegenteil eine die gemeinschaftliche Freiheitsausübung respektierende Sonderstellung innerhalb der staatlichen Rechtsordnung. Dies ist nicht nur dem Grundrecht aus Art. 4 GG im Sinne gemeinschaftlicher Glaubens- und Religionsfreiheit geschuldet, es handelt sich vielmehr auch um eine institutionelle Sicherung der geforderten Staatsfreiheit der Kirchen iSd Art. 137 Abs. 3 WRV (so nun ausdrücklich BVerfG, Beschluss vom 9.12.2008 -2 BvR 717/08- NJW 2009, 1195, KirchE 52, 337; vgl. auch Grzeszick, Staatlicher Rechtsschutz und kirchliches Selbstbestimmungsrecht, in: AöR 129 [2004], S. 168, 187 f., 198 und 202 f. mwN).

[23] Die Eigenständigkeit der Kirchen wird auch nicht durch ihren Charakter als Körperschaften des öffentlichen Rechts (Art. 140 GG iVm Art. 137 Abs. 5 WRV) in Frage gestellt. Angesichts der religiösen und konfessionellen Neutralität des Staates nach dem Grundgesetz bedeutet diese zusammenfassende Kennzeichnung der Rechtsstellung der Kirchen keine Gleichstellung mit anderen öffentlich-rechtlichen Körperschaften, die in den Staat eingegliederte Verbände sind, sondern nur die Zuerkennung eines öffentlichen Status, der sie zwar über die Religionsgesellschaften des Privatrechts erhebt, aber keiner besonderen Kirchenhoheit des Staates oder einer gesteigerten Staatsaufsicht unterwirft. Infolge dieser öffentlichen Rechtsstellung und öffentlichen Wirksamkeit der

Kirchen, die sie aus ihrem besonderen Auftrag herleiten und durch die sie sich von anderen gesellschaftlichen Gebilden grundsätzlich unterscheiden, ist die kirchliche Gewalt keine staatliche Gewalt. Nur soweit sie die vom Staat verliehenen Befugnisse ausüben oder soweit ihre Maßnahmen den kirchlichen Bereich überschreiten oder in den staatlichen Bereich hineinreichen, betätigen die Kirchen mittelbar auch staatliche Gewalt mit der Folge, dass ihre Selbstbestimmung eine in der Sache begründete Einschränkung erfährt (vgl. BVerfG, Beschluss vom 17.2.1965, aaO, S. 387).

[24] Hieran gemessen handelt es sich bei den in den angefochtenen Verfügungen getroffenen stiftungsrechtlichen Aufsichtsmaßnahmen um rein innerkirchliche Maßnahmen, die durch das kirchliche Selbstbestimmungsrecht vor jeder staatlichen Einflussnahme geschützt sind.

[25] Zum einen beruhen die von der Antragsgegnerin ausgeübte Stiftungsaufsicht und die getroffenen konkreten stiftungsrechtlichen Aufsichtsmaßnahmen nicht auf vom Staat verliehenen Befugnissen.

[26] *Nach § 20 Abs. 2 Satz 5 Niedersächsisches Stiftungsgesetz - StiftG -* vom 24.7.1968 (GVBl. S. 119), zuletzt geändert durch Gesetz vom 23.11.2004 (GVBl. S. 514), tritt an die Stelle der staatlichen Stiftungsaufsicht nach §§ 10 bis 16 StiftG die Aufsicht nach kirchlichem Recht durch die zuständige Kirchenbehörde. Diese auf Art. 7 Abs. 3 Satz 1 Ergänzungsvertrag vom 4.3.1965 zum Vertrag des Landes Niedersachsen mit den Evangelischen Landeskirchen in Niedersachsen vom 19.3.1955 (GVBl. 1966, S. 4) beruhende landesrechtliche Regelung stellt folglich rechtsfähige kirchliche Stiftungen des bürgerlichen Rechts, wie die Beigeladene, von einer staatlichen Aufsicht über die laufende Stiftungsverwaltung frei (vgl. Gesetzentwurf des Niedersächsischen Landesministeriums, Entwurf eines Niedersächsischen Stiftungsgesetzes, LT-Drs. 6/200, S. 17; Achilles, Die Aufsicht über die kirchlichen Stiftungen der evangelischen Kirchen in der Bundesrepublik Deutschland, 1986, S. 121; Seifart/v. Campenhausen, Handbuch des Stiftungsrechts, 2 Aufl., § 28 Rn 2; Siegmund-Schultze, NStiftG, 8. Aufl., § 20 Anm. 3a). Insoweit ist das staatliche Stiftungsrecht also nicht lediglich subsidiär gegenüber etwa bestehendem kirchlichem Stiftungsrecht. Vielmehr ist der Geltungsbereich des Niedersächsischen Stiftungsgesetzes von vorneherein eingeschränkt. Daher ist es für die Freistellung von der staatlichen Stiftungsaufsicht nach § 20 Abs. 2 Satz 5 NStiftG ohne Belang, dass die Antragsgegnerin im Zeitpunkt des Erlasses der angefochtenen Verfügungen kirchliches Recht betreffend die Aufsicht über kirchliche Stiftungen, insbesondere deren Befugnisse und das bei Ausübung dieser Aufsicht einzuhaltende Verfahren, offenbar nicht kodifiziert hatte (vgl. nunmehr das Stiftungsgesetz der Evangelisch-reformierten Kirche [Synode evangelisch-reformierter Kirchen in Bayern und Nordwestdeutschland] - RefStiftG - vom 23.4.2009, GVBl. Bd. 19, S. 104). Entgegen der Auffassung

des Antragstellers hat sich die Antragsgegnerin bei Erlass der angefochtenen Verfügungen auch nicht hoheitlicher Befugnisse nach den §§ 10 - 16 StiftG - zu Unrecht - berühmt. Bei Erlass dieser Verfügungen hat sich die Antragsgegnerin, handelnd durch das nach §§ 74 Abs. 1 Nr. 8 und 81 Verfassung der Evangelisch-reformierten Kirche (Synode evangelisch-reformierter Kirchen in Bayern und Nordwestdeutschland) vom 9.6.1988 in der Fassung vom 13.11.2009 (GVBl. Bd. 19 S. 120) zuständige Landeskirchenamt, vielmehr auf ihre allgemeinen kirchenrechtlichen Aufsichtsbefugnisse gestützt und in diesem Rahmen mangels kirchenrechtlich kodifizierter Aufsichtsbefugnisse die §§ 10 - 16 StiftG ausdrücklich (vgl. Verfügungen vom 1.9.2008, dort S. 3, vom 15.9.2008, dort S. 3, und vom 9.3.2009, dort S. 4) nur „entsprechend" angewendet.

[27] Zum anderen überschreiten die angefochtenen stiftungsrechtlichen Aufsichtsmaßnahmen auch nicht den kirchlichen Bereich oder reichen in den staatlichen Bereich hinein.

[28] Nach Art. 140 GG iVm Art. 137 Abs. 3 WRV sind nicht nur die organisierte Kirche und die rechtlich selbständigen Teile dieser Organisation, sondern alle der Kirche in bestimmter Weise zugeordneten Einrichtungen ohne Rücksicht auf ihre Rechtsform Objekte, bei deren Ordnung und Verwaltung die Kirche grundsätzlich frei ist, wenn sie nach kirchlichem Selbstverständnis ihrem Zweck oder ihrer Aufgabe entsprechend berufen sind, im Rahmen des Auftrags der Kirche tätig zu sein. Die Regelungs- und Verwaltungsbefugnis gem. Art. 137 Abs. 3 WRV stehen demnach der Kirche nicht nur hinsichtlich ihrer körperschaftlichen Organisation und ihrer Ämter zu, sondern auch hinsichtlich ihrer Vereinigungen, die sich nicht die allseitige, sondern nur die partielle Pflege des religiösen oder weltanschaulichen Lebens ihrer Mitglieder zum Ziel gesetzt haben. Voraussetzung dafür ist aber, dass der Zweck der Vereinigung gerade auf die Erreichung eines solchen Zieles gerichtet ist. Das gilt ohne weiteres für organisatorisch oder institutionell mit Kirchen verbundene Vereinigungen wie kirchliche Orden, deren Daseinszweck eine Intensivierung der gesamtkirchlichen Aufgaben enthält. Es gilt darüber hinaus aber auch für andere selbständige oder unselbständige Vereinigungen, wenn und soweit ihr Zweck die Pflege oder Förderung eines religiösen Bekenntnisses oder die Verkündung des Glaubens ihrer Mitglieder ist (vgl. zum Ganzen: BVerfG, Beschluss vom 11.10.1977 - 2 BvR 209/76- BVerfGE 46, 73 [86 f.], KirchE 16, 189; BVerfG, Entscheidung vom 16.10.1968 -1 BvR 241/66- BVerfGE 24, 236 [246 f.], KirchE 10, 181).

[29] Die Freiheit der Kirche im Staat schließt mithin ein, dass sich die Kirche zur Erfüllung ihres Auftrags auch der Organisationsformen des staatlichen Rechts bedienen kann, ohne dass allein dadurch die Zugehörigkeit einer auf dieser Rechtsgrundlage gegründeten Einrichtung zur Kirche aufgehoben würde. Auch eine rechtsfähige kirchliche Stiftung bürgerlichen Rechts (vgl. BVerfG,

Beschluss vom 11.10.1977, aaO) oder ein eingetragener Verein (vgl. BVerfG, Beschluss vom 25.3.1980 -2 BvR 208/76- BVerfGE 53, 366, KirchE 18, 69), die zur Errichtung der Anerkennung staatlicher Stellen oder der Registrierung in staatlichen Registern bedürfen (vgl. etwa §§ 80 BGB, 4 StiftG bzw. 21 BGB), können daher der Kirche zuzuordnen sein, mit der Folge, dass deren Ordnung und Verwaltung durch die Kirche deren Selbstbestimmungsrecht unterfällt und vor staatlicher Einflussnahme geschützt ist.

[30] Maßgebendes Kriterium für diese Zuordnung einer Einrichtung zur Kirche ist dabei nicht die Zugehörigkeit zur Kirchenverwaltung. Es genügt vielmehr, dass die in Frage stehende Einrichtung der Kirche so nahesteht, dass sie teilhat an der Verwirklichung des Auftrags der Kirche im Geist christlicher Religiosität, im Einklang mit dem Bekenntnis der christlichen Kirche und in Verbindung mit den Amtsträgern der Kirche (vgl. BVerfG, Beschluss vom 25.3.1980, aaO; BVerfG, Beschluss vom 11.10.1977, aaO, S. 87).

[31] Nach diesen Maßgaben ist die Beigeladene, die Stiftung Johannes a Lasco Bibliothek Große Kirche Emden, der Antragsgegnerin zuzuordnen.

[32] So besteht der Stiftungszweck im Betrieb der Johannes a Lasco Bibliothek Große Kirche Emden als einer außeruniversitären wissenschaftlichen Bibliotheks- und Studieneinrichtung, die im Wesentlichen der theologischen und historischen Forschung und Lehre dient, die literarischen Überlieferungen des reformierten Protestantismus sammelt und erschließt und dazu beitragen soll, die Wechselwirkung von Religion und Freiheit zu erhellen sowie den in der Vergangenheit geleisteten oder auch versagten und den in der Gegenwart zu erbringenden Beitrag des Christentums für die Freiheitsgeschichte des Menschen interdisziplinär zu erforschen und zu beschreiben (§ 3 der Stiftungssatzung). Dass daneben auch untergeordnete außerkirchliche Zwecke (etwa die Dokumentation der Geschichte der Stadt Emden und die Erbringung von Beiträgen zum kulturellen Leben in Niedersachsen) verfolgt werden, ist ohne Belang. Denn der wesentliche Stiftungszweck ist erkennbar darauf ausgerichtet, die Erfüllung des Auftrags der Kirche im Geist christlicher Religiosität und im Einklang mit dem Bekenntnis der christlichen Kirche zu unterstützen. Diesem Stiftungszweck entspricht auch das tatsächliche Auftreten und die Wahrnehmung der Stiftung in der Öffentlichkeit als „Leuchtturm des Protestantismus" (http://www.ekd.de/studium_bildung/presse/pm6_2010_wiedereroeffnung_a_lasco_emden.html, Stand: 14.12.2010), „weltweit bedeutendste Sammlung für den reformierten Protestantismus" (http://www.evangelisch.de/themen/religion/groesste-reformierte-bibliothek-wird-wiedereroeffnet9599, Stand: 14.12.2010) und als international anerkannte Spezialbibliothek und Forschungsstätte für den Reformierten Protestantismus und die Konfessionsgeschichte der Frühen Neuzeit (vgl. den Internetauftritt der Beigeladenen unter www.jalb.de),

die im Jahr 2001 vom Deutschen Bibliotheksverband den von der ZEIT-Stiftung Ebelin und Gerd Bucerius gestifteten Preis „Bibliothek des Jahres" erhalten hat.

[33] Ungeachtet der hohen Beteiligung der öffentlichen Hand, insbesondere der Stiftung Niedersachsen, des Landes Niedersachsen und der Stadt Emden, bei der Errichtung der Bibliothek ist zudem das anfängliche Stiftungsvermögen ausschließlich von der Antragsgegnerin und der Evangelisch-reformierten Kirchengemeinde Emden aufgebracht worden (vgl. § 4 Abs. 1 der Stiftungssatzung). Im Jahre 2001 erfolgte eine Zustiftung in Höhe von 7,5 Mio. DM durch die Antragsgegnerin. Schließlich haben die EKD und ihre Gliedkirchen im Januar 2010 das Stiftungsvermögen durch eine Finanzhilfe von circa 7 Mio. € aufgestockt (vgl. http://www.evangelisch.de/themen/kultur/emder-johannes-a-lasco-bibliothek-neu-eroeffnet16748, Stand: 14.12.2010).

[34] Zutreffend hat auch schon das Verwaltungsgericht in der angefochtenen Entscheidung darauf hingewiesen, dass die Organisation der Beigeladenen und die Einflussnahme der Antragsgegnerin auf diese verdeutlichen (vgl. zur Maßgeblichkeit dieser Kriterien für die Zuordnung einer Einrichtung zur Kirche: Achilles, aaO, S. 185 f. mwN), dass es sich bei der Stiftung Johannes a Lasco Bibliothek Große Kirche Emden nicht um eine unabhängig von der kirchlichen Verkündung und Lehre eingerichtete Stiftung handelt. So ist nach § 10 der Stiftungssatzung oberstes Organ der Stiftung, das unter anderem die Grundsätze und Richtlinien der Arbeit der Stiftung bestimmt, das Kuratorium. Dieses Gremium besteht aus mindestens acht Mitgliedern, von denen fünf von Gremien der Antragsgegnerin und zwei vom Kirchenrat der Evangelisch-reformierten Kirchengemeinde Emden benannt werden. Als einziges nicht kirchlich gebundenes Mitglied gehört dem Kuratorium der Oberbürgermeister oder die Oberbürgermeisterin der Stadt Emden an. Auch wenn das Kuratorium mit Zustimmung der Mehrzahl seiner Mitglieder bis zu fünf weitere Personen als Mitglieder kooptieren kann, ändert dies nichts an dem maßgeblichen kirchlichen Einfluss. Selbst wenn das Kuratorium mit dreizehn Mitgliedern besetzt wäre, würden die in § 9 Abs. 1 Nr. 1 bis 4 der Stiftungssatzung aufgeführten kirchlichen Mitglieder immer noch die Mehrheit bilden. Amtsträger der Kirche haben daher über das Kuratorium der Stiftung entscheidenden Einfluss auf Grundsätze und Richtlinien der Stiftungsarbeit (vgl. § 10 der Stiftungssatzung).

[35] Obwohl die Beigeladene nach staatlichem Recht eine rechtsfähige Stiftung und damit rechtlich selbständig ist, gehört sie aufgrund des beschriebenen Stiftungszwecks und des Ausmaßes der institutionellen und personellen Verbindung mit der Antragsgegnerin als Gliedkirche der EKD (vgl. § 65 Abs. 2 Satz 1 Verfassung der Evangelisch-reformierten Kirche, aaO) daher zu dieser als Kirche, wie sie Art 140 GG iVm Art 137 WRV meint. Mit dieser Feststellung ist gleichzeitig entschieden, dass die Stiftung Johannes A Lasco Bibliothek Große

Kirche Emden „Angelegenheit" der Kirche ist und dass dieser insoweit die selbständige Ordnung und Verwaltung dieser Einrichtung innerhalb der Schranken des für alle geltenden Gesetzes verfassungskräftig garantiert ist.

[36] Dies umfasst die nach kirchlichem Recht von den zuständigen Kirchenbehörden ausgeübte Aufsicht über die kirchliche Stiftung und deren Organe (so ausdrücklich Achilles, aaO, S. 158 f., 161, 165 mwN). Denn die Aufsicht über eine der Kirche zuzuordnende Einrichtung und deren Organe ist untrennbarer und wesentlicher Bestandteil der Ordnung und Verwaltung dieser Einrichtung und im Wesentlichen auf die Erreichung des mit der Einrichtung verfolgten kirchlichen Zwecks gerichtet. Dies gilt insbesondere für die hier angefochtenen stiftungsrechtlichen Aufsichtsmaßnahmen, die Regelungen zur personellen Besetzung eines Stiftungsorgans und zum zugrunde liegenden Dienstverhältnis treffen und auf eine Sicherstellung des Stiftungszwecks gerichtet sind. Die vom Antragsteller angefochtenen stiftungsrechtlichen Aufsichtsmaßnahmen wirken damit rein innerkirchlich.

[37] Selbst wenn sie aber in den Bereich des Öffentlichen und des Gesellschaftspolitischen hinüberreichen und dort mittelbar wirken würden, könnte dies letztlich ihren Charakter als kircheninterne Maßnahme nicht beseitigen. Denn erst für kirchliche Maßnahmen, die unmittelbare Wirkung in dem vom Staat zu ordnenden Bereich haben, woran es hier fehlt (vgl. Achilles, aaO, S. 244 f.), gilt das uneingeschränkte Selbstbestimmungsrecht der Kirchen nicht (vgl. BVerfG, Beschluss vom 21.09.1976 -2 BvR 350/75- BVerfGE 42, 312 [334], KirchE 15, 320; BVerwG, Urteil vom 30.10.2002, aaO, S. 147 f.).

[38] Betreffen die in den angefochtenen Verfügungen getroffenen stiftungsrechtlichen Aufsichtsmaßnahmen der Antragsgegnerin daher einen rein innerkirchlichen Bereich, schließt das verfassungsrechtlich garantierte Recht der Kirche zur Selbstbestimmung eine staatliche Einflussnahme und damit auch eine Kontrolle durch staatliche Gerichte von vorneherein aus. Denn wenn staatliche Gerichte in der Sache über kirchliche Angelegenheiten zu entscheiden haben, bestimmen sie in diesen Angelegenheiten mit, und zwar selbst dann, wenn sie sich bemühen, der kirchlichen Eigenständigkeit bei der materiellen Entscheidung gerecht zu werden. Die konkrete Betrachtung der konfligierenden Interessen und Rechte im Einzelfall kann erfahrungsgemäß zu einer allmählichen Steigerung der richterlichen Kontrolldichte führen und birgt so die Gefahr, dass die religiöse Legitimation kirchenrechtlicher Normen verkannt und damit gegen den Grundsatz der Neutralität des Staates in religiösen Dingen verstoßen wird (vgl. BVerfG, Beschluss vom 9.12.2008, aaO, S. 1196 mwN). Für eine Abwägung zwischen kirchlicher Selbstbestimmung und staatlichem Recht ist in dem Bereich rein innerkirchlicher Maßnahmen daher kein Raum (vgl. aber BGH, Urteil vom 28.3.2003 -V ZR 261/02- BGHZ 154, 306 ff., KirchE 43, 201; BVerwG,

Urteil vom 28.2.2002 -7 C 7/01- BVerwGE 116, 86 ff., KirchE 40, 140), da eine solche Abwägung - ungeachtet des anzuwendenden Maßstabs - eine inhaltliche Kontrolle innerkirchlicher Maßnahmen durch staatliche Gerichte voraussetzt und schon hierdurch das verfassungsrechtlich garantierte Selbstbestimmungsrecht der Kirchen unzulässig relativiert wird (vgl. Grzeszick, aaO, S. 183 f. [204 f.]). Dies gilt insbesondere in dem hier betroffenen sensiblen Bereich der personellen Besetzung von Organen kirchlicher oder der Kirche zuzuordnender Einrichtungen (vgl. Achilles, aaO, S. 224).

[39] Die damit grundsätzlich ausgeschlossene Kontrolle von Aufsichtsmaßnahmen kirchlicher Behörden gegenüber kirchlichen Stiftungen und deren Organen durch staatliche Gerichte ist im vorliegenden Fall auch nicht ausnahmsweise deshalb eröffnet, weil die von der Antragsgegnerin getroffenen Verfügungen die Grenze „innerhalb der Schranken des für alle geltenden Gesetzes“ nach Art. 140 GG iVm Art. 137 Abs. 3 Satz 1 WRV überschreiten (vgl. zu dieser Ausnahme Achilles, aaO, S. 250 f. mwN). Der Antragsteller hat im verwaltungsgerichtlichen und auch im Beschwerdeverfahren ausschließlich geltend gemacht, die von der Antragsgegnerin erlassenen Verfügungen vom 1.9.2008, 15.9.2008 und 9.3.2009 verstießen gegen die stiftungsaufsichtlichen Bestimmungen des Stiftungsgesetzes bzw. fänden in diesen keine taugliche Rechtsgrundlage. Wie ausgeführt gelten nach § 20 Abs. 2 Satz 5 StiftG die stiftungsaufsichtlichen Bestimmungen der §§ 10 - 16 StiftG für kirchliche Stiftungen des bürgerlichen Rechts aber gerade nicht, so dass es sich insoweit auch nicht um ein für alle geltendes Gesetz iSv Art. 140 GG iVm Art. 137 Abs. 3 Satz 1 WRV handelt. Die von dem Antragsteller behaupteten Rechtsverletzungen überschreiten daher - ungeachtet ihres Vorliegens - die gezogene Grenze „innerhalb der Schranken des für alle geltenden Gesetzes“ nicht und ermöglichen daher auch keine Überprüfung durch die staatlichen Gerichte.

55

Aus staatlicher Sicht kann ein Kirchenaustritt auch dann als beachtlich anzusehen sein, wenn zwar nicht die vorhandenen staatlichen Regelungen über den Kirchenaustritt (hier nach DDR-Recht), wohl aber kirchliche Regelungen über einen Kirchenaustritt eingehalten worden sind und wenn die innerkirchliche Wirksamkeit des Kirchenaustritts zwischen dem Betroffenen und der Kirche außer Streit steht. Die Frage, wie ein behaupteter Kirchenaustritt aus innerkirchlicher Sicht zu bewerten ist, gehört zu den Angelegenheiten, die die Kirchen nach Art. 140 GG iVm Art. 137 Abs. 3 Satz 1 WRV selbstständig ordnen und verwalten.
Zur Frage der Verwirkung eines Kirchensteueranspruchs.

Art. 4 Abs. 1, 140 GG, 137 Abs. 3 WRV
OVG Berlin-Brandenburg, Beschluss vom 21. Dezember 2010 –OVG 9 N 37.09[1]-

Gegen den katholisch getauften Kläger wurde mit Bescheid vom 31.8.2006 für 1999 bis 2001 und mit Bescheid vom 14.9.2007 für das Jahr 2002 unter anderem Kirchensteuer festgesetzt. Mit der nach erfolglosem Vorverfahren erhobenen Anfechtungsklage macht der Kläger geltend, er sei bereits im Jahre 1983 in der DDR durch Erklärung gegenüber dem örtlich zuständigen katholischen Pfarrer auch nach kirchlichem Recht wirksam aus der Kirche ausgetreten.

Das VG Cottbus (Urteil vom 18.3.2009 -1 K 1277/07- LKV 2009, 571) hat die Klage abgewiesen.

Der Antrag auf Zulassung der Berufung blieb ebenfalls erfolglos.

Aus den Gründen:

[2] Der Antrag auf Zulassung der Berufung hat keinen Erfolg.

[4] 1. Die Darlegungen des Klägers begründen keine ernstlichen Zweifel an der Richtigkeit des erstinstanzlichen Urteils (§ 124 Abs. 2 Nr. 1 VwGO).

[5] a) Der Kläger wendet gegen die Kirchensteuerfestsetzungen für die Jahre 1999 bis 2002 ein, er sei im Jahr 1983 durch Erklärung gegenüber seinem Pfarrer aus der katholischen Kirche ausgetreten. Dies trägt nicht, und zwar insbesondere auch nicht mit Blick auf die Erklärung des Päpstlichen Rates für Gesetzestexte vom 13.3.2006 zum formalen Abfall von der katholischen Kirche „actus formalis defectionis ab Ecclesia catholica“.

[6] Soweit sich der Kläger auf einen Kirchenaustritt im Jahr 1983 beruft, kommt es im vorliegenden staatlichen Gerichtsverfahren allein darauf an, ob dieser Kirchenaustritt die Kirchenmitgliedschaft des Klägers aus staatlicher Sicht beendet hat. Aus staatlicher Sicht ist ein Kirchenaustritt zunächst dann beachtlich, wenn diesbezügliche staatliche Regelungen eingehalten worden sind. Das ist bei dem behaupteten Kirchenaustritt des Klägers im Jahr 1983 gegenüber dem Pfarrer nicht der Fall. Für die Protokollierung mündlicher Kirchenaustrittserklärungen und die Entgegennahme beglaubigter Kirchenaustrittserklärungen sind nach dem Recht der DDR die staatlichen Notariate zuständig gewesen. Diese Zuständigkeit ist bei Erlass des Notariatsgesetzes vom 5.2.1976 und der Arbeitsordnung vom gleichen Tage bewusst beibehalten worden, nämlich auf Wunsch des Ministerrates (vgl. Osterburg, Das Notariat in der

1 OVGE BE 31, 269.

DDR, Berlin 2004, S. 77 f.). Die insoweit vorgesehenen Formen haben u.a. der Rechtssicherheit gedient, an der - in Bezug auf Kirchenaustritte - auch die staatlichen Stellen der DDR ein Interesse gehabt haben. Angesichts dessen ist nicht ersichtlich, dass und warum die staatlichen Stellen der DDR nur wenige Jahre später kraft gelebter Rechtspraxis weitere Formen des Kirchenaustritts als formwirksam akzeptiert haben sollten. Die Erinnerung eines einzelnen DDR-Rechtsanwalts an den geringen Bekanntheitsgrad der staatlichen Zuständigkeitsregelungen gibt insoweit nichts her.

[7] Aus staatlicher Sicht mag ein Kirchenaustritt darüber hinaus auch dann als beachtlich anzusehen sein, wenn zwar nicht die vorhandenen staatlichen Regelungen über den Kirchenaustritt, wohl aber kirchliche Regelungen über einen Kirchenaustritt eingehalten worden sind und wenn die innerkirchliche Wirksamkeit des Kirchenaustritts zwischen dem Betroffenen und der Kirche außer Streit steht. Aus staatlicher Sicht ist ein Kirchenaustritt indessen nicht beachtlich, wenn der Betroffene - wie hier - weder bestehende staatliche Regelungen über den Kirchenaustritt eingehalten hat, noch die innerkirchliche Wirksamkeit des Kirchenaustritts zwischen dem Betroffenen und der Kirche außer Streit steht, sondern der Betroffene nur geltend macht, die Kirche müsse seinen Austritt nach ihrem eigenen Recht eigentlich als wirksam ansehen. Die Frage, wie ein behaupteter Kirchenaustritt aus innerkirchlicher Sicht zu bewerten ist, gehört zu den Angelegenheiten, die die Kirchen nach Art. 140 GG iVm Art. 137 Abs. 3 Satz 1 WRV selbstständig ordnen und verwalten (vgl. etwa von Campenhausen/de Wall, Staatskirchenrecht, 4. Aufl. 2006, S. 151 [154]; Mückl, in: Handbuch des Staatsrechts, 3. Aufl., § 160 Rn 33). Der Staat kann der Kirche hierfür keine Sichtweise vorschreiben. Hebt der Staat auf die innerkirchliche Sicht ab, muss er konsequenterweise auf den tatsächlich von der Kirche eingenommenen Standpunkt abstellen und nicht auf die Sichtweise, die die Kirche aus seiner Sicht innerkirchlich „eigentlich" einnehmen müsste. Nachdem das beigeladene Bistum die innerkirchliche Wirksamkeit des behaupteten Kirchenaustritts des Klägers im Jahr 1983 nicht anerkennt, muss der Kläger sich danach insoweit an kirchliche Instanzen wenden. Dies gilt auch in Bezug auf die Auslegung und Anwendung der von ihm ins Feld geführten Erklärung des Päpstlichen Rates für Gesetzestexte vom 13.3.2006, was insbesondere die Fragen betrifft, wie streng das Schriftformerfordernis der Nummer 5 der Erklärung zu sehen ist und was es für die innerkirchliche Sicht eines Kirchenaustritts bedeutet, wenn die Erklärung einerseits Näheres zum formellen Abfall von der katholischen Kirche bestimmt, andererseits nach Nummer 7 der Erklärung aber in jedem Fall klar bleiben soll, „dass das sakramentale Band der Zugehörigkeit zum Leib Christi, der die Kirche ist, auf Grund des Taufcharakters ein ontologi-

sches Band ist, das fortdauert und wegen des Aktes oder der Tatsache des Abfalls nicht erlischt“.

[8] b) Aus der hier maßgeblichen staatlichen Sicht kann sich der Kläger für eine Beendigung seiner Kirchenmitgliedschaft auch nicht darauf berufen, er habe bis 2003 schutzwürdig auf die Beendigung seiner Kirchenmitgliedschaft durch Austritt gegenüber dem Pfarrer im Jahr 1983 vertraut. Schutzwürdiges Vertrauen in die Beendigung einer Kirchenmitgliedschaft stellt keinen eigenständigen Beendigungsgrund für die Kirchenmitgliedschaft dar. Das führt auch nicht zu einer mit Art. 4 Abs. 1 GG nicht vereinbaren Zwangsmitgliedschaft; denn dem Kläger hat sowohl zu DDR-Zeiten als auch nach der Wiedervereinigung jeweils ein rechtssicheres staatliches Kirchenaustrittsverfahren offen gestanden.

[9] c) Gegen die angegriffene Kirchensteuerfestsetzung kann der Kläger auch nicht einwenden, die katholische Kirche habe ihren Kirchensteueranspruch verwirkt. Die Verwirkung eines Steueranspruchs setzt neben einem Zeitmoment in Gestalt der Nichterhebung der Steuer über einen längeren Zeitraum auch ein Umstandsmoment in Gestalt eines zusätzlichen Verhaltens des Steuerberechtigten voraus, auf Grund dessen der Steuerpflichtige bei objektiver Betrachtung darauf vertrauen darf, dass der Steueranspruch nicht oder nicht mehr geltend gemacht werde. An ein solches Verhalten sind besonders hohe Anforderungen zu stellen, wenn die dauerhafte Verwirkung einer Steuer geltend gemacht wird, zu der der Bürger - wie bei der Kirchensteuer - zeitabschnittsweise zu veranlagen ist. Denn bei einer derartigen Steuer ist für jeden Veranlagungszeitraum erneut zu prüfen, ob die tatbestandlichen Voraussetzungen für die Steuererhebung vorliegen; dabei sind auch bisherige Fehleinschätzungen zu korrigieren. Diese zeitabschnittsweise Prüfungs- und Korrekturpflicht lässt nur unter ganz außergewöhnlichen Umständen die Annahme zu, es sei durch ein bestimmtes Verhalten ein Vertrauen darin begründet worden, dass die Steuer ein für alle Mal nicht mehr erhoben werde (vgl. Beschluss des Senats vom 22.6.2010 -OVG 9 N 169.08- *juris*, KirchE 55, 412). Solche Umstände macht der Kläger hier nicht geltend. Der Kläger führt keine Umstände an, die dafür sprechen, dass die Kirche losgelöst von der Frage der Kirchenmitgliedschaft des Klägers ein für alle Mal auf Kirchensteuer vom Kläger verzichtet hätte, sondern er beruft sich darauf, auf die Wirksamkeit des behaupteten Kirchenaustritts im Jahr 1983 gegenüber dem Pfarrer vertraut zu haben. Dieses Vertrauen wiederum stützt der Kläger indessen nicht darauf, dass der Pfarrer ihm die Wirksamkeit des Kirchenaustritts bestätigt habe - zur Reaktion des Pfarrers auf den behaupteten Kirchenaustritt trägt der Kläger nichts Substantiiertes vor -, und der Kläger macht auch nicht geltend, dass die Kirche ihre Steuerforderungspraxis gerade im Zusammenhang mit dem behaupteten Austritt geän-

dert habe - im Zulassungsantrag heißt es lediglich, der Kläger sei zu DDR-Zeiten nicht zu Kirchensteuern herangezogen worden. Vielmehr unterstreicht der Kläger, dass nach der Wiedervereinigung lange Zeit keine Kirchensteuer von ihm gefordert worden sei. Das trägt nicht, denn damit beruft sich der Kläger für die Verwirkung letztlich doch nur auf die unterbliebene Kirchensteuererhebung als solche und nicht auf ein darüber hinausgehendes Verhalten der Kirche. Soweit der Kläger meint, der unterbliebenen Kirchensteuererhebung nach der Wiedervereinigung komme vor dem Hintergrund des behaupteten Kirchenaustritts gegenüber dem Pfarrer gleichsam der Erklärungswert zu, dass die Kirche von der innerkirchlichen Wirksamkeit des Kirchenaustritts ausgegangen sei, greift auch dies nicht, denn die unterbliebene Kirchensteuererhebung nach der Wiedervereinigung kann - erkennbar - auch darauf beruhen, dass die Kirchenmitgliedschaft des Klägers verwaltungstechnisch schlicht übersehen worden ist.

[10] 2. Aus den Darlegungen des Klägers ergibt sich nicht, dass die Rechtssache besondere tatsächliche oder rechtliche Schwierigkeiten (§ 124 Abs. 2 Nr. 2 VwGO) aufweisen würde. Die Frage, ob und unter welchen Voraussetzungen ein Kirchenaustritt nach innerkirchlichem Recht die Kirchensteuerpflicht entfallen lässt, ist - wie unter 1. geschehen - ohne weiteres dahin zu beantworten, dass ein Kirchenaustritt nach innerkirchlichem Recht die Kirchensteuerpflicht allenfalls dann entfallen lassen kann, wenn die innerkirchliche Wirksamkeit des Kirchenaustritts zwischen der Kirche und dem Betroffenen außer Streit steht. Die Frage, unter welchen Voraussetzungen ein Kirchenmitglied bei einem Austritt durch einfache Erklärung gegenüber dem Pfarrer von einem wirksamen Austritt nach innerkirchlichem Recht ausgehen durfte, stellt sich im vorliegenden Verfahren nicht in dieser Allgemeinheit, sondern allein in Bezug auf die vom Kläger geltend gemachten Vertrauensgesichtspunkte. Insoweit ist ihre Beantwortung nicht schwierig. Wie unter 1. ausgeführt, kann aus der unterbliebenen Kirchensteuererhebung nach der Wiedervereinigung nicht geschlossen werden, die Kirche habe den behaupteten Kirchenaustritt als innerkirchlich wirksam akzeptiert, vielmehr kann die unterbliebene Kirchensteuererhebung erkennbar auch auf einem Übersehen der Kirchenmitgliedschaft beruhen.

[11] 3. Aus den Darlegungen des Klägers ergibt sich weiter nicht, dass die Rechtssache grundsätzliche Bedeutung (§ 124 Abs. 2 Nr. 3 VwGO) hätte. Die auch insoweit vom Kläger angeführte Frage, ob und unter welchen Voraussetzungen ein Kirchenaustritt nach innerkirchlichem Recht die Kirchsteuerpflicht entfallen lasse, bedarf nicht im Interesse der Allgemeinheit einer Klärung in einem Berufungsverfahren. Wie bereits ausgeführt, ist diese Frage - wie unter 1. geschehen - ohne weiteres dahin zu beantworten, dass ein Kirchenaustritt nach innerkirchlichem Recht die Kirchensteuerpflicht allenfalls dann entfallen lassen

kann, wenn die innerkirchliche Wirksamkeit des Kirchenaustritts zwischen der Kirche und dem Betroffenen außer Streit steht.

56

1. Durch das Studium der Katholischen Theologie (Diplom) wird ein zuvor berufsqualifizierend abgeschlossenes Studium der Praktischen Theologie nicht in derselben Richtung fachlich weitergeführt, die Gegenstand der ursprünglichen Ausbildung war.
2. Eine bloße Verwandtschaft der Wissenssachgebiete ist nicht ausreichend, um die Voraussetzungen für eine weitere Förderung nach § 7 Abs. 2 Satz 1 Nr. 3 BAföG zu erfüllen.

§ 7 Abs. 2, 3 BAföG
VG Saarland, Gerichtsbescheid vom 21. Dezember 2010 -3 K 459/10[1]-

Der Kläger schloss im Juli 2006 den Diplomstudiengang der Religionspädagogik/Kirchliche Bildungsarbeit an der Katholischen Fachhochschule berufsqualifizierend als Diplom-Religionspädagoge ab. Zum Wintersemester 2006/2007 nahm er an der Universität in A. den Studiengang Lehramt an Gymnasien in der Fächerkombination Katholische Theologie und Mathematik auf. Zum Wintersemester 2007/2008 wechselte er unter Beibehaltung des Lehramtsstudiums in derselben Fächerkombination an die Universität B. Zugleich nahm er unter Anrechnung seines bisherigen Religionspädagogikstudiums ein Diplomstudium der Katholischen Theologie unter Einstufung in das fünfte Fachsemester auf.

Am 26.5.2009 hat er für ein von Juli bis November 2009 im Rahmen seines Theologiestudiums an der Universität B. absolviertes Auslandssemester an der Australian Catholic University Melbourne (Australien) Ausbildungsförderung nach dem BAföG beantragt. Dieser Antrag wurde mit Bescheid vom 3.9.2009 abschlägig beschieden. Zur Begründung ist ausgeführt, der Anspruch des Klägers auf Gewährung von Ausbildungsförderung gem. § 7 Abs. 1 BAföG sei durch das berufsqualifizierend abgeschlossene Diplomstudium der Religionspädagogik ausgeschöpft. Weder die Voraussetzungen des § 7 Abs. 1a BAföG noch diejenigen des § 7 Abs. 2 BAföG lägen vor.

Am 28.9.2009 erhob der Kläger Widerspruch, der mit Widerspruchsbescheid vom 12.4.2010 zurückgewiesen wurde. Bereits im Schreiben vom 17.3.2010 hatte der Beklagte dem Kläger mitgeteilt, mit Blick auf den bereits absolvierten Studi-

1 Amtl. Leitsätze. *juris.*

engang Praktische Theologie (Diplom), bei dem es sich um eine dem Grunde nach förderungsfähige Ausbildung iSd § 2 Abs. 1 Nr. 6 BAföG gehandelt habe, sei sein Grundanspruch auf Gewährung von Fördermitteln nach dem BAföG gem. § 7 Abs. 1 BAföG erschöpft. § 7 Abs. 1a BAföG sei mangels Vorliegen der Voraussetzungen nicht einschlägig. Die Förderungsfähigkeit der beiden Studiengänge Theologie (Diplom) bzw. Lehramt an Gymnasien (Staatsexamen) in deren Rahmen er Förderung für ein Auslandssemester begehre, ergebe sich auch nicht aus § 7 Abs. 2 BAföG. Die Voraussetzungen für die Gewährung von Ausbildungsförderung für eine einzige weitere Ausbildung längstens bis zu einem berufsqualifizierenden Anschluss nach § 7 Abs. 2 Satz 1 Nr. 2-5 BAföG lägen, was näher erläutert wird, nicht vor. Hinsichtlich § 7 Abs. 2 Satz 1 Nr. 3 BAföG heißt es wörtlich:

> „Ebenso wenig sind die Voraussetzungen des § 7 Abs. 2 S. 1 Nr. 3 BAföG erfüllt. Auch wenn Sie durch das abgeschlossene Fachhochschulstudium an der Kath. Fachhochschule die Allgemeine Hochschulreife erlangt haben und dies Voraussetzung für die Studienaufnahme an der Universität B. war, so führen die dort von Ihnen gewählten Studiengänge nicht in derselben Richtung im Sinne der Nr. 3 fachlich weiter.
> Nach der ständigen Rechtsprechung des Bundesverwaltungsgerichts ist das Merkmal ‚in derselben Richtung fachlich weiterführt' eng auszulegen (BVerwG FamRZ 1978, 544; FamRZ 1983, 100). Die weitere Ausbildung führt nach der ständigen Rechtsprechung des Bundesverwaltungsgerichts in derselben Richtung fachlich weiter, wenn sie dem Auszubildenden im Rahmen eines materiell identischen Wissenssachgebietes zusätzliche Kenntnisse oder Fertigkeiten auf dem der ersten Ausbildung zu Grunde liegenden Wissenssachgebiet vermittelt. Um der gesetzlichen Voraussetzung zu genügen, reicht es somit nicht aus, dass das materielle Wissenssachgebiet der weiteren Ausbildung mit demjenigen der ersten Ausbildung lediglich verwandt ist oder dass die Wissenssachgebiete beider Ausbildungen weitgehend einander angenähert sind. Erforderlich ist vielmehr die überwiegende Identität des Wissenssachgebietes der ersten Ausbildung und der weiteren Ausbildung. Eine Identität des Wissenssachgebietes ist nicht schon anzunehmen, wenn die erste und die weitere Ausbildung unter einem sehr weit gefassten Oberbegriff eingeordnet werden können, wie beispielsweise unter dem Begriff der Erziehungswissenschaft. Fachlich ‚weiterführt' die weitere die erste Ausbildung in derselben Richtung dann, wenn die weitere Ausbildung vertiefte und zusätzliche Kenntnisse und/oder Fertigkeiten auf dem der ersten Ausbildung zugrunde liegenden Wissenssachgebiet vermittelt (Bundesverwaltungsgericht, aaO).
> Unabhängig davon wird die Hochschulzugangsberechtigung in der Regel bereits nach spätestens vier Semestern eines Fachhochschulstudiums erworben, so dass auch das Verbleiben in dem Studium der Religionspädagogik über diesen Zeitpunkt hinaus fördeungsschädlich ist."

Im Widerspruchbescheid vom 12.4.2010 wurde auf diese Ausführungen Bezug genommen.

Mit der Klage verfolgt der Kläger sein Förderungsbegehren weiter. Zur Begründung verweist er darauf, dass er erst mit der Erlangung des Fachhochschuldiploms die allgemeine Hochschulreife erlangt habe. Ein Auslandsstudium sei erst im Rahmen des Theologiestudiums an der Universität möglich. Da er mithin insoweit keine staatliche Förderung im Zusammenhang mit dem Fachhochschulstudium habe erhalten können, halte er nach dem Grundsatz der Gleichbehandlung eine entsprechende Förderung für gerechtfertigt. Es widerspreche auch seinem Gerechtigkeitsempfinden, dass Menschen mit Fachhochschulreife der Weg zur Universität und zum Auslandsstudium verwehrt oder jedenfalls erheblich erschwert werde. Es sei ihm nicht nachvollziehbar, dass dann, wenn er sein Fachhochschulstudium nicht abgeschlossen hätte, eine andere Sach- und Rechtslage mit der Möglichkeit einer Förderung bestanden hätte. Hinzu komme, dass die Voraussetzungen des § 7 Abs. 2 Nr. 3 BAföG in seinem Fall vorlägen, denn er studiere neben dem Lehramtsstudium auch Katholische Theologie im Diplomstudiengang. Zwischen dem Studiengang Religionspädagogik und dem Studium der katholischen Theologie bestehe nicht nur eine Verwandtschaft der Wissenssachgebiete, sondern eine Identität. Der Vergleich der einschlägigen Curricula zeige, dass die weitere Ausbildung vertiefte und damit zusätzliche Kenntnisse und/oder Fertigkeiten auf dem der ersten Ausbildung zu Grunde liegenden Wissenssachgebiet vermittele. Der Abschluss des Fachhochschulstudiums sei vom Prüfungsamt der Katholisch-Theologischen Fakultät der Universität in B. als Vordiplom anerkannt worden. Überdies seien auch zahlreiche zuvor erbrachte Leistungen für das Hauptstudium nach Maßgabe der Studienordnung angerechnet worden.

Das Verwaltungsgericht weist die Klage ab.

Aus den Gründen:

[16] Der Kläger hat keinen Anspruch auf die begehrte Ausbildungsförderung. Der Bescheid vom 3.9.2009 und der Widerspruchsbescheid vom 12.4.2010 sind rechtmäßig und verletzen den Kläger nicht in seinen Rechten (§ 113 Abs. 5 Satz 1 VwGO).

[17] Zur Vermeidung von Wiederholungen wird, soweit im Folgenden keine weiteren Ausführungen gemacht werden, auf die Ausführungen im Ausgangs- und Widerspruchsbescheid verwiesen, denen das Gericht folgt (§ 117 Abs. 5 VwGO).

[18] Nachdem die übrigen Fallgruppen des § 7 BAföG aus den vom Beklagten im Einzelnen dargelegten Gründen, denen der Kläger im Klageverfahren nicht mehr entgegengetreten ist, ausscheiden, scheitert ein Anspruch auf Ausbildungsförderung gem. § 7 Abs. 2 Satz 1 Nr. 3 BAföG ebenfalls daran, dass die dort genannten Voraussetzungen nicht erfüllt sind. Wie vom Beklagten zutref-

fend dargelegt, hat der Kläger durch das abgeschlossene Fachhochschulstudium an der Kath. Fachhochschule die Allgemeine Hochschulreife erlangt, was Voraussetzung für die Studienaufnahme an der Universität in B. war. Der Beklagte hat im Einklang mit der einschlägigen obergerichtlichen Rechtsprechung jedoch verneint, dass die nunmehr gewählten Studiengänge in derselben Richtung fachlich weiterführen, die Gegenstand der ursprünglichen Ausbildung war. Die vom Bundesverwaltungsgericht insofern aufgestellten Kriterien sind in dem oben erwähnten Schreiben des Beklagten, auf das der Widerspruchsbescheid verweist, zutreffend dargelegt. Die Ausbildung zum Dipl.-Religionspädagogen wird nicht durch das nunmehr aufgenommene Studium der Fächer Mathematik und Kath. Theologie für Lehramt am Gymnasium und/oder Katholische Religion (Diplom) in derselben Richtung fachlich weitergeführt. Dies wäre nur dann der Fall, wenn die weitere Ausbildung vertiefte und damit zusätzliche Kenntnisse und/oder Fertigkeiten auf dem der ersten Ausbildung zu Grunde liegenden Wissenssachgebiet vermitteln würde. Erforderlich ist insofern eine Identität und nicht nur eine Verwandtschaft der Wissenssachgebiete beider Ausbildungen. Das Bundesverwaltungsgericht hat diese Frage konkret u.a. für den Fall eines Klägers, der ein Fachhochschulstudium Sozialpädagogik nach einer Ausbildung zum evangelischen Diakon absolviert hat, eines Klägers, der nach einer Fachhochschulausbildung für den gehobenen Verwaltungsdienst Rechtswissenschaften studiert hat, sowie im Falle einer Klägerin, die nach erfolgreichem Abschluss des Studiums für das Lehramt für Grund- und Hauptschulen Erziehungswissenschaft studiert hat, entschieden und verneint (vgl. BVerwG, Urteil vom 23.1.1992 -5 C 69/88- [Sozialpädagogik], BVerwGE 89, 334; Beschluss vom 3.11.1995 -5 B 8/95- [Rechtswissenschaften], Buchholz 436.36 § 7 BAföG Nr. 114, und Urteil vom 26.1.1978 -V C 39.77- [Erziehungswissenschaften], BVerwGE 55, 205, alle auch bei *juris).*

[19] In allen Fällen wurde zwar eine Verwandtschaft der jeweiligen Wissenssachgebiete angenommen. Die Identität der Wissenssachgebiete wurde aber wegen der bei der jeweils zweiten Ausbildung breiteren Anlage des Sachgebietes mit in der ersten Ausbildung nicht enthaltenen Bereichen verneint. Nichts anderes gilt im vorliegenden Fall.

[20] Das Wissenssachgebiet der nunmehr betriebenen Studiengänge des Klägers geht erheblich über den Bereich hinaus, der Gegenstand der Ausbildung zum Diplom-Religionspädagogen war. Dies gilt selbst dann, wenn man nur das Studienfach Kath. Religion für Lehramt an Gymnasien bzw. als Diplomstudiengang mit der Ausbildung zum Diplom-Religionspädagogen vergleicht.

[21] Ein Vergleich der vom Kläger zur Verfügung gestellten Diplomprüfungs- bzw. Studienordnungen offenbart bereits strukturelle Unterschiede der verschiedenen Ausbildungsgänge. Während das Fachhochschulstudium nach § 4

Abs. 2 der einschlägigen Studienordnung (StO-Religionspädagogik) gekennzeichnet ist durch eine praxisbezogene Ausbildung auf wissenschaftlicher Grundlage, sollen die Studenten des Studiums an der Universität in B. nach § 2 der dortigen Studienordnung (StO-Kath.Theologie-Diplom) durch ein wissenschaftliches Studium gründliches Sachwissen in allen theologischen Disziplinen erwerben, ihre Methoden beherrschen und damit die Eignung für Berufe erlangen, die ein abgeschlossenes Vollstudium der Katholischen Theologie voraussetzen. Die Ausbildung an der Fachhochschule bildet demgegenüber nach § 4 Abs. 1 StO-Religionspädagogik zum/zur Religionspädagogen/in aus und ist der erste Abschnitt der Ausbildung zum Beruf des/der Gemeindereferenten/in. Für diesen Beruf ist kein theologisches Vollstudium erforderlich. Bereits diese Aufgaben- und Zielumschreibung in beiden Studienordnungen bringt die, sowohl was den Ansatz als auch was die Methoden angeht, breitere Anlage des Diplom-Studiengangs an der Universität im Vergleich zu der Ausbildung an der Fachhochschule zum Ausdruck. Die Ausbildung zum Religionspädagogen ist durch einen starken Praxisbezug zum Beruf des/der Gemeindereferenten/in gekennzeichnet.

[22] Um wie viel breiter und tiefgehender das Vollstudium der Katholischen Theologie angelegt ist, wird am Beispiel der Studienvoraussetzungen deutlich. Der Diplom-Studiengang Katholische Theologie setzt gem. § 4 Abs. 1 StO-Kath.Theologie-Diplom neben den Einschreibungsvoraussetzungen das Latinum, Graecum und Hebraicum oder vom Fachbereich als gleichwertig anerkannte Nachweise über ausreichende lateinische, griechische und hebräische Sprachkenntnisse voraus. Ähnliche Studienvoraussetzungen gibt es für den Studiengang an der Fachhochschule nicht. Dieser setzt -entsprechend den oben bereits wiedergegebenen Ausbildungszielen- zusätzlich zur allgemein erforderlichen Qualifikation für das Studium an einer Fachhochschule dagegen eine praktische Vorbildung voraus.

[23] Die vom Kläger belegte Anerkennung von Studienleistungen führt ebenfalls nicht zur Annahme einer Identität der Wissenssachgebiete. Die Anerkennung hat allein Einfluss auf den zeitlichen Umfang einer eventuellen Förderung der weiteren Ausbildung, begründet indes nicht maßgeblich deren Förderungsfähigkeit, denn eine derartige Anrechnung findet auch dann statt, wenn die Wissenssachgebiete der ersten und der weiteren Ausbildung - wie hier - miteinander verwandt, aber nicht identisch sind (vgl. BVerwG, Urteil vom 26.1.1978 -V C 39.77- BVerwGE 55, 205).

[24] Die getroffene Bewertung gilt erst recht, wenn man die weitere universitäre Ausbildung in ihrer Gesamtheit, also unter Einbeziehung des Lehramtsstudiums für die Fächerkombination Katholische Theologie und Mathematik betrachtet.

[25] Die vom Kläger vorgebrachten Bedenken mit Blick auf die von ihm gesehene Ungleichbehandlung (Art. 3 GG) gebieten ebenfalls keine andere Entscheidung. Das Bundesverwaltungsgericht hat sich in der oben zitierten Entscheidung vom 3.11.1995 insbesondere mit den auch vom Kläger vorgebrachten Bedenken unter dem Gesichtspunkt der Ungleichbehandlung auseinander gesetzt und die auch im dort zu entscheidenden Fall geltend gemachten Bedenken überzeugend zurückgewiesen. Eine gegen diese Entscheidung erhobene Verfassungsbeschwerde hatte ebenfalls keinen Erfolg (vgl. BVerfG, Beschluss vom 9.2.1996 -1 BvR 2543/95- *juris*).

Die Kammer sieht keinen Grund, der im konkreten Fall eine andere Entscheidung angezeigt erscheinen ließe.

Sachregister

Die Seitenzahlen verweisen jeweils auf die erste Seite der Entscheidung.

Bei Fragen zur Produktsicherheit wenden Sie sich bitte an:
If you have any questions regarding product safety,
please contact:

Walter de Gruyter GmbH
Genthiner Straße 13
10785 Berlin
productsafety@degruyterbrill.com